Einführung in das Lightning-Netzwerk

Einführung in das Lightning-Netzwerk

Das Second-Layer-Blockchain-Protokoll für effiziente Bitcoin-Zahlungen verstehen und nutzen

Andreas M. Antonopoulos, Olaoluwa Osuntokun und René Pickhardt

Deutsche Übersetzung von Peter Klicman

Andreas M. Antonopoulos, Olaoluwa Osuntokun, René Pickhardt

Lektorat: Ariane Hesse
Übersetzung: Peter Klicman
Fachliche Unterstützung: René Pickhardt
Korrektorat: Sibylle Feldmann, *www.richtiger-text.de*
Satz: Jörg Liedtke, Flensburg
Herstellung: Stefanie Weidner
Umschlaggestaltung: Michael Oréal, *www.oreal.de*
Druck und Bindung: mediaprint solutions GmbH, 33100 Paderborn

Bibliografische Information der Deutschen Nationalbibliothek
Die Deutsche Nationalbibliothek verzeichnet diese Publikation in der Deutschen Nationalbibliografie; detaillierte bibliografische Daten sind im Internet über *http://dnb.d-nb.de* abrufbar.

ISBN:
Print 978-3-96009-201-8
PDF 978-3-96010-736-1
ePub 978-3-96010-737-8
mobi 978-3-96010-738-5

1. Auflage 2023

Wieblinger Weg 17
69123 Heidelberg

Dieses Buch erscheint in Kooperation mit O'Reilly Media, Inc. unter dem Imprint »O'REILLY«. O'REILLY ist ein Markenzeichen und eine eingetragene Marke von O'Reilly Media, Inc. und wird mit Einwilligung des Eigentümers verwendet.

Authorized German translation of the English edition of *Mastering the Lightning Network*
ISBN 9781492054863 © 2022 aantonop Books LLC, René Pickhardt, and uuddlrlrbas LLC.
This translation is published and sold by permission of O'Reilly Media, Inc., which owns or controls all rights to publish and sell the same.

Hinweis:
Dieses Buch wurde auf PEFC-zertifiziertem Papier aus nachhaltiger Waldwirtschaft gedruckt. Der Umwelt zuliebe verzichten wir zusätzlich auf die Einschweißfolie.

Schreiben Sie uns:
Falls Sie Anregungen, Wünsche und Kommentare haben, lassen Sie es uns wissen: *kommentar@oreilly.de*.

5 4 3 2 1 0

Inhalt

Vorwort

Das Lightning-Netzwerk (engl. *Lightning Network*, kurz auch LN) ist ein Second-Layer-Peer-to-Peer-Netzwerk, das es uns erlaubt, Bitcoin-Zahlungen »Off-Chain« abzuwickeln, d.h., ohne sie als Transaktionen auf der Bitcoin-Blockchain bestätigen zu müssen.

Das Lightning-Netzwerk bietet uns sichere, günstige, schnelle und deutlich vertraulichere Bitcoin-Zahlungen, und das auch bei sehr kleinen Beträgen.

Basierend auf der Idee von Zahlungskanälen, die erstmals von Bitcoin-Erfinder Satoshi Nakamoto vorgeschlagen wurden, ist das Lightning-Netzwerk ein geroutetes Netzwerk, bei dem Zahlungen über einen Pfad von Zahlungskanälen vom Sender zum Empfänger geleitet werden.

Die ursprüngliche Idee des Lightning-Netzwerks wurde 2015 in der wegweisenden Arbeit »The Bitcoin Lightning Network: Scalable Off-Chain Instant Payments« von Joseph Poon und Thaddeus Dryja vorgeschlagen. Im Jahr 2017 lief im Internet ein Lightning-»Test«-Netzwerk, in dem unterschiedliche Gruppen kompatible Implementierungen entwickelten und einige Kompatibilitätsstandards festlegten. 2018 ging das Lightning-Netzwerk »live«, und die Zahlungen begannen zu fließen.

Im Jahr 2019 vereinbarten Andreas M. Antonopoulos, Olaoluwa Osuntokun und René Pickhardt, beim Schreiben dieses Buchs zusammenzuarbeiten. Wie es scheint, mit Erfolg!

Leserkreis

Dieses Buch richtet sich hauptsächlich an ein technisches Publikum, das die Grundlagen von Bitcoin und anderen Blockchains versteht.

Verwendete Konventionen

Im Buch folgen wir diesen typografischen Konventionen:

Kursivschrift
: Wird für neue Begriffe, URLs, E-Mail-Adressen, Dateinamen und Dateierweiterungen verwendet.

`Nichtproportionalschrift`
: Wird für Programmlistings verwendet. Im normalen Fließtext werden damit Programmelemente wie Variablen- oder Funktionsnamen, Datenbanken, Datentypen, Umgebungsvariablen, Anweisungen und Schlüsselwörter hervorgehoben.

`Nichtproportionalschrift fett`
: Wird für Befehle oder andere Eingaben eingesetzt, die Sie wortwörtlich eingeben müssen.

`Nichtproportionalschrift kursiv`
: Wird für Text verwendet, der durch benutzereigene oder durch den Kontext bestimmte Werte ersetzt wird.

Mit diesem Symbol wird ein Tipp oder ein Vorschlag angezeigt.

Mit diesem Symbol wird ein allgemeiner Hinweis angezeigt.

Mit diesem Symbol wird eine Warnung angezeigt.

Codebeispiele

Die Beispiele sind in Go, C++ und Python geschrieben und verwenden die Kommandozeilen unixoider Betriebssysteme. Alle Code-Snippets finden Sie im GitHub-Repository im *code*-Unterverzeichnis. Laden Sie den Buchcode herunter, probieren Sie die Codebeispiele aus und senden Sie Korrekturen an: GitHub (*https://github.com/lnbook/lnbook*).

Alle Code-Snippets können für die meisten Betriebssysteme mit einer minimalen Installation der Compiler, Interpreter und Bibliotheken für die entsprechenden Sprachen repliziert werden. Wenn nötig, stellen wir grundlegende Installationsanweisungen und schrittweise Beispiele für die Ausgaben bereit.

Einige der Code-Snippets wurden für den Druck aufbereitet. In diesen Fällen wurden die Zeilen mit einem Backslash-Zeichen (\) gefolgt von einem Newline-Zeichen getrennt. Wenn Sie mit diesen Beispielen arbeiten, müssen Sie die beiden Zeichen entfernen und die Zeilen wieder zusammenfassen. Die Ergebnisse sollten dann denen der Beispiele entsprechen.

Alle Code-Snippets verwenden wann immer möglich reale Werte und Berechnungen. Sie können sich also von Beispiel zu Beispiel vorarbeiten und kommen immer zu den gleichen Ergebnissen wie das Buch. So sind beispielsweise die privaten Schlüssel und die dazugehörigen öffentlichen Schlüssel und Adressen alle echt.

Verwendung der Codebeispiele

Bei technischen Fragen oder Problemen mit den Codebeispielen senden Sie bitte eine E-Mail an *bookquestions@oreilly.com*.

Dieses Buch ist dazu gedacht, Ihnen bei der Erledigung Ihrer Arbeit zu helfen. Im Allgemeinen dürfen Sie den Code in diesem Buch in Ihren eigenen Programmen oder Dokumentationen verwenden. Solange Sie den Code nicht in großem Umfang reproduzieren, brauchen Sie uns nicht um Erlaubnis zu bitten. Der Verkauf oder Vertrieb von Beispielen aus O'Reilly-Büchern ist dagegen genehmigungspflichtig. Signifikante Teile von Beispielcode aus diesem Buch für die eigene Produktdokumentation zu verwenden, ist genehmigungspflichtig.

Wir freuen uns über eine Quellenangabe, verlangen sie aber nicht unbedingt. Zu einer Quellenangabe gehören normalerweise Autor, Titel, Verlagsangabe, Veröffentlichungsjahr und ISBN, hier also: »*Mastering the Lightning Network* by Andreas M. Antonopoulos, Olaoluwa Osuntokun, and René Pickhardt (O'Reilly). Copyright 2022 aantonop Books LLC, René Pickhardt, and uuddlrlrbas LLC, ISBN 978-1-492-05486-3«.

Mastering the Lightning Network wird unter der Creative Commons Attribution-Noncommercial-No Derivative Works 4.0 International License (CC BY-NC-ND 4.0) angeboten.

Sollten Sie befürchten, dass Ihre Verwendung der Codebeispiele gegen das Fairnessprinzip oder die Genehmigungspflicht verstoßen könnte, nehmen Sie bitte unter *permissions@oreilly.com* Kontakt mit uns auf.

Hinweise auf Unternehmen und Produkte

Alle Hinweise auf Unternehmen oder Produkte dienen der Information, Demonstration oder Referenz. Die Autoren unterstützen keines der genannten Unternehmen oder Produkte. Der Einsatz und die Sicherheit der in diesem Buch vorgestellten Produkte, Projekte oder Codefragmente wurden nicht getestet. Deren Nutzung erfolgt auf eigene Gefahr!

Adressen und Transaktionen in diesem Buch

Die Bitcoin-Adressen, Transaktionen, Schlüssel, QR-Codes und Blockchain-Daten in diesem Buch sind größtenteils echt. Sie können also die Blockchain durchgehen, sich die in den Beispielen enthaltenen Transaktionen genau ansehen und sie mit Ihren eigenen Skripten/Programmen abrufen.

Beachten Sie aber, dass die in diesem Buch zur Generierung von Adressen verwendeten privaten Schlüssel »verbrannt« wurden. Wenn Sie also Geld an diese Adressen senden, ist es für immer verloren, oder es kann von jedem abgeschöpft werden, der die hier abgedruckten privaten Schlüssel kennt.

Bitte senden Sie keinesfalls Geld an irgendeine der in diesem Buch verwendeten Adressen! Ihr Geld landet bei einem anderen Leser oder ist für immer verloren.

Andreas kontaktieren

Sie erreichen Andreas M. Antonopoulos über seine persönliche Website: *https://aantonop.com*

Folgen Sie Andreas' Kanal auf YouTube: *https://www.youtube.com/aantonop*

Folgen Sie Andreas' Seite auf Facebook: *https://www.facebook.com/AndreasMAntonopoulos*

Folgen Sie Andreas auf Twitter: *https://twitter.com/aantonop*

Folgen Sie Andreas auf LinkedIn: *https://linkedin.com/company/aantonop*

Andreas möchte sich auch bei allen Förderern bedanken, die seine Arbeit durch monatliche Spenden unterstützen. Sie können Andreas auf Patreon unterstützen unter *https://patreon.com/aantonop*.

René kontaktieren

Sie erreichen René Pickhardt über seine persönliche Website: *https://ln.rene-pickhardt.de*

Folgen Sie Renés Kanal auf YouTube: *https://www.youtube.com/user/RenePickhardt*

Folgen Sie René auf Twitter: *https://twitter.com/renepickhardt*

Folgen Sie René auf LinkedIn: *https://www.linkedin.com/in/rene-pickhardt-80313744*

René möchte sich ebenfalls bei allen Förderern bedanken, die seine Arbeit durch eine monatliche Spende unterstützen. Sie können René auf Patreon unterstützen unter *https://patreon.com/renepickhardt*.

Sie können seine Arbeit aber auch direkt unter *https://donate.ln.rene-pickhardt.de* über das Lightning-Netzwerk in Bitcoin unterstützen. Dafür ist René ebenso dankbar wie seinen Förderern bei Patreon.

Olaoluwa Osuntokun kontaktieren

Sie erreichen Olaoluwa Osuntokun über seine berufliche E-Mail-Adresse: laolu@lightning.engineering

Folgen Sie Olaoluwa auf Twitter:
https://twitter.com/roasbeef

Danksagungen von Andreas

Meine Liebe zu Wörtern und Büchern verdanke ich meiner Mutter Theresa, die mich in einem Haus aufzog, in dem Bücher jede Wand mit Beschlag belegten. Meine Mutter kaufte mir 1982 auch meinen ersten Computer, obwohl sie sich selbst als »technophob« beschrieb. Mein Vater Menelaos, ein Bauingenieur, der sein erstes Buch mit 80 veröffentlichte, lehrte mich logisches und analytisches Denken und weckte meine Leidenschaft zu Wissenschaft und Technik.

Ich danke euch allen für eure Unterstützung während meiner Reise.

Danksagungen von René

Ich möchte dem deutschen Bildungssystem danken, dem ich das Wissen verdanke, auf dem meine Arbeit aufbaut. Es ist eines der größten mir gemachten Geschenke. Ebenso möchte ich dem deutschen Gesundheitswesen danken und allen Menschen, die in diesem Bereich arbeiten. Ihr Einsatz und ihr Durchhaltevermögen machen sie zu meinen persönlichen Helden, und ich werde nie die Hilfe, Aufmerksamkeit und Unterstützung vergessen, die mir zuteilwurde, als ich sie benötigte. Mein Dank geht an all die Studenten, denen ich etwas lehren durfte und die sich in interessanten Diskussionen und Fragen engagierten. Von ihnen habe ich das meiste gelernt. Ich bin auch der Bitcoin- und Lightning-Netzwerk-Community dankbar, die mich freundlich willkommen hieß, sowie den Enthusiasten und Privatpersonen, die meine Arbeit finanziell unterstützten und das auch weiterhin tun. Ich danke ganz besonders allen Open-Source-Entwicklern (nicht nur Bitcoin und dem Lightning-Netzwerk) und den Menschen, die sie finanzieren, um diese Technik möglich zu machen. Ein besonderer Dank an meine Mitautoren, die den Weg mit mir gegangen sind. Und nicht zuletzt danke ich meinen Liebsten.

Danksagungen von Olaoluwa Osuntokun

Ich möchte dem großartigen Team von Lightning Labs danken, ohne die es kein LND gäbe. Ich möchte auch der ursprünglichen Gruppe von Autoren der BOLT-Spezifikation danken: Rusty Russell, Fabrice Drouin, Conner Fromnkchet, Pierre-Marie Padiou, Lisa Neigut und Christian Decker. Nicht zuletzt möchte ich Joseph Poon und Tadge Dryja danken, den Autoren des ursprünglichen Lightning-Netzwerk-Papers, ohne die es kein Lightning-Netzwerk gäbe, über das man ein Buch schreiben kann.

Beitragende

Viele Beitragende lieferten Kommentare, Korrekturen und Ergänzungen zu diesem Buch, als es gemeinschaftlich auf GitHub geschrieben wurde.

Nachfolgend eine alphabetisch sortierte Liste aller GitHub-Beitragenden mit deren GitHub-IDs in Klammern:

- 8go (@8go)
- Aaqil Aziz (@batmanscode)
- Alexander Gnip (@quantumcthulhu)
- Alpha Q. Smith (@alpha_github_id)
- Ben Skee (@benskee)
- Brian L. McMichael (@brianmcmichael)
- CandleHater (@CandleHater)
- Daniel Gockel (@dancodery)
- Dapeng Li (@luislee818)
- Darius E. Parvin (@DariusParvin)
- Doru Muntean (@chriton)
- Eduardo Lima III (@elima-iii)
- Emilio Norrmann (@enorrmann)
- Francisco Calderón (@grunch)
- Francisco Requena (@FrankyFFV)
- François Degros (@fdegros)
- Giovanni Zotta (@GiovanniZotta)
- Gustavo Silva (@GustavoRSSilva)
- Guy Thayakorn (@saguywalker)
- Haoyu Lin (@HAOYUatHZ)
- Hatim Boufnichel (@boufni95)
- Imran Lorgat (@ImranLorgat)

- Jeffrey McLarty (@jnmclarty)
- John Davies (@tigeryant)
- Julien Wendling (@trigger67)
- Jussi Tiira (@juhi24)
- Kory Newton (@korynewton)
- Lawrence Webber (@lwebbz)
- Luigi (@gin)
- Maximilian Karasz (@mknoszlig)
- Omega X. Last (@omega_github_id)
- Owen Gunden (@ogunden)
- Patrick Lemke (@PatrickLemke)
- Paul Wackerow (@wackerow)
- Randy McMillan (@RandyMcMillan)
- René Köhnke (@rene78)
- Ricardo Marques (@RicardoM17)
- Sebastian Falbesoner (@theStack)
- Sergei Tikhomirov (@s-tikhomirov)
- Severin Alexander Bühler (@SeverinAlexB)
- Simone Bovi (@SimoneBovi)
- Srijan Bhushan (@srijanb)
- Taylor Masterson (@tjmasterson)
- Umar Bolatov (@bolatovumar)
- Warren Wan (@wlwanpan)
- Yibin Zhang (@z4y1b2)
- Zachary Haddenham (@senf42)

Ohne die Hilfe der oben aufgeführten Personen wäre dieses Buch nicht möglich gewesen. Eure Beiträge demonstrieren die Kraft von Open Source und einer offenen Kultur, und wir sind euch unendlich dankbar.

Vielen Dank.

Quellen

Ein Teil des Materials in diesem Buch stammt aus unterschiedlichen Public-Domain- bzw. Open-License-Quellen. Für andere Teile wurden Genehmigungen erteilt. Details zu Quellen, Lizenzen und Quellenzuordnungen finden Sie in Anhang D.

Vorwort zur deutschen Ausgabe

Als Satoshi Nakamoto Bitcoin 2009 veröffentlichte, dauerte es nicht lange, bis sich eine kleine Gruppe technisch Begeisterter zusammenfand, um die Vor- und Nachteile des neuen Systems zu diskutieren und damit herumzuspielen. Ich gehöre selbst auch zu den Leuten, die eher zufällig auf Bitcoin gestoßen sind, aber seitdem ich Bitcoin entdeckt habe, lässt es mich nicht mehr los.

Das Ziel, das sich Satoshi gesetzt hatte, war, dass Bitcoin ein globales Wertetransfer-Netzwerk werden sollte, ohne Mittelsmänner. In diesem Netzwerk sollten Werte in Form von Bitcoins beliebig hin und her verschoben werden können. Das Ganze durch pseudonyme Adressen ergänzt, um die Privatsphäre der Teilnehmer zu schützen.

Anfangs waren es noch wenige, die eher aus technischem Interesse mitmachten, denn damals wurden Bitcoins noch kein Wert zugeschrieben. Bereits zu diesem Zeitpunkt war aber schon klar, dass, sollte Bitcoin erfolgreich sein, wir schnell an die Grenzen des damaligen Systems stoßen würden. Deshalb mussten neue Ideen her.

Die wahrscheinlich schwierigste Frage war, wie Bitcoin denn skalieren könnte. Wie sollte Bitcoin sich also bei steigender Nachfrage anpassen, um allen Menschen die Möglichkeit zu geben, Bitcoin zu nutzen. Das Problem dabei war nämlich, dass die Blockchain, die von Satoshi für Bitcoin erfundene Technologie, ein geteiltes Medium darstellt, allerdings mit begrenzter Kapazität für das Bearbeiten von Transaktionen. Diese Frage stellten wir uns schon sehr früh, und 2012 war mir klar, dass ich meine Forschung im Rahmen meines Doktorats diesem Thema widmen würde.

Eine potenzielle Lösung waren sogenannte Micropayment Channels. Bei Micropayment Channels, auch Off-Chain-Protokolle genannt, handelt es sich um Systeme, die auf einer Blockchain aufbauen, um deren Nutzen zu erweitern. Bei Off-Chain-Protokollen werden Änderungen nicht mehr dem gesamten Netzwerk mitgeteilt, sondern zunächst nur den Teilnehmern, die an einer Transaktion beteiligt sind. Das gesamte Netzwerk wird erst später informiert. Die Saldierung aller stattfindenden Off-Chain-Transfers hat den Vorteil, dass am Ende nur eine einzige

Transaktion bestätigt werden muss. Und da für diese Bestätigung immer On-Chain-Gebühren anfallen, ist es viel kostengünstiger, wenn eine On-Chain-Gebühr auf beliebig viele Off-Chain-Transfers verteilt werden kann.

Was anfangs noch sehr abstrakt war, wurde durch Experimente in dieser Richtung immer konkreter: angefangen mit den einfachen unidirektionalen Channels von Matt Corallo und Jeremy Spillmann bis hin zu dem Lightning Network Paper von Joseph Poon und Tadge Dryja.

Als Joseph und Tadge 2015 das Lightning Network Paper publizierten, stieß es auf großes Interesse, gerade bei denjenigen von uns, denen der Mangel einer plausiblen Lösung für die Skalierung von Bitcoin unter den Nägeln brannte. Aber Skalierbarkeit sollte nicht der einzige Vorteil des Lightning Network sein, hinzu kommt auch, dass es in Echtzeit Zahlungen ermöglicht und die Privatsphäre potenziell besser schützen kann, weil nicht mehr alles bis in alle Ewigkeit auf der Blockchain gespeichert wird.

Doch die Vorteile brachten wiederum einiges an Komplexität und neuen Konzepten mit sich, die die Nutzer der Technologie erst einmal kennenlernen und verstehen müssen. Beim Lightning-Netzwerk muss man sowohl Bitcoin als auch die Konzepte hinter Lightning verstehen, wodurch der Einstieg alles andere als einfach ist.

Hinzu kommt, dass das Paper an sich sehr komplex ist und eher ein abstraktes Bild als ein voll funktionsfähiges System beschreibt. Es fehlten alle technischen Details, bis auf das Grundgerüst in Form der Bitcoin-Transaktionen.

So passierte erst mal nichts, bis Rusty Russell von Blockstream sich des Problems annahm und anfing, die fehlenden Stellen auszuschmücken, denn eines war uns klar, dieses System musste unbedingt real werden. Kurz darauf fingen dann auch die Kollegen von Acinq und Lightning Labs an, eine Implementierung zu bauen. Im Herbst 2016 entschieden die drei Teams dann zusammenzuarbeiten, um ein einziges großes Netz zu bauen, in dem jeder jedem anderen Teilnehmer Bitcoins senden konnte: schnell und anonym. Und so fing die Lightning Network Specification an, ein Prozess, der bis heute anhält.

Dieses Buch wendet sich an alle, die die Hintergründe hinter dem Lightning Netzwerk interessieren, ob das nun ein Nutzer ist, eine Entwicklerin, die auf Lightning aufbauen will, oder vielleicht sogar ein zukünftiger Protokollentwickler. Es bildet das fehlende Bindeglied zwischen dem Paper von 2015 und dem Protokoll, so wie es heute aktiv im Netzwerk genutzt wird, und die Leserinnen und Leser werden langsam und schrittweise an das komplexe Thema herangeführt.

Bei den Autoren handelt es sich um echte Heavyweights der Bitcoin Community. Andreas Antonopoulos ist langjähriger Speaker und hat die unglaublich wertvolle Fähigkeit, komplexe Themen anschaulich zu vermitteln. Olaoluwa Osuntokun, Entwickler der ersten Stunde, bringt die praktische Erfahrung und das notwendige Detailwissen mit und René Pickhardt den theoretischen Hintergrund, um das Protokoll abstrakt zu behandeln.

Ein solches Buch zu schreiben, ist nicht einfach, denn es handelt sich beim Lightning-Netzwerk um ein bewegliches Ziel, und so beleuchtet das Buch sowohl Konzepte als auch deren konkrete Umsetzungen.

Es handelt sich bei diesem Buch also um ein Nachschlagewerk, über das ich mich damals, als wir das Protokoll entwickelt haben, sehr gefreut hätte.

Dr. Christian Decker
Researcher, Blockstream

TEIL I

Das Lightning-Netzwerk verstehen

Eine Übersicht über das Lightning-Netzwerk für jeden, der die grundlegenden Konzepte und die Nutzung des Lightning-Netzwerks verstehen will.

KAPITEL 1

Einführung

Willkommen zu *Einführung in das Lightning-Netzwerk*.

Das *Lightning-Netzwerk* (kurz LN) verändert die Art und Weise, wie Menschen online Werte tauschen, und ist eine der spannendsten (Weiter-)Entwicklungen der Bitcoin Geschichte. 2021 steckte das Lightning-Netzwerk immer noch in den Kinderschuhen. Es handelt sich beim Lightning-Netzwerk um ein Protokoll, das Bitcoin auf clevere und innovative Weise nutzt. Es basiert auf einer sogenannten Second-Layer-Technik, die in einer zweiten Schicht auf Bitcoin aufsetzt.

Das Konzept des Lightning-Netzwerks wurde 2015 vorgeschlagen, und die erste Implementierung wurde 2018 in Betrieb genommen. 2021 begannen wir gerade erst, zu erkennen, welche Möglichkeiten das Lightning-Netzwerk Bitcoin bietet, einschließlich eines besseren Datenschutzes sowie besserer Geschwindigkeit und Skalierbarkeit. Mit dem Kernwissen über das Lightning-Netzwerk können Sie die Zukunft des Netzwerks mitgestalten und gleichzeitig eigene Möglichkeiten nutzen.

Wir gehen davon aus, dass Sie bereits über grundlegende Bitcoin-Kenntnisse verfügen. Ist das nicht der Fall, müssen Sie sich aber keine Sorgen machen – wir erklären die wichtigsten Bitcoin-Konzepte, die zum Verständnis des Lightning-Netzwerks nötig sind, in Anhang A. Wenn Sie mehr über Bitcoin erfahren wollen, können Sie *Mastering Bitcoin*, 2nd edition, von Andreas M. Antonopoulos (O'Reilly) lesen, das online (*https://github.com/bitcoinbook/bitcoinbook*) frei verfügbar ist. Die deutsche Übersetzung mit dem Titel Bitcoin & Blockchain – Grundlagen und Programmierung hat O'Reilly herausgebracht (ISBN 978-3-96009-071-7).

Zwar richtet sich dieses Buch größtenteils an Programmierer, doch die ersten Kapitel wurden so geschrieben, dass sie für jedermann, unabhängig vom technischen Hintergrund, lesbar sind. In diesem Kapitel beginnen wir mit einigen Fachbegriffen, wenden uns dann dem Thema Vertrauen zu und wie es in diesen Systemen angewandt wird und diskutieren abschließend die Geschichte und die Zukunft des Lightning-Netzwerks. Los geht's.

Grundlegende Konzepte des Lightning-Netzwerks

Bei der Betrachtung, wie das Lightning-Netzwerk tatsächlich funktioniert, stoßen wir auf einige technische Begriffe, die zunächst etwas verwirrend sein können. All diese Konzepte und Begriffe werden im Verlauf des Buchs ausführlich erläutert und im Glossar definiert. An dieser Stelle einige der grundlegenden Definitionen bereits einzuführen, wird es Ihnen erleichtern, die Konzepte in den nächsten beiden Kapiteln zu verstehen. Falls Sie noch nicht jede dieser Definitionen verstehen, ist das okay. Es wird besser, je tiefer Sie in den Text einsteigen.

Blockchain
: Ein verteiltes Kassenbuch mit Transaktionen, das von einem Netzwerk von Computern erzeugt wird. Bitcoin ist beispielsweise ein System, das eine Blockchain erzeugt. Das Lightning-Netzwerk selbst ist keine Blockchain und erzeugt auch keine. Es ist ein Netzwerk, das für seine Sicherheit eine externe Blockchain benötigt.

Digitale Signatur
: Eine digitale Signatur ist ein mathematisches Verfahren zur Verifikation der Authentizität digitaler Nachrichten oder Dokumente. Eine gültige Signatur gibt dem Empfänger berechtigten Grund, zu glauben, dass die Nachricht von einem bekannten Absender stammt, dass dieser Absender nicht leugnen kann, die Nachricht gesendet zu haben, und dass die Nachricht während der Übertragung nicht verändert wurde.

Hashfunktion
: Eine kryptografische Hashfunktion ist ein mathematischer Algorithmus, der Daten beliebiger Größe auf einen Bitstring fester Größe (einen Hash) abbildet. Sie ist als sogenannte Einwegfunktion entworfen, d.h., die Funktion lässt sich nicht umkehren.

Node
: Ein Computer, der an einem Netzwerk teilnimmt. Eine Lightning-Node ist ein Computer, der am Lightning-Netzwerk teilnimmt. Eine Bitcoin-Node ist ein Computer, der am Bitcoin-Netzwerk teilnimmt. Üblicherweise betreibt ein LN-Nutzer eine Lightning- *und* eine Bitcoin-Node.

On-Chain oder Off-Chain
: Eine Zahlung ist *On-Chain*, wenn sie als Transaktion in der Bitcoin-Blockchain (oder einer anderen zugrunde liegenden Blockchain) festgehalten wird. Zahlungen, die über Zahlungskanäle zwischen Lightning-Nodes gesendet werden und in der Blockchain nicht sichtbar sind, werden als *Off-Chain*-Zahlungen bezeichnet. Im Lightning-Netzwerk sind die einzigen On-Chain-Transaktionen üblicherweise diejenigen, die einen Lightning-Zahlungskanal öffnen und schließen. Es gibt einen dritten Typ kanalmodifizierender Transaktionen, das sogenannte Splicing, mit dem im Kanal gebundene (Geld-)Mittel hinzugefügt/entfernt werden können.

Zahlung
: Werden Werte im Lightning-Netzwerk ausgetauscht, sprechen wir von einer »Zahlung« und nicht von einer »Transaktion« auf der Bitcoin-Blockchain.

Zahlungskanal
: Eine *finanzielle Beziehung* zwischen zwei Nodes im Lightning-Netzwerk. Wird üblicherweise über Multisignatur-Bitcoin-Transaktionen implementiert, die sich die Kontrolle über die Bitcoins zwischen zwei Lightning-Nodes teilen.

Routen oder Senden
: Im Gegensatz zum Bitcoin, wo Transaktionen »gesendet« werden, indem sie an jeden übertragen werden, ist Lightning ein geroutetes Netzwerk, in dem Zahlungen über ein oder mehrere Zahlungskanäle »geroutet« werden und einem *Pfad* vom Sender zum Empfänger folgen.

Transaktion
: Eine Datenstruktur, die die Übertragung der Kontrolle über bestimmte Mittel (d.h. Bitcoin) aufzeichnet. Das Lightning-Netzwerk nutzt Bitcoin-Transaktionen (oder Transaktionen einer anderen Blockchain), um die Kontrolle über die Mittel festzuhalten.

Detailliertere Definitionen dieser und vieler weiterer Begriffe finden Sie im »Glossar« auf Seite 439. Im Verlauf des Buchs erläutern wir, was diese Konzepte bedeuten und wie die Techniken funktionieren.

Nachdem Sie mit diesen grundlegenden Begriffen vertraut sind, wollen wir uns einem Konzept zuwenden, das Sie bereits kennen: Vertrauen.

Vertrauen in dezentralisierten Netzwerken

Sie werden häufig hören, dass die Menschen Bitcoin und das Lightning-Netzwerk als »vertrauensfrei« bezeichnen. Im ersten Moment ist das verwirrend. Vertrauen ist doch eine gute Sache? Banken werben damit! Ist ein »vertrauensfreies« System, also ein System ohne Vertrauen, nicht eher etwas Schlechtes?

Der Begriff »vertrauensfrei« beschreibt die Fähigkeit, arbeiten zu können, ohne anderen Teilnehmenden des Systems vertrauen zu *müssen*. Bei einem dezentralisierten System wie Bitcoin können Sie natürlich immer eine Transaktion mit jemandem durchzuführen, dem Sie vertrauen. Das System stellt aber sicher, dass Sie nicht betrogen werden können, auch wenn Sie der Gegenpartei einer Transaktion nicht vertrauen. Vertrauen ist eine nette Option und kein absolutes Muss des Systems.

Vergleichen Sie das mit traditionellen Systemen wie Banken, wo Sie einer dritten Partei vertrauen müssen, weil diese Ihr Geld kontrolliert. Missbraucht eine Bank Ihr Vertrauen, können Sie vielleicht Regress über eine Regulierungsbehörde oder ein Gericht einfordern, doch kostet Sie das viel Zeit, Geld und Mühe.

Vertrauensfrei bedeutet nicht frei von Vertrauen. Es bedeutet, dass Vertrauen keine Grundvoraussetzung für Transaktionen ist und dass Transaktionen sogar mit Leuten möglich sind, denen Sie nicht vertrauen, weil das System Betrug verhindert.

Bevor wir darauf eingehen, wie das Lightning-Netzwerk funktioniert, ist es wichtig, ein Grundkonzept zu verstehen, das Bitcoin, dem Lightning-Netzwerk und vielen anderen dieser Systeme zugrunde liegt: etwas, das wir als *Fairness-Protokoll* bezeichnen. Ein Fairness-Protokoll erzielt ein faires Ergebnis zwischen den Teilnehmenden (die einander nicht vertrauen müssen) ohne die Notwendigkeit einer zentralen Autorität. Es bildet das Rückgrat dezentraler Systeme wie Bitcoin.

Fairness ohne zentrale Autorität

Wie kann man genug Vertrauen herstellen, um kooperative oder geschäftliche Tätigkeiten aufzunehmen, wenn die Leute gegensätzliche Interessen haben? Die Antwort auf diese Frage bildet den Kern unterschiedlicher wissenschaftlicher Disziplinen wie Wirtschaftswissenschaften, Soziologie, Verhaltenspsychologie und Mathematik. Einige dieser Fachrichtungen liefern uns »weiche« Antworten, die auf Konzepten wie Reputation, Fairness, Moral und sogar Religion basieren. Andere geben konkrete Antworten, die nur von der Annahme ausgehen, dass die Teilnehmer dieser Transaktionen rational handeln und ihr Eigeninteresse der wesentliche Antrieb ist.

Im Allgemeinen gibt es eine Handvoll Möglichkeiten, faire Ergebnisse bei der Interaktion zwischen Individuen zu erzielen, die gegensätzliche Interessen verfolgen:

Vertrauen
: Sie interagieren nur mit Menschen, denen Sie bereits vertrauen, sei es aufgrund früherer Interaktionen, ihrer Reputation oder familiärer Beziehungen. Das funktioniert im kleinen Rahmen ganz gut, besonders innerhalb von Familien oder kleinen Gruppen, und ist daher die häufigste Basis kooperativen Verhaltens. Leider skaliert diese Lösung nicht gut und leidet unter (gruppenorientiertem) »Stammesdenken«.

Rechtsnormen
: Legen Sie Regeln für Interaktionen fest, die durch eine Institution durchgesetzt werden. Diese Lösung skaliert besser, aufgrund unterschiedlicher Bräuche und Traditionen aber nicht global. Auch ist die Skalierung der entsprechenden Institutionen unmöglich. Ein unangenehmer Nebeneffekt dieser Lösung ist, dass die Institutionen immer mächtiger werden, je größer sie werden, was Korruption begünstigt.

Vertrauenswürdige Dritte
: Binden Sie einen Intermediär in jede Interaktion ein, um Fairness zu erzwingen. In Kombination mit den »Rechtsnormen«, die die Aufsicht über die Intermediäre sicherstellen, skaliert diese Lösung besser, doch auch hier bleibt eine Unausgewogenheit der Macht bestehen: Die Intermediäre werden sehr mächtig und können der Korruption erliegen. Die Konzentration von Macht führt zu systemischen Risiken und systemischen Fehlern (Systemrelevanz, »zu groß, um zu scheitern«).

Spieltheoretische Fairness-Protokolle
: Die letzte Kategorie entstammt der Kombination aus Internet und Kryptografie und ist Gegenstand dieses Abschnitts. Sehen wir uns an, wie Fairness-Protokolle funktionieren und welche Vor- und Nachteile sie bieten.

Vertrauenswürdige Protokolle ohne Intermediäre

Kryptografische Systeme wie Bitcoin und das Lightning-Netzwerk sind Systeme, in denen Sie mit Menschen (und Computern) Geschäfte abwickeln können, denen Sie nicht vertrauen. Das wird häufig als »vertrauensfrei« bezeichnet, obwohl es tatsächlich nicht frei von Vertrauen ist. Sie müssen der eingesetzten Software vertrauen, und Sie müssen darauf vertrauen, dass das von der Software implementierte Protokoll zu fairen Ergebnissen führt.

Der große Unterschied zwischen einem kryptografischen System wie diesem und einem traditionellen Finanzsystem besteht darin, dass im traditionellen Finanzsystem ein *vertrauenswürdiger Dritter* (zum Beispiel eine Bank) sicherstellt, dass die Ergebnisse fair sind. Ein wesentliches Problem solcher Systeme besteht darin, dass sie der dritten Partei zu viel Macht geben und gleichzeitig eine *einzelne Schwachstelle* (einen *Single Point of Failure*) bilden. Verletzt der vertrauenswürdige Dritte selbst das Vertrauen oder versucht er zu betrügen, ist die Basis des Vertrauens dahin.

Wenn Sie sich mit kryptografischen Systemen beschäftigen, werden Sie ein bestimmtes Muster erkennen: Statt auf vertrauenswürdige Dritte zu setzen, versuchen diese Systeme, unfaire Ergebnisse zu verhindern, indem sie positive und negative Anreize nutzen. Bei kryptografischen Systemen platzieren Sie das Vertrauen in das *Protokoll*, d.h. ein System mit einer Reihe von Regeln, die, richtig konzipiert, die gewünschten positiven und negativen Anreize korrekt anwenden. Dieser Ansatz hat zwei Vorteile: Sie müssen nicht nur keinem Dritten vertrauen, sondern müssen faire Ergebnisse auch nicht explizit durchsetzen. Solange die Teilnehmer dem vereinbarten Protokoll folgen, sorgt der Anreizmechanismus im Protokoll für faire Ergebnisse, ohne sich weiter um die Durchsetzung kümmern zu müssen.

Der Einsatz positiver und negativer Anreize zum Erreichen fairer Ergebnisse ist ein Aspekt eines Teilgebiets der Mathematik, das als *Spieltheorie* bezeichnet wird. Es modelliert Entscheidungssituationen, »in denen mehrere Beteiligte miteinander interagieren«.[1] Kryptografische Systeme, die Finanztransaktionen zwischen Teilnehmern kontrollieren, wie z.B. Bitcoin und das Lightning-Netzwerk, bauen stark auf der Spieltheorie auf, um zu verhindern, dass Teilnehmer betrügen können, und um es einander nicht vertrauenden Teilnehmern zu ermöglichen, faire Ergebnisse zu erzielen.

Zwar mögen die Spieltheorie und ihr Einsatz in kryptografischen Systemen auf den ersten Blick verwirrend und ungewohnt wirken, doch es ist sehr wahrscheinlich,

1 Der Wikipedia-Eintrag zur Spieltheorie (*https://de.wikipedia.org/wiki/Spieltheorie*) bietet weitere Informationen.

dass Sie solche Systeme bereits aus Ihrem Alltag kennen. Sie erkennen sie nur noch nicht als solche. Im folgenden Abschnitt wollen wir ein einfaches Beispiel aus der Kindheit nutzen, um das grundlegende Muster aufzuzeigen. Sobald Sie das Grundmuster verstanden haben, werden Sie es überall in der Blockchain-Welt sehen und es schnell und intuitiv erkennen.

In diesem Buch nennen wir dieses Muster *Fairness-Protokoll* und definieren es als Prozess, das ein System positiver und negativer Anreize nutzt, um faire Ergebnisse für die Teilnehmenden zu erzielen, die einander nicht vertrauen. Die Durchsetzung des Fairness-Protokolls ist nur notwendig, um sicherzustellen, dass die Teilnehmer die positiven bzw. negativen Anreize nicht umgehen können.

Ein Fairness-Protokoll in Aktion

Sehen wir uns ein Beispiel für ein Fairness-Protokoll an, das Ihnen möglicherweise vertraut ist.

Stellen Sie sich eine Familie mit zwei Kindern beim Mittagessen vor. Die Kinder sind schwierige Esser: Das Einzige, was sie zu sich nehmen, sind Pommes frites. Die Eltern habe eine Schüssel mit »Fritten« zubereitet, die sich die beiden Geschwister teilen müssen. Die Eltern müssen eine faire Verteilung der Fritten sicherstellen, andernfalls werden sie sich (möglicherweise den ganzen Tag) das Gemaule anhören müssen. Außerdem ist es immer möglich, dass eine unfaire Situation in Gewalt umschlägt. Was können die Eltern tun?

Es gibt verschiedene Möglichkeiten, in dieser Situation strategische Fairness zwischen den beiden Geschwistern zu erreichen, die einander nicht vertrauen und gegensätzliche Interessen haben. Die naive, aber übliche Methode ist, dass die Eltern ihre Autorität als vertrauenswürdige dritte Partei nutzen: Sie teilen die Schüssel in zwei Portionen auf. Das entspricht der traditionellen Finanzwelt, in der eine Bank, ein Buchhalter oder ein Anwalt als vertrauenswürdige dritte Partei fungiert, um jedwede Schummelei zwischen den beiden Parteien zu verhindern.

Das Problem bei diesem Szenario besteht darin, dass sehr viel Macht und Verantwortung in den Händen der vertrauenswürdigen dritten Partei liegt. In unserem Beispiel liegt die volle Verantwortung für das gleichmäßige Verteilen der Pommes frites bei den Eltern, und die Kinder können nur warten, schauen und meckern. Die Kinder beschuldigen die Eltern, parteiisch zu sein und das Essen nicht fair zu verteilen. Während sie sich um die Fritten streiten, schreien sie: »Diese Pommes-Portion ist größer!« und ziehen ihre Eltern in den Kampf hinein. Klingt furchtbar, nicht wahr? Sollen die Eltern lauter schreien? Alle Pommes frites wegnehmen? Damit drohen, nie wieder Pommes frites zu machen, und die undankbaren Kinder hungrig ins Bett schicken?

Es gibt eine wesentlich bessere Lösung: Die Geschwister lernen das Spiel »teile und wähle« kennen. Bei jedem Essen teilt eines der Geschwister die Schüssel in zwei Portionen auf, und das *andere* Geschwisterteil darf wählen, welche Portion es will.

Sofort erkennen die Geschwister die Dynamik dieses Spiels. Macht eines der Kinder beim Verteilen einen Fehler oder versucht zu betrügen, kann das andere Kind es »bestrafen«, indem es die größere Portion nimmt. Es ist in beiderseitigem Interesse der Geschwister, doch insbesondere im Interesse desjenigen, der die Pommes verteilt, fair zu bleiben. Nur der Betrüger verliert in diesem Szenario. Die Eltern müssen weder ihre Autorität einsetzen noch die Fairness in irgendeiner Form durchsetzen, sie müssen nur *das Protokoll durchsetzen*. Solange die Geschwister den ihnen zugedachten Rollen als »Verteiler« und »Wähler« nicht entgehen können, stellt das Protokoll selbst sicher, dass es ein faires Ergebnis gibt, ohne dass weiter eingegriffen werden muss. Die Eltern können niemanden bevorzugen oder das Ergebnis verfälschen.

Während die berüchtigten Pommes-Schlachten der 1980er den wesentlichen Punkt schön verdeutlichen, sind jedwede Ähnlichkeiten des obigen Szenarios mit den Kindheitserinnerungen der Autoren und seinen Cousins reiner Zufall ...?

Sicherheits-Primitive als Grundbausteine

Damit ein Fairness-Protokoll wie dieses funktionieren kann, sind bestimmte Garantien, oder *Sicherheits-Primitive*, notwendig, die man kombinieren kann, um die Durchsetzung sicherzustellen. Die erste Sicherheits-Primitive ist eine *strikte Zeiteinteilung/-sequenzierung*: Die Aktion »Teilen« muss vor der Aktion »Wählen« erfolgen. Es ist zwar nicht offensichtlich, doch solange Sie nicht garantieren können, dass Aktion A vor Aktion B erfolgt, ist das Protokoll hinfällig. Die zweite Sicherheits-Primitive ist die *Verpflichtung ohne Ablehnung*. Jedes Kind muss sich zu seiner Rolle verpflichten: entweder »Teiler« oder »Wähler«. Und sobald das Verteilen abgeschlossen ist, muss der Teiler das Ergebnis akzeptieren – er kann keinen Rückzieher machen und es noch einmal versuchen.

Kryptografische Systeme bieten eine Reihe von Sicherheits-Primitiven an, die auf unterschiedliche Art und Weise kombiniert werden können, um ein Fairness-Protokoll aufzubauen. Neben Sequenzierung und Verpflichtung können wir weitere Werkzeuge nutzen:

- Hashfunktionen zum Fingerprinting von Daten als Form der Verpflichtung oder als Basis einer digitalen Signatur.
- Digitale Signaturen zur Authentifizierung, Nichtablehnung oder als Beweis für den Besitz eines Secrets.
- Verschlüsselung/Entschlüsselung, um den Zugriff auf Informationen auf autorisierte Teilnehmer zu beschränken.

Das ist nur ein kleiner Teil einer ganzen »Menagerie« genutzter Sicherheits- und kryptografischer Primitive. Weitere grundlegende Primitive und Kombinationen werden fortlaufend entwickelt.

In unserem Beispiel haben wir eine Form des Fairness-Protokolls namens »teile und wähle« kennengelernt. Das ist nur eines einer Vielzahl von Fairness-Protokollen, die sich aufbauen lassen, indem man die Grundbausteine aus Sicherheits-Primitiven auf unterschiedliche Weise kombiniert. Doch das grundlegende Muster ist immer gleich: Zwei oder mehr Teilnehmer interagieren, ohne einander vertrauen zu müssen, indem sie einer Reihe von Schritten eines vereinbarten Protokolls folgen. Die Schritte des Protokolls legen positive und negative Anreize fest, durch die sich ein Betrug nicht lohnt und die automatisch zu einem fairen Ergebnis führen, wenn die Teilnehmer rational handeln. Die Durchsetzung ist für ein faires Ergebnis nicht nötig – sie sorgt nur dafür, dass die Teilnehmer das vereinbarte Protokoll nicht verletzen.

Da Sie nun das grundlegende Muster verstehen, werden Sie es überall bei Bitcoin, dem Lightning-Netzwerk und in vielen anderen Systemen erkennen. Sehen wir uns einige konkrete Beispiele an.

Beispiel für Fairness-Protokolle

Das wohl bekannteste Beispiel eines Fairness-Protokolls ist Bitcoins Konsensalgorithmus *Proof of Work* (PoW). Bei Bitcoin konkurrieren Miner um die Verifikation von Transaktionen und deren Zusammenfassung in Blöcken. Damit die Miner nicht schummeln, verwendet Bitcoin ein System positiver und negativer Anreize, ohne sie einer Autorität zu unterstellen. Miner müssen Elektrizität und Hardware aufwenden, um *Arbeit* (engl. *Work*) zu erledigen, die als *Beweis* (engl. *Proof*) in jeden Block eingebettet wird. Das wird durch eine Eigenschaft der Hashfunktionen erreicht, bei der der Ausgabewert über alle möglichen Werte gleichmäßig verteilt ist. Kann ein Miner schnell genug einen gültigen Block erzeugen, erhält er die Belohnung für diesen Block. Da die Miner gezwungen sind, viel Elektrizität aufzuwenden, bevor das Netzwerk ihren Block aufnimmt, haben sie einen positiven Anreiz, die Transaktionen im Block korrekt zu validieren. Wenn sie schummeln oder irgendeinen Fehler begehen, wird ihr Block abgelehnt, und die zum »Beweis« aufgewandte Elektrizität ist verschwendet. Niemand muss Miner zur Erzeugung gültiger Blöcke zwingen. Die Belohnung bzw. Strafe ist Anreiz genug. Das Protokoll muss dabei einfach sicherstellen, dass nur gültige Blöcke mit Proof of Work akzeptiert werden.

Das Fairness-Protokoll-Muster findet sich auch bei vielen verschiedenen Aspekten des Lightning-Netzwerks:

- Diejenigen, die Kanäle finanzieren, stellen sicher, dass eine Rückerstattungstransaktion signiert wird, bevor sie die Transaktion veröffentlichen.
- Sobald ein Kanal in einen neuen Zustand übergeht, wird der alte Zustand »widerrufen«. Versucht jemand, diesen alten Zustand zu veröffentlichen, wird er bestraft, indem er den gesamten Betrag verliert.
- Wer Zahlungen weiterleitet, weiß, dass er entweder eine Rückerstattung erhält oder von der vorherigen Node bezahlt wird.

Dieses Muster sehen wir immer und immer wieder. Faire Ergebnisse werden nicht durch irgendeine Autorität erzwungen. Sie entstehen als natürliche Konsequenz eines Protokolls, das Fairness belohnt und Schummelei bestraft – ein Fairness-Protokoll, das das Eigeninteresse nutzt, um faire Ergebnisse zu erzielen.

Bitcoin und das Lightning-Netzwerk sind beides Implementierungen von Fairness-Protokollen. Warum brauchen wir dann überhaupt das Lightning-Netzwerk? Reicht Bitcoin nicht?

Motivation für das Lightning-Netzwerk

Bitcoin ist ein System, das Transaktionen in einem global replizierten, öffentlichen Kassenbuch festhält. Jede Transaktion wird von jedem teilnehmenden Computer gesehen, validiert und gespeichert. Wie Sie sich vorstellen können, generiert das sehr viele Daten und ist schwer zu skalieren.

Als Bitcoin und der Bedarf an Transaktionen größer wurden, stieg die Anzahl der Transaktionen pro Block an, bis schließlich die Grenze der Blockgröße erreicht wurde. Sobald ein Block »voll« ist, müssen überschüssige Transaktionen in einer Queue warten. Viele Nutzer erhöhen die Gebühren, die sie zu zahlen bereit sind, um sich im nächsten Block Platz für ihre Transaktion zu erkaufen.

Wenn der Bedarf die Kapazität des Netzwerks ständig übersteigt, bleibt eine steigende Zahl von Nutzertransaktionen unbestätigt. Der Gebührenwettstreit erhöht auch die Kosten jeder Transaktion, was Transaktionen kleiner Beträge (sogenannte Mikrotransaktionen) in Zeiten hoher Nachfrage völlig unrentabel macht.

Um dieses Problem zu lösen, können Sie die Blockgröße erhöhen, um Raum für mehr Transaktionen zu schaffen. Eine »Versorgung« mit mehr Platz pro Block führt zu niedrigeren Preisen bei den Transaktionsgebühren.

Allerdings wälzt die Erhöhung der Blockgröße die Kosten auf die Node-Betreiber ab, die mehr Ressourcen bereitstellen müssen, um die Blockchain zu validieren und zu speichern. Da Blockchains geschwätzige Protokolle sind, muss jede Node jede einzelne Transaktion im Netzwerk kennen und validieren. Einmal validiert, muss jede Transaktion und jeder Block an die »Nachbarn« der Node weitergeleitet (propagiert) werden, wodurch sich die Anforderungen an die Bandbreite vervielfachen. Je größer ein Block, desto mehr Bandbreite, Datenverarbeitung und Speicherplatz muss jede einzelne Node aufwenden. Auf diese Weise die Transaktionskapazität zu erhöhen, hat den unerwünschten Effekt der Zentralisierung des Systems, weil die Anzahl der Nodes und Node-Betreiber reduziert wird. Da die Node-Betreiber für den Betrieb von Nodes nicht entschädigt werden, werden nur wenige finanziell gut ausgestattete Betreiber ihre Nodes weiterhin laufen lassen, wenn deren Betrieb teuer ist.

Blockchains skalieren

Die Nebeneffekte der Erhöhung der Blockgröße bzw. der Reduzierung der Blockzeit in Bezug auf die Zentralisierung des Netzwerks sind vielfältig, wie ein paar Berechnungen zeigen.

Nehmen wir an, dass die Nutzung von Bitcoin so weit ansteigt, dass das Netzwerk 40.000 Transaktionen pro Sekunde verarbeiten muss. Das entspricht in etwa dem, was das Visa-Netzwerk zu Spitzenzeiten verarbeiten muss.

Gehen wir von durchschnittlich 250 Bytes pro Transaktion aus, wäre das ein Datenstrom von 10 Megabyte (MByte) bzw. 80 Megabit (MBit) pro Sekunde allein für das Empfangen aller Transaktionen. Der Traffic-Overhead für die Weiterleitung der Transaktionsinformationen an andere Peers ist dabei noch nicht berücksichtigt. Mit Blick auf die Geschwindigkeiten von Fiberglas- und mobilen 5G-Verbindungen scheint das nicht besonders viel zu sein, würde aber dennoch jeden daran hindern, eine Node zu betreiben, die diese Anforderung nicht erfüllt. Das gilt insbesondere für Länder, in denen Hochgeschwindigkeitsinternet nicht erschwinglich oder nicht flächendeckend verfügbar ist.

Die Nutzerinnen und Nutzer müssen ihre Bandbreite auch anderweitig verwenden können, und man kann nicht erwarten, dass sie sie erhöhen, nur um Transaktionen zu empfangen.

Die lokale Speicherung würde darüber hinaus zu 864 Gigabyte pro Tag führen. Das entspricht grob einem Terabyte an Daten oder der Größe einer Festplatte.

Die Verifikation von 40.000 ECDSA-Signaturen (*Elliptic Curve Digital Signature Algorithm*) pro Sekunde ist ebenfalls kaum praktikabel,[2] was den *initialen Block-Download* (*IBD*) der Bitcoin-Blockchain (d.h. die Synchronisation und Verifikation aller Transaktionen beginnend mit dem Genesis-Block) ohne sehr teure Hardware nahezu unmöglich macht.

Zwar klingen 40.000 Transaktionen pro Sekunde nach viel, doch man erreicht damit nur einen Gleichstand mit traditionellen Zahlungsnetzwerken zu Spitzenzeiten. Innovationen wie Maschine-zu-Maschine-Zahlungen, Mikrotransaktionen und andere Anwendungen werden den Bedarf sehr wahrscheinlich um ein Vielfaches ansteigen lassen.

Einfach ausgedrückt: Sie können eine Blockchain nicht so skalieren, dass sie alle Transaktionen dieser Welt in dezentralisierter Form validieren kann.

2 Siehe dazu diesen Artikel auf StackExchange (*https://bitcoin.stackexchange.com/questions/95339/how-many-bitcoin-transactions-can-be-verified-per-second*).

Doch was wäre, wenn eine Node nicht jede einzelne Transaktion kennen und validieren müsste? Was wäre, wenn es skalierbare Off-Chain-Transaktionen gäbe, ohne auf die Sicherheit des Bitcoin-Netzwerks verzichten zu müssen?

Im Februar 2015 haben Joseph Poon und Thaddeus Dryja mit der Veröffentlichung von »The Bitcoin Lightning Network: Scalable Off-Chain Instant Payments«[3] eine mögliche Lösung für Bitcoins Skalierungsproblem vorgeschlagen.

In dem (mittlerweile veralteten) Whitepaper schätzen Poon und Dryja, dass Bitcoin 8 Gigabyte große Blöcke benötigen würde, um die von Visa zu Spitzenzeiten verarbeiteten 47.000 Transaktionen pro Sekunde zu erreichen. Das würde den Betrieb einer Node, mit Ausnahme von großen Konzernen und Industrieunternehmen, für jeden unmöglich machen. Das Ergebnis wäre ein Netzwerk, in dem nur wenige Nutzer tatsächlich den Zustand des Kassenbuchs validieren könnten. Um dezentral zu bleiben, basiert Bitcoin darauf, dass Nutzer das Kassenbuch selbst validieren, ohne Dritten vertrauen zu müssen. Nutzer vom Betrieb einer Node auszunehmen, würde den durchschnittlichen Nutzer dazu zwingen, einer dritten Partei zu vertrauen, um den Status des Kassenbuchs zu erfahren, was letztlich zum Bruch des Bitcoin-Vertrauensmodells führen würde.

Das Lightning-Netzwerk schlägt ein neues Netzwerk vor, eine »zweite Schicht« (engl. *Second Layer*), in dem Benutzer Zahlungen direkt miteinander abwickeln können (Peer to Peer), ohne für jede Zahlung eine Transaktion in der Bitcoin-Blockchain festhalten zu müssen. Nutzer können einander im Lightning-Netzwerk so oft bezahlen, wie sie wollen, ohne zusätzliche Bitcoin-Transaktionen zu erzeugen oder On-Chain-Gebühren zahlen zu müssen. Sie nutzen die Bitcoin-Blockchain nur, um zu Beginn Bitcoin in das Lightning-Netzwerk zu laden oder dort zu verrechnen (engl. *settle*), also Bitcoin aus dem Lightning-Netzwerk zu entfernen. Das bedeutet, dass viele Bitcoin-Zahlungen außerhalb der Blockchain (Off-Chain) erfolgen können und nur das erstmalige Laden und das abschließende Verrechnen als Transaktionen von Blockchain-Nodes validiert und gespeichert werden müssen. Neben der reduzierten Last für die Nodes sind Zahlungen im Lightning-Netzwerk für die Nutzer günstiger, weil sie keine Blockchain-Gebühren zahlen müssen. Sie bieten außerdem eine bessere Privatsphäre, weil sie nicht allen Teilnehmern des Netzwerks bekannt gegeben und darüber hinaus nicht permanent gespeichert werden.

Zwar wurde das Lightning-Netzwerk ursprünglich für Bitcoin konzipiert, kann aber für jede Blockchain implementiert werden, die einige technische Anforderungen erfüllt. Andere Blockchains wie Litecoin unterstützen das Lightning-Netzwerk bereits. Zusätzlich entwickeln verschiedene weitere Blockchains vergleichbare Second-Layer- bzw. »Layer 2«-Lösungen für die Skalierung.

3 Joseph Poon und Thaddeus Dryja. »The Bitcoin Lightning Network: Scalable Off-Chain Instant Payments.« DRAFT-Version 0.5.9.2. 14. Januar 2016. *https://lightning.network/lightning-network-paper.pdf.*

Die das Lightning-Netzwerk definierenden Eigenschaften

Das Lightning-Netzwerk ist ein Netzwerk, das als Second-Layer-Protokoll auf Bitcoin und anderen Blockchains aufsetzt. Das Lightning-Netzwerk ermöglicht schnelle, sichere, vertrauens- und genehmigungsfreie (engl. *permissionless*) Zahlungen. Hier einige Eigenschaften des Lightning-Netzwerks:

- Nutzer des Lightning-Netzwerks können einander Zahlungen zu geringen Kosten und in Echtzeit weiterleiten.
- Nutzer, die Werte über das Lightning-Netzwerk austauschen, müssen nicht auf die Blockbestätigungen ihrer Zahlung warten.
- Sobald eine Zahlung im Lightning-Netzwerk abgeschlossen ist, üblicherweise innerhalb weniger Sekunden, ist sie final und kann nicht rückgängig gemacht werden. Wie eine Bitcoin-Transaktion kann eine Zahlung im Lightning-Netzwerk nur vom Empfänger zurückerstattet werden.
- Während On-Chain-Bitcoin-Transaktionen an alle Nodes im Netzwerk weitergeleitet und von diesen verifiziert werden, werden Zahlungen im Lightning-Netzwerk zwischen Node-Paaren übertragen und sind nicht für jedermann sichtbar. Das führt zu mehr Privatsphäre.
- Im Gegensatz zu Transaktionen im Bitcoin-Netzwerk müssen im Lightning-Netzwerk weitergeleitete Zahlungen nicht dauerhaft gespeichert werden. Lightning benötigt daher weniger Ressourcen und ist günstiger. Von dieser Eigenschaft profitiert ebenfalls die Privatsphäre.
- Das Lightning-Netzwerk nutzt Onion-Routing ähnlich dem Tor-Netzwerkprotokoll, d.h., dass selbst die an einer Zahlung beteiligten Nodes nur den Vorgänger und den Nachfolger der Zahlungsroute kennen.
- Setzt das Lightning-Netzwerk auf Bitcoin auf, nutzt es auch reale Bitcoins, die immer im Besitz und unter der vollständigen Kontrolle des Nutzers sind. Lightning ist kein separater Token oder Coin, es *ist* Bitcoin.

Anwendungsfälle, Nutzer und ihre Geschichten

Um besser zu verstehen, wie das Lightning-Netzwerk tatsächlich funktioniert und warum die Menschen es einsetzen, lernen Sie nachfolgend eine Reihe von Nutzerinnen und Nutzern mit ihren Geschichten kennen.

In unseren Beispielen haben einige Menschen Bitcoin bereits genutzt, während andere völlige Neulinge im Bitcoin-Netzwerk sind. Jede hier aufgeführte Person einschließlich ihrer Geschichte stellt einen oder mehrere Anwendungsfälle dar. Wir werden ihnen im Verlauf des Buchs immer wieder begegnen:

(End-)Verbraucher

Alice ist eine Bitcoin-Nutzerin, die schnelle, sichere, günstige und private Zahlungen für kleine Erwerbungen nutzen möchte. Sie kauft Kaffee mit Bitcoin über das Lightning-Netzwerk.

Händler

Bob betreibt »Bobs Café«. On-Chain-Bitcoin-Zahlungen eignen sich nicht für kleine Beträge wie eine Tasse Kaffee, weshalb er das Lightning-Netzwerk nutzt, um schnelle Bitcoin-Zahlungen anbieten zu können, die ihn kaum Gebühren kosten.

Softwareservice

Chan ist ein chinesischer Entrepreneur, der Informationsdienste zum Lightning-Netzwerk, zu Bitcoin und anderen Kryptowährungen anbietet. Chan verkauft diese Informationen über das Internet und hat dazu Mikrozahlungen über das Lightning-Netzwerk implementiert. Zusätzlich hat Chan einen Liquiditätsservice implementiert. Er verleiht eingehende Kanalkapazitäten im Lightning-Netzwerk und berechnet dafür eine kleine Gebühr.

Gamer

Dina ist eine russische Gamerin im Teenager-Alter. Sie spielt viele verschiedene Computerspiele, bevorzugt aber solche mit einer auf echtem Geld basierenden »In-Game-Ökonomie«. Während sie spielt, verdient sie auch Geld, indem sie virtuelle In-Game-Items erlangt und verkauft. Das Lightning-Netzwerk erlaubt ihr die Überweisung kleiner Beträge für In-Game-Items sowie das Erwirtschaften kleiner Beträge für das Abschließen von Quests.

Fazit

In diesem Kapitel haben wir das grundlegende Konzept behandelt, das sowohl Bitcoin als auch dem Lightning-Netzwerk zugrunde liegt: das Fairness-Protokoll.

Wir haben uns die Geschichte des Lightning-Netzwerks angesehen und die Motivation hinter Second-Layer-Skalierungslösungen für Bitcoin und andere Blockchain-basierte Netzwerke.

Und Sie haben grundlegende Begriffe wie Node, Zahlungskanal, On-Chain-Transaktion und Off-Chain-Zahlung kennengelernt.

Abschließend wurden Alice, Bob, Chan und Dina vorgestellt, denen wir im weiteren Verlauf des Buchs folgen werden. Im nächsten Kapitel begleiten wir Alice bei der Wahl einer Lightning-Wallet und den Vorbereitungen für ihre erste Lightning-Zahlung für einen Kaffee in Bobs Café.

## KAPITEL 2

Erste Schritte

In diesem Kapitel beginnen wir da, wo die meisten Menschen anfangen, wenn sie das Lightning-Netzwerk für sich entdecken – wir wählen eine Software, um am LN-System teilnehmen zu können. Wir sehen uns die Wahl zweier Nutzer an, die typische Anwendungsfälle des Lightning-Netzwerks darstellen, und lernen von den Beispielen. Alice wird als Gast mit einer Lightning-Wallet einen Kaffee in Bobs Café kaufen. Bob, der Betreiber des Cafés, wird eine Lightning-Node und eine Lightning-Wallet nutzen, um ein Kassensystem in seinem Café zu betreiben, das Zahlungen über das Lightning-Netzwerk akzeptiert.

Alice' erste Lightning-Wallet

Alice ist langjährige Bitcoin-Nutzerin. Wir kennen Sie bereits aus Kapitel 1 von *Mastering Bitcoin*[1], wo sie eine Tasse Kaffee in Bobs Café mit einer Bitcoin-Transaktion bezahlt hat. Wenn Sie nicht wissen, wie Bitcoin-Transaktionen funktionieren, oder eine Auffrischung brauchen, lesen Sie bitte *Mastering Bitcoin* oder die Zusammenfassung in Anhang A.

Alice hat mitbekommen, dass Bobs Café mittlerweile auch LN-Zahlungen akzeptiert. Alice will unbedingt mehr über das Lightning-Netzwerk wissen und damit experimentieren. Sie möchte eine der ersten LN-Kundinnen von Bob sein. Dazu muss Alice zuerst eine Lightning-Wallet wählen, die ihren Bedürfnissen entspricht.

Alice möchte ihre Bitcoin nicht bei einer dritten Partei verwahren. Sie hat genug über Kryptowährungen gelernt, um zu wissen, wie man eine Wallet nutzt. Sie wünscht sich außerdem eine mobile Wallet, damit sie unterwegs kleine Zahlungen tätigen kann. Sie entscheidet sich für die beliebte mobile Lightning-Wallet *Eclair*. Sehen wir uns an, wie und warum sie diese Wahl getroffen hat.

1 Andreas M. Antonopoulos, *Mastering Bitcoin*, 2nd Edition, Chapter 1 (*https://github.com/bitcoinbook/bitcoinbook/blob/develop/ch01.asciidoc*) (O'Reilly)

Lightning-Nodes

Der Zugang zum Lightning-Netzwerk erfolgt über Softwareanwendungen, die das LN-Protokoll beherrschen. Eine *Lightning-Netzwerk-Node* (LN-Node oder einfach Node) ist eine Softwareanwendung mit drei wichtigen Eigenschaften. Erstens sind Lightning-Nodes Wallets, d.h., sie senden und empfangen Zahlungen über das Lightning-Netzwerk, aber auch über das Bitcoin-Network. Zweitens müssen Nodes auf Peer-to-Peer-Basis mit anderen Lightning-Nodes kommunizieren, um das Netzwerk aufzubauen, und drittens müssen Lightning-Nodes auch auf die Bitcoin-Blockchain (oder Blockchains anderer Kryptowährungen) zugreifen, um die für Zahlungen genutzten Mittel zu sichern.

Das höchste Maß an Kontrolle haben Nutzer, wenn sie eine eigene Bitcoin-Node und Lightning-Node betreiben. Lightning-Nodes können aber auch einen leichtgewichtigen Bitcoin-Client, die sogenannte vereinfachte Zahlungsverifikation (*Simplified Payment Verification*, kurz SPV) nutzen, um mit der Bitcoin-Blockchain zu interagieren.

Lightning-Explorer

LN-Explorer sind nützliche Werkzeuge, mit denen Sie sich Statistiken über Nodes, Kanäle und die Netzwerkkapazität ansehen können.

Nachfolgend eine unvollständige Liste:

- 1ML Lightning-Explorer (*https://1ml.com*)
- ACINQs Lightning-Explorer (*https://explorer.acinq.co*) mit schöner Visualisierung
- Amboss Space Lightning-Explorer (*https://amboss.space*) mit Community-Metriken und intuitiver Visualisierung
- Fiatjafs Lightning-Explorer (*https://ln.bigsun.xyz*) mit vielen Diagrammen
- hashXP Lightning-Explorer (*https://hashxp.org/lightning/node*)

Beachten Sie, dass bei der Nutzung von Lightning-Explorern, wie bei allen anderen Block-Explorern, die Privatsphäre ein Thema ist. Sind Nutzer zu sorglos, kann die Website ihre IP-Adressen und ihr Verhalten aufzeichnen (z.B. die Nodes, an denen Nutzer interessiert sind).

Sie sollten auch daran denken, dass es keinen globalen Konsens über den aktuellen Lightning-Graphen bzw. den Zustand irgendeines Kanals gibt. Nutzer sollten sich daher niemals auf Lightning-Explorer verlassen, wenn sie aktuelle Informationen abrufen wollen. Während die Nutzer Kanäle öffnen, schließen und aktualisieren, ändert sich darüber hinaus der Graph, und einzelne Lightning-Explorer sind möglicherweise nicht auf dem neuesten Stand. Nutzen Sie Lightning-Explorer zur Visualisierung des Netzwerks oder um Informationen einzuholen, aber nicht als verbindliche Quelle für das, was im Lightning-Netzwerk passiert. Für eine autoritative Sicht des Lightning-Netzwerks müssen Sie eine eigene Lightning-Node betreiben, die einen Kanal-Graphen aufbaut und verschiedene Statistiken führt, die Sie sich über eine webbasierte Schnittstelle ansehen können.

Lightning-Wallets

Der Begriff *Lightning-Wallet* ist etwas missverständlich, weil er eine Vielzahl von Komponenten beschreibt, die in einer Benutzerschnittstelle kombiniert werden. Die gängigen Komponenten einer Lightning-Wallet-Software umfassen:

- einen Schlüsselspeicher (engl. *Keystore*), der »Geheimnisse« (engl. *Secrets*) wie etwa private Schlüssel vorhält,
- eine LN-Node (Lightning-Node), die wie oben erwähnt mit dem Peer-to-Peer-Netzwerk kommuniziert,
- eine Bitcoin-Node, die Blockchain-Daten speichert und mit anderen Bitcoin-Nodes kommuniziert,
- eine Datenbank mit einer »Karte« der Nodes und Kanäle, die im Lightning-Netzwerk angemeldet sind,
- einen Kanalmanager, der LN-Kanäle öffnen und schließen kann, sowie
- ein System, das einen Pfad verbundener Kanäle zwischen der Quelle einer Zahlung und ihrem Ziel findet.

Eine Lightning-Wallet kann all diese Funktionen übernehmen, d.h. als »vollwertige« Wallet fungieren, ohne auf Dienste von Drittanbietern angewiesen zu sein. Eine oder mehrere dieser Komponenten können (ganz oder teilweise) von Drittanbieterdiensten abhängig sein, die diese Funktionen übernehmen.

Eine *Schlüsselfrage* (ja, ein Wortspiel) ist dabei, ob die Schlüsselspeicherfunktion intern vorhanden oder ausgelagert ist. Bei Blockchains bestimmt die Kontrolle der Schlüssel über die Kontrolle der Mittel, was sich im Mantra »deine Schlüssel, deine Coins; nicht deine Schlüssel, nicht deine Coins« widerspiegelt Jede Wallet, die die Verwaltung der Schlüssel auslagert, wird als *depotführende* (engl. *custodial*) Wallet bezeichnet, weil eine dritte Partei als Depotverwalter die Kontrolle über die Mittel des Nutzers hat, nicht der Nutzer selbst. Bei einer *eigenverwahrenden* Wallet ist der Schlüsselspeicher hingegen Teil der Wallet, und die Schlüssel werden direkt vom Nutzer kontrolliert. Der Begriff »eigenverwahrende Wallet« zeigt nur an, dass der Schlüsselspeicher lokal vorgehalten und vom Benutzer kontrolliert wird. Dennoch können andere Komponenten der Wallet ausgelagert und auf vertrauenswürdige dritte Parteien angewiesen sein.

Blockchains, insbesondere offene Blockchains wie Bitcoin, versuchen, das Vertrauen in dritte Parteien zu minimieren oder sogar auszuschließen und die Nutzer zu stärken. Das wird häufig als »vertrauensfreies« Modell bezeichnet, auch wenn es der Begriff »reduziertes Vertrauen« vielleicht besser träfe. Bei diesen Systemen vertraut der Nutzer einer Software und nicht dritten Parteien. Die Frage der Kontrolle über die Schlüssel ist daher eine grundsätzliche Erwägung bei der Wahl einer Lightning-Wallet.

Jede andere Komponente einer Lightning-Wallet führt zu ähnlichen Erwägungen in Bezug auf das Vertrauen. Stehen alle Komponenten unter der Kontrolle des Nutzers, wird das nötige Vertrauen in dritte Parteien reduziert, und der Nutzer erhält maximale Macht. Natürlich bringt das auch einen direkten Nachteil mit sich, da mit der Macht die entsprechende Verantwortung für die Verwaltung komplexer Software einhergeht.

Jeder Nutzer muss seine technischen Fähigkeiten bedenken, bevor er sich für eine bestimmte Art von Lightning-Wallet entscheidet. Wer über solide technische Fähigkeiten verfügt, sollte eine Lightning-Wallet wählen, bei der alle Komponenten der direkten Kontrolle des Nutzers unterstehen. Technisch weniger bewanderte Nutzer, die ihr Vermögen kontrollieren wollen, sollten eine eigenverwahrende Lightning-Wallet wählen. Vertrauen geht in diesen Fällen auch oft mit Privatsphäre einher. Entscheiden Nutzer, einen Teil der Funktionalität an eine dritte Partei auszulagern, geben sie auch einen Teil ihrer Privatsphäre auf, weil die dritte Partei einige Informationen über sie erhält.

Diejenigen, die schließlich Einfachheit und Bequemlichkeit suchen und dabei Kontroll- und Sicherheitsverlust in Kauf nehmen, sollten eine depotführende Lightning-Wallet wählen. Das ist die technisch einfachste Lösung, *untergräbt aber das Vertrauensmodell von Kryptowährungen* und sollte daher nur ein erster Schritt in Richtung mehr Kontrolle und Eigenständigkeit sein.

Wallets lassen sich auf unterschiedliche Art und Weise charakterisieren und kategorisieren. Die wichtigsten Fragen in Bezug auf eine bestimmte Wallet sind:

1. Besitzt diese Lightning-Wallet eine vollständige Lightning-Node, oder nutzt sie eine Lightning-Node einer dritten Partei?
2. Besitzt diese Lightning-Wallet eine vollständige Bitcoin-Node, oder nutzt sie eine Bitcoin-Node einer dritten Partei?
3. Speichert diese Lightning-Wallet ihre Schlüssel unter der Kontrolle des Nutzers ab (Eigenverwahrung), oder werden die Schlüssel von einem externen Verwahrer gehalten?

Nutzt eine Lightning-Wallet die Lightning-Node einer dritten Partei, entscheidet die Lightning-Node dieser dritten Partei, wie mit Bitcoin kommuniziert wird. Die Lightning-Node einer dritten Partei zu nutzen, bedeutet daher auch, dass man die Bitcoin-Node einer dritten Partei nutzt. Nur wenn die Lightning-Wallet eine eigene Lightning-Node nutzt, können Sie zwischen einer vollständigen Bitcoin-Node und der Bitcoin-Node einer dritten Partei wählen.

Auf der höchsten Abstraktionsebene sind die erste und die dritte Frage die wichtigsten. Aus diesen zwei Fragen können wir vier mögliche Kategorien ableiten. Wir können diese vier Kategorien in einen Quadranten eintragen, wie in Tabelle 2-1 geschehen. Bedenken Sie aber, dass das nur eine Möglichkeit ist, Lightning-Wallets zu kategorisieren.

Tabelle 2-1: Lightning-Wallets-Quadrant

	Volle Lightning-Node	Drittpartei-Lightning-Node
Eigenverwahrung	F1: Hohes technisches Wissen, geringstes Vertrauen in Drittpartei, höchste Kontrolle.	F2: Unterdurchschnittliches technisches Wissen, unterdurchschnittliches Vertrauen in Drittpartei, eine gewisse Kontrolle.
Depotverwahrung	F3: Überdurchschnittliches technisches Wissen, überdurchschnittliches Vertrauen in Drittparteien, eine gewisse Kontrolle.	F4: Geringes technisches Wissen, hohes Vertrauen in Drittparteien, wenig Kontrolle.

Quadrant 3 (F3), wo eine vollständige Lightning-Node verwendet wird, die Schlüssel aber von einem Verwahrer gehalten werden, ist momentan nicht üblich. Zukünftige Wallets aus diesem Quadranten könnten dem Nutzer die betrieblichen Aspekte seiner Node überlassen und gleichzeitig den Zugriff auf die Schlüssel an eine dritte Partei delegieren, die hauptsächlich Cold Storage nutzt.

Lightning-Wallets können auf unterschiedlichen Geräten installiert werden, einschließlich Laptops, Servern und Mobiltelefonen. Um eine vollständige Lightning-Node zu betreiben, benötigen Sie einen Server oder einen Desktop, weil Mobiltelefone und Laptops in Bezug auf Kapazität, Verarbeitungsleistung, Akkulaufzeit und Konnektivität nicht leistungsfähig genug sind.

Die Kategorie »Drittpartei-Lightning-Nodes« lässt sich noch einmal unterteilen:

Leichtgewichtig
: Solche Wallets betreiben keine Lightning-Node und müssen daher Informationen über das Lightning-Netzwerk über das Internet von einer anderen Lightning-Node beziehen.

Ohne
: Bei diesen Wallets wird nicht nur die Lightning-Node von einer Drittpartei betrieben. Vielmehr wird der Großteil der Wallet von einer Drittpartei in der Cloud betrieben. Es handelt sich um eine depotverwahrende Wallet, bei der die Drittpartei die Verwahrung der Mittel kontrolliert.

Diese Unterkategorien werden in Tabelle 2-2 genutzt.

Andere Begriffe in der Spalte »Bitcoin-Node« in Tabelle 2-2 bedürfen ebenfalls einer Erklärung:

Neutrino
: Diese Wallet betreibt keine Bitcoin-Node. Stattdessen wird über das Neutrino-Protokoll auf eine Bitcoin-Node zugegriffen, die von einer Drittpartei betrieben wird.

Electrum
: Diese Wallet betreibt keine Bitcoin-Node. Stattdessen wird über das Electrum-Protokoll auf eine Bitcoin-Node zugegriffen, die von einer Drittpartei betrieben wird.

Bitcoin Core
: Implementierung einer Bitcoin-Node.

btcd
: Eine weitere Implementierung einer Bitcoin-Node.

In Tabelle 2-2 sehen Sie Beispiele für momentan beliebte Lightning-Node- und Wallet-Anwendungen für unterschiedliche Gerätetypen. Die Liste ist nach Gerätetyp und dann alphabetisch sortiert.

Tabelle 2-2: Beispiele beliebter Lightning-Wallets

Anwendung	Gerät	Lightning-Node	Bitcoin-Node	Schlüsselspeicher
Blue Wallet	Mobil	Ohne	None	Depotverwahrung
Breez Wallet	Mobil	Full Node	Neutrino	Eigenverwahrung
Eclair Mobile	Mobil	Leichtgewichtig	Electrum	Eigenverwahrung
Intxbot	Mobil	Ohne	None	Depotverwahrung
Muun	Mobil	Leichtgewichtig	Neutrino	Eigenverwahrung
Phoenix Wallet	Mobil	Leichtgewichtig	Electrum	Eigenverwahrung
Zeus	Mobil	Full Node	Bitcoin Core/btcd	Eigenverwahrung
Electrum	Desktop	Full Node	Bitcoin Core/Electrum	Eigenverwahrung
Zap Desktop	Desktop	Full Node	Neutrino	Eigenverwahrung
c-lightning	Server	Full Node	Bitcoin Core	Eigenverwahrung
Eclair Server	Server	Full Node	Bitcoin Core/Electrum	Eigenverwahrung
lnd	Server	Full Node	Bitcoin Core/btcd	Eigenverwahrung

Testnet-Bitcoin

Das Bitcoin-System bietet zu Testzwecken eine alternative Blockchain an, die *testnet* genannt wird. Die »normale« Bitcoin-Chain wird als *mainnet* bezeichnet. Im testnet ist *testnet-bitcoin (tBTC)* die Währung, eine wertlose Bitcoin-Kopie, die ausschließlich zum Testen verwendet wird. Jede Bitcoin-Funktion wird exakt kopiert, doch das Geld ist nichts wert, und Sie haben wortwörtlich nichts zu verlieren!

Einige Lightning-Wallets erlauben auch den Betrieb im testnet, sodass Sie Lightning-Zahlungen mit testnet-bitcoin durchführen können, ohne echte Mittel zu riskieren. Das ist eine gute Möglichkeit, sicher mit Lightning zu experimentieren. Eclair Mobile, das Alice in diesem Kapitel nutzt, ist ein Beispiel für eine Lightning-Wallet, die den testnet-Betrieb unterstützt.

Sie können sich einige tBTC zum Spielen über ein sogenanntes *testnet-bitcoin-Faucet* besorgen, die Ihnen kostenlose tBTC zur Verfügung stellen. Hier einige testnet-Faucets:

- *https://coinfaucet.eu/en/btc-testnet*
- *https://testnet-faucet.mempool.co*
- *https://bitcoinfaucet.uo1.net*
- *https://testnet.help/en/btcfaucet/testnet*

Alle Beispiele in diesem Buch können im testnet mit tBTC exakt repliziert werden, d.h., Sie können dem Text folgen, ohne echtes Geld zu riskieren.

Balance zwischen Komplexität und Kontrolle

Lightning-Wallets müssen Komplexität und Nutzerkontrolle sorgfältig ausbalancieren. Diejenigen, die den Nutzern die größte Kontrolle über ihr Vermögen, das höchste Maß an Privatsphäre und die größte Unabhängigkeit von Drittparteidiensten geben, sind notwendigerweise komplexer und schwieriger in der Handhabung. Da sich die Technik weiterentwickelt, werden einige dieser Nachteile weniger ins Gewicht fallen, und Nutzer werden mehr Kontrolle ohne zusätzliche Komplexität erlangen. Doch im Augenblick untersuchen verschiedene Unternehmen und Projekte unterschiedliche Varianten entlang des Komplexität-Kontrolle-Spektrums auf der Suche nach der optimalen Lösung für ihre Kunden.

Bei der Wahl einer Wallet müssen Sie immer daran denken, dass diese Nachteile vorhanden sind, auch wenn Sie sie nicht sehen. Zum Beispiel versuchen viele Wallets, ihren Nutzern die Bürde des Kanalmanagements abzunehmen. Zu diesem Zweck bauen sie zentrale *Hub-Nodes* auf, mit denen sich all ihre Wallets automatisch verbinden. Zwar vereinfacht dieser Kompromiss die Nutzerschnittstelle und die Nutzererfahrung, er führt aber auch zu einer einzelnen Fehlerstelle (*Single Point of Failure*, SPoF), da diese Hub-Nodes für den Betrieb der Wallet unverzichtbar sind. Auf einen solchen »Hub« angewiesen zu sein, kann darüber hinaus die Privatsphäre einschränken, da der Hub den Sender und (wenn die Zahlungsroute für den Nutzer aufgebaut wird) auch den Empfänger jeder Zahlung der Wallet kennt.

Im nächsten Abschnitt wenden wir uns wieder unserer ersten Nutzerin zu und gehen mit ihr die Ersteinrichtung ihrer Lightning-Wallet durch. Sie hat sich statt für die einfacheren, depotverwahrenden Wallets für eine ausgefeiltere Wallet entschieden. Wir können so etwas von der zugrunde liegenden Komplexität zeigen und ein bisschen auf die innere Funktionsweise einer fortschrittlichen Wallet eingehen. Sie wünschen sich möglicherweise eine einfach zu nutzende erste Wallet und akzeptieren Kompromisse in Bezug auf Kontrolle und Privatsphäre. Vielleicht sind Sie aber auch ein Poweruser und wollen als Teil Ihrer Wallet-Lösung eigene Lightning- und Bitcoin-Nodes betreiben.

Download und Installation einer Lightning-Wallet

Auf der Suche nach einer neuen Krypto-Wallet müssen Sie bei der Wahl der Softwarequelle sehr vorsichtig sein.

Leider versuchen viele Fake-Wallets, Ihr Geld zu stehlen, und einige davon haben es sogar in namhafte und vermeintlich sichere Softwaresites wie die App-Stores von Apple und Google geschafft. Egal ob Sie Ihre erste oder Ihre zehnte Wallet installieren: Lassen Sie immer extreme Vorsicht walten. Eine betrügerische App stiehlt Ihnen nicht nur das ihr anvertraute Geld, sondern kann auch Schlüssel und Passwörter anderer Anwendungen stehlen, wenn es das Betriebssystem Ihres Mobilgeräts kompromittiert.

Alice nutzt ein Android-Gerät und will die Eclair-Wallet über den Google Play Store herunterladen und installieren. Mithilfe der Suche bei Google Play findet Sie einen Eintrag für *Eclair Mobile* (siehe Abbildung 2-1).

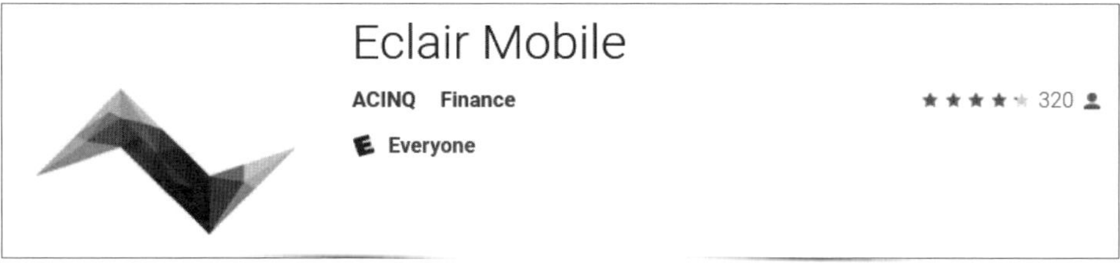

Abbildung 2-1: Eclair Mobile im Google Play Store

Sie können mit jeder Bitcoin-artigen Software ohne Risiko experimentieren und Tests durchführen, wenn Sie mit testnet-bitcoins arbeiten. Im Google Play Store können Sie auch die Eclair-testnet-Wallet herunterladen, um Lightning (im testnet) auszuprobieren.

Alice bemerkt verschiedene Elemente auf der Seite, die ihr dabei helfen, festzustellen, wie wahrscheinlich es ist, ob es die richtige »Eclair Mobile«-Wallet ist, nach der sie sucht. Erstens wird die Organisation ACINQ[2] als Entwickler dieser Mobile-Wallet angegeben. Alice weiß aus ihrer Recherche, dass das der richtige Entwickler ist. Zweitens wurde die Wallet »10.000+«-mal installiert und hat über 320 positive Bewertungen. Es ist unwahrscheinlich, dass das eine betrügerische App ist, die es in den Google Play Store geschafft hat. Im dritten Schritt wechselt sie auf die ACINQ-Website (*https://acinq.co*). Sie überprüft, ob die Webseite sicher ist. Dazu muss die Adresse mit *https* beginnen, bei einigen Browsern ist ihr auch ein Schloss vorangestellt. Auf der Website wechselt sie in den Download-Bereich und sucht den Link zum Google App Store. Sie findet den Link und klickt ihn an. Sie überprüft, ob dieser Link sie zur gleichen App im Google App Store führt. Zufrieden mit dem Ergebnis, installiert Alice die Eclair-App auf dem Mobilgerät.

2 ACINQ: Entwickler der Eclair-Mobile-Lightning-Wallet.

Lassen Sie bei der Installation von Software auf allen Geräten große Vorsicht walten. Es gibt viele Fake-Wallets, die nicht nur Ihr Geld stehlen, sondern auch andere Anwendungen auf Ihrem Gerät kompromittieren können.

Eine neue Wallet anlegen

Wenn Alice die App *Eclair Mobile* das erste Mal öffnet, kann sie wählen, ob sie eine neue Wallet anlegen möchte (*Create a New Wallet*) oder eine existierende Wallet importieren (*Import an Existing Wallet*) will. Alice möchte eine neue Wallet anlegen, doch wir wollen uns diese Optionen zuerst ansehen und zeigen, was es heißt, eine existierende Wallet zu importieren.

Verantwortung für die Schlüsselverwahrung

Wie zu Beginn dieses Abschnitts erwähnt, ist Eclair eine *eigenverwahrende* Wallet, was bedeutet, dass Alice die alleinige Verantwortung für die Schlüssel hat, mit denen sie ihre Bitcoins kontrolliert. Das bedeutet auch, dass Alice für den Schutz und die Sicherung dieser Schlüssel verantwortlich ist. Wenn Alice die Schlüssel verliert, kann ihr niemand helfen, die Bitcoins wiederzuerlangen, und sie sind für immer verloren.

Mit der Eclair-Mobile-Wallet verwahrt und kontrolliert Alice die Schlüssel und ist daher dafür verantwortlich, sie zu schützen und zu sichern. Verliert sie die Schlüssel, verliert sie auch ihre Bitcoins, und niemand kann diesen Verlust rückgängig machen!

Mnemonische Wörter

Ähnlich wie die meisten Bitcoin-Wallets bietet Eclair Mobile Alice eine *mnemonische Phrase* (manchmal auch *Seed* oder *Seed-Phrase* genannt) zur Sicherung an. Die mnemonische Phrase besteht aus 24 englischen Wörtern, die von der Software zufällig gewählt und als Basis für die von der Wallet generierten Schlüssel verwendet werden. Alice kann die mnemonische Phrase nutzen, um alle Transaktionen und Geldmittel in der Eclair-Mobile-Wallet wiederherzustellen, falls das Mobilgerät verloren geht, ein Softwarefehler auftritt oder der Speicher beschädigt wird.

Der korrekte Begriff für diese Backup-Wörter ist *mnemonische Phrase*. Wir vermeiden den Begriff *Seed* (engl. für Samen/Saat) für die mnemonische Phrase, da er zwar häufig genutzt, aber schlicht nicht korrekt ist.

Wenn sich Alice entscheidet, eine neue Wallet anzulegen, erscheint eine Seite mit der mnemonischen Phrase, ähnlich dem Screenshot in Abbildung 2-2.

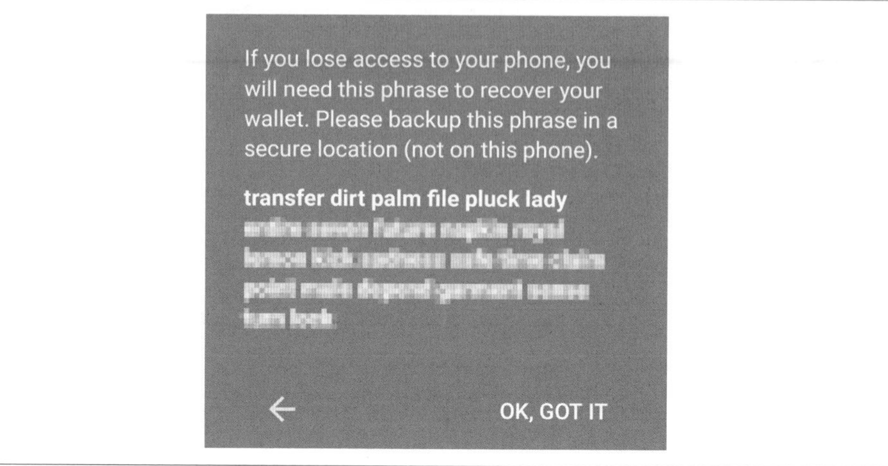

Abbildung 2-2: Mnemonische Phrase einer neuen Wallet

In Abbildung 2-2 haben wir einen Teil der mnemonischen Phrase verschleiert, damit die Leser des Buchs diese Phrase nicht wiederverwenden.

Die mnemonische Phrase sichern

Alice muss die mnemonische Phrase in einer Weise sichern, die den Diebstahl verhindert, aber auch den versehentlichen Verlust. Die empfohlene Lösung besteht darin, die mnemonische Phrase zweimal aufzuschreiben und dabei jedes einzelne Wort zu nummerieren, da die Reihenfolge wichtig ist.

Sobald Alice die mnemonische Phrase festgehalten und *OK GOT IT* angeklickt hat, erscheint auf dem Bildschirm ein Test, der sicherstellen soll, dass die Phrase korrekt festgehalten wurde. Man wird nach drei oder vier zufälligen Wörtern gefragt. Damit hat Alice zwar nicht gerechnet, aber weil sie die mnemonische Phrase richtig aufgeschrieben hat, löst sie den Test ohne Probleme.

Nachdem Alice die mnemonische Phrase festgehalten und den Test bestanden hat, muss sie jede Kopie an einem anderen sicheren Ort verwahren, etwa einer abgeschlossenen Schreibtischschublade oder einem feuerfesten Safe.

Verwenden Sie niemals ein »DIY«-Sicherheitskonzept, das von den in »Die mnemonische Phrase sichern« beschriebenen bewährten Verfahren abweicht. Halbieren Sie die Mnemonics nicht, machen Sie keine Screenshots, sichern Sie sie nicht auf USB-Speichern oder in der Cloud, verschlüsseln Sie sie nicht und verwenden Sie auch keine andere vom Standard abweichende Methode. Sie verschieben die Balance nur in Richtung eines möglichen Verlusts. Viele Menschen haben ihr Vermögen verloren, weil sie eine vom Standard abweichende Methode eingesetzt haben, ohne die damit verbundenen Risiken richtig einzuschätzen. Die empfohlenen Best Practices haben sich Expertinnen und Experten gut überlegt, sie eignen sich für einen Großteil der Nutzer.

Nachdem Alice ihre Eclair-Mobile-Wallet initialisiert hat, erscheint ein kurzes Tutorial, das die verschiedenen Elemente der Benutzerschnittstelle erläutert. Wir wollen das Tutorial hier nicht wiedergeben, Sie werden aber alle Elemente kennenlernen, während wir Alice' Versuch folgen, eine Tasse Kaffee zu kaufen.

Bitcoin auf die Wallet laden

Alice besitzt nun eine Lightning-Wallet, doch die ist leer! Sie steht jetzt vor einem der schwierigeren Aspekte dieses Experiments: Sie muss eine Möglichkeit finden, an Bitcoin zu gelangen und diese auf ihre Eclair-Wallet zu laden.

Besitzt Alice bereits Bitcoins in einer anderen Wallet, kann sie diese an ihre Eclair-Wallet übertragen, statt neue Bitcoins für die neue Wallet zu beziehen.

Bitcoin beschaffen

Alice kann sich auf verschiedene Arten Bitcoin beschaffen :

- Sie kann ihre nationale Währung (z.B. Euro) an einer Kryptobörse gegen Bitcoin eintauschen.
- Sie kann welche von einem Freund oder jemandem, den sie von einem Bitcoin-Meetup kennt, gegen Bargeld eintauschen.
- Sie kann sich einen *Bitcoin-Automaten* in ihrer Gegend suchen, der wie ein Geldautomat Bitcoin gegen Geld verkauft. [3]
- Sie kann ihr Wissen oder ein Produkt zum Verkauf anbieten und Zahlungen in Bitcoin akzeptieren.
- Sie kann ihren Arbeitgeber oder ihre Kunden bitten, sie in Bitcoin zu bezahlen.

All diese Methoden unterscheiden sich in ihrem Schwierigkeitsgrad, und bei vielen davon muss man eine Gebühr bezahlen. Bei einigen wird sich Alice auch ausweisen müssen, um die lokalen Vorschriften zu erfüllen. Doch mit jeder diesen Methoden kann sich Alice Bitcoin beschaffen.

Bitcoin empfangen

Nehmen wir an, Alice möchte einen lokalen Bitcoin-Automaten nutzen, um Bitcoin gegen Bargeld zu tauschen. Ein Beispiel für einen Bitcoin-Automaten der Firma Lamassu sehen Sie in Abbildung 2-3. Solche Bitcoin-Automaten akzeptieren die lokale Währung (Bargeld) über einen Geldeinwurf und senden Bitcoin an eine Bitcoin-Adresse, die eine eingebaute Kamera von der Wallet des Nutzers einscannt.

3 A. d. Ü.: In Deutschland gibt es allerdings nur wenige Automaten.

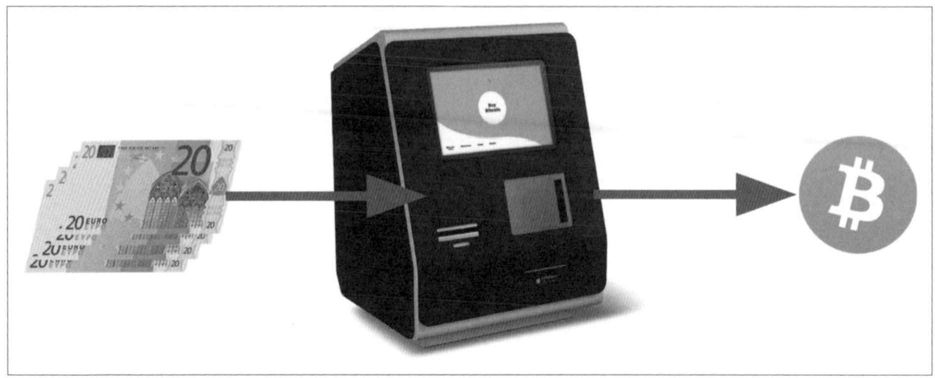

Abbildung 2-3: Ein Bitcoin-Automat der Firma Lamassu

Um Bitcoin auf ihrer Eclair-Lightning-Wallet zu empfangen, muss Alice dem Automaten eine Bitcoin-Adresse der Eclair-Lightning-Wallet präsentieren. Der Automat kann die von Alice gekauften Bitcoins an diese Bitcoin-Adresse senden.

Um eine Bitcoin-Adresse in der Eclair-Wallet zu sehen, muss Alice in die linke Spalte namens *YOUR BITCOIN ADDRESS* wechseln (siehe Abbildung 2-4). Dort sieht sie einen quadratischen Barcode (einen sogenannten *QR-Code*) und darunter einen String aus Buchstaben und Ziffern.

Abbildung 2-4: Alice' Bitcoin-Adresse in Eclair

Der QR-Code enthält den gleichen String aus Buchstaben und Ziffern in einem einfach zu scannenden Format. Auf diese Weise muss Alice die Bitcoin-Adresse nicht eintippen. Im Screenshot (Abbildung 2-4) haben wir beides bewusst verpixelt, damit Leser nicht versehentlich Bitcoin an diese Adresse senden.

Sowohl Bitcoin-Adressen als auch QR-Codes enthalten Informationen zur Fehlererkennung, die bei Eingabe- oder Scanfehlern die Erzeugung einer »falschen« Bitcoin-Adresse verhindern. Gibt es einen Fehler in der Adresse, wird er von der Bitcoin-Wallet erkannt, und die Adresse wird als ungültig abgelehnt.

Alice kann ihr Mobilgerät zum Automaten mitnehmen und vor die eigebaute Kamera halten, wie in Abbildung 2-5 zu sehen. Nachdem sie etwas Geld in den Automaten hineingeschoben hat, erhält sie Bitcoin in Eclair!

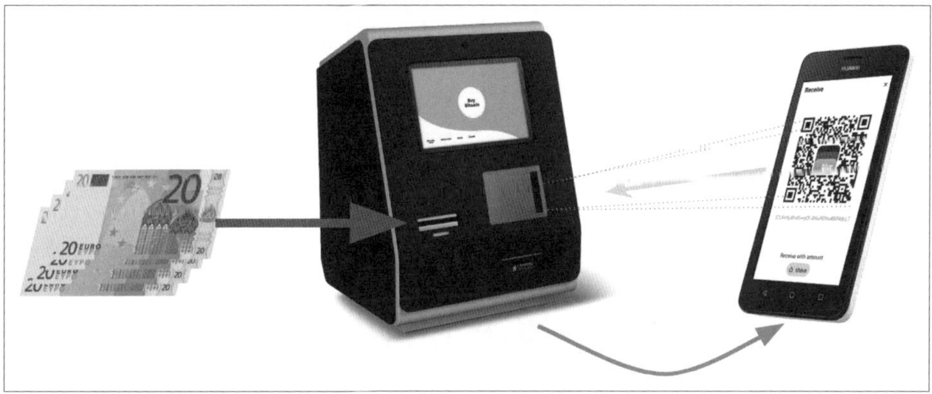

Abbildung 2-5: Der Bitcoin-Automat scannt den QR-Code.

Alice sieht die Transaktion des Automaten im Register *TRANSACTION HISTORY* der Eclair-Wallet. Eclair erkennt die Bitcoin-Transaktion innerhalb weniger Sekunden, doch es dauert ungefähr eine Stunde, bis die Transaktion in der Bitcoin-Blockchain »bestätigt« ist. Wie Sie in Abbildung 2-6 sehen können, zeigt Alice' Eclair-Wallet »6+ conf« unter der Transaktion, d. h., die Transaktion hat das benötigte Minimum von sechs Bestätigungen erhalten, und die Mittel können nun genutzt werden.

Die Zahl der Bestätigungen einer Transaktion entspricht der Zahl der Blöcke, die seit dem Block (und inklusive des Blocks) geschürft wurden, der diese Transaktion enthält. Sechs Bestätigungen sind die übliche Praxis, doch Lightning-Wallets können einen Kanal nach einer beliebigen Anzahl von Bestätigungen als offen betrachten. Einige Wallets skalieren sogar die Zahl der erwarteten Bestätigungen entsprechend dem monetären Wert des Kanals.

In unserem Beispiel nutzt Alice einen Bitcoin-Automaten, um ihre ersten Bitcoins zu kaufen, doch das grundlegende Konzept gilt auch für die anderen Methoden in »Bitcoin beschaffen« auf Seite 55. Würde Alice beispielsweise ein Produkt oder einen Service gegen Bitcoin anbieten, könnten ihre Kunden die Bitcoin-Adresse mit ihren Wallets scannen und sie in Bitcoin bezahlen.

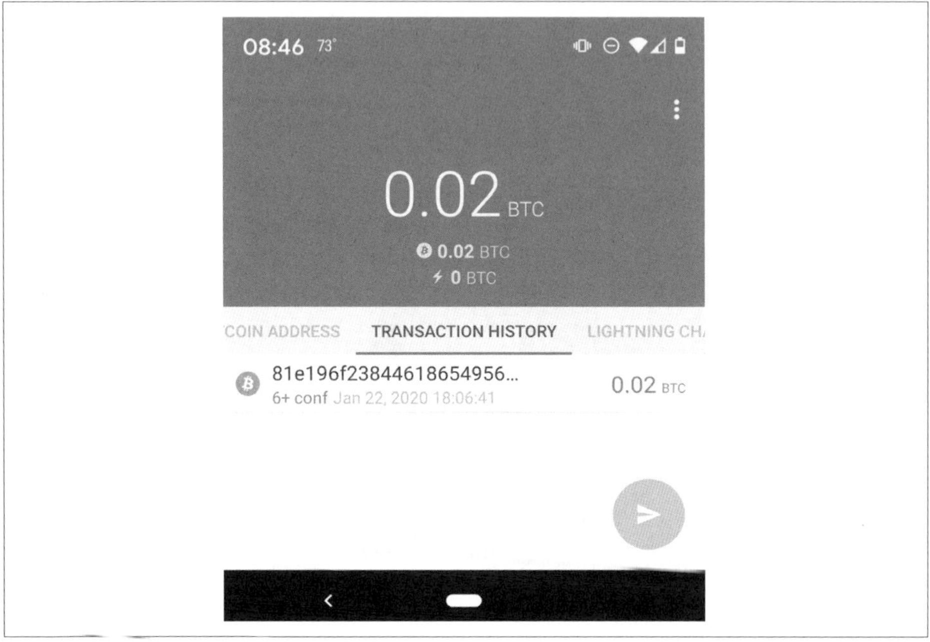

Abbildung 2-6: Alice empfängt Bitcoin.

Würde Alice einem Kunden eine Rechnung für einen Service schicken, den sie über das Internet anbietet, könnte sie eine E-Mail oder Sofortnachricht mit der Bitcoin-Adresse oder dem QR-Code senden. Der Kunde könnte die Adresse dann in seine Bitcoin-Wallet kopieren oder einscannen, um sie zu bezahlen.

Alice könnte den QR-Code auch ausdrucken und veröffentlichen. Zum Beispiel könnte sie den QR-Code auf ihre Gitarre kleben, um Trinkgelder einzunehmen, während sie auf der Straße musiziert.[4]

Hat Alice Bitcoin an einer Kryptobörse gekauft, könnte (und sollte) sie diese »abheben«, indem sie ihre Bitcoin-Adresse auf der entsprechenden Webseite eingibt. Die Börse sendet die Bitcoin dann direkt an ihre Adresse.

4 Es ist generell nicht zu empfehlen, dieselbe Bitcoin-Adresse für mehrere Zahlungen zu nutzen, da alle Bitcoin-Transaktionen öffentlich sind. Eine neugierige Person könnte Alice' QR-Code scannen und nachsehen, wie viel Trinkgeld sie über diese Adresse in der Bitcoin-Blockchain bereits eingenommen hat. Glücklicherweise bietet das Lightning-Netzwerk für dieses Problem Lösungen mit mehr Privatsphäre an, die weiter unten in diesem Buch noch diskutiert werden!

Von Bitcoin zum Lightning-Netzwerk

Alice' Bitcoins werden nun über ihre Eclair-Wallet kontrolliert und wurden in der Bitcoin-Blockchain festgehalten. An diesem Punkt sind Alice' Bitcoin *On-Chain*, d.h., die Transaktion wurde im gesamten Bitcoin-Netzwerk verbreitet, von allen Bitcoin-Nodes verifiziert und in der Bitcoin-Blockchain *geschürft* (aufgezeichnet).

Bisher hat sich die Eclair-Mobile-Wallet wie eine Bitcoin-Wallet verhalten, und Alice hat die Lightning-Netzwerk-Features von Eclair noch nicht genutzt. Wie bei vielen Lightning-Wallets stellt Eclair eine Brücke zwischen Bitcoin und Lightning-Netzwerk her, indem es sowohl als Bitcoin-Wallet als auch als Lightning-Wallet fungiert.

Alice ist nun bereit, das Lightning-Netzwerk zu nutzen, indem sie ihre Bitcoin Off-Chain nimmt, um die Vorteile der schnellen, günstigen und privaten Zahlungen zu nutzen, die das Lightning-Netzwerk bietet.

Lightning-Netzwerk-Kanäle

Durch Wischen nach rechts greift Alice auf die LIGHTNING CHANNELS von Eclair zu. Hier kann sie die Kanäle verwalten, die ihre Wallet mit dem Lightning-Netzwerk verbinden.

Lassen Sie uns an dieser Stelle noch mal auf die Definition eines LN-Kanals eingehen, um die Dinge etwas mehr zu verdeutlichen. Zunächst ist das Wort »Kanal« eine Metapher für eine *finanzielle Beziehung* zwischen Alice' Lightning-Wallet und einer anderen Lightning-Wallet. Wir nennen es einen Kanal, weil es für Alice' Wallet und die andere Wallet das Instrument ist, untereinander Zahlungen im Lightning-Netzwerk (Off-Chain) abzuwickeln, ohne die Transaktionen in der Bitcoin-Blockchain (On-Chain) festhalten zu müssen.

Die Wallet oder *Node*, zu der Alice einen Kanal öffnet, wird als *Kanal-Peer* bezeichnet. Sobald ein Kanal »geöffnet« wird, können beliebig viele Zahlungen zwischen Alice' Wallet und dem Kanal-Peer hin- und herlaufen.

Darüber hinaus kann Alice' Kanal-Peer Zahlungen über andere Kanäle an das Lightning-Netzwerk weiterleiten (Forwarding). Auf diese Weise kann Alice eine Zahlung zu einer beliebigen Wallet (z.B. Bobs Lightning-Wallet) *routen*, solange Alice' Wallet einen *Pfad* findet, der von Kanal zu Kanal bis zu Bobs Wallet führt.

Nicht alle Kanal-Peers sind *gute* Peers beim Routing von Zahlungen. Gut angebundene Peers können Zahlungen über kürzere Pfade an das Ziel weiterleiten, was die Erfolgschancen erhöht. Finanziell gut ausgestattete Kanal-Peers können größere Zahlungen weiterleiten.

Mit anderen Worten, Alice benötigt einen oder mehrere Kanäle, die sie mit einer oder mehreren anderen Nodes des Lightning-Netzwerks verbinden. Sie benötigt keinen Kanal, um ihre Wallet direkt mit Bobs Café zu verbinden, um Bob eine Zahlung zu senden (auch wenn sie einen direkten Kanal wählen könnte). Jede Node im Lightning-Netzwerk kann für Alice' ersten Kanal verwendet werden. Je besser eine Node angebunden ist, desto mehr Menschen kann Alice erreichen. Da wir in unserem Beispiel das Routing von Zahlungen demonstrieren wollen, soll Alice, um Bob zu erreichen, aber keinen direkten Kanal zu seiner Wallet öffnen. Stattdessen soll Alice einen Kanal zu einer gut angebundenen Node öffnen, der später genutzt wird, um ihre Zahlung über verschiedene Nodes an Bob zu routen.

Zu Beginn gibt eine keine offenen Kanäle, wie man in Abbildung 2-7 sehen kann. Das *LIGHTNING CHANNELS*-Register zeigt eine leere Liste. Sie finden in der unteren rechten Ecke ein Pluszeichen (+), über das Sie einen neuen Kanal öffnen können.

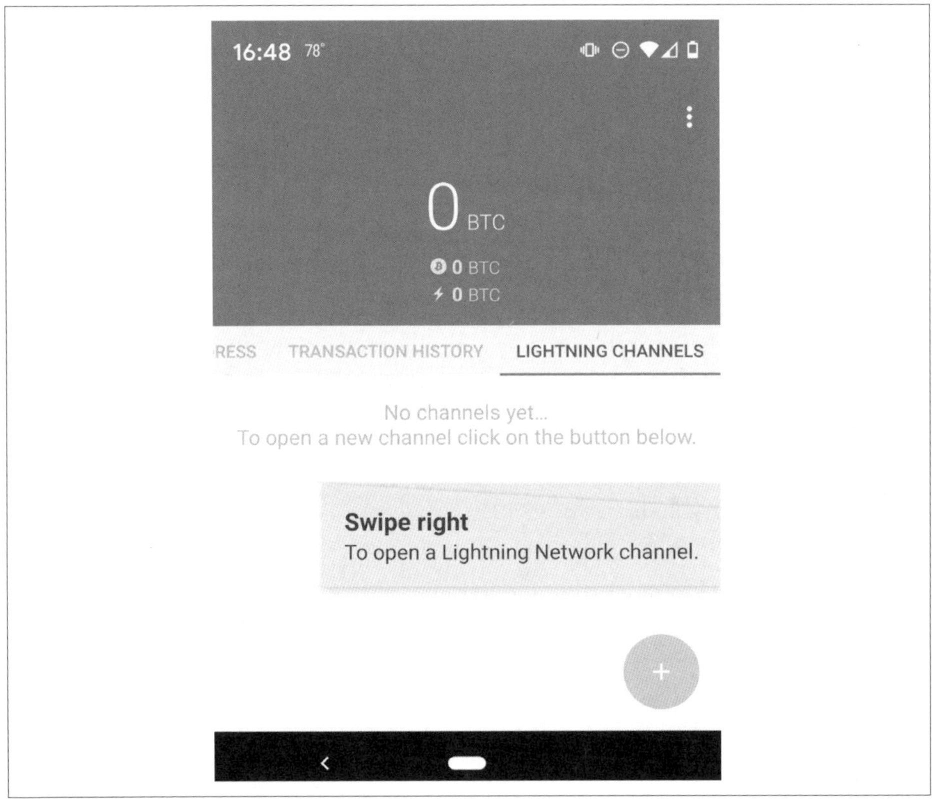

Abbildung 2-7: Das Register LIGHTNING CHANNELS

Alice klickt auf das Pluszeichen und kann zum Öffnen eines Kanals zwischen vier Optionen wählen:

- *Paste a node URI* (Node-URI einfügen)
- *Scan a node URI* (Node-URI scannen)
- *Random node* (zufällige Node)
- *ACINQ node* (ACINQ-Node)

Ein *Node-URI* ist ein *Universal Resource Identifier* (URI), der eine bestimmte Lightning-Node identifiziert. Alice kann einen solchen URI direkt aus ihrer Zwischenablage einfügen oder einen QR-Code scannen, der die gleichen Informationen enthält. Ein Beispiel für einen Node-URI sehen Sie als QR-Code in Abbildung 2-8 und darunter den entsprechenden Textstring.

Abbildung 2-8: Node-URI als QR-Code

```
0237fefbe8626bf888de0cad8c73630e32746a22a2c4faa91c1d9877a3826e1174@1.ln.aantonop.com:9735
```

Alice könnte eine bestimmte Lightning-Node auswählen oder die Eclair-Wallet über die Option *Random node* eine zufällige Node auswählen lassen. Sie entscheidet sich aber für die Option *ACINQ-Node*, um die Verbindung mit einer von ACINQs gut angebundenen Lightning-Nodes herzustellen. Die Wahl einer ACINQ-Node schränkt Alice' Privatsphäre etwas ein, weil das ACINQ die Möglichkeit gibt, alle Transaktionen von Alice zu sehen. Das führt auch zu einem Single Point of Failure, weil Alice nur einen Kanal nutzt. Ist die ACINQ-Node nicht verfügbar, kann Alice keine Zahlungen vornehmen. Um die Dinge erst einmal einfach zu halten, akzeptieren wir diesen Kompromiss. In den folgenden Kapiteln werden wir unsere Unabhängigkeit schrittweise erhöhen und weniger Kompromisse eingehen.

Alice wählt die *ACINQ-Node*-Option und ist nun bereit, ihren ersten Kanal im Lightning-Netzwerk zu öffnen.

Einen Lightning-Kanal öffnen

Wenn Alice eine Node wählt, um einen neuen Kanal zu öffnen, wird sie gefragt, wie viel Bitcoin sie diesem Kanal zuweisen möchte. In späteren Kapiteln diskutieren wir die Folgen dieser Wahl, doch im Moment weist Alice fast ihr ganzes Guthaben diesem Kanal zu. Da sie Transaktionsgebühren zahlen muss, um den Kanal zu öffnen, wählt sie einen Betrag, der ein wenig unter ihrem Guthaben liegt.[5]

Alice weist 0,018 BTC ihres Guthabens von 0,020 BTC dem Kanal zu und akzeptiert die Standardgebühr (siehe Abbildung 2-9).

5 Die Eclair-Wallet bietet keine Möglichkeit, die Gebühren automatisch zu berechnen und dem Kanal das maximale Guthaben zuzuweisen. Alice muss diese Berechnung also selbst vornehmen.

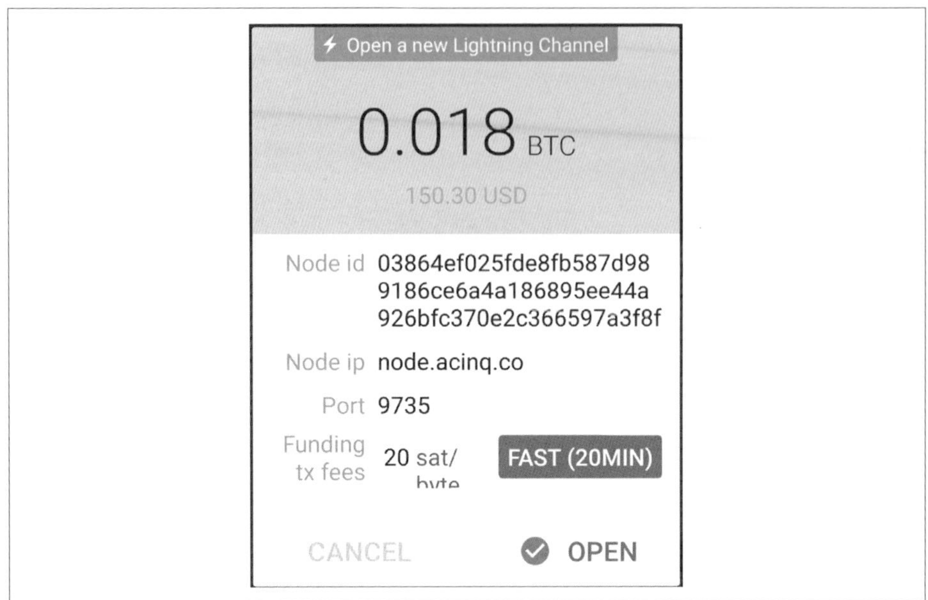

Abbildung 2-9: Einen Lightning-Kanal öffnen

Sobald sie *OPEN* anklickt, erzeugt ihre Wallet eine spezielle Bitcoin-Transaktion, die sogenannte *Funding-Transaktion*, die einen Lightning-Kanal öffnet. Die On-Chain-Funding-Transaktion wird zur Bestätigung an das Bitcoin-Netzwerk gesendet.

Alice muss nun erneut warten (siehe Abbildung 2-10), bis die Transaktion in der Bitcoin-Blockchain eingetragen ist. Genau wie bei der ersten Bitcoin-Transaktion beim Kauf ihrer Bitcoins muss sie jetzt sechs oder mehr Bestätigungen abwarten (ungefähr eine Stunde).

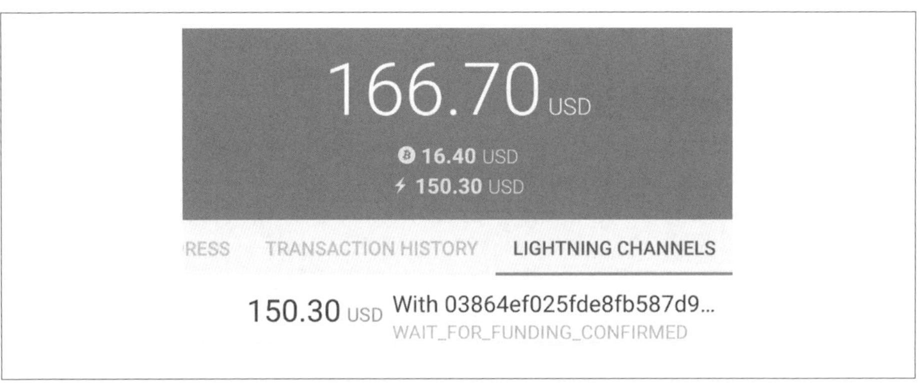

Abbildung 2-10: Warten auf die Funding-Transaktion zum Öffnen des Kanals

Sobald die Funding-Transaktion bestätigt ist, ist Alice' Kanal zur ACINQ-Node offen, gedeckt und einsatzbereit, wie in Abbildung 2-11 zu sehen.

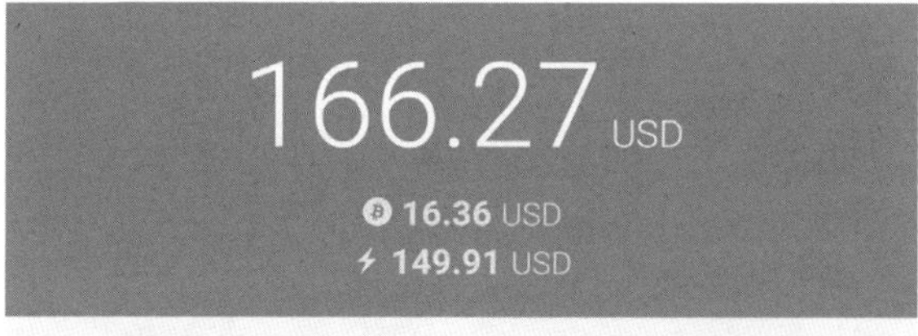

Abbildung 2-11: Kanal ist offen.

Haben Sie bemerkt, dass sich das Guthaben des Kanals scheinbar geändert hat? Hat es nicht: Der Kanal enthält 0,018 BTC, doch in der Zeit zwischen den Screenshots hat sich der Wechselkurs geändert, d.h., der USD-Wert ist ein anderer. Sie können sich das Guthaben in BTC oder USD anzeigen lassen, denken Sie aber daran, dass die USD-Werte in Echtzeit berechnet werden und sich ständig ändern!

Eine Tasse Kaffee über das Lightning-Netzwerk kaufen

Alice hat nun alles beisammen, um mit dem Lightning-Netzwerk starten zu können. Wie Sie sehen, ist dazu etwas Vorbereitung nötig, und Sie müssen die Bestätigungen des Bitcoin-Netzwerks abwarten. Die nachfolgenden Aktionen sind aber schnell und einfach. Das Lightning-Netzwerk ermöglicht Zahlungen, ohne auf Bestätigungen warten zu müssen, da die Zahlungen in Sekunden abgewickelt werden.

Alice greift sich ihr Mobiltelefon und besucht Bobs Café in ihrer Nachbarschaft. Sie möchte ihre neue Lightning-Wallet ausprobieren und damit etwas kaufen.

Bobs Café

Bob verwendet eine einfache Kassenanwendung (*Point of Sale*, kurz PoS) für alle Kunden, die per Bitcoin über das Lightning-Netzwerk zahlen wollen. Wie Sie im nächsten Kapitel sehen werden, nutzt Bob die beliebte Open-Source-Plattform *BTCPay Server*, die alle notwendigen Komponenten für eine E-Commerce- und Handelslösung umfasst:

- Eine Bitcoin-Node, die die Bitcoin-Core-Software nutzt.
- Eine Lightning-Node, die die `c-lightning`-Software nutzt.
- Eine einfache Kassenanwendung für ein Tablet.

BTCPay Server macht es einfach, die benötigte Software herunterzuladen, Bilder und Produktpreise hochzuladen und schnell einen Shop zu eröffnen.

An der Kasse in Bobs Café liegt ein Tablet, auf dem Sie sein Angebot finden (siehe Abbildung 2-12).

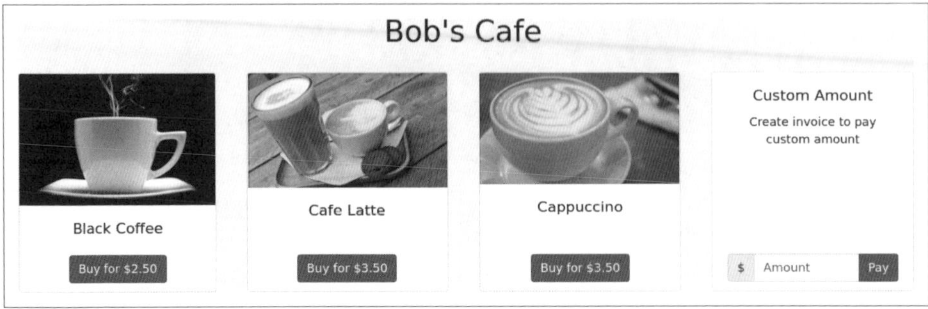

Abbildung 2-12: Bobs PoS-Anwendung

Eine Lightning-Rechnung

Alice entscheidet sich Caffè Latte und erhält eine *Lightning-Rechnung* (auch Zahlungsanforderung, engl. *Payment Request* genannt), wie in Abbildung 2-13 zu sehen.

Abbildung 2-13: Lightning-Rechnung für Alice' Caffè Latte

Um die Rechnung zu bezahlen, öffnet Alice ihre Eclair-Wallet und wählt den *Senden*-Button (ein nach oben gerichteter Pfeil) im Register *TRANSACTION HISTORY*, wie in Abbildung 2-14 zu sehen.

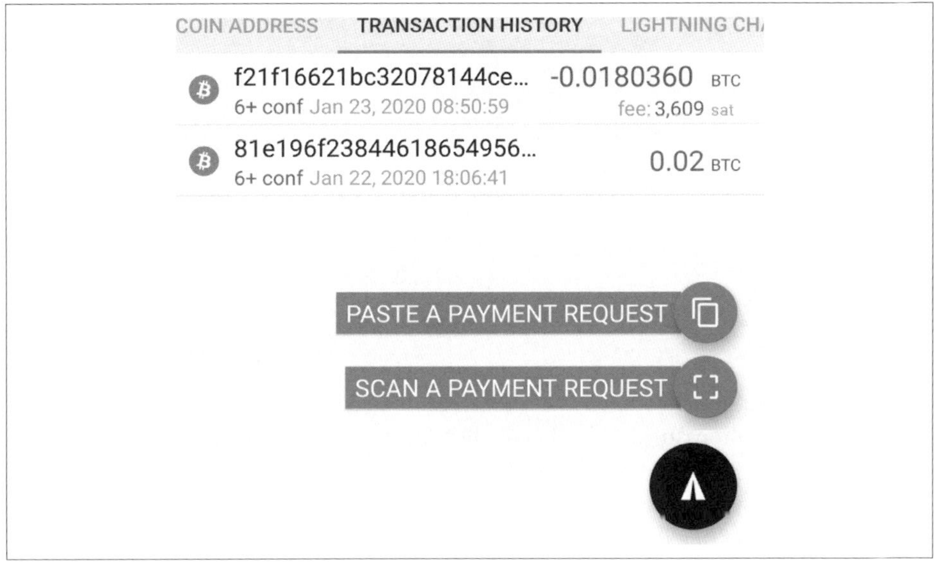

Abbildung 2-14: Alice sendet BTC.

Der Begriff Zahlungsanforderung (*Payment Request*) kann für eine Bitcoin-Zahlungsanforderung oder eine Lightning-Rechnung stehen, und die Begriffe *Rechnung* und *Zahlungsanforderung* werden häufig synonym verwendet. Der korrekte technische Begriff lautet *Lightning-Rechnung*, unabhängig davon, wie er in der Wallet genannt wird.

Alice wählt die Option *SCAN A PAYMENT REQUEST* (also die Zahlungsanforderung scannen), scannt den QR-Code ein, der auf dem Tablet erscheint (siehe Abbildung 2-13), und wird aufgefordert, ihre Zahlung zu bestätigen (siehe Abbildung 2-15).

Alice drückt *PAY*, und eine Sekunde später zeigt Bobs Tablet die erfolgreiche Zahlung an. Alice hat ihre erste LN-Zahlung abgeschlossen! Sie war schnell, günstig und einfach. Nun kann sie ihren Caffè Latte genießen, den sie mit Bitcoin über ein schnelles, günstiges und dezentralisiertes Zahlungssystem gekauft hat. Von nun an kann Alice einfach über Bobs Tablet etwas auswählen, den QR-Code mit ihrem Mobiltelefon einscannen, auf *PAY* klicken, und sie erhält einen Kaffee innerhalb von Sekunden, ohne eine einzige On-Chain-Transaktion durchführen zu müssen.

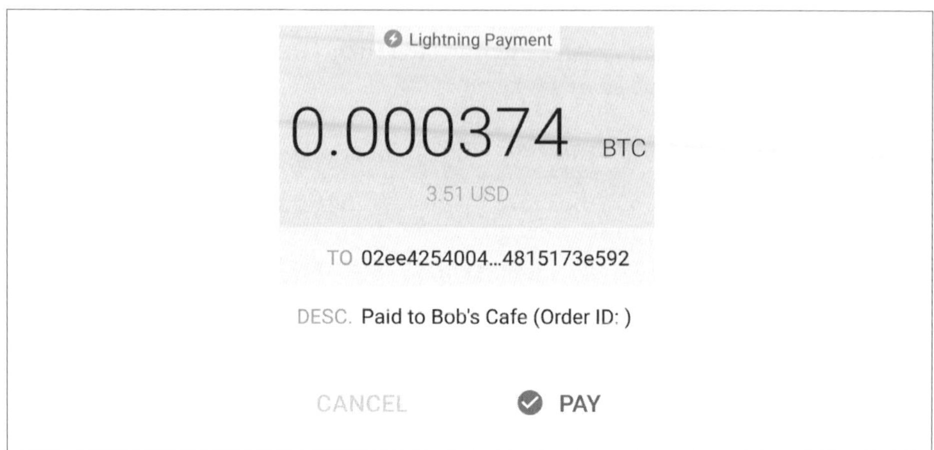

Abbildung 2-15: Alice' Sendebestätigung

Lightning-Zahlungen sind auch für Bob besser. Er kann sicher sein, dass er Alice' Zahlung erhält, ohne auf die On-Chain-Bestätigung warten zu müssen. Wann immer Alice zukünftig einen Kaffee in Bobs Café trinken möchte, kann sie sich entscheiden, ob sie in Bitcoin über das Bitcoin- oder das Lightning-Netzwerk bezahlt. Wie, glauben Sie, entscheidet sie sich?

Fazit

In diesem Kapitel haben wir mitverfolgt, wie Alice ihre erste Lightning-Wallet heruntergeladen und installiert hat, wie sie Bitcoin gekauft und übertragen hat, ihren ersten Kanal geöffnet hat und ihren ersten Kaffee gekauft und über das Lightning-Netzwerk bezahlt hat. In den folgenden Kapiteln werfen wir einen Blick »unter die Haube«, um zu verstehen, wie jede Komponente des Lightning-Netzwerks funktioniert und wie Alice' Zahlung Bobs Café erreicht.

KAPITEL 3

Wie das Lightning-Netzwerk funktioniert

Nachdem Sie gesehen haben, wie Alice eine Lightning-Wallet einrichtet und einen Kaffee bei Bob kauft, wollen wir unter die Haube schauen und die verschiedenen Komponenten des Lightning-Netzwerks betrachten, die in diesen Prozess involviert sind. Dieses Kapitel bietet eine High-Level-Übersicht und geht nicht tiefer auf die technischen Details ein. Das Ziel besteht vielmehr darin, Ihnen die wichtigsten Konzepte und Grundbausteine des Lightning-Netzwerks vorzustellen.

Wenn Sie Erfahrung in Informatik und Kryptografie sowie mit Bitcoin und Protokollen haben, sollte dieses Kapitel reichen, um die Details selbst zusammenfügen zu können. Haben Sie noch keine große Erfahrung darin, sollte dieses Kapitel einen ausreichend guten Überblick vermitteln, um die formalen Protokollspezifikationen, die sogenannten BOLTs (*Basis of Lightning Technology*), verstehen zu können. Einsteigern wird dieses Kapitel dabei helfen, die technischen Kapitel dieses Buchs besser zu verstehen.

Falls Sie eine Auffrischung der Bitcoin-Grundlagen benötigen, finden Sie eine Zusammenfassung der folgenden Themen in Anhang A:

- Schlüssel und Adressen
- Hashfunktionen
- Digitale Signaturen
- Transaktionsstruktur
- Transaktions-Inputs und -Outputs
- Verkettung von Transaktionen
- Bitcoin-Skript
- Multisignaturadressen und -skripte
- Timelocks
- Komplexe Skripte

Wir wollen zuerst in einem Satz definieren, was das Lightning-Netzwerk ist, und das dann im weiteren Verlauf dieses Kapitels genauer aufschlüsseln.

Das Lightning-Netzwerk ist ein Peer-to-Peer-Netzwerk von *Zahlungskanälen*, die als Smart Contracts auf der *Bitcoin-Blockchain* implementiert sind, sowie ein Kommunikationsprotokoll, das definiert, wie Teilnehmer diese Smart Contracts erzeugen und ausführen.

Was ist ein Zahlungskanal?

Je nach Kontext gibt es verschiedene Möglichkeiten, einen Zahlungskanal zu beschreiben. Wir beginnen auf hohem Abstraktionsniveau und gehen dann ein wenig ins Detail.

Ein Zahlungskanal ist eine *finanzielle Beziehung* zwischen zwei Nodes des Lightning-Netzwerks, die *Kanalpartner* genannt werden. Die finanzielle Beziehung stellt ein *Saldo der Geldmittel* (in Millisatoshis) zwischen den beiden Kanalpartnern her.

Der Zahlungskanal wird über ein *kryptografisches Protokoll* verwaltet, d.h., von den Kanalpartnern wird ein vordefinierter, auf Kryptografie basierender Prozess genutzt, um den Kontostand des Kanals zugunsten des einen oder des anderen Kanalpartners neu zu verteilen. Das kryptografische Protokoll stellt sicher, dass ein Kanalpartner nicht betrügen kann, sodass die Partner einander nicht vertrauen müssen.

Das kryptografische Protokoll wird eingerichtet, indem eine 2-von-2-*Multisignaturadresse* angelegt wird. Beide Kanalpartner müssen dann kooperieren, und kein Kanalpartner kann die Guthaben allein ausgeben.

Fassen wir zusammen: Ein Zahlungskanal ist eine finanzielle Beziehung zwischen Nodes, die das Guthaben einer Multisignaturadresse über ein streng definiertes kryptografisches Protokoll bereitstellt.

Grundlagen eines Zahlungskanals

Dem Zahlungskanal liegt eine einfache 2-von-2-Multisignaturadresse der Bitcoin-Blockchain zugrunde, für die Sie einen Schlüssel besitzen und der Kanalpartner den anderen Schlüssel.

Sie und Ihr Kanalpartner handeln eine Folge von Transaktionen aus, die über diese Multisignaturadresse beglichen werden. Doch statt diese Transaktionen an die Bitcoin-Blockchain zu senden und einzutragen, halten Sie beide an ihnen fest, ohne sie zu veröffentlichen.

Die letzte Transaktion dieser Folge legt das Guthaben des Kanals fest und definiert, wie dieses Guthaben zwischen den Kanalpartnern aufgeteilt ist.

Eine neue Transaktion in dieser Folge entspricht also der Umverteilung des Kanalguthabens von einem Kanalpartner auf den anderen, ohne dass das Bitcoin-Netzwerk davon etwas mitbekommt. Während Sie neue Transaktionen vereinbaren und die Verteilung von Guthaben im Kanal ändern, wird die vorherige Transaktion widerrufen, sodass keine Partei zu einem früheren Zustand zurückkehren kann.

Jede Transaktion in der Folge nutzt Bitcoins Skriptsprache, was bedeutet, dass die Übertragung der Guthaben zwischen Ihnen und Ihrem Kanalpartner durch einen Bitcoin-Smart-Contract verwaltet wird. Der Smart Contract ist so gestaltet, dass er einen Kanalpartner sanktioniert, wenn er versucht, einen vorher widerrufenen Zustand des Kanals wiederherzustellen.

Wenn Sie eine nicht veröffentlichte Transaktion einer 2-von-2-Multisignaturadresse besitzen, die Ihren Anteil des Guthabens auszahlt, stellt die Signatur der anderen Partei sicher, dass Sie die Transaktion jederzeit veröffentlichen können, indem Sie Ihre eigene Signatur einfügen.

Die Fähigkeit, eine partiell signierte Transaktion offline und unveröffentlicht zu halten, und die Option, dieses Guthaben jederzeit zu veröffentlichen und zu beanspruchen, bildet die Basis des Lightning-Netzwerks.

Zahlungen über Kanäle routen

Sobald mehrere Teilnehmer Kanäle von einer Partei zu einer anderen aufgebaut haben, können Zahlungen auch von Zahlungskanal zu Zahlungskanal weitergeleitet werden, indem ein *Pfad* im Netzwerk aufgebaut wird, der mehrere Zahlungskanäle miteinander verbindet.

Zum Beispiel kann Alice Geld an Charlie senden, wenn Alice einen Kanal zu Bob geöffnet hat und Bob einen Kanal zu Charlie.

Durch die Konstruktion des Lightning-Netzwerks ist es möglich, die Smart Contracts des Kanals so zu erweitern, dass Bob keine Möglichkeit hat, die Guthaben zu stehlen, die über seinen Kanal weitergeleitet werden.

Auf die gleiche Weise, in der Smart Contracts die Kanalpartner schützen, sodass diese einander nicht vertrauen müssen, schützt das gesamte Netzwerk die Teilnehmer in der Form, dass diese Zahlungen weiterleiten können, ohne den anderen Teilnehmern vertrauen zu müssen.

Da die Kanäle aus Multisignaturadressen aufgebaut werden und die Transaktionen, die die Guthaben aktualisieren, vorsignierte Bitcoin-Transaktionen sind, basiert das Vertrauen beim Betrieb des Lightning-Netzwerks allein auf dem Vertrauen in das dezentralisierte Bitcoin-Netzwerk!

Die oben genannten Innovationen sorgen sicherlich für die wesentlichen Entwicklungssprünge, die die Entwicklung des Lightning-Netzwerks ermöglicht haben. Allerdings ist das Lightning-Netzwerk wesentlich mehr als die kryptografischen Protokolle, die auf der Bitcoin-Skriptsprache aufsetzen. Es ist ein umfassendes Kommunikationsprotokoll, das es den Peers erlaubt, Lightning-Nachrichten auszutauschen, um den Transfer von Bitcoins zu ermöglichen. Das Kommunikationsprotokoll definiert, wie Lightning-Nachrichten verschlüsselt und ausgetauscht werden.

Das Lightning-Netzwerk nutzt auch ein Informationsprotokoll, das sogenannte Gossip-Protokoll, um öffentliche Informationen über die Kanäle (Netzwerktopologie) an alle Teilnehmer weiterzugeben.

Alice benötigt diese Informationen zur Netzwerktopologie beispielsweise, um den Kanal zwischen Bob und Charlie zu erkennen, um wiederum so eine Route zu Charlie herstellen zu können.

Zu guter Letzt ist es wichtig, zu verstehen, dass das Lightning-Netzwerk nicht mehr ist als eine Anwendung, die auf Bitcoin aufsetzt und Bitcoin-Transaktionen sowie Bitcoin-Skript nutzt. Es gibt keinen »Lightning-Coin« und keine »Lightning-Blockchain«. Jenseits aller technischen Aspekte ist das LN-Netzwerk eine kreative Möglichkeit, mehr aus Bitcoin herauszuholen, indem es eine beliebige Menge direkter Zahlungen mit sofortiger Verfügbarkeit erlaubt ohne die Notwendigkeit, jemand anderem als dem Bitcoin-Netzwerk vertrauen zu müssen.

Zahlungskanäle

Wie im vorherigen Kapitel gesehen, hat Alice ihre Wallet-Software genutzt, um einen Zahlungskanal zwischen ihr und einem anderen LN-Teilnehmer zu öffnen.

Ein Kanal ist nur durch drei Dinge beschränkt:

- Erstens durch die Zeit, die das Internet braucht, um die paar Hundert Bytes zu übertragen, die das Protokoll benötigt, um Guthaben von einem Ende des Kanals an das andere zu übertragen.
- Zweitens durch die Kapazität des Kanals, also die Menge an Bitcoin, die dem Kanal beim Öffnen zugeteilt wurde.
- Drittens schränkt die maximale Größe einer Bitcoin-Transaktion auch die Anzahl unvollständiger (gerade verarbeiteter) weitergeleiteter Zahlungen ein, die gleichzeitig über einen Kanal abgewickelt werden können.

Zahlungskanäle haben einige sehr interessante und nützliche Eigenschaften:

- Da die Zeit zur Aktualisierung des Kanals im Wesentlichen von der Internetgeschwindigkeit abhängt, erfolgt die Zahlung nahezu sofort.
- Ist der Kanal offen, benötigt eine Zahlung keine Bestätigung von Bitcoin-Blöcken. Tatsächlich ist – solange Sie und Ihr Kanalpartner dem Protokoll folgen – keine Interaktion mit dem Bitcoin-Netzwerk oder sonst jemandem (außer Ihrem Kanalpartner) nötig.
- Das kryptografische Protokoll ist so konstruiert, dass nur sehr wenig bzw. gar kein Vertrauen zwischen Ihnen und Ihrem Kanalpartner nötig ist. Reagiert Ihr Partner nicht oder versucht er, zu betrügen, können Sie das Bitcoin-System als »Gerichtsbarkeit« einschalten, indem Sie den Smart Contract einlösen, auf den Sie und Ihr Partner sich vorher geeinigt haben.
- Zahlungen in einem Zahlungskanal sind nur Ihnen und Ihrem Partner bekannt. In dieser Hinsicht erhöht sich verglichen mit Bitcoin also die Privat-

sphäre, da dort jede Transaktion öffentlich ist. Nur das abschließende Guthaben, also die Summe aller Zahlungen in diesem Kanal, wird in der Bitcoin-Blockchain sichtbar.

Bitcoin war ungefähr fünf Jahre alt, als talentierte Entwickler herausfanden, wie bidirektionale, routingfähige Zahlungskanäle unbestimmter Laufzeit aufgebaut werden könnten. Mittlerweile gibt es mindestens drei verschiedene bekannte Methoden.

In diesem Kapitel konzentrieren wir uns auf die Methode des Kanalaufbaus, die 2015 erstmalig im Lightning-Netzwerk-Whitepaper (*https://lightning.network/lightning-network-paper.pdf*) von Joseph Poon und Thaddeus Dryja beschrieben wurde. Diese sind auch als *Poon-Dryja*-Kanäle bekannt und werden im Lightning-Netzwerk momentan zum Aufbau der Kanäle genutzt. Die anderen beiden vorgeschlagenen Methoden sind *Duplex-Micropayment*-Kanäle, die etwa zur gleichen Zeit wie die Poon-Dryja-Kanäle von Christian Decker vorgestellt wurden, sowie *eltoo*-Kanäle, die 2018 in »eltoo: A Simple Layer2 Protocol for Bitcoin« (*https://blockstream.com/eltoo.pdf*) von Christian Decker, Rusty Russel und Olaoluwa Osuntokun (dem Koautor dieses Buchs) vorgeschlagen wurden.

Die eltoo-Kanäle besitzen einige interessante Eigenschaften und vereinfachen die Implementierung von Zahlungskanälen. Allerdings verlangen eltoo-Kanäle eine Änderung der Bitcoin-Skriptsprache, weshalb sie Stand 2020 im Bitcoin-mainnet nicht implementiert werden können.

Multisignaturadressen

Zahlungskanäle bauen auf 2-von-2-Multisignaturadressen auf.

Kurz gesagt, werden Bitcoin in Multisignaturadressen in einer Form verwahrt, die mehrere Signaturen zu deren Freigabe verlangt. Bei einer 2-von-2-Multisignaturadresse, wie sie im Lightning-Netzwerk genutzt wird, gibt es zwei teilnehmende Unterzeichner, und *beide* müssen signieren, um über die Mittel verfügen zu können.

Multisignaturskripte und -adressen werden in »Multisignaturskripte« auf Seite 410 ausführlicher beschrieben.

Funding-Transaktion

Der fundamentale Grundbaustein eines Zahlungskanals ist eine 2-von-2-Multisignaturadresse. Einer der beiden Kanalpartner finanziert den Zahlungskanal, indem er Bitcoin an die Multisignaturadresse sendet. Diese Transaktion wird *Funding-Transaktion* genannt und in der Bitcoin-Blockchain festgehalten.[1]

Obwohl die Funding-Transaktion öffentlich ist, ist nicht offensichtlich, dass es sich um einen Lightning-Zahlungskanal handelt, bis dieser geschlossen wird, es sei

1 Während das ursprüngliche Lightning-Whitepaper die Finanzierung durch beide Kanalpartner vorsah, finanziert in der aktuellen Spezifikation seit 2020 nur einer der Partner den Kanal. Seit Mai 2021 sind dualfinanzierte Kanäle experimentell in der c-lightning-LN-Implementierung enthalten.

denn, er wird öffentlich bekannt gemacht. Kanäle werden in der Regel öffentlich bekannt gegeben, wenn Routing-Nodes Zahlungen weiterleiten wollen. Es gibt aber auch nicht öffentliche Kanäle, die üblicherweise von mobilen Nodes erzeugt werden, die nicht aktiv am Routing teilnehmen. Darüber hinaus sind Kanalzahlungen weiterhin nur für Kanalpartner sichtbar, ebenso wie die Guthabenverteilung innerhalb des Kanals.

Das in der Multisignaturadresse hinterlegte Guthaben wird *Kanalkapazität* genannt und legt das maximale Guthaben fest, das über den Zahlungskanal gesendet werden kann. Da Guthaben aber hin und her übertragen werden können, ist die Kanalkapazität nicht die Obergrenze für die Werte, die durch den Kanal fließen können. Wird die Kanalkapazität durch Zahlungen in eine Richtung überschritten, können immer noch Zahlungen in die andere Richtung erfolgen.

Man sagt auch, dass Guthaben, die in der Funding-Transaktion an die Multisignaturadresse gesendet werden, »im Lightning-Kanal gebunden« sind. In der Praxis sind sie allerdings nicht »gebunden« (oder gesperrt), sondern vielmehr »freigesetzt«. Guthaben in Lightning-Kanälen sind liquider als auf der Bitcoin-Blockchain, da sie schneller, günstiger und persönlicher ausgegeben werden können. Es gibt Nachteile, Guthaben im Lightning-Netzwerk vorzuhalten (etwa die Notwendigkeit, sie in einer »Hot Wallet« zu halten), doch die Vorstellung »gebundener Guthaben« in Lightning ist irreführend.

Beispiel einer schwachen Kanalöffnungsprozedur

Wenn Sie genauer über 2-von-2-Multisignaturadressen nachdenken, werden Sie erkennen, dass es ein gewisses Risiko birgt, Geldmittel in solchen Adressen zu hinterlegen. Was tun, wenn ein Kanalpartner sich weigert, eine Transaktion zu signieren, um Geldmittel freizugeben? Sind sie für immer verloren? Sehen wir uns dieses Szenario an und wie das LN-Protokoll es vermeidet.

Alice und Bob möchten einen Zahlungskanal aufbauen. Jeder erzeugt ein Schlüsselpaar aus privatem und öffentlichem Schlüssel, und dann werden die öffentlichen Schlüssel ausgetauscht. Nun können sie eine 2-von-2-Multisignatur erzeugen, die die Grundlage ihres Zahlungskanals bildet.

Als Nächstes erzeugt Alice eine Bitcoin-Transaktion, die einige mBTC an die Multisignaturadresse sendet, die aus Alice' und Bobs öffentlichen Schlüsseln generiert wurde. Trifft Alice keine zusätzlichen Maßnahmen und sendet diese Transaktion einfach, muss sie Bob vertrauen, dass er seine Signatur bereitstellt, wenn sie Mittel aus der Multisignaturadresse abrufen will. Bob hat wiederum die Möglichkeit, Alice zu erpressen, indem er seine Signatur verweigert und Alice so den Zugriff auf ihr Guthaben verwehrt.

Um das zu verhindern, muss Alice eine zusätzliche Transaktion durchführen, die ihr die mBTC aus der Multisignaturadresse zurückerstattet. Alice lässt Bob diese Rückerstattungstransaktion signieren, *bevor* sie die Funding-Transaktion an das Bitcoin-Netzwerk übergibt. Auf diese Weise erhält Alice eine Rückerstattung, auch wenn Bob verschwindet oder nicht kooperiert. Diese »Rückerstattungstransaktion«, die Alice schützt, ist eine der ersten einer Klasse sogenannter Bestätigungstransaktionen (engl. *Commitment Transactions*), die wir uns etwas genauer ansehen wollen.

Commitment-Transaktionen

Eine *Commitment-Transaktion* zahlt jedem Kanalpartner sein Kanalguthaben aus und stellt sicher, dass die Kanalpartner einander nicht vertrauen müssen. Durch das Signieren einer Commitment-Transaktion »bestätigt« (engl. *commit*) jeder Kanalpartner das aktuelle Guthaben und gibt dem anderen Kanalpartner die Möglichkeit, sein Guthaben jederzeit zurückzuerhalten.

Durch den Besitz einer signierten Commitment-Transaktion kann jeder Kanalpartner über sein Guthaben verfügen, auch wenn der andere Kanalpartner nicht kooperiert. Das schützt sie vor dem Verschwinden des Kanalpartners, mangelnder Kooperation und Betrugsversuchen durch Verletzung des Zahlungskanalprotokolls.

Die Commitment-Transaktion, die Alice im vorigen Beispiel vorbereitet hat, war die Rückerstattung ihrer ursprünglichen Zahlung an die Multisignaturadresse. Ganz allgemein teilt eine Commitment-Transaktion aber das Guthaben des Zahlungskanals entsprechend den Guthaben der beiden Partner auf. Zuerst verfügt Alice über das gesamte Guthaben, eine Rückerstattung ist also einfach. Doch während die Mittel zwischen Alice zu Bob fließen, tauschen sie neue Signaturen für neue Commitment-Transaktionen aus, die die neue Verteilung der Guthaben widerspiegeln. Ein Teil der Guthaben steht nun Alice zu, ein anderer Teil Bob.

Nehmen wir an, Alice öffnet mit Bob einen Kanal mit einer Kapazität von 100.000 Satoshi. Zu Beginn besitzt Alice 100.000 Satoshi, also das gesamte Guthaben des Kanals. Das Zahlungskanalprotokoll funktioniert wie folgt:

1. Alice erzeugt ein neues privates/öffentliches Schlüsselpaar und informiert Bob über die `open_channel`-Nachricht (eine Nachricht des LN-Protokolls), dass sie einen Kanal öffnen möchte.
2. Bob erzeugt ebenfalls ein neues privates/öffentliches Schlüsselpaar und stimmt einem Kanal mit Alice zu. Er sendet dazu seinen öffentlichen Schlüssel über die `accept_channel`-Nachricht an Alice.
3. Alice erzeugt nun eine Funding-Transaktion über ihre Wallet, die 100k Satoshi an die Multisignaturadresse sendet, zusammen mit einem sogenannten Locking-Skript: 2 <PubKey Alice> <PubKey Bob> 2 CHECKMULTISIG.
4. Alice veröffentlicht diese Funding-Transaktion noch nicht, sendet Bob aber die Transaktions-ID in einer `funding_created`-Nachricht (zusammen mit ihrer Signatur), damit Bob sie in einer Commitment-Transaktion bestätigen kann.
5. Sowohl Alice als auch Bob erzeugen ihre eigene Version der Commitment-Transaktion. Diese Transaktion greift auf die Funding-Transaktion zurück und sendet alle Bitcoin an eine Adresse zurück, die von Alice kontrolliert wird.

6. Alice und Bob müssen diese Commitment-Transaktionen nicht austauschen, da beide wissen, wie man sie aufbaut und wie sie unabhängig voneinander aufgebaut werden können (weil sie sich über eine kanonische Reihenfolge der Ein- und Ausgänge geeinigt haben). Sie müssen nur die Signaturen austauschen.
7. Bob stellt eine Signatur für Alice' Commitment-Transaktion bereit und sendet sie in einer `funding_signed`-Nachricht an Alice zurück.
8. Nachdem die Signaturen ausgetauscht wurden, veröffentlicht Alice die Funding-Transaktion im Bitcoin-Netzwerk.

Indem sie dem Protokoll folgt, gibt Alice den Anspruch auf ihre 100.000 Satoshi nicht auf, obwohl die Mittel an eine 2-of-2-Multisignaturadresse gesendet werden, für deren Kontrolle Alice nur einen Schlüssel besitzt. Wenn Bob nicht mehr auf Alice reagiert, kann sie ihre Commitment-Transaktion veröffentlichen und erhält ihr Guthaben zurück. Das kostet sie nur die Gebühr für die On-Chain-Transaktion. Solange sie dem Protokoll folgt, ist das das einzige Risiko beim Öffnen eines Kanals.

Nach dem ersten Austausch werden Commitment-Transaktionen immer dann erzeugt, wenn sich die Kontostände im Kanal ändern. Mit anderen Worten, bei jeder Zahlung zwischen Alice und Bob wird eine Commitment-Transaktion generiert, und Signaturen werden ausgetauscht. Jede neue Commitment-Transaktion codiert den aktuellen Kontostand zwischen Alice und Bob.

Möchte Alice 30.000 Satoshi an Bob senden, würden beide eine neue Version ihrer Commitment-Transaktionen erzeugen, die nun 70.000 Satoshi an Alice und 30.000 an Bob zahlen würde. Durch die Codierung der neuen Kontostände von Alice und Bob bilden die neuen Commitment-Transaktionen das Mittel, um Zahlungen über den Kanal zu »senden«.

Da Sie die Commitment-Transaktionen nun verstanden haben, wollen wir uns die etwas subtileren Details ansehen. Vielleicht ist Ihnen aufgefallen, dass dieses Protokoll sowohl Alice als auch Bob eine Möglichkeit zum Betrug bietet.

Betrug mit vorherigem Zustand

Wie viele Commitment-Transaktionen hält Alice, nachdem sie 30.000 Satoshi an Bob überwiesen hat? Sie hält zwei: die ursprüngliche, die ihr 100.000 Satoshi zuordnet, und die zweite, die ihr 70.000 und Bob 30.000 Satoshi zuweist.

Bei dem uns bisher bekannten Kanalprotokoll hindert Alice nichts daran, eine vorherige Commitment-Transaktion zu veröffentlichen. Eine betrügerische Alice könnte die Commitment-Transaktion veröffentlichen, die ihr 100.000 Satoshi zugesteht. Da diese Commitment-Transaktion durch Bob signiert wurde, kann er nicht verhindern, dass Alice sie veröffentlicht.

Wir brauchen also einen Mechanismus, der verhindert, dass Alice eine alte Commitment-Transaktion veröffentlichen kann. Lassen Sie uns herausfinden, wie man das erreicht und wie dadurch das Lightning-Netzwerk betrieben werden kann, ohne dass Alice und Bob einander vertrauen müssen.

Weil Bitcoin zensurresistent ist, kann niemand verhindern, dass eine alte Commitment-Transaktion veröffentlicht wird. Um diese Form des Betrugs zu unterbinden, sind Commitment-Transaktionen so konstruiert, dass der Betrüger beim Senden einer alten Transaktion sanktioniert werden kann. Indem die Sanktion groß genug ausfällt, schaffen wir einen starken Anreiz gegen einen solchen Betrug, was das System sicher macht.

Die Sanktionierung funktioniert in der Form, dass der betrogenen Partei die Möglichkeit gegeben wird, das Guthaben des Betrügers zu beanspruchen. Wenn also jemand versucht, durch die Veröffentlichung einer alten Commitment-Transaktion einen höheren Betrag zu ergaunern, als ihm eigentlich zusteht, kann die andere Partei das abstrafen, indem sie *beide* Guthaben, das eigene und das des Betrügers, für sich beansprucht. Der Betrüger verliert alles.

Sie könnten anmerken, dass ein Betrugsversuch mit einem geringen Risiko verbunden wäre, wenn Alice ihren Kanal vorher nahezu vollständig leeren würde. Bobs Strafe wäre bei geringem Guthaben nicht besonders schmerzhaft. Um das zu verhindern, verlangt das Lightning-Protokoll von jedem Kanalpartner ein Minimalguthaben im Kanal (die sogenannte *Reserve*), damit beide »etwas zu verlieren« haben.

Lassen Sie uns das Szenario des Kanalaufbaus noch einmal durchgehen und einen Sanktionsmechanismus zum Schutz vor Betrug ergänzen:

1. Alice baut einen Kanal mit Bob auf und hinterlegt darin 100.000 Satoshi.
2. Alice sendet 30.000 Satoshi an Bob.
3. Alice versucht, Bob um die erhaltenen 30.000 Satoshi zu betrügen, indem Sie eine alte Commitment-Transaktion veröffentlicht und die gesamten 100.000 Satoshi für sich beansprucht.
4. Bob erkennt den Betrug und bestraft Alice, indem er die gesamten 100.000 Satoshi für sich beansprucht.
5. Bob besitzt nun 100.000 Satoshi, d. h., er gewinnt 70.000 Satoshi hinzu, weil er Alice beim Betrügen erwischt hat.
6. Alice besitzt am Ende 0 Satoshi.
7. Beim Versuch, Bob um 30.000 Satoshi zu betrügen, hat sie ihre 70.000 Satoshi verloren.

Bei einem starken Sanktionsmechanismus ist Alice nicht versucht, mit einer alten Commitment-Transaktion zu betrügen, weil sie den Verlust ihres gesamten Guthabens riskiert.

In Kapitel 12 von *Mastering Bitcoin* beschreibt es Andreas Antonopoulos (dem Koautor dieses Buchs) wie folgt: »Eine wesentliche Charakteristik von Bitcoin ist ja, dass eine Transaktion, sobald sie gültig ist, auch gültig bleibt und nicht verfällt. Die einzige Möglichkeit, eine Transaktion zu annullieren, ist ein Double-Spending des Inputs durch eine andere Transaktion, bevor sie geschürft wird.«

Da wir nun verstehen, *warum* ein Sanktionsmechanismus notwendig ist und wie er Betrügereien verhindert, sehen wir uns an, *wie* das genau funktioniert.

Üblicherweise hat die Commitment-Transaktion mindestens zwei Outputs, mit denen die Kanalpartner ausgezahlt werden. Wir ergänzen das um einen *Timelock* und ein sogenanntes *Revocation-Secret* für eine der Zahlungen. Der Timelock verhindert, dass der Besitzer des Outputs diesen direkt nutzen kann, sobald die Commitment-Transaktion in einen Block aufgenommen wurde. Das Revocation-Secret, der »Widerrufsschlüssel«, erlaubt jeder Partei, direkt über die Zahlung zu verfügen und den Timelock zu umgehen.

In unserem Beispiel hält also Bob eine Commitment-Transaktion, die Alice *sofort* ausbezahlt, während die Zahlung an ihn selbst zeitverzögert erfolgt und widerrufen werden kann. Alice besitzt ebenfalls eine Commitment-Transaktion, doch hier ist es genau andersherum: Bob wird sofort ausbezahlt, ihre eigene Zahlung erfolgt hingegen zeitverzögert und kann widerrufen werden.

Die beiden Kanalpartner halten jeweils eine Hälfte des Revocation-Secrets, sodass keiner das vollständige Passwort kennt. Teilen sie ihre Hälften, kennt der andere Kanalpartner das vollständige Passwort und kann es nutzen, um den Widerruf auszuführen. Beim Signieren einer neuen Commitment-Transaktion widerruft jeder Kanalpartner das vorangegangene Commitment, indem er der anderen Partei seine Hälfte des Widerrufsschlüssels bekannt gibt.

Wir sehen uns den Widerrufsmechanismus in »Widerruf und neuer Commit« auf Seite 205 noch genauer an. Dort erfahren Sie, wie man Revocation-Secrets aufbaut und nutzt.

Einfach ausgedrückt, signiert Alice Bobs neue Commitment-Transaktion nur, wenn Bob ihr seine Hälfte des Widerrufsschlüssels für das vorangegangene Commitment gibt. Und Bob signiert Alice' neue Commitment-Transaktion nur, wenn sie ihm ihre Hälfte des Revocation-Secrets des vorangegangenen Commitments gibt.

Bei jedem neuen Commitment tauschen sie das notwendige »Sanktionspasswort« aus, das die vorangegangene Commitment-Transaktion im Endeffekt *widerruft*, indem es deren Veröffentlichung unrentabel macht. Die Nutzung alter Commitments wird also verhindert, wenn neue Commitments signiert werden. Was wir damit meinen, ist, dass es zwar technisch immer noch möglich ist, alte Commitments zu verwenden, doch der Sanktionsmechanismus macht dies ökonomisch sinnlos.

Der Timelock wird auf einen Wert von bis zu 2.016 Blöcken (etwa zwei Wochen) gesetzt. Veröffentlicht ein Kanalpartner eine Commitment-Transaktion, ohne mit dem anderen Partner zu kooperieren, muss er die entsprechende Zahl von Blöcken (bis zu zwei Wochen) warten, um an sein Guthaben zu kommen. Der andere Kanalpartner kann sein eigenes Guthaben hingegen jederzeit beanspruchen. Wurde das veröffentlichte Commitment vorher widerrufen, kann der Kanalpartner *außer-*

dem sofort das Guthaben der betrügenden Partei für sich beanspruchen, den Timelock umgehen und den Betrüger bestrafen.

Der Timelock kann angepasst und zwischen den Kanalpartnern ausgehandelt werden. Üblicherweise ist er bei größeren Kapazitäten länger und bei niedrigeren Kapazitäten entsprechend kürzer, um die Anreize an die Höhe der Guthaben anzupassen.

Bei jeder Aktualisierung der Kanalguthaben müssen neue Commitment-Transaktionen und Revocation-Secrets erzeugt und gespeichert werden. Solange ein Kanal offen bleibt, müssen alle *jemals erzeugten* Revocation-Secrets des Kanals festgehalten werden, weil sie in Zukunft noch gebraucht werden könnten. Glücklicherweise sind diese Passwörter recht klein und müssen nur von den Kanalpartnern vorgehalten werden, nicht vom gesamten Netzwerk. Dank einem cleveren Mechanismus zur Ableitung von Revocation-Secrets muss darüber hinaus nur das jüngste Passwort festgehalten werden, da ältere Passwörter aus diesem abgeleitet werden können (siehe »Betrug und Sanktionierung in der Praxis« auf Seite 205).

Dennoch ist die Verwaltung und Speicherung von Revocation-Secrets eine der aufwendigeren Aufgaben von Lightning-Nodes, die von den Node-Betreibern regelmäßige Backups verlangen.

Technologien wie Watchtower-Dienste oder die Änderung des Kanalkonstruktionsprotokolls hin zum eltoo-Protokoll könnten zukünftig Strategien darstellen, um diese Punkte zu entschärfen und die Notwendigkeit von Revocation-Secrets, Sanktionstransaktionen und Kanal-Backups zu reduzieren.

Alice kann den Kanal jederzeit schließen, wenn Bob nicht reagiert, und ihren Anteil am Guthaben geltend machen. Nachdem die *letzte* Commitment-Transaktion On-Chain veröffentlicht wurde, muss Alice warten, bis der Timelock abläuft, bevor sie über ihr Guthaben aus der Commitment-Transaktion verfügen kann. Wie wir später sehen werden, gibt es eine einfachere Möglichkeit, den Kanal ohne Wartezeit zu schließen, wenn Alice und Bob beide online sind und beim Schließen des Kanals mit der korrekten Aufteilung des Guthabens kooperieren. Doch die von jedem Kanalpartner gespeicherten Commitment-Transaktionen dienen als Ausfallsicherung. Sie stellen sicher, dass keine Guthaben verloren gehen, wenn es ein Problem mit dem Kanalpartner gibt.

Ankündigung des Kanals

Die Kanalpartner können sich darauf verständigen, ihren Kanal im gesamten Lightning-Netzwerk zu einem *öffentlichen Kanal* zu machen. Um den Kanal »anzukündigen«, nutzen sie das Gossip-Protokoll des Lightning-Netzwerks, um andere Nodes über die Existenz, die Kapazität und die Gebühren des Kanals zu informieren.

Durch die öffentliche Ankündigung von Kanälen können andere Nodes diese für Zahlungen nutzen, wodurch Routing-Gebühren für die Kanalpartner generiert werden.

Die Kanalpartner können sich aber auch entscheiden, den Kanal nicht anzumelden, was ihn zu einem *unangemeldeten Kanal* macht.

Ihnen wird der Begriff *privater Kanal* für einen unangemeldeten Kanal begegnen. Wir vermeiden diese Formulierung, da sie irreführend ist und ein falsches Gefühl von Privatsphäre vermittelt. Zwar sind unangemeldete Kanäle während ihrer Verwendung anderen nicht bekannt, doch ihre Existenz und ihre Kapazität werden On-Chain offengelegt, sobald die abschließende Settlement-Transaktion erfolgt. Seine Existenz kann auch auf anderem Weg offenbar werden, deshalb vermeiden wir den Begriff »privat«.

Unangemeldete Kanäle werden dennoch zum Routing von Zahlungen genutzt, aber nur von den Nodes, die von ihrer Existenz wissen oder »Routing-Hinweise« (*Routing Hints*) zu einem Pfad erhalten haben, der einen unangemeldeten Kanal enthält.

Werden ein Kanal und seine Kapazität über das Gossip-Protokoll öffentlich bekannt gemacht, kann die Anmeldung auch Informationen über den Kanal (Metadaten), wie etwa Routing-Gebühren und Timelock-Dauer, umfassen.

Wenn neue Nodes dem Lightning-Netzwerk beitreten, sammeln sie die Kanalanmeldungen ihrer Peers, die über das Gossip-Protokoll propagiert werden, und bauen so eine interne »Karte« des Lightning-Netzwerks auf. Diese Karte kann dann genutzt werden, um Pfade für Zahlungen zu finden, die Kanäle Ende zu Ende miteinander verbinden.

Den Kanal schließen

Die beste Möglichkeit, einen Kanal zu schließen, ist ... ihn nicht zu schließen! Das Öffnen und Schließen von Kanälen verlangt On-Chain-Transaktionen, bei denen Transaktionsgebühren anfallen. Man hält daher Kanäle so lange wie möglich offen. Sie können den Kanal nutzen, um Zahlungen vorzunehmen und weiterzuleiten, solange Ihr Ende des Kanals über eine ausreichende Kapazität verfügt. Doch selbst wenn Sie Ihr gesamtes Guthaben an das andere Ende des Kanals senden, können Sie den Kanal noch nutzen, um Zahlungen von Ihrem Kanalpartner zu empfangen. Dieses Konzept, einen Kanal in der einen und dann in der anderen Richtung zu nutzen, wird *Neugewichtung* (*Rebalancing*) genannt; das schauen wir uns in einem anderen Kapitel noch genauer an. Durch das Rebalancing eines Kanals kann er nahezu unendlich lang offen bleiben und für eine im Grunde unbeschränkte Anzahl von Zahlungen verwendet werden.

Manchmal ist das Schließen eines Kanals aber wünschenswert oder sogar notwendig, etwa wenn ...

- Sie das Guthaben eines Lightning-Kanals aus Sicherheitsgründen reduzieren und an einen »Cold Storage« übertragen wollen.

- der Kanalpartner längere Zeit nicht reagiert und Sie den Kanal nicht länger nutzen können.
- der Kanal nicht oft genutzt wird, weil die Node Ihres Kanalpartners nicht gut angebunden ist und Sie die Mittel einem anderen Kanal mit besserer Anbindung zuweisen wollen.
- Ihr Kanalpartner das Protokoll verletzt, sei es wegen eines Softwarefehlers oder bewusst, und Sie den Kanal schließen müssen, um Ihre Einlage zu schützen.

Es gibt drei Möglichkeiten, einen Zahlungskanal zu schließen:

- einvernehmliches Schließen (die gute Variante)
- erzwungenes Schließen (die schlechte Variante)
- Bruch des Protokolls (die hässliche Variante)

Alle Methoden sind für unterschiedliche Szenarien gedacht, die wir uns in den nächsten Abschnitten ansehen wollen. Ist Ihr Kanalpartner beispielsweise offline, können Sie »die gute Variante« nicht verwenden, weil ein einvernehmliches Schließen ohne einen kooperierenden Partner nicht möglich ist. Üblicherweise wählt die LN-Software automatisch für die gegebenen Umstände die beste Lösung aus.

Einvernehmliches Schließen (die gute Variante)

Einvernehmliches Schließen bedeutet, dass beide Kanalpartner sich einig sind, den Kanal zu schließen. Das ist die zu bevorzugende Methode.

Wenn Sie entscheiden, einen Kanal zu schließen, informiert die LN-Node Ihren Kanalpartner über Ihre Absicht. Nun arbeiten Ihre Node und die Node des Kanalpartners zusammen, um den Kanal zu schließen. Neue Routing-Versuche werden von keinem der Partner akzeptiert, und laufende Routing-Versuche werden beglichen oder nach dem Timeout entfernt. Der Abschluss der Routing-Versuche braucht seine Zeit, weshalb ein einvernehmliches Schließen etwas dauert.

Sobald es keine offenen Routing-Versuche mehr gibt, bereiten die Nodes eine sogenannte *Closing-Transaktion* vor. Diese Transaktion ähnelt der Commitment-Transaktion: Sie codiert das letzte Guthaben des Kanals, doch die Outputs sind NICHT mit einem Timelock versehen.

Die On-Chain-Transaktionsgebühr der Closing-Transaktion zahlt der Kanalpartner, der den Kanal geöffnet hat, und nicht derjenige, der den Kanal schließen will. Über den On-Chain-Gebührenschätzer einigen sich die Kanalpartner auf eine angemessene Gebühr und signieren die Closing-Transaktion.

Sobald die Closing-Transaktion an das Bitcoin-Netzwerk weitergeleitet und von diesem bestätigt wurde, ist der Kanal erfolgreich geschlossen, und jeder Kanalpartner hat seinen Teil des Kanalguthabens erhalten. Trotz der Wartezeit ist ein einvernehmliches Schließen üblicherweise schneller als ein erzwungenes Schließen.

Erzwungenes Schließen (die schlechte Variante)

Bei einem erzwungenen Schließen versucht ein Kanalpartner, einen Kanal ohne Einwilligung des anderen Kanalpartners zu schließen.

Das passiert üblicherweise, wenn einer der Kanalpartner nicht erreichbar und ein einvernehmliches Schließen daher nicht möglich ist. In diesem Fall würden Sie ein erzwungenes Schließen einleiten, um den Kanal einseitig zu schließen und das Guthaben freizugeben.

Um ein erzwungenes Schließen einzuleiten, können Sie einfach die letzte Commitment-Transaktion veröffentlichen, die Ihre Node besitzt. Dafür sind Commitment-Transaktionen schließlich da – sie garantieren, dass Sie dem Kanalpartner nicht vertrauen müssen, um an das Guthaben Ihres Kanals zu gelangen.

Sobald Sie die letzte Commitment-Transaktion an das Bitcoin-Netzwerk weitergeleitet haben und diese bestätigt ist, werden zwei Outputs (einer für Sie und einer für Ihren Partner) erzeugt, über die frei verfügt werden kann. Wie vorhin diskutiert, kann das Bitcoin-Netzwerk nicht wissen, ob es sich um die jüngste Commitment-Transaktion handelt oder ob Sie versuchen, Ihren Partner zu betrügen. Daher verschafft diese Commitment-Transaktion Ihrem Partner einen leichten Vorteil, d.h., der Partner, der das Schließen erzwingt, wird mit einem Timelock belegt, während der Output des anderen Partners sofort zur freien Verfügung steht. Sollten Sie eine ältere Commitment-Transaktion gesendet haben, gibt der Timelock Ihrem Partner die Möglichkeit, die Transaktion anzufechten und den Widerrufsschlüssel zu nutzen, um Sie für den Betrug zu sanktionieren.

Wird beim erzwungenen Schließen eine Commitment-Transaktion veröffentlicht, sind die On-Chain-Gebühren aus verschiedenen Gründen höher als beim einvernehmlichen Schließen:

1. Als die Commitment-Transaktion vereinbart wurde, konnten die Kanalpartner nicht wissen, wie hoch die On-Chain-Gebühren zu dem Zeitpunkt sein würden, zu dem sie veröffentlicht werden würde. Da die Gebühren nicht geändert werden können, ohne die Outputs der Commitment-Transaktion zu ändern (wofür beide Signaturen nötig sind), und weil es zu einem erzwungenen Schließen kommt, wenn ein Kanalpartner nicht verfügbar ist, haben die Entwickler des Protokolls entschieden, bei der in der Commitment-Transaktion enthaltenen Gebühr sehr großzügig zu sein. Sie kann bis zu fünfmal höher sein, als sie der Gebührenschätzer zu dem Zeitpunkt empfiehlt, zu dem die Commitment-Transaktion vereinbart wird.
2. Die Commitment-Transaktion enthält zusätzliche Outputs für die HTLCs (*Hash Time-Locked Contracts*) offener Routing-Versuche. Dadurch wird die Commitment-Transaktion größer (d.h. mehr Bytes) als die Transaktion beim einvernehmlichen Schließen. Bei größeren Transaktionen fallen höhere Gebühren an.
3. Alle offenen Routing-Versuche müssen On-Chain aufgelöst werden, was zu weiteren On-Chain-Transaktionen führt.

HTLCs (*Hash Time-Locked Contracts*) werden in »Hash Time-Locked Contracts« auf Seite 225 im Detail behandelt. Für den Moment wollen wir annehmen, dass es sich dabei um Zahlungen handelt, die über das Lightning-Netzwerk geroutet werden, und nicht um Zahlungen, die direkt zwischen den Kanalpartnern abgewickelt werden. Diese HTLCs werden als zusätzliche Outputs in den Commitment-Transaktionen mitgeführt, wodurch sich Transaktionsgröße und On-Chain-Gebühr erhöhen.

Grundsätzlich ist ein erzwungenes Schließen nicht zu empfehlen, wenn es nicht absolut notwendig ist. Ihr Guthaben wird längere Zeit gesperrt, und der Partner, der den Kanal geöffnet hat, muss höhere Gebühren bezahlen. Darüber hinaus müssen Sie möglicherweise On-Chain-Gebühren bezahlen, um Routing-Versuche abzubrechen oder zu begleichen, selbst wenn Sie den Kanal nicht geöffnet haben.

Wenn Sie den Kanalpartner kennen, sollten Sie lieber Kontakt mit ihm oder dem Unternehmen aufnehmen, um herauszufinden, warum die Lightning-Node nicht läuft, und einen Neustart veranlassen, um ein einvernehmliches Schließen des Kanals zu erreichen.

Ein erzwungenes Schließen sollte immer nur der letzte Ausweg sein.

Bruch des Protokolls (die hässliche Variante)

Ein Bruch des Protokolls liegt vor, wenn Ihr Kanalpartner (absichtlich oder nicht) versucht, Sie zu betrügen, indem er eine veraltete Commitment-Transaktion an die Bitcoin-Blockchain sendet und so von seiner Seite ein (unlauteres) erzwungenes Schließen des Kanals einleitet.

Um das erkennen zu können, muss Ihre Node online sein und neue Blöcke und Transaktionen auf der Bitcoin-Blockchain beobachten.

Da die Zahlung an den Kanalpartner mit einem Timelock versehen ist, hat Ihre Node etwas Zeit, um den Bruch des Protokolls zu erkennen und eine »Straftransaktion« (*Punishment Transaction*) zu veröffentlichen, bevor der Timelock abläuft.

Wenn Sie einen Bruch des Protokolls erkennen und die Strafe geltend machen, erhalten Sie das gesamte Guthaben des Kanals einschließlich des Guthabens des Kanalpartners.

In diesem Fall erfolgt das Schließen des Kanals recht schnell. Sie müssen die On-Chain-Gebühr für die Punishment-Transaktion zahlen, doch Ihre Node kann diese Gebühr entsprechend der Gebührenschätzung einstellen und muss sie nicht überbezahlen. Generell werden Sie die Gebühr etwas höher ansetzen, um eine schnellstmögliche Bestätigung zu erreichen. Da Sie aber sowieso das gesamte Guthaben des Betrügers erhalten, ist letztendlich er es, der diese Transaktion bezahlt.

Wenn Sie den Bruch des Protokolls nicht erkennen und der Timelock abläuft, erhalten Sie nur das Guthaben, das Ihnen in der Commitment-Transaktion zugestanden wurde, die der Partner veröffentlicht hat. Alle Guthaben, die Sie nach dieser

Transaktion erhalten haben, wurden von Ihrem Partner gestohlen. Falls Sie noch Guthaben besitzen, müssen Sie die On-Chain-Gebühr zahlen, um es abzurufen.

Und wie beim erzwungenen Schließen müssen alle offenen Routing-Versuche der Commitment-Transaktion aufgelöst werden.

Ein Bruch des Protokolls wird schneller ausgeführt als ein einvernehmliches Schließen, weil das Schließen nicht mit dem Peer vereinbart werden muss. Er ist auch schneller als ein erzwungenes Schließen, weil Sie nicht darauf warten müssen, dass Ihr Timelock abläuft.

Die Spieltheorie sagt voraus, dass Betrügen keine reizvolle Strategie ist, weil der Betrüger leicht zu erkennen ist und Gefahr läuft, *all* sein Guthaben zu verlieren, während er nur das bekommt, was in einem früheren Zustand festgelegt wurde. Und während das Lightning-Netzwerk weiter reift und »Wachtürme« (Watchtower) allgemein verfügbar werden, lassen sich Betrüger auch durch Dritte erkennen, selbst wenn der betrogene Kanalpartner offline ist. Daher ist ein Betrug nicht zu empfehlen. Wir empfehlen aber jedem, der einen Betrüger ertappt, diesen zu bestrafen und sein Guthaben einzuziehen.

Wie erkennt man nun aber einen Betrug oder Bruch des Protokolls, während man sich seinen täglichen Aufgaben widmet? Zu diesem Zweck betreiben Sie eine Software, die in der öffentlichen Bitcoin-Blockchain auf On-Chain-Transaktionen achtet, die den Commitment-Transaktionen Ihrer Kanäle entsprechen. Es gibt drei Arten dieser Software:

- Eine ordnungsgemäß gepflegte Lightning-Node, die rund um die Uhr läuft.
- Eine sogenannte Watchtower-Node, die nur dem Zweck dient, Ihre Kanäle zu überwachen.
- Ein Watchtower-Node eines Drittanbieters, den Sie für die Überwachung Ihrer Kanäle bezahlen.

Erinnern Sie sich daran, dass eine Commitment-Transaktion eine Timeout-Periode enthält, die in der Anzahl von Blöcken (maximal 2.016) angegeben wird. Solange Ihre Lightning-Node läuft, bevor dieser Timeout abläuft, wird sie alle Betrugsversuche erkennen. Es ist nicht ratsam, dieses Risiko einzugehen. Vielmehr ist es wichtig, kontinuierlich eine gut gewartete Node zu betreiben (siehe »Warum ist Zuverlässigkeit für den Betrieb einer Lightning-Node wichtig?« auf Seite 132).

Rechnungen

Die meisten Zahlungen im Lightning-Netzwerk beginnen mit einer Rechnung (engl. *Invoice*), die vom Empfänger der Zahlung erzeugt wird. In unserem Beispiel hat Bob eine Rechnung erzeugt, um eine Zahlung von Alice anzufordern.

Es gibt eine Möglichkeit, unaufgefordert eine Zahlung zu senden. Dazu wird ein Workaround im Protokoll namens *keysend* genutzt. Wir sehen uns das in »Spontane Zahlungen per keysend« auf Seite 289 genauer an.

Eine Rechnung ist eine einfache Zahlungsanweisung mit Informationen wie einer eindeutigen Zahlungskennung (dem Zahlungshash, engl. *Payment Hash*), einem Empfänger, einem Betrag und optional einem beschreibenden Text.

Der wichtigste Teil der Rechnung ist der Zahlungshash, der es der Zahlung ermöglicht, sich *atomar* über mehrere Zahlungskanäle hinweg zu bewegen. Atomar bedeutet in der Informatik, dass eine Aktion oder Zustandsänderung entweder vollständig erfolgreich abgeschlossen wird oder gar nicht – Zwischenzustände oder partielle Aktionen sind nicht möglich. Im Lightning-Netzwerk bedeutet das, dass die Zahlung entweder den ganzen Pfad entlangwandert oder fehlschlägt. Sie kann nicht teilweise abgeschlossen werden, d.h., auf dem Weg kann keine zwischenliegende Node die Zahlung empfangen und behalten. So etwas wie eine »teilweise Zahlung« oder »teilweise erfolgreiche Zahlung« gibt es nicht.

Rechnungen werden nicht über das Lightning-Netzwerk kommuniziert, sondern »out of band« über einen anderen Kommunikationsmechanismus. Das ähnelt dem, wie Bitcoin-Adressen an Sender außerhalb des Bitcoin-Netzwerks kommuniziert werden: als QR-Code, per E-Mail oder in Textnachrichten. Zum Beispiel kann Bob Alice eine Lightning-Rechnung als QR-Code, per E-Mail oder über einen anderen Nachrichtenkanal zukommen lassen.

Rechnungen sind üblicherweise als langer *bech32*-String oder als QR-Code codiert, der von einer Lightning-Wallet auf dem Smartphone eingescannt werden kann. Die Rechnung enthält den angeforderten Bitcoin-Betrag und eine Signatur des Empfängers. Der Sender nutzt die Signatur, um den öffentlichen Schlüssel (auch bekannt als Node-ID) des Empfängers zu extrahieren, damit er weiß, an wen er die Zahlung senden soll.

Ist Ihnen aufgefallen, wie sehr sich das von Bitcoin unterscheidet und welche unterschiedlichen Begriffe verwendet werden? Bei Bitcoin übergibt der Empfänger eine Adresse an den Sender. Bei Lightning erzeugt der Empfänger eine Rechnung und schickt diese an den Sender. Bei Bitcoin schickt der Sender Geldmittel an eine Adresse. Bei Lightning bezahlt der Sender eine Rechnung, und die Zahlung wird an den Empfänger geroutet. Bitcoin basiert auf dem Konzept einer »Adresse«, und Lightning ist ein Zahlungsnetzwerk, das auf dem Konzept einer »Rechnung« basiert. Bei Bitcoin generieren wir eine »Transaktion«, während wir bei Lightning eine »Zahlung« senden.

Zahlungshash und Preimage

Der wichtigste Teil der Rechnung ist der *Zahlungshash*. Beim Aufbau der Rechnung erzeugt Bob den Zahlungshash wie folgt:

1. Bob wählt eine Zufallszahl r. Diese Zufallszahl wird *Preimage* oder *Zahlungs-Secret* genannt.
2. Bob verwendet SHA-256, um den Hash H von r zu berechnen, der als *Zahlungshash* bezeichnet wird:
   H = SHA-256(r).

Der Begriff *Preimage* stammt aus der Mathematik. Für jede Funktion $y = f(x)$ wird die Menge von Eingabewerten, die einen bestimmten Wert y erzeugen, als Preimage von y bezeichnet. In diesem Fall ist die Funktion der Hashalgorithmus SHA-256, und jeder Wert r, der einen Hash H erzeugt, wird Preimage genannt.

Eine Umkehrfunktion für SHA-256 (d.h. die Berechnung eines Preimage aus einem Hash) ist nicht bekannt. Nur Bob kennt den Wert für r, und er ist daher Bobs »Geheimnis« (*Secret*). Doch sobald Bob r offenlegt, kann jeder, der den Hash H besitzt, prüfen, ob r das richtige Secret ist, indem er SHA-256(r) berechnet und mit H vergleicht.

Der Zahlungsprozess im Lightning-Netzwerk ist nur dann sicher, wenn r rein zufällig gewählt wird und nicht vorhersehbar ist. Diese Sicherheit basiert auf der Tatsache, dass Hashfunktionen nicht umgekehrt und keinem Brute-Force-Angriff unterzogen werden können und daher niemand r aus H bestimmen kann.

Zusätzliche Metadaten

Rechnungen können optional weitere nützliche Metadaten enthalten, etwa einen kurzen beschreibenden Text. Muss ein Nutzer mehrere Rechnungen bezahlen, kann er die Beschreibung lesen und sich daran erinnern, wofür diese Rechnung war.

Die Rechnung kann auch einige *Routing-Hinweise* (engl. *Routing Hints*) enthalten, die es dem Sender ermöglichen, unangemeldete Kanäle für die Konstruktion einer Route zum Empfänger zu verwenden. Routing-Hinweise können ebenfalls genutzt werden, um öffentliche Kanäle zu empfehlen, z.B. Kanäle, von denen der Empfänger weiß, dass sie über ausreichend eingehende Kapazität verfügen, um die Zahlung routen zu können.

Für den Fall, dass die Lightning-Node des Senders eine Zahlung nicht über das Lightning-Netzwerk senden kann, können Rechnungen optional auch eine On-Chain-Bitcoin-Adresse als Fallback enthalten.

Zwar ist ein Fallback auf eine On-Chain-Bitcoin-Transaktion immer möglich, es ist aber tatsächlich besser, stattdessen einen neuen Zahlungskanal mit dem Empfänger zu eröffnen. Wenn Sie On-Chain-Gebühren für eine Zahlung zahlen müssen, können Sie diese Gebühr genauso gut nutzen, um die Zahlung über Lightning durchzuführen. Nach Abschluss der Zahlung bleibt ein offener Kanal mit Liquidität aufseiten des Empfängers, der in Zukunft Zahlungen an Ihre Lightning-Node zurückrouten kann. Eine On-Chain-Transaktion bietet Ihnen eine Zahlung und einen Kanal für die Zukunft.

Lightning-Rechnungen enthalten ein Verfallsdatum. Weil der Empfänger das Preimage r für jede ausgestellte Rechnung vorhalten muss, ist es nützlich, Rechnungen auslaufen zu lassen, damit Preimages nicht für immer vorgehalten werden müssen. Sobald die Rechnung verfällt oder bezahlt ist, kann der Empfänger das Preimage löschen.

Zustellung der Zahlung

Wir haben gesehen, dass der Empfänger eine Rechnung schickt, die einen Zahlungshash enthält. Dieser Zahlungshash wird genutzt, um die Zahlung über eine Reihe von Zahlungskanälen vom Sender zum Empfänger zu leiten, selbst wenn kein direkter Zahlungskanal zwischen ihnen besteht.

In den nächsten Abschnitten tauchen wir in die Ideen und Methoden ein, die genutzt werden, um eine Zahlung über das Lightning-Netzwerk zuzustellen, und verwenden dabei alle Konzepte, die wir bisher kennengelernt haben.

Zuerst wollen wir uns das Kommunikationsprotokoll des Lightning-Netzwerks ansehen.

Das Peer-to-Peer-Gossip-Protokoll

Wie bereits erwähnt, haben die Kanalpartner beim Aufbau des Zahlungskanals die Möglichkeit, ihn öffentlich zu machen, d. h. seine Existenz und weitere Details dem gesamten Lightning-Netzwerk bekannt zu machen.

Die Bekanntgabe von Kanälen wird über ein *Peer-to-Peer-Gossip-Protokoll* kommuniziert. Ein Peer-to-Peer-Protokoll ist ein Kommunikationsprotokoll, bei dem sich jede Node zufällig mit anderen Nodes des Netzwerks verbindet (üblicherweise über TCP/IP). Jede Node, die (über TCP/IP) direkt mit Ihrer Node verbunden ist, ist Ihr *Peer*. Ihre Node ist im Gegenzug Peer der anderen Node. Wenn wir davon sprechen, dass Ihre Node mit anderen Peers verbunden ist, heißt das aber nicht, dass es Zahlungskanäle gibt, sondern nur, dass die Nodes über das Gossip-Protokoll verbunden sind.

Nachdem ein Kanal geöffnet wurde, kann eine Node ihren Peers den Kanal über eine `channel_announcement`-Nachricht bekannt machen. Jeder Peer validiert die Informationen aus der `channel_announcement`-Nachricht und verifiziert, dass die Funding-Transaktion auf der Bitcoin-Blockchain bestätigt wurde. Nach der Verifikation leitet die Node die Gossip-Nachricht an ihre eigenen Peers weiter, diese wiederum an ihre Peers und so weiter, sodass sich die Bekanntgabe im Netzwerk ausbreitet. Damit die Kommunikation nicht ausufert, wird die Bekanntgabe nur weitergeleitet, wenn sie nicht bereits weitergeleitet wurde.

Das Gossip-Protokoll wird auch genutzt, um über die `node_announcement`-Nachricht Informationen über bekannte Nodes zu verbreiten. Damit diese Nachricht weitergeleitet wird, muss eine Node mindestens einen öffentlichen Kanal über das Gossip-Protokoll angemeldet haben, was ebenfalls eine exzessive Kommunikation verhindern soll.

Zahlungskanäle besitzen verschiedene Metadaten, die für andere Teilnehmer des Netzwerks nützlich sind. Diese Metadaten werden hauptsächlich für Routing-Entscheidungen genutzt. Da Nodes gelegentlich die Metadaten ihrer Kanäle ändern, wird die Information über eine `channel_update`-Nachricht geteilt. Diese Nachrichten werden ungefähr viermal pro Tag (und Kanal) geteilt, um eine überbordende Kommunikation zu vermeiden. Das Gossip-Protokoll besitzt auch eine Vielzahl von Queries und Nachrichten, die eine Node synchronisieren und ein initiale »Karte« des Netzwerks erzeugen oder die Karte der Node aktualisieren, nachdem sie eine Weile offline war.

Die größte Herausforderung für die Teilnehmer des Lightning-Netzwerks besteht darin, dass die vom Gossip-Protokoll geteilte Topologieinformation unvollständig ist. Beispielsweise wird die Kapazität eines Zahlungskanals im Gossip-Protokoll über die `channel_announcement`-Nachricht geteilt. Allerdings ist diese Information nicht so nützlich wie die tatsächliche Aufteilung der Kapazität entsprechend den lokalen Guthaben der beiden Kanalpartner. Eine Node kann nur so viel Bitcoin weiterleiten, wie sie aktuell innerhalb des Kanals besitzt (lokales Guthaben).

Zwar hätte das Lightning-Netzwerk so entworfen werden können, dass es die Guthabeninformationen der Kanäle und eine genaue Topologie teilt, doch darauf wurde aus verschiedenen Gründen verzichtet:

- Um die Privatsphäre der Nutzer zu schützen, wird nicht jede Finanztransaktion und Zahlung herausposaunt. Updates des Kanalguthabens würden offenlegen, dass eine Zahlung über den Kanal gelaufen ist. Diese Information könnte in Beziehung gesetzt werden, um die Quellen und Ziele aller Zahlungen aufzudecken.
- Um die Menge an Zahlungen, die vom Lightning-Netzwerk verarbeitet werden kann, skalieren zu können. Erinnern Sie sich daran zurück, dass das Lightning-Netzwerk in erster Linie entwickelt wurde, weil eine Benachrichtigung jedes Teilnehmers über jede Zahlung nicht gut skaliert. Das Lightning-Netzwerk kann daher nicht so entworfen sein, dass es die Kanalguthaben zwischen den Teilnehmern teilt.
- Das Lightning-Netzwerk ist ein dynamisches System. Es verändert sich fortlaufend und häufig. Nodes werden hinzugefügt, andere Nodes werden abgeschaltet, Guthaben ändern sich und so weiter. Selbst wenn immer alles kommuniziert werden würde, wäre die Information nur einen kurzen Augenblick gültig. Tatsächlich ist die Information oft schon veraltet, wenn sie empfangen wird.

Wir sehen uns die Details des Gossip-Protokolls in einem späteren Kapitel an.

Für den Augenblick ist es nur wichtig, zu wissen, dass es das Gossip-Protokoll gibt und dass es genutzt wird, um Topologieinformationen des Lightning-Netzwerks zu teilen. Diese Topologieinformationen sind maßgeblich, um Zahlungen über ein Netzwerk aus Zahlungskanälen leiten zu können.

Wegfindung und Routing

Zahlungen im Lightning-Netzwerk werden (von der Zahlungsquelle zum Zahlungsziel) entlang eines *Pfads* weitergeleitet, der aus Kanälen besteht, die einen

Teilnehmer mit dem anderen verbinden. Der Prozess, der einen Pfad von der Quelle zum Ziel findet, wird *Wegfindung* (engl. *Pathfinding*) genannt. Der Prozess, den Pfad zu nutzen, um eine Zahlung durchzuführen, wird als *Routing* bezeichnet.

Eine häufige Kritik am Lightning-Netzwerk ist, dass das Routing nicht gelöst oder sogar ein »unlösbares« Problem ist. Tatsächlich ist das Routing trivial, die Wegfindung ist hingegen schwierig. Die beiden Begriffe werden häufig verwechselt, und wir müssen sie klar definieren, um zu bestimmen, welches Problem wir lösen wollen.

Wie Sie gleich sehen werden, nutzt das Lightning-Netzwerk momentan ein *quellbasiertes* Protokoll zur Wegfindung und zum Routing von Zahlungen ein *Onion-Routing*-Protokoll. Quellbasiert bedeutet, dass der Sender (die Quelle) der Zahlung einen Pfad durch das Netzwerk zum gewünschten Ziel finden muss. Onion-Routing bedeutet, dass die Elemente des Pfads geschichtet sind wie eine Zwiebel (engl. *Onion*). Jede Schicht ist dabei so verschlüsselt, dass sie nur von jeweils einer Node verarbeitet werden kann. Wir diskutieren das Onion-Routing im nächsten Abschnitt.

Quellbasierte Wegfindung

Würden wir das genaue Kanalguthaben jedes Kanals kennen, könnten wir sehr leicht einen Zahlungspfad ermitteln und dazu jeden Standardalgorithmus zur Wegfindung verwenden, der im Informatikunterricht gelehrt wird. Das könnte sogar in einer Form gelöst werden, die die Gebühren optimiert, die an die Nodes für die Weiterleitung der Zahlung gezahlt werden müssen.

Allerdings sind die Informationen über die Guthaben aller Kanäle nicht allen Teilnehmern des Netzwerks bekannt, und das soll auch so sein. Wir benötigen also innovativere Strategien der Wegfindung.

Mit nur partiellen Informationen über die Netzwerktopologie ist die Wegfindung eine echte Herausforderung, und an diesem Teil des Lightning-Netzwerks wird aktiv geforscht. Die Tatsache, dass das Problem der Wegfindung im Lightning-Netzwerk nicht »vollständig gelöst« ist, ist ein wesentlicher Kritikpunkt an dieser Technologie.

Eine häufig geäußerte Kritik an der Wegfindung im Lightning-Netzwerk ist deren Unlösbarkeit, weil es dem NP-vollständigen *Problem des Handlungsreisenden* entspricht, einem Grundproblem der rechnergestützten Komplexitätstheorie. Tatsächlich ist die Wegfindung bei Lightning nicht mit dem Problem des Handlungsreisenden identisch und fällt in eine andere Problemklasse. Wir lösen diese Art von Problem (Wegfindung in Graphen mit unvollständigen Informationen) laufend, wenn wir Google um eine Route bitten, die mögliche Verkehrsstaus umfahren soll. Wir lösen dieses Problem ebenso, wenn wir eine Zahlung durch das Lightning-Netzwerk routen.

Wegfindung und Routing können auf unterschiedliche Weise implementiert werden, und mehrere Wegfindungs- und Routing-Algorithmen können im Lightning-Netzwerk koexistieren, genauso wie es mehrere Wegfindungs- und Routing-Algorithmen im Internet gibt. Quellbasierte Wegfindung ist eine von vielen möglichen Lösungen und ist bei der aktuellen Größe des Lightning-Netzwerks erfolgreich.

Die Strategie der Wegfindung, die momentan von Lightning-Nodes implementiert wird, besteht darin, iterativ Pfade auszuprobieren, bis einer gefunden wird, der genug Liquidität besitzt, um die Zahlung weiterzuleiten. Es wird also iterativ ausprobiert, bis man Erfolg hat oder keinen Weg findet. Dieser Algorithmus führt momentan allerdings nicht unbedingt zu dem Pfad mit den geringsten Gebühren. Doch obwohl sie nicht optimal ist und sicher noch verbessert werden kann, funktioniert selbst diese einfache Strategie ziemlich gut.

Dieses »Probieren« (engl. *Probing*) erledigt die Lightning-Node oder -Wallet und ist für den Benutzer nicht direkt zu sehen. Dass das Probing noch läuft, merkt der Benutzer höchstens daran, dass eine Zahlung nicht sofort abgeschlossen wird.

Im Internet verwenden wir das Internetprotokoll und einen IP-Forwarding-Algorithmus, um Internetpakete vom Sender zum Empfänger zu leiten. Diese Protokolle haben die nette Eigenschaft, dass Internethosts gemeinsam einen Pfad für den Informationsfluss über das Internet finden können, doch wir können diese Protokolle nicht wiederverwenden und übernehmen, um Zahlungen im Lightning-Netzwerk weiterzuleiten. Im Gegensatz zum Internet müssen Lightning-Zahlungen *atomar* erfolgen, und die Kanalguthaben müssen *vertraulich* bleiben. Darüber hinaus ändert sich die Kanalkapazität bei Lightning häufig, während die Verbindungskapazität im Internet relativ statisch ist. Diese Einschränkungen verlangen neue Strategien.

Die Wegfindung ist natürlich trivial, wenn wir unseren direkten Kanalpartner bezahlen möchten und auf beiden Seiten des Kanals ausreichend Guthaben vorhanden ist, um das zu tun. In allen anderen Fällen nutzt unsere Node Informationen des Gossip-Protokolls zur Wegfindung. Das umfasst die momentan bekannten öffentlichen Zahlungskanäle, bekannte Nodes, die bekannte Topologie (wie bekannte Nodes verbunden sind), bekannte Kanalkapazitäten und die von den Node-Eignern festgelegten Gebühren.

Onion-Routing

Das Lightning-Netzwerk nutzt ein *Onion-Routing-Protokoll* ähnlich dem berühmten Tor-Netzwerk (The Onion Router). Das von Lightning genutzte Onion-Routing-Protokoll heißt *SPHINX-Mix-Format* [2], das wir uns in einem späteren Kapitel detailliert ansehen.

2 George Danezis und Ian Goldberg, »Sphinx: A Compact and Provably Secure Mix Format,« in *IEEE Symposium on Security and Privacy* (New York: IEEE, 2009), 269–282.

Lightnings Onion-Routing-SPHINX-Mix-Format ähnelt dem Routing des Tor-Netzwerks nur im Konzept. Sowohl das Protokoll als auch die Implementierung unterscheiden sich völlig vom Tor-Netzwerk.

Ein für das Routing verwendetes Zahlungspaket wird »Onion«, also »Zwiebel«, genannt.[3]

Wir wollen diese Zwiebel-Analogie nutzen, um dem Routing einer Zahlung zu folgen. Auf ihrer Route vom Zahlungssender (Zahlungspflichtigen) zum Zahlungsziel (Zahlungsempfänger) wird die Zwiebel entlang des Pfads von Node zu Node weitergegeben. Der Sender baut die gesamte Zwiebel aus dem Zentrum heraus auf. Zuerst erzeugt der Sender die Zahlungsinformation für den (finalen) Zahlungsempfänger und verschlüsselt sie mit einer Schicht, die nur der Empfänger entschlüsseln kann. Dann umschließt der Sender diese Schicht mit Anweisungen für die Node, die im Pfad *unmittelbar vor dem eigentlichen Empfänger liegt*, und verschlüsselt diese Schicht so, dass nur diese Node sie entschlüsseln kann.

Die Schichten aus Instruktionen werden nacheinander aufgebaut und arbeiten sich vor, bis der gesamte Pfad in Schichten codiert ist. Der Sender übergibt die Zwiebel dann an die erste Node im Pfad, die nur die äußerste Schicht lesen kann. Jede Node zieht eine Schicht ab, findet darin Anweisungen, die die nächste Node im Pfad enthüllen, und gibt die Zwiebel weiter. Jede Node zieht nur eine Schicht ab, sie kann den Rest der Zwiebel nicht lesen. Alles, was sie weiß, ist, woher die Zwiebel kommt und wohin sie als Nächstes soll. Es gibt keinerlei Hinweise darauf, wer der ursprüngliche Sender und wer der eigentliche Empfänger ist.

Das geht so weiter, bis die Zwiebel das Ziel der Zahlung (den Zahlungsempfänger) erreicht hat. Die Ziel-Node öffnet dann die Zwiebel, erkennt dass es keine weiteren Schichten zu entschlüsseln gibt, und verarbeitet die enthaltenen Zahlungsinformationen.

Anders als bei einer echten Zwiebel wird beim Abziehen einer Schicht diese wieder verschlüsselt aufgefüllt, damit deren Größe für die nächste Node gleich bleibt. Wie wir noch sehen werden, können die dazwischenliegenden Nodes dadurch keinesfalls erfahren, wie lang der Pfad ist oder wie viele Nodes in das Routing involviert sind oder wie viele Nodes vorher durchlaufen wurden oder wie viele noch folgen. Das erhöht die Privatsphäre, weil einfache Traffic-Analyse-Analysen unterbunden werden.

3 Der Begriff »Onion« wurde ursprünglich vom Tor-Projekt genutzt. Das Tor-Netzwerk wird darüber hinaus auch »The Onion Network« genannt und verwendet eine Zwiebel als Logo. Der von Tor-Diensten verwendete Top-Level-Domain-Name im Internet lautet *onion*.

Das bei Lightning verwendete Onion-Routing-Protokoll hat die folgenden Eigenschaften:

- Eine zwischengeschaltete Node kann nur sehen, über welchen Kanal sie eine Onion empfangen hat und an welchen Kanal sie die Onion weiterleitet. Das bedeutet, dass keine der Routing-Nodes wissen kann, wer die Zahlung veranlasst hat und für wen die Zahlung gedacht ist. Dies ist die wichtigste Eigenschaft, die zu einem hohen Maß an Privatsphäre führt.
- Die Onions sind klein genug, um in ein einzelnes TCP/IP-Paket, ja sogar in einen Frame der Sicherungsschicht (*Link Layer*, z.B. Ethernet) zu passen. Das erschwert die Traffic-Analyse der Zahlungen deutlich und erhöht die Privatsphäre noch weiter.
- Die Onions sind so aufgebaut, dass sie immer die gleiche Länge aufweisen, unabhängig von der Position der verarbeitenden Node entlang des Pfads. Wird eine Schicht abgezogen, füllt man sie mit verschlüsseltem »Müll« wieder auf, damit die Größe der Onion gleich bleibt. Zwischengeschaltete Nodes können daher ihre Position innerhalb des Pfads nicht bestimmen.
- Onions besitzen in jeder Schicht einen HMAC (einen hashbasierten Message-Authentifizierungscode), der eine Manipulation der Onions verhindert und praktisch unmöglich macht.
- Onions können aus bis zu 26 Schichten (oder *Hops*) bestehen. Das ermöglicht ausreichend lange Pfade. Welche Länge für Pfade genau zur Verfügung steht, hängt davon ab, wie viele Bytes für die Routing-Nutzdaten (*Payload*) an jedem Hop alloziert wurden.
- Die Verschlüsselung der Onion nutzt für jeden Hop unterschiedliche kurzlebige Codierungsschlüssel. Sollte ein Schlüssel (insbesondere der private Schlüssel einer Node) irgendwann durchsickern, kann ein Angreifer ihn nicht entschlüsseln. Einfach ausgedrückt: Schlüssel werden niemals erneut verwendet, um die Sicherheit zu erhöhen.
- Fehler können über das gleiche Protokoll von der den Fehler meldenden Node an den ursprünglichen Sender zurückgeschickt werden. Fehler-Onions sind für externe Beobachter und zwischengeschaltete Nodes nicht von Routing-Onions zu unterscheiden. Das Fehler-Routing ermöglicht die Probing-Methode, die verwendet wird, um einen Pfad zu finden, der über eine ausreichende Kapazität verfügt, um eine Zahlung zu routen.

Das Onion-Routing wird in Kapitel 10 detailliert behandelt.

Algorithmus zur Zahlungsweiterleitung

Sobald der Sender der Zahlung einen möglichen Pfad durch das Netzwerk gefunden und eine Onion erzeugt hat, wird die Zahlung von jeder Node im Pfad weitergeleitet. Jede Node verarbeitet eine Schicht der Onion und leitet sie an die nächste Node weiter.

Jede zwischengeschaltete Node empfängt eine Lightning-Nachricht namens `update_add_htlc` mit einem Zahlungshash und einer Onion. Die zwischengeschaltete Node führt eine Reihe von Schritten aus, den *Algorithmus zur Zahlungsweiterleitung*:

1. Die Node entschlüsselt die äußerste Schicht der Onion und prüft die Integrität der Nachricht.
2. Sie vergewissert sich basierend auf den Kanalgebühren und der verfügbaren Kapazität des ausgehenden Kanals, dass sie die Routing-Hinweise erfüllen kann.
3. Sie arbeitet mit dem Kanalpartner des eingehenden Kanals zusammen, um den Kanalzustand zu aktualisieren.
4. Sie füllt das Ende der Onion auf, um deren Größe konstant zu halten, da sie einige Daten vom Anfang entfernt hat.
5. Sie folgt den Routing-Hinweisen, um das modifizierte Onion-Paket über ihren ausgehenden Zahlungskanal weiterzuleiten. Dazu sendet sie ebenfalls eine `update_add_htlc`-Nachricht mit dem gleichen Zahlungshash und der Onion.
6. Sie arbeitet mit dem Kanalpartner des ausgehenden Kanals zusammen, um den Kanalzustand zu aktualisieren.

Natürlich werden diese Schritte unterbrochen, sobald ein Fehler erkannt wird. Dann wird eine Fehlermeldung an den Absender der `update_add_htlc`-Nachricht gesendet. Die Fehlermeldung wird ebenfalls als Onion formatiert und über den eingehenden Kanal zurückgeschickt.

Während der Fehler durch jeden Kanal entlang des Pfads zurückpropagiert wird, entfernen die Kanalpartner die offene Zahlung und nehmen die Zahlung so in entgegengesetzter Richtung schrittweise wieder zurück.

Die Wahrscheinlichkeit eines Zahlungsfehlers ist hoch, wenn sie nicht schnell abgewickelt wird, doch eine Node darf niemals einen weiteren Zahlungsversuch entlang eines anderen Pfads anstoßen, bevor die Onion mit einer Fehlermeldung zurückkommt. Der Sender würde zweimal zahlen müssen, wenn beide Zahlungsversuche doch erfolgreich abgeschlossen werden.

Verschlüsselung der Peer-to-Peer-Kommunikation

Das LN-Protokoll ist hauptsächlich ein Peer-to-Peer-Protokoll zwischen seinen Teilnehmern. Wie wir in den vorherigen Abschnitten gelernt haben, gibt es zwei überlappende Funktionen im Netzwerk, die zwei logische Netzwerke bilden, die zusammen *das Lightning-Netzwerk* bilden:

1. Ein breites Peer-to-Peer-Netzwerk, das das Gossip-Protokoll verwendet, um Topologieinformationen weiterzuleiten. Die Peers können sich beliebig miteinander verbinden, müssen aber nicht zwangsläufig Zahlungskanäle geöffnet haben, sind als nicht unbedingt Kanalpartner.

2. Ein Netzwerk aus Zahlungskanälen zwischen den Kanalpartnern. Kanalpartner tauschen sich ebenfalls über die Topologie aus, sind also auch Peer-Nodes im Gossip-Protokoll.

Die gesamte Kommunikation zwischen den Peers erfolgt über sogenannte *Lightning-Nachrichten*. Diese Nachrichten sind immer verschlüsselt, wozu ein kryptografisches Kommunikations-Framework namens *Noise Protocol Framework* zum Einsatz kommt. Das Noise Protocol Framework erlaubt den Aufbau kryptografischer Kommunikationsprotokolle mit Authentifizierung, Verschlüsselung, vorwärts gerichteter Geheimhaltung (*Forward Secrecy*) und Identitätsschutz (*Identity Privacy*). Das Noise Protocol Framework wird auch von einer Reihe beliebter Kommunikationssysteme mit Ende-zu-Ende-Verschlüsselung wie WhatsApp, WireGuard und I2P genutzt. Weitere Informationen finden Sie auf der Noise Protocol Framework-Website (*https://noiseprotocol.org*).

Der Einsatz des Noise Protocol Framework im Lightning-Netzwerk stellt sicher, dass alle Nachrichten im Netzwerk authentifiziert und verschlüsselt sind, was den Datenschutz erhöht, aber auch Traffic-Analysen, Deep Packet Inspection und Lauschangriffe erschwert. Die macht jedoch wiederum die Entwicklung und den Test des Protokolls etwas schwierig, weil Sie das Netzwerk nicht einfach mit einem Netzwerkanalysetool wie Wireshark untersuchen können. Stattdessen müssen Entwickler spezialisierte Plug-ins nutzen, die das Protokoll aus Sicht einer Node entschlüsseln, etwa den *Lightning Dissector* (*https://github.com/nayutaco/lightning-dissector*), ein Wireshark Plug-in.

Überlegungen zum Vertrauen

Solange man sich an das Protokoll hält und seine Node absichert, ist das Risiko gering, sein Guthaben zu verlieren, wenn man am Lightning-Netzwerk teilnimmt. Allerdings muss man On-Chain-Gebühren zahlen, wenn man einen Kanal öffnet. Diese Kosten sollten sich irgendwie auszahlen. In unserem Beispiel besteht der Vorteil für Alice, die Kosten für das Öffnen des Kanals zu übernehmen, darin, Bitcoin über das Lightning-Netzwerk jederzeit versenden und (nach der Übertragung einiger Coins an das andere Ende des Kanals) empfangen zu können. Darüber hinaus kann sie Gebühren in Bitcoin einnehmen, wenn sie Zahlungen für andere weiterleitet. Alice weiß, dass Bob den Kanal theoretisch sofort nach dem Öffnen schließen kann, was Alice mit den On-Chain-Abschlussgebühren belasten würde. Alice muss Bob also ein klein wenig vertrauen. Alice war in Bobs Café, und Bob ist natürlich daran interessiert, ihr einen Kaffee zu verkaufen, weshalb Alice ihm in diesem Fall vertrauen kann. Beide Seiten haben einen Vorteil. Alice entscheidet, dass die Gegenleistung ausreicht, um die On-Chain-Gebühr für das Öffnen des Kanals mit Bob zu übernehmen. Im Gegensatz dazu wird Alice keinen Kanal mit einem Unbekannten öffnen, der sie in einer E-Mail bittet, einen neuen Kanal mit ihm zu eröffnen.

Vergleich mit Bitcoin

Obwohl das Lightning-Netzwerk auf Bitcoin aufsetzt und viele seiner Features und Eigenschaften erbt, gibt es wichtige Unterschiede, die den Nutzern beider Netzwerke bewusst sein müssen.

Einige Unterschiede betreffen nur die Terminologie, aber es gibt auch architektonische Unterschiede und Unterschiede in der Nutzererfahrung. In den nächsten Abschnitten wollen wir die Unterschiede und Gemeinsamkeiten untersuchen, die Terminologie erklären und unsere Erwartungen justieren.

Adressen versus Rechnungen, Transaktionen versus Zahlungen

Bei einer typischen Bitcoin-Zahlung erhält der Nutzer eine Bitcoin-Adresse (z.B. durch Scannen eines QR-Codes oder per Messenger/E-Mail von einem Freund). Dann wird die Bitcoin-Wallet verwendet, um eine Transaktion zu erzeugen, die Geldmittel an diese Adresse sendet.

Im Lightning-Netzwerk erzeugt der Zahlungsempfänger eine Rechnung. Eine Lightning-Rechnung kann als Gegenstück zu einer Bitcoin-Adresse betrachtet werden. Der vorgesehene Empfänger gibt die Lightning Rechnung an den Sender als QR-Code oder String weiter, genau wie eine Bitcoin-Adresse.

Der Sender verwendet seine Lightning-Wallet, um die Rechnung zu bezahlen, wobei er den Rechnungstext kopiert oder einen QR-Code einscannt. Eine Lightning-Zahlung ist das Gegenstück zu einer Bitcoin-Transaktion.

Es gibt allerdings Unterschiede in der Nutzererfahrung. Eine Bitcoin-Adresse ist *wiederverwendbar*. Bitcoin-Adressen laufen nicht ab, und solange der Eigentümer der Adresse den Schlüssel besitzt, ist das darin enthaltene Guthaben immer verfügbar. Ein Sender kann eine beliebige Menge Bitcoin an eine vorher genutzte Adresse schicken, und ein Empfänger kann eine einzelne statische Adresse veröffentlichen, um viele Zahlungen zu empfangen. Auch wenn das in Bezug auf die Privatsphäre gegen die Best Practices verstößt, ist das technisch möglich und tatsächlich auch sehr verbreitet.

Bei Lightning kann jede Rechnung hingegen nur einmal für einen bestimmten Betrag verwendet werden. Sie können nicht mehr oder weniger zahlen, Sie können eine Rechnung nicht wiederverwenden, und in die Rechnung ist ein Verfallsdatum integriert. Bei Lightning muss der Empfänger für jede Zahlung eine neue Rechnung erzeugen und deren Höhe im Voraus festlegen. Die einzige Ausnahme dieser Regel bildet der *keysend*-Mechanismus, denn wir uns in »Spontane Zahlungen per keysend« auf Seite 289 ansehen.

Outputs wählen versus Pfad finden

Um eine Zahlung im Bitcoin-Netzwerk durchzuführen, muss der Sender ein oder mehrere UTXOs (*Unspent Transaction Outputs*) einsetzen. Besitzt ein Nutzer mehrere UTXOs, muss er (bzw. seine Wallet) entscheiden, welcher oder welche UTXOs gesendet werden sollen. Möchte ein Nutzer beispielsweise 1 BTC überweisen, kann er einen einzelnen Output mit 1 BTC, zwei Outputs mit 0,25 BTC und 0,75 BTC oder vier Outputs mit jeweils 0,25 BTC verwenden.

Bei Lightning benötigen Zahlungen keine Inputs, die verarbeitet werden müssen. Stattdessen führt jede Zahlung zu einer Aktualisierung des Kanalguthabens, das zwischen den beiden Kanalpartnern (um)verteilt wird. Für den Sender »verschiebt« sich das Kanalguthaben von seinem Ende des Kanals hin zum Kanalpartner am anderen Ende. Lightning-Zahlungen nutzen eine Reihe von Kanälen für das Routing vom Sender zum Empfänger. Jeder dieser Kanäle muss eine ausreichende Kapazität aufweisen, um die Zahlung routen zu können.

Da viele verschiedene Kanäle und Pfade für eine Zahlung genutzt werden können, ähnelt das ein wenig der Wahl der UTXOs.

Mit Technologien wie AMP (*Atomic Multipath Payments*) und MPP (*Multipart Payments*), die wir uns in späteren Kapiteln noch ansehen werden, können mehrere Lightning-Pfade zu einer einzigen atomaren Zahlung zusammengefasst werden, genau wie mehrere Bitcoin-UTXOs zu einer einzigen atomaren Bitcoin-Transaktion zusammengefasst werden können.

Change-Output bei Bitcoin versus kein Wechselgeld bei Lightning

Um eine Zahlung im Bitcoin-Netzwerk vorzunehmen, muss der Sender ein oder mehrere UTXOs (*Unspent Transaction Outputs*) verwenden. UTXOs können dabei nur vollständig verbraucht werden. Sie können nicht aufgeteilt oder nur teilweise ausgegeben werden. Gibt ein Nutzer also 0,8 BTC aus, besitzt aber nur ein UTXO mit 1 BTC, muss der gesamte 1-BTC-UTXO ausgegeben werden, indem 0,8 BTC an den Empfänger und 0,2 BTC als »Wechselgeld« zurück an den Sender gezahlt werden. Die Zahlung von 0,2 BTC Wechselgeld erzeugt einen neuen UTXO, der *Change-Output* genannt wird.

Bei Lightning verbraucht die Funding-Transaktion Bitcoin-UTXO(s) und erzeugt einen Multisignatur-UTXO, um den Kanal zu öffnen. Sobald die Bitcoin im Kanal hinterlegt sind, können Teile davon innerhalb des Kanals vor- und zurückgeschickt werden, ohne mit »Wechselgeld« hantieren zu müssen. Das liegt daran, dass die Kanalpartner lediglich das Kanalguthaben aktualisieren und einen neuen UTXO nur in einer Closing-Transaktion erzeugen, wenn der Kanal irgendwann geschlossen wird.

Mining-Gebühren versus Routing-Gebühren

Im Bitcoin-Netzwerk zahlen Nutzer Gebühren an Miner, damit ihre Transaktionen in einen Block aufgenommen werden. Diese Gebühren erhält der Miner, der den jeweiligen Block schürft. Die Höhe der Gebühr hängt von der *Größe* (in Bytes) ab, die die Transaktion im Block verbraucht, und davon, wie schnell der Nutzer seine Transaktion verarbeitet haben will. Da Miner üblicherweise die profitabelsten Transaktionen zuerst verarbeiten, zahlt ein Nutzer, dessen Transaktion schnell geschürft werden soll, eine *höhere* Gebühr pro Byte, während die Nutzerin, der es nicht so eilig hat, eine *niedrigere* Gebühr pro Byte bezahlt.

Im Lightning-Netzwerk zahlen Nutzer Gebühren an andere Nutzer (zwischengeschalteter Nodes), um Zahlungen durch ihre Kanäle routen zu können. Um eine Zahlung zu routen, muss eine zwischengeschaltete Node Guthaben in zwei oder mehr ihr gehörenden Kanälen bewegen und die Daten für die Zahlung des Senders übertragen. Üblicherweise wird der routende Nutzer dem Sender die Gebühr basierend auf dem *Wert* der Zahlung berechnen. Sie besteht aus einer festgelegten minimalen *Grundgebühr* (einer festen Gebühr für jede Zahlung) und einem *Gebührensatz* (einer zum Wert der Zahlung proportionalen Gebühr). Für höhere Zahlungen wird das Routing also teurer, und es bildet sich ein Liquiditätsmarkt, bei dem verschiedene Nutzer unterschiedliche Gebühren für das Routing über ihre Kanäle verlangen.

Gebühren basierend auf Traffic versus angekündigte Gebühren

Im Bitcoin-Netzwerk arbeiten Miner profitorientiert und nehmen üblicherweise so viele Transaktionen wie möglich in einen Block auf, ohne die Kapazität des Blocks, das sogenannte *Blockgewicht* (*Block Weight*), zu überschreiten.

Sind mehr Transaktionen in der Queue (dem sogenannten *Mempool*), als in einen Block passen, werden sie das Mining mit den Transaktionen starten, die die höchsten Gebühren je Einheit (Byte) an *Transaktionsgewicht* (*Transaction Weight*) einbringen. Wenn also viele Transaktionen in der Warteschlange liegen, müssen die Nutzer höhere Gebühren zahlen, um in den nächsten Block aufgenommen zu werden, oder sie müssen warten, bis wieder weniger Transaktionen in der Queue liegen. Damit entsteht naturgemäß ein Gebührenmarkt, bei dem die Nutzer basierend darauf bezahlen, wie schnell ihre Transaktion in den nächsten Block aufgenommen werden soll.

Die knappe Ressource im Bitcoin-Netzwerk ist der Platz in den Blöcken. Bitcoin-Nutzer konkurrieren um den Platz im Block, und der Bitcoin-Gebührenmarkt basiert auf dem verfügbaren Platz im Block. Die knappen Ressourcen im Lightning-Netzwerk sind die *Kanalliquidität* (Kapazität der Geldmittel, die in den Kanälen zum Routing verfügbar sind) und die *Kanalkonnektivität* (wie viele gut angebundene Nodes die Kanäle erreichen können). Lightning-Nutzer konkurrieren um Kapazität und Konnektivität. Aus diesem Grund wird der Lightning-Gebührenmarkt durch Kapazität und Konnektivität angetrieben.

Im Lightning-Netzwerk zahlen Nutzer Gebühren an andere Nutzer, die ihre Zahlungen weiterleiten. Das Routing einer Zahlung ist ökonomisch betrachtet nichts anderes, als dem Sender Kapazitäten zuzuweisen und bereitzustellen. Naturgemäß sind die Router attraktiver, die niedrigere Gebühren für die gleiche Kapazität berechnen. Es existiert daher ein Gebührenmarkt, in dem die Router miteinander um die Gebühren konkurrieren, die sie für das Routing durch ihre Kanäle berechnen.

Öffentliche Bitcoin-Transaktionen versus private Lightning-Zahlungen

Im Bitcoin-Netzwerk ist jede Transaktion auf der Bitcoin-Blockchain öffentlich sichtbar. Zwar sind die verwendeten Adressen pseudonym und üblicherweise nicht an eine Identität gebunden, werden aber dennoch von jedem anderen Nutzer im Netzwerk gesehen und validiert. Darüber hinaus haben sich Unternehmen auf die Blockchain-Überwachung spezialisiert, d.h., sie sammeln und analysieren diese Daten en masse und verkaufen sie an Interessenten wie private Unternehmen, Regierungen und Geheimdienste.

Auf der anderen Seite sind LN-Zahlungen größtenteils nicht öffentlich. Üblicherweise kennen nur der Sender und der Empfänger die Quelle, das Ziel und die Höhe einer bestimmten Zahlung. Darüber hinaus kennt der Empfänger möglicherweise nicht einmal die Quelle der Zahlung. Da Zahlungen das Onion-Routing nutzen, kennen die Nutzer, die die Zahlung routen, nur den Betrag, aber weder die Quelle noch das Ziel.

Kurz gefasst, werden Bitcoin-Transaktionen öffentlich gesendet und für immer gespeichert. Lightning-Zahlungen werden zwischen einigen ausgewählten Peers durchgeführt, und Informationen darüber werden vertraulich gespeichert, bis der Kanal geschlossen wird. Die Entwicklung von Tools zur Massenüberwachung und Analysetools, wie sie bei Bitcoin verwendet werden, sind bei Lightning wesentlich schwieriger.

Warten auf Bestätigungen versus sofortiger Zahlungseingang

Im Bitcoin-Netzwerk sind Transaktionen erst abgeschlossen, wenn sie in einen Block aufgenommen wurden. Die Transaktionen sind dann innerhalb dieses Blocks »bestätigt«. Je mehr Blöcke geschürft werden, desto mehr »Bestätigungen« erhält die Transaktion und desto sicherer ist sie.

Beim Lightning-Netzwerk spielen Bestätigungen nur On-Chain beim Öffnen und Schließen des Kanals eine Rolle. Sobald eine Funding-Transaktion eine ausreichende Zahl von Bestätigungen erhalten hat (z.B. 3), betrachten die Kanalpartner den Kanal als geöffnet. Da die Bitcoins in diesem Kanal durch einen Smart Contract abgesichert sind, der den Kanal verwaltet, werden Zahlungen *sofort* gutgeschrieben, sobald sie den Empfänger erreichen. In der Praxis bedeutet das, dass Zahlungen nur wenige Sekunden benötigen, um ausgeführt und abgeschlossen zu werden. Wie bei Bitcoin können Lightning-Zahlungen nicht rückgängig gemacht werden.

Wird der Kanal schließlich geschlossen, erfolgt eine Transaktion im Bitcoin-Netzwerk. Sobald die Transaktion bestätigt ist, gilt der Kanal als geschlossen.

Senden beliebiger Summen versus Kapazitätsbeschränkungen

Im Bitcoin-Netzwerk kann jeder Nutzer ohne Einschränkung eine beliebige Summe an Bitcoins (die er besitzt) an einen anderen Nutzer senden. Eine einzelne Transaktion kann theoretisch bis zu 21 Millionen Bitcoin senden.

Im Lightning-Netzwerk kann ein Nutzer einem Kanalpartner nur so viele Bitcoins senden, wie auf seiner Seite des Kanals zur Verfügung stehen. Verfügt ein Nutzer beispielsweise über einen Kanal mit 0,4 BTC auf seiner Seite und über einen weiteren Kanal mit 0,2 BTC, kann er mit einer Zahlung maximal 0,4 BTC überweisen. Das gilt unabhängig davon, wie viele BTC der Nutzer momentan tatsächlich in seiner Bitcoin-Wallet besitzt.

Mehrteilige Zahlungen (*Multipart Payments*, kurz MPP) ist ein Feature, das es in diesem Beispiel erlauben würde, die beiden Kanäle mit 0,4 BTC und 0,2 BTC zu bündeln und maximal 0,6 BTC in einer Zahlung zu überweisen. MPPs werden momentan im Lightning-Netzwerk getestet und wohl allgemein verfügbar sein, wenn dieses Buch fertig ist. Weitere Informationen zu MPP finden Sie in »Multipart-Zahlungen« auf Seite 326.

Während des Routings der Zahlung muss jede Routing-Node entlang des Pfads über eine Kapazität verfügen, die mindestens so hoch ist wie der zu routende Betrag. Das gilt für jeden Kanal, über den die Zahlung geleitet wird. Die Kapazität des Kanals mit der niedrigsten Kapazität entlang des Pfads legt die Obergrenze für die Kapazität des gesamten Pfads fest.

Kapazität und Konnektivität sind daher im Lightning-Netzwerk kritische und knappe Ressourcen.

Anreize für Großbeträge versus Kleinbeträge

Die Gebührenstruktur hängt bei Bitcoin nicht von der Höhe der Transaktion ab. Eine Transaktion über eine Million Euro kostet bei Bitcoin die gleiche Gebühr wie eine Transaktion über einen Euro, wenn man eine ähnliche Transaktionsgröße in Bytes (genauer gesagt, in »virtuellen« Bytes nach SegWit [*Segregated Witness-Protokoll*]) annimmt. Bei Lightning besteht die Gebühr aus einer festen Grundgebühr plus einem prozentuellen Anteil des Transaktionswerts. Diese gegensätzlichen Gebührenstrukturen führen zu unterschiedlichen Anreizen und zur unterschiedlichen

Nutzung bezogen auf den Transaktionswert. Eine Transaktion mit einem höheren Wert wird bei Bitcoin also günstiger sein, Nutzer werden Bitcoin daher für Transaktionen großer Beträge bevorzugen. Auf der anderen Seite werden Nutzer für die Überweisung kleiner Beträge eher Lightning einsetzen.

Blockchain als Kassenbuch versus Blockchain als Gerichtssystem

Im Bitcoin-Netzwerk wird jede Transaktion letztendlich in einem Block auf der Blockchain festgehalten. Die Blockchain baut also eine Historie jeder Transaktion seit der Schaffung von Bitcoin auf. Auf diese Weise kann jeder existierende Bitcoin genau überprüft werden. Sobald eine Transaktion in der Blockchain steht, ist sie endgültig. Es gibt also keinen Streit darüber, wie viele Bitcoin von einer bestimmten Adresse zu einem bestimmten Zeitpunkt in der Blockchain kontrolliert werden.

Im Lightning-Netzwerk ist das Guthaben eines Kanals zu einem bestimmten Zeitpunkt nur den beiden Kanalpartnern bekannt. Sichtbar wird er für das Netzwerk erst, wenn der Kanal geschlossen wird. Beim Schließen des Kanals wird das abschließende Guthaben des Kanals an die Bitcoin-Blockchain gesendet, und jeder Partner erhält seinen Anteil an den Bitcoins in diesem Kanal. Wurde der Kanal zum Beispiel mit einem von Alice gezahlten Guthaben von 1 BTC eröffnet und hat Alice dann 0,3 BTC an Bob überwiesen, weist das abschließende Guthaben des Kanals 0,7 BTC für Alice und 0,3 BTC für Bob aus. Würde Alice zu betrügen versuchen, indem sie den Eröffnungszustand des Kanals an die Bitcoin-Blockchain sendet (also 1 BTC für Alice und 0 BTC für Bob), kann Bob kontern, indem er den tatsächlichen finalen Zustand des Kanals veröffentlicht und eine Straftransaktion erzeugt, die ihm alle Bitcoins in diesem Kanal zugesteht. Für das Lightning-Netzwerk fungiert die Bitcoin-Blockchain als Gerichtssystem. Wie ein Richter hält Bitcoin die Anfangs- und Endguthaben jedes Kanals fest und genehmigt Sanktionen, wenn eine der Parteien zu betrügen versucht.

Offline versus online, asynchron versus synchron

Überweist ein Bitcoin-Nutzer einen Betrag an eine Adresse, muss er nichts über den Empfänger wissen. Der Empfänger kann online oder offline sein, und eine Interaktion zwischen Sender und Empfänger ist nicht nötig. Die Interaktion erfolgt zwischen dem Sender und der Bitcoin-Blockchain. Der Empfang von Bitcoin auf der Bitcoin-Blockchain ist ein *passiver* und *asynchroner* Prozess. Eine Interaktion des Empfängers ist nicht notwendig, und der Empfänger muss auch zu keiner Zeit online sein. Bitcoin-Adressen können sogar offline erzeugt und müssen im Bitcoin-Netzwerk nie »registriert« werden. Nur das Ausgeben von Bitcoin verlangt eine Interaktion.

Bei Lightning muss der Empfänger online sein, damit die Zahlung abgeschlossen wird, bevor sie verfällt. Der Empfänger muss eine Node betreiben oder jemanden haben, der eine Node für ihn betreibt (Verwahrstelle). Um genau zu sein, müssen beide Nodes, die des Senders und die des Empfängers, zum Zeitpunkt der Zahlung online sein und müssen die Zahlung koordinieren. Der Empfang einer Lightning-Zahlung ist ein *aktiver* und *synchroner* Prozess zwischen Sender und Empfänger, an dem ein Großteil des Lightning- und Bitcoin-Netzwerks nicht teilnimmt (mit Ausnahme der zwischenliegenden Nodes, falls vorhanden).

Die synchrone »Immer-online«-Natur des Lightning-Netzwerks ist wohl der größte Unterschied in der Benutzererfahrung und sorgt bei Nutzern, die Bitcoin gewöhnt sind, oft für Verwirrung.

Satoshis versus Millisatoshis

Im Bitcoin-Netzwerk ist ein *Satoshi* die kleinste Einheit, die nicht weiter unterteilt werden kann. Lightning ist ein wenig flexibler, d.h., Lightning-Nodes arbeiten mit *Millisatoshis* (Tausendstelsatoshis). Das erlaubt die Überweisung selbst kleinster Beträge per Lightning. Eine Zahlung von einem einzigen Millisatoshi kann über einen Zahlungskanal abgewickelt werden. Dieser Betrag ist so klein, dass man ihn korrekterweise als *Nanozahlung* bezeichnen sollte.

Die Einheit Millisatoshi kann in dieser Feinheit natürlich nicht in der Bitcoin-Blockchain festgehalten werden. Beim Schließen des Kanals werden die Guthaben zum nächsten Satoshi hin gerundet. Doch über die Lebensdauer des Kanals hinweg sind Millionen von Nanozahlungen auf Millisatoshi-Niveau möglich. Das Lightning-Netzwerk hebt also die Grenze für Mikrozahlungen auf.

Gemeinsamkeiten von Bitcoin und Lightning

Zwar unterscheidet sich das Lightning-Netzwerk in vielen Punkten von Bitcoin, baut aber auch darauf auf und behält daher viele Kernpunkte bei.

Monetäre Einheit

Sowohl das Bitcoin-Netzwerk als auch das Lightning-Netzwerk verwenden die gleiche monetäre Einheit: Bitcoin. Lightning-Zahlungen nutzen die gleichen Bitcoins wie Bitcoin-Transaktionen. Da die monetäre Einheit gleich ist, gelten auch die gleichen monetären Grenzen: weniger als 21 Millionen Bitcoins. Von Bitcoins Gesamtmenge von 21 Millionen sind einige bereits in 2-von-2-Multisignaturadressen gebunden, die Teil der Zahlungskanäle des Lightning-Netzwerks sind.

Unumkehrbarkeit und Finalität von Zahlungen

Sowohl Bitcoin-Transaktionen als auch Lightning-Zahlungen sind unumkehrbar und unveränderlich. Es gibt in beiden Systemen weder »Rückgängig-machen«-Operationen noch »Rückbuchungen«. Wenn Sie in einem der beiden Systeme etwas überweisen, müssen Sie verantwortungsvoll handeln. Andererseits wird Ihnen als Empfänger die Finalität der Transaktionen garantiert.

Vertrauen und Gegenparteirisiko

Genau wie bei Bitcoin muss der Nutzer bei Lightning nur der Mathematik und der Verschlüsselung vertrauen sowie darauf, dass die Software keine kritischen Fehler enthält. Weder Bitcoin noch Lightning verlangt vom Nutzer, dass er einer Person, einem Unternehmen, einer Institution oder einer Regierung vertraut. Weil Lightning auf Bitcoin aufsetzt und es als Basisschicht nutzt, ist klar, dass sich das Sicherheitsmodell von Lightning auf die Sicherheit von Bitcoin reduziert. Das bedeutet, dass Lightning weitgehend die gleiche Sicherheit bietet wie Bitcoin und dass diese nur unter ganz bestimmten Umständen leicht reduziert wird.

Genehmigungsfreier Betrieb

Sowohl Bitcoin als auch Lightning können von jedem verwendet werden, der Zugang zum Internet hat und über die passende Software (Node und Wallet) verfügt. Keines dieser Netzwerke verlangt eine Genehmigung, Überprüfung oder Autorisierung durch Dritte, Unternehmen, Institutionen oder Regierungen. Regierungen können Bitcoin oder Lightning innerhalb ihrer Gerichtsbarkeit verbieten, deren globale Nutzung aber nicht verhindern.

Open Source und Open System

Sowohl Bitcoin als auch Lightning sind Open-Source-Softwaresysteme, die von einer dezentralen, globalen Community Freiwilliger entwickelt werden und unter offenen Lizenzen zur Verfügung stehen. Beide basieren auf offenen und vollständig kompatiblen Protokollen, die als offene Systeme und offene Netzwerke betrieben werden. Global, offen und frei.

Fazit

In diesem Kapitel haben wir uns angesehen, wie das Lightning-Netzwerk tatsächlich funktioniert und aus welchen Komponenten es besteht. Wir haben jeden Schritt bei Aufbau, Betrieb und Schließen eines Kanals untersucht. Wir haben uns angesehen, wie Zahlungen geroutet werden, und haben abschließend Lightning mit Bitcoin verglichen und deren Unterschiede und Gemeinsamkeiten analysiert.

In den folgenden Kapiteln sehen wird uns diese Themen noch einmal wesentlich genauer an.

KAPITEL 4
Lightning-Node-Software

Wie Sie in den vorherigen Kapiteln gesehen haben, ist eine Lightning-Node ein Computersystem, das am Lightning-Netzwerk teilnimmt. Das Lightning-Netzwerk ist kein Produkt eines Unternehmens. Es handelt sich um eine Reihe offener Standards, die als Ausgangsbasis für die Interoperabilität dienen. Daher wurde Lightning-Node-Software von einer Vielzahl von Unternehmen und Community-Gruppen entwickelt. Ein Großteil der Lightning-Software ist *Open Source*, d.h., der Quellcode liegt offen und ist so lizenziert, dass der Entwicklungsprozess Zusammenarbeit, Teilen und Community Beteiligung möglich macht. Entsprechend sind die Lightning-Node-Implementierungen, die wir in diesem Kapitel vorstellen, alle Open Source und werden gemeinschaftlich entwickelt.

Im Gegensatz zu Bitcoin, wo der Standard durch eine *Referenzimplementierung* in Software (Bitcoin Core) definiert ist, wird bei Lightning der Standard durch eine Reihe von Standarddokumenten, den sogenannten *Basis of Lightning Technology* (*BOLTs*), definiert, die Sie im lightning/bolts-Repository (*https://github.com/lightning/bolts*) finden.

Es gibt keine Referenzimplementierung des Lightning-Netzwerks, sondern verschiedene miteinander konkurrierende BOLT-konforme und kompatible Implementierungen, die von verschiedenen Teams und Organisationen entwickelt werden. Die Teams, die Software für das Lightning-Netzwerk entwickeln, tragen auch zur Entwicklung und Evolution des BOLT-Standards bei.

Ein weiterer wichtiger Unterschied zwischen Lightning-Node- und Bitcoin-Node-Software besteht darin, dass Lightning-Nodes nicht mit den Konsensregeln harmonieren müssen. Die Funktionalität kann daher über die BOLT-Grundfunktionen hinausgehen. Verschiedene Teams können experimentelle Features einbringen, die, wenn sie erfolgreich sind und oft genutzt werden, später in die BOLTs aufgenommen werden können.

In diesem Kapitel lernen Sie, wie Sie die Softwarepakete für die beliebtesten Lightning-Node-Implementierungen einrichten. Wir stellen sie in alphabetischer Reihenfolge vor, da wir keine Implementierung gegenüber einer anderen bevorzugen oder unterstützen. Jede hat ihre eigenen Stärken und Schwächen, und ihre Wahl hängt von einer Vielzahl von Faktoren ab. Da sie in verschiedenen Programmiersprachen entwickelt werden (z. B. Go, C etc.), kann ihre Wahl auch davon abhängen, wie vertraut Sie mit einer bestimmten Sprache und dem Entwickler-Toolset sind.

Die Lightning-Entwicklungsumgebung

Wenn Sie Entwicklerin oder Entwickler sind, werden Sie eine Entwicklungsumgebung mit allen Tools und Bibliotheken sowie Support-Software installieren wollen, die Sie zum Schreiben und Ausführen von Lightning-Software brauchen. In diesem hoch technischen Kapitel gehen wir diesen Prozess Schritt für Schritt durch. Wenn Ihnen das zu viel wird oder wenn Sie keine Entwicklungsumgebung einrichten wollen, können Sie mit dem nächsten Kapitel weitermachen, das weniger technisch ist.

Die Kommandozeile nutzen

Die Beispiele in diesem Kapitel, und darüber hinaus im Großteil dieses Buchs, nutzen die Kommandozeile in einem Terminal. Das bedeutet, dass Sie Befehle in einem Terminal eingeben und Textantworten zurückerhalten. Außerdem werden die Beispiele auf einem Betriebssystem demonstriert, das auf dem Linux-Kernel und einem GNU-Softwaresystem basiert, genauer gesagt auf der neuesten stabilen Langzeitversion von Ubuntu (Ubuntu 20.04 LTS). Die meisten Beispiele können auf anderen Betriebssystemen wie Windows oder macOS reproduziert werden, auch wenn die Befehle leicht angepasst werden müssen. Den größten Unterschied zwischen den Betriebssystemen stellt der *Paketmanager* dar, der verschiedene Softwarebibliotheken und deren Voraussetzungen (*Prerequisites*) installiert. In unseren Beispielen nutzen wir `apt`, den Paketmanager von Ubuntu. Bei macOS ist Homebrew (*https://brew.sh*) ein häufig für die Open-Source-Entwicklung genutzter Paketmanager, der über den Befehl `brew` zugänglich ist.

Bei den meisten hier vorgestellten Beispielen kompilieren wir die Software direkt aus dem Quellcode. Das kann eine Herausforderung sein, gibt uns aber die vollständige Kontrolle. Falls Sie nicht weiterkommen, können Sie auch Docker-Container, vorkompilierte Pakete oder andere Installationsmechanismen verwenden.

Viele Beispiele in diesem Kapitel nutzen die Kommandozeilenschnittstelle des Betriebssystems (die sogenannte *Shell*) über eine *Terminal*-Anwendung. Die Shell gibt einen Prompt aus, um anzuzeigen, dass sie bereit ist, Ihre Befehle auszuführen. Sie geben dann einen Befehl ein und drücken die Enter-Taste. Die Shell reagiert mit einer Textausgabe und einem neuen Prompt für Ihren nächsten Befehl. Der Prompt kann je nach System unterschiedlich aussehen, in den folgenden Beispielen verwenden wir dafür das $-Symbol. Geben Sie das $-Symbol nicht ein, nur den darauffolgenden Befehl. Drücken Sie dann die Enter-Taste, um den Befehl auszuführen. In unseren Beispielen sind die auf den Befehl folgenden Zeilen die Antwort des Betriebssystems auf diesen Befehl. Sobald das nächste $-Symbol erscheint, können Sie den nächsten Befehl eingeben und den Prozess wiederholen.

Um die Sache einheitlich zu gestalten, verwenden wir für alle Kommandozeilenbeispiele die bash-Shell. Zwar verhalten sind andere Shells ähnlich, und Sie werden alle Beispiele auch ohne ausführen können, doch einige Shell-Skripte wurden speziell für die bash-Shell geschrieben und verlangen möglicherweise einige Anpassungen/Änderungen, wenn sie in einer anderen Shell ausgeführt werden sollen. Der Konsistenz halber können Sie die bash-Shell auf Windows und macOS installieren, während sie bei den meisten Linux-Systemen vorinstalliert ist.

Das Buch-Repository herunterladen

Alle Codebeispiele sind im Online-Repository zu diesem Buch verfügbar. Da das Repository so aktuell wie möglich gehalten wird, sollten Sie immer die neueste Version des Repository verwenden, statt den Code aus dem gedruckten Buch oder dem E-Book zu kopieren.

Sie können das Repository als ZIP-Datei von GitHub (*https://github.com/lnbook/lnbook*) herunterladen und den grünen Code-Button auf der rechten Seite verwenden.

Alternativ können Sie den git-Befehl nutzen, um einen Klon des Repository samt Versionskontrolle auf Ihrem lokalen Computer anzulegen. Git ist ein verteiltes Versionskontrollsystem, das von vielen Softwareentwicklern für die gemeinsame Entwicklung von Software genutzt wird und die Änderungen in den Software-Repositories nachhält. Sie können git über die folgenden Anweisungen des Git-Projekts (*https://git-scm.com*) herunterladen.

Um eine lokale Kopie eines Repository auf Ihrem Computer anzulegen, führen Sie den folgenden git-Befehl aus:

```
$ git clone https://github.com/lnbook/lnbook.git
```

Eine vollständige Kopie des Buch-Repository befindet sich nun im Ordner *lnbook*. Jetzt wechseln Sie wie folgt in das neu heruntergeladene Verzeichnis:

```
$ cd lnbook
```

Alle folgenden Beispiele erwarten, dass Befehle innerhalb dieses Ordners ausgeführt werden.

Docker-Container

Viele Entwicklerinnen und Entwickler nutzen *Container*, eine Art virtuelle Maschine, um ein vorkonfiguriertes Betriebssystem und Anwendungen mit den notwendigen Abhängigkeiten zu installieren. Ein Großteil der Lightning-Software kann über ein Container-System wie *Docker* installiert werden, das Sie auf der Docker-Homepage (*https://docker.com*) finden. Container-Installationen sind wesentlich einfacher, insbesondere für diejenigen, die Kommandozeilenumgebungen nicht gewöhnt sind.

Das Repository zum Buch enthält eine Sammlung von Docker-Containern, die eine konsistente Entwicklungsumgebung schaffen, in der Sie die Beispiele auf jedem System ausführen und replizieren können. Da der Container ein komplettes Betriebssystem enthält, das mit einer konsistenten Konfiguration ausgeführt wird, können Sie sicher sein, dass die Beispiele auf Ihrem Computer laufen, ohne sich Gedanken um Abhängigkeiten, Bibliotheksversionen und unterschiedliche Konfigurationen machen zu müssen.

Docker-Container sind häufig in Bezug auf die Größe optimiert, d. h., sie benötigen nur minimalen Plattenplatz. In diesem Buch nutzen wir Container aber, um die Umgebung zu *standardisieren* und für alle Leser zu vereinheitlichen. Darüber hinaus sind diese Container nicht dafür gedacht, Dienste im Hintergrund auszuführen. Vielmehr sollen sie hier die Beispiele testen und durch die Interaktion mit der Software lernen. Aus diesem Grund sind die Container recht groß und kommen mit einer Vielzahl von Entwicklungstools und -Utilities. Üblicherweise wird die Alpine-Distribution aufgrund ihrer reduzierten Größe für Linux-Container genutzt. Gleichwohl verwenden unsere Container Ubuntu, weil viele Entwickler damit vertraut sind und diese Vertrautheit wichtiger ist als die Größe.

Die Installation von Docker sowie die Verwendung seiner Befehle werden in Anhang B erklärt. Sind Sie mit Docker nicht vertraut, ist nun ein guter Moment gekommen, sich diesen Anhang mal anzusehen.

Sie finden die neuesten Container-Definitionen und Build-Konfigurationen im Buch-Repository im Ordner *code/docker*. Jeder Container liegt in einem eigenen Ordner, wie Sie nachfolgend sehen können:

```
$ tree -F --charset=asciii code/docker

code/docker
|-- bitcoind/
|   |-- bashrc
|   |-- bitcoind/
|   |   |-- bitcoin.conf
|   |   `-- keys/
|   |       |-- demo_address.txt
|   |       |-- demo_mnemonic.txt
|   |       `-- demo_privkey.txt
|   |-- bitcoind-entrypoint.sh
|   |-- cli
|   |-- Dockerfile
|   `-- mine.sh*
|-- c-lightning/
|   |-- bashrc
|   |-- cli
|   |-- c-lightning-entrypoint.sh
|   |-- devkeys.pem
|   |-- Dockerfile
|   |-- fund-c-lightning.sh
|   |-- lightningd/
|   |   `-- config
|   |-- logtail.sh
|   `-- wait-for-bitcoind.sh
```

```
|-- eclair/
|   |-- bashrc
|   |-- cli
|   |-- Dockerfile
|   |-- eclair/
|   |   `-- eclair.conf
|   |-- eclair-entrypoint.sh
|   |-- logtail.sh
|   `-- wait-for-bitcoind.sh
|-- lnd/
|   |-- bashrc
|   |-- cli
|   |-- Dockerfile
|   |-- fund-lnd.sh
|   |-- lnd/
|   |   `-- lnd.conf
|   |-- lnd-entrypoint.sh
|   |-- logtail.sh
|   `-- wait-for-bitcoind.sh
|-- check-versions.sh
|-- docker-compose.yml
|-- Makefile
`-- run-payment-demo.sh*
```

Wie Sie in den nächsten Abschnitten sehen werden, können Sie diese Container lokal erzeugen oder aus dem Buch-Repository im *Docker Hub* (*https://hub.docker.com/orgs/lnbook*) herunterladen. Die folgenden Abschnitte setzen voraus, dass Sie Docker installiert haben und mit der grundlegenden Nutzung des `docker`-Befehls vertraut sind.

Bitcoin Core und Regtest

Die meisten Lightning-Node-Implementierungen benötigen Zugriff auf eine komplette Bitcoin-Node (Full Node), um funktionieren zu können.

Die Beschreibung der Installation einer Full Node und der Synchronisation mit der Bitcoin-Blockchain würde den Rahmen dieses Buchs sprengen und ist für sich genommen schon eine relativ komplexe Angelegenheit. Wenn Sie sich daran probieren wollen, verweisen wir auf *Mastering Bitcoin* (*https://github.com/bitcoinbook/bitcoinbook*), »Chapter 3: Bitcoin Core: The Reference Implementation«, das die Installation und den Betrieb einer Bitcoin-Node erläutert.[1]

Eine Bitcoin-Node kann im sogenannten `regtest`-Modus betrieben werden, bei dem eine lokale, simulierte Bitcoin-Blockchain zu Testzwecken erzeugt wird. In den folgenden Beispielen nutzen wir den `regtest`-Modus, um Lightning demonstrieren zu können, ohne die Bitcoin-Node synchronisieren oder Guthaben riskieren zu müssen.

1 In der deutschen Übersetzung *Bitcoin & Blockchain – Grundlagen und Programmierung* Kapitel 3, *Bitcoin Core: Die Referenzimplementierung*.

Der Container für Bitcoin Core ist `bitcoind`. Er ist so konfiguriert, dass er Bitcoin Core im `regtest`-Modus ausführt und alle zehn Sekunden sechs neue Blöcke erzeugt. Der RPC-Port (*Remote Procedure Call*) liegt an Port 18443 und ist für RPC-Aufrufe über den Benutzernamen `regtest` und das Passwort `regtest` erreichbar. Sie können auch mit einer interaktiven Shell darauf zugreifen oder `bitcoin-cli`-Befehle lokal ausführen.

Den Bitcoin-Core-Container erzeugen

Lassen Sie uns den `bitcoind`-Container vorbereiten. Die einfachste Möglichkeit ist ein Pull des neuesten Containers aus *Docker Hub*:

```
$ docker pull lnbook/bitcoind
Using default tag: latest
latest: Pulling from lnbook/bitcoind
35807b77a593: Pull complete
e1b85b9c5571: Pull complete
[...]
288f1cc78a00: Pull complete
Digest: sha256:861e7e32c9ad650aa367af40fc5acff894e89e47aff4bd400691ae18f1b550e2
Status: Downloaded newer image for lnbook/bitcoind:latest
docker.io/lnbook/bitcoind:latest
```

Alternativ können Sie den Container aus der lokalen Container-Definition in *code/docker/bitcoind/Dockerfile* selbst erzeugen.

Sie müssen den Container nicht selbst erzeugen, wenn Sie ihn bereits mit dem `pull`-Befehl aus dem Docker Hub bezogen haben.

Die lokale Erzeugung des Containers benötigt weniger Netzwerkbandbreite, verlangt aber mehr CPU-Zeit. Wir verwenden den Befehl `docker build`, um den Container zu erzeugen:

```
$ cd code/docker
$ docker run -it --name bitcoind lnbook/bitcoind
Starting bitcoind...
Bitcoin Core starting
Waiting for bitcoind to start
bitcoind started
================================================
Imported demo private key
Bitcoin address:  2NBKgwSWY5qEmfN2Br4WtMDGuamjpuUc5q1
Private key:  cSaejkcWwU25jMweWEewRSsrVQq2FGTij1xjXv4x1XvxVRF1ZCr3
================================================
================================================
Balance: 0.00000000
================================================
Mining 101 blocks to unlock some bitcoin
[
  "34c744207fd4dd32b70bac467902bd8d030fba765c9f240a2e98f15f05338964",
```

```
    "64d82721c641c378d79b4ff2e17572c109750bea1d4eddbae0b54f51e4cdf23e",

  [...]

    "7a8c53dc9a3408c9ecf9605b253e5f8086d67bbc03ea05819b2c9584196c9294",
    "39e61e50e34a9bd1d6eab51940c39dc1ab56c30b21fc28e1a10c14a39b67a1c3",
    "4ca7fe9a55b0b767d2b7f5cf4d51a2346f035fe8c486719c60a46dcbe33de51a"
]
Mining 6 blocks every 10 seconds
Balance: 50.00000000
[
    "5ce76cc475e40515b67e3c0237d1eef597047a914ba3f59bbd62fc3691849055",
    "1ecb27a05ecfa9dfa82a7b26631e0819b2768fe5e6e56c7a2e1078b078e21e9f",
    "717ceb8b6c329d57947c950dc5668fae65bddb7fa03203984da9d2069e20525b",
    "185fc7cf3557a6ebfc4a8cdd1f94a8fa08ed0c057040cdd68bfb7aee2d5be624",
    "59001ae237a3834ebe4f6e6047dcec8fd67df0352ddc70b6b02190f982a60384",
    "754c860fe1b9e0e7292e1de96a65eaa78047feb4c72dbbde2a1d224faa1499dd"
]
```

Wie Sie sehen können, fährt `bitcoind` hoch und schürft 101 simulierte Blöcke, damit die Kette in Gang kommt. Das liegt daran, dass nach den Konsensregeln von Bitcoin neu geschürfte Bitcoin nicht ausgegeben werden dürfen, bis 100 Blöcke vergangen sind. Durch Schürfen von 101 Blöcken sorgen wir dafür, dass die Coinbase des ersten Blocks ausgegeben werden darf. Nach dieser anfänglichen Mining-Aktivität werden alle zehn Sekunden sechs neue Blöcke geschürft, um die Blockchain am Laufen zu halten.

Im Moment gibt es noch keine Transaktionen. Doch wir haben für die Wallet einige Test-Bitcoins geschürft, die ausgegeben werden können. Wenn wir ein paar Lightning-Nodes mit dieser Chain verknüpfen, können wir einige Bitcoins an deren Wallets senden und Lightning-Kanäle zwischen den Lightning-Nodes öffnen.

Mit dem Bitcoin-Core-Container interagieren

In der Zwischenzeit können wir mit dem `bitcoind`-Container interagieren, indem wir einige Shell-Befehle absetzen. Der Container sendet eine Logdatei an das Terminal, die das Mining des `bitcoind`-Prozesses ausgibt. Um mit der Shell zu interagieren, können wir in einem anderen Fenster mittels `docker exec` Befehle eingeben. Da wir den laufenden Container über das Argument `name` benannt haben, können wir ihn über diesen Namen referenzieren, wenn wir `docker exec` verwenden. Zuerst wollen wir eine interaktive `bash`-Shell ausführen:

```
$ docker exec -it bitcoind /bin/bash
root@e027fd56e31a:/bitcoind# ps x
  PID TTY      STAT   TIME COMMAND
    1 pts/0    Ss+    0:00 /bin/bash /usr/local/bin/mine.sh
    7 ?        Ssl    0:03 bitcoind -datadir=/bitcoind -daemon
   97 pts/1    Ss     0:00 /bin/bash
  124 pts/0    S+     0:00 sleep 10
  125 pts/1    R+     0:00 ps x
root@e027fd56e31a:/bitcoind#
```

Durch das Ausführen einer interaktiven Shell gelangen wir »in« den Container. Der Log-in geschieht als Nutzer root – das zeigt uns das Präfix root@ im neuen Shell-Prompt root@e027fd56e31a:/bitcoind# an. Sehen wir uns mit dem Befehl ps x an, welche Prozesse ausgeführt werden, erkennen wir, dass sowohl bitcoind als auch das Skript mine.sh im Hintergrund ausgeführt werden. Um diese Shell zu beenden, drücken Sie Strg-D oder geben **exit** ein und kehren zum Betriebssystemprompt zurück.

Statt eine interaktive Shell auszuführen, können wir auch einen einzelnen Befehl anstoßen, der innerhalb des Containers ausgeführt wird. Der Einfachheit halber gibt es für den Befehl bitcoin-cli den Alias cli, der die richtigen Parameter übergibt. Wir wollen ihn nutzen, um Bitcoin-Code über die Blockchain zu befragen. Wir führen cli getblockchaininfo wie folgt aus:

```
$ docker exec bitcoind cli getblockchaininfo
{
  "chain": "regtest",
  "blocks": 131,
  "headers": 131,
  "bestblockhash": "2cf57aac35365f52fa5c2e626491df634113b2f1e5197c478d57378e5a146110",

[...]

  "warnings": ""
}
```

Der cli-Befehl im bitcoind-Container erlaubt uns, RPC-Befehle an die Bitcoin-Core-Node zu senden. Die Ergebnisse erhalten wir im JSON-Format (*JavaScript Object Notation*) zurück.

Zusätzlich ist in allen unseren Docker-Containern ein JSON-Encoder/Decoder für die Kommandozeile namens jq vorinstalliert. jq hilft uns, JSON-formatierte Daten über die Kommandozeile oder aus Skripten heraus zu verarbeiten. Sie können die JSON-Ausgabe jedes Befehls über das |-Zeichen an jq senden. Dieses Zeichen wird, genau wie die Operation, als *Pipe* bezeichnet. Wir wenden eine Pipe und jq nun wie folgt auf den vorangegangenen Befehl an:

```
$ docker exec bitcoind bash -c "cli getblockchaininfo | jq .blocks"
197
```

jq .blocks weist den JSON-Decoder jq an, das Feld blocks aus dem getblockchaininfo-Ergebnis zu extrahieren. In unserem Beispiel extrahiert es den Wert 197 und gibt ihn aus. Wir können diesen Wert dann im nachfolgenden Befehl weiterverwenden.

Wie Sie in den folgenden Abschnitten noch sehen werden, können wir mehrere Container gleichzeitig betreiben und individuell mit ihnen interagieren. Wir können Befehle ausführen, die Informationen extrahieren, etwa den öffentlichen Schlüssel einer Lightning-Node, oder Aktionen ausführen wie z.B. das Öffnen eines Lightning-Kanals mit einer anderen Node. Die Befehle docker run und docker exec (zusammen mit jq zur JSON-Decodierung) sind alles, was wir benötigen, um ein funktionierendes Lightning-Netzwerk aufzubauen, das unterschiedliche Node-Implementierungen nutzt. Das ermöglicht uns, diverse Experimente auf unserem eigenen Computer durchzuführen.

Das c-lightning-Lightning-Node-Projekt

c-lightning ist eine leichtgewichtige, in hohem Maße konfigurierbare und standardkonforme Implementierung des LN-Protokolls. Sie wurde von Blockstream als Teil des Elements-Projekts entwickelt. Das Projekt ist Open Source und wird gemeinschaftlich auf GitHub (*https://github.com/ElementsProject/lightning*) entwickelt.

In den folgenden Abschnitten bauen wir einen Docker-Container, der eine c-lightning-Node ausführt und mit dem vorher erzeugten bitcoind-Container verbindet. Wir zeigen auch, wie man die c-lightning-Software direkt aus dem Quellcode konfiguriert und kompiliert.

c-lightning als Docker-Container

Die c-lightning-Softwaredistribution umfasst einen Docker-Container, doch dieser ist dafür gedacht, c-lightning in Produktionssystemen zusammen mit einer bitcoind-Node auszuführen. Wir werden einen etwas einfacheren Container verwenden, der konfiguriert ist, um c-lightning zu Demonstrationszwecken auszuführen.

Wir laden zuerst den c-lightning-Container aus dem Docker-Hub-Repository zu diesem Buch herunter:

```
$ docker pull lnbook/c-lightning
Using default tag: latest
latest: Pulling from lnbook/c-lightning

[...]

Digest: sha256:bdefcefe8a9712e7b3a236dcc5ab12d999c46fd280e209712e7cb649b8bf0688
Status: Downloaded image for lnbook/c-lightning:latest
docker.io/lnbook/c-lightning:latest
```

Alternativ können wir den c-lightning-Container aus den Dateien zu diesem Buch erzeugen, die Sie zuvor in ein Verzeichnis namens *lnbook* heruntergeladen haben. Wie vorhin nutzen wir den Befehl docker build im Unterverzeichnis *code/docker*. Wir kennzeichnen (*taggen*) das Container-Image mit dem Tag lnbook/c-lightning:

```
$ cd code/docker
$ docker build -t lnbook/c-lightning c-lightning
Sending build context to Docker daemon  91.14kB
Step 1/34 : ARG OS=ubuntu
Step 2/34 : ARG OS_VER=focal
Step 3/34 : FROM ${OS}:${OS_VER} as os-base
 ---> fb52e22af1b0

 [...]
```

```
Step 34/34 : CMD ["/usr/local/bin/logtail.sh"]
 ---> Running in 8d3d6c8799c5
Removing intermediate container 8d3d6c8799c5
 ---> 30b6fd5d7503
Successfully built 30b6fd5d7503
Successfully tagged lnbook/c-lightning:latest
```

Wir haben den Container erzeugt, und er ist einsatzbereit. Bevor wir den c-lightning-Container ausführen können, müssen wir den bitcoind-Container in einem anderen Terminal starten, weil c-lightning auf bitcoind angewiesen ist. Wir müssen auch ein Docker-Netzwerk einrichten, damit sich die Container miteinander verbinden können, als würden sie im gleichen Netzwerk liegen.

Docker-Container können über ein virtuelles lokales Netzwerk miteinander »reden«, das vom Docker-System verwaltet wird. Jeder Container hat einen eigenen Namen, und andere Container können diesen Namen nutzen, um dessen IP-Adresse aufzulösen und sich mit ihm zu verbinden.

Ein Docker-Netzwerk einrichten

Sobald ein Docker-Netzwerk eingerichtet ist, aktiviert Docker es auf dem lokalen Computer automatisch, wenn Docker gestartet wird, z.B. nach einem Reboot. Wir müssen ein Netzwerk also nur einmal mit dem Befehl docker network create einrichten. Der Name des Netzwerks selbst ist nicht wichtig, muss auf unserem Computer aber einheitlich sein. Standardmäßig hat Docker drei Netzwerke names host, bridge und none. Wir nennen unser neues Netzwerk lnbook und erzeugen es wie folgt:

```
$ docker network create lnbook
ad75c0e4f87e5917823187febedfc0d7978235ae3e88eca63abe7e0b5ee81bfb
$ docker network ls
NETWORK ID          NAME                DRIVER              SCOPE
7f1fb63877ea        bridge              bridge              local
4e575cba0036        host                host                local
ad75c0e4f87e        lnbook              bridge              local
ee8824567c95        none                null                local
```

Wie Sie sehen, erhalten wir mit docker network ls eine Liste der Docker-Netzwerke. Unser lnbook-Netzwerk wurde erzeugt. Wir können die Netzwerk-ID ignorieren, da sie automatisch verwaltet wird.

Ausführen der bitcoind- und c-lightning-Container

Der nächste Schritt besteht darin, die bitcoind- und c-lightning-Container zu starten und mit dem lnbook-Netzwerk zu verbinden. Um einen Container in einem bestimmten Netzwerk auszuführen, müssen wir das Argument network an docker run übergeben. Damit die Container einander auch leicht finden können, geben wir jedem über das name-Argument einen Namen. Wir starten bitcoind wie folgt:

```
$ docker run -it --network lnbook --name bitcoind lnbook/bitcoind
```

bitcoind sollte nun starten und alle zehn Sekunden Blöcke schürfen. Lassen Sie ihn laufen und öffnen Sie ein neues Terminalfenster, um c-lightning zu starten. Wir verwenden einen ähnlichen docker run-Befehl mit den Argumenten network und name, um c-lightning zu starten:

```
$ docker run -it --network lnbook --name c-lightning lnbook/c-lightning
Waiting for bitcoind to start...
Waiting for bitcoind to mine blocks...
Starting c-lightning...
2021-09-12T13:14:50.434Z UNUSUAL lightningd: Creating configuration directory
/lightningd/regtest
Startup complete
Funding c-lightning wallet
8a37a183274c52d5a962852ba9f970229ea6246a096ff1e4602b57f7d4202b31
lightningd: Opened log file /lightningd/lightningd.log
lightningd: Creating configuration directory /lightningd/regtest
lightningd: Opened log file /lightningd/lightningd.log
```

Der c-lightning-Container fährt hoch und stellt über das Docker-Netzwerk die Verbindung mit dem bitcoind-Container her. Zuerst wartet unsere c-lightning-Node darauf, dass bitcoind hochfährt, und wartet weiterhin, bis bitcoind einige Bitcoin in seine Wallet geschürft hat. Abschließend sendet ein Skript als Teil des Container-Startups einen RPC-Befehl an die bitcoind-Node, der eine Transaktion erzeugt, die 10 Test-BTC an die c-lightning-Wallet überweist. Unsere c-lightning-Node läuft jetzt nicht nur, sie besitzt auch einige Test-Bitcoin, mit denen wir spielen können!

Wie mit dem bitcoind-Container demonstriert, können wir in einem anderen Terminal Befehle an unseren c-lightning-Container senden, um Informationen abzurufen, Kanäle zu öffnen und so weiter. Der Befehl, mit dessen Hilfe wir per Kommandozeile Instruktionen an die c-lightning-Node senden können, heißt lightning-cli. Innerhalb des Containers ist der lightning-cli-Befehl auch unter dem Alias cli bekannt. Um Informationen zur c-lightning-Node abzurufen, verwenden wir den folgenden docker exec-Befehl in einem anderen Terminalfenster:

```
$ docker exec c-lightning cli getinfo
{
   "id": "026ec53cc8940df5fed5fa18f8897719428a15d860ff4cd171fca9530879c7499e",
   "alias": "IRATEARTIST",
   "color": "026ec5",
   "num_peers": 0,
   "num_pending_channels": 0,

[...]

   "version": "0.10.1",
   "blockheight": 221,
   "network": "regtest",
   "msatoshi_fees_collected": 0,
   "fees_collected_msat": "0msat",
   "lightning-dir": "/lightningd/regtest"
}
```

Unsere erste Lightning-Node läuft jetzt in einem virtuellen Netzwerk und kommuniziert mit einer Bitcoin-Test-Blockchain. Später in diesem Kapitel werden wir weitere Nodes starten und miteinander verbinden, um einige Lightning-Zahlungen durchzuführen.

Im nächsten Abschnitt sehen wir uns an, wie man `c-lightning` herunterlädt, konfiguriert und direkt aus dem Quellcode kompiliert. Das ist ein optionaler und anspruchsvollerer Schritt, der Ihnen zeigt, wie man die Build-Tools nutzt und Modifikationen am `c-lightning`-Quellcode vornimmt. Mit diesem Wissen können Sie Fehler beheben und Code oder ein Plug-in für `c-lightning` entwickeln.

Wenn Sie nicht planen, in den Quellcode oder die Programmierung einer Lightning-Node einzusteigen, können Sie diesen Abschnitt komplett überspringen. Die Docker-Container, die wir gerade gebaut haben, reichen für die meisten Beispiele in diesem Buch völlig aus.

c-lightning aus dem Quellcode installieren

Die `c-lightning`-Entwickler haben detaillierte Anweisungen zur Verfügung gestellt, um `c-lightning` aus dem Quellcode zu erzeugen. Wir werden den Anweisungen auf GitHub (*https://github.com/ElementsProject/lightning/blob/master/doc/INSTALL.md*) folgen.

Vorab benötigte Bibliotheken und Pakete installieren

Diese Installationsanweisungen setzen voraus, dass Sie `c-lightning` unter Linux (oder einem ähnlichen System) mit den GNU-Build-Tools kompilieren. Ist das nicht der Fall, suchen Sie im Elements-Projekt-Repository nach Anweisungen für Ihr Betriebssystem.

Der übliche erste Schritt ist die Installation der vorab benötigten Bibliotheken. Wir verwenden den Paketmanager `apt`, um sie zu installieren:

```
$ sudo apt-get update

Get:1 http://security.ubuntu.com/ubuntu bionic-security InRelease [88.7 kB]
Hit:2 http://eu-north-1b.clouds.archive.ubuntu.com/ubuntu bionic InRelease
Get:3 http://eu-north-1b.clouds.archive.ubuntu.com/ubuntu bionic-updates InRelease
[88.7 kB]

[...]

Fetched 18.3 MB in 8s (2,180 kB/s)
Reading package lists... Done

$ sudo apt-get install -y \
  autoconf automake build-essential git libtool libgmp-dev \
  libsqlite3-dev python python3 python3-mako net-tools zlib1g-dev \
  libsodium-dev gettext
```

```
Reading package lists... Done
Building dependency tree
Reading state information... Done
The following additional packages will be installed:
  autotools-dev binutils binutils-common binutils-x86-64-linux-gnu cpp cpp-7
dpkg-dev fakeroot g++ g++-7 gcc gcc-7 gcc-7-base libalgorithm-diff-perl

 [...]

Setting up libsigsegv2:amd64 (2.12-2) ...
Setting up libltdl-dev:amd64 (2.4.6-14) ...
Setting up python2 (2.7.17-2ubuntu4) ...
Setting up libsodium-dev:amd64 (1.0.18-1) ...

[...]
$
```

Nach ein paar Minuten und allerlei Aktionen auf dem Bildschirm haben Sie alle benötigten Pakete und Bibliotheken installiert. Viele dieser Bibliotheken werden auch von anderen Lightning-Paketen genutzt oder generell zur Softwareentwicklung benötigt.

Den c-lightning-Quellcode kopieren

Als Nächstes kopieren wir die neueste `c-lightning`-Version aus dem Quellcode-Repository. Zu diesem Zweck nutzen wir den Befehl `git clone`, der eine versionskontrollierte Kopie auf unseren lokalen Rechner kopiert. Auf diese Weise können wir spätere Änderungen synchronisieren, ohne das gesamte Repository erneut herunterladen zu müssen:

```
$ git clone --recurse https://github.com/ElementsProject/lightning.git
Cloning into 'lightning'...
remote: Enumerating objects: 24, done.
remote: Counting objects: 100% (24/24), done.
remote: Compressing objects: 100% (22/22), done.
remote: Total 53192 (delta 5), reused 5 (delta 2), pack-reused 53168
Receiving objects: 100% (53192/53192), 29.59 MiB | 19.30 MiB/s, done.
Resolving deltas: 100% (39834/39834), done.

$ cd lightning
```

Eine Kopie von `c-lightning` wurde nun in das Unterverzeichnis *lightning* kopiert, und wir haben den Befehl `cd` (*change directory*) verwendet, um in dieses Unterverzeichnis zu wechseln.

Den c-lightning-Quellcode kompilieren

Nun nutzen wir eine Reihe von *Build-Skripten*, die bei vielen Open-Source-Projekten üblicherweise verfügbar sind. Diese Build-Skripte verwenden die Befehle `configure` und `make`, die uns Folgendes erlauben:

- Wahl der Build-Optionen und Überprüfung von Abhängigkeiten (configure).
- Kompilierung und Installation der Executables und Bibliotheken (make).

Wenn Sie configure mit der Option help ausführen, sehen Sie die verfügbaren Optionen:

```
$ ./configure --help
Usage: ./configure [--reconfigure] [setting=value] [options]

Options include:
  --prefix= (default /usr/local)
    Prefix for make install
  --enable/disable-developer (default disable)
    Developer mode, good for testing
  --enable/disable-experimental-features (default disable)
    Enable experimental features
  --enable/disable-compat (default enable)
    Compatibility mode, good to disable to see if your software breaks
  --enable/disable-valgrind (default (autodetect))
    Run tests with Valgrind
  --enable/disable-static (default disable)
    Static link sqlite3, gmp and zlib libraries
  --enable/disable-address-sanitizer (default disable)
    Compile with address-sanitizer
```

Für unser Beispiel müssen wir nichts ändern. Wir rufen configure daher noch einmal ohne Optionen auf, um die Voreinstellungen zu verwenden:

```
$ ./configure

Compiling ccan/tools/configurator/configurator...done
checking for python3-mako... found
Making autoconf users comfortable... yes
checking for off_t is 32 bits... no
checking for __alignof__ support... yes

[...]

Setting COMPAT... 1
PYTEST not found
Setting STATIC... 0
Setting ASAN... 0
Setting TEST_NETWORK... regtest
$
```

Als Nächstes verwenden wir den make-Befehl, um die Bibliotheken, Komponenten und Executables des c-lightning-Projekts zu erzeugen. Dieser Teil kann mehrere Minuten dauern und beansprucht CPU und Festplatte Ihres Computers stark. Rechnen Sie mit Lüftergeräuschen! Führen Sie make aus:

```
$ make

cc -DBINTOPKGLIBEXECDIR="\"../libexec/c-lightning\"" -Wall -Wundef -Wmis...
```

```
[...]

cc    -Og  ccan-asort.o ccan-autodata.o ccan-bitmap.o ccan-bitops.o ccan-...
```

Wenn alles gut geht, sehen Sie keine ERROR-Meldung, die die Ausführung des obigen Befehls beendet. Das c-lightning-Softwarepaket wurde aus den Quellen kompiliert, und wir können nun die ausführbaren Komponenten installieren, die im vorigen Schritt erzeugt wurden:

```
$ sudo make install

mkdir -p /usr/local/bin
mkdir -p /usr/local/libexec/c-lightning
mkdir -p /usr/local/libexec/c-lightning/plugins
mkdir -p /usr/local/share/man/man1
mkdir -p /usr/local/share/man/man5
mkdir -p /usr/local/share/man/man7
mkdir -p /usr/local/share/man/man8
mkdir -p /usr/local/share/doc/c-lightning
install cli/lightning-cli lightningd/lightningd /usr/local/bin
[...]
```

Um sicherzustellen, dass die lightningd- und lightning-cli-Befehle korrekt installiert wurden, fragen wir für jedes Executable die Versionsinformation ab:

```
$ lightningd --version
v0.10.1-34-gfe86c11
$ lightning-cli --version
v0.10.1-34-gfe86c11
```

Jede Versionsnummer besteht aus der aktuellen Release-Version (v0.10.1) gefolgt von der Zahl der Änderungen seit der Release (34) und einem Hash, der die genaue Revision identifiziert (fe86c11). Sie werden wahrscheinlich eine andere Versionsnummer sehen, da die Software ständig weiterentwickelt wird, während dieses Buch in Druck geht. Doch unabhängig von der Versionsnummer bedeutet die Tatsache, dass die Befehle ausgeführt werden und mit der Versionsnummer antworten, dass die c-lightning-Software erfolgreich kompiliert und installiert wurde.

Das Lightning-Netzwerk-Daemon-Node-Projekt

Der *Lightning Network Daemon* (LND) ist eine vollständige Implementierung einer LN-Node von Lightning Labs. Das LND-Projekt umfasst eine Reihe ausführbarer Anwendungen, einschließlich lnd (der Daemon selbst) und lncli (das Kommandozeilen-Utility). An LND können verschiedene Backend-Chain-Services angekoppelt werden, darunter btcd (eine Full Node), bitcoind (Bitcoin Core) und Neutrino (ein neuer, experimenteller, leichtgewichtiger Client). LND ist in der Programmiersprache Go geschrieben. Das Projekt ist Open Source und wird gemeinschaftlich auf GitHub (*https://github.com/LightningNetwork/lnd*) entwickelt.

In den nächsten Abschnitten bauen wir einen Docker-Container für LND, kompilieren LND aus dem Quellcode und erfahren, wie man LND konfiguriert und betreibt.

Der LND-Docker-Container

Wir ziehen uns den LND-Beispiel-Container aus dem Docker-Hub-Repository zu diesem Buch:

```
$ docker pull lnbook/lnd
Using default tag: latest
latest: Pulling from lnbook/lnd
35807b77a593: Already exists
e1b85b9c5571: Already exists
52f9c252546e: Pull complete

[...]

Digest: sha256:e490a0de5d41b781c0a7f9f548c99e67f9d728f72e50cd4632722b3ed3d85952
Status: Downloaded newer image for lnbook/lnd:latest
docker.io/lnbook/lnd:latest
```

Alternativ können Sie den LND-Container lokal erzeugen. Sie finden den Container in *code/docker/lnd*. Wir wechseln in das Arbeitsverzeichnis *code/docker* und führen den `docker build`-Befehl aus:

```
$ cd code/docker
$ docker build -t lnbook/lnd lnd
Sending build context to Docker daemon  9.728kB
Step 1/29 : FROM golang:1.13 as lnd-base
 ---> e9bdcb0f0af9
Step 2/29 : ENV GOPATH /go

[...]

Step 29/29 : CMD ["/usr/local/bin/logtail.sh"]
 ---> Using cache
 ---> 397ce833ce14
Successfully built 397ce833ce14
Successfully tagged lnbook/lnd:latest
```

Unser Container ist nun einsatzbereit. Wie der vorhin erzeugte `c-lightning`-Container ist auch der LND-Container auf eine laufende Instanz von Bitcoin Core angewiesen. Wie zuvor müssen wir einen `bitcoind`-Container in einem anderen Terminal starten und LND über das Docker-Netzwerk anbinden. Wir haben bereits ein Docker-Netzwerk namens `lnbook` eingerichtet und werden es erneut nutzen.

Normalerweise lässt jeder Betreiber eine eigene Lightning-Node und eine eigene Bitcoin-Node auf eigenen Servern laufen. In unserem Beispiel kann ein einzelner `bitcoind`-Container viele Lightning-Nodes bedienen. In unserem simulierten Netzwerk können wir verschiedene Lightning-Nodes betreiben, die sich mit einer einzelnen Bitcoin-Node im `regtest`-Modus verbinden.

Die bitcoind- und LND-Container ausführen

Wie zuvor starten wir den bitcoind-Container in einem Terminal und LND in einem anderen. Wenn der bitcoind-Container bereits läuft, müssen Sie ihn nicht erneut starten. Lassen Sie ihn einfach laufen und überspringen Sie den nächsten Schritt. Um bitcoind im lnbook-Netzwerk zu starten, nutzen wir den folgenden docker run-Befehl:

```
$ docker run -it --network lnbook --name bitcoind lnbook/bitcoind
```

Als Nächstes starten wir den gerade erzeugten LND-Container. Wie vorhin müssen wir ihn mit dem lnbook-Netzwerk verbinden und ihm einen Namen geben:

```
$ docker run -it --network lnbook --name lnd lnbook/lnd
Waiting for bitcoind to start...
Waiting for bitcoind to mine blocks...
Starting lnd...
Startup complete
Funding lnd wallet
{"result":"dbd1c8e2b224e0a511c11efb985dabd84d72d935957ac30935ec4211d28beacb",
"error":null,"id":"lnd-run-container"}
[INF] LTND: Version: 0.13.1-beta commit=v0.13.1-beta, build=production, logging=
default, debuglevel=info
[INF] LTND: Active chain: Bitcoin (network=regtest)
[INF] RPCS: Generating TLS certificates...
```

Der LND-Container fährt hoch und verbindet sich über das Docker-Netzwerk mit dem bitcoind-Container. Zuerst wartet unsere LND-Node, bis bitcoind hochfährt, und wartet dann noch ein wenig, bis bitcoind einige Bitcoins geschürft hat. Abschließend wird als Teil des Container-Starts ein Skript angestoßen, das einen RPC-Befehl an die bitcoind-Node sendet. Dieser Befehl erzeugt eine Transaktion, die der LND-Wallet 10 Test-BTC überweist.

Wie bereits demonstriert, können wir unserem Container über ein anderes Terminal Befehle senden, um Informationen abzurufen, Kanäle zu öffnen und so weiter. Der Befehl, mit dessen Hilfe wir Kommandozeileninstruktionen an den lnd-Daemon senden können, heißt lncli. Auch hier haben wir im Container den Alias cli bereitgestellt, der lncli mit den entsprechenden Parametern ausführt. Lassen Sie uns die Node-Information in einem anderen Terminalfenster über docker exec abrufen:

```
$ docker exec lnd cli getinfo
{
    "version": "0.13.1-beta commit=v0.13.1-beta",
    "commit_hash": "596fd90ef310cd7abbf2251edaae9ba4d5f8a689",
    "identity_pubkey":
"02d4545dccbeda29a10f44e891858940f4f3374b75c0f85dcb7775bb922fdeaa14",

[...]

}
```

Wir verfügen nun über eine weitere Lightning-Node, die im `lnbook`-Netzwerk läuft und mit `bitcoind` kommuniziert. Wenn der `c-lightning`-Container immer noch läuft, besitzen Sie zwei aktive Nodes. Diese sind noch nicht miteinander verbunden, doch das holen wir gleich nach.

Bei Bedarf können Sie jede Kombination aus LND- und `c-lightning`-Nodes im gleichen Lightning-Netzwerk betreiben. Um beispielsweise eine zweite LND-Node laufen zu lassen, würden Sie den `docker run`-Befehl mit einem anderen Container-Namen ausführen, etwa:

```
$ docker run -it --network lnbook --name lnd2 lnbook/lnd
```

In diesem Beispiel haben wir einen weiteren LND-Container namens `lnd2` gestartet. Den Namen können Sie frei wählen, solange er eindeutig ist. Geben Sie keinen Namen an, erzeugt Docker einen eindeutigen Namen, indem es zufällig zwei englische Wörter kombiniert, z.B. »naughty_einstein«. Diesen Namen hat Docker tatsächlich gewählt, als wir diesen Abschnitt geschrieben haben. Lustig!

Im nächsten Abschnitt sehen wir uns an, wie man LND herunterlädt und direkt aus dem Quellcode kompiliert. Das ist ein optionaler und weiterführender Schritt, der Ihnen zeigt, wie man die Build-Tools von Go nutzt und Modifikationen am LND-Quellcode vornimmt. Mit diesem Wissen können Sie eigenen Code entwickeln oder Fehler beheben.

Wenn Sie nicht planen, in den Quellcode oder die Programmierung einer Lightning-Node einzusteigen, können Sie diesen Abschnitt komplett überspringen. Die Docker-Container, die wir gerade gebaut haben, reichen für die meisten Beispiele in diesem Buch völlig aus.

LND aus dem Quellcode installieren

In diesem Abschnitt werden wir LND aus dem Quellcode kompilieren. LND ist in der Programmiersprache Go geschrieben. Wenn Sie mehr über Go erfahren wollen, sollten Sie statt nach go nach `golang` suchen, um nicht relevante Ergebnisse zu vermeiden. Da es in Go und nicht C/C++ geschrieben ist, verwendet es ein anderes »Build«-Framework als GNU Autotools/make, das wir bei `c-lightning` gesehen haben. Doch keine Sorge, es ist recht einfach, die `golang`-Tools zu installieren und zu nutzen, und wir zeigen hier alle notwendigen Schritte. Go ist eine großartige Sprache für die gemeinschaftliche Softwareentwicklung, da sie sehr konsistenten, genauen und einfach zu lesenden Code erzeugt, egal wie viele Autoren am Code arbeiten. Go ist fokussiert und »minimalistisch« in einer Art und Weise, die die Konsistenz über Sprachversionen hinweg fördert. Als kompilierte Sprache ist sie außerdem recht leistungsfähig. Lassen Sie uns eintauchen.

Wir folgen den Installationsanweisungen der Dokumentation des LND-Projekts (*https://github.com/lightningnetwork/lnd/blob/master/docs/INSTALL.md*).

Zuerst installieren wir das golang-Paket und die dazugehörigen Bibliotheken. Go-Version 1.13 oder höher ist zwingend erforderlich. Die offiziellen Go-Pakete werden als Binaries über das Go-Projekt (*https://golang.org/dl*) verbreitet. Der Einfachheit halber sind sie auch als Debian-Pakete über den apt-Befehl verfügbar. Sie können den Anweisungen des Go-Projekts (*https://golang.org/dl*) folgen oder die folgenden apt-Befehle auf einem Debian/Ubuntu-Linux-System nutzen, die auf der GitHub-Wikiseite zu Go (*https://github.com/golang/go/wiki/Ubuntu*) beschrieben werden:

```
$ sudo apt install golang-go
```

Überprüfen Sie mit dem folgenden Befehl, dass die richtige Version installiert und einsatzbereit ist:

```
$ go version
go version go1.13.4 linux/amd64
```

Wir haben Version 1.13.4 installiert und können loslegen. Als Nächstes müssen wir den Programmen mitteilen, wo sie den Go-Code finden. Dazu setzen wir die Umgebungsvariable GOPATH. Üblicherweise liegt der Go-Code in einem Verzeichnis namens *gocode* im Home-Verzeichnis des Nutzers. Mit den beiden folgenden Befehlen legen wir den GOPATH fest und stellen sicher, dass ihn die Shell im PATH findet. Beachten Sie, dass das Home-Verzeichnis des Nutzers in der Shell mit der Tilde (~) angegeben wird.

```
$ export GOPATH=~/gocode
$ export PATH=$PATH:$GOPATH/bin
```

Um diese Umgebungsvariablen nicht für jede neue Shell setzen zu müssen, können Sie die beiden Zeilen in die bash-Konfigurationsdatei *.bashrc* in Ihrem Home-Verzeichnis eintragen. Sie können dazu einen beliebigen Texteditor verwenden.

Den LND-Quellcode kopieren

Wie bei vielen aktuellen Open-Source-Projekten finden Sie den LND-Quellcode auf GitHub (*www.github.com*). Der Befehl go get kann ihn direkt über das Git-Protokoll abrufen:

```
$ go get -d github.com/lightningnetwork/lnd
```

Sobald go get fertig ist, besitzen Sie ein Unterverzeichnis unter GOPATH, das den LND-Quellcode enthält.

Den LND-Quellcode kompilieren

LND verwendet das Build-System make. Um das Projekt zu kompilieren, wechseln wir in das Verzeichnis mit dem LND-Quellcode und rufen make dann wie folgt auf:

```
$ cd $GOPATH/src/github.com/lightningnetwork/lnd
$ make && make install
```

Nach mehreren Minuten haben Sie zwei neue Befehle installiert, `lnd` und `lncli`. Fragen Sie die Versionsnummern ab, um sicherzustellen, dass sie wirklich installiert wurden:

```
$ lnd --version
lnd version 0.10.99-beta commit=clock/v1.0.0-106-
gc1ef5bb908606343d2636c8cd345169e064bdc91
$ lncli --version
lncli version 0.10.99-beta commit=clock/v1.0.0-106-
gc1ef5bb908606343d2636c8cd345169e064bdc91
```

Ihre Versionsnummer wird sehr wahrscheinlich eine andere sein, da die Software weiterentwickelt wird, lange nachdem dieses Buch in den Druck gegangen ist. Doch unabhängig von der Versionsnummer zeigt die Tatsache, dass die Befehle ausgeführt werden und eine Versionsnummer ausgeben, dass die Kompilierung der LND-Software erfolgreich war.

Das Eclair-Lightning-Node-Projekt

Eclair (französisch für Blitz, engl. *Lightning*) ist eine von ACINQ entwickelte Scala-Implementierung des Lightning-Netzwerks. Eclair ist außerdem eine der beliebtesten und wegweisendsten mobilen Lightning-Wallets. Wir haben sie in Kapitel 2 verwendet, um eine Lightning-Zahlung zu demonstrieren. In diesem Abschnitt sehen wir uns das Eclair-Server-Projekt an, das eine Lightning-Node betreibt. Eclair ist ein Open-Source-Projekt, zu finden auf GitHub (*https://github.com/ACINQ/eclair*).

In den nächsten Abschnitten bauen wir einen Docker-Container für Eclair, wie wir das schon für `c-lightning` und LND getan haben. Wir werden Eclair auch direkt aus dem Quellcode kompilieren.

Der Eclair-Docker-Container

Laden wir uns den Eclair-Container zu diesem Buch aus dem Docker-Hub-Repository herunter:

```
$ docker pull lnbook/eclair
Using default tag: latest
latest: Pulling from lnbook/eclair
35807b77a593: Already exists
e1b85b9c5571: Already exists

[...]

c7d5d5c616c2: Pull complete
Digest: sha256:17a3d52bce11a62381727e919771a2d5a51da9f91ce2689c7ecfb03a6f028315
Status: Downloaded newer image for lnbook/eclair:latest
docker.io/lnbook/eclair:latest
```

Alternativ können wir den Container auch lokal bauen. Mittlerweile sind Sie ja schon ein Experte für die grundlegenden Docker-Operationen. In diesem Abschnitt nutzen wir zum Bau des Eclair-Containers viele Befehle, die Sie bereits kennengelernt haben. Der Container liegt in *code/docker/eclair*. Wir beginnen in einem Terminal mit dem Wechsel in das Arbeitsverzeichnis *code/docker* und stoßen dann den docker build-Befehl an:

```
$ cd code/docker
$ docker build -t lnbook/eclair eclair
Sending build context to Docker daemon  11.26kB
Step 1/27 : ARG OS=ubuntu
Step 2/27 : ARG OS_VER=focal
Step 3/27 : FROM ${OS}:${OS_VER} as os-base
 ---> fb52e22af1b0

[...]

Step 27/27 : CMD ["/usr/local/bin/logtail.sh"]
 ---> Running in fe639120b726
Removing intermediate container fe639120b726
 ---> e6c8fe92a87c
Successfully built e6c8fe92a87c
Successfully tagged lnbook/eclair:latest
```

Unser Image ist nun betriebsbereit. Der Eclair-Container ist ebenfalls auf eine laufende Instanz von Bitcoin Core angewiesen. Wie zuvor müssen wir den bitcoind Container in einem anderen Terminal starten und Eclair über das Docker-Netzwerk verbinden. Wir haben bereits ein Docker-Netzwerk namens lnbook eingerichtet und verwenden es hier wieder.

Ein wichtiger Unterschied zwischen Eclair und LND bzw. c-lightning ist, dass Eclair keine separate Bitcoin-Wallet umfasst, sondern auf die Wallet von Bitcoin Core angewiesen ist. Sie werden sich erinnern, dass wir bei LND die Bitcoin-Wallet aufgefüllt haben, indem wir eine Transaktion ausgeführt haben, die Bitcoin von der Bitcoin-Core-Wallet an die Bitcoin-Wallet von LND überwiesen hat. Dieser Schritt ist bei Eclair unnötig. Bei der Ausführung von Eclair wird die Bitcoin-Core-Wallet als Geldquelle für offene Kanäle verwendet. Im Gegensatz zu den LND- und c-lightning-Containern enthält der Eclair-Container also kein Skript, das beim Start Bitcoin an seine Wallet überweist.

Die bitcoind- und Eclair-Container ausführen

Wie zuvor starten wir den bitcoind-Container in einem Terminal und den Eclair-Container in einem anderen. Läuft der bitcoind-Container bereits, müssen Sie ihn nicht erneut starten. Lassen Sie ihn einfach laufen und überspringen Sie den nächsten Schritt. Um bitcoind im lnbook-Netzwerk zu starten, verwenden wir den folgenden docker run-Befehl:

```
$ docker run -it --network lnbook --name bitcoind lnbook/bitcoind
```

Als Nächstes starten wir den gerade erzeugten Eclair-Container. Genau wie bei den anderen Containern müssen wir ihn mit dem `lnbook`-Netzwerk verbinden und ihm einen Namen geben:

```
$ docker run -it --network lnbook --name eclair lnbook/eclair
Waiting for bitcoind to start...
Waiting for bitcoind to mine blocks...
Starting eclair...
Eclair node started
INFO  o.b.Secp256k1Context - secp256k1 library successfully loaded
INFO  fr.acinq.eclair.Plugin - loading 0 plugins
INFO  a.e.slf4j.Slf4jLogger - Slf4jLogger started
INFO  fr.acinq.eclair.Setup - hello!
INFO  fr.acinq.eclair.Setup - version=0.4.2 commit=52444b0

[...]
```

Der Eclair-Container fährt hoch und stellt über das Docker-Netzwerk die Verbindung mit dem `bitcoind`-Container her. Zuerst wartet unsere Eclair-Node, dass `bitcoind` hochfährt, und wartet dann weiterhin, bis `bitcoind` einige Bitcoins in seine Wallet geschürft hat.

Wie bereits demonstriert, können wir unserem Container in einem anderen Terminal Befehle übergeben, um Informationen abzurufen, Kanäle zu öffnen und so weiter. Der Befehl, über den wir Kommandozeileninstruktionen an den `eclair`-Daemon senden können, heißt `eclair-cli`. Wie zuvor stellen wir in diesem Container einen nützlichen Alias für `eclair-cli` namens `cli` zur Verfügung, der die notwendigen Argumente und Parameter bietet. Wir führen `docker exec` in einem Terminalfenster aus, um die Node-Informationen für Eclair abzurufen:

```
$ docker exec eclair cli getinfo
{
  "version": "0.4.2-52444b0",
  "nodeId": "02fa6d5042eb8098e4d9c9d99feb7ebc9e257401ca7de829b4ce757311e0301de7",
  "alias": "eclair",
  "color": "#49daaa",
  "features": {

[...]

  },
  "chainHash": "06226e46111a0b59caaf126043eb5bbf28c34f3a5e332a1fc7b2b73cf188910f",
  "network": "regtest",
  "blockHeight": 779,
  "publicAddresses": [],
  "instanceId": "01eb7a68-5db0-461b-bdd0-29010df40d73"
}
```

Wir verfügen nun über eine weitere Lightning-Node, die im `lnbook`-Netzwerk läuft und mit `bitcoind` kommuniziert. Sie können eine beliebige Anzahl und Kombination aus Lightning-Nodes im gleichen Lightning-Netzwerk betreiben. Jede Anzahl von Eclair-, LND- und `c-lightning`-Nodes kann koexistieren. Um zum Beispiel eine zweite Eclair-Node zu starten, würden Sie einen docker run-Befehl mit einem anderen Container-Namen ausführen:

```
$ docker run -it --network lnbook --name eclair2 lnbook/eclair
```

Der obige Befehl startet einen weiteren Eclair-Container namens eclair2.

Im nächsten Abschnitt sehen wir uns an, wie man Eclair herunterlädt und direkt aus dem Quellcode kompiliert. Das ist ein optionaler und anspruchsvollerer Schritt, der Ihnen zeigt, wie man Scala und die Java-Build-Tools nutzt und Modifikationen an Eclairs Quellcode vornehmen kann. Mit diesem Wissen können Sie selbst Code entwickeln oder Fehler beheben.

Wenn Sie nicht in den Quellcode eintauchen oder eine Lightning-Node programmieren wollen, können Sie diesen Abschnitt überspringen. Der gerade gebaute Docker-Container reicht für die meisten Beispiele in diesem Buch völlig aus.

Eclair aus dem Quellcode installieren

In diesem Abschnitt kompilieren wir Eclair aus dem Quellcode. Eclair ist in der Programmiersprache Scala geschrieben, die mit dem Java-Compiler kompiliert wird. Um Eclair auszuführen, müssen Sie zuerst Java und dessen Build-Tools installieren. Wir folgen den Anweisungen im *BUILD.md*-Dokument (*https://github.com/ACINQ/eclair/blob/master/BUILD.md*) des Eclair-Projekts.

Der benötigte Java-Compiler ist Teil von OpenJDK 11. Wir benötigen außerdem das Build-Framework Maven in Version 3.6.0 oder höher.

Auf einem Debian/Ubuntu-Linux-System können wir den apt-Befehl nutzen, um sowohl OpenJDK 11 als auch Maven zu installieren:

```
$ sudo apt install openjdk-11-jdk maven
```

Dass die korrekten Versionen installiert sind, verifizieren wir wie folgt:

```
$ javac -version
javac 11.0.7
$ mvn -v
Apache Maven 3.6.1
Maven home: /usr/share/maven
Java version: 11.0.7, vendor: Ubuntu, runtime: /usr/lib/jvm/java-11-openjdk-amd64
```

Wir haben OpenJDK 11.0.7 und Maven 3.6.1 installiert und können loslegen.

Den Eclair-Quellcode installieren

Der Quellcode für Eclair liegt auf GitHub. Der Befehl git clone erzeugt für uns eine lokale Kopie. Wir wechseln in unser Home-Verzeichnis und führen dann den Befehl aus:

```
$ cd ~
$ git clone https://github.com/ACINQ/eclair.git
```

Sobald `git clone` abgeschlossen ist, besitzen Sie den Unterordner *eclair*, der den Quellcode des Eclair-Servers enthält.

Den Eclair-Quellcode kompilieren

Eclair verwendet das Build-System Maven. Um das Projekt zu kompilieren, wechseln wir in das Verzeichnis mit dem Eclair-Quellcode und führen dann `mvn package` aus:

```
$ cd eclair
$ mvn package
[INFO] Scanning for projects...
[INFO] ------------------------------------------------------------------------
[INFO] Reactor Build Order:
[INFO]
[INFO] -------------------< fr.acinq.eclair:eclair_2.13 >--------------------
[INFO] Building eclair_2.13 0.4.3-SNAPSHOT                              [1/4]
[INFO] ---------------------------------[ pom ]---------------------------------

[...]


[INFO] ------------------------------------------------------------------------
[INFO] BUILD SUCCESS
[INFO] ------------------------------------------------------------------------
[INFO] Total time:  01:06 min
[INFO] Finished at: 2020-12-12T09:43:21-04:00
[INFO] ------------------------------------------------------------------------
```

Nach mehreren Minuten sollte die Kompilierung des Eclair-Pakets abgeschlossen sein. Allerdings führt die Aktion `package` auch Tests durch, von denen sich einige mit dem Internet verbinden und fehlschlagen können. Um die Tests zu überspringen, fügen Sie dem Befehl die Option `-DskipTests` hinzu.

Nun entpacken wir das Build-Paket mit `unzip`, wie in den Anweisungen zur Eclair-Installation (*https://github.com/ACINQ/eclair#installing-eclair*) auf GitHub beschrieben.

Glückwunsch! Sie haben Eclair aus dem Quellcode kompiliert und können nun programmieren, testen, Fehler beheben und zu diesem Projekt beitragen!

Ein Netzwerk diverser Lightning-Nodes aufbauen

Das abschließende Beispiel, das wir in diesem Abschnitt vorstellen wollen, verbindet die verschiedenen Container zu einem Lightning-Netzwerk unterschiedlicher Node-Implementierungen (LND, `c-lightning`, Eclair). Wir bauen das Netzwerk auf, indem wir die Nodes miteinander verbinden und Kanäle zwischen den Nodes öffnen. In einem letzten Schritt routen wir eine Zahlung über diese Kanäle.

In diesem Beispiel bauen wir ein Demonetzwerk auf, das aus vier Lightning-Nodes namens Alice, Bob, Chan und Dina besteht. Wir verbinden Alice mit Bob, Bob mit Chan und Chan mit Dina. Den Aufbau zeigt Abbildung 4-1.

Abbildung 4-1: Kleines Demonetzwerk mit vier Nodes

Abschließend lassen wir Dina eine Rechnung erzeugen, die Alice bezahlt. Da Alice und Dina nicht direkt verbunden sind, wird die Zahlung als HTLC über alle Zahlungskanäle geroutet.

docker-compose zur Orchestrierung von Docker-Containern nutzen

Damit dieses Beispiel funktioniert, nutzen wir ein Tool zur *Container-Orchestrierung*, das über den Befehl `docker-compose` zur Verfügung steht. Dieser Befehl erlaubt uns, eine Anwendung festzulegen, die aus verschiedenen Containern besteht, und diese Anwendung dann auszuführen, indem er alle kooperierenden Container startet.

Zuerst installieren wir `docker-compose`. Die Anweisungen (*https://docs.docker.com/compose/install*) hängen von Ihrem Betriebssystem ab.

Sobald die Installation abgeschlossen ist, können Sie die Installation mit dem folgenden `docker-compose`-Befehl überprüfen:

```
$ docker-compose version
docker-compose version 1.21.0, build unknown
[...]
```

Die häufigsten von uns genutzten `docker-compose`-Befehle sind `up` und `down`, z.B. `docker-compose up`.

docker-compose-Konfiguration

Die Konfigurationsdatei `docker-compose` finden Sie im Verzeichnis *code/docker* unter dem Namen *docker-compose.yml*. Sie enthält eine Spezifikation für das Netzwerk und jeden der vier Container. Der Anfang sieht so aus:

```
version: "3.3"
networks:
  lnnet:
```

```
services:
  bitcoind:
    container_name: bitcoind
    build:
        context: bitcoind
    image: lnbook/bitcoind:latest
    networks:
      - lnnet
    expose:
      - "18443"
      - "12005"
      - "12006"

  Alice:
    container_name: Alice
```

Dieses Fragment definiert ein Netzwerk namens `lnnet` und einen Container namens `bitcoind`, der mit dem `lnnet`-Netzwerk verbunden wird. Das ist der gleiche Container, den wir zu Beginn dieses Kapitels gebaut haben. Wir geben drei Ports des Containers frei (expose). Auf diese Weise können wir ihm Befehle senden sowie Blöcke und Transaktionen überwachen. Als Nächstes spezifiziert die Konfiguration einen LND-Container namens »Alice«. Dahinter folgen Spezifikationen für die Container »Bob« (`c-lightning`), »Chan« (Eclair) und »Dina« (wieder LND).

Da die verschiedenen Implementierungen der BOLT-Spezifikation folgen und ausgiebig auf Kompatibilität getestet wurden, bereitet es ihnen keine Schwierigkeiten, in einem Lightning-Netzwerk zusammenzuarbeiten.

Das Demo-Lightning-Netzwerk starten

Bevor wir beginnen, müssen wir sicherstellen, dass nicht bereits einer der Container läuft. Verwendet ein neuer Container den gleichen Namen wie ein schon laufender Container, kann er nicht gestartet werden. Verwenden Sie `docker ps`, `docker stop` und `docker rm`, um aktuell laufende Container zu beenden und zu entfernen.

Weil wir für diese orchestrierten Docker-Container die gleichen Namen verwenden, müssen Sie möglicherweise »aufräumen«, um Namenskonflikte zu vermeiden.

Um das Beispiel zu starten, wechseln Sie in das Verzeichnis, das die Konfigurationsdatei *docker-compose.yml* enthält, und führen den Befehl `docker-compose up` aus:

```
$ cd code/docker
$ docker-compose up
Creating Chan     ... done
Creating Dina     ... done
Creating bitcoind ... done
Creating Bob      ... done
Creating Alice    ... done
Attaching to Chan, Dina, Alice, bitcoind, Bob
Alice      | Waiting for bitcoind to start...
```

```
Bob         | Waiting for bitcoind to start...
Dina        | Waiting for bitcoind to start...
Chan        | Waiting for bitcoind to start...
bitcoind    | Starting bitcoind...
bitcoind    | Waiting for bitcoind to start
bitcoind    | bitcoind started
bitcoind    | ================================================

[...]

Chan        | Starting eclair...
Dina        | Starting lnd...
Chan        | Eclair node started
Alice       | ...Waiting for bitcoind to mine blocks...
Bob         | ...Waiting for bitcoind to mine blocks...
Alice       | Starting lnd...
Bob         | Starting c-lightning...

[...]
```

Während Sie den Start verfolgen, sehen Sie eine ganze Reihe von Logeinträgen, während die Nodes gestartet werden und ihren Fortschritt vermelden. Auf dem Bildschirm kann das ein ziemliches Durcheinander sein, doch wie oben zu sehen, ist jeder Zeile der Container-Name vorangestellt. Wollen Sie nur die Logs eines bestimmten Containers sehen, können Sie in einem anderen Terminal den Befehl `docker-compose logs` mit dem Flag `f` (*follow*) und dem gewünschten Container-Namen ausführen:

```
$ docker-compose logs -f Alice
```

Kanäle öffnen und eine Zahlung routen

Unser Lightning-Netzwerk sollte jetzt laufen. Wie wir in den vorherigen Abschnitten gesehen haben, können wir laufenden Docker-Containern mit `docker exec` Befehle senden. Unabhängig davon, ob Container einzeln mittels `docker run` oder gemeinsam über `docker-compose up` gestartet wurden, können wir die Container individuell über Docker-Befehle ansprechen.

Die Zahlungsdemo finden Sie in einem Bash-Skript namens `run-payment-demo.sh`. Um diese Demo ausführen zu können, muss die Bash-Shell auf Ihrem Computer installiert sein. Bei den meisten Linux- und unixoiden Systemen (z.B. macOS) ist `bash` vorinstalliert. Windows-Nutzer können das *Windows Subsystem for Linux* installieren und eine Linux-Distribution wie Ubuntu nutzen, um `bash` nativ auf ihrem Computer auszuführen.

Wir wollen das Skript ausführen und seine Auswirkungen betrachten. Danach sehen wir uns an, wie es intern funktioniert. Wir nutzen `bash`, um das Skript als Befehl auszuführen:

```
$ cd code/docker
$ bash run-payment-demo.sh
Starting Payment Demo
```

```
============================================================

Waiting for nodes to startup
- Waiting for bitcoind startup...
- Waiting for bitcoind mining...
- Waiting for Alice startup...
- Waiting for Bob startup...
- Waiting for Chan startup...
- Waiting for Dina startup...
All nodes have started
============================================================

Getting node IDs
- Alice:  0335e200756e156f1e13c3b901e5ed5a28b01a3131cd0656a27ac5cc20d4e71129
- Bob:    033e9cb673b641d2541aaaa821c3f9214e8a11ada57451ed5a0eab2a4afbce7daa
- Chan:   02f2f12182f56c9f86b9aa7d08df89b79782210f0928cb361de5138364695c7426
- Dina: 02d9354cec0458e0d6dee5cfa56b83040baddb4ff88ab64960e0244cc618b99bc3
============================================================

[...]

Setting up connections and channels
- Alice to Bob
- Open connection from Alice node to Bob's node

- Create payment channel Alice->Bob


[...]

Get 10k sats invoice from Dina
- Dina invoice:
lnbcrt100u1psnuzzrpp5rz5dg4wy27973yr7ehwns5ldeusceqdaq0hguu8c29n4nsqkznjsdqqcqzpgxqyz5
vqsp5vdpehw33fljnmmexa6ljk55544f3syd8nfttqlm3ljewu4r0q20q9qyyssqxh5nhkpjgfm47yxn4p9ecv
ndz7zddlsgpufnpyjl0kmnq227tdujlm0acdv39hcuqp2vhs40aav70c9yp0tee6tgzk8ut79mr877q0cpkjcf
vr
============================================================

Attempting payment from Alice to Dina
Successful payment!
```

Wie Sie anhand der Ausgabe erkennen können, ermittelt das Skript zuerst die Node-IDs (die öffentlichen Schlüssel) aller vier Nodes. Es verbindet dann die Nodes und richtet einen Kanal mit 1.000.000 Satoshi von jeder Node zur nächsten Node ein. Abschließend stellt es eine Rechnung über 10.000 Satoshi von Dinas Node aus und bezahlt diese Rechnung von Alice' Node.

Schlägt das Skript fehl, können Sie es erneut laufen lassen. Sie können aber auch händisch die Befehle im Skript eingeben und sich die jeweiligen Ergebnisse ansehen.

Es gibt zu diesem Skript viel zu erklären, doch je mehr Sie von der zugrunde liegenden Technik verstehen, desto klarer werden die Informationen. Wir laden Sie daher ein, sich dieses Beispiel später noch einmal anzusehen.

Natürlich können Sie mit diesem Testnetzwerk weit mehr anstellen, als eine Zahlung über drei Kanäle und vier Nodes durchzuführen. Hier ein paar Ideen für Experimente:

- Bauen Sie ein komplexeres Netzwerk auf, indem Sie weitere Nodes unterschiedlicher Typen starten. Editieren Sie die Datei *docker-compose.yml*, kopieren Sie Abschnitte und benennen Sie die Container entsprechend um.
- Verbinden Sie die Nodes in komplexeren Topologien: ringförmig, Speichenarchitektur oder Full-Mesh.
- Führen Sie viele Zahlungen durch, um die Kanalkapazität auszuschöpfen. Führen Sie dann Zahlungen in Gegenrichtung aus, um die Kanäle wieder ins Gleichgewicht zu bringen. Sehen Sie sich an, wie sich der Routing-Algorithmus anpasst.
- Ändern Sie die Kanalgebühren und betrachten Sie, wie der Routing-Algorithmus verschiedene Routen aushandelt und welche Optimierungen er anwendet. Ist eine günstigere längere Route besser als eine teurere kürzere Route?
- Führen Sie eine kreisförmige Zahlung von einer Node zurück an sich selbst durch, um den eigenen Kanal wieder auszugleichen. Sehen Sie sich an, wie sich das auf die anderen Kanäle und Knoten auswirkt.
- Erzeugen Sie Hunderte oder Tausende kleiner Zahlungen in einer Schleife und bezahlen Sie diese so schnell es geht in einer anderen Schleife. Messen Sie, wie viele Transaktionen pro Sekunden Sie aus Ihrem Netzwerk herausholen können.

Lightning Polar (*https://lightningpolar.com*) erlaubt die Visualisierung Ihres Netzwerks mittels Docker.

Fazit

In diesem Kapitel haben wir uns verschiedene Projekte angesehen, die die BOLT-Spezifikation implementieren. Sie haben Container gebaut, um ein Lightning-Netzwerk zu betreiben, und haben gelernt, wie man jedes Projekt aus dem Quellcode kompiliert. Sie sind nun bereit, die Sache weiter zu untersuchen und tiefer einzusteigen.

KAPITEL 5

Eine Lightning-Netzwerk-Node betreiben

Nachdem Sie das Buch bis hierhin gelesen haben, werden Sie wahrscheinlich eine Lightning-Wallet installiert haben. In diesem Kapitel gehen wir einen Schritt weiter und richten eine Lightning-Full-Node ein. Zusätzlich zum Setup lernen Sie, wie man sie betreibt und wartet.

Es gibt viele Gründe, eine eigene Lightning-Node zu betreiben:

- Um ein vollwertiger, aktiver Teilnehmer des Lightning-Netzwerks zu sein, nicht bloß Endanwender.
- Um einen E-Commerce-Shop zu betreiben oder Einnahmen über Lightning-Zahlungen zu empfangen.
- Um Einkommen durch Lightning-Routing-Gebühren oder durch Vermietung von Kanalliquidität zu generieren.
- Um neue Dienste, Anwendungen oder Plug-ins für das Lightning-Netzwerk zu entwickeln.
- Um ihre finanzielle Privatsphäre durch die Nutzung von Lightning zu erhöhen.
- Um Apps zu nutzen, die auf Lightning aufsetzen, etwa Lightning-basierte Instant Messenger.
- Um finanzielle Freiheit, Unabhängigkeit und Souveränität zu erlangen.

Mit dem Betrieb einer LN-Node sind Kosten verbunden. Sie benötigen einen Computer, eine permanente Internetverbindung, viel Plattenplatz und sehr viel Zeit! Die Betriebskosten umfassen auch die Ausgaben für Strom.

Doch das Wissen, das Sie aus dieser Erfahrung schöpfen, ist nützlich und kann auf eine Vielzahl anderer Aufgaben angewandt werden.

Legen wir los!

Es ist wichtig, die eigenen Erwartungen durch korrekte Fakten zu untermauern. Wenn Sie eine Lightning-Node *ausschließlich* betreiben wollen, um Routing-Gebühren einzunehmen, müssen Sie zuerst sorgfältig Ihre Hausaufgaben machen. Eine Lightning-Node als profitables Geschäft zu betreiben, ist definitiv *nicht* einfach. Fassen Sie Anfangsinvestitionen und alle laufenden Kosten in einer Tabellenkalkulation zusammen. Studieren Sie LN-Statistiken sorgfältig. Wie hoch ist das aktuelle Zahlungsaufkommen? Wie hoch ist das Volumen pro Node? Wie hoch sind die aktuellen, durchschnittlichen Routing-Gebühren? Besuchen Sie Foren und fragen Sie andere Community-Mitglieder, die bereits reale Erfahrungen gemacht haben, um Rat oder Feedback. Bilden Sie sich erst eine qualifizierte Meinung, *nachdem* Sie diese Aufgaben mit der notwendigen Sorgfalt erledigt haben. Für die meisten Menschen ist der Betrieb einer Node nicht finanziell motiviert.

Eine Plattform wählen

Es gibt viele Möglichkeiten, eine Lightning-Node zu betreiben. Das reicht von einem kleinen Mini-PC bei Ihnen zu Hause über einen dedizierten Server bis hin zu einem in der Cloud gehosteten Server. Welche Methode Sie wählen, hängt von Ihren Ressourcen ab und davon, wie viel Geld Sie ausgeben wollen.

Warum ist Zuverlässigkeit für den Betrieb einer Lightning-Node wichtig?

Bei Bitcoin ist die Hardware nicht besonders wichtig, solange man keine Mining-Node betreibt. Die Bitcoin-Core-Node-Software kann auf jedem Rechner ausgeführt werden, der die minimalen Anforderungen erfüllt, und der Rechner muss nicht online sein, um Zahlungen zu empfangen – nur um sie zu senden. Ist eine Bitcoin-Node für längere Zeit offline, kann der Nutzer die Node einfach neu starten. Sobald sie wieder mit dem Netzwerk verbunden ist, erfolgt eine erneute Synchronisation der Blockchain.

Bei Lightning muss der Nutzer hingegen online sein, um Zahlungen senden *und* empfangen zu können. Ist eine Lightning-Node offline, kann sie von niemandem Zahlungen empfangen, d.h., offene Rechnungen können nicht beglichen werden. Darüber hinaus können offene Kanäle einer nicht mit dem Netzwerk verbundenen Node nicht zum Routing von Zahlungen genutzt werden. Sind Sie zu oft offline, könnten die Ihren Kanälen zugewiesenen Mittel als ungenutztes Kapital betrachtet und die Kanäle könnten geschlossen werden. Wir haben bereits den Fall eines Protokollangriffs diskutiert, bei dem Ihr Kanalpartner versucht, Ihnen eine veraltete Commitment-Transaktion unterzuschieben. Wenn Sie offline sind und Ihre Kanäle nicht überwacht werden, könnte der versuchte Diebstahl erfolgreich sein, und Sie hätten keinen Regressanspruch, sobald der Timelock abgelaufen ist. Daher ist die Zuverlässigkeit für eine Lightning-Node extrem wichtig.

Weitere Aspekte sind Hardwarefehler und Datenverlust. Bei Bitcoin kann ein Hardwarefehler ein triviales Problem sein, wenn der Benutzer eine Sicherung der mnemonischen Phrase bzw. des privaten Schlüssels besitzt. Die Bitcoin-Wallet und die Bitcoin innerhalb der Wallet können einfach aus den privaten Schlüsseln auf einem neuen Computer wiederhergestellt werden. Ein Großteil der Informationen kann über die Blockchain erneut heruntergeladen werden.

Im Gegensatz dazu sind bei Lightning die Informationen zu den Kanälen des Nutzers, einschließlich der Commitment-Transaktionen und der Revocation-Secrets, nicht öffentlich bekannt, sondern nur auf der Hardware des jeweiligen Nutzers gespeichert. Software- und Hardwarefehler können daher im Lightning-Netzwerk zum Verlust der Einlagen führen.

Hardware für Lightning-Nodes

Es gibt drei wesentliche Arten von Hardware für Lightning-Nodes:

Allzweckcomputer
: Eine LN-Node kann auf einem Heimcomputer oder Laptop unter Windows, macOS oder Linux betrieben werden. Üblicherweise wird sie zusammen mit einer Bitcoin-Node betrieben.

Dedizierte Hardware
: Eine Lightning-Node kann auch auf dedizierter Hardware wie einem Raspberry Pi, Rock64 oder einem Mini-PC betrieben werden. Dieses Setup verwendet üblicherweise einen Softwarestack inklusive Bitcoin-Node und anderen Anwendungen. Dieses Setup ist beliebt, weil auf der Hardware ausschließlich die Lightning-Node betrieben und gewartet wird und sie üblicherweise über einen »Installationshelfer« eingerichtet wird.

Vorkonfigurierte Hardware
: Eine LN-Node kann auch auf Hardware ausgeführt werden, die speziell für diesen Zweck ausgewählt und konfiguriert wurde. Dazu gehören ebenfalls »Out-of-the-Box-Lösungen«, die als Bausatz oder schlüsselfertiges System gekauft werden können.

Betrieb in der Cloud

Virtuelle private Server (VPS) und Cloud-Computing-Dienste wie Microsoft Azure, Google Cloud, *Amazon Web Services* (AWS) oder DigitalOcean sind bezahlbar und recht schnell eingerichtet. Das Hosting einer Lightning-Node kostet bei einem solchen Dienst zwischen 20 und 40 Euro pro Monat.

Doch wie sagt man so schön: »›Cloud‹ sind nur anderer Leute Computer.« Diese Dienste zu nutzen, bedeutet, dass Ihre Node auf Computern anderer Menschen läuft. Das bringt die entsprechenden Vor- und Nachteile mit sich. Die wesentlichen Vorteile sind Bequemlichkeit, Effizienz, Uptime und möglicherweise auch Kosten. Die Cloud-Betreiber verwalten und betreiben die Node auf hohem Niveau, was Ihnen automatisch Bequemlichkeit und Effizienz bietet. Sie bieten exzellente Uptime und Verfügbarkeit, die häufig wesentlich besser ist, als das zu Hause möglich wäre. Wenn Sie bedenken, dass allein die Stromkosten für den Betrieb eines Servers in westlichen Ländern bei etwa 10 Euro im Monat liegen (in Deutschland wesentlich mehr) und wenn man dann noch die Kosten für Internet und Hardware hinzurechnet, werden VPS-Angebote finanziell interessant. Schließlich benötigen Sie mit einem VPS zu Hause keinen Platz für einen PC und müssen sich um Lautstärke und Wärmeentwicklung keine Gedanken machen. Andererseits gibt es mehrere nennenswerte Nachteile. Eine in der Cloud laufende Lightning-Node ist immer unsicherer und bietet weniger Privatsphäre als der Betrieb auf einem eigenen Computer. Darüber hinaus sind die Cloud-Computing-Dienste stark zentralisiert. Ein Großteil der bei solchen Diensten laufenden Bitcoin- und Lightning-Nodes befindet sich in einer Handvoll Rechenzentren in Virginia, Sunnyvale, Seattle, London und Frankfurt. Kommt es in den Netzwerken oder Rechenzentren dieser Anbieter zu Problemen, betrifft das Tausende Nodes eines sogenannten *dezentralisierten* Netzwerks.

Wenn Sie die Möglichkeit und die Kapazität haben, eine Node auf einem eigenen Computer zu Hause oder in Ihrem Büro zu betreiben, sollten Sie das gegenüber dem Betrieb in der Cloud bevorzugen. Ist der Betrieb eines eigenen Servers keine Option, können Sie den Betrieb in einem VPS aber durchaus in Erwägung ziehen.

Eine Node zu Hause betreiben

Wenn Sie zu Hause oder in Ihrem Büro über einen vernünftigen Internetanschluss verfügen, können Sie dort natürlich eine Lightning-Node betreiben. Eine Breitbandverbindung reicht aus, um eine Lightning-Node zu betreiben, und bei einer schnellen Verbindung können Sie auch eine Bitcoin-Full-Node betreiben.

Sie können eine Lightning-Node (und sogar eine Bitcoin-Node) auf Ihrem Laptop betreiben, doch das wird sehr schnell lästig. Die Programme benötigen einen Großteil der Ressourcen Ihres Computers und müssen jeden Tag 24 Stunden laufen. Ihre Anwendungen wie der Browser oder die Tabellenkalkulation werden mit den Lightning-Hintergrunddiensten um die Ressourcen Ihres Computers konkurrieren. Mit anderen Worten: Ihr Browser und die anderen Desktopprogramme werden langsamer. Und wenn Ihre Textverarbeitung Ihren Laptop einfrieren lässt, hängt auch Ihre Lightning-Node, d. h., Sie können keine Transaktionen empfangen und sind potenziell angreifbar. Darüber hinaus dürfen Sie den Laptop nie ausschalten. Diese Kombination führt also zu einem nicht gerade idealen Setup. Das Gleiche gilt auch für den täglich genutzten Desktop-PC.

Stattdessen entscheiden sich die meisten Nutzer für den Betrieb einer Node auf einem dedizierten Computer. Glücklicherweise benötigen Sie dazu keinen »Server«. Sie können eine Lightning-Node auf einem Einplatinencomputer wie dem Raspberry Pi oder auf einem Mini-PC (die üblicherweise als Media-PCs verkauft werden) betreiben. Das sind einfache Computer, die häufig als Zentrale für die Heimautomatisierung oder als Mediaserver verwendet werden. Verglichen mit einem PC oder einem Laptop sind sie relativ günstig. Der Vorteil eines dedizierten Geräts als Plattform für Lightning- und Bitcoin-Nodes besteht darin, dass sie (verborgen hinter Ihrem Router oder Fernseher) ihren Dienst kontinuierlich, leise und unaufdringlich in Ihrem Heimnetzwerk versehen. Niemand wird erkennen, dass dieser kleine Kasten Teil eines globalen Bankensystems ist.

Der Betrieb einer Node auf einem 32-Bit-Betriebssystem und/oder einer 32-Bit-CPU ist nicht empfehlenswert, da die Node-Software eventuell Probleme mit den Ressourcen bekommt, was zu einem Absturz und dem Verlust Ihrer Einlage führen kann.

Welche Hardware wird zum Betrieb einer Lightning-Node benötigt?

Um eine Lightning-Node zu betreiben, benötigen Sie mindestens:

CPU
: Eine ausreichende Verarbeitungsleistung wird benötigt, um eine Bitcoin-Node zu betreiben, die kontinuierlich neue Blöcke herunterlädt und validiert. Der Nutzer muss bei der Einrichtung einer neuen Bitcoin-Node auch den initialen Block-Download (IBD) berücksichtigen, der ein paar Stunden, aber auch mehrere Tage dauern kann. Eine CPU mit zwei oder vier Kernen wird empfohlen.

RAM
: Ein System mit 2 GByte RAM wird *kaum* eine Bitcoin- und eine Lightning-Node betreiben können. Die Leistung ist mit mindestens 4 GByte RAM wesentlich besser. Der IBD ist mit weniger als 4 GByte RAM eine echte Herausforderung. Mehr als 8 GByte RAM ist nicht nötig, weil die CPU bei dieser Art von Diensten durch die kryptografischen Operationen (wie Signaturvalidierung) der größte Flaschenhals ist.

Massenspeicher
: Kann eine HDD (*Hard Disk Drive*) oder eine SSD (*Solid State Drive*) sein. Eine SSD ist beim Betrieb einer Node deutlich schneller (aber auch teurer). Ein Großteil des Speichers wird für die Bitcoin-Blockchain verwendet, die Hunderte Gigabytes groß ist. Ein guter Kompromiss ist eine kleine SSD zum Booten des Betriebssystems und eine größere Festplatte zur Speicherung großer Datenobjekte (hauptsächlich Datenbanken).

Raspberry Pis sind aufgrund der Kosten und der Verfügbarkeit eine gängige Wahl für den Betrieb der Node-Software. Das auf dem Gerät laufende Betriebssystem wird üblicherweise von einer SD-Karte gebootet. In den meisten Fällen ist das zwar kein Thema, doch Bitcoin Core ist dafür bekannt, sehr I/O-lastig zu sein. Daher sollten Sie die Verzeichnisse mit der Bitcoin-Blockchain und den Lightning-Daten auf einem anderen Laufwerk anlegen, weil intensive I/O-Operationen über längere Zeiträume zu Fehlern auf der SD-Karte führen können.

Internetverbindung
: Eine zuverlässige Internetverbindung wird benötigt, um neue Bitcoin-Blöcke herunterzuladen, aber auch um mit anderen Lightning-Peers zu kommunizieren. Während des Betriebs fallen schätzungsweise, je nach Konfiguration, Datenmengen von 10 bis 100 GByte pro Monat an. Beim Start lädt eine Bitcoin-Full-Node die gesamte Blockchain herunter.

Stromversorgung
: Eine zuverlässige Stromversorgung wird benötigt, weil die Lightning-Nodes die gesamte Zeit online sein müssen. Bei einem Stromausfall schlagen laufende Zahlungen fehl. Bei stark ausgelasteten Routing-Nodes ist ein Backup oder eine Notstromversorgung (UPS) nützlich, falls es zu Stromausfällen kommt. Idealerweise sollte auch der Internetrouter mit der UPS verbunden sein.

Backup
: Datensicherung ist essenziell, da ein Fehler zu Datenverlust und daher dem Verlust von Guthaben führen kann. Sie müssen irgendeine Datensicherungslösung nutzen. Das kann ein Cloud-basiertes, automatisiertes Backup auf einem von Ihnen kontrollierten Server oder Webservice sein. Alternativ könnte es sich um ein automatisiertes lokales Hardware-Backup handeln, etwa eine zweite Festplatte. Die besten Ergebnisse erzielen Sie, wenn Sie lokale und entfernte Backups kombinieren.

Serverkonfiguration in der Cloud wechseln

Wenn Sie einen Cloud-Server mieten, ist es häufig kosteneffizienter, die Konfiguration zwischen den Betriebsphasen zu wechseln. Eine schnellere CPU und schneller Speicher werden während des IBD (z.B. am ersten Tag) benötigt. Sobald die Blockchain synchronisiert ist, sind die Anforderungen an die Geschwindigkeit von CPU und Speicher wesentlich geringer, d.h., Sie können die Performance auf eine kostengünstigere Variante herunterschrauben.

Beispielsweise würden wir in Amazons Cloud 8 bis 16 GByte RAM, eine 8-Core-CPU (z.B. t3-large oder m3.large) und eine schnelle GB-SSD (über 1.000 provisionierte I/O-Operationen pro Sekunde [IOPS]) für den IBD verwenden, was die benötigte Zeit auf nur sechs bis acht Stunden reduziert. Daran anschließend würden wir die Serverinstanz auf eine 2-Core-CPU mit 2 GByte RAM (z.B. t3.small) reduzieren und eine Allzweckfestplatte mit 1 TByte als Speicher nutzen. Das würde in etwa das Gleiche kosten wie der Betrieb eines langsameren Servers, doch wir wären in weniger als einem Tag startklar, statt fast eine Woche auf den IBD warten zu müssen.

Datenspeicher (Laufwerk)

Wenn Sie einen Mini-PC nutzen oder einen Server mieten, kann der Speicher der teuerste Posten sein, der genauso viel kostet wie Computer und Konnektivität (Daten) zusammen.

Sehen wir uns die verfügbaren Optionen an. Es gibt zwei Arten von Laufwerken: HDDs und SSDs. HDDs sind günstiger, SSDs sind schneller, doch beide erledigen ihren Job.

Die schnellsten heute verfügbaren SSDs verwenden die NVMe-Schnittstelle (*Non-Volatile Memory Express*). NVMe-SSDs sind in High-End-Maschinen schneller, kosten aber auch mehr. Traditionelle SATA-basierte SSDs sind günstiger, aber nicht so schnell. SATA-SSDs sind für Ihr Node-Setup jedoch schnell genug. In kleineren Computern laufen NVMe-SSDs möglicherweise nicht. Zum Beispiel profitiert der Raspberry Pi 4 nicht von ihnen, weil die Bandbreite seiner USB-Anschlüsse beschränkt ist.

Um eine Größe zu wählen, sehen wir uns die Bitcoin-Blockchain an. Im August 2021 lag ihre Größe bei 360 GByte, einschließlich des Transaktionsindex, und sie wächst um etwa 60 GByte pro Jahr. Wenn Sie etwas Luft für die Zukunft wünschen oder weitere Daten auf Ihrer Node ablegen wollen, sollten Sie ein Laufwerk mit mindestens 512 GByte, besser 1 TByte, kaufen.

Einen Installer oder Helfer nutzen

Die Installation einer Lightning- oder Bitcoin-Node kann beängstigend sein, wenn man mit Kommandozeilenumgebungen nicht vertraut ist. Glücklicherweise gibt es eine Reihe von Projekten, die sogenannte »Helfer« (engl. *Helper*) entwickeln, d.h. Software, die verschiedene Komponenten für Sie installiert und konfiguriert. Sie müssen sich immer noch mit der Kommandozeile beschäftigen, um mit Ihrer Node interagieren zu können, doch ein Großteil der anfänglichen Arbeit wird Ihnen abgenommen.

RaspiBlitz

Einer der beliebtesten und vollständigsten Helfer ist *RaspiBlitz* (siehe Abbildung 5-1) von Christian Rotzoll, gedacht für die Installation auf einem Raspberry Pi 4. RaspiBlitz wird mit einem empfohlenen Hardwarekit geliefert, das Sie in wenigen Stunden (oder über das Wochenende) zusammenbauen können. Wenn Sie an einem Lightning-»Hackathon« in Ihrer Stadt teilnehmen, werden Sie viele Menschen sehen, die mit einem RaspiBlitz-Setup arbeiten, Tipps austauschen und einander helfen. Sie finden das RaspiBlitz-Projekt auf GitHub (*https://github.com/rootzoll/raspiblitz*).

Neben einer Bitcoin- und einer Lightning-Node kann RaspiBlitz eine Reihe zusätzlicher Dienste installieren:

- Tor (Betrieb als *Hidden Service*)
- ElectRS (Electrum-Server in Rust)
- BTCPay Server (Prozessor für Kryptozahlungen)
- BTC RPC Explorer (Bitcoin-Blockchain-Explorer)
- Ride The Lightning (GUI zum Management von Lightning-Nodes)
- LNbits (Lightning Wallet/Konten-System)
- Specter Desktop (Multisig Tresor, Ledger, Coldcard-Wallet und Specter-DIY)

- lndmanage (Kommandozeilenschnittstelle für fortgeschrittenes Kanalmanagement)
- Loop (Submarine-Swaps-Service)
- JoinMarket (CoinJoin-Service)

Abbildung 5-1: Eine RaspiBlitz-Node

Mynode

myNode (*https://mynodebtc.com*) ist weiterer beliebter Open-Source-Helfer mit sehr viel Bitcoin-bezogener Software. Die Installation ist einfach: Sie »flashen« den Installer auf eine SD-Karte und booten Ihren Mini-PC von dieser Karte. Sie benötigen für myNode keinen Monitor, weil die administrativen Tools über einen Browser zugänglich sind. Verfügt Ihr Mini-PC weder über einen Monitor noch über Maus und Tastatur, können Sie ihn über einen anderen Computer oder sogar über Ihr Smartphone fernwarten. Nach der Installation wechseln Sie zu *http://mynode.local* und erzeugen mit nur zwei Klicks eine Wallet und eine Node.

Neben einer Bitcoin- und einer Lightning-Node kann myNode optional noch zusätzliche Dienste installieren, etwa:

- Ride The Lightning (GUI zum Management von Lightning-Nodes)
- OpenVPN (VPN-Unterstützung [VPN = virtuelles privates Netzwerk] für die Fernwartung oder die Wallet)
- lndmanage (Kommandozeilenschnittstelle für fortgeschrittenes Kanalmanagement)
- BTC RPC Explorer (Bitcoin-Blockchain-Explorer)

Umbrel

Berühmt für seine UX/UI (siehe Abbildung 5-2), bietet *Umbrel* insbesondere für Einsteiger eine sehr einfache und zugängliche Möglichkeit, eine Bitcoin- und eine Lightning-Node im Handumdrehen einzurichten. Ein besonderes Merkmal ist, dass Umbrel während des IBD Neutrino/SPV nutzt, d. h., Sie können die Node sofort nutzen. Sobald Bitcoin Core im Hintergrund synchronisiert wurde, wird automatisch gewechselt und der SPV-Modus deaktiviert. Umbrel OS unterstützt den Raspberry Pi 4 und kann ebenfalls auf jedem Linux-basierten Betriebssystem oder einer virtuellen Maschine unter macOS und Windows eingesetzt werden. Sie können auch jede Wallet verbinden, die Bitcoin Core P2P, Bitcoin Core RPC und das Electrum-Protokoll oder lndconnect unterstützt.

Mehr erfahren Sie auf Umbrel (*https://getumbrel.com*).

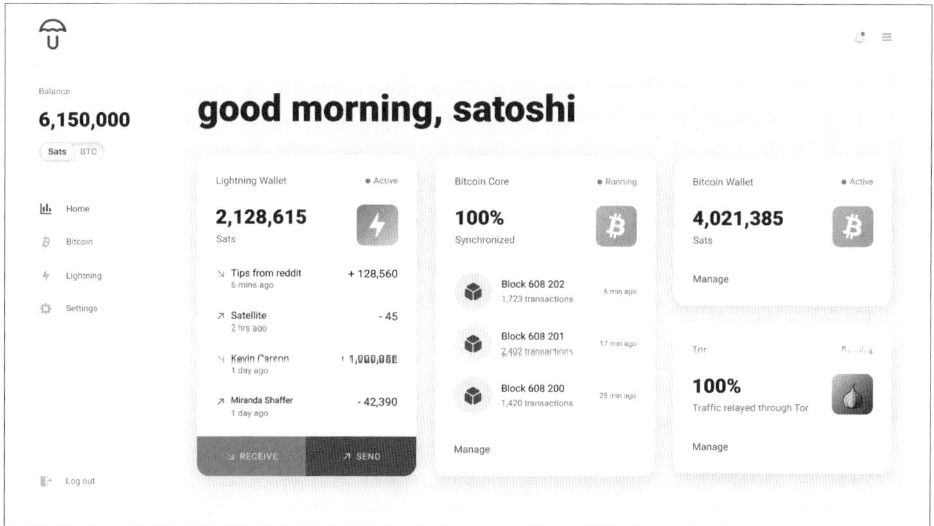

Abbildung 5-2: Das Umbrel-Web-Interface

Neben einer Bitcoin- und einer Lightning-Node bietet Umbrel den Umbrel-App-Store an, über den Sie sehr einfach zusätzliche Dienste installieren können, etwa:

- Lightning Terminal (Interface zur Verwaltung der Kanalliquidität, Loop In und Loop Out)
- Ride The Lightning (GUI zum Management von Lightning-Nodes)
- Specter Desktop (Koordinator (»watch-only«) für Multisignatur- und Single-Key-Bitcoin-Wallets)
- BTCPay Server (Prozessor für Kryptozahlungen)
- BTC RPC Explorer (Bitcoin-Blockchain-Explorer)
- ThunderHub (Überwachung und Verwaltung Ihrer Node)
- Sphinx Relay (Konnektivität und Speicher für Sphinx-Chat verarbeiten)
- mempool.space (mempool-Visualisierer und Block-Explorer)
- LNbits (Lightning Wallet/Konten-System)

Umbrel befindet sich momentan immer noch in der Betaphase und gilt daher als nicht sicher.

BTCPay Server

Obwohl sie ursprünglich nicht als »Installationshelfer« entwickelt wurde, besitzt die E-Commerce- und Zahlungsplattform *BTCPay Server* ein unglaublich einfaches Installationssystem, das Docker-Container und `docker-compose` nutzt, um (unter anderem) eine Bitcoin-Node, eine Lightning-Node und ein Zahlungs-Gateway zu installieren. Es kann auf unterschiedlichsten Hardwareplattformen installiert werden – vom einfachen Raspberry Pi 4 (4 GByte empfohlen) über den Mini-PC bis hin zu einem alten Laptop, Desktop oder Server.

BTCPay Server (*https://btcpayserver.org*) ist eine komplett ausgestattete, selbst gehostete und eigenverwahrende E-Commerce-Plattform, die sich in viele E-Commerce-Plattformen wie WordPress WooCommerce integrieren lässt. Die Installation einer Full Node ist nur ein Schritt der Installation der E-Commerce-Plattform. Sie wurde ursprünglich als Ersatz für den kommerziellen Zahlungsdienst *BitPay* und dessen API entworfen, hat sich mittlerweile aber zu einer kompletten E-Commerce-Plattform für BTC und Lightning weiterentwickelt. Für viele Verkäufer und Shops ist es die schlüsselfertige E-Commerce-Lösung.

Neben einer Bitcoin- und einer Lightning-Node kann BTCPay Server eine Reihe verschiedener Dienste installieren, etwa:

- `c-lightning`- oder LND-Lightning-Node
- Litecoin-Unterstützung
- Monero-Unterstützung
- Spark Server (`c-lightning`-Web-Wallet)
- Charge Server (`c-lightning`-E-Commerce-API)
- Ride The Lightning (Web-GUI zur Verwaltung einer Lightning-Node)
- viele BTC-Forks
- BTCTransmuter (Börsen unterstützender event-/actionbasierter Automatisierungsdienst)

Die Zahl zusätzlicher Dienste und Features wächst rasch, d.h., die obige Liste ist nur ein kleiner Teil der auf der BTCPay-Server-Plattform verfügbaren Dienste.

Bitcoin-Node oder leichtgewichtige Lightning-Node

Eine wichtige Entscheidung für Ihr Setup ist die Wahl der Bitcoin-Node und deren Konfiguration. *Bitcoin Core*, die Referenzimplementierung, ist eine gängige, aber nicht die einzige Wahl. Eine Alternative ist *btcd*, eine Go-Implementierung einer Bitcoin-Node. btcd unterstützt einige Features, die für den Betrieb einer LND-Lightning-Node nützlich, bei Bitcoin Core aber nicht verfügbar sind.

Die zweite wichtige Frage ist, ob Sie eine *archivierende* Bitcoin-Node mit einer Kopie der gesamten Blockchain (Mitte 2021 etwa 350 GByte) betreiben wollen oder eine *reduzierte* (engl. *pruned*) Node, die nur die jüngsten Blöcke vorhält. Eine reduzierte Blockchain spart Plattenplatz, dennoch müssen Sie die gesamte Blockchain zumindest einmal (während des IBD) komplett herunterladen. Netzwerk-Traffic sparen Sie also nicht. Die Verwendung einer reduzierten Node für den Betrieb einer Lightning-Node befindet sich immer in einem experimentellen Stadium und unterstützt möglicherweise nicht alle Funktionen. Allerdings betreiben viele Menschen eine solche Node.

Schließlich gibt es noch die Möglichkeit, überhaupt keine Bitcoin-Node zu betreiben. Stattdessen können Sie die LND-Lightning-Node im *leichtgewichtigen* (engl. *lightweight*) Modus betreiben, der das Neutrino-Protokoll nutzt, um Blockchain-Informationen von anderen Bitcoin-Nodes (die von Dritten betrieben werden) abzurufen. Diese Betriebsart bedeutet, dass Sie Ressourcen des Bitcoin-Netzwerks nutzen, ohne selbst etwas beizutragen. Stattdessen stellen Sie Ihre Ressourcen der LN-Community zur Verfügung und tragen zu diesem Netzwerk bei. Bei kleineren Lightning-Nodes reduziert das, im Vergleich zum Betrieb einer Bitcoin-Full-Node, generell den Netzwerk-Traffic.

Denken Sie daran, dass der Betrieb einer Bitcoin-Node neben einer Lightning-Node auch den Betrieb anderer Dienste ermöglicht. Diese anderen Dienste benötigen möglicherweise eine archivierende (nicht reduzierte) Bitcoin-Node und sind ohne Bitcoin-Node nicht lauffähig. Sie müssen sich also vorab überlegen, welche anderen Dienste Sie jetzt oder in Zukunft betreiben wollen, und eine entsprechende Wahl für die Bitcoin-Node treffen.

Unterm Strich bedeutet das, dass Sie eine archivierende Bitcoin-Full-Node betreiben sollten, wenn Sie eine Festplatte mit mehr als 500 GByte besitzen. Sie steuern Ressourcen zum Bitcoin-System bei und helfen anderen, die sich das nicht leisten können. Können Sie selbst sich eine so große Platte nicht leisten, sollten Sie eine reduzierte Node betreiben. Reichen der Platz und die Bandbreite sogar für eine reduzierte Node nicht aus, sollten Sie eine leichtgewichtige LND-Node über Neutrino betreiben.

Wahl des Betriebssystems

Der nächste Schritt ist die Wahl des Betriebssystems für Ihre Node. Ein Großteil der Internetserver verwendet irgendeine Linux-Variante. Linux ist die bevorzugte Plattform für das Internet, weil es ein leistungsfähiges Open-Source-Betriebssystem ist. Allerdings ist die Lernkurve bei Linux ziemlich steil und setzt Kenntnisse in Kommandozeilenumgebungen voraus. Das macht vielen Neulingen Angst.

Letztlich können die meisten Dienste auf jedem modernen POSIX-Betriebssystem ausgeführt werden. Das umfasst macOS, Windows und natürlich Linux. Ihre Wahl sollte davon abhängen, wie vertraut Sie mit einem Betriebssystem sind, wie gut Sie damit zurechtkommen und welche Lernziele Sie verfolgen. Wenn Sie Ihr Wissen erweitern und lernen wollen, wie man ein Linux-System nutzt, ist das mit einem bestimmten Projekt und einem klaren Ziel eine hervorragende Möglichkeit. Möchten Sie nur eine Node betreiben, bleiben Sie bei dem, was Sie kennen.

Heutzutage werden viele Dienste in Form von Containern bereitgestellt, die in der Regel auf dem Docker-System basieren. Diese Container können auf einer Vielzahl von Betriebssystemen eingesetzt werden und abstrahieren das zugrunde liegende Betriebssystem. Sie werden dennoch einige Linux-Kommandozeilenbefehle lernen müssen, da der Großteil der Container intern mit irgendeiner Linux-Variante läuft.

Wahl der Lightning-Node-Implementierung

Ähnlich wie die Wahl des Betriebssystems sollte auch die Wahl der Lightning-Node-Implementierung primär davon abhängen, wie vertraut Sie mit den von den Projekten genutzten Programmiersprachen und Entwicklungstools sind. Zwar gibt es kleinere Unterschiede bei den Features der verschiedenen Node-Implementierungen, doch diese sind relativ gering, und die meisten Implementierungen gleichen sich den Standards an, die durch die BOLTs definiert sind.

Die Kenntnis einer Programmiersprache und eines Build-Systems ist andererseits eine gute Basis für die Wahl einer Node, weil Installation, Konfiguration, laufende Wartung und Fehlersuche immer eine Interaktion mit den verschiedenen Tools des Build-Systems verlangt. Dazu zählen:

- Make, Autotools und GNU-Utilities für `c-lightning`
- Go-Utilities für LND
- Java/Maven für Eclair

Die Programmiersprache beeinflusst nicht nur die Wahl des Build-Systems, sondern auch viele andere Aspekte des Programms. Jede Programmiersprache kommt mit einer Designphilosophie daher und beeinflusst viele andere Aspekte wie:

- Format und Syntax der Konfigurationsdateien,
- Lage der Dateien (im Dateisystem),
- Kommandozeilenargumente und deren Syntax,
- Format der Fehlermeldungen,
- erforderliche Bibliotheken sowie
- RPC-Schnittstellen.

Mit der Wahl einer Lightning-Node wählen Sie auch alle vorgenannten Eigenschaften. Ihre Vertrautheit mit diesen Tools und Designphilosophien erleichtert Ihnen den Betrieb einer Node. Oder es wird schwieriger, wenn Sie sich auf unbekanntes Terrain vorwagen.

Ist das Ihr erster Vorstoß in die Welt der Kommandozeile und Server/Service-Umgebungen, wird Ihnen jede Implementierung fremd sein, und Sie haben die Möglichkeit, etwas völlig Neues zu lernen. In diesem Fall können Sie anhand einer Reihe anderer Kriterien entscheiden, etwa:

- Qualität der Supportforen und Chaträume
- Qualität der Dokumentation
- Grad der Integration mit anderen Tools, die Sie verwenden wollen

In einem letzten Schritt sollten Sie vielleicht noch die Performance und Zuverlässigkeit unterschiedlicher Node-Implementierungen untersuchen. Das ist besonders wichtig, wenn Sie die Node in einer Produktionsumgebung einsetzen, viel Traffic erwarten und hohe Anforderungen an die Zuverlässigkeit stellen. Dies könnte etwa der Fall sein, wenn das Zahlungssystem eines Shops damit betrieben werden soll.

Eine Bitcoin- oder Lightning-Node installieren

Sie haben entschieden, keinen »Installationshelfer« zu nutzen, und möchten sich stattdessen auf die Kommandozeile eines Linux-Betriebssystems begeben? Das ist eine tapfere Entscheidung, und wir wollen Ihnen dabei helfen, Ihr Ziel zu verwirklichen. Falls Sie es aber doch nicht von Hand machen wollen, können Sie eine der Anwendungen nutzen, die in »Einen Installer oder Helfer nutzen« auf Seite 137 beschrieben wurden und Ihnen bei der Installation der Node-Software oder einer Container-basierten Lösung helfen.

Dieser Abschnitt behandelt das fortgeschrittene Thema der Systemadministration über die Kommandozeile. Linux-Administration ist ein Thema für sich. Sie ist kompliziert, und es gibt viele Fallstricke. Seien Sie vorsichtig!

In den nächsten Abschnitten werden wir kurz erklären, wie man eine Bitcoin- und eine Lightning-Node auf einem Linux-Betriebssystem installiert und konfiguriert. Sie werden sich die Installationsanweisungen der von Ihnen gewählten Bitcoin- und Lightning-Node ansehen müssen. Üblicherweise finden Sie diese in einer Datei namens *INSTALL* oder im *docs*-Unterverzeichnis des Projekts. Wir werden nur einige der gängigen Schritte beschreiben, die für all diese Dienste anzuwenden sind, und die Instruktionen werden zwangsläufig unvollständig sein.

Hintergrunddienste

Wenn Sie Anwendungen auf Ihrem Desktop oder Smartphone ausführen, verfügen diese immer über eine grafische Benutzerschnittstelle, auch wenn sie manchmal im Hintergrund ausgeführt werden. Die Bitcoin- und Lightning-Node-Anwendungen sind da ganz anders. Sie besitzen keine grafische Benutzerschnittstelle, sondern werden *headless* als Hintergrunddienste betrieben, d.h., sie laufen immer im Hintergrund, ohne direkt mit dem Nutzer zu interagieren.

Das könnte Nutzer verwirren, die das Ausführen von Hintergrunddiensten nicht kennen. Woher weiß man, ob ein solcher Dienst gerade läuft? Wie kann man mit ihm interagieren? Die Antwort auf diese Fragen hängt vom verwendeten Betriebssystem ab. Wir gehen davon aus, dass Sie irgendeine Linux-Variante nutzen, und beantworten die Fragen in diesem Kontext.

Prozessisolation

Hintergrunddienste werden üblicherweise unter einem bestimmten Nutzer ausgeführt, um sie vom Betriebssystem und voneinander zu isolieren. Zum Beispiel ist Bitcoin Core so konfiguriert, dass es unter dem Nutzer `bitcoin` ausgeführt wird. Sie werden die Kommandozeile verwenden müssen, um einen Nutzer für jeden von Ihnen betriebenen Dienst anzulegen.

Haben Sie ein externes Laufwerk angeschlossen, müssen Sie dem Betriebssystem außerdem mitteilen, dass das Home-Verzeichnis des Nutzers auf diesem Laufwerk liegen soll. Das liegt daran, dass Dienste wie Bitcoin Core Dateien im Home-Verzeichnis des Nutzers anlegen. Soll etwa die gesamte Bitcoin-Blockchain heruntergeladen werden, sind diese Dateien mehrere Hundert Gigabyte groß. In unserem Beispiel nehmen wir an, dass die externe Festplatte im Pfad */external_drive/* liegt.

Bei den meisten Linux-Systemen legen Sie einen neuen Nutzer mit dem Befehl `useradd` wie folgt an:

```
$ sudo useradd -m -d /external_drive/bitcoin -s /dev/null bitcoin
```

Die Flags `m` und `d` legen das Home-Verzeichnis des Nutzers fest, in unserem Fall also */external_drive/bitcoin*. Das Flag `s` legt die interaktive Shell des Nutzers fest. In unserem Fall geben wir */dev/null* an, um eine interaktive Shell zu deaktivieren. Das letzte Argument ist der Name des neuen Nutzers, also `bitcoin`.

Node starten

Für Bitcoin- und Lightning-Nodes bedeutet »Installation« auch das Anlegen eines sogenannten *Startup-Skripts*, das sicherstellt, dass die Node hochfährt, wenn der Computer gebootet wird. Das Hoch- und Runterfahren von Hintergrunddiensten wird über einen Betriebssystemprozess geregelt, der bei Linux `init` oder `systemd` heißt. Sie finden im Allgemeinen ein Startup-Skript im *contrib*-Unterverzeichnis des jeweiligen Projekts. Verwenden Sie beispielsweise ein modernes Linux-System mit `systemd`, finden Sie ein Skript namens `bitcoind.service`, das den Bitcoin-Core-Service starten und beenden kann.

Nachfolgend erhalten Sie ein Beispiel dafür, wie ein solches Startup-Skript aussieht. Es stammt aus dem Bitcoin-Core-Code-Repository:

```
[Unit]
Description=Bitcoin daemon
After=network.target
```

```
[Service]
ExecStart=/usr/bin/bitcoind -daemon \
                            -pid=/run/bitcoind/bitcoind.pid \
                            -conf=/etc/bitcoin/bitcoin.conf \
                            -datadir=/var/lib/bitcoind

# Make sure the config directory is readable by the service user
PermissionsStartOnly=true
ExecStartPre-/bin/chgrp bitcoin /etc/bitcoin

# Process management
####################

Type=forking
PIDFile=/run/bitcoind/bitcoind.pid
Restart=on-failure
TimeoutStopSec=600

# Directory creation and permissions
####################################

# Run as bitcoin:bitcoin
User=bitcoin
Group=bitcoin

# /run/bitcoind
RuntimeDirectory=bitcoind
RuntimeDirectoryMode=0710

# /etc/bitcoin
ConfigurationDirectory=bitcoin
ConfigurationDirectoryMode=0710

# /var/lib/bitcoind
StateDirectory=bitcoind
StateDirectoryMode=0710

[...]

[Install]
WantedBy=multi-user.target
```

Als Nutzer root installieren Sie das Skript, indem Sie es in den `systemd`-Service-Ordner */lib/systemd/system/* kopieren und `systemd` dann neu laden:

```
$ sudo systemctl daemon-reload
```

Als Nächstes aktivieren Sie den Dienst:

```
$ sudo systemctl enable bitcoind
```

Sie können den Dienst nun starten und beenden. Starten Sie ihn aber noch nicht – wir haben die Bitcoin-Node noch nicht konfiguriert.

```
$ sudo systemctl start bitcoind
$ sudo systemctl stop bitcoind
```

Node-Konfiguration

Um Ihre Node zu konfigurieren, müssen Sie eine Konfigurationsdatei anlegen und referenzieren. Per Konvention wird diese Datei in */etc* unter einem Verzeichnis mit dem Namen des Programms abgelegt. Die Bitcoin-Core- und -LND-Konfigurationen liegen also üblicherweise in den Verzeichnissen */etc/bitcoin/bitcoin.conf* bzw. */etc/lnd/lnd.conf*.

Diese Konfigurationsdateien sind Textdateien, in denen jede Zeile eine Konfigurationsoption und ihren Wert enthält. Standardwerte werden für alles angenommen, was nicht in der Konfigurationsdatei steht. Welche Optionen in der Konfiguration verfügbar sind, können Sie sich auf zwei Arten ansehen. Zum einen sehen Sie, wenn Sie die Node-Anwendung mit dem Argument `help` ausführen, die Optionen, die für die Kommandozeile definiert sind. Zum anderen finden Sie üblicherweise eine Beispielkonfiguration mit allen Standardoptionen im Code-Repository der Software.

Sie finden ein Beispiel für eine Konfigurationsdatei in jedem Docker-Image, das wir in Kapitel 4 verwendet haben, z.B. die Datei *code/docker/bitcoind/bitcoind/bitcoin.conf*:

```
regtest=1
server=1
debuglogfile=debug.log
debug=1
txindex=1
printtoconsole=0

[regtest]
fallbackfee=0.000001
port=18444
noconnect=1
dnsseed=0
dns=0
upnp=0
onlynet=ipv4
rpcport=18443
rpcbind=0.0.0.0
rpcallowip=0.0.0.0/0
rpcuser=regtest
rpcpassword=regtest
zmqpubrawblock=tcp://0.0.0.0:12005
zmqpubrawtx=tcp://0.0.0.0:12006
```

Diese Konfigurationsdatei konfiguriert Bitcoin Core für den Betrieb als `regtest`-Node. Der verwendete Benutzername und das Passwort sind schwach, Sie sollten sie für Ihre Node-Konfiguration also nicht verwenden. Dennoch wird die Syntax einer Konfigurationsdatei deutlich, und Sie können Änderungen im Docker-Container vornehmen, um mit verschiedenen Optionen zu experimentieren. Schauen Sie, ob Sie den Befehl `bitcoind -help` nutzen können, um zu verstehen, was jede Option im Kontext des Docker-Netzwerks macht, das wir in Kapitel 4 eingerichtet haben.

Oft reichen die Standardwerte aus, und Ihre Node-Software kann mit wenigen Änderungen schnell konfiguriert werden. Um eine Bitcoin-Core-Node mit minimalen Anpassungen zu betreiben, benötigen Sie nur vier Konfigurationszeilen:

```
server=1
daemon=1
txindex=1
rpcuser=USERNAME
rpcpassword=PASSWORD
```

Selbst die Option `txindex` ist nicht wirklich notwendig, stellt aber sicher, dass die Bitcoin-Node einen Index aller Transaktionen erstellt, der von einigen Anwendungen verlangt wird. Die `txindex`-Option wird für den Betrieb einer Lightning-Node nicht benötigt.

Eine `c-lightning`-Node, die auf dem gleichen Server läuft, benötigt ebenfalls nur wenige Konfigurationszeilen:

```
network=mainnet
bitcoin-rpcuser=USERNAME
bitcoin-rpcpassword=PASSWORD
```

Es ist generell eine gute Idee, die Menge der Anpassungen dieser Systeme zu minimieren. Die Standardkonfiguration ist sorgfältig gewahlt, um die gängigsten Anwendungsszenarien abzudecken. Wenn Sie einen Standardwert ändern, kann das später zu Problemen führen oder die Performance der Node beeinträchtigen. Kurz gesagt, Sie sollten nur ändern, was unbedingt nötig ist!

Netzwerkkonfiguration

Die Netzwerkkonfiguration ist bei der Konfiguration einer neuen Anwendung üblicherweise kein Thema. Allerdings stellen Peer-to-Peer-Netzwerke wie Bitcoin und Lightning besondere Anforderungen an die Netzwerkkonfiguration.

Bei einem zentralisierten Service stellt Ihr Computer die Verbindung mit den »dicken Servern« eines Unternehmens her und nicht umgekehrt. Ihre Internetverbindung zu Hause ist unter der Annahme konfiguriert worden, dass Sie einfach die Dienste konsumieren, die andere anbieten. Doch bei einem Peer-to-Peer-System nutzt jeder Peer die Dienste anderer und stellt seine Dienste anderen zur Verfügung. Wenn Sie zu Hause eine Bitcoin- oder Lightning-Node betreiben, stellen Sie anderen Computern im Internet einen Dienst zur Verfügung. Ihr Internetanschluss ist standardmäßig nicht für den Betrieb von Servern konfiguriert, d. h., eine zusätzliche Konfiguration ist nötig, damit andere Ihre Node erreichen können.

Wenn Sie eine Bitcoin- oder Lightning-Node betreiben, müssen Sie es anderen Nodes ermöglichen, über das Internet eine Verbindung mit Ihnen herzustellen. Das bedeutet, dass eingehende TCP-Verbindungen mit dem Bitcoin-Port (standardmäßig Port 8333) bzw. dem Lightning-Port (standardmäßig Port 9735) möglich sein müssen. Während Sie eine Bitcoin-Node ohne eingehende Konnektivität betreiben können, ist das mit einer Lightning-Node nicht möglich. Eine Lightning-Node muss für andere außerhalb Ihres Netzwerks zugänglich sein.

Standardmäßig erwartet Ihr Internetrouter keine eingehenden Verbindungen von außen. Tatsächlich werden eingehende Verbindungen geblockt. Die IP-Adresse Ihres Internetrouters ist die einzige extern zugängliche IP-Adresse, und alle Computer innerhalb Ihres Heimnetzwerks teilen sich diese IP-Adresse. Das funktioniert über einen *Network Address Translation* (*NAT*) genannten Mechanismus, der es Ihrem Router erlaubt, als Vermittler für ausgehende Verbindungen zu fungieren. Möchten Sie eingehende Verbindungen erlauben, müssen Sie das sogenannte *Port-Forwarding* einrichten, das Ihren Internetrouter anweist, an bestimmten Ports eingehende Verbindungen an bestimmte Computer in Ihrem Netzwerk weiterzuleiten. Sie können dazu Ihre Routerkonfiguration von Hand ändern oder, wenn Ihr Router das unterstützt, einen automatischen Port-Forwarding-Mechanismus namens *Universal Plug and Play* (*UPnP*) nutzen.

Einen alternativen Mechanismus zum Port-Forwarding bietet *The Onion Router* (Tor), der eine Art virtuelles privates Netzwerk aufbaut, das eingehende Verbindungen für eine *Onion-Adresse* erlaubt. Wenn Sie Tor nutzen, benötigen Sie kein Port-Forwarding und müssen keine eingehenden Verbindungen für die Bitcoin- oder Lightning-Ports aktivieren. Betreiben Sie Ihre Node über Tor, läuft der gesamte Traffic darüber, und es werden keine weiteren Ports genutzt.

Sehen wir uns die verschiedenen Möglichkeiten an, die es anderen ermöglichen, sich mit Ihrer Node zu verbinden. Wir arbeiten uns dabei von der einfachsten bis zur schwierigsten Lösung vor.

Es funktioniert einfach!

Es besteht die Möglichkeit, dass Ihr Internetprovider UPnP standardmäßig auf dem Router unterstützt und alles automatisch funktioniert. Sehen wir uns diesen (Glücks-)Fall zuerst an.

Wir nehmen an, dass bereits eine Bitcoin- oder Lightning-Node läuft, und wir wollen schauen, ob sie von außen zugänglich sind.

Damit dieser Test funktioniert, müssen Sie eine Bitcoin- und/oder Lightning-Node in Ihrem Heimnetzwerk betreiben. Wenn Ihr Router UPnP unterstützt, wird eingehender Traffic automatisch an den Computer weitergeleitet, auf dem die Node läuft.

Sie können einige sehr beliebte und nützliche Websites nutzen, um herauszufinden, welche externe IP-Adresse Sie verwenden und ob eingehende Verbindungen erlaubt sind und an bekannte Ports weitergegeben werden. Zwei zuverlässige Sites sind:

- *https://canyouseeme.org*
- *https://www.whatismyip.com/port-scanner*

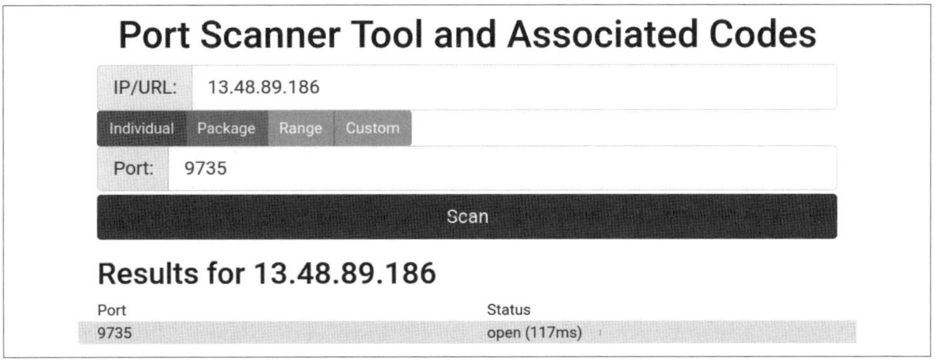

Abbildung 5-3: Eingehenden Port 9735 prüfen

Standardmäßig erlauben diese Dienste nur die Prüfung eingehender Verbindungen von der IP-Adresse, über die Sie verbunden sind. Das soll verhindern, dass Sie die Netzwerke und Computer anderer Nutzer scannen. Sie sehen die externe IP-Adresse Ihres Routers und ein Feld, in das Sie eine Portnummer eingeben können. Wenn Sie die Standardports Ihrer Node-Konfiguration nicht geändert haben, probieren Sie Port 8333 (Bitcoin) und/oder 9735 (Lightning) aus.

In Abbildung 5-3 sehen Sie das Ergebnis der Prüfung von Port 9735 auf einem Lightning ausführenden Server mit dem Portscanner von *whatismyip.com*. Sie können sehen, dass der Server eingehende Verbindungen an den Lightning-Port akzeptiert. Erscheint ein solches Ergebnis, sind Sie startklar!

Automatisches Port-Forwarding per UPnP

Manchmal ist UPnP deaktiviert, selbst wenn es der Internetrouter unterstützt. In diesem Fall müssen Sie die Routerkonfiguration über dessen webbasierte Administrationsschnittstelle ändern:

1. Verbinden Sie sich mit der Konfigurationswebsite Ihres Routers. Das funktioniert normalerweise mit dem Webbrowser über die *Gateway-Adresse* Ihres Heimnetzwerks. Sie finden die Gateway-Adresse, indem Sie sich die IP-Konfiguration eines Computers in Ihrem Netzwerk ansehen. Sie ist häufig die erste Adresse in einem der »nicht gerouteten« Netzwerke wie 192.168.0.1 oder 10.0.0.1. Suchen Sie auch auf allen Aufklebern nach einer *Gateway-Adresse*. Sobald Sie sie gefunden haben, öffnen Sie einen Browser und geben die IP-Adresse im Adressfeld ein, z.B. »192.168.0.1« oder »http://192.168.0.1«.
2. Finden Sie den Benutzernamen und das Passwort des Routeradministrators heraus. Diese stehen häufig ebenfalls auf einem Aufkleber direkt auf dem Router, und oft sind die Zugangsdaten so einfach wie »admin« und »password«. Eine schnelle Suche im Web nach Ihrem Internetanbieter und dem Routermodell kann bei der Suche nach diesen Informationen ebenfalls helfen.
3. Finden Sie eine Einstellung für UPnP und schalten Sie sie ein.

Starten Sie die Bitcoin- und/oder Lightning-Node neu und wiederholen Sie den Porttest mit einer der Webseiten, die wir im vorherigen Abschnitt genutzt haben.

Tor für eingehende Verbindungen nutzen

The Onion Router (*Tor*) ist ein VPN mit der speziellen Eigenschaft, die Kommunikation zwischen einzelnen »Hops« so zu verschlüsseln, dass zwischenliegende Nodes den Ursprung und das Ziel eines Pakets nicht ermitteln können. Bitcoin- und Lightning-Nodes unterstützen den Betrieb über Tor. Auf diese Weise können Sie eine Node betreiben, ohne deren IP-Adresse oder den Standort bekannt zu geben, und Ihr Traffic ist vor neugierigen Blicken geschützt. Der VPN-Betrieb von Tor hat außerdem den Vorteil, dass er das Problem mit dem Port-Forwarding Ihres Internetrouters löst. Eingehende Verbindungen werden über den Tor-Tunnel empfangen, und Ihre Node ist über eine ad hoc generierte *Onion-Adresse* (anstelle einer IP-Adresse) erreichbar.

Die Aktivierung von Tor erfolgt in zwei Schritten. Zuerst müssen Sie Tor-Router und -Proxy auf Ihrem Computer installieren. Dann tragen Sie die Verwendung des Tor-Proxy in der Bitcoin- und/oder Lightning-Konfiguration ein.

Um Tor auf einem Ubuntu-Linux zu installieren, nutzen Sie den Paketmanager `apt` wie folgt:

```
sudo apt install tor
```

Als Nächstes konfigurieren wir unsere Lightning-Node so, dass Tor für die externe Verbindung genutzt wird. Hier eine beispielhafte Konfiguration für LND:

```
[Tor]
tor.active=true
tor.v3=true
tor.streamisolation=true
listen=localhost
```

Das aktiviert Tor (`tor.active`), richtet einen Onion-Service in der Version 3 ein (`tor.v3=true`), verwendet einen eigenen Onion-Stream für jede Verbindung (`tor.streamisolation`) und wartet nur am lokalen Host auf Verbindungen, damit Ihre IP-Adresse nicht offengelegt wird (`listen=localhost`).

Sie können prüfen, ob Tor richtig installiert ist und läuft, indem Sie einen einfachen Einzeiler ausführen. Dieser Befehl sollte mit den meisten Linux-Varianten funktionieren:

```
curl --socks5 localhost:9050 --socks5-hostname localhost:9050 -s https://
check.torproject.org/ | cat | grep -m 1 Congratulations | xargs
```

Läuft alles korrekt, sollte der Befehl mit "`Congratulations. This browser is configured to use Tor.`" antworten.

Es liegt in der Natur von Tor, dass Sie nicht einfach einen externen Dienst nutzen können, um die Erreichbarkeit Ihrer Node über eine Onion-Adresse zu überprüfen. Sie sollten Ihre Onion-Adresse aber in den Logs Ihrer Lightning-Node sehen können. Es handelt sich dabei um einen langen, aus Buchstaben und Ziffern bestehenden String mit der Endung `.onion`. Ihre Node ist nun über das Internet erreichbar, und als Bonus erhalten Sie noch eine größere Privatsphäre!

Manuelles Port-Forwarding

Diese Variante ist die komplizierteste und verlangt etwas technisches Know-how. Die Details hängen vom verwendeten Internetrouter, den Einstellungen und Richtlinien Ihres Providers und vielen anderen Dingen ab. Versuchen Sie es zuerst mit UPnP oder Tor, bevor Sie sich an dieser deutlich schwierigeren Variante versuchen.

Die grundlegenden Schritte sind diese:

1. Ermitteln Sie die IP-Adresse des Computers, auf dem Ihre Node läuft. Diese wird üblicherweise über DHCP (*Dynamic Host Configuration Protocol*) dynamisch zugewiesen und liegt oft im Bereich 192.168.x.x oder 10.x.x.x.
2. Ermitteln Sie die MAC-Adresse (*Media Access Control*) der Netzwerkschnittstelle Ihrer Node. Sie finden sie in den Interneteinstellungen des Computers.
3. Weisen Sie Ihrer Node eine statische IP-Adresse zu, die sich nicht ändert. Sie können die IP-Adresse verwenden, die der Rechner gerade nutzt. Suchen Sie in der DHCP-Konfiguration des Routers nach »Static Leases«. Bilden Sie die MAC-Adresse auf die von Ihnen gewählte IP-Adresse ab. Ihre Node verwendet nun immer die von Ihnen zugewiesene IP-Adresse. Alternativ können Sie in der DHCP-Konfiguration nachschauen, welcher Adressbereich für DHCP genutzt wird. Wählen Sie dann eine ungenutzte Adresse *außerhalb* des DHCP-Adressbereichs. Auf dem Server deaktivieren Sie nun DHCP und tragen die gewählte Nicht-DHCP-Adresse in der Netzwerkkonfiguration des Betriebssystems ein.
4. Abschließend richten Sie das Port-Forwarding auf Ihrem Router so sein, dass eingehender Traffic für spezifische Ports an die IP-Adresse Ihres Servers weitergeleitet wird.

Nach der Neukonfiguration wiederholen Sie den Porttest mit einer der im vorherigen Abschnitt vorgestellten Websites.

Die Sicherheit Ihrer Node

Eine Lightning-Node ist per definitionem eine sogenannte *Hot Wallet*. Das bedeutet, dass die von einer Lightning-Node kontrollierten Mittel (On-Chain und Off-Chain) direkt über Schlüssel kontrolliert werden, die im Speicher der Node liegen oder auf der Festplatte der Node gespeichert sind. Wird Lightning-Node kompromittiert, ist es einfach, On-Chain- oder Off-Chain-Transaktionen zu erzeugen, die die Mittel abziehen. Es ist daher besonders wichtig, die Node vor nicht autorisiertem Zugriff zu schützen.

Sicherheit ist ein ganzheitliches Konzept, d.h., Sie müssen jede Schicht eines Systems schützen. Wie sagt man so schön: »Eine Kette ist nur so stark wie ihr schwächstes Glied.« Das ist in der Informationssicherheit ein wichtiges Konzept, und wir werden es auf unsere Node anwenden.

Trotz aller getroffenen Sicherheitsmaßnahmen dürfen Sie nicht vergessen, dass das Lightning-Netzwerk immer noch eine experimentelle Technologie in einer frühen Phase ist und dass es sehr wahrscheinlich noch Fehler in den von Ihnen genutzten Projekten gibt, die sich ausnutzen lassen. *Investieren Sie nicht mehr Geld in das Lightning-Netzwerk, als Sie zu verlieren bereit sind.*

Betriebssystemsicherheit

Das Absichern eines Betriebssystems ist ein großes Thema, das den Rahmen dieses Buchs sprengen würde. Dennoch können wir einige grundsätzliche Prinzipien festlegen.

Hier die wichtigsten Punkte, die es bei der Absicherung Ihres Betriebssystems zu beachten gilt:

Ursprung
: Stellen Sie sicher, dass Sie das richtige Betriebssystem-Image herunterladen, und verifizieren Sie alle Signaturen und Prüfsummen, bevor Sie es installieren. Weiten Sie das auf jede Software aus, die Sie installieren. Überprüfen Sie jede Quelle bzw. URL, von der Sie etwas herunterladen. Verifizieren Sie die Integrität und Korrektheit der heruntergeladenen Software über Signaturen und Prüfsummen.

Wartung/Pflege
: Stellen Sie sicher, dass Ihr Betriebssystem auf dem neuesten Stand ist. Aktivieren Sie die tägliche oder wöchentliche automatische Installation von Sicherheitsupdates. Niedrigste Privilegien: Richten Sie Nutzer für spezifische Prozesse ein und geben Sie ihnen die niedrigsten Rechte, die benötigt werden, um den Dienst auszuführen. Führen Sie Prozesse nicht mit Admin-Rechten (z.B. `root`) aus.

Prozessisolation
: Nutzen Sie die Möglichkeiten des Betriebssystems, um Prozesse voneinander zu isolieren.

Dateisystemrechte
: Konfigurieren Sie das Dateisystem sorgfältig nach dem Prinzip der niedrigsten Privilegien. Dateien dürfen nicht für jeden lesbar und schreibbar sein.

Starke Authentifizierung
: Verwenden Sie starke, zufällig generierte Passwörter oder, wo immer möglich, die Public-Key-Authentifizierung. Zum Beispiel ist die Verwendung der *Secure Shell* (SSH) mit einem kryptografischen Schlüsselpaar sicherer als mit einem Passwort.

Zwei-Faktor-Authentifizierung (2FA)
: Verwenden Sie, wann immer möglich, die Zwei-Faktor-Authentifizierung, einschließlich U2F (*Universal 2nd Factor*) mit hardwarebasierten Sicherheitsschlüsseln. Das gilt für alle von Ihnen genutzten externen Dienste, etwa Ihren Cloud-Anbieter. Sie können das auch für Ihr eigenes Setup nutzen, etwa für Ihre SSH-Konfiguration. Nutzen Sie 2FA auch für »indirekte« Dienste. Wenn Sie beispielsweise einen Cloud-Dienst einsetzen, erhalten Sie von Ihrem Cloud-Anbieter eine E-Mail-Adresse, die Sie ebenfalls mit 2FA schützen sollten.

Backup
: Legen Sie Backups Ihres Systems an und stellen Sie sicher, dass auch diese Backups verschlüsselt sind. Führen Sie die Datensicherung regelmäßig durch. Testen Sie, ob sich das Backup wiederherstellen lässt und ob es vollständig und zugänglich ist. Wenn möglich, sollten Sie die Backups auf einer anderen Platte vorhalten, damit ein Festplattenfehler neben der aktiven Node nicht auch noch Ihr Backup beschädigt.

Schwachstellen und Exposition
: Nutzen Sie entfernte Scanning-Tools, um sicherzustellen, dass Sie die Angriffsfläche auf Ihr System minimiert haben. Schließen Sie alle unnötigen Dienste und Ports. Installieren Sie nur die Software und die Pakete, die Sie wirklich benötigen und nutzen. Deinstallieren Sie Pakete, die Sie nicht mehr verwenden. Es wird empfohlen, die Node *nicht* für Aufgaben zu nutzen, die mit der Arbeit der Node nichts zu tun haben und die auch auf einem anderen Computer erledigt werden können. Vor allem sollten Sie den Node-Computer *nicht* zum Browsen, Surfen im Internet und Lesen von E-Mails verwenden.

Die Liste führt nur die grundlegendsten Sicherheitsmaßnahmen auf. Sie ist in keiner Weise erschöpfend.

Node-Zugriff

Ihre Lightning-Node stellt eine RPC-API (*Remote Procedure Call*) bereit. Das bedeutet, dass Ihre Node über Befehle kontrolliert werden kann, die über einen bestimmten TCP-Port gesendet werden. Die Zugriffskontrolle auf die RPC-API wird über irgendeine Form der Benutzerauthentifizierung erreicht. Je nachdem, welche Art von Lightning-Node Sie eingerichtet haben, erfolgt das entweder über eine Benutzername/Passwort-Authentifizierung oder über einen Mechanismus, der als *Authentifizierungs-Macaron* bezeichnet wird. Wie es der Name andeutet, ist ein Macaron eine ausgefeiltere Art von Cookie. Im Gegensatz zu einem Cookie ist es kryptografisch signiert und kann eine Reihe von Zugriffsmöglichkeiten ausdrücken.

Zum Beispiel nutzt LND Macarons für den Zugriff auf die RPC-API. Standardmäßig erzeugt die LND-Software drei Macarons mit unterschiedlichen Zugriffsrechten namens `admin`, `invoice` und `readonly`. Abhängig davon, welches Macaron Sie in Ihrem RPC-Client nutzen, haben Sie *read-only*-Zugriff (also nur Leserechte), *in-*

voice-Zugriff (der auch die Leserechte umfasst) oder *admin*-Zugriff, der Ihnen die volle Kontrolle gibt. Bei LND gibt es auch eine Macaron-»Bäckerei« (`bakery`), mit deren Hilfe Sie Macarons mit beliebigen Kombinationen von Rechten erzeugen können.

Wenn Sie sich per Benutzername/Passwort authentifizieren, müssen Sie ein langes und zufälliges Passwort verwenden. Sie werden das Passwort nicht allzu oft eingeben müssen, da es in den Konfigurationsdateien gespeichert wird. Sie müssen daher eins wählen, das nicht erraten werden kann. Sie werden viele Beispiele mit schlecht gewählten Passwörtern sehen, die die Menschen häufig in die eigenen Systeme übernehmen und so jedem einen einfachen Zugang gewähren. Machen Sie das nicht! Verwenden Sie einen Passwortmanager, um ein langes, zufälliges, alphanumerisches Passwort zu generieren. Da bestimmte Sonderzeichen wie `$?/!*\&%‘"’` die Arbeit mit der Kommandozeile behindern, sollten Sie sie bei Passwörtern, die in Shell-Umgebungen genutzt werden, nicht einsetzen. Um Probleme zu vermeiden, sollten Sie bei langen, zufälligen, alphanumerischen Passwörtern bleiben.

Eine zufällig generierte alphanumerische Folge mit mehr als zwölf Zeichen reicht üblicherweise aus. Wenn Sie große Geldmengen in Ihrer Lightning-Node hinterlegen wollen und sich vor Brute-Force-Angriffen fürchten, wählen Sie ein Passwort mit einer Länge von mehr als 20 Zeichen, um solche Angriffe praktisch unmöglich zu machen.

Node- und Kanal-Backups

Ein sehr wichtiger Aspekt beim Betrieb einer Lightning-Node ist das Backup. Im Gegensatz zu einer Bitcoin-Wallet, bei der eine mnemonische Phrase nach BIP-39 den Zustand einer Wallet komplett wiederherstellen kann, ist das bei Lightning *nicht* der Fall.

Lightning-Wallets verwenden eine BIP-39-Phrase, aber nur für die On-Chain-Wallet. Durch die Art und Weise, wie die Kanäle konstruiert werden, reicht die mnemonische Phrase aber *nicht* aus, um eine Lightning-Node wiederherzustellen. Eine zusätzliche Schicht von Backups ist nötig, die *Static Channel Backup* (*SCB*) genannt wird. Ohne ein SCB kann der Betreiber einer Lightning-Node die *gesamte* Einlage der Kanäle verlieren, wenn der Datenspeicher der Lightning-Node verloren geht.

Hinterlegen Sie *kein* Guthaben in Kanälen, solange Sie kein System eingerichtet haben, das den Kanalstatus fortlaufend sichert. Ihre Backups müssen »offsite« auf einem anderen System abgelegt werden, damit sie verschiedenste Systemfehler (Stromausfall, Datenbeschädigung etc.) überstehen.

SCBs sind kein Allheilmittel. Erstens muss der Zustand jedes Kanals bei jeder neuen Commitment-Transaktion gesichert werden. Zweitens ist die Wiederherstellung eines Kanal-Backups gefährlich. Wenn Sie nicht die *letzte* Commitment-

Transaktion besitzen und versehentlich ein veraltetes (aufgehobenes) Commitment veröffentlichen, könnte der Peer von einem Betrugsversuch ausgehen und das gesamte Kanalguthaben in einer Straftransaktion für sich beanspruchen. Damit er sicher ist, dass Sie den Kanal schließen wollen, müssen Sie also ein *kooperatives Schließen* anstoßen. Doch ein böswilliger Peer könnte während des kooperativen Schließens Ihre Node dazu veranlassen, ein veraltetes Commitment zu veröffentlichen. Er könnte Sie also betrügen, indem er Ihre Node dazu veranlasst, unbeabsichtigt zu betrügen.

Darüber hinaus müssen die Backups Ihrer Kanäle verschlüsselt sein, um Ihre Privatsphäre und die Sicherheit des Kanals zu gewährleisten. Andernfalls kann jeder, der Ihre Backups findet, nicht nur alle Kanäle einsehen, sondern die Backups auch nutzen, um die Kanäle in einer Weise zu schließen, bei der das gesamte Kanalguthaben an Ihren Kanal-Peer wandert.

Sie sehen also, dass SCBs kein narrensicherer Schutz sind. Sie stellen einen schwachen Kompromiss dar, weil Sie ein Risiko (Datenbeschädigung oder -verlust) durch ein anderes Risiko (bösartiger Peer) eintauschen. Bei der Wiederherstellung eines SCB müssen Sie mit den Kanal-Peers zusammenarbeiten und darauf hoffen, dass sie Sie nicht betrügen, indem Sie Ihnen ein altes Commitment unterschieben, oder indem sie Ihre Node dazu bringen, ein altes Commitment zu veröffentlichen. Doch trotz der Schwächen von SCBs sind diese sinnvoll, und Sie sollten sie durchführen. Wenn Sie keine SCBs durchführen und Ihre Node-Daten verlieren, sind auch die Kanalguthaben für immer verloren. Garantiert! Führen Sie die SCBs hingegen durch und verlieren dann Ihre Node-Daten, besteht die berechtigte Hoffnung, dass ein Teil der Peers ehrlich ist und Sie zumindest einen Teil der Kanalguthaben wiederherstellen können. Mit etwas Glück können Sie sogar das gesamte Guthaben wiederherstellen. Zusammenfassend, können wir also sagen, dass Sie fortlaufend SCBs auf externe Festplatten durchführen sollten.

An Mechanismen für das Kanal-Backup wird weiterhin gearbeitet. Bei den meisten Lightning-Implementierungen stellen sie immer noch einen Schwachpunkt dar.

Während dieses Buch geschrieben wird, bietet nur LND einen eingebauten Mechanismus für SCBs an. Eclair besitzt einen vergleichbaren Mechanismus für den serverseitigen Einsatz. Eclair Mobile bietet ein optionales Backup auf Google Drive an. `c-lightning` hat jüngst die notwendigen Schnittstellen für ein Plug-in zusammengefasst, um Kanal-Backups zu implementieren. Leider gibt es keinen konsistenten, einheitlichen Backup-Mechanismus über die verschiedenen Node-Implementierungen hinweg.

Dateibasierte Backups der Lightning-Node-Datenbanken sind bestenfalls eine Teillösung, weil man Gefahr läuft, einen inkonsistenten Datenbankzustand zu sichern. Zusätzlich sichern Sie nicht zuverlässig die aktuellsten Commitments. Es ist wesentlich besser, einen Backup-Mechanismus zu nutzen, der immer dann angestoßen wird, wenn sich der Zustand eines Kanals ändert. Das stellt die Konsistenz der Daten sicher.

Um SCBs in LND einzurichten, setzen Sie den Parameter `backupfilepath` entweder über die Kommandozeile oder in der Konfigurationsdatei. LND sichert die SCB-Datei dann an diesem Pfad. Natürlich ist das nur der erste Schritt der Lösung. Sie müssen nun einen Mechanismus einrichten, der diese Datei auf Änderungen überwacht. Bei jeder Änderung muss der Backup-Mechanismus die Datei auf eine andere, vorzugsweise externe Platte kopieren. Solche Backup-Mechanismen würden den Rahmen dieses Buchs sprengen. Gleichwohl sollte eine ausgereifte Backup-Lösung dieses Szenario verarbeiten können. Und denken Sie daran, dass auch die Backup-Dateien verschlüsselt sein müssen.

Hot-Wallet-Risiko

Wie vorhin bereits diskutiert, besteht das Lightning-Netzwerk aus einem Netzwerk von *Hot Wallets*. Die in der Lightning-Wallet gespeicherten Guthaben sind immer online. Das macht sie verwundbar. Daher sollten keine großen Mengen in einer Lightning-Wallet liegen. Große Guthaben sollten in einer *Cold Wallet* liegen, die *nicht online* ist und nur On-Chain Transaktionen durchführen kann.

Selbst wenn Sie klein anfangen, wird sich mit der Zeit ein beachtliches Guthaben in der Lightning-Wallet ansammeln. Das ist für Shopbetreiber ein typisches Szenario. Nutzen Sie eine Lightning-Node für den Geschäftsbetrieb, wird Ihre Wallet häufig Zahlungen empfangen, aber Sie werden nur selten etwas darüber überweisen. Sie stehen dann gleich vor zwei Problemen. Erstens sind Ihre Kanäle unausgewogen, d.h., große lokale Guthaben stehen kleinen entfernten Guthaben gegenüber, und zweitens enthält Ihre Wallet zu viel Geld. Glücklicherweise können Sie beide Probleme in einem Schritt lösen.

Sehen wir uns einige Möglichkeiten an, die in einer Wallet liegenden Mittel zu reduzieren.

Sweeping von Guthaben

Übersteigt das Guthaben Ihrer Lightning-Wallet Ihre Risikotoleranz, müssen Sie das Guthaben aus der Wallet »auskehren« (engl. *sweep*). Das geht auf drei Arten: On-Chain, Off-Chain und Loop Out. Sehen wir uns jede dieser Optionen genauer an.

On-Chain-Sweep

On-Chain-Sweeping von Guthaben bedeutet, dass Sie Guthaben von der Lightning-Wallet in eine Bitcoin-Wallet bewegen. Sie machen das, indem Sie Kanäle schließen. Beim Schließen eines Kanals wird das gesamte lokale Guthaben in eine Bitcoin-Adresse »ausgekehrt«. Die Bitcoin-Adresse für On-Chain-Guthaben wird üblicherweise durch die Lightning-Wallet erzeugt. Sie ist also immer noch eine Hot Wallet. Sie müssen eventuell zusätzlich noch eine On-Chain-Transaktion vornehmen, um das Guthaben an eine sichere Adresse zu senden, die etwa von Ihrer Hardware-Wallet erzeugt wurde.

Beim Schließen von Kanälen fallen On-Chain-Gebühren an, und Sie reduzieren die Kapazität und Konnektivität Ihrer Lightning-Node. Wenn Sie eine beliebte E-Commerce-Node betreiben, wird es Ihnen aber nicht an eingehender Kapazität mangeln; Sie können Kanäle mit großen lokalen Guthaben strategisch schließen, und so letztlich Ihr Guthaben »bündeln«, um es On-Chain zu bewegen. Sie werden Techniken zur Neugewichtung der Kanäle nutzen müssen, um die Vorteile dieser Strategie maximieren zu können.

Off-Chain-Sweep

Eine andere Technik benötigt eine zweite Lightning-Node, die im Netzwerk nicht bekannt gemacht wurde. Sie können Kanäle hoher Kapazität zwischen Ihrer öffentlichen Node (über die z. B. Ihr Shop läuft) mit der nicht bekannt gemachten (versteckten) Node herstellen. In regelmäßigen Abständen erfolgt dann ein »Kehraus«, indem Sie eine Lightning-Zahlung an die versteckte Node tätigen.

Der wichtige Punkt dieser Technik besteht in der Tatsache, dass die Lightning-Node, die die Zahlungen für Ihren Shop empfängt, öffentlich bekannt ist. Das macht sie zu einem Ziel für Hacker, da für jede Lightning-Node, die mit einem Shop verbunden ist, ein hohes Guthaben angenommen wird. Eine zweite Node, die nicht mit dem Shop verknüpft ist, lässt sich nicht so einfach als lohnenswertes Ziel ausmachen.

Als zusätzliche Sicherheitsmaßnahme können Sie die zweite Node als Tor-Service betreiben, sodass die IP-Adresse unbekannt bleibt. Das reduziert die Möglichkeit von Angriffen weiter und erhöht Ihre Privatsphäre.

Sie müssen ein Skript aufsetzen, das in regelmäßigen Abständen ausgeführt wird. Der Zweck des Skripts besteht darin, eine Rechnung auf der verborgenen Node zu erzeugen und diese Rechnung dann von der Shop-Node bezahlen zu lassen. Das Guthaben wird so auf die verborgene Node übertragen.

Denken Sie daran, dass diese Technik keine Guthaben in Cold Storage verschiebt. Beide Lightning-Nodes sind Hot Wallets. Das Ziel dieses Sweeps besteht darin, die Guthaben von einer sehr bekannten Hot Wallet in eine verborgene Hot Wallet zu verschieben.

Submarine-Swap

Eine weitere Möglichkeit, das Guthaben Ihrer Lightning-Hot-Wallet zu reduzieren, bietet eine als *Submarine-Swap* bezeichnete Technik. Submarine-Swaps, die von Koautor Olaoluwa Osuntokun und Alex Bosworth entworfen wurden, erlauben den Tausch von On-Chain-Bitcoins gegen Lightning-Zahlungen und umgekehrt. Im Wesentlichen sind Submarine-Swaps atomische Tauschgeschäfte (engl. *Swaps*) zwischen Lightning-Off-Chain-Guthaben und Bitcoin-On-Chain-Guthaben.

Ein Node-Betreiber kann einen Submarine-Swap anstoßen und das gesamte verfügbare Kanalguthaben an eine andere Partei senden, die ihm dafür im Gegenzug Bitcoin sendet.

In Zukunft könnte das von Nodes im Lightning-Netzwerk als kostenpflichtiger Dienst, mit Wechselkursen oder einer festen Gebühr für die Konvertierung, angeboten werden.

Der Vorteil von Submarine-Swaps bei Sweeps ist, dass kein Kanal geschlossen werden muss. Das bedeutet, dass wir die Kanäle offen halten und mit dieser Operation neu gewichten. Wenn wir eine Lightning-Zahlung senden, verschieben wir Guthaben von lokalen auf ein oder mehrere entfernte Kanäle. Das reduziert nicht nur das offene Guthaben unserer Hot Wallet, sondern erhöht auch das Guthaben für zukünftige eingehende Zahlungen.

Das könnte über einen Vermittler laufen, der als Gateway fungiert, doch dann besteht die Gefahr, dass das Guthaben gestohlen wird. Im Fall eines Submarine-Swaps ist aber kein Vertrauen notwendig. Submarine-Swaps sind nicht depotführende *atomische* Operationen. Das bedeutet, dass die Gegenpartei Ihres Submarine-Swaps Ihr Guthaben nicht stehlen kann, weil die On-Chain-Zahlung von der Ausführung der Off-Chain-Zahlung abhängt und umgekehrt.

Submarine-Swaps mit Loop

Ein Beispiel für einen Submarine-Swap-Service ist *Loop* von Lightning Labs, demselben Unternehmen, das auch LND entwickelt. Loop gibt es in zwei Varianten: Loop In und Loop Out. *Loop In* akzeptiert eine Bitcoin-On-Chain-Zahlung und wandelt diese in eine Lightning-Off-Chain-Zahlung um. *Loop Out* wandelt eine Lightning-Zahlung in eine Bitcoin-Zahlung um.

Um den Loop-Service nutzen zu können, müssen Sie eine LND-Lightning-Node betreiben.

Für unseren Zweck, also um das Guthaben unserer Lightning-Hot-Wallet zu reduzieren, würden wir den Loop-Out-Service nutzen. Dafür müssen Sie zusätzliche Software auf der Node installieren. Die Loop-Software läuft neben Ihrer LND-Node und stellt einige Kommandozeilentools für Submarine-Swaps zur Verfügung. Sie finden die Loop-Software und Installationsanweisungen auf GitHub (*https://github.com/lightninglabs/loop*).

Sobald die Software installiert ist und läuft, können Sie eine Loop-Out-Operation mit nur einem Befehl anstoßen:

```
loop out --amt 501000 --conf_target 400
Max swap fees for 501000 sat Loop Out: 25716 sat
Regular swap speed requested, it might take up to 30m0s for the swap to be executed.
CONTINUE SWAP? (y/n), expand fee detail (x): x
```

```
Estimated on-chain sweep fee:         149 sat
Max on-chain sweep fee:               14900 sat
Max off-chain swap routing fee:       10030 sat
Max no show penalty (prepay):         1337 sat
Max off-chain prepay routing fee:     36 sat
Max swap fee:                         750 sat
CONTINUE SWAP? (y/n): y
Swap initiated

Run `loop monitor` to monitor progress.
```

Beachten Sie, dass die maximale Gebühr (`max swap fees`), die den schlimmsten Fall repräsentiert, von Ihrem gewählten Bestätigungsziel (*Confirmation Target*) abhängt.

Uptime und Verfügbarkeit einer Lightning-Node

Im Gegensatz zu Bitcoin müssen Lightning-Nodes fast immer online sein. Ihre Node muss online sein, um Zahlungen zu empfangen, Kanäle zu öffnen, Kanäle (kooperativ) zu schließen und Protokollverletzungen zu überwachen. Die Node-Verfügbarkeit ist also eine wichtige Anforderung im Lightning-Netzwerk, da sie von verschiedenen automatischen Kanalmanagementtools (z.B. `autopilot`) als Metrik genutzt wird, um zu entscheiden, mit welchen Nodes Kanäle geöffnet werden. Sie finden die Verfügbarkeit (engl. *Availability*) auch als Node-Metrik in beliebten Node-Explorern (siehe »Lightning-Explorer« auf Seite 46) wie 1ML (*https://1ml.com*).

Die Node-Verfügbarkeit ist besonders wichtig, um potenzielle Protokollverletzungen (z.B. widerrufene Commitments) zu reduzieren und zu lösen. Zwar können Sie sich kurze Unterbrechungen von einer Stunde bis zu ein bis zwei Tagen leisten, doch wenn Ihre Node noch längere Zeit offline ist, riskieren Sie den Verlust Ihres Guthabens.

Eine Node kontinuierlich online zu halten, ist nicht leicht, da verschiedene Bugs und der Mangel an Ressourcen gelegentlich zu einem Ausfall führen. Insbesondere wenn Sie eine ausgelastete und beliebte Node betreiben, kommen Sie bei Speicher, Swap-Speicher, Anzahl offener Dateien, Plattenplatz und so weiter schnell an Grenzen. Eine Fülle unterschiedlicher Probleme wird Ihre Node oder Ihren Server abstürzen lassen.

Fehler tolerieren und die Dinge automatisieren

Wenn Sie Zeit und die nötigen Kenntnisse haben, können Sie einige grundlegende Fehlerszenarien im Lightning-testnet ausprobieren. Im testnet werden Sie wichtige Lektionen lernen, ohne Ihr Guthaben zu riskieren. Jeder Schritt, den Sie unternehmen, um Ihr System zu automatisieren, erhöht die Verfügbarkeit:

Automatischer Serverneustart
: Was passiert, wenn Ihr Server oder das Betriebssystem abstürzt? Was passiert bei einem Stromausfall? Simulieren Sie diesen Fehler durch Drücken der Re-

set-Taste an Ihrem PC oder durch Ziehen des Stromkabels. Nach einem Absturz, Reset oder Stromausfall sollte der Computer automatisch neu starten. Einige Computer können in ihren BIOS-Einstellungen festlegen, wie sie bei Stromausfall reagieren sollen. Testen Sie das und stellen Sie sicher, dass der Computer nach einem Stromausfall ohne menschliches Zutun automatisch wieder hochfährt.

Automatischer Node-Neustart
: Was passiert, wenn Ihre Node oder eine Ihrer Nodes abstürzt? Simulieren Sie diesen Fehler, indem Sie die entsprechenden Node-Prozesse mit `kill` beenden. Stürzt eine Node ab, sollte sie sich automatisch selbst neu starten. Testen Sie das und stellen Sie sicher, dass die Node nach einem Absturz ohne menschliches Zutun automatisch wieder startet. Ist das nicht der Fall, ist die Node sehr wahrscheinlich nicht korrekt als Betriebssystemdienst eingerichtet.

Automatische Netzwerkverbindung
: Was passiert, wenn Ihr Netzwerk abstürzt? Was passiert, wenn Ihr ISP temporär nicht erreichbar ist? Was passiert, wenn Ihr ISP Ihrem Router oder Computer eine neue IP-Adresse zuweist? Stellen die Nodes automatisch wieder eine Verbindung her, wenn das Netzwerk wieder da ist? Simulieren Sie diesen Fall, indem Sie das Netzwerkkabel Ihres Geräts ziehen und später wieder einstecken. Die Nodes sollten ohne menschliches Zutun automatisch die Verbindung wiederherstellen und den Betrieb wieder aufnehmen.

Konfigurieren der Logdateien
: Alle vorgenannten Fehler sollten Meldungen in den entsprechenden Logdateien hinterlassen. Erhöhen Sie bei Bedarf die Informationsmenge. Finden Sie diese Fehler in den Logdateien und nutzen Sie sie zur Überwachung.

Die Node-Verfügbarkeit überwachen

Um die Node am Laufen zu halten, ist die Überwachung ein wichtiger Punkt. Sie müssen nicht nur die Verfügbarkeit des Computers überwachen, sondern auch die Verfügbarkeit und den korrekten Betrieb der Lightning-Node-Software.

Es gibt viele Möglichkeiten, das zu erreichen, doch die meisten müssen in irgendeiner Form angepasst werden. Sie können generische Tools zur Infrastruktur- oder Anwendungsüberwachung nutzen, müssen diese aber so anpassen, dass sie die Lightning-Node-API abfragen, um sicherzustellen, dass die Node läuft, mit der Blockchain synchronisiert und mit den Kanal-Peers verbunden ist.

Lightning.watch (*https://lightning.watch*) bietet einen spezialisierten Service für die Überwachung einer Lightning-Node an. Er verwendet einen Telegram-Bot, um Sie über Serviceunterbrechungen zu informieren. Dieser Dienst ist kostenlos, doch Sie können zahlen (natürlich über Lightning), um die Warnmeldungen schneller zu erhalten.

Wir erwarten in Zukunft weitere Drittanbieter, die spezielle Dienste zur Lightning-Node-Überwachung gegen Mikrozahlungen anbieten. Vielleicht werden solche Dienste und ihre APIs mit der Zeit standardisiert und eines Tages direkt von der Lightning-Node-Software unterstützt.

Watchtower

Mit einem *Watchtower* (also »Wachturm«) können Sie die Überwachung und Sanktionierung bei Verletzungen des Lightning-Protokolls auslagern.

Wie in den früheren Kapiteln erläutert, sorgt das Lightning-Protokoll über einen Sanktionsmechanismus für Sicherheit. Veröffentlicht einer Ihrer Kanalpartner eine alte Commitment-Transaktion, muss Ihre Node die Widerrufsklausel ausüben und eine Sanktionstransaktion veröffentlichen, um kein Geld zu verlieren. Ist Ihre Node während der Protokollverletzung nicht online, könnten Sie Geld verlieren.

Um dieses Problem zu lösen, können Sie einen oder mehrere Watchtower nutzen, um die Überwachung und Sanktionierung auszulagern. Ein Watchtower-Setup besteht aus zwei Teilen: einem Watchtower-Server (oder einfach Watchtower), der die Blockchain überwacht, und einem Watchtower-Client, der die Überwachungsdienste vom Watchtower-Server abruft.

Die Watchtower-Technik befindet sich noch in einer frühen Entwicklungsphase und wird nicht umfassend unterstützt. Dennoch stellen wir im folgenden Abschnitt einige experimentelle Implementierungen vor, die Sie ausprobieren können.

Die LND-Software enthält einen Watchtower-Server und einen Watchtower-Client. Sie aktivieren den Watchtower-Server, indem Sie die folgenden Konfigurationsoptionen ergänzen:

```
[watchtower]
watchtower.active=1
watchtower.towerdir=/pfad_auf_watchtower_datenverzeichnis
```

Sie können LNDs Watchtower-Client nutzen, indem Sie ihn in der Konfiguration aktivieren und dann über die Kommandozeile die Verbindung mit einem Watchtower-Server herstellen. Die Konfiguration lautet wie folgt:

```
[wtclient]
wtclient.active=1
```

LNDs Kommandozeilenclient `lncli` kennt die folgenden Optionen für die Verwaltung des Watchtower-Clients:

```
$ lncli wtclient

NAME:
   lncli wtclient - Interact with the watchtower client.

USAGE:
   lncli wtclient command [command options] [arguments...]
```

```
COMMANDS:
     add      Register a watchtower to use for future sessions/backups.
     remove   Remove a watchtower to prevent its use for future sessions/backups.
     towers   Display information about all registered watchtowers.
     tower    Display information about a specific registered watchtower.
     stats    Display the session stats of the watchtower client.
     policy   Display the active watchtower client policy configuration.

OPTIONS:
   --help, -h  show help
```

`c-lightning` besitzt die API-Hooks, die für ein Watchtower-Client-Plug-in benötigt werden, doch ein solches Plug-in wurde bisher nicht implementiert.

Schließlich gibt es noch einen beliebten eigenständigen Watchtower-Server namens *The Eye of Satoshi* (TEOS). Sie finden ihn auf GitHub (*https://github.com/talaia-labs/python-teos*).

Kanalmanagement

Als Betreiber einer Lightning-Node besteht eine Ihrer wiederkehrenden Aufgaben darin, Ihre Kanäle zu verwalten. Das bedeutet, ausgehende Kanäle von Ihrer Node zu anderen Nodes zu öffnen, aber auch andere Nodes dazu zu bewegen, eingehende Kanäle mit Ihrer Node aufzubauen. In Zukunft könnte ein kooperativer Kanalaufbau möglich sein, über den symmetrische Kanäle mit gebundenen Guthaben an beiden Enden aufgebaut werden können. Im Moment verfügen neue Kanäle allerdings nur an einem Ende über Guthaben, nämlich aufseiten des Initiators. Damit Ihre Node also in Bezug auf die ein- und ausgehende Kapazität *ausgeglichen* ist, müssen Sie Kanäle zu anderen öffnen und andere dazu bringen, Kanäle mit Ihrer Node zu öffnen.

Ausgehende Kanäle öffnen

Sobald Ihre Lightning-Node läuft, können Sie die Bitcoin-Wallet auffüllen und damit beginnen, Kanäle mit diesen Guthaben zu öffnen.

Sie müssen die Kanalpartner sorgfältig wählen, da die Zahlungsfähigkeit Ihrer Node davon abhängt, wer Ihre Kanalpartner sind und wie gut sie an den Rest des Lightning-Netzwerks angebunden sind. Sie werden auch mehr als einen Kanal öffnen wollen, um keinen Single Point of Failure zu schaffen. Weil Lightning mittlerweile mehrteilige (engl. *multitpart*) Zahlungen erlaubt, können Sie Ihr Startguthaben auf verschiedene Kanäle aufteilen und größere Zahlung durch die Bündelung ihrer Kapazität weiterleiten. Gleichzeitig müssen Sie zu kleine Kanäle verhindern. Da Sie Bitcoin-Transaktionsgebühren zahlen müssen, um einen Kanal zu öffnen und zu schließen, sollte das Kanalguthaben nicht so klein sein, dass die On-Chain-Gebühren einen Großteil aufzehren. Es geht also um Ausgewogenheit!

Fassen wir zusammen:

- Stellen Sie die Verbindung mit einigen gut angebundenen Nodes her.
- Öffnen Sie mehr als einen Kanal.
- Öffnen Sie nicht zu viele Kanäle.
- Machen Sie die Kanäle nicht zu klein.

Eine Möglichkeit, gut angebundene Nodes zu finden, besteht darin, einen Kanal mit einem beliebten Händler zu öffnen, der Produkte über das Lightning-Netzwerk verkauft. Diese Nodes sind in der Regel finanziell gut ausgestattet und gut verbunden. Wenn Sie bereit sind, online etwas per Lightning zu kaufen, können Sie einen direkten Kanal mit der Node des Händlers öffnen. Die Node-ID des Händlers finden Sie in der Rechnung, die Sie nach dem Kauf erhalten. Das macht es einfacher.

Eine weitere Möglichkeit, gut angebundene Nodes zu finden, bieten Lightning-Explorer (siehe »Lightning-Explorer« auf Seite 46) wie 1ML (*https://1ml.com*). Gehen Sie die Liste der Nodes sortiert nach Kanalkapazität und Anzahl der Kanäle durch. Ignorieren Sie die größten Nodes, denn das fördert die Zentralisierung. Wählen Sie eine aus der Mitte der Liste aus und unterstützen Sie deren Wachstum. Ein weiterer Faktor, den Sie berücksichtigen können, ist die Zeit, die eine Node bereits in Betrieb ist. Nodes, die vor über einem Jahr in Betrieb gegangen sind, sind wohl angesehener und weniger riskant als Nodes, die gerade erst vor einer Woche begonnen haben.

Autopilot

Das Öffnen von Kanälen kann mit einem *Autopiloten* zum Teil automatisiert werden. Dabei handelt es sich um Software, die Kanäle basierend auf bestimmten heuristischen Regeln automatisch öffnet. Autopilot-Software ist noch relativ neu und wählt nicht immer den besten Kanalpartner für Sie aus. Besonders am Anfang könnte es besser sein, Kanäle manuell zu öffnen. Autopiloten gibt es aktuell in drei Formen:

- `lnd` enthält einen Autopiloten, der vollständig in `lnd` integriert ist und immer im Hintergrund läuft, wenn er aktiviert wurde.
- `lib_autopilot.py` bietet Autopilot-Berechnungen für jede Node-Implementierung basierend auf Gossip- und Kanaldaten.
- Es existiert ein `c-lightning`-Plug-in basierend auf `lib_autopilot.py`, das `c-lightning`-Nutzern eine einfache Schnittstelle zur Verfügung stellt.

Beachten Sie, dass der `lnd`-Autopilot im Hintergrund gestartet wird, sobald er in der Konfigurationsdatei aktiviert ist. Das bedeutet, dass er sofort Kanäle öffnet, wenn On-Chain-Outputs in der `lnd`-Wallet liegen. Wenn Sie die vollständige Kontrolle über Ihre Bitcoin-Transaktionen und die zu öffnenden Kanäle wünschen, müssen Sie den Autopiloten deaktivieren, *bevor* Sie Bitcoin-Guthaben auf die `lnd`-Wallet laden. War der Autopilot vorher aktiv, müssen Sie `lnd` neu starten, bevor Sie

Ihre Wallet mit einer On-Chain-Transaktion auffüllen bzw. bevor Sie Kanäle schließen (was letztlich Ihr On-Chain-Guthaben erhöht). Wenn Sie den Autopiloten ausführen wollen, müssen Sie in der Konfiguration einige wichtige Werte festlegen. Sehen Sie sich die folgende Beispielkonfiguration an:

```
[lnd-autopilot]
autopilot.active=1
autopilot.maxchannels=40
autopilot.allocation=0.70
autopilot.minchansize=500000
autopilot.maxchansize=5000000
autopilot.heuristic=top_centrality:1.0
```

Diese Konfiguration würde den Autopiloten aktivieren. Dieser würde Kanäle öffnen, solange zwei Bedingungen erfüllt sind:

1. Wenn die Node weniger als 40 Kanäle geöffnet hat.
2. Wenn weniger als 70 % Ihres Gesamtguthabens Off-Chain in Zahlungskanälen liegen.

Die Werte 40 und 0,7 wurden völlig willkürlich gewählt, da wir keine allgemeingültige Empfehlung zur Anzahl geöffneter Kanäle und der Höhe des Off-Chain-Guthabens geben können. Der Autopilot in `lnd` berücksichtigt die On-Chain-Gebühren nicht. Mit anderen Worten, er verschiebt Kanalöffnungen nicht auf Zeiten, in denen die Gebühren niedrig sind. Um die Gebühren zu reduzieren, können Sie Zeiten abwarten, zu denen die Gebühren niedrig sind (z.B. am Wochenende), und die Kanäle dann von Hand öffnen. Der Autopilot wird Kanäle empfehlen, wenn die Bedingungen erfüllt sind, und er wird sofort versuchen, einen Kanal mit den gerade aktuellen Gebühren zu öffnen. Entsprechend der obigen Konfiguration werden die Kanäle zwischen 5 mBTC (`minchansize` = 500.000 Satoshi) und 50 mBTC (`maxchansize` = 5.000.000 Satoshi) groß sein. Wie üblich werden die Mengen in der Konfigurationsdatei in Satoshi angegeben. Momentan sind Kanäle unter 1 mBTC nicht sinnvoll, und wir raten davon ab, zu kleine Kanäle zu öffnen, die unter diesem Betrag liegen. Mit der breiteren Adaption von Multipart-Zahlungen werden kleinere Kanäle kein großes Problem mehr sein. Doch bis dahin ist das unsere Empfehlung.

Das `c-lightning`-Plug-in, das ursprünglich von René Pickhardt (einem Koautor dieses Buchs) geschrieben wurde, arbeitet ganz anders als der `lnd`-Autopilot. Erstens unterscheidet es sich in den Algorithmen, die für die Empfehlungen genutzt werden. Wir wollen das an dieser Stelle nicht weiter ausführen. Und zweitens unterscheidet es sich in der Nutzerschnittstelle. Sie müssen das *Autopilot-Plug-in* aus dem `c-lightning`-Plug-in-Repository (*https://github.com/lightningd/plugins/tree/master/autopilot*) herunterladen und aktivieren.

Um ein Plug-in bei `c-lightning` zu aktivieren, platzieren Sie es im Verzeichnis *~/.lightning/plugins*, machen es ausführbar (z.B. `chmod +x ~/.lightning/plugins/autopilot.py`) und starten `lightningd` dann neu.

Soll das Plug-in nicht automatisch aktiviert werden, können Sie es auch von Hand mit dem `plugin`-Argument für `lightningd` starten:

```
lightningd --plugin=~/lightning-plugins/autopilot.py
```

Der Autopilot wird bei `c-lightning` über drei Konfigurationswerte kontrolliert, die Sie in der Konfigurationsdatei festlegen oder als Kommandozeilenargumente beim Start von `lightningd` übergeben können:

```
[c-lightning-autopilot]
autopilot-percent=75
autopilot-num-channels=10
autopilot-min-channel-size-msat=100000000msat
```

Die obigen Werte entsprechen der aktuellen Standardkonfiguration, und Sie müssen sie nicht angeben.

Im Gegensatz zu `lnd` läuft der Autopilot nicht automatisch im Hintergrund. Stattdessen müssen Sie ihn explizit mit `lightning-cli autopilot-run-once` starten, wenn der Autopilot die empfohlenen Kanäle öffnen soll. Sind Sie hingegen nur an den Empfehlungen interessiert, aus denen Sie Nodes selbst auswählen können, hängen Sie das optionale Argument `dryrun` an.

Ein wesentlicher Unterschied zwischen den `lnd`- und `c-lightning`-Autopiloten besteht darin, dass der `c-lightning`-Autopilot auch eine Empfehlung zur Kanalgröße enthält. Empfiehlt der Autopilot etwa einen Kanal mit einer kleinen Node mit kleinen Kanälen, wird er keinen großen Kanal empfehlen. Öffnet er hingegen einen Kanal mit einer gut verbundenen Node mit vielen großen Kanälen, wird er eine größere Kanalgröße empfehlen.

Wie Sie sehen, läuft der `c-lightning`-Autopilot nicht ganz so automatisch wie der von `lnd`, bietet dafür aber eine etwas größere Kontrolle. Diese Unterschiede spiegeln persönliche Vorlieben wider und könnten tatsächlich der entscheidende Faktor dafür sein, welche Implementierung Sie bevorzugen.

Denken Sie daran, dass die aktuellen Autopiloten hauptsächlich auf öffentliche Informationen des Gossip-Protokolls zur aktuellen Topologie des Lightning-Netzwerks zurückgreifen. Es ist offensichtlich, dass Ihre persönlichen Anforderungen an die Kanäle nur bis zu einem gewissen Grad widergespiegelt werden können. Fortschrittlichere Autopiloten würden historische Daten und Nutzungsinformationen verwenden, die von der Node in der Vergangenheit gesammelt wurden, darunter auch Informationen über erfolgreiches Routing, wen Sie in der Vergangenheit bezahlt haben und wer Sie bezahlt hat. In Zukunft könnten so verbesserte Autopiloten die gesammelten Daten auch nutzen, um das Schließen von Kanälen zu empfehlen und Guthaben umzuschichten.

Während diese Zeilen geschrieben werden, lässt sich zusammenfassend sagen, dass Sie sich nicht zu sehr auf Autopiloten verlassen sollten.

Eingehende Liquidität beschaffen

Beim aktuellen Design des Lightning-Netzwerks ist es üblich, dass Nutzer ausgehende Liquidität *vor* eingehender Liquidität erhalten. Das geschieht, indem Nutzer einen Kanal mit einer anderen Node öffnen und die Nutzer oft mehr Bitcoin ausgeben, bevor sie welche empfangen können. Es gibt drei gängige Möglichkeiten, eingehende Liquidität zu beschaffen:

- Öffnen eines Kanals mit ausgehender Liquidität und Ausgeben dieser Mittel. Das Guthaben liegt nun am anderen Ende des Kanals vor, und Sie können Zahlungen empfangen.
- Bitten Sie jemanden, einen Kanal mit Ihrer Node zu öffnen. Bieten Sie an, sich zu revanchieren, sodass beide Nodes besser angebunden sind und finanziell besser dastehen.
- Nutzen Sie einen Submarine-Swap (z.B. Loop In), um On-Chain-BTC für einen eingehenden Kanal Ihrer Node einzutauschen.
- Bezahlen Sie einen Dienstleister, um einen Kanal mit Ihnen zu eröffnen. Es existieren mehrere solcher Dienste. Einige verlangen eine Gebühr, um Liquidität bereitzustellen, andere sind kostenlos.

Hier eine Liste aktueller Liquiditätsanbieter, die gegen Gebühr einen Kanal mit Ihrer Node öffnen:

- Bitrefills Thor-Service (*https://www.bitrefill.com/thor-lightning-network-channels*)
- Lightning To Me (*https://lightningto.me*)
- LNBig (*https://lnbig.com*)
- Lightning Conductor (*https://lightningconductor.net/channels*)

Eingehende Liquidität aufzubauen, ist zwar praktisch, aber aus Sicht der Nutzererfahrung auch eine Herausforderung. Da es sie nicht automatisch gibt, müssen Sie Wege finden, sie für Ihre Node aufzubauen. Die Asymmetrie der Zahlungskanäle ist auch nicht gerade intuitiv. Bei den meisten anderen Zahlungssystemen werden Sie zuerst bezahlt (eingehend), bevor Sie andere bezahlen (ausgehend).

Die Herausforderung, eingehende Liquidität zu beschaffen, spüren Sie besonders als Händler oder wenn Sie Ihre Dienste für Lightning-Zahlungen anbieten wollen. In diesem Fall müssen Sie besonders fleißig dafür sorgen, ausreichend eingehende Liquidität vorzuhalten, damit Sie ausreichend Zahlungen empfangen können. Was passiert, wenn viele Käufer Ihren Shop besuchen, Sie aber nicht bezahlen können, weil keine eingehende Kapazität mehr zur Verfügung steht?

In Zukunft kann diese Herausforderung zumindest teilweise abgeschwächt werden, wenn »dual finanzierte« (engl. *dual-funded*) Kanäle implementiert werden, die beide Seiten finanzieren und ausgeglichene ein- und ausgehende Kapazitäten bieten. Das Problem könnte auch durch bessere Autopilot-Software abgemildert werden, die eingehende Kapazitäten nach Bedarf anfordern und einkaufen könnten.

Letztlich müssen sich Lightning-Nutzer strategisch und proaktiv um das Kanalmanagement kümmern, um sicherzustellen, dass ausreichend eingehende Kapazität vorhanden ist, wenn sie benötigt wird.

Kanäle schließen

Wie früher bereits diskutiert, ist das *beiderseitige Schließen* der bevorzugte Weg, einen Kanal zu schließen. Allerdings gibt es auch Situationen, in denen ein *erzwungenes Schließen* notwendig ist.

Einige Beispiele:

- Ihr Kanalpartner ist offline und kann nicht erreicht werden, um ein beiderseitiges Schließen zu veranlassen.
- Ihr Kanalpartner ist online, reagiert aber nicht auf Ihre Bitte, den Kanal einvernehmlich zu schließen.
- Ihr Kanalpartner ist online, und ihre Nodes verhandeln ein beiderseitiges Schließen, können sich aber nicht auf eine Lösung einigen und bleiben hängen.

Kanäle wieder ausgleichen

Im Verlauf von Transaktionen und dem Routing von Zahlungen verändern sich die ein- und ausgehenden Kapazitäten.

Leitet ein Kanalpartner beispielsweise häufig Zahlungen über Ihre Node, wird die eingehende Kapazität des Kanals ausgeschöpft, während gleichzeitig auch die ausgehende Kapazität ausgehender Kanäle ausgeschöpft wird. Sobald das passiert, können Sie keine Zahlungen mehr über die Route weiterleiten.

Es gibt viele Möglichkeiten, Kanäle wieder auszugleichen, die alle verschiedene Vor- und Nachteile haben. Eine Möglichkeit ist der vorhin beschriebene Submarine-Swap (z.B. Loop Out). Eine andere Möglichkeit besteht darin, einfach auf Zahlungen zu warten, die in die andere Richtung fließen. Ist Ihre Node gut angebunden und wird eine Route in einer Richtung ausgeschöpft, wird sie für die Gegenrichtung verfügbar. Andere Nodes könnten diese Route in Gegenrichtung für sich »entdecken« und damit beginnen, sie als Teil ihres Zahlungspfads zu nutzen und so die Guthaben wieder ausgleichen.

Eine dritte Möglichkeit, Kanäle wieder auszugleichen, besteht darin, bewusst eine *kreisförmige Route* aufzubauen, die eine Zahlung von Ihrer Node über das Lightning-Netzwerk wieder an Ihre Node zurückschickt. Indem Sie eine Zahlung über einen Kanal mit hoher lokaler Kapazität senden und den Pfad so wählen, dass er auf einem Kanal mit hoher entfernter Kapazität landet, gleichen sich beide Kanäle aus. Ein Beispiel für einen solchen kreisförmigen Wiederausgleich sehen Sie in Abbildung 5-4.

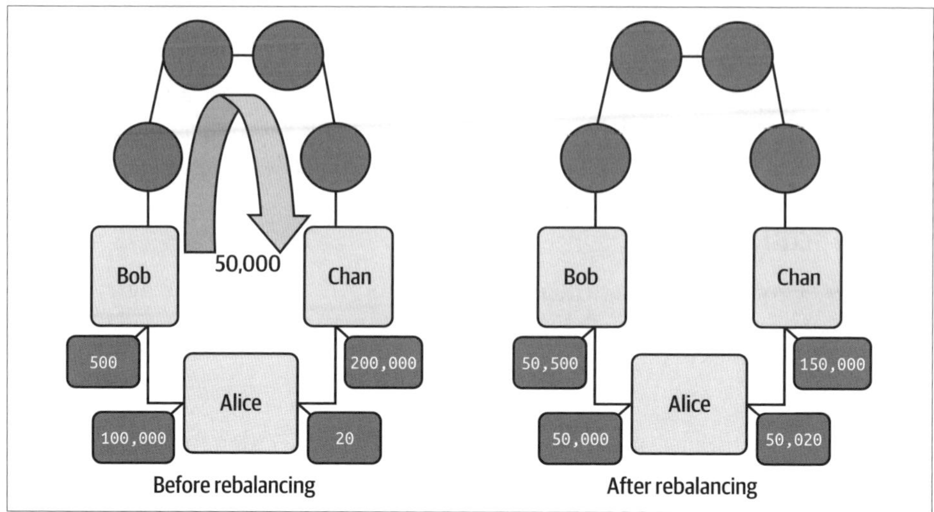

Abbildung 5-4: Wiederausgleich durch ringförmige Route

Der kreisförmige Wiederausgleich wird von den meisten Lightning-Node-Implementierungen unterstützt und kann über die Kommandozeile oder mit einer der Webschnittstellen wie Ride The Lightning (siehe »Ride The Lightning« auf Seite 170) vorgenommen werden.

Der Wiederausgleich von Kanälen wird noch aktiv erforscht und in »Kanäle wieder ausgleichen« auf Seite 167 detailliert behandelt.

Routing-Gebühren

Durch den Betrieb einer Lightning-Node können Sie Gebühren für das Routing von Zahlungen über Ihre Kanäle einnehmen. Routing-Gebühren sind generell keine große Einnahmequelle und werden durch die Betriebskosten der Node aufgezehrt. Zum Beispiel erzielt eine relativ gut ausgelastete Node, die Dutzende Zahlungen pro Tag routet, nicht mehr als 2.000 Satoshi an Gebühren.

Nodes konkurrieren um Routing-Gebühren, indem sie die gewünschte Gebühr für jeden Kanal festlegen. Routing-Gebühren werden für jeden Kanal über zwei Parameter angegeben: eine feste Grundgebühr (*Base Fee*), die für jede Zahlung erhoben wird, sowie eine zusätzliche variable Gebühr, die sich proportional zum Zahlungsbetrag berechnet (*Fee Rate*).

Beim Senden einer Lightning-Zahlung wählt die Node den Pfad so, dass sich die Gebühren, die Hops oder beides minimieren. Aus diesen Interaktionen erwächst ein Markt für Routing-Gebühren. Momentan verlangen viele Nodes sehr geringe oder gar keine Gebühren, was zu einem Abwärtsdruck auf dem Markt für Routing-Gebühren führt.

Wenn Sie keine Wahl treffen, wird Ihre Lightning-Node Standardwerte für die Grundgebühr und die variable Gebühr verwenden. Diese Standardwerte hängen von der verwendeten Implementierung ab. Die Grundgebühr wird in *Millisatoshi* (Tausendstelsatoshi) angegeben. Die variable Gebühr arbeitet mit *Millionsteln* und wird auf den Zahlungsbetrag angewandt. Die Millionstel-Einheit wird häufig mit *ppm* (*parts per million*) abgekürzt. Beispielsweise würde eine Grundgebühr von 1.000 (Millisatoshi) und eine variable Gebühr von 1.000 ppm (Millionstel) bei einer Zahlung von 100.000 Satoshi die folgenden Gebühren ergeben:

$$
\begin{aligned}
P &= 100,000 \text{ satoshi} \\
F_{\text{base}} &= 1,000 \text{ millisatoshi} = 1 \text{ satoshi} \\
F_{\text{rate}} &= 1,000 \text{ ppm} = 1,000/1,000,000 = 1/1,000 = 0.001 = 0.1\,\% \\
F_{\text{total}} &= F_{\text{base}} + (P * F_{\text{rate}}) \\
\Rightarrow F_{\text{total}} &= 1 \text{ satoshi} + (100,000/1,000) \text{ satoshi} \\
\Rightarrow F_{\text{total}} &= 1 \text{ satoshi} + 100 \text{ satoshi} = 101 \text{ satoshi}
\end{aligned}
$$

Ganz allgemein gesprochen, können Sie zwei Ansätze für Routing-Gebühren verwenden. Sie können viele Zahlungen zu kleinen Gebühren weiterleiten, gleichen die niedrigen Gebühren also durch hohes Volumen aus. Alternativ können Sie sich für höhere Gebühren entscheiden. Dann wird Ihre Node nur gewählt, wenn keine günstigeren Nodes zur Verfügung stehen. Sie werden also weniger häufig routen, für ein erfolgreiches Routing aber mehr einnehmen.

Für die meisten Nodes sind die voreingestellten Routing-Gebühren wohl die beste Wahl. Auf diese Weise konkurrieren sie auf Augenhöhe mit anderen Nodes, die ebenfalls die Standardwerte verwenden.

Sie können die Gebühren auch nutzen, um die Kanäle wieder auszugleichen. Verwenden die meisten Ihrer Kanäle die Standardgebühren, während ein bestimmter Kanal wieder ausgeglichen werden soll, senken Sie dessen Gebühr auf null oder eine sehr geringe Gebühr. Dann warten Sie einfach darauf, dass jemand eine Zahlung über Ihre »billige« Route sendet und ganz nebenbei Ihr Guthaben wieder ausgleicht.

Node-Management

Das Management Ihrer Node über die Kommandozeile ist offensichtlich nicht so einfach. Sie können die volle Flexibilität der Node-API nutzen und eigene Skripte schreiben, die Ihre Anforderungen erfüllen. Doch wenn Sie die Komplexität der Kommandozeile meiden und nur grundlegende Möglichkeiten des Node-Managements nutzen wollen, können Sie eine webbasierte Benutzerschnittstelle installieren, die das Node-Management vereinfacht.

Es gibt eine Reihe konkurrierender Projekte für das webbasierte Lightning-Node-Management. Einige der beliebtesten werden im folgenden Abschnitt beschrieben.

Ride The Lightning

Ride The Lightning (RTL) ist eine grafische, webbasierte Benutzerschnittstelle zur Verwaltung einer Lightning-Node für die drei wichtigsten Lightning-Node-Implementierungen (LND, `c-lightning` und Eclair). RTL ist ein von Shahana Farooqui und vielen anderen entwickeltes Open-Source-Projekt. Sie finden die RTL-Software auf GitHub (*https://github.com/Ride-The-Lightning/RTL*).

Abbildung 5-5 zeigt beispielhaft einen Screenshot der RTL-Webschnittstelle aus dem Projekt-Repository.

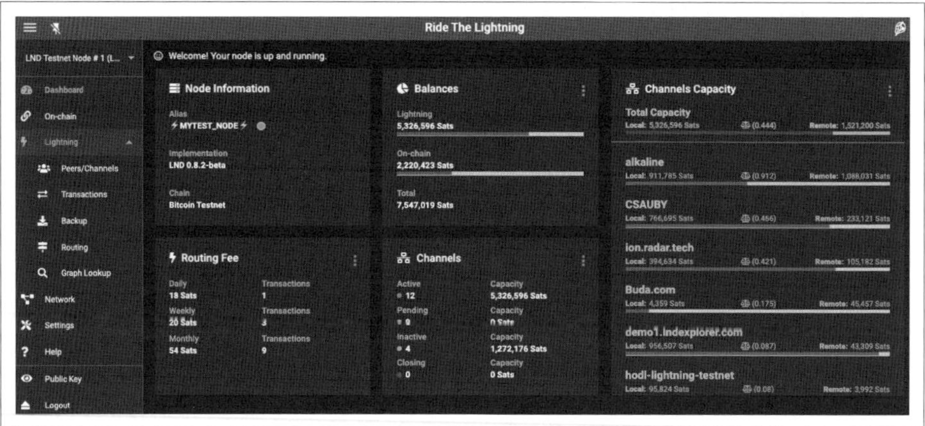

Abbildung 5-5: RTL-Webschnittstelle

lndmon

Lightning Labs, die Entwickler von LND, bieten eine webbasierte grafische Benutzerschnittstelle namens `lndmon` an, um verschiedene Metriken einer LND-Lightning-Node zu überwachen. `lndmon` funktioniert nur mit LND-Nodes. Es handelt sich um eine Read-only-Schnittstelle zur Überwachung, d.h., Sie können die Node nicht aktiv verwalten. Es kann keine Kanäle öffnen oder Zahlungen durchführen. Sie finden `lndmon` auf GitHub (*https://github.com/lightninglabs/lndmon*).

ThunderHub

ThunderHub (*https://thunderhub.io*) ist eine ästhetisch sehr ansprechende grafische Benutzerschnittstelle ähnlich wie RTL, funktioniert aber nur mit LND. Sie können über eine Vielzahl von Features Zahlungen vornehmen, Kanäle wieder ausgleichen und die Node verwalten.

Fazit

Während Sie eine Node pflegen und Erfahrungen sammeln, lernen Sie sehr viel über das Lightning-Netzwerk. Node-Betreiber zu sein, ist eine herausfordernde, aber lohnenswerte Aufgabe. Indem Sie diese Aufgabe meistern, tragen Sie zum Wachstum, der technischen Entwicklung und dem Lightning-Netzwerk selbst bei. Sie werden außerdem in der Lage sein, mühelos Lightning-Zahlungen mit einem hohen Maß an Kontrolle vorzunehmen. Sie werden eine zentrale Rolle in der Infrastruktur des Netzwerks einnehmen und nicht nur eine Randfigur sein.

TEIL II

Das Lightning-Netzwerk im Detail

Eine detaillierte Beschreibung aller Komponenten des Lightning-Netzwerks und wie sie funktionieren. Dieser Teil ist sehr technisch und verlangt vom Leser Erfahrung in der Programmierung und der Informatik.

## KAPITEL 6

Architektur des Lightning-Netzwerks

Im ersten Teil dieses Buchs haben wir die wesentlichen Konzepte des Lightning-Netzwerks vorgestellt und in einem umfassenden Beispiel das Routing einer Zahlung erläutert. Wir haben auch die Tools eingerichtet, die wir nutzen können, um tiefer einzusteigen. Im zweiten Teil des Buchs sehen wir uns das Lightning-Netzwerk technisch wesentlich genauer an und sezieren jeden der Grundbausteine.

In diesem Abschnitt betrachten wir die Komponenten des Lightning-Netzwerks sehr viel detaillierter und geben einen Überblick über das »große Ganze«, der Sie dann durch die folgenden Kapitel leitet.

Die Lightning-Netzwerk-Protokoll-Suite

Das Lightning-Netzwerk besteht aus einer komplexen Sammlung von Protokollen, die auf dem Internet aufsetzen. Wir können diese Protokolle grob in fünf unterschiedliche Schichten einteilen. Diese bilden einen *Protokollstack*, bei dem jede Schicht auf den Protokollen der darunterliegenden Schicht aufbaut und diese nutzt. Außerdem abstrahiert jede Protokollschicht die darunterliegenden Schichten und »versteckt« so ein wenig deren Komplexität.

Das Architekturdiagramm in Abbildung 6-1 bietet eine Übersicht dieser Schichten und der Protokolle der Komponenten.

Die fünf Schichten des Lightning-Netzwerks sind von unten nach oben diese:

Verbindungsschicht
: Umfasst die Protokolle, die direkt mit den Internetkernprotokollen (TCP/IP), den Overlay-Protokollen (Tor v2/v3) und den Internetdiensten (DNS) interagieren. Diese Schicht enthält auch kryptografische Transportprotokolle, die die Lightning-Nachrichten schützen.

Messaging-Schicht
: Diese Schicht enthält die Protokolle, die Nodes verwenden, um Features zu vereinbaren, Nachrichten zu formatieren und Nachrichtenfelder zu codieren.

Peer-to-Peer-Schicht (P2P)
: Diese Schicht ist die primäre Protokollschicht zur Kommunikation zwischen Lightning-Nodes und umfasst alle Nachrichten, die zwischen Nodes ausgetauscht werden.

Routing-Schicht
: Diese Schicht umfasst die Protokolle, die (Ende zu Ende und atomisch) zum Routing von Zahlungen verwendet werden. Diese Schicht enthält die Kernfunktionalität des Lightning-Netzwerks: das Routing von Zahlungen.

Zahlungsschicht
: Die höchste Schicht des Netzwerks, die eine zuverlässige Zahlungsschnittstelle für Anwendungen darstellt.

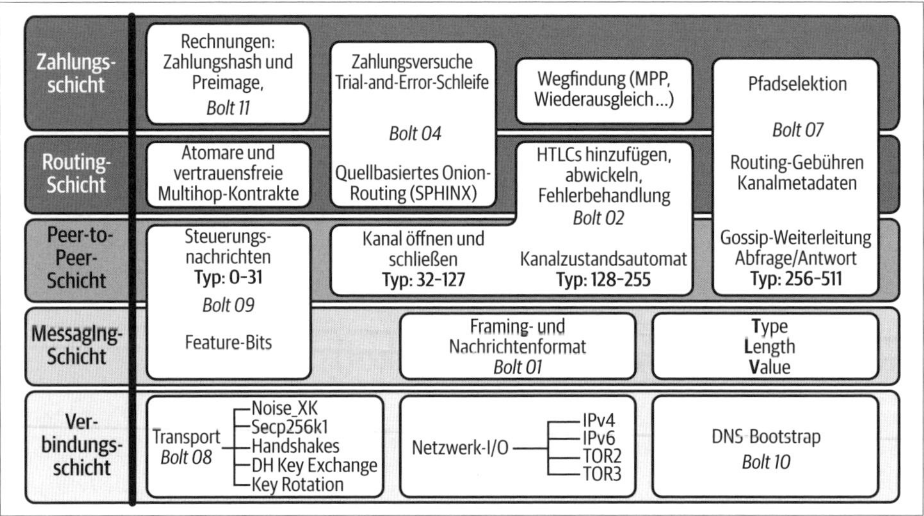

Abbildung 6-1: Die Lightning-Netzwerk-Protokoll-Suite

Lightning im Detail

In den nächsten zehn Kapiteln sezieren wir die Protokoll-Suite und untersuchen jede Komponente des Lightning-Netzwerks im Detail.

Wir haben viel Zeit damit verbracht, zu entscheiden, in welcher Reihenfolge wir diese Details am besten präsentieren. Das ist keine leichte Entscheidung, weil es so viele Verflechtungen zwischen den verschiedenen Komponenten gibt: Wenn Sie mit der Erläuterung einer Komponente beginnen, stellen Sie schnell fest, dass immer auch einige andere Komponenten mit im Spiel sind. Statt sich von oben nach unten oder von unten nach oben durchzuarbeiten, haben wir uns für einen Weg entschieden, der mit den grundlegendsten Bausteinen beginnt, die für die Lightning-Netzwerk-Zahlungskanäle einmalig sind, und sich von dort nach außen vorarbeitet. Doch da dieser Weg nicht so offensichtlich ist, nutzen wir die Lightning-Protokoll-Suite aus Abbildung 6-1 als Karte. In jedem Kapitel konzentrieren wir uns auf eine oder mehrere zusammengehörige Komponenten, die wir in der Protokoll-Suite hervorheben – ähnlich der Markierung auf einer Karte: »Sie sind hier.«

Wir behandeln die folgenden Themen:

Kapitel 7, Zahlungskanäle
: In diesem Kapitel sehen wir uns an, wie Zahlungskanäle funktionieren, und zwar wesentlich genauer, als es in den früheren Kapiteln der Fall war. Wir sehen uns die Struktur und das Bitcoin-Skript der Funding- und Commitment-Transaktionen an sowie den Prozess, der von den Nodes genutzt wird, um jeden Schritt des Protokolls auszuhandeln.

Kapitel 8, Routing in einem Netzwerk aus Zahlungskanälen
: Dann fassen wir mehrere Zahlungskanäle in einem Netzwerk zusammen und routen eine Zahlung von einem Ende zum anderen. Bei diesem Prozess tauchen wir in den HTLC Smart Contract (*Hash Time-Locked Contract*) ein und in das Bitcoin-Skript, das zu dessen Konstruktion verwendet wird.

Kapitel 9, Kanalbetrieb und Zahlungsweiterleitung
: Das Konzept eines einfachen Zahlungskanals und einer gerouteten Zahlung per HTLCs zusammenfassend, sehen wir uns dann an, wie HTLCs Teil jeder Commitment-Transaktion eines Kanals sind. Außerdem betrachten wir das Protokoll, mit dem wir HTCLs in Commitments hinzufügen, abwickeln, entfernen und scheitern lassen können.

Kapitel 10, Onion-Routing
: Als Nächstes sehen wir uns an, wie die HTLC-Informationen über das Netzwerk innerhalb des Onion-Routing-Protokolls weitergeleitet werden. Wir sehen uns den Mechanismus der geschichteten Verschlüsselung und Entschlüsselung an, die dem Lightning-Netzwerk einen Teil seiner Privatsphäre-Charakteristik gibt.

Kapitel 11, Gossip und der Kanal-Graph
: In diesem Kapitel erläutern wir, wie Lightning-Nodes einander finden. Sie lernen, wie öffentliche Kanäle einen Kanal-Graphen aufbauen, um Wege durch das Netzwerk zu finden.

Kapitel 12, Wegfindung und Zustellung der Zahlung
: Dann sehen wir uns an, wie Informationen des Gossip-Protokolls von jeder Node genutzt werden, um eine »Karte« des gesamten Netzwerks aufzubauen, mit deren Hilfe wir Pfade finden können, um Zahlungen von einem Punkt zu einem anderen zu routen. Wir schauen auch auf die Innovationen der Wegfindung, wie etwa Multipart-Zahlungen.

Kapitel 13, Wire-Protokoll: Framing und Erweiterbarkeit
: Den Unterbau des Lightning-Netzwerks bildet das Peer-to-Peer-Protokoll, das von Nodes genutzt wird, um Nachrichten über das Netzwerk und die Kanäle auszutauschen. In diesem Kapitel betrachten wir, wie die Nachrichten konstruiert werden und welche Erweiterungsmöglichkeiten in die Nachrichten mit Feature-Bits und TLV-Codierung (*Type-Length-Value*) integriert sind.

Kapitel 14, Lightnings verschlüsselter Nachrichtentransport
: Wir begeben uns dann in die Niederungen des Netzwerks und sehen uns das zugrunde liegende verschlüsselte Transportsystem an, das für die Sicherheit und die Integrität der gesamten Kommunikation zwischen den Nodes sorgt.

Kapitel 15, Lightning-Zahlungsanforderungen
: Ein Kernelement des Lightning-Netzwerks ist die Zahlungsanforderung, auch Lightning-Rechnung genannt. In diesem Kapitel sezieren wir Struktur und Codierung einer Rechnung.

Lassen Sie uns eintauchen!

KAPITEL 7

Zahlungskanäle

In diesem Kapitel sehen wir uns Zahlungskanäle an und wie man sie konstruiert. Wir bauen auf dem Beispiel auf, das wir zu Beginn dieses Buchs vorgestellt haben, und beginnen mit Alice' Node, die einen Kanal mit Bobs Node öffnet.

Die von Alice' und Bobs Node ausgetauschten Nachrichten sind in »BOLT #2: Peer Protocol for Channel Management« (*https://github.com/lightning/bolts/blob/master/02-peer-protocol.md*) definiert. Die von Alice' und Bobs Nodes erzeugten Transaktionen sind in »BOLT #3: Bitcoin Transaction and Script Formats« (*https://github.com/lightning/bolts/blob/master/03-transactions.md*) definiert. In diesem Kapitel konzentrieren wir uns auf die Bereiche »Kanal öffnen und schließen« sowie »Kanalzustandsautomat« der Lightning-Protokoll-Architektur, die wir in der Mitte (Peer-to-Peer-Protokoll) von Abbildung 7-1 entsprechend hervorgehoben haben.

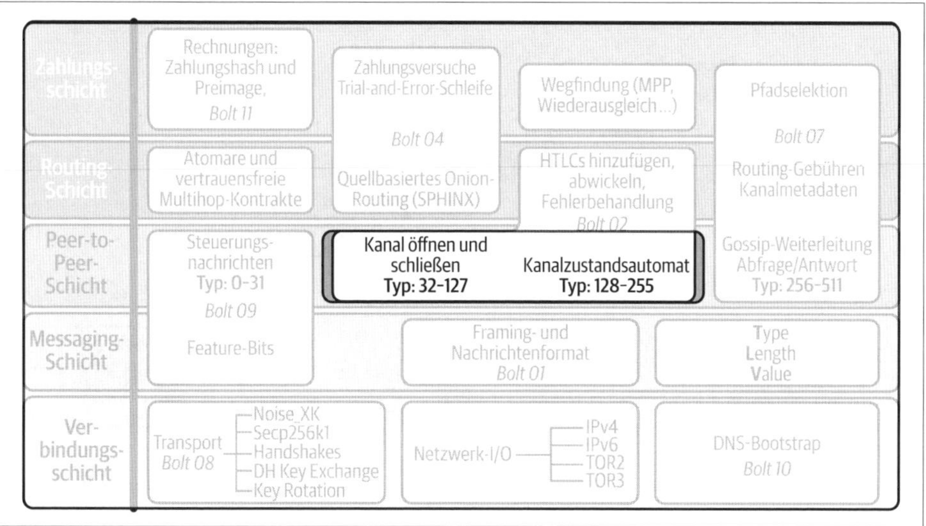

Abbildung 7-1: Zahlungskanäle in der Lightning-Protokoll-Suite

Eine andere Art, das Bitcoin-System zu nutzen

Das Lightning-Netzwerk wird häufig als »Layer-2-Protokoll« beschrieben, was so klingt, als wäre es anders als Bitcoin. Eine weitere Möglichkeit, Lightning zu beschreiben, ist: »eine clevere Art, Bitcoin zu nutzen« oder einfach »auf Bitcoin aufsetzende Anwendung«. Sehen wir uns das genauer an.

Historisch betrachtet, werden Bitcoin-Transaktionen an alle weitergeleitet und in der Bitcoin-Blockchain festgehalten, um als gültig betrachtet zu werden. Wie wir aber noch sehen werden, besitzt jemand, der eine vorsignierte Bitcoin-Transaktion mit einem 2-von-2-Multisig-Output hält, das exklusive Recht, die Bitcoin auszugeben. Das bedeutet letztlich, dass man diese Bitcoin besitzt, selbst wenn man die Transaktion nicht veröffentlicht.

Sie können sich eine vorsignierte Bitcoin-Transaktion wie einen vordatierten Scheck vorstellen, der jederzeit eingelöst werden kann. Im Gegensatz zum traditionellen Bankensystem ist diese Transaktion aber kein »Versprechen« einer Zahlung (also kein Schuldschein), sondern ein Bargeld gleichgestelltes, verifizierbares Inhaberpapier. Solange die in der Transaktion referenzierten Bitcoin zum Zeitpunkt der Einlösung (wenn Sie den Scheck »zu Geld machen«) nicht bereits ausgeben wurde, garantiert das Bitcoin-System, dass die vorsignierte Transaktion jederzeit veröffentlicht und festgehalten werden kann. Das gilt natürlich nur, wenn das die einzige vorsignierte Transaktion ist. Innerhalb des Lightning-Netzwerks existieren zwei oder mehr vorsignierte Transaktionen gleichzeitig. Daher benötigen wir einen ausgefeilteren Mechanismus, um die Funktionalität eines so verifizierbaren Inhaberpapiers zu erzielen (was Sie in diesem Kapitel ebenfalls lernen werden).

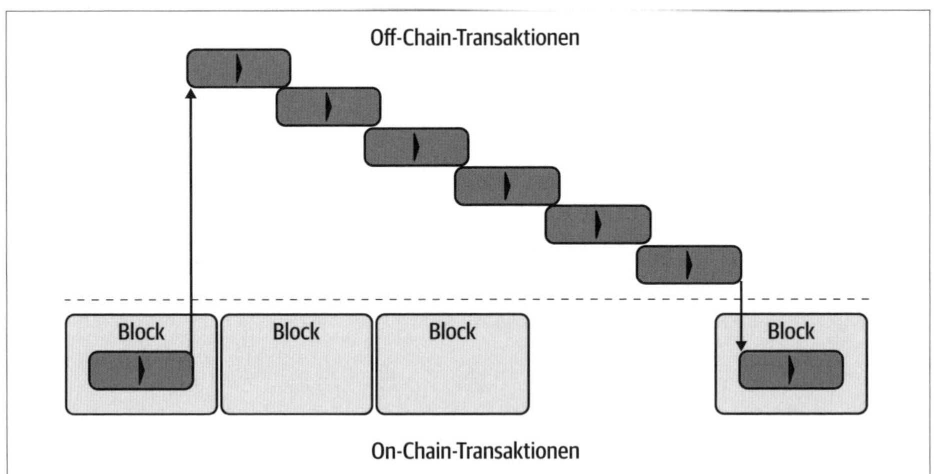

Abbildung 7-2: Lightning-Zahlungskanal aus On-Chain- und Off-Chain-Transaktionen

Das Lightning-Netzwerk ist einfach eine andere, kreative Art der Nutzung von Bitcoin. Im Lightning-Netzwerk bildet eine Kombination protokollierter (On-Chain) und vorsignierter, aber zurückgehaltener (Off-Chain) Transaktionen eine »Zahlungsschicht«, die eine schnellere, günstigere und vertraulichere Art der Bitcoin-Nutzung ermöglicht. Diese Beziehung zwischen On-Chain- und Off-Chain-Bitcoin-Transaktion sehen Sie in Abbildung 7-2.

Lightning ist Bitcoin. Es ist einfach nur eine andere Art, das Bitcoin-System zu nutzen.

Bitcoin-Eigentümerschaft und -Kontrolle

Bevor wir Zahlungskanäle nachvollziehen können, müssen wir einen kleinen Schritt zurückgehen und erst mal verstehen, wie Eigentümerschaft und Kontrolle bei Bitcoin funktionieren.

Wenn jemand sagt, dass er Bitcoin »besitzt«, bedeutet das typischerweise, dass er den privaten Schlüssel einer Bitcoin-Adresse mit einigen UTXOs (*Unspent Transaction Outputs*, siehe Anhang A) kennt. Der private Schlüssel erlaubt ihm, diese Bitcoins auszugeben, indem er eine Transaktion signiert, die die Bitcoins an eine andere Adresse überweist. Bei Bitcoin ist die »Eigentümerschaft« als *Fähigkeit zum Einlösen* definiert.

Denken Sie daran, dass der Begriff »Eigentümerschaft« bei Bitcoin nicht im rechtlichen Sinne zu verstehen ist. Ein Dieb, der die privaten Schlüssel besitzt und Bitcoins ausgeben kann, ist der *De-facto-Eigentümer* dieser Bitcoins, auch wenn er das rechtlich gesehen nicht ist.

Bei der Bitcoin-Eigentümerschaft geht es nur um die Kontrolle von Schlüsseln und die Fähigkeit, diese Bitcoins mit diesen Schlüsseln auszugeben. Ein populäres Bitcoin-Sprichwort lautet: »Deine Schlüssel, deine Coins – nicht deine Schlüssel, nicht deine Coins.«

Diversität der (unabhängigen) Eigentümerschaft und Multisig

Eigentümerschaft und Kontrolle privater Schlüssel liegen nicht immer in der Hand einer Person. An diesem Punkt werden die Dinge interessant und kompliziert. Wir wissen, dass mehr als eine Person einen privaten Schlüssel kennen kann, sei es durch Diebstahl oder weil der ursprüngliche Halter des Schlüssels eine Kopie macht und sie an jemanden weitergibt. Sind all diese Menschen Eigentümer? Praktisch gesehen ja, weil jeder, der den privaten Schlüssel kennt, die Bitcoins ohne Zustimmung der anderen ausgeben kann.

Bitcoin kennt auch Multisignaturadressen, bei denen mehrere private Schlüssel signieren müssen, bevor Mittel ausgegeben werden können (siehe »Multisignaturskripte« auf Seite 410). Aus praktischer Sicht hängt die Eigentümerschaft einer Multisignaturadresse von der beschlussfähigen Anzahl (*K*) und der Gesamtzahl (*N*) ab, die im *K*-von-*N*-Schema definiert sind. Ein 1-von-10-Schema würde es jedem einzelnen (*K*) von 10 (*N*) Unterzeichnern erlauben, einen Bitcoin-Betrag dieser Adresse auszugeben. Das entspricht dem Fall, in dem alle zehn Personen eine Kopie des gleichen privaten Schlüssels besitzen und die Mittel unabhängig voneinander ausgeben können.

Gemeinsamer Besitz ohne unabhängige Kontrolle

Es gibt auch den Fall, in dem *niemand* beschlussfähig ist. Bei einem 2-von-2-Schema, wie es im Lightning-Netzwerk verwendet wird, kann kein Unterzeichner die Bitcoins ausgeben, ohne eine Signatur der anderen Partei zu erhalten. Wem gehören die Bitcoins in diesem Fall? Eigentlich niemandem, da niemand die Kontrolle hat. Beide besitzen bei der Entscheidung ein gleichwertiges Stimmrecht, doch beide Stimmen sind notwendig. Ein Schlüsselproblem (Achtung, Wortspiel) bei einem 2-von-2-Schema besteht (für Bitcoin aber auch rechtlich) darin, was passiert, wenn eine der Parteien nicht verfügbar ist, wenn es zu einem Patt kommt, oder wenn eine der beiden Parteien nicht kooperiert.

»Gesperrte« und nicht einzulösende Bitcoin verhindern

Wenn einer oder beide Unterzeichner eines 2-von-2-Multisig nicht signieren wollen oder können, lassen sich die Mittel nicht mehr einlösen. Dieser Fall kann nicht nur unbeabsichtigt eintreten (Verlust der Schlüssel), sondern auch ein Erpressungsversuch einer der Parteien sein: »Ich signiere erst, wenn ich einen Teil der Mittel erhalte.«

Zahlungskanäle basieren bei Lightning auf einer 2-von-2-Multisig-Adresse, die von beiden Kanalpartnern signiert wird. Zum jetzigen Zeitpunkt werden Kanäle nur von einem der beiden Kanalpartner finanziert: Wenn Sie einen Kanal »öffnen«, zahlen Sie mit einer Transaktion Geld in die 2-von-2-Multisig-Adresse ein. Sobald die Transaktion geschürft ist und die Mittel im Multisig liegen, können Sie diese ohne Kooperation des Kanalpartners nicht zurückerhalten, weil Sie auch dessen Signatur benötigen, um die Bitcoins einlösen zu können.

Im nächsten Abschnitt werden wir uns ansehen, wie man einen Lightning-Kanal öffnet (erzeugt), und Sie werden auch erfahren, wie man den Verlust von Mitteln und jegliche Erpressungsversuche zwischen den Parteien vermeidet. Zu diesem Zweck wird ein Fairness-Protokoll für den Aufbau des Kanals implementiert. Dabei helfen vorsignierte Transaktionen, die den Multisig-Output so festlegen, dass die Peers in der Lage sind, einen der Outputs auszugeben, der ihrem Anteil an Bitcoin im Kanal entspricht.

Einen Zahlungskanal aufbauen

In »Was ist ein Zahlungskanal?« auf Seite 68 haben wir Zahlungskanäle als *finanzielle Beziehung* zwischen zwei Lightning-Nodes beschrieben, die durch die Finanzierung einer 2-von-2-Multisignaturadresse durch die Kanalpartner aufgebaut wird.

Nehmen wir an, Alice möchte einen Zahlungskanal aufbauen, der sie direkt mit Bobs Geschäft verbindet. Zuerst müssen die beiden Nodes (von Alice und Bob) eine Internetverbindung miteinander aufbauen, damit sie einen Zahlungskanal aushandeln können.

Private und öffentliche Node-Schlüssel

Jede Node im Lightning-Netzwerk wird über einen *öffentlichen Node-Schlüssel* identifiziert. Dieser öffentliche Schlüssel identifiziert eine bestimmte Node eindeutig und ist üblicherweise hexadezimal codiert. Zum Beispiel betreibt René Pickhardt momentan eine Lightning-Node (`ln.rene-pickhardt.de`), die durch den folgenden öffentlichen Node-Schlüssel identifiziert wird:

```
02a1cebfacb2674143b5ad0df3c22c609e935f7bc0ebe801f37b8e9023d45ea7b8
```

Jede Node erzeugt bei der ersten Initialisierung einen privaten »Stammschlüssel«. Dieser private Schlüssel bleibt für immer geheim (wird niemals geteilt) und wird sicher in der Wallet der Node gespeichert. Aus diesem privaten Schlüssel leitet die Node einen öffentlichen Schlüssel als Node-Kennung ab, der mit dem Netzwerk geteilt wird. Da der Schlüsselraum riesig ist, solange jede Node den Schlüssel zufällig erzeugt, besitzt sie einen eindeutigen öffentlichen Schlüssel, der sie im Netzwerk eindeutig identifizieren kann.

Node-Netzwerkadresse

Zusätzlich gibt jede Node eine Netzwerkadresse bekannt, über die sie erreicht werden kann. Hier sind verschiedene Formate möglich:

TCP/IP
: Eine IPv4- oder IPv6-Adresse und eine TCP-Portnummer.

TCP/Tor
: Eine Onion-Adresse (Tor) und eine TCP-Portnummer.

Die Netzwerkadresse hat die Form `Adresse:Port` und entspricht den internationalen Standards für Netzwerk-IDs, wie sie beispielsweise im Web genutzt werden.

Renés Node mit dem öffentlichen Node-Schlüssel `02a1ceb...45ea7b8` ist momentan unter dieser TCP/IP-Adresse bekannt:

```
172.16.235.20:9735
```

Das Lightning-Netzwerk verwendet standardmäßig Port 9735, eine Node kann aber einen beliebigen TCP-Port wählen.

Node-Kennungen

Den öffentlichen Node-Schlüssel und die Netzwerkadresse fasst man durch ein `@` getrennt wie folgt zusammen *`NodeID@Adresse:Port`*.

Die vollständige Kennung (ID) für Renés Node lautet also:

```
02a1cebfacb2674143b5ad0df3c22c609e935f7bc0ebe801f37b8e9023d45ea7b8
@172.16.235.20:9735
```

Der Alias für Renés Node lautet `ln.rene-pickhardt.de`. Allerdings dient das nur der besseren Lesbarkeit. Jeder Node-Betreiber kann jeden beliebigen Alias verwenden, und es gibt keinen Mechanismus, der Node-Betreiber daran hindert, einen bereits verwendeten Alias zu nutzen. Um auf eine Node zu verweisen, muss man also das *NodeID@Adresse:Port*-Schema verwenden.

Die obige Kennung wird häufig als QR-Code codiert, um Nutzern das Scannen zu vereinfachen, die mit einer eigenen Node eine Verbindung mit dieser Adresse herstellen wollen.

Genau wie Bitcoin-Nodes geben auch Lightning-Nodes ihre Präsenz bekannt, indem sie über ihren öffentlichen Node-Schlüssel und die Netzwerkadresse »tratschen« (engl. *gossip*). Auf diese Weise können andere Nodes sie finden und eine Inventarliste (Datenbank) aller bekannten Nodes vorhalten, mit denen sie Verbindungen herstellen und Nachrichten über das Lightning-P2P-Protokoll auszutauschen.

Nodes als direkte Peers verbinden

Damit Alice' Node die Verbindung mit Bobs Node herstellen kann, benötigt sie Bobs öffentlichen Node-Schlüssel oder die vollständige Adresse, die den öffentlichen Schlüssel, die IP- oder Tor-Adresse und den Port enthält. Da Bob einen Laden betreibt, kann die Adresse von Bobs Node über eine Rechnung oder die Zahlungsseite des Ladens im Web abgerufen werden. Alice kann einen QR-Code scannen, der die Adresse enthält, und ihre Node anweisen, eine Verbindung mit Bobs Node herzustellen.

Sobald Alice die Verbindung mit Bobs Node hergestellt hat, sind diese Nodes direkt miteinander verbundene Peers.

Um einen Zahlungskanal zu öffnen, müssen beide Nodes zuerst als direkte Peers verbunden sein, indem sie eine Verbindung über das Internet (oder Tor) aufbauen.

Den Kanal aufbauen

Nachdem Alice' und Bobs Lightning-Nodes verbunden sind, können sie damit beginnen, einen Zahlungskanal aufzubauen. In diesem Abschnitt sehen wir uns die Kommunikation zwischen den Nodes an, d.h. das Lightning-Peer-Protokoll für das Kanalmanagement und das kryptografische Protokoll, das zum Aufbau von Bitcoin-Transaktionen verwendet wird.

In diesem Szenario beschreiben wird zwei verschiedene Protokolle: erstens ein *Message-Protokoll*, das festlegt, wie Lightning-Nodes über das Internet kommunizieren und welche Nachrichten sie dabei miteinander austauschen, und zweitens gibt es das *kryptografische Protokoll*, das festlegt, wie zwei Nodes Bitcoin-Transaktionen konstruieren und signieren.

Peer-Protokoll für das Kanalmanagement

Das Lightning-Peer-Protokoll für das Kanalmanagement ist in BOLT #2: Peer Protocol for Channel Management (*https://github.com/lightning/bolts/blob/master/02-peer-protocol.md*) definiert. In diesem Kapitel gehen wir detaillierter auf die Abschnitte »Channel Establishment« (Aufbau eines Kanals) und »Channel Closing« (Schließen eines Kanals) von BOLT #2 ein.

Nachrichtenfluss beim Aufbau des Kanals

Der Aufbau des Kanals wird durch den Austausch von sechs Nachrichten zwischen Alice' und Bobs Nodes erreicht (drei von jedem Peer): `open_channel`, `accept_channel`, `funding_created`, `funding_signed`, `funding_locked` und `funding_locked`. Die sechs Nachrichten sind im Zeitablaufdiagramm in Abbildung 7-3 zu sehen.

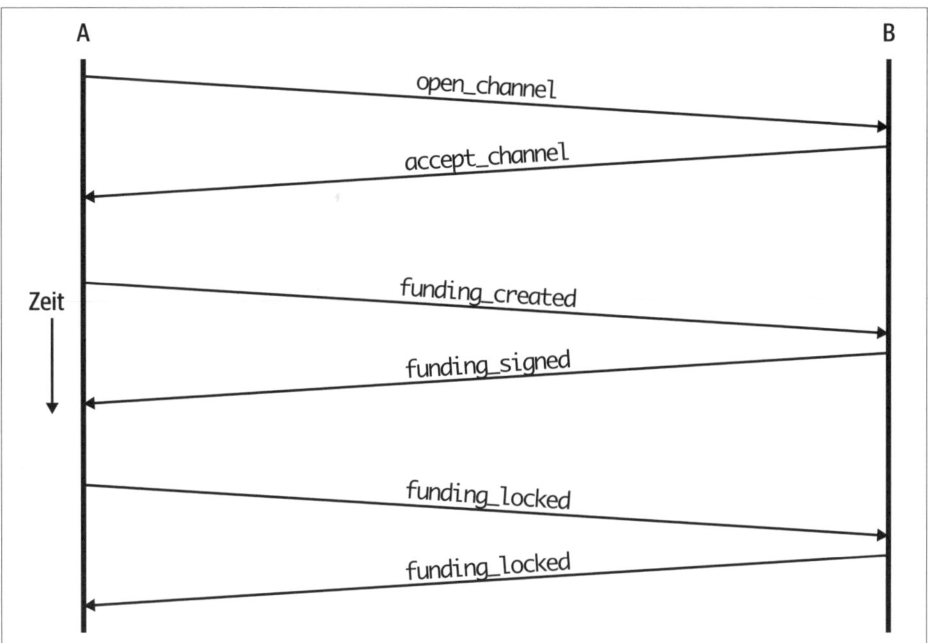

Abbildung 7-3: Nachrichtenfluss beim Aufbau des Kanals

In Abbildung 7-3 werden Alice' und Bobs Nodes durch die vertikalen Linien »A« und »B« auf beiden Seiten des Diagramms repräsentiert. Bei einem Zeitablaufdiagramm wie diesem verläuft die Zeit abwärts, und die Nachrichten fließen zwischen den beiden Kommunikationspartnern. Die Linien sind ein wenig geneigt, um die Zeit anzudeuten, die benötigt wird, um die Nachricht zu senden. Ein Pfeil am Ende der Linie gibt die Richtung an, in die die Nachricht läuft.

Der Aufbau des Kanals besteht aus drei Teilen. Zuerst tauschen die beiden Peers ihre Fähigkeiten und Erwartungen miteinander aus. Dabei initiiert Alice einen Request über `open_channel`, und Bob akzeptiert diese Kanalanforderung über `accept_channel`.

Im zweiten Schritt baut Alice die Funding- und Refund-Transaktionen (die Rückerstattung) auf (was wir später in diesem Kapitel noch sehen werden) und sendet `funding_created` an Bob. Ein anderer Name für »Refund«-Transaktion ist »Commitment«-Transaktion, da sie die aktuelle Verteilung der Guthaben im Kanal festlegt. Bob sendet dann mit `funding_signed` die notwendigen Signaturen zurück. Diese Interaktion ist die Basis für das *kryptografische Protokoll*, das den Kanal schützt und Diebstahl verhindert. Alice veröffentlicht nun die Funding-Transaktion (On-Chain), um den Zahlungskanal zu öffnen. Die Transaktion muss durch die Bitcoin-Blockchain bestätigt werden.

Der Name `funding_signed` ist ein wenig irreführend. Die Nachricht enthält keine Signatur für die Funding-Transaktion, sondern nur die Signatur für die Refund-Transaktion, die es Alice erlaubt, ihre Bitcoin aus dem Multisig einzulösen.

Sobald die Transaktion ausreichend Bestätigungen hat (die im Feld `minimum_depth` der `accept_channel`-Nachricht festgelegt ist), tauschen Alice und Bob `funding_locked`-Nachrichten aus, und der Kanal geht in den normalen Betriebsmodus über.

Die open_channel-Nachricht

Alice fordert einen Zahlungskanal mit Bobs Node an, indem sie eine `open_channel`-Nachricht sendet. Die Nachricht enthält Informationen bezügliches Alice' *Erwartungen* zum Kanal-Setup, die Bob akzeptieren oder ablehnen kann.

Die Struktur einer `open_channel`-Nachricht (entnommen aus BOLT #2) sehen Sie in Beispiel 7-1.

Beispiel 7-1: Die open_channel-Nachricht

```
[chain_hash:chain_hash]
[32*byte:temporary_channel_id]
[u64:funding_satoshis]
[u64:push_msat]
[u64:dust_limit_satoshis]
[u64:max_htlc_value_in_flight_msat]
[u64:channel_reserve_satoshis]
[u64:htlc_minimum_msat]
[u32:feerate_per_kw]
[u16:to_self_delay]
```

```
[u16:max_accepted_htlcs]
[point:funding_pubkey]
[point:revocation_basepoint]
[point:payment_basepoint]
[point:delayed_payment_basepoint]
[point:htlc_basepoint]
[point:first_per_commitment_point]
[byte:channel_flags]
[open_channel_tlvs:tlvs]
```

Die in dieser Nachricht enthaltenen Felder legen die von Alice gewünschten Kanalparameter fest und enthalten verschiedene Konfigurationseinstellungen von Alice' Node, die die Sicherheitserwartungen für den Betrieb des Kanals widerspiegeln.

Hier einige der für den Aufbau des Kanals verwendeten Parameter:

`chain_hash`
: Gibt an, welche Blockchain (z.B. Bitcoin-mainnet) für den Kanal verwendet wird. Üblicherweise der Hash des Genesis-Blocks dieser Blockchain.

`funding_satoshis`
: Der Betrag, mit dem Alice den Kanal finanziert. Entspricht der Gesamtkapazität des Kanals.

`channel_reserve_satoshis`
: Das minimale Guthaben in Satoshi, das auf beiden Seiten des Kanals reserviert wird. Wir kommen später darauf zurück, wenn wir über Sanktionen sprechen.

`push_msat`
: Ein optionaler Betrag, den Alice sofort als Zahlung für das Öffnen des Kanals an Bob überweist. Ein Wert ungleich null bedeutet, dass Sie Ihrem Kanalpartner Geld schenken – *also Vorsicht*.

`to_self_delay`
: Ein sehr wichtiger Sicherheitsparameter für das Protokoll. Der Wert in der `open_channel`-Nachricht wird in der Commitment-Transaktion der antwortenden Seite genutzt und der in `accept_channel` in der des Initiators. Durch diese Asymmetrie können beide Seiten ausdrücken, wie lange die andere Seite warten muss, um einseitig die Mittel in einer Commitment-Transaktion einlösen zu dürfen. Schließt Bob zu irgendeinem Zeitpunkt gegen Alice' Willen den Kanal, verpflichtet er sich, für die hier festgelegte Zeitspanne nicht auf sein Guthaben zuzugreifen. Je höher der Wert, desto sicherer für Alice, desto länger bleibt Bobs Guthaben aber auch gesperrt.

`funding_pubkey`
: Der öffentliche Schlüssel, den Alice zum 2-von-2-Multisig beiträgt, der den Kanal öffnet.

`X_basepoint`
: Masterschlüssel, der verwendet wird, um Unterschlüssel für verschiedene Teile der Commitment-, Widerrufs-, HTLC- und Abschlusstransaktionen abzuleiten. Wir werden sie in späteren Kapiteln erläutern und nutzen.

Wenn Sie die anderen Felder und Nachrichten des Lightning-Peer-Protokolls verstehen wollen, die wir in diesem Buch nicht behandeln, empfehlen wir einen Blick in die BOLT-Spezifikationen. Diese Nachrichten und Felder sind wichtig, können im Rahmen dieses Buchs aber nicht detailliert genug behandelt werden. Wir wollen, dass Sie die grundlegenden Prinzipien gut genug verstehen, um die Details selbst einsetzen zu können, wenn Sie die Protokollspezifikationen (BOLTs) lesen.

Die accept_channel-Nachricht

Als Antwort auf Alice' open_channel-Nachricht sendet Bob die accept_channel-Nachricht zurück, die Sie in Beispiel 7-2 sehen.

Beispiel 7-2: Die accept_channel-Nachricht

```
[32*byte:temporary_channel_id]
[u64:dust_limit_satoshis]
[u64:max_htlc_value_in_flight_msat]
[u64:channel_reserve_satoshis]
[u64:htlc_minimum_msat]
[u32:minimum_depth]
[u16:to_self_delay]
[u16:max_accepted_htlcs]
[point:funding_pubkey]
[point:revocation_basepoint]
[point:payment_basepoint]
[point:delayed_payment_basepoint]
[point:htlc_basepoint]
[point:first_per_commitment_point]
[accept_channel_tlvs:tlvs]
```

Wie Sie sehen können, ähnelt das der open_channel-Nachricht und enthält die Erwartungen und Konfigurationswerte von Bobs Node.

Die beiden wichtigen Felder in accept_channel, die Alice zum Aufbau des Zahlungskanals nutzt, sind:

`funding_pubkey`
: Der öffentliche Schlüssel, den Bobs Node zur 2-von-2-Multisig-Adresse beisteuert, die den Kanal fixiert.

`minimum_depth`
: Die Anzahl der Bestätigungen, die Bobs Node für die Funding-Transaktion verlangt, bevor er den Kanal als »offen« und einsatzbereit betrachtet.

Die Funding-Transaktion

Sobald Alice' Node Bobs accept_channel-Nachricht empfangen hat, verfügt sie über die notwendigen Informationen und kann die *Funding-Transaktion* konstruieren, die den Kanal in der Bitcoin-Blockchain verankert. Wie bereits in früheren Kapiteln erläutert, wird ein Lightning-Zahlungskanal durch eine 2-von-2-Multisignaturadresse verankert. Zuerst müssen wir diese Multisignaturadresse erzeugen, um eine Funding-Transaktion (und wie nachfolgend beschrieben die Refund-Transaktion) konstruieren zu können.

Eine Multisignaturadresse generieren

Die Funding-Transaktion sendet eine gewisse Menge Bitcoins (`funding_satoshis` aus der `open_channel`-Nachricht) an einen 2-von-2-Multisignatur-Output, der aus Alice' und Bobs öffentlichen Schlüsseln (`funding_pubkey`) erzeugt wird.

Alice' Node konstruiert folgendes Multisignaturskript:

```
2 <Alices_funding_pubkey> <Bobs_funding_pubkey> 2 CHECKMULTISIG
```

Beachten Sie, dass die Funding-Schlüssel in der Praxis deterministisch *sortiert* werden (in lexikografischer Reihenfolge der serialisierten, komprimierten Form der öffentlichen Schlüssel), bevor sie im Witness-Skript gesetzt werden. Indem man sich vorab auf diese sortierte Reihenfolge verständigt, stellt man sicher, dass beide Parteien einen identischen Output der Funding-Transaktion erzeugen, der durch die ausgetauschte Commitment-Transaktion-Signatur signiert wird.

Das Skript wird als P2WSH-Bitcoin-Adresse (*Pay-to-Witness-Script-Hash*) codiert, die etwa wie folgt aussieht:

```
bc1q89ju02heg32yrqdrnqghe6132wek25p6sv6e564znvrvez7tq5zqt4dn02
```

Die Funding-Transaktion konstruieren

Alice' Node kann nun eine Funding-Transaktion konstruieren, die den mit Bob vereinbarten Betrag (`funding_satoshis`) an die 2-von-2-Multisig-Adresse sendet. Wir wollen annehmen, dass `funding_satoshis` mit 140.000 vereinbart wurde, Alice einen Satoshi-Output von 200.000 ausgibt und 60.000 Satoshi Wechselgeld zurückerhält. Die Transaktion sieht dann wie in Abbildung 7-4 aus.

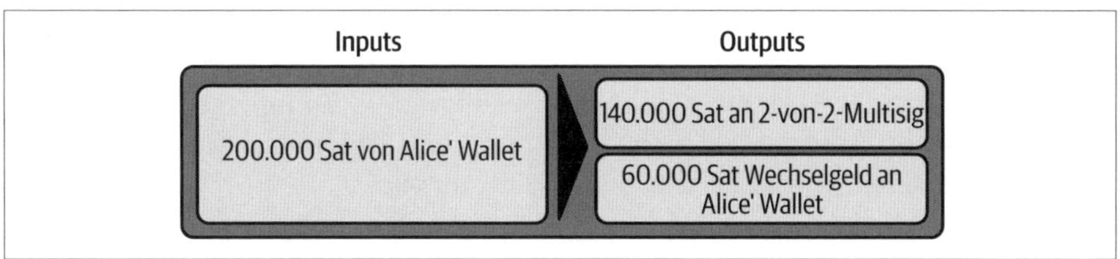

Abbildung 7-4: Alice konstruiert die Funding-Transaktion.

Alice veröffentlicht die Transaktion *nicht*, da das ihre 140.000 Satoshi gefährden würde. Sobald diese in den 2-von-2-Multisig eingebracht sind, hat Alice ohne Bobs Signatur keine Möglichkeit, ihr Geld wiederzubekommen.

> **Dual finanzierte Zahlungskanäle**
>
> Bei der aktuellen Lightning-Implementierung werden Kanäle nur von der Node finanziert, die den Kanal initiiert (in unserem Beispiel Alice). Dual finanzierte Kanäle wurden vorgeschlagen, bisher aber noch nicht implementiert. Bei einem dual finanzierten Kanal würden sowohl Alice als auch Bob Inputs zur Funding-Transaktion beitragen. Dual finanzierte Kanäle verlangen einen etwas komplizierteren Nachrichtenfluss und ein etwas komplizierteres kryptografisches Protokoll. Sie wurden daher noch nicht implementiert, sind aber für ein zukünftiges Update der Lightning-BOLTs geplant. Die `c-lightning`-Implementierung enthält eine experimentelle Variante dual finanzierter Kanäle.

Signierte Transaktionen halten, aber nicht veröffentlichen

Ein wichtiges Bitcoin-Feature, das Lightning erst möglich macht, ist die Fähigkeit, Transaktionen zu konstruieren und zu signieren, ohne sie auf der Blockchain zu veröffentlichen. Die Transaktion ist in jeder Hinsicht gültig, doch weil sie nicht veröffentlicht und durch die Bitcoin-Blockchain nicht bestätigt wurde, wird sie nicht erkannt. Die Outputs können also nicht ausgegeben werden, da sie nicht in der Blockchain stehen. Wir werden diese Fähigkeit im Lightning-Netzwerk oft einsetzen, und Alice' Node nutzt sie, wenn sie die Funding-Transaktion erzeugt: Sie erzeugt sie, veröffentlicht sie aber nicht.

Refunding vor Funding

Um den Verlust der Einlage zu vermeiden, kann Alice ihre Bitcoin nicht in den 2-von-2-Multisig eintragen, solange sie keine Möglichkeit gefunden hat, ihr Guthaben zurückerstattet zu bekommen (engl. *refund*), wenn etwas schiefgeht. Im Grunde genommen muss sie den »Ausstieg« planen, bevor sie die Vereinbarung überhaupt eingeht.

Betrachten Sie das juristische Konstrukt eines Ehevertrags. Gehen zwei Menschen die Ehe ein, wird ihr Vermögen (je nach Jurisdiktion) zusammengelegt. Bevor sie die Ehe eingehen, können sie einen Vertrag unterzeichnen, der festlegt, wie das Vermögen aufgeteilt wird, falls die Ehe geschieden wird.

Wir schließen einen ähnlichen Vertrag in Bitcoin ab. Wir können zum Beispiel eine Refund-Transaktion erzeugen, die wie ein Ehevertrag funktioniert. Beide Parteien können entscheiden, wie die Guthaben in ihren Kanälen aufgeteilt werden, bevor die Mittel tatsächlich in einer Multisignaturadresse festgelegt werden.

Die vorsignierte Refund-Transaktion konstruieren

Alice konstruiert die Refund-Transaktion unmittelbar nach der Konstruktion (aber ohne Veröffentlichung) der Funding-Transaktion. Die Refund-Transaktion gibt den 2-von-2-Multisig an Alice' Wallet zurück. Wir nennen diese Refund-Transaktion eine *Commitment-Transaktion*, weil sich beide Kanalpartner verpflichten (engl. *commit*), das Kanalguthaben fair zu teilen. Da Alice den Kanal alleine finanziert, erhält sie das gesamte Guthaben, und Alice und Bob verpflichten sich mit dieser Transaktion, dass Alice ihre Einlage zurückerhält.

In der Praxis ist das etwas komplizierter, wie wir in den folgenden Kapiteln noch sehen werden, doch für den Moment wollen wir die Dinge einfach halten und annehmen, dass es so funktioniert wie in Abbildung 7-5.

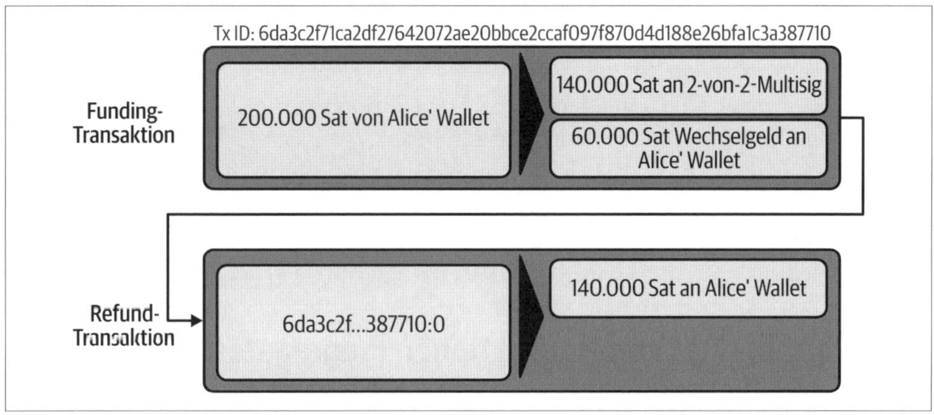

Abbildung 7-5: Alice konstruiert auch die Refund-Transaktion.

Später in diesem Kapitel zeigen wir, wie weitere Commitment-Transaktionen das Guthaben des Kanals unterschiedlich aufteilen.

Transaktionen ohne Veröffentlichung verketten

Bisher hat Alice also die beiden Transaktionen in Abbildung 7-5 konstruiert. Doch Sie fragen sich vielleicht, wie das möglich ist. Alice hat die Funding-Transaktion nicht in der Bitcoin-Blockchain veröffentlicht. Soweit es das Netzwerk betrifft, existiert diese Transaktion nicht. Die Refund-Transaktion ist so konstruiert, dass sie einen der Outputs der Funding-Transaktion *ausgibt*, obwohl dieser Output gar nicht existiert. Wie kann man einen Output ausgeben, der nicht durch die Bitcoin-Blockchain bestätigt wurde?

Die Refund-Transaktion ist noch keine gültige Transaktion. Damit sie gültig wird, müssen zwei Dinge geschehen:

- Die Funding-Transaktion muss im Bitcoin-Netzwerk veröffentlicht werden. (Um die Sicherheit des Lightning-Netzwerks sicherzustellen, verlangen wir auch die Bestätigung durch die Bitcoin-Blockchain, selbst wenn das zur Verkettung von Transaktionen nicht notwendig ist.)
- Der Input der Refund-Transaktion benötigt Alice' und Bobs Signaturen.

Doch obwohl diese beiden Dinge nicht passiert sind und obwohl Alice' Node die Funding-Transaktion nicht veröffentlicht hat, kann sie doch die Refund-Transaktion konstruieren. Sie kann das, weil sie den Hash der Funding-Transaktion berechnet und als Input in der Refund-Transaktion referenziert.

Beachten Sie, wie Alice `6da3c2...387710` als Hash der Funding-Transaktion berechnet hat. Wenn diese Funding-Transaktion veröffentlicht wird, wird dieser Hash als Transaktions-ID der Funding-Transaktion festgehalten. Daher wird der Output `0` der Funding-Transaktion (der Output der 2-von-2-Adresse) als Output-ID `6da3c2...387710:0` referenziert. Die Refund-Transaktion kann so konstruiert werden, dass der Output der Funding-Transaktion ausgegeben werden kann, obwohl dieser Output noch gar nicht existiert, weil Alice deren ID im Voraus kennt.

Das bedeutet, dass Alice eine verkettete Transaktion erzeugen kann, indem sie einen noch nicht existierenden Output referenziert, weil sie weiß, dass die Referenz gültig sein wird, wenn die Funding-Transaktion bestätigt wird, wodurch auch die Refund-Transaktion gültig wird. Wie Sie im nächsten Abschnitt sehen werden, verlangt dieser »Trick« der Verkettung von Transaktionen vor deren Veröffentlichung ein sehr wichtiges Bitcoin-Feature, das 2017 eingeführt wurde: *Segregated Witness*.

(Ver-)Formbarkeit von Transaktionen (Segregated Witness)

Alice ist davon abhängig, dass die Transaktions-ID der Funding-Transaktion vor der Bestätigung bekannt ist. Doch vor der Einführung von Segregated Witness (*SegWit*) im August 2017 reichte das nicht aus, um Alice zu schützen. Die Transaktionen waren so konstruiert, dass die Signaturen (»Zeugen«, engl. *Witnesses*) in der Transaktions-ID enthalten waren. Das ermöglichte einer dritten Partei (z.B. Bob), eine alternative Version der Transaktion mit einer *verformten* (modifizierten) Transaktions-ID zu veröffentlichen. Das wird als Transaktions-(Ver-)Formbarkeit (engl. *Transaction Malleability*) bezeichnet. Dieses Problem machte es vor SegWit schwer, die unendliche (lebenslange) Sicherheit eines Zahlungskanals zu implementieren.

Kann Bob Alice' Funding-Transaktion modifizieren, bevor sie bestätigt wird, und eine Replik mit einer anderen Transaktions-ID erzeugen, wird Alice' Refund-Transaktion ungültig, und Bob gewinnt die Kontrolle über die Bitcoin. Alice wäre darauf angewiesen, dass Bob ihr gnädigerweise eine Signatur überlässt, wäre also erpressbar. Bob könnte das Guthaben nicht stehlen, aber verhindern, dass Alice es zurückerhält.

Mit der Einführung von SegWit wurden unbestätigte Transaktions-IDs aus Sicht Dritter unveränderlich, d.h., Alice kann sicher sein, dass sich die Transaktions-ID der Funding-Transaktion nicht ändert. Alice kann also darauf vertrauen, dass sie ihr Geld zurückbekommt, wenn sie mit der Refund-Transaktion Bobs Signatur erhält. Sie hat nun die Möglichkeit, das Bitcoin-Gegenstück zu einem »Ehevertrag« zu implementieren, bevor sie Mittel in ein Multisig steckt.

Sie fragen sich vielleicht, wie Bob in der Lage wäre, eine Transaktion zu verändern (verformen), die durch Alice signiert wurde. Bob kennt Alice' private Schlüssel sicher nicht. Allerdings sind ECDSA-Signaturen für eine Nachricht nicht einmalig. Kennt man eine Signatur (die in einer gültigen Transaktion enthalten ist), kann man viele unterschiedliche Signaturen erzeugen, die immer noch gültig sind. Bevor SegWit Signaturen aus dem Transaktion-Digest-Algorithmus entfernt hat, konnte Bob die Signatur durch eine ebenfalls gültige Signatur ersetzen, die eine andere Transaktions-ID erzeugte, und so die Kette zwischen Funding- und Refund-Transaktion sprengen.

Die funding_created-Nachricht

Nachdem Alice die notwendigen Transaktionen konstruiert hat, wird der Nachrichtenfluss für den Kanalaufbau fortgesetzt. Alice sendet die `funding_created`-Nachricht an Bob. Den Inhalt dieser Nachricht sehen Sie hier:

```
[32*byte:temporary_channel_id]
[sha256:funding_txid]
[u16:funding_output_index]
[signature:signature]
```

Mit dieser Nachricht liefert Alice Bob die wichtige Information über die Funding-Transaktion, die den Zahlungskanal verankert:

`funding_txid`
: Die Transaktions-ID (TxID) der Funding-Transaktion, die zur Bildung der Kanal-ID genutzt wird, sobald der Kanal eingerichtet ist.

`funding_output_index`
: Der Output-Index, damit Bob weiß, welcher Output der Transaktion (z.B. Output `0`) der von Alice finanzierte 2-von-2-Multisig-Output ist. Wird ebenfalls zur Bildung der Kanal-ID verwendet.

Abschließend sendet Alice auch die Signatur, die Alice' `funding_pubkey` entspricht und verwendet wird, um den 2-von-2-Multisig einzulösen. Diese wird von Bob benötigt, weil er eine eigene Version einer Commitment-Transaktion erzeugen muss. Diese Commitment-Transaktion muss eine Signatur von Alice enthalten, die sie ihm zur Verfügung stellt. Beachten Sie, dass die Commitment-Transaktionen von Alice und Bob etwas unterschiedlich aussehen, und dementsprechend sind auch die Signaturen unterschiedlich. Zu wissen, wie die Commitment-Transaktion der anderen Partei aussieht, ist wesentlich und Teil des Protokolls, um eine gültige Signatur bereitzustellen.

Im Lightning-Protokoll sehen wir häufig, dass Nodes Signaturen anstelle vollständiger signierter Transaktionen senden. Das liegt daran, dass beide Seiten die gleiche Transaktion rekonstruieren können und daher nur die Signaturen senden müssen, damit sie gültig werden. Nur die Signatur und nicht die gesamte Transaktion zu senden, spart sehr viel Netzwerkbandbreite ein.

Die funding_signed-Nachricht

Nachdem er die funding_created-Nachricht von Alice empfangen hat, kennt Bob die Funding-Transaktions-ID und den Output-Index. Die Kanal-ID (*channel id*) wird durch das bitweise »Exklusiv-Oder« (XOR) der Funding-Transaktions-ID und des Output-Index erzeugt:

```
channel_id = funding_txid XOR funding_output_index
```

Genauer gesagt, es wird eine channel_id (eine 32-Byte-Abbildung einer Funding-UTXO) durch das XOR der beiden unteren Bytes der Funding-TxID mit dem Index des Funding-Outputs generiert.

Bob muss Alice auch seine Signatur für die Refund-Transaktion senden, die auf Bobs funding_pubkey basiert, mit dem der 2-von-2-Multisig erzeugt wurde. Bob besitzt zwar bereits seine lokale Refund-Transaktion, doch dadurch wird es Alice möglich, die Refund-Transaktion mit allen notwendigen Signaturen abzuschließen und sicherzustellen, dass ihr Geld zurückerstattet wird, falls etwas schiefgeht.

Bob konstruiert eine funding_signed-Nachricht und sendet diese an Alice. Hier der Inhalt dieser Nachricht:

```
[channel_id:channel_id]
[signature:signature]
```

Die Funding-Transaktion veröffentlichen

Nachdem sie die funding_signed-Nachricht von Bob erhalten hat, besitzt Alice beide Signaturen, die zum Signieren der Refund-Transaktion benötigt werden. Ihr »Ausstiegsplan« ist nun sicher, und sie kann die Funding-Transaktion veröffentlichen, ohne Angst haben zu müssen, dass ihr Guthaben gesperrt wird. Geht etwas schief, kann Alice einfach die Refund-Transaktion veröffentlichen und erhält ihr Geld zurück, ohne auf Bob angewiesen zu sein.

Alice veröffentlicht die Funding-Transaktion nun im Bitcoin-Netzwerk, damit sie in der Blockchain festgehalten wird. Alice und Bob beobachten beide diese Transaktion und warten auf minimum_depth Bestätigungen (z.B. sechs) in der Bitcoin-Blockchain.

Natürlich nutzt Alice das Bitcoin-Protokoll, um zu überprüfen, ob Bobs Signatur auch wirklich gültig ist. Dieser Schritt ist besonders wichtig. Würde Bob aus irgendwelchen Gründen die falschen Daten an Alice senden, wäre ihr »Ausstiegsplan« hinfällig.

Die funding_locked-Nachricht

Sobald die Funding-Transaktion die notwendige Anzahl von Bestätigungen erhalten hat, senden Alice und Bob einander die funding_locked-Nachricht, und der Kanal ist einsatzbereit.

Zahlungen über den Kanal senden

Der Kanal ist nun eingerichtet, doch in seinem Anfangszustand liegt die gesamte Kapazität (140.000 Satoshi) auf Alice' Seite. Das bedeutet, dass Alice Zahlungen über den Kanal an Bob senden kann, Bob aber noch nicht über Mittel verfügt, die er Alice senden könnte.

In den nächsten Abschnitten zeigen wir, wie Zahlungen über den Zahlungskanal abgewickelt werden und wie der *channel state* aktualisiert wird.

Nehmen wir an, Alice möchte 70.000 Satoshi an Bob senden, um ihre Rechnung in Bobs Café zu bezahlen.

Das Guthaben aufteilen

Das Senden einer Zahlung von Alice an Bob ist letztlich nur ein einfaches Umverteilen des Guthabens des Kanals. Bevor die Zahlung erfolgt, besitzt Alice 140.000 Satoshi und Bob nichts. Nach der Zahlung von 70.000 Satoshi besitzt Alice 70.000 Satoshi, und Bob besitzt ebenfalls 70.000 Satoshi.

Alles was Alice und Bob tun müssen, ist, eine Transaktion zu signieren, die den 2-von-2-Multisig auf zwei Outputs verteilt, die Alice und Bob das entsprechende Guthaben zuweisen. Wir nennen diese aktualisierte Transaktion eine *Commitment-Transaktion*.

Alice und Bob betreiben den Zahlungskanal, indem sie den *Kanalzustand* durch eine Folge von Commitments *verändern*. Jedes Commitment aktualisiert die Guthaben und reflektiert so die Zahlungen, die über den Kanal geflossen sind. Alice und Bob können beide ein neues Commitment anstoßen, um den Kanal zu aktualisieren.

In Abbildung 7-6 sehen Sie verschiedene Commitment-Transaktionen.

Die erste Commitment-Transaktion in Abbildung 7-6 ist die Refund-Transaktion, die Alice konstruiert hat, bevor sie den Kanal finanziert hat. In diesem Diagramm ist dies Commitment #0. Nachdem Alice 70.000 Satoshi an Bob gezahlt hat, besitzt die neue Commitment-Transaktion (Commitment #1) zwei Outputs, die Alice und Bob ihr jeweiliges Guthaben gutschreiben. Wir haben zwei nachfolgende Commitment-Transaktionen (Commitment #2 und Commitment #3) aufgeführt, in denen Alice weitere 10.000 Satoshi bzw. 20.000 Satoshi an Bob überweist.

Jede signierte und gültige Commitment-Transaktion kann von beiden Kanalpartnern jederzeit im Bitcoin-Netzwerk veröffentlicht werden, um den Kanal zu schließen. Da beide die jüngste Commitment-Transaktion besitzen und zu jeder Zeit einsetzen können, können sie sie auch behalten und nicht veröffentlichen. Sie bildet die Garantie für einen fairen Ausstieg aus dem Kanal.

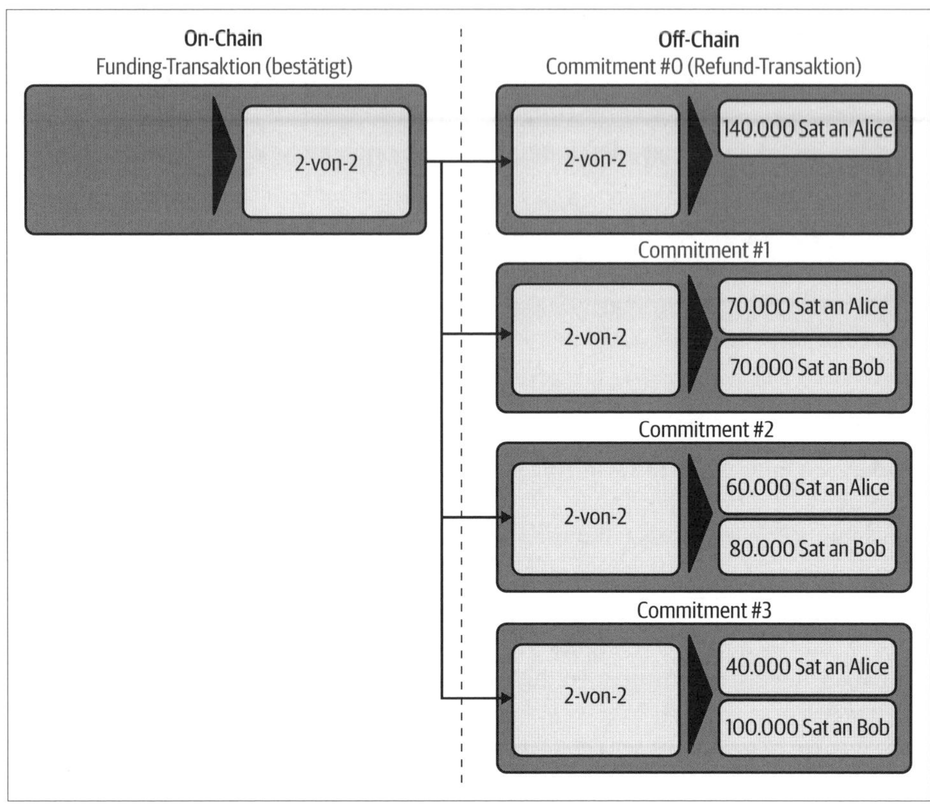

Abbildung 7-6: Mehrere Commitment-Transaktionen

Konkurrierende Commitments

Sie wundern sich vielleicht, wie es möglich ist, dass Alice und Bob mehrere Commitment-Transaktionen besitzen, die alle versuchen, den gleichen 2-von-2-Output der Funding-Transaktion auszugeben. Widersprechen sich diese Commitment-Transaktionen nicht? Handelt es sich dabei nicht um ein »Double-Spending« (also das mehrfache Ausgeben des Geldes), das das Bitcoin-System eigentlich verhindern soll?

Das ist in der Tat so! Tatsächlich verlassen wir uns bei Lightning darauf, dass Bitcoin ein Double-Spending *verhindern* kann. Ganz gleich wie viele Commitment-Transaktionen Alice und Bob konstruieren und signieren, letztlich kann nur eine tatsächlich bestätigt werden.

Solange Alice und Bob die Transaktionen für sich behalten und nicht veröffentlichen, wird der Funding-Output nicht ausgegeben. Wird die Commitment-Transaktion aber veröffentlicht und bestätigt, wird der Funding-Output eingelöst. Versucht Alice oder Bob, mehr als eine Commitment-Transaktion zu veröffentlichen, wird nur eine bestätigt, und die anderen werden als versuchtes (und fehlgeschlagenes) Double-Spending abgelehnt.

Werden mehrere Commitment-Transaktionen veröffentlicht, bestimmen verschiedene Faktoren, welche zuerst bestätigt wird: die Höhe der enthaltenen Gebühren, die Geschwindigkeit der Propagation dieser konkurrierenden Transaktionen, die Netzwerktopologien und so weiter. Letztendlich wird es zu einem Rennen, dessen Ausgang nicht vorherzusehen ist. Das klingt nicht gerade sicher, sondern eher so, als könnte jemand betrügen.

Mit alten Commitment-Transaktionen betrügen

Sehen wir uns die Commitment-Transaktionen in Abbildung 7-6 genauer an. Alle vier Transaktionen wurden signiert und sind gültig, doch nur die letzte spiegelt das aktuelle Kanalguthaben wider. In diesem Szenario hat Alice die Möglichkeit zu betrügen, indem sie ein altes Commitment veröffentlicht und durch die Bitcoin-Blockchain bestätigt bekommt. Nehmen wir an, Alice sendet Commitment #0 und es wird bestätigt: Im Endeffekt schließt sie den Kanal und sackt die gesamten 140.000 Satoshi ein. Tatsächlich bringt in diesem Beispiel jedes Commitment außer Commitment #3 Alice in eine vorteilhafte Position, die es ihr erlaubt, zumindest einen Teil der im Kanal erfolgten Zahlungen zu »widerrufen«.

Im nächsten Abschnitt sehen wir uns an, wie das Lightning-Netzwerk das Problem löst, dass die Kanalpartner ältere Transaktionen verwenden, indem es einen Mechanismus aus Widerruf und Sanktionen nutzt. Es gibt andere Wege, das Senden alter Commitment-Transaktionen zu unterbinden, etwa eltoo-Kanäle, doch diese verlangen eine »Input Rebinding« genannte Aktualisierung von Bitcoin (siehe »Innovationen im Bitcoin-Protokoll und bei Bitcoin-Skript« auf Seite 390).

Alte Commitment-Transaktionen widerrufen

Bitcoin-Transaktionen verfallen nicht und können auch nicht »storniert« werden. Sie können auch nicht gestoppt oder zensiert werden, sobald sie einmal veröffentlicht sind. Wie können wir also eine Transaktion »widerrufen«, die von einer anderen Person gehalten wird und die bereits signiert wurde?

Die bei Lightning verwendete Lösung ist ein weiteres Beispiel für ein Fairness-Protokoll. Statt die Kontrolle über die Fähigkeit zur Veröffentlichung einer Transaktion zu erlangen, gibt es einen eingebauten Sanktionsmechanismus, der sicherstellt, dass es nicht im Interesse eines möglichen Betrügers liegt, eine alte Commitment-Transaktion zu veröffentlichen. Sie können sie jederzeit veröffentlichen, werden dabei aber sehr wahrscheinlich Geld verlieren.

Das Wort »Widerruf« ist etwas irreführend, weil es impliziert, dass ältere Commitments irgendwie ungültig gemacht und nicht veröffentlicht und bestätigt werden können. Doch das ist nicht der Fall, da gültige Bitcoin-Transaktionen nicht widerrufen werden können. Stattdessen verwendet das Lightning-Protokoll einen Sanktionsmechanismus, der den Kanalpartner bestraft, der ein älteres Commitment veröffentlicht.

Der Widerrufs- und Sanktionsmechanismus des Lightning-Protokolls besteht aus drei Elementen:

Asymmetrische Commitment-Transaktionen
: Alice' Commitment-Transaktionen unterscheiden sich leicht von Bobs Transaktionen.

Verzögerte Auszahlung
: Die Zahlung der Partei, die die Commitment-Transaktion hält, wird verzögert (Timelock), während die Auszahlung an die andere Partei sofort erfolgen kann.

Widerrufsschlüssel
: Werden verwendet, um eine Sanktionsoption für alte Commitments freizuschalten.

Betrachten wir diese drei Elemente einmal genauer.

Asymmetrische Commitment-Transaktionen

Alice und Bob halten leicht unterschiedliche Commitment-Transaktionen. Sehen wir uns Commitment #2 aus Abbildung 7-6 in Abbildung 7-7 mal genauer an.

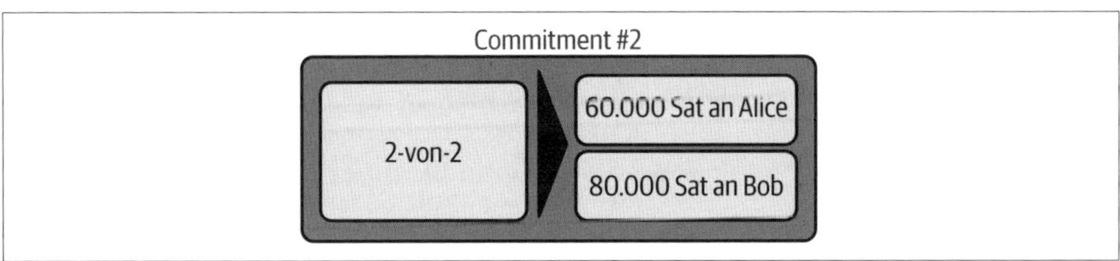

Abbildung 7-7: Commitment-Transaktion #2

Alice und Bob halten leicht unterschiedliche Varianten dieser Transaktion, wie Abbildung 7-8 zeigt.

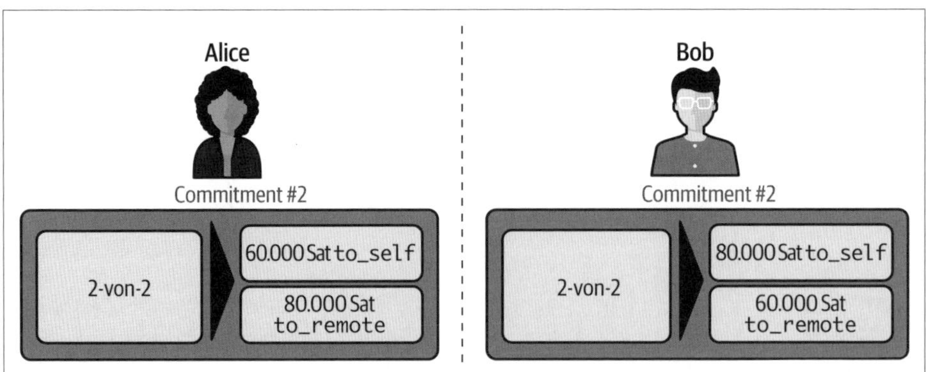

Abbildung 7-8: Asymmetrische Commitment-Transaktionen

Per Konvention bezeichnen wir im Lightning-Protokoll (je nachdem, von welcher Seite man es betrachtet) die beiden Kanalpartner als `self` (auch `local`) und `remote`. Die Outputs, die den jeweiligen Kanalpartner bezahlen, heißen entsprechend `to_local` und `to_remote`.

In Abbildung 7-8 sehen wir, dass Alice eine Transaktion hält, die 60.000 Satoshi `to_self` zahlt (die mit Alice' Schlüsseln eingelöst werden kann) und 80.000 Satoshi an `to_remote` (die mit Bobs Schlüsseln eingelöst werden kann).

Bob besitzt ein Spiegelbild dieser Transaktion, wo der erste Output 80.000 Satoshi an `to_self` zahlt (die mit Bobs Schlüssel eingelöst werden können) und 60.000 Satoshi an `to_remote` (die mit Alice' Schlüssel eingelöst werden können).

Verzögerte Auszahlung von to_self (Timelock)

Asymmetrische Transaktionen erlauben dem Protokoll, der betrügerischen Partei die *Schuld* zuzuschieben. Durch diese unveränderliche Größe muss die *veröffentlichende* Partei immer warten, und die »ehrliche« Seite hat Zeit, den Anspruch zu widerlegen und ihre Mittel zurückzuziehen. Diese Asymmetrie wird in Form unterschiedlicher Outputs für beide Seiten manifestiert: Der `to_local`-Output ist immer mit einem Timelock versehen und kann nicht sofort abgerufen werden, während der `to_remote`-Output keinen Timelock nutzt und sofort eingelöst werden kann.

In der von Alice gehaltenen Commitment-Transaktion wird beispielsweise der `to_local`-Output für ihre Auszahlung für 432 Blöcke gesperrt, während Bobs `to_remote` direkt ausgegeben werden kann (siehe Abbildung 7-9). Bobs Commitment-Transaktion für Commitment #2 ist das Spiegelbild: Sein eigener (`to_local`-)Output ist mit einem Timelock versehen, und Alice' `to_remote`-Output kann direkt eingelöst werden.

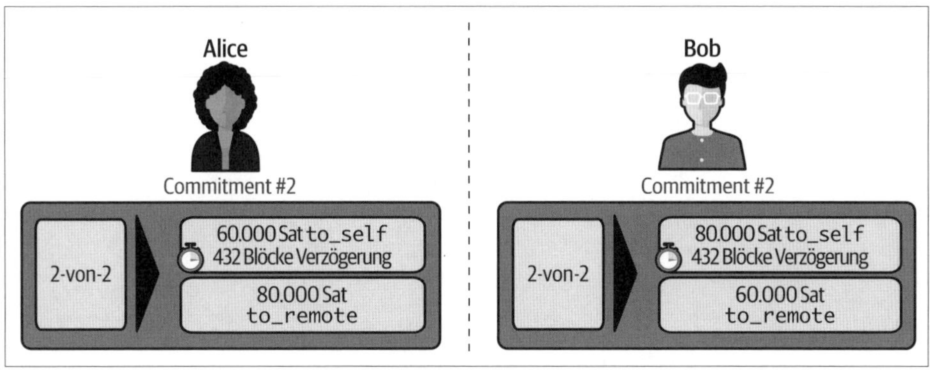

Abbildung 7-9: Asymmetrische und verzögerte Commitment-Transaktionen

Schließt Alice den Kanal, indem sie die von ihr gehaltene Commitment-Transaktion veröffentlicht und bestätigen lässt, kann sie ihr Guthaben also 432 Blöcke lang nicht einlösen, während Bob sein Guthaben sofort für sich beanspruchen kann.

Schließt Bob den Kanal mit der von ihm gehaltenen Commitment-Transaktion, kann er seinen Output 432 Blöcke nicht ausgeben, während Alice sofort über ihren Output verfügen kann.

Die zeitliche Verzögerung existiert nur aus einem Grund: Sie erlaubt der »entfernten« (*remote*) Partei, die Sanktionsoption auszuspielen, falls ein altes (widerrufenes) Commitment durch den anderen Kanalpartner veröffentlicht wird. Sehen wir uns nun die Widerrufsschlüssel und die Sanktionsoption an.

Die zeitliche Verzögerung wird zwischen Alice und Bob während des einleitenden Nachrichtenflusses beim Kanalaufbau über ein Feld namens `to_self_delay` ausgehandelt. Um die Sicherheit des Kanals sicherzustellen, skaliert die Verzögerung mit der Kanalkapazität, d.h., je höher die Einlagen sind, desto länger ist die Verzögerung der `to_self`-Outputs in Commitments. Alice fügt den gewünschten `to_self_delay` in die `open_channel`-Nachricht ein. Findet Bob das akzeptabel, fügt seine Node den gleichen Wert für `to_self_delay` in die `accept_channel`-Nachricht ein. Kommen sie nicht überein, wird der Kanal abgelehnt (siehe »Die shutdown-Nachricht« auf Seite 209).

Widerrufsschlüssel

Wie vorhin bereits erwähnt, ist der Begriff »Widerruf« ein wenig irreführend, weil er impliziert, dass die »widerrufene« Transaktion nicht verwendet werden kann.

Tatsächlich kann die widerrufene Transaktion aber verwendet werden, und ist das der Fall, kann einer der Kanalpartner das gesamte Kanalguthaben für sich beanspruchen, indem er eine Sanktionstransaktion erzeugt.

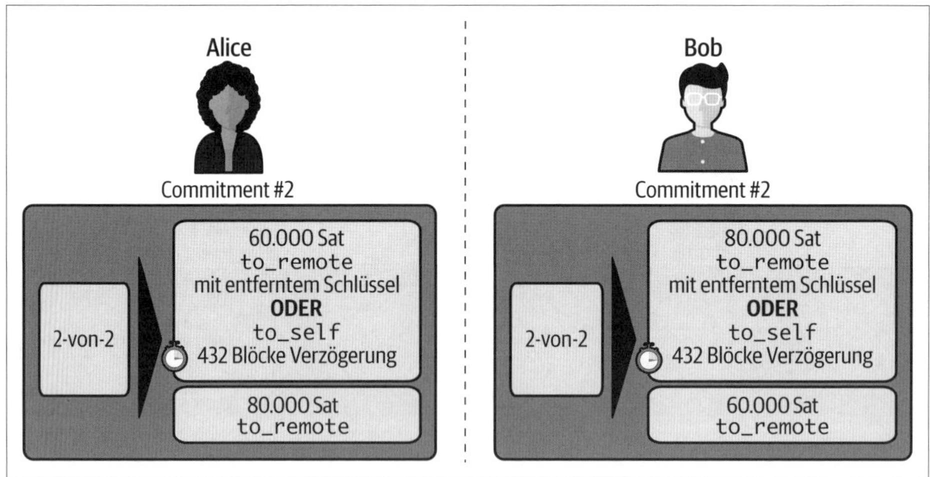

Abbildung 7-10: Asymmetrische, verzögerte und widerrufbare Commitments

Das funktioniert so, dass der `to_local`-Output nicht nur durch einen Timelock gesperrt ist, sondern dass auch zwei Ausgabebedingungen im Skript enthalten sind:

Er kann von self nach dem Timelock eingelöst werden *oder* unmittelbar von remote durch den Widerrufsschlüssel für dieses Commitment.

In unserem Beispiel besitzt also jede Seite eine Commitment-Transaktion mit einer Widerrufsoption im to_local-Output (siehe Abbildung 7-10).

Die Commitment-Transaktion

Nachdem Sie die Struktur der Commitment-Transaktionen nun verstehen und wissen, warum wir asymmetrische, verzögerte und widerrufbare Commitments benötigen, wollen wir uns das Bitcoin-Skript ansehen, das das implementiert.

Der erste (to_local-)Output einer Commitment-Transaktion ist in BOLT #3: commitment transaction, to_local Output (*https://github.com/lightning/bolts/blob/master/03-transactions.md#to_local-output*) wie folgt definiert:

```
OP_IF
    # Penalty transaction
    <revocationpubkey>
OP_ELSE
    <to_self_delay>
    OP_CHECKSEQUENCEVERIFY
    OP_DROP
    <local_delayedpubkey>
OP_ENDIF
OP_CHECKSIG
```

Das ist ein sogenanntes Konditionalskript (siehe »Skripte mit mehreren Bedingungen« auf Seite 411), d.h., der Output kann ausgegeben werden, wenn eine der beiden Bedingungen erfüllt ist. Durch die erste Klausel darf jeder den Output einlösen, der den <revocationpubkey> angeben kann. Die zweite Klausel wird für <to_self_delay>-Blöcke gesperrt und kann erst nach dieser Anzahl von Blöcken eingelöst werden, wenn man den richtigen <local_delayedpubkey> angibt. In unserem Beispiel haben wir <to_self_delay> mit 432 Blöcken festgelegt, doch diese Verzögerung ist konfigurierbar und kann von den Kanalpartnern ausgehandelt werden. Die Dauer des to_self_delay-Timelocks wird üblicherweise proportional zur Kanalkapazität gewählt, d.h., je höher die Kapazität (mehr Guthaben), desto länger die to_self_delay-Timelocks zum Schutz der Parteien.

Die erste Klausel erlaubt jedem, den Output auszugeben, der den <revocationpubkey> angeben kann. Eine wesentliche Anforderung an die Sicherheit dieses Skripts ist, dass die entfernte Partei den revocationpubkey *nicht* einseitig signieren kann. Um zu erkennen, warum das wichtig ist, stellen Sie sich ein Szenario vor, bei dem die entfernte Partei ein zuvor widerrufendes Commitment verletzt. Kann er diesen Schlüssel signieren, kann er die Widerrufsklausel einfach selbst nutzen und das gesamte Guthaben des Kanals stehlen. Stattdessen leiten wir den revocationpubkey für jeden Zustand basierend auf den Informationen beider Parteien (self und remote) ab. Symmetrische und asymmetrische Kryptografie wird clever eingesetzt, um beiden Seiten die Berechnung des öffentlichen revocationpubkey-Schlüssels zu ermöglichen, doch nur die ehrliche self-Partei kann den privaten Schlüssel mit ihren geheimen Informationen berechnen. Wie das funktioniert, wird in Ableitung der Widerrufs- und Commitment-Secrets erklärt.

Ableitung der Widerrufs- und Commitment-Secrets

Jede Seite sendet einen revocation_basepoint während der einleitenden Kanalaufbaunachrichten sowie einen first_per_commitment_point. Der revocation_basepoint ist statisch und bleibt während der gesamten Lebensdauer des Kanals gleich, während jeder neue Kanalzustand auf einem neuen first_per_commitment_point basiert.

Mit diesen Informationen wird der revocationpubkey für jeden Kanalzustand über die folgenden Operationen mit elliptischen Kurven und Hashfunktionen abgeleitet:

```
revocationpubkey = revocation_basepoint * sha256(revocation_
basepoint || per_commitment_point) + per_commitment_point * sha256(per_
commitment_point || revocation_basepoint)
```

Durch die kommutative Eigenschaft der Abel'schen Gruppen, über die diese elliptischen Gruppen definiert sind, und sobald das per_commitment_secret (der private Schlüssel für den per_commitment_point) durch die entfernte Partei offengelegt wurde, kann self den privaten Schlüssel für den revocationpubkey mit der folgenden Operation ableiten:

```
revocation_priv = (revocationbase_priv * sha256(revocation_basepoint ||
per_commitment_point)) + (per_commitment_secret * sha256(per_commitment_
point || revocation_basepoint)) mod N
```

Um zu sehen, warum das in der Praxis funktioniert, können wir die Berechnung des öffentlichen Schlüssels aus der ursprünglichen Formel für revocationpubkey wie folgt *umformulieren*:

```
revocationpubkey = G*(revocationbase_priv * sha256(revocation_
basepoint || per_commitment_point) + G*(per_commitment_secret * sha256(per_
commitment_point || revocation_basepoint))
                 = revocation_basepoint * sha256(revocation_
basepoint || per_commitment_point) + per_commitment_point * sha256(per_
commitment_point || revocation_basepoint))
```

Mit anderen Worten, revocationbase_priv kann nur von der Partei abgeleitet (und zur Signierung von revocationpubkey genutzt) werden, die revocationbase_priv *und* per_commitment_secret kennt. Dieser kleine Trick macht das Public-Key-basierte Widerrufssystem des Lightning-Netzwerks sicher.

Der in der Commitment-Transaktion mit CHECKSEQUENCEVERIFY verwendete Timelock ist *relativ*. Er zählt die Blöcke, die seit der Bestätigung dieses Outputs vergangen sind. Das bedeutet, dass der Output nicht eingelöst werden kann, bis to_self_delay Blöcke seit der Veröffentlichung und Bestätigung dieser Commitment-Transaktion vergangen sind.

Der zweite Output (to_remote) der Commitment-Transaktion ist in BOLT #3: commitment transaction, to_remote Output (*https://github.com/lightning/bolts/blob/master/03-transactions.md#to_remote-output*) definiert und die einfachste Form eines P2WPKH (*Pay-to-Witness-Public-Key-Hash*) für <remote_pubkey>, d.h., es zahlt einfach denjenigen aus, der den <remote_pubkey> signieren kann.

Nachdem wir die Commitment-Transaktionen im Detail definiert haben, wollen wir uns ansehen, wie Alice und Bob den Zustand des Kanals verändern, neue Commitment-Transaktionen erzeugen und signieren sowie alte Commitment-Transaktionen widerrufen.

Den Kanalzustand verändern

Um den Zustand des Kanals zu ändern, tauschen Alice und Bob zwei Nachrichten aus: commitment_signed und revoke_and_ack. Die commitment_signed-Nachricht kann von jedem Kanalpartner gesendet werden, wenn eine Änderung des Kanalzustands ansteht. Der andere Kanalpartner kann dann mit revoke_and_ack antworten, um das alte Commitment zu widerrufen (*revoke*) und das neue Commitment zu bestätigen (*acknowledge*).

In Abbildung 7-11 können wir sehen, wie Alice und Bob zwei commitment_signed- und revoke_and_ack-Paare austauschen. Der erste Fluss zeigt ein durch Alice angestoßenes Zustandsupdate (commitment_signed von links nach rechts), auf das Bob antwortet (revoke_and_ack von rechts nach links). Der zweite Fluss zeigt ein von Bob angestoßenes Zustandsupdate, auf das Alice antwortet.

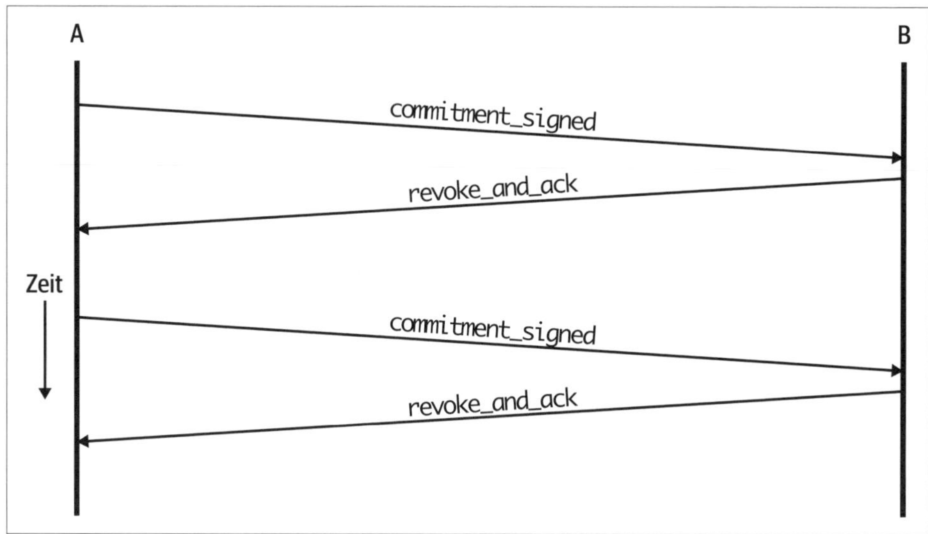

Abbildung 7-11: Nachrichtenfluss bei Commitment und Widerruf

Die commitment_signed-Nachricht

Die Struktur der commitment_signed-Nachricht ist in BOLT #2: Peer Protocol, commitment_signed (*https://github.com/lightning/bolts/blob/master/02-peer-protocol.md#committing-updates-so-far-commitment_signed*) wie folgt definiert:

```
[channel_id:channel_id]
[signature:signature]
[u16:num_htlcs]
[num_htlcs*signature:htlc_signature]
```

`channel_id`
: Die Kennung des Kanals.

`signature`
: Die Signatur für das neue entfernte Commitment.

`num_htlcs`
: Die Anzahl aktualisierter HTLCs in diesem Commitment.

`htlc_signature`
: Die Signaturen für die Updates.

Die Verwendung von HTLCs zur Bestätigung von Updates wird in »Hash Time-Locked Contracts« auf Seite 225 und Kapitel 9 detailliert beschrieben.

Alice' commitment_signed-Nachricht liefert Bob die Signatur (Alice' Teil des 2-von-2-Multisig) für eine neue Commitment-Transaktion.

Die revoke_and_ack-Nachricht

Da Bob nun eine neue Commitment-Transaktion besitzt, kann er das vorherige Commitment widerrufen, indem er Alice einen Widerrufsschlüssel gibt und das neue Commitment mit Alice' Signatur erzeugt.

Die revoke_and_ack-Nachricht ist in BOLT #2: Peer Protocol, revoke_and_ack (*https://github.com/lightning/bolts/blob/master/02-peer-protocol.md#completing-the-transition-to-the-updated-state-revoke_and_ack*) wie folgt definiert:

```
[channel_id:channel_id]
[32*byte:per_commitment_secret]
[point:next_per_commitment_point]
```

`channel_id`
: Die Kennung des Kanals.

`per_commitment_secret`
: Wird zur Generierung eines Widerrufsschlüssels für das vorherige (alte) Commitment genutzt, wodurch es letztlich widerrufen wird.

`next_per_commitment_point`
: Wird zur Erzeugung eines `revocation_pubkey` für das neue Commitment genutzt, damit es später widerrufen werden kann.

Widerruf und neuer Commit

Sehen wir uns diese Interaktion zwischen Alice und Bob genauer an.

Alice gibt Bob die Mittel an die Hand, ein neues Commitment zu erzeugen. Im Gegenzug widerruft Bob das alte Commitment, um sicherzustellen, dass Alice es nicht nutzt. Alice kann dem neuen Commitment nur vertrauen, wenn sie den Widerrufsschlüssel besitzt, mit dem sie Bob für die Veröffentlichung eines alten Commitments sanktionieren kann. Aus Bobs Sicht kann er das alte Commitment beruhigt widerrufen, indem er Alice die Schlüssel gibt, mit denen sie ihn sanktionieren kann, weil er die Signatur für ein neues Commitment besitzt.

Wenn Bob mit `revoke_and_ack` antwortet, gibt er Alice ein `per_commitment_secret`. Dieses Secret kann zur Konstruktion eines Widerrufssignaturschlüssels für das alte Commitment verwendet werden, was Alice erlaubt, das gesamte Kanalguthaben in einer Sanktion einzuziehen.

Sobald Bob dieses Secret an Alice weitergibt, darf er das alte Commitment *niemals* veröffentlichen. Falls doch, hat Alice die Möglichkeit, ihn zu sanktionieren, indem sie das gesamte Guthaben einzieht. Letztlich gibt Bob Alice die Möglichkeit, ihn für die Veröffentlichung eines alten Commitments zur Rechenschaft zu ziehen, und hat die Fähigkeit verloren, dieses alte Commitment zu nutzen.

Sobald Alice die `revoke_and_ack`-Nachricht von Bob empfangen hat, kann sie sicher sein, dass Bob das alte Commitment nicht veröffentlichen kann, ohne sanktioniert zu werden. Sie besitzt nun die Schlüssel, die notwendig sind, um die Sanktionstransaktion zu erzeugen, falls Bob ein altes Commitment veröffentlicht.

Betrug und Sanktionierung in der Praxis

In der Praxis müssen sowohl Alice als auch Bob aktiv auf Betrugsversuche achten. Dazu überwachen sie die Bitcoin-Blockchain auf alle Commitment-Transaktionen für die von ihnen betriebenen Kanäle. Wird eine Commitment-Transaktion On-Chain bestätigt, prüfen sie, ob es sich um das neueste Commitment handelt. Bei einem »alten« Commitment müssen sie sofort eine Sanktionstransaktion erzeugen und veröffentlichen. Die Sanktionstransaktion überweist *beide* Outputs (`to_local` und `to_remote`) an den betrogenen Kanalpartner und schließt den Kanal.

Damit beide Seiten die Commitment-Nummern der genehmigten Widerrufs-Commitments nachhalten können, *codiert* jedes Commitment die Nummer des Commitments bei einem Übergang innerhalb der locktime- und sequence-Felder. Innerhalb des Protokolls wird diese Codierung als »Zustandshinweis« (*State Hints*) bezeichnet. Kennt eine Partei die aktuelle Commitment-Nummer, kann sie den

State Hint nutzen, um schnell zu erkennen, ob ein veröffentlichtes Commitment bereits widerrufen wurde und, falls das der Fall ist, welche Commitment-Nummer verletzt wurde. Diese Nummer kann dann genutzt werden, um das Widerrufs-Secret abzurufen, das im Widerrufs-Secret-Baum (shachain) verwendet werden soll.

Statt den State Hint im Klartext zu codieren, wird ein *verschleierter* State Hint verwendet. Diese Verschleierung erfolgt durch ein XOR der aktuellen Commitment-Nummer mit einem Satz zufälliger Bytes, die deterministisch aus den öffentlichen Schlüsseln beider Kanalseiten erzeugt wurden. Insgesamt sechs Bytes der locktime- und sequence-Felder (24 Bits der locktime und 24 Bits der sequence) werden zur Codierung des State Hint innerhalb der Commitment-Transaktion verwendet, d.h., sechs zufällige Bytes werden für das XOR benötigt. Um an diese sechs Bytes zu gelangen, ermitteln beide Seiten den SHA-256-Hash der verketteten Funding-Schlüssel des Initiators und des Responders. Bevor die aktuelle Commitment-Höhe codiert wird, wird die XOR-Operation mit diesem verschleierten State Hint angewandt und in den unteren 24 Bit der locktime und den oberen 64 Bit der sequence eingetragen.

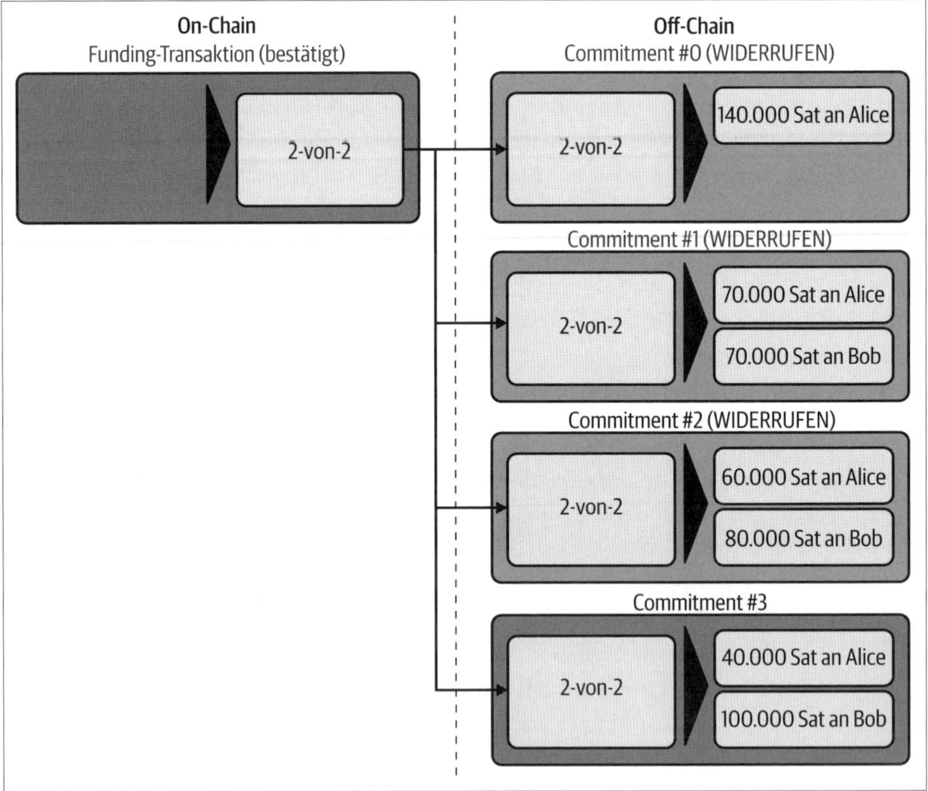

Abbildung 7-12: Widerrufene und aktuelle Commitments

Betrachten wir noch einmal den Kanal zwischen Alice und Bob und sehen wir uns ein konkretes Beispiel für eine Sanktionstransaktion an. In Abbildung 7-12 sehen wir die vier Commitments in Alice' und Bobs Kanal. Alice hat drei Zahlungen an Bob vorgenommen:

- 70.000 Satoshi an Bob gezahlt und bestätigt mit Commitment #1
- 10.000 Satoshi an Bob gezahlt und bestätigt mit Commitment #2
- 20.000 Satoshi an Bob gezahlt und bestätigt mit Commitment #3

Mit jedem Commitment hat Alice das vorherige (ältere) Commitment widerrufen. Den aktuellen Zustand des Kanals und den korrekten Kontostand spiegelt Commitment #3 wider. Alle vorherigen Commitments wurden widerrufen, und Bob besitzt die notwendigen Schlüssel, um Sanktionstransaktionen anzustoßen, falls Alice eine von ihnen veröffentlicht.

Alice könnte versucht sein, zu betrügen, weil alle vorherigen Commitment-Transaktionen ihr einen höheren Anteil des Kanalguthabens zugestehen. Nehmen wir zum Beispiel an, dass Alice versucht, Commitment #1 zu veröffentlichen. Die Commitment-Transaktion würde Alice 70.000 Satoshi und Bob 70.000 Satoshi auszahlen. Könnte Alice ihren `to_local`-Output veröffentlichen und einziehen, würde sie 30.000 Satoshi von Bob stehlen, indem sie die beiden letzten Zahlungen an Bob zurückzieht.

Alice geht das (hohe) Risiko ein und veröffentlicht das widerrufene Commitment #1, um 30.000 Satoshi von Bob zu stehlen. In Abbildung 7-13 sehen wir Alice' altes Commitment, das sie in der Bitcoin-Blockchain veröffentlicht.

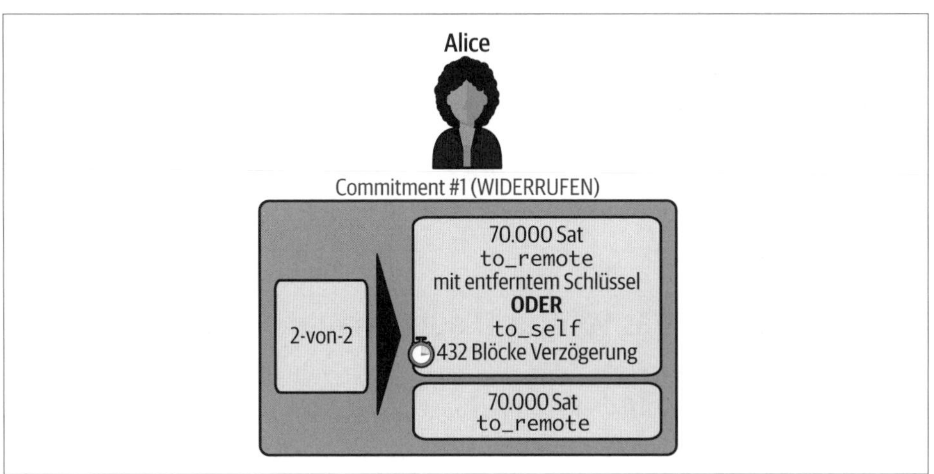

Abbildung 7-13: Alice betrügt.

Wie Sie sehen, besitzt Alice' altes Commitment zwei Outputs. Der eine zahlt ihr 70.000 Satoshi (`to_local`-Output) aus und der andere 70.000 Satoshi an Bob. Alice kann ihre 70.000 im `to_local`-Output nicht ausgeben, weil ein Timelock von 432 Blöcken (drei Tagen) existiert. Sie hofft nun, dass es Bob in den drei Tagen nicht auffällt.

Doch Alice hat Pech, denn Bobs Node überwacht die Bitcoin-Blockchain aufmerksam und sieht, dass eine alte Commitment-Transaktion veröffentlicht und (letztlich) On-Chain bestätigt wird.

Bobs Node veröffentlicht daraufhin sofort eine Sanktionstransaktion. Da das alte Commitment von Alice widerrufen wurde, besitzt Bob das `per_commitment_secret`, das Alice ihm geschickt hat. Er nutzt dieses Secret, um die Signatur für den `revocation_pubkey` zu erzeugen. Während Alice 432 Blöcke warten muss, kann Bob sich *beide* Outputs sofort auszahlen lassen. Er kann den `to_remote`-Output mit seinem privaten Schlüssel abrufen, weil dieser ohnehin dazu gedacht war, ihn auszuzahlen. Er kann sich mit einer Signatur aus dem Widerrufsschlüssel auch den für Alice gedachten Output auszahlen lassen. Seine Node veröffentlicht die Sanktionstransaktion aus Abbildung 7-14.

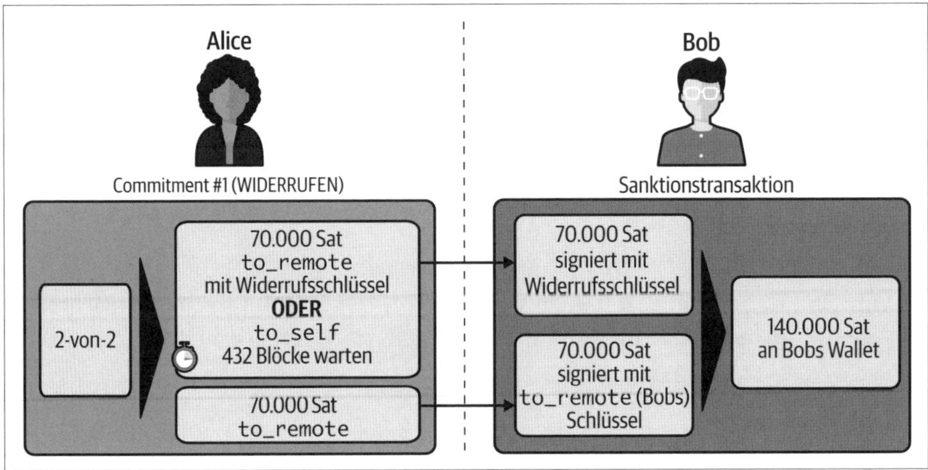

Abbildung 7-14: Betrug und Sanktionierung

Bobs Sanktionstransaktion zahlt 140.000 Satoshi an seine eigene Wallet, also das gesamte Kanalguthaben. Alice' Betrugsversuch ist gescheitert, und sie hat bei dem Versuch alles verloren!

Die Kanalreserve: das Spiel am Laufen halten

Ihnen ist vielleicht aufgefallen, dass es einen Sonderfall gibt, den es zu beachten gilt. Könnte Alice ihr Guthaben voll ausreizen, wäre sie in der Position, eine alte Commitment-Transaktion zu veröffentlichen und den Kanal schließen, ohne Sanktionen erwarten zu müssen: Entweder wird die widerrufene Commitment-Transaktion nach Ablauf der Frist freigegeben, oder der Betrüger wird erwischt, muss aber keine Konsequenzen fürchten, weil das Konto leer ist. Aus Sicht der Spieltheorie ist der Betrugsversuch in diesem Fall »Freigeld«. Hier kommt die Kanalreserve ins Spiel. Ein potenzieller Betrüger ist so immer dem Risiko einer Sanktionierung ausgesetzt.

Den Kanal schließen (kooperatives Schließen)

Bisher haben wir Commitment-Transaktionen als eine Möglichkeit betrachtet, einen Kanal (einseitig) zu schließen. Diese Art, einen Kanal zu schließen, ist nicht optimal, da sie dem Kanalpartner, der sie nutzt, einen Timelock aufzwingt.

Eine bessere Lösung ist das kooperative Schließen. Dabei vereinbaren beide Kanalpartner eine finale Commitment-Transaktion, die sogenannte Abschlusstransaktion (*Closing Transaction*), die die Guthaben beider Parteien sofort auf eine Wallet ihrer Wahl auszahlen. Der Partner, der den Kanalabschluss initiiert hat, veröffentlicht dann die Abschlusstransaktion.

Der Nachrichtenfluss für den Abschluss ist in BOLT #2: Peer Protocol, Channel Close (*https://github.com/lightning/bolts/blob/master/02-peer-protocol.md#channel-close*) definiert und in Abbildung 7-15 zu sehen.

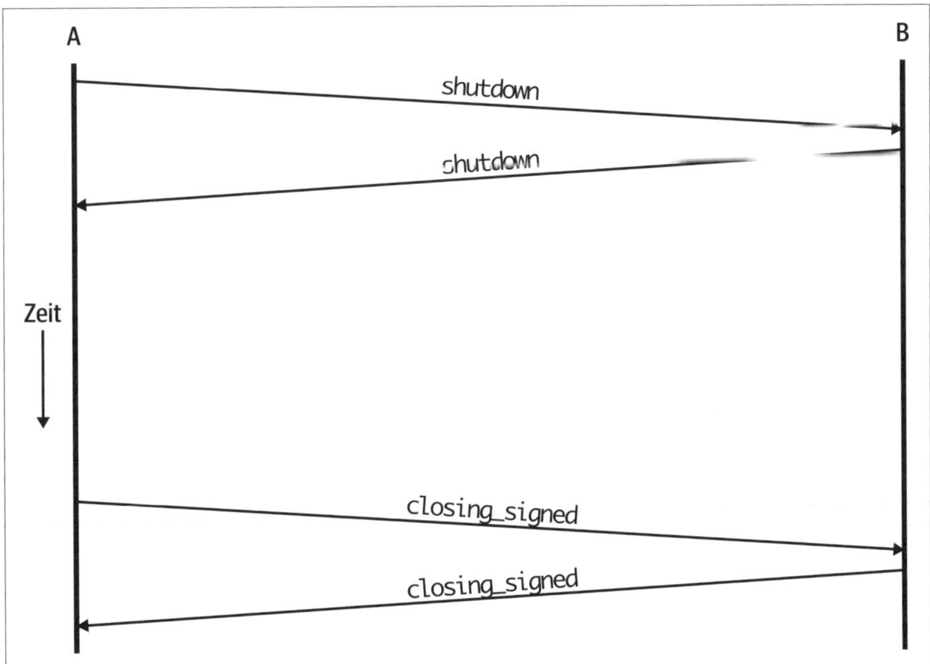

Abbildung 7-15: Nachrichtenfluss beim Schließen des Kanals

Die shutdown-Nachricht

Das Schließen des Kanals wird dadurch eingeleitet, dass einer der Kanalpartner die `shutdown`-Nachricht sendet. Der Inhalt dieser Nachricht sieht wie folgt aus:

```
[channel_id:channel_id]
[u16:len]
[len*byte:scriptpubkey]
```

`channel_id`
: Die Kanal-ID des zu schließenden Kanals.

`len`
: Die Länge des Skripts auf der Ziel-Wallet, an der dieser Kanalpartner sein Guthaben empfangen will.

`scriptpubkey`
: Ein Bitcoin-Skript auf der Ziel-Wallet in einem der Bitcoin-»Standard«-Adressformate der Ziel-Wallet (P2PKH, P2SH, P2WPKH, P2WSH etc.; mehr dazu im »Glossar« auf Seite 439).

Nehmen wir an, Alice sendet die `shutdown`-Nachricht an Bob, um ihren Kanal zu schließen. Alice gibt ein Bitcoin-Skript an, das der Bitcoin-Adresse ihrer Wallet entspricht. Sie bittet Bob, damit eine Abschlusstransaktion durchzuführen, die ihr Guthaben an diese Wallet auszahlt.

Bob antwortet mit einer eigenen `shutdown`-Nachricht, mit der er sein Einverständnis zum kooperativen Schließen des Kanals signalisiert. Seine `shutdown`-Nachricht enthält ein Skript für seine Wallet-Adresse.

Alice und Bob verfügen nun beide über die bevorzugte Wallet-Adresse des jeweils anderen und können identische Abschlusstransaktionen erzeugen, um das Kanalguthaben auszuzahlen.

Die closing_signed-Nachricht

Wir gehen davon aus, dass es keine ausstehenden Commitments oder Updates für den Kanal gibt und dass die Kanalpartner (wie im vorherigen Abschnitt erklärt) die `shutdown`-Nachrichten ausgetauscht haben. Sie können das kooperative Schließen nun abschließen.

Der *Finanzier* des Kanals (in unserem Beispiel Alice) beginnt mit dem Senden einer `closing_signed`-Nachricht an Bob. Diese Nachricht empfiehlt eine Transaktionsgebühr für die On-Chain-Transaktion und enthält Alice' Signatur (den 2-von-2-Multisig) für die Abschlusstransaktion. Die `closing_signed`-Nachricht sehen Sie hier:

```
[channel_id:channel_id]
[u64:fee_satoshis]
[signature:signature]
```

`channel_id`
: Die Kanal-ID.

`fee_satoshis`
: Die empfohlene On-Chain-Transaktionsgebühr in Satoshi.

`signature`
: Die Signatur des Senders für die Abschlusstransaktion.

Wenn Bob diese Nachricht empfängt, kann er mit einer eigenen `closing_signed`-Nachricht antworten. Ist er mit der Gebühr einverstanden, sendet er einfach die vorgeschlagene Gebühr mit seiner eigenen Signatur zurück. Ist er nicht einverstanden, schlägt er einen eigenen Wert für `fee_satoshis` vor.

Diese Verhandlung kann mit hin- und herlaufenden `closing_signed`-Nachrichten weiterlaufen, bis sich beide Kanalpartner auf eine Gebühr geeinigt haben.

Sobald Alice eine `closing_signed`-Nachricht mit der gleichen Gebühr empfängt, die sie in der letzten Nachricht vorgeschlagen hat, sind die Verhandlungen abgeschlossen. Alice signiert und veröffentlicht die Abschlusstransaktion, und der Kanal wird geschlossen.

Die Kooperatives-Schließen-Transaktion

Die Kooperatives-Schließen-Transaktion ähnelt der letzten Commitment-Transaktion, auf die sich Alice und Bob verständigt haben. Im Gegensatz zur letzten Commitment-Transaktion enthält sie aber weder Timelocks noch Sanktionsschlüssel in den Outputs. Da beide Parteien bei der Erzeugung dieser Transaktion kooperieren und keine weiteren Commitments planen, sind bei dieser Transaktion keine asymmetrischen, verzögerten und widerrufbaren Elemente nötig.

Typischerweise werden die bei der Kooperatives-Schließen-Transaktion verwendeten Adressen für jeden zu schließenden Kanal neu erzeugt. Allerdings ist es beiden Seiten auch möglich, eine feste »Lieferadresse« festzulegen, an die die kooperativ abgewickelten Beträge gesendet werden sollen. Innerhalb des TLV-Namensraums der `open_channel`- und `accept_channel`-Nachrichten steht es beiden Seiten frei, ein »Vorab-Shutdown-Skript« zu definieren. Üblicherweise wird diese Adresse aus Schlüsseln abgeleitet, die im Cold Storage liegen. Diese Praxis erhöht die Sicherheit der Kanäle: Wird ein Kanalpartner irgendwie gehackt, kann der Hacker den Kanal mit den unter seiner Kontrolle befindlichen Schlüsseln nicht kooperativ schließen. Vielmehr wird der nicht kompromittierte, ehrliche Kanalpartner beim Schließen des Kanals nicht kooperieren, wenn die vorab festgelegte Shutdown-Adresse nicht verwendet wird. Dieses Feature baut letztlich einen »geschlossenen Kreis« auf, der den Fluss des Kapitals auf festgelegte Kanäle beschränkt.

Alice veröffentlicht die Transaktion in Abbildung 7-16, um den Kanal zu schließen.

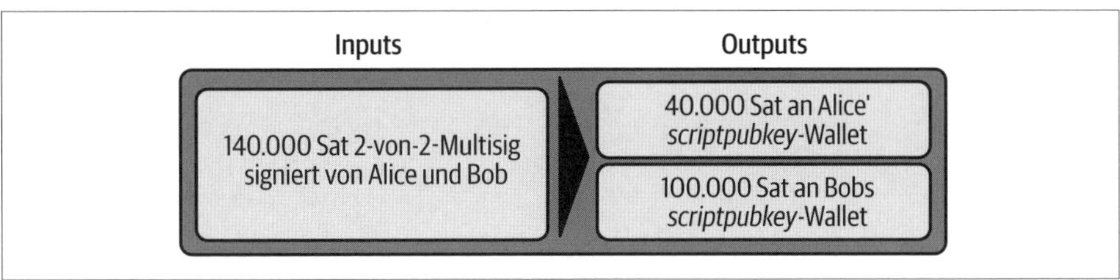

Abbildung 7-16: Die Kooperatives-Schließen-Transaktion

Sobald diese Abschlusstransaktion auf der Bitcoin-Blockchain bestätigt ist, wird der Kanal geschlossen. Alice und Bob können ihre Outputs nun nach Belieben verwenden.

Fazit

In diesem Abschnitt haben wir uns Zahlungskanäle wesentlich genauer angesehen. Wir haben den von Alice und Bob zur Aushandlung der Finanzierung, der Commitments und des Schließens des Kanals verwendeten Nachrichtenfluss untersucht. Sie haben auch die Struktur der Funding-, Commitment- und Abschlusstransaktionen kennengelernt und die Widerrufs- und Sanktionsmechanismen betrachtet.

Wie wir in den nächsten Kapiteln noch sehen, werden HTLCs sogar für lokale Zahlungen zwischen Kanalpartnern verwendet. Das ist nicht nötig, doch das Protokoll ist wesentlich einfacher, wenn lokale (ein Kanal) und geroutete (mehrere Kanäle) Zahlungen in der gleichen Weise erfolgen.

Bei einem einzelnen Zahlungskanal ist die Zahl der Zahlungen pro Sekunde nur durch die Netzwerkkapazität zwischen Alice und Bob beschränkt. Solange die Kanalpartner ein paar Datenbytes hin- und hersenden können, um die neuen Kanalguthaben zu vereinbaren, erfolgt die Zahlung sofort. Aus diesem Grund können wir einen wesentlich höheren Durchsatz an Zahlungen im Lightning-Netzwerk (Off-Chain) erreichen, als es bei der Bitcoin-Blockchain möglich ist (On-Chain).

In den nächsten Kapiteln diskutieren wir das Routing sowie HTLCs und wie man diese bei Kanaloperationen einsetzt.

KAPITEL 8

Routing in einem Netzwerk aus Zahlungskanälen

In diesem Kapitel wollen wir zeigen, wie über einen als *Routing* bezeichneten Prozess Zahlungskanäle miteinander verbunden werden können, um ein Netzwerk aus Zahlungskanälen zu bilden. Konkret sehen wir uns den ersten Teil der Routing-Schicht an, das Protokoll für »atomare und vertrauensfreie Multihop-Kontrakte«. Diese Schicht ist in Abbildung 8-1 entsprechend hervorgehoben.

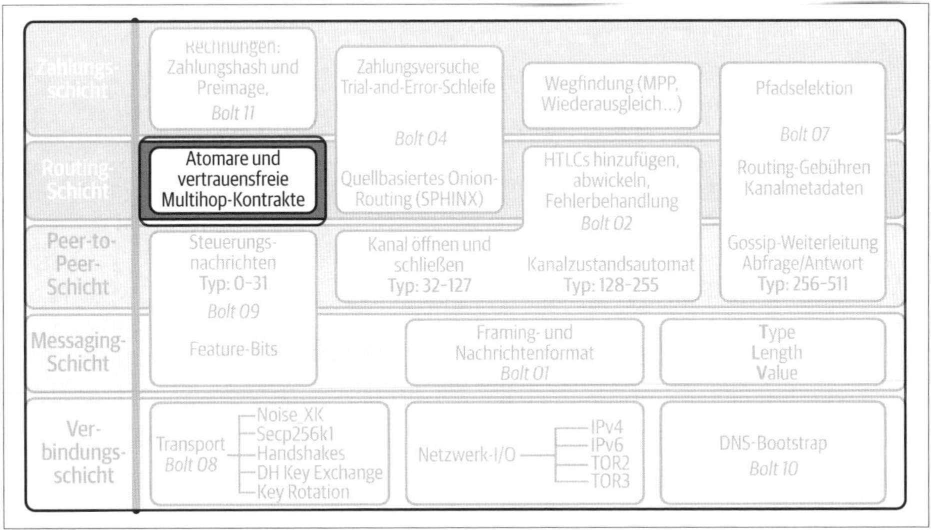

Abbildung 8-1: Atomares Routing von Zahlungen in der Lightning-Protokoll-Suite

Routing einer Zahlung

In diesem Abschnitt wollen wir das Routing aus der Perspektive von Dina untersuchen, einer Gamerin, die Spenden von ihren Fans erhält, während sie ihre Gaming-Sessions streamt.

Die Innovation gerouteter Zahlungskanäle erlaubt es Dina, Zahlungen zu empfangen, ohne einen separaten Kanal mit jedem Fan pflegen zu müssen, der ihr etwas spenden möchte. Solange es von diesem Zuschauer einen Pfad kapitalkräftiger Kanäle zu Dina gibt, kann sie Zahlungen von diesem Fan empfangen.

In Abbildung 8-2 sehen wir ein mögliches Netzwerklayout, das von verschiedenen Zahlungskanälen zwischen Lightning-Nodes aufgebaut wurde. In diesem Diagramm kann jeder Dina eine Zahlung senden, indem er einen Pfad aufbaut. Nehmen wir an, Fan 4 möchte Dina eine Zahlung senden. Sehen Sie den Pfad, der das ermöglicht? Fan 4 könnte eine Zahlung an Dina über Fan 3, Bob und Chan routen. Ebenso könnte Alice eine Zahlung an Dina über Bob und Chan routen.

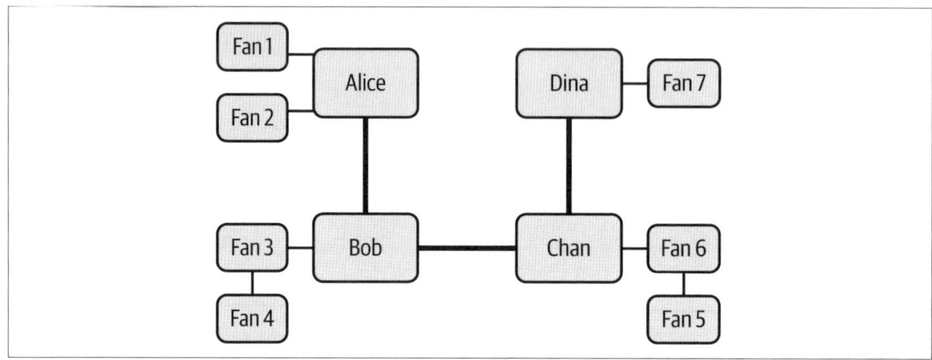

Abbildung 8-2: Mit Dina im Lightning-Netzwerk (in)direkt verbundene Fans

Die Nodes entlang des Pfads vom Fan zu Dina sind »Vermittler«, die im Kontext des Routings einer Zahlung als *Routing-Nodes* bezeichnet werden. Funktional gibt es keinen Unterschied zwischen Routing-Nodes und den Nodes, die von Dinas Fans betrieben werden. Jede Lightning-Node ist in der Lage, Zahlungen zwischen ihren Zahlungskanälen zu routen.

Ein wichtiger Punkt ist, dass Routing-Nodes kein Geld stehlen können, während sie eine Zahlung von einem Fan an Dina weiterleiten. Darüber hinaus können Routing-Nodes kein Geld verlieren, während sie am Routing-Prozess teilnehmen. Routing-Nodes können eine Routing-Gebühr dafür verlangen, dass sie als Vermittler tätig sind, doch das ist keine Pflicht. Sie können Zahlungen auch kostenlos routen.

Ein weiteres wichtiges Detail ist, dass durch die Nutzung des Onion-Routings die vermittelnden Nodes nur die vorherige und die nächste Node entlang des Pfads kennen. Sie müssen nicht wissen, wer Sender und wer Empfänger einer Zahlung ist. Das ermöglicht den Fans, vermittelnde Nodes zu nutzen, um Dina zu bezahlen, ohne private Informationen offenlegen zu müssen und ohne einen Diebstahl zu riskieren.

Dieser Prozess, bei dem eine Reihe von Zahlungskanälen mit Ende-zu-Ende-Sicherheit verbunden werden, und die für Nodes reizvolle Struktur, Zahlungen *weiterzuleiten*, sind Schlüsselinnovationen des Lightning-Netzwerks.

In diesem Kapitel tauchen wir in den Mechanismus des Routings im Lightning-Netzwerk ein und sehen uns detailliert an, wie Zahlungen durch das Netzwerk fließen. Zuerst erläutern wir das Konzept des Routings und vergleichen es mit dem der Wegfindung, weil diese häufig verwechselt und vertauscht werden. Dann sehen wir uns das Fairness-Protokoll an: ein atomares, vertrauensfreies Multihop-Protokoll zum Routing von Zahlungen. Um zu zeigen, wie das Fairness-Protokoll funktioniert, nutzen wir das physikalische Gegenstück der Übertragung von Goldmünzen zwischen vier Menschen. Abschließend sehen wir uns die Implementierung des atomaren, vertrauensfreien Multihop-Protokolls an, das momentan im Lightning-Netzwerk verwendet wird: den sogenannten *Hash Time-Locked Contract* (HTLC).

Routing versus Wegfindung

Es ist wichtig, anzumerken, dass wir das Konzept des Routings vom Konzept der Wegfindung (engl. *Pathfinding*) unterscheiden. Diese beiden Konzepte werden oft verwechselt, und der Begriff *Routing* wird häufig für beide Konzepte verwendet. Bevor wir tiefer einsteigen, wollen wir diese Mehrdeutigkeit auflösen.

Die *Wegfindung*, die in Kapitel 12 behandelt wird, ist der Prozess des Suchens und Wählens eines zusammenhängenden Wegs (Pfads) von Zahlungskanälen, die den Sender A mit dem Empfänger B verbinden. Der Sender einer Zahlung übernimmt die Wegfindung, indem er den *Kanal-Graphen* untersucht, den er aus den Kanalankündigungen aufgebaut hat, die von anderen Nodes bekannt gemacht wurden.

Das *Routing* beschreibt eine Reihe von Interaktionen im Netzwerk, die versuchen, eine Zahlung von einem Punkt A zu einem Punkt B weiterzuleiten. Dabei wird der vorher durch die Wegfindung gefundene Pfad verwendet. Das Routing ist der aktive Prozess des Sendens einer Zahlung über einen Pfad, der die Kooperation aller dazwischenliegenden Nodes entlang dieses Pfads verlangt.

Ein wichtiger Punkt ist, dass es möglicherweise einen *Pfad* zwischen Alice und Bob gibt (vielleicht sogar mehrere), aber keine aktive *Route*, über die man die Zahlung senden kann. Das ist beispielsweise der Fall, wenn alle Nodes offline sind, die Alice und Bob verbinden. In diesem Fall kann man den Kanal-Graphen untersuchen und eine Reihe von Zahlungskanälen zwischen Alice zu Bob verbinden, weil ein *Pfad* existiert. Da aber die dazwischenliegenden Nodes offline sind, kann die Zahlung nicht gesendet werden, da keine *Route* existiert.

Ein Netzwerk von Zahlungskanälen aufbauen

Bevor wir in das Konzept atomarer, vertrauensfreier Multihop-Zahlungen eintauchen, wollen wir ein Beispiel durchgehen. Wir kehren zu Alice zurück, die in den vorherigen Kapiteln einen Kaffee bei Bob gekauft hat, mit dem sie einen offenen Kanal besitzt. Alice sieht sich nun einen Livestream von Dina, der Gamerin, an und möchte ihr 50.000 Satoshi über das Lightning-Netzwerk zukommen lassen. Doch Alice hat keinen direkten Kanal zu Dina. Was kann Alice tun?

Alice könnte einen direkten Kanal mit Dina öffnen, doch dafür ist Liquidität nötig, und die On-Chain-Gebühren könnten höher sein als die Spende selbst. Stattdessen kann Alice ihre bereits geöffneten Kanäle nutzen, um Dina eine Spende zukommen zu lassen, ohne einen direkten Kanal mit Dina öffnen zu müssen. Das ist möglich, solange es einen Pfad mit ausreichender Kapazität zwischen Alice und Dina gibt, über den die Zahlung geroutet werden kann.

Wie Sie in Abbildung 8-3 sehen, hat Alice einen Kanal mit Bob (dem Besitzer des Cafés) geöffnet. Bob hat wiederum einen Kanal mit Softwareentwickler Chan geöffnet, der ihm mit dem Kassensystem seines Cafés hilft. Chan ist Inhaber eines großen Softwareunternehmens, das das von Dina gespielte Spiel entwickelt. Die beiden haben bereits einen Kanal geöffnet, über den Dina die Spielelizenz und Ingame-Items kauft.

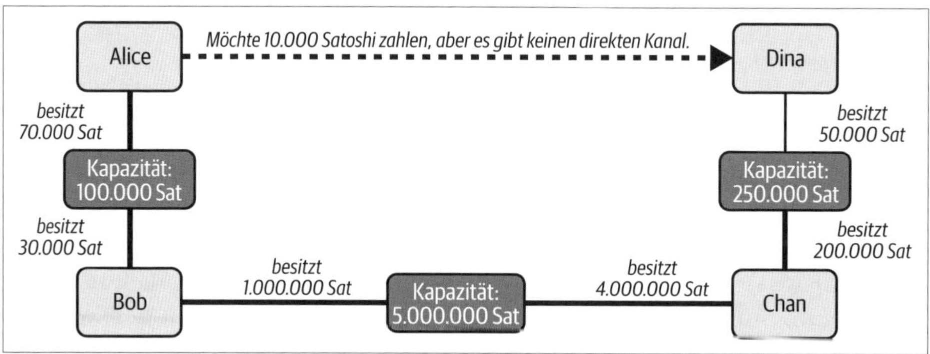

Abbildung 8-3: Ein Netzwerk aus Zahlungskanälen zwischen Alice und Dina

Ein Pfad von Alice zu Dina ist möglich. Dabei werden Bob und Chan als zwischengeschaltete Routing-Nodes verwendet. Alice kann eine *Route* entlang des gefundenen Pfads aufbauen und ein paar Tausend Satoshi an Dina senden, die von Bob und Chan *weitergeleitet* (engl. *forwarding*) werden. Im Grunde genommen bezahlt Alice Bob, der Chan bezahlt, der wiederum Dina bezahlt. Ein direkter Kanal zwischen Alice und Dina wird nicht benötigt.

Die größte Herausforderung besteht darin, zu verhindern, dass Bob und Chan das Geld stehlen, das Alice Dina senden möchte.

Ein reales Beispiel für das Routing

Um zu verstehen, wie das Lightning-Netzwerk die Zahlung während des Routings schützt, wollen wir es mit der Weitergabe von Goldmünzen im »richtigen Leben« vergleichen.

Nehmen wir an, Alice möchte Dina zehn Goldmünzen zukommen lassen, hat mit ihr aber keinen direkten Kontakt. Alice kennt Bob, der Chan kennt, der Dina kennt. Sie entscheidet sich daher, Bob und Chan um Hilfe zu bitten. Das ist in Abbildung 8-4 zu sehen.

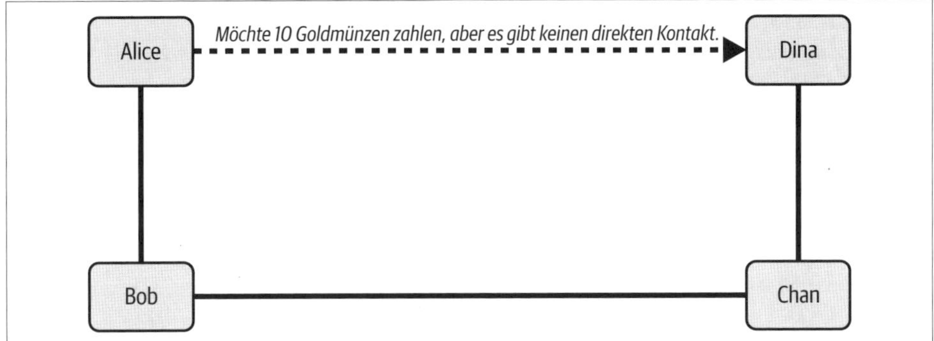

Abbildung 8-4: Alice möchte Dina zehn Goldmünzen zahlen.

Alice kann Bob bezahlen, der Chan bezahlt, der Dina bezahlt. Doch wie kann man verhindern, dass sich Bob oder Chan mit dem Geld aus dem Staub macht? Im richtigen Leben können Verträge abgeschlossen werden, um eine Reihe von Zahlungen vorzunehmen.

Alice könnte mit Bob den folgenden Vertrag vereinbaren:

> *Ich, Alice, gebe dir, Bob, zehn Goldmünzen, wenn du sie an Chan übergibst.*

Dieser Vertrag ist theoretisch schön und gut, doch im richtigen Leben läuft Alice Gefahr, dass Bob den Vertrag bricht und hofft, nicht erwischt zu werden. Selbst wenn Bob erwischt und belangt wird, steht Alice vor dem Problem, dass Bob pleite sein könnte und die zehn Goldmünzen nicht zurückgeben kann. Aber selbst wenn man diese Punkte irgendwie löst, bleibt immer noch unklar, wie man einen solchen Vertrag durchsetzen kann, um das gewünschte Ziel zu erreichen: dass die Münzen an Dina ausgezahlt werden.

Wir erweitern unseren Vertrag daher wie folgt:

> *Ich, Alice, erstatte dir, Bob, zehn Goldmünzen, wenn du mir nachweisen kannst (z. B. durch eine Quittung), dass du zehn Goldmünzen an Chan übergeben hast.*

Sie könnten sich fragen, warum Bob so einen Vertrag unterzeichnen sollte. Er muss Chan bezahlen, erhält im Gegenzug aber nichts dafür und läuft Gefahr, dass Alice ihn nicht bezahlt. Bob kann Chan einen ähnlichen Vertrag anbieten, damit er Dina bezahlt, doch auch für Chan gibt es keinen Grund, einen solchen Vertrag zu unterschreiben.

Selbst wenn man das Risiko außer Acht lässt, müssen Bob und Chan zehn Goldmünzen *besitzen*, um sie senden zu können. Andernfalls wären sie nicht in der Lage, einen solchen Vertrag zu erfüllen.

Bob und Chan würden beide ein Risiko eingehen und Opportunitätskosten tragen, wenn sie diesem Vertrag zustimmten. Man muss also einen Ausgleich schaffen, damit sie auf ihn eingehen.

Für Bob und Chan kann das interessant werden, wenn Alice beiden eine Gebühr von jeweils einer Goldmünze anbietet, falls sie die Zahlung an Dina weiterleiten.

Der Vertrag sähe dann so aus:

> *Ich, Alice, erstatte dir, Bob, zwölf Goldmünzen, wenn du mir nachweisen kannst (z.B. durch eine Quittung), dass du elf Goldmünzen an Chan übergeben hast.*

Alice verspricht Bob nun zwölf Goldmünzen: zehn für Dina und zwei für die Gebühren. Sie verspricht Bob zwölf Goldmünzen, wenn er beweisen kann, dass er elf an Chan weitergeleitet hat. Der Unterschied von einer Goldmünze ist die Gebühr, die Bob dafür erhält, dass er bei dieser Zahlung hilft. In Abbildung 8-5 sehen wir, wie durch dieses Arrangement zehn Goldmünzen über Bob und Chan an Dina weiterleitet werden.

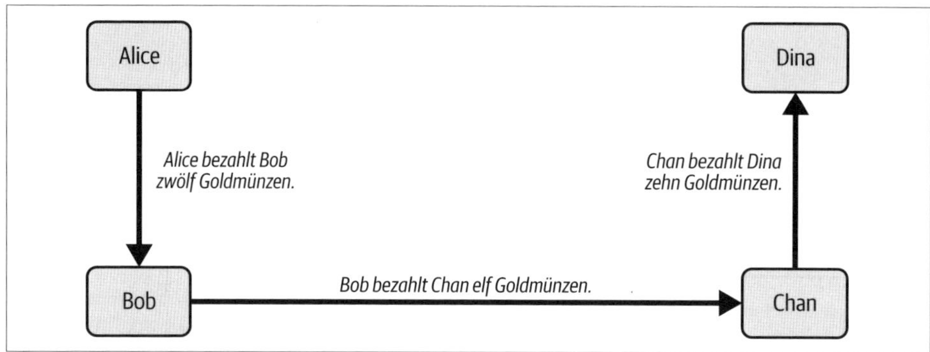

Abbildung 8-5: Alice bezahlt Bob, Bob bezahlt Chan, Chan bezahlt Dina.

Da Vertrauen immer noch ein Thema ist und die Gefahr besteht, dass Alice oder Bob die Vereinbarung nicht einhält, entscheiden alle Parteien, einen Treuhänder einzuschalten. Zu Beginn des Austauschs hinterlegt Alice die zwölf Goldmünzen auf einem Treuhandkonto, das an Bob nur ausgezahlt wird, wenn er nachweisen kann, dass er elf Goldmünzen an Chan gezahlt hat.

Wir idealisieren den Treuhänder ein wenig, da er kein weiteres Risiko (z.B. Kontrahentenrisiko) darstellt. Später werden wir den Treuhänder durch einen Bitcoin Smart Contract ersetzen. Für den Augenblick nehmen wir einfach an, dass alle Seiten dem Treuhänder vertrauen.

Im Lightning-Netzwerk kann die Quittung (der Nachweis der Zahlung) ein Secret sein, das nur Dina kennt. In der Praxis ist dieses Secret eine Zufallszahl, die so groß ist, dass sie von anderen nicht erraten werden kann (üblicherweise eine *sehr, sehr* große Zahl, die in 256 Bit codiert wird).

Dina erzeugt den Secret-Wert `R` mithilfe eines Zufallszahlengenerators.

Das Secret könnte dann im Vertrag als SHA-256-Hash festgehalten werden:

$$H = \text{SHA-256}(R)$$

Wir nennen den Hash des Secrets für die Zahlung den *Zahlungshash*. Das Secret, das die Zahlung »freigibt«, ist das *Zahlungs-Secret*.

Wir wollen die Dinge einfach halten und verwenden als Dinas Secret schlicht den Text `Dinas secret`. Diese geheime Nachricht wird *Zahlungs-Secret* oder *Zahlungs-Preimage* genannt.

Um dieses Secret einzubinden (*commit*), berechnet Dina den SHA-256-Hash, der hexadezimal codiert wie folgt aussieht:

```
0575965b3b44be51e8057d551c4016d83cb1fba9ea8d6e986447ba33fe69f6b3
```

Um Alice die Zahlung zu ermöglichen, erzeugt Dina das Zahlungs-Secret und den Zahlungshash und sendet den Zahlungshash an Alice. In Abbildung 8-6 sehen wir, dass Dina den Zahlungshash über einen externen Kanal (die gestrichelte Linie) an Alice sendet, etwa per E-Mail oder Messenger.

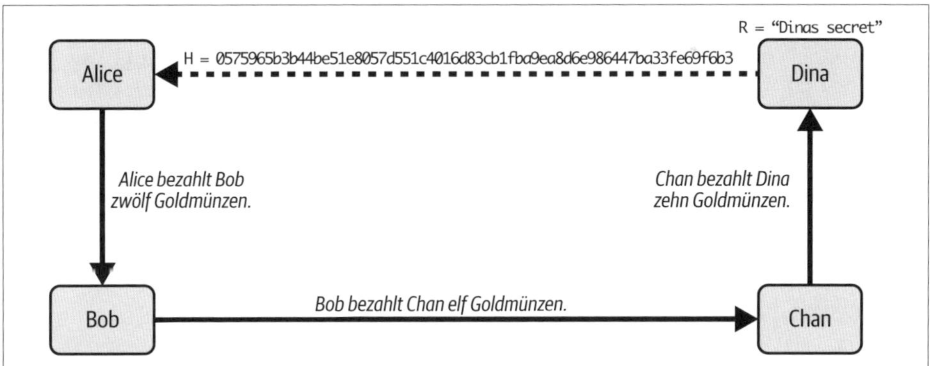

Abbildung 8-6: Dina sendet das gehashte Secret an Alice.

Alice kennt das Secret nicht, kann ihren Vertrag aber so umformulieren, dass der Hash des Secrets als Nachweis der Zahlung dient:

> *Ich, Alice, erstatte dir, Bob, zwölf Goldmünzen, wenn du mir eine gültige Nachricht vorlegst, die den Hash 057596... ergibt.*
> *Du erhältst diese Nachricht, wenn du einen vergleichbaren Vertrag mit Chan eingehst, der einen ähnlichen Vertrag mit Dina eingehen muss. Um sicherzustellen, dass die Zahlung erfolgt, hinterlege ich die zwölf Goldmünzen bei einem Treuhänder, bevor du den nächsten Vertrag abschließt.*

Dieser neue Vertrag schützt Alice davor, dass Bob das Geld nicht an Chan weiterleitet. Außerdem schützt er Bob davor, die Zahlung von Alice nicht zurückerstattet zu bekommen. Gleichzeitig stellt er durch den Hash von Dinas Secret sicher, dass Dina tatsächlich bezahlt wurde.

Nachdem Bob und Alice sich auf den Vertrag geeinigt haben und Bob die Nachricht erhält, dass Alice die zwölf Goldmünzen bei einem Treuhänder hinterlegt hat, kann Bob einen vergleichbaren Vertrag mit Chan schließen.

Da Bob eine Gebühr von einer Goldmünze erhebt, leitet er nur elf Goldmünzen an Chan weiter, sobald dieser nachweisen kann, dass er Dina bezahlt hat. Auch Chan verlangt eine Gebühr und erwartet den Eingang von elf Goldmünzen, sobald er nachgewiesen hat, dass er Dina die versprochenen zehn Goldmünzen überwiesen hat.

Bobs Vertrag mit Chan sieht wie folgt aus:

> *Ich, Bob, erstatte dir, Chan, elf Goldmünzen, wenn du mir eine gültige Nachricht vorlegst, die den Hash* `057596...` *ergibt. Du erhältst diese Nachricht, wenn du einen vergleichbaren Vertrag mit Dina eingehst. Um sicherzugehen, dass die Erstattung erfolgt, hinterlege ich die elf Goldmünzen bei einem Treuhänder, bevor du den nächsten Vertrag abschließt.*

Sobald Chan vom Treuhänder die Nachricht erhält, dass Bob die elf Goldmünzen hinterlegt hat, setzt er einen ähnlichen Vertrag mit Dina auf:

> *Ich, Chan, erstatte dir, Dina, zehn Goldmünzen, wenn du mir eine gültige Nachricht vorlegst, die den Hash* `057596...` *ergibt. Um sicherzustellen, dass die Erstattung nach Vorlage des Secrets erfolgt, hinterlege ich zehn Goldmünzen bei einem Treuhänder.*

Nun ist alles vorbereitet. Alice hat einen Vertrag mit Bob und hat zwölf Goldmünzen bei einem Treuhänder hinterlegt. Bob hat einen Vertrag mit Chan und hat elf Goldmünzen bei einem Treuhänder hinterlegt. Chan hat einen Vertrag mit Dina und hat zehn Goldmünzen bei einem Treuhänder hinterlegt. Dina muss nun das Secret offenlegen, also das Preimage des Hashs, das sie als Zahlungsnachweis festgelegt hat.

Dina sendet nun `Dinas secret` an Chan.

Chan prüft, ob `Dinas secret` den Hash `057596...` ergibt. Chan besitzt jetzt den Zahlungsnachweis und kann den Treuhänder anweisen, die zehn Goldmünzen an Dina auszuzahlen.

Chan gibt das Secret nun an Bob weiter. Bob prüft es und weist den Treuhänder an, die elf Goldmünzen für Chan freizugeben.

Bob gibt das Secret an Alice weiter. Alice prüft es und weist den Treuhänder an, die zwölf Goldmünzen für Bob freizugeben. Alle Verträge sind nun abgeschlossen. Alice hat insgesamt zwölf Goldmünzen bezahlt: eine für Bob, eine für Chan und zehn für Dina. Bei einer solchen Kette von Verträgen machen sich Bob und Chan nicht aus dem Staub, weil sie die Mittel zuerst bei einem Treuhänder hinterlegt haben.

Es gibt aber noch ein Problem. Wenn sich Dina weigert, das Preimage zu veröffentlichen, hängen Chans, Bobs und Alice' Goldmünzen beim Treuhänder fest und werden nicht erstattet. Das Gleiche passiert, wenn jemand innerhalb der Kette das Secret nicht weitergibt. Es kann also niemand Alice' Geld stehlen, doch alle könnten vergeblich auf ihr Geld vom Treuhänder warten.

Glücklicherweise lässt sich das lösen, indem man den Vertrag um eine Frist ergänzt.

Wir können den Vertrag dahin gehend ergänzen, dass er innerhalb einer bestimmten Frist erfüllt werden muss. Andernfalls läuft der Vertrag aus, und der Treuhänder zahlt das Geld an die Person zurück, die es ursprünglich hinterlegt hat. Wie nennen diese Frist *Timelock*.

Die Mittel werden beim Treuhänder für eine bestimmte Zeit hinterlegt und letztlich wieder freigegeben, wenn kein Zahlungsnachweis erfolgt ist.

Um das zu berücksichtigen, wird der Vertrag zwischen Alice und Bob noch einmal um eine neue Klausel ergänzt:

> *Bob hat nach der Unterzeichnung 24 Stunden Zeit, das Secret vorzulegen. Kann Bob das Secret innerhalb dieser Zeit nicht vorlegen, erhält Alice ihr Geld vom Treuhänder zurück, und der Vertrag wird ungültig.*

Bob muss jetzt natürlich sicherstellen, dass er selbst den Zahlungsnachweis innerhalb von 24 Stunden erhält. Selbst wenn er Chan ordnungsgemäß bezahlt, erhält er kein Geld, wenn er den Zahlungsnachweis nicht innerhalb dieser Frist erhält. Um dieses Risiko auszuschalten, setzt er Chan eine kürzere Frist.

Bob passt seinen Vertrag mit Chan daher wie folgt an:

> *Chan hat nach der Unterzeichnung 22 Stunden Zeit, das Secret vorzulegen. Kann er das Secret innerhalb dieser Zeit nicht vorlegen, erhält Bob sein Geld vom Treuhänder zurück, und der Vertrag wird ungültig.*

Wie Sie sich denken können, passt auch Chan seinen Vertrag mit Dina an:

> *Dina hat nach der Unterzeichnung 20 Stunden Zeit, das Secret vorzulegen. Legt sie das Secret nicht innerhalb dieser Zeit vor, erhält Chan sein Geld vom Treuhänder zurück, und der Vertrag wird ungültig.*

Mit einer solchen Kette von Verträgen können wir sicherstellen, dass die Zahlung von Alice über Bob über Chan an Dina innerhalb von 24 Stunden abgeschlossen ist oder fehlschlägt und jeder sein Geld zurückerhält. Der Vertrag wird entweder erfolgreich abgeschlossen oder schlägt fehl. Etwas dazwischen gibt es nicht.

Im Kontext des Lightning-Netzwerks bezeichnen wir diesen »Alles-oder-nichts-Ansatz« als *atomar*.

Solange der Treuhänder vertrauenswürdig ist und seine Aufgabe gewissenhaft erfüllt, können während dieses Prozesses keiner Partei die Einlagen gestohlen werden.

Die Grundvoraussetzung dafür, dass diese *Route* überhaupt funktioniert, ist aber, dass alle Parteien ausreichend Geld haben, um die Folge von Einzahlungen erfüllen zu können.

Das klingt zwar nach einem unbedeutenden Detail, doch Sie werden später noch sehen, dass diese Anforderung eines der größeren Probleme für LN-Nodes darstellt. Und es wird umso schwieriger, je größer die Zahlung ist. Darüber hinaus können die Parteien ihre Einlagen nicht nutzen, solange sie beim Treuhänder hinterlegt sind.

Daher entstehen Nutzern, die Zahlungen weiterleiten, durch das Sperren des Geldes Opportunitätskosten, die letztlich durch Routing-Gebühren ausgeglichen werden, wie wir im vorherigen Beispiel gesehen haben.

Nachdem wir das Routing im »richtigen Leben« betrachtet haben, wollen wir uns nun anschauen, wie es auf der Bitcoin-Blockchain ohne die Notwendigkeit eines externen Treuhänders implementiert wird. Zu diesem Zweck richten wir Kontrakte zwischen den Teilnehmern in Bitcoin-Skript ein. Wir ersetzen den externen Treuhänder durch *Smart Contracts*, die ein Fairness-Protokoll implementieren. Lassen Sie uns dieses Konzept aufdröseln und implementieren!

Fairness-Protokoll

Wie bereits im ersten Kapitel dieses Buchs erwähnt, besteht die Innovation von Bitcoin in der Fähigkeit, kryptografische Primitive zu verwenden, um ein Fairness-Protokoll zu implementieren, das das Vertrauen in Drittparteien (Vermittler) durch ein vertrauenswürdiges Protokoll ersetzt.

In unserem Beispiel mit den Goldmünzen mussten wir einen Treuhänder einschalten, um zu verhindern, dass eine der Parteien ihr Wort bricht. Die Innovation kryptografischer Fairness-Protokolle erlaubt es uns, den Treuhänder durch ein Protokoll zu ersetzen.

Die Eigenschaften des von uns zu entwickelnden Fairness-Protokolls sind:

Vertrauensfreier Betrieb
: Die Teilnehmer einer gerouteten Zahlung müssen weder einander noch irgendeiner dritten Partei vertrauen. Stattdessen vertrauen sie dem Protokoll, das sie vor Betrug schützt.

Atomizität
: Eine Zahlung wird entweder vollständig ausgeführt, oder sie schlägt fehl, und jeder erhält sein Geld zurück. Es ist nicht möglich, dass ein Intermediär eine geroutete Zahlung einstreicht und nicht an den nächsten Hop weiterleitet. Intermediäre können also nicht betrügen oder stehlen.

Multihop
: Die Sicherheit des Systems erstreckt sich Ende zu Ende über mehrere Zahlungskanäle hinweg, genau wie bei einer Zahlung zwischen den beiden Enden eines einzelnen Zahlungskanals.

Eine optionale, zusätzliche Eigenschaft ist die Fähigkeit, Zahlungen in mehrere Teile aufzuspalten und gleichzeitig die Atomizität der Zahlung zu erhalten. Das wird *Multipart-Zahlung* (*Multipart Payment*, kurz *MPP*) genannt und in »Multipart-Zahlungen« auf Seite 326 genauer erläutert.

Implementierung atomarer vertrauensfreier Multihop-Zahlungen

Bitcoin-Skript ist so flexibel, dass es Dutzende von Möglichkeiten gibt, ein Fairness-Protokoll zu implementieren, das die Eigenschaften Atomizität, vertrauensfreier Betrieb und Multihop-Sicherheit vereint. Die Wahl der jeweiligen Implementierung ist ein Kompromiss aus Privatsphäre, Effizienz und Komplexität.

Das heutzutage vom Lightning-Netzwerk verwendete Fairness-Protokoll heißt *Hash Time-Locked Contract* (HTLC). HTLCs nutzen ein Hash-Preimage als Secret zur Freigabe von Zahlungen wie in unserem Goldmünzenbeispiel zu Beginn dieses Kapitels. Der Empfänger einer Zahlung generiert einen zufälligen Secret-Wert und berechnet dessen Hash. Der Hash wird zur Bedingung für die Zahlung, und sobald das Secret offengelegt ist, können alle Teilnehmenden ihre eingehenden Zahlungen einlösen. HTLCs bieten Atomizität, vertrauensfreien Betrieb und Multihop-Sicherheit.

Ein weiterer vorgeschlagener Mechanismus zur Implementierung des Routings ist *Point Time-Locked Contract (PTLC)*. PTLCs erreichen ebenfalls Atomizität, vertrauensfreien Betrieb und Multihop-Sicherheit, aber mit höherer Effizienz und besserer Privatsphäre. Die effiziente Implementierung von PTLCs hängt von einem neuen Signaturalgorithmus, den sogenannten *Schnorr-Signaturen*, ab, der Ende 2021 mit dem Taproot-Update aktiviert wurden.

Ein erneuter Blick auf das Spenden-Beispiel

Werfen wir noch einmal einen Blick auf das Beispiel aus dem ersten Teil dieses Kapitels. Alice möchte Dina über eine Lightning-Zahlung eine Spende zukommen lassen. Nehmen wir an, Alice möchte Dina 50.000 Satoshi spenden.

Damit Alice Dina etwas spenden kann, muss Dinas Node eine Rechnung für Alice erzeugen. Wir gehen darauf in Kapitel 15 im Detail ein. Für den Augenblick nehmen wir an, dass Dina eine Website betreibt, die eine Lightning-Rechnung für Spenden erzeugen kann.

Lightning-Zahlungen können über ein Feature namens *keysend* auch ohne Rechnung gesendet werden, das wir uns in »Spontane Zahlungen per keysend« auf Seite 289 etwas genauer ansehen. Hier wollen wir den einfacheren Zahlungsfluss mithilfe einer Rechnung erläutern.

Alice besucht Dinas Website, gibt den Betrag von 50.000 Satoshi in ein Formular ein, und Dinas Lightning-Node generiert daraus eine Zahlungsanforderung in Höhe von 50.000 Satoshi in Form einer Lightning-Rechnung. Diese Interaktion läuft außerhalb des Lightning-Netzwerks über das Web und ist in Abbildung 8-7 zu sehen.

Wie in den vorherigen Beispielen gehen wir auch hier davon aus, dass es keinen direkten Zahlungskanal zwischen Alice und Dina gibt. Um Dina bezahlen zu können, muss Alice einen Weg (Pfad) finden, der sie mit Dina verbindet. Diesen Schritt sehen wir uns in Kapitel 12 genauer an. Für den Augenblick nehmen wir an, dass Alice die notwendigen Informationen sammeln kann und sieht, dass es über Bob und Chan einen Pfad zu Dina gibt.

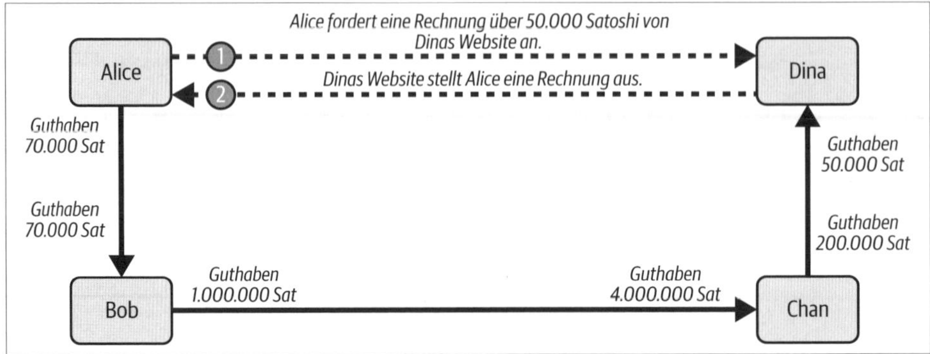

Abbildung 8-7: Alice fordert eine Rechnung über Dinas Website an.

Sie erinnern sich, dass Bob und Chan eine kleine Vergütung für das Routing der Zahlung erwarten? Alice möchte Dina 50.000 Satoshi zahlen, doch wie Sie in den folgenden Abschnitten noch sehen werden, sendet sie Bob 50.200 Satoshi. Die 200 zusätzlichen Satoshi werden zwischen Bob und Chan als Routing-Gebühr (also jeweils 100 Satoshi) aufgeteilt.

Alice' Node kann nun eine Lightning-Zahlung erzeugen. In den nächsten Abschnitten sehen wir, wie Alice' Node einen HTLC erzeugt, um Dina zu bezahlen, und wie dieser HTLC über den Pfad zwischen Alice und Dina weitergeleitet wird.

On-Chain- versus Off-Chain-Abwicklung von HTLCs

Das Lightning-Netzwerk soll *Off-Chain*-Transaktionen ermöglichen, die genauso vertrauenswürdig sind wie *On-Chain*-Transaktionen, da niemand betrügen kann. Der Grund dafür, dass niemand betrügen kann, ist, dass jeder Teilnehmer zu jedem Zeitpunkt seine Off-Chain-Transaktion On-Chain bringen kann. Jede Off-Chain-Transaktion kann jederzeit in der Bitcoin-Blockchain veröffentlicht werden. Die Bitcoin-Blockchain fungiert also bei Bedarf als Mechanismus der Konfliktlösung und der endgültigen Abrechnung.

Allein die Tatsache, dass jede Transaktion jederzeit On-Chain gebracht werden kann, ist der Grund dafür, dass all diese Transaktionen Off-Chain gehalten werden können. Solange Sie sich des Zugriffs auf Ihre Einlagen sicher sind, können Sie mit den anderen Teilnehmenden weiter kooperieren und die On-Chain-Abwicklung samt zusätzlichen Gebühren vermeiden.

In allen folgenden Beispielen gehen wir davon aus, dass jegliche Transaktion zu jeder Zeit On-Chain gebracht werden kann. Die Teilnehmer halten sie Off-Chain, doch die Funktionalität des Systems unterscheidet sich nur durch die höheren Gebühren und die Verzögerungen durch das On-Chain-Mining der Transaktionen. Die Beispiele funktionieren alle gleich, egal ob On-Chain oder Off-Chain.

Hash Time-Locked Contracts

In diesem Abschnitt erläutern wir, wie HTLCs funktionieren.

Der erste Teil eines HTLC ist der *Hash*, also die Verwendung eines kryptografischen Hashalgorithmus für ein zufällig generiertes Secret. Die Kenntnis des Secrets erlaubt das Einlösen der Zahlung. Die kryptografische Hashfunktion garantiert, dass der Hash für jeden leicht zu verifizieren ist, während es gleichzeitig unmöglich ist, das Secret-Preimage zu erraten. Darüber hinaus gibt es nur ein Preimage, das die (Aus-)Zahlungsbedingung erfüllt.

In Abbildung 8-8 sehen wir, dass Alice eine Lightning-Rechnung von Dina erhält. Innerhalb dieser Rechnung hat Dina einen *Zahlungshash* codiert, also den kryptografischen Hash des von Dinas Node erzeugten Secrets. Dinas Secret wird als *Zahlungs-Preimage* bezeichnet. Der Zahlungshash dient als Kennung (ID), der zum Routing der Zahlung an Dina verwendet werden kann. Sobald die Zahlung abgeschlossen ist, dient das Zahlungs-Preimage als Quittung und Nachweis der Zahlung.

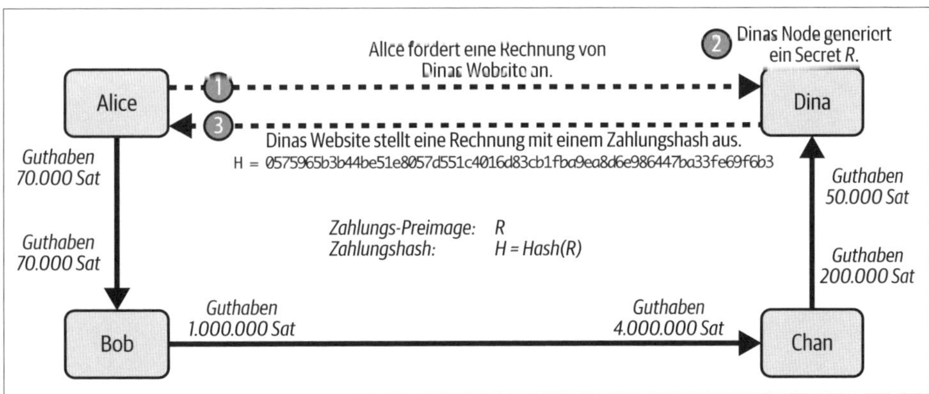

Abbildung 8-8: Alice erhält einen Zahlungshash von Dina.

Im Lightning-Netzwerk ist Dinas Zahlungs-Preimage kein einfacher Text wie `Dinas secret`, sondern eine durch Dinas Node erzeugte Zufallszahl. Wir nennen diese Zufallszahl *R*.

Dinas Node berechnet den kryptografischen Hash von *R* wie folgt:

$$H = \text{SHA-256}(R)$$

In dieser Gleichung ist *H* der Hash (oder *Zahlungshash*) und *R* das Secret (oder *Zahlungs_Preimage*). Der Einsatz einer kryptografischen Hashfunktion ist ein Element, das den *vertrauensfreien Betrieb* garantiert. Die Zahlungsvermittler müssen einander nicht vertrauen, weil sie wissen, dass niemand das Secret erraten oder fälschen kann.

HTLCs in Bitcoin-Skript

In unserem Goldmünzenbeispiel besaß Alice einen treuhänderisch abgesicherten Vertrag:

> *Alice erstattet Bob zwölf Goldmünzen, wenn er eine gültige Nachricht vorweisen kann, die den Hash 0575...f6b3 ergibt. Bob hat 24 Stunden nach Unterzeichnung des Vertrags Zeit, das Secret vorzulegen. Kann Bob das Secret innerhalb dieser Zeit nicht vorlegen, erhält Alice ihr Geld vom Treuhänder zurück, und der Vertrag wird ungültig.*

Sehen wir uns an, wie man das als HTLC in Bitcoin-Skript implementiert. In Beispiel 8-1 sehen Sie ein HTLC-Bitcoin-Skript, wie es momentan im Lightning-Netzwerk verwendet wird. Sie finden diese Definition in BOLT #3, Transactions (*https://github.com/lightning/bolts/blob/master/03-transactions.md#offered-htlc-outputs*).

Beispiel 8-1: In Bitcoin-Skript implementierter HTLC (BOLT #3)

```
# To remote node with revocation key
OP_DUP OP_HASH160 <RIPEMD160(SHA256(revocationpubkey))> OP_EQUAL
OP_IF
    OP_CHECKSIG
OP_ELSE
    <remote_htlcpubkey> OP_SWAP OP_SIZE 32 OP_EQUAL
    OP_IF
        # To local node via HTLC-success transaction.
        OP_HASH160 <RIPEMD160(payment_hash)> OP_EQUALVERIFY
        2 OP_SWAP <local_htlcpubkey> 2 OP_CHECKMULTISIG
    OP_ELSE
        # To remote node after timeout.
        OP_DROP <cltv_expiry> OP_CHECKLOCKTIMEVERIFY OP_DROP
        OP_CHECKSIG
    OP_ENDIF
OP_ENDIF
```

Wow, das sieht kompliziert aus! Doch keine Sorge, wir schlüsseln das Schritt für Schritt auf.

Das im Lightning-Netzwerk verwendete Bitcoin-Skript ist recht komplex, da es für den On-Chain-Platzbedarf optimiert ist. Das Skript ist daher sehr kompakt, aber auch entsprechend schwierig zu lesen.

In den folgenden Abschnitten konzentrieren wir uns auf die Hauptelemente des Skripts und stellen vereinfachte Skripten vor, die sich ein wenig von der aktuellen Lightning-Implementierung unterscheiden.

Den Hauptteil des HTLC bildet Zeile 10 von Beispiel 8-1. Wir wollen das von Grund auf selbst entwickeln!

Zahlungs-Preimage und Hashverifikation

Den Kern eines HTLC bildet der Hash, über denn die Zahlung erfolgt, wenn der Empfänger das Zahlungs-Preimage kennt. Alice sichert die Zahlung durch einen bestimmten Zahlungshash ab, und Bob zeigt das Zahlungs-Preimage vor, um die Mittel einzulösen. Das Bitcoin-System kann die Korrektheit von Bobs Zahlungs-Preimage prüfen, indem es dessen Hash berechnet und mit dem Zahlungshash vergleicht, den Alice zur Sicherung der Geldmittel verwendet hat.

Dieser Teil eines HTLC kann in Bitcoin-Skript wie folgt implementiert werden:

```
OP_SHA256 <H> OP_EQUAL
```

Alice kann einen Transaktions-Output erzeugen, der 50.200 Satoshi über das obige Locking-Skript auszahlt, wobei `<H>` durch den von Dina bereitgestellten Hashwert `0575...f6b3` ersetzt wird. Alice signiert die Transaktion dann und bietet sie Bob an:

```
OP_SHA256 0575...f6b3 OP_EQUAL
```

Bob kann diesen HTLC nicht ausgeben, solange er Dinas Secret nicht kennt, d.h., die Freigabe des HTLC bedingt, dass Bob seinen Teil der Zahlung erfüllt und diese Dina erreicht.

Sobald Bob Dinas Secret kennt, kann er diesen Output über das Unlocking-Skript entsperren, das den geheimen Preimage-Wert *R* enthält.

Die Kombination aus Entsperren (Unlocking-Skript) und Sperren (Locking-Skript) sieht so aus:

```
<R> OP_SHA256 <H> OP_EQUAL
```

Die Bitcoin-Skript-Engine würde dieses Skript wie folgt evaluieren:

1. `R` wird auf dem Stack abgelegt.
2. Der Operator `OP_SHA256` nimmt den Wert von `R` vom Stack und wendet die Hashfunktion auf ihn an. Das Ergebnis H_R wird wieder auf dem Stack abgelegt.
3. `H` wird auf dem Stack abgelegt.
4. Der Operator `OP_EQUAL` vergleicht `H` mit H_R. Sind beide gleich, ist das Ergebnis wahr (`TRUE`), das Skript ist abgeschlossen und die Zahlung verifiziert.

HTLCs von Alice zu Dina propagieren

Alice will nun den HTLC über das Netzwerk propagieren, bis er Dina erreicht.

In Abbildung 8-9 sehen wir, wie der HTLC über das Netzwerk von Alice an Dina propagiert wird. Alice hat Bob ein HTLC mit 50.200 Satoshi übergeben. Bob kann nun ein HTLC mit 50.100 Satoshi erzeugen und an Chan übergeben.

Bob weiß, dass Chan Bobs HTLC ohne das Secret nicht einlösen kann. Bob kann dieses Secret seinerseits verwenden, um Alice' HTLC einzulösen. Das ist ein wirklich wichtiger Punkt, da er die Ende-zu-Ende-Atomizität des HTLC sicherstellt.

Um den HTLC einlösen zu können, muss das Secret veröffentlicht werden, was dann auch den anderen ermöglicht, ihre HTLCs einzulösen. Entweder können alle HTLCs eingelöst werden oder keiner: *Atomizität*!

Da Alice' HTLC 100 Satoshi höher ausfällt als der HTLC von Bob für Chan, erhält Bob 100 Satoshi als Routing-Gebühr, sobald die Zahlung abgeschlossen ist.

Bob geht kein Risiko ein und vertraut weder Alice noch Chan. Stattdessen vertraut Bob darauf, dass eine signierte Transaktion zusammen mit dem Secret in der Bitcoin-Blockchain eingelöst werden kann.

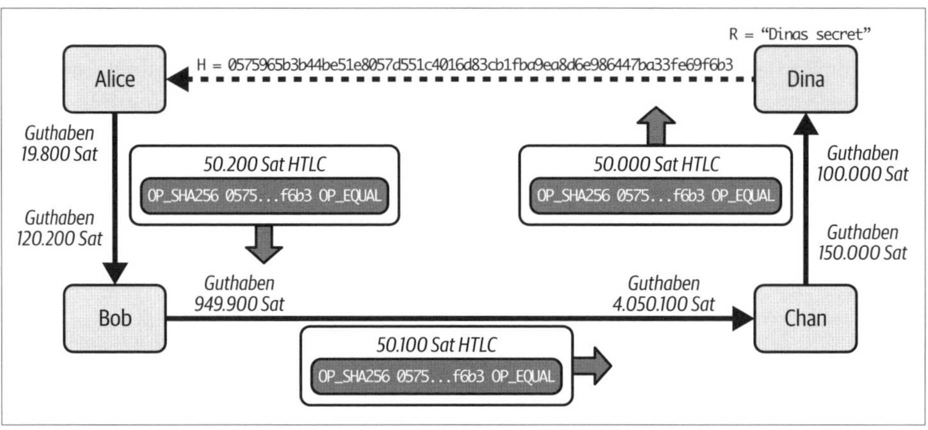

Abbildung 8-9: Einen HTLC durch das Netzwerk propagieren

Einen vergleichbaren HTLC über 50.000 Satoshi schickt Chan an Dina. Er riskiert nichts und muss weder Bob noch Dina vertrauen. Um den HTLC einzulösen, muss Dina das Secret veröffentlichen, das Chan nutzen kann, um Bobs HTLC einzulösen. Auch Chan erhält 100 Satoshi als Routing-Gebühr.

Rückpropagation des Secrets

Sobald Dina einen 50.000-HTLC von Chan erhalten hat, kann sie bezahlt werden. Dina könnte diesen HTLC einfach On-Chain bestätigen und einlösen, indem sie das Secret in der Spending-Transaktion veröffentlicht. Alternativ kann Dina ihr Kanalguthaben mit Chan aktualisieren, indem sie ihm das Secret mitteilt. Es gibt keinen Grund, die Transaktionsgebühr zu übernehmen und On-Chain zu gehen. Darum sendet Dina das Secret einfach an Chan, und sie einigen sich darauf, das Kanalguthaben zu aktualisieren, sodass es die Lightning-Zahlung von 50.000 Satoshi an Dina widerspiegelt. In Abbildung 8-10 sehen wir, dass Dina das Secret an Chan übergibt und damit den HTLC erfüllt.

Beachten Sie, dass Dinas Kanalguthaben von 50.000 Satoshi auf 100.000 Satoshi steigt. Chans Kanalguthaben sinkt von 200.000 Satoshi auf 150.000 Satoshi. Die Kanalkapazität ändert sich nicht, aber 50.000 wurden von Chans Seite des Kanals auf Dinas Seite des Kanals verschoben.

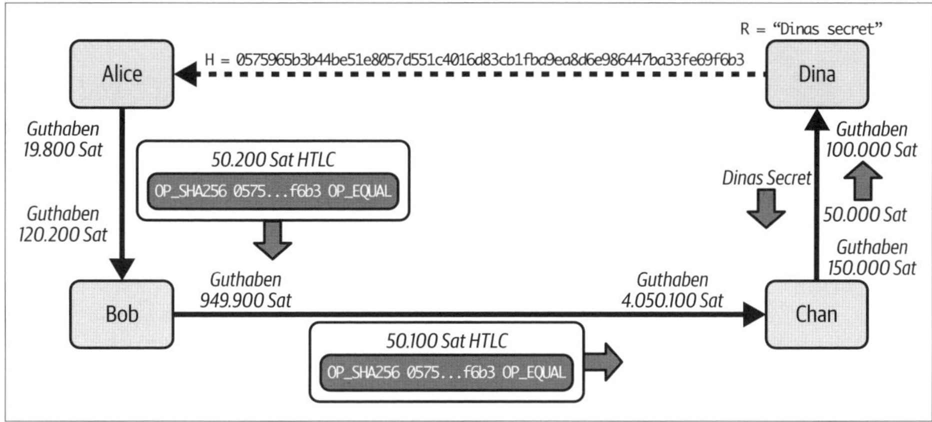

Abbildung 8-10: Dina schließt Chans HTLC Off-Chain ab.

Chan kennt nun das Secret und hat Dina 50.000 Satoshi gezahlt. Er kann das ohne Risiko tun, weil das Secret es ihm erlaubt, Bobs HTLC im Wert von 50.100 Satoshi einzulösen. Chan hat die Möglichkeit, den HTLC On-Chain zu stellen und das Secret in der Bitcoin-Blockchain zu veröffentlichen. Doch genau wie Dina will er die Transaktionsgebühren vermeiden. Stattdessen sendet er das Secret an Bob, um die Kanalguthaben so zu aktualisieren, dass sie die Lightning-Zahlung von 50.100 Satoshi von Bob an Chan widerspiegeln. In Abbildung 8-11 sendet Chan das Secret an Bob und empfängt im Gegenzug die Zahlung.

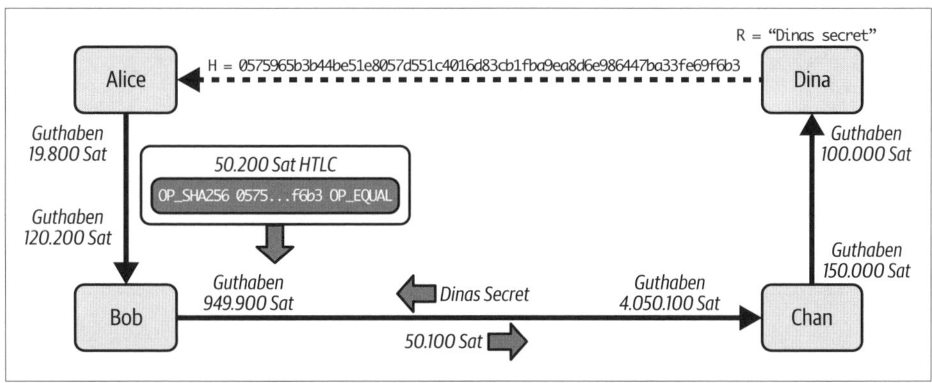

Abbildung 8-11: Chan schließt Bobs HTLC Off-Chain ab.

Chan hat Dina 50.000 Satoshi überwiesen und 50.100 Satoshi von Bob empfangen. Chans Kanalguthaben hat sich also um 100 Satoshi erhöht, die er als Routing-Gebühr erhalten hat.

Bob besitzt nun ebenfalls das Secret. Er kann es nutzen, um Alice' HTLC On-Chain einzulösen, oder er vermeidet die Transaktionsgebühren, indem er den HTLC im Kanal mit Alice abschließt. In Abbildung 8-12 sendet Bob das Secret an Alice, und beide aktualisieren das Kanalguthaben, damit es die Lightning-Zahlung von 50.200 Satoshi von Alice an Bob widerspiegelt.

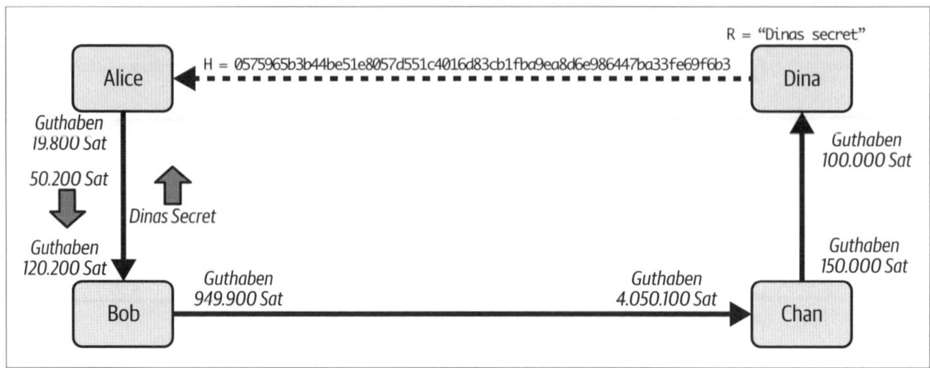

Abbildung 8-12: Bob schließt Alice' HTLC Off-Chain ab.

Bob hat 50.200 Satoshi von Alice erhalten und 50.100 Satoshi an Chan gezahlt. Sein Kanalguthaben weist nun 100 Satoshi mehr auf, die er als Routing-Gebühr erhalten hat.

Alice hat das Secret empfangen und den HTLC über 50.200 Satoshi abgeschlossen. Das Secret kann nun als *Quittung* verwendet werden, d. h., Alice kann nachweisen, dass Dina Geld für diesen Zahlungshash erhalten hat.

Die abschließenden Kanalguthaben in Abbildung 8-13 spiegeln Alice' Zahlung an Dina wider sowie die Routing-Gebühren, die für jeden Hop bezahlt wurden.

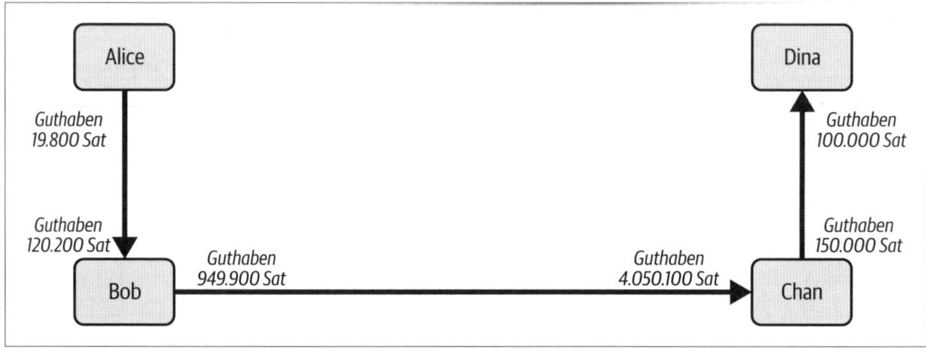

Abbildung 8-13: Kanalguthaben nach der Zahlung

Signaturbindung: Diebstahl von HTLCs verhindern

Es gibt einen Haken. Haben Sie ihn bemerkt?

Wenn Alice, Bob und Chan wie in Abbildung 8-13 gezeigt die HTLCs erzeugen, gibt es ein kleines, aber nicht unerhebliches Verlustrisiko. Jeder dieser HTLCs kann von jedem eingelöst (ausgegeben) werden, der das Secret kennt. Anfänglich kennt nur Dina das Secret. Dina soll nur den HTLC von Chan einlösen. Doch Dina könnte alle drei HTLCs gleichzeitig einlösen, sogar in einer einzigen Transaktion!

Schließlich kennt Dina das Secret vor allen anderen. Auch Chan soll eigentlich nur Bobs HTLC einlösen, sobald er das Secret kennt. Doch was wäre, wenn Chan auch Alice' HTLC einlöst?

Das ist nicht *vertrauensfrei*! Das wichtigste Sicherheitsmerkmal ist ausgehebelt. Wir müssen das korrigieren.

Das HTLC-Skript muss eine zusätzliche Bedingung enthalten, die jeden HTLC an einen bestimmten Empfänger bindet. Wir verlangen daher eine digitale Signatur, die dem öffentlichen Schlüssel des jeweiligen Empfängers entspricht. Auf diese Weise verhindern wir, dass eine andere Person den HTLC einlösen kann. Da nur der designierte Empfänger eine digitale Signatur für den fraglichen öffentlichen Schlüssel erzeugen kann, ist auch nur er in der Lage, den HTLC einzulösen.

Mit dieser Modifikation im Hinterkopf wollen wir uns die Skripte noch einmal ansehen. Alice' HTLC für Bob wird um Bobs öffentlichen Schlüssel und den `OP_CHECKSIG`-Operator ergänzt.

Hier das modifizierte HTLC-Skript:

```
OP_SHA256 <H> OP_EQUALVERIFY <Bobs öffentlicher Schlüssel> OP_CHECKSIG
```

Beachten Sie, dass zusätzlich `OP_EQUAL` in `OP_EQUALVERIFY` geändert wurde. Hat ein Operator die Endung `VERIFY`, gibt er weder `TRUE` noch `FALSE` auf dem Stack zurück. Stattdessen wird die Ausführung angehalten, und das Skript schlägt bei einem falschen Ergebnis fehl. Bei Erfolg wird weitergemacht, ohne dass etwas auf dem Stack abgelegt wird.

Um diesen HTLC einzulösen, muss Bob ein Unlocking-Skript präsentieren, das eine Signatur aus Bobs privatem Schlüssel sowie dem Preimage enthält:

```
<Bobs Signatur> <R>
```

Die Unlocking- und die Locking-Skripte werden kombiniert und wie folgt von der Skripting-Engine ausgewertet:

```
<Bobs Signatur> <R> OP_SHA256 <H> OP_EQUALVERIFY <Bobs öffentlicher Schlüssel> OP_CHECKSIG
```

1. `<Bobs Signatur>` wird auf dem Stack abgelegt.
2. `R` wird auf dem Stack abgelegt.
3. `OP_SHA256` nimmt `R` vom Stack und wendet die Hashfunktion darauf an. Das Ergebnis H_R wird auf dem Stack abgelegt.
4. `H` wird auf dem Stack abgelegt.
5. `OP_EQUALVERIFY` nimmt `H` und H_R vom Stack und vergleicht sie. Sind sie nicht gleich, wird die Ausführung angehalten. Andernfalls wird die Ausführung fortgesetzt, ohne etwas auf dem Stack abzulegen.
6. `<Bobs öffentlicher Schlüssel>` wird auf dem Stack abgelegt.
7. `OP_CHECKSIG` entfernt `<Bobs Signatur>` sowie `<Bobs öffentlichen Schlüssel>` und vergleicht die Signatur. Das Ergebnis (`TRUE`/`FALSE`) wird auf dem Stack abgelegt.

Wie Sie sehen, ist das etwas komplizierter, behebt aber unser HTLC-Problem und stellt sicher, dass nur der vorgesehene Empfänger ihn einlösen kann.

Hashoptimierung

Sehen wir uns an, wie der erste Teil des HTLC-Skripts bisher aussieht:

```
OP_SHA256 <H> OP_EQUALVERIFY
```

In der obigen symbolischen Darstellung sieht es so aus, als würden die `OP_`-Operatoren den größten Raum einnehmen. Doch das ist nicht der Fall. Bitcoin-Skripte sind binär codiert, und jeder Operator wird durch ein Byte repräsentiert. Gleichzeitig ist der `<H>`-Wert, den wir als Platzhalter für den Zahlungshash verwenden, 32 Byte (256 Bit) lang. Eine Liste aller Operatoren von Bitcoin-Skript samt binärer und hexadezimaler Codierung finden Sie bei Bitcoin Wiki: Script (*https://en.bitcoin.it/wiki/Script*) oder in Appendix D, »Transaction Script Language Operators, Constants, and Symbols,« in *Mastering Bitcoin* (*https://github.com/bitcoinbook/bitcoinbook/blob/develop/appdx-scriptops.asciidoc*).

Stellen wir es hexadezimal dar, sieht unser HTLC-Skript wie folgt aus:

```
a8 0575965b3b44be51e8057d551c4016d83cb1fba9ea8d6e986447ba33fe69f6b3 88
```

In hexadezimaler Codierung hat `OP_SHA256` den Wert `a8` und `OP_EQUALVERIFY` den Wert `88`. Die Gesamtlänge des Skripts beträgt 34 Byte, davon 32 Byte für den Hash.

Wie bereits erwahnt, muss jeder Teilnehmer im Lightning-Netzwerk in der Lage sein, eine gehaltene Off-Chain-Transaktion On-Chain zu bringen, um seinen Anspruch auf seine Einlage durchsetzen zu können. Um eine Transaktion On-Chain zu bringen, muss er die Transaktionsgebühr an die Miner zahlen, die sich proportional zur Größe der Transaktion in Bytes berechnet.

Daher wollen wir Wege finden, das »Gewicht« der On-Chain-Transaktionen zu verringern, indem wir das Skript so weit wie möglich optimieren. Eine Möglichkeit besteht hier darin, eine weitere Hashfunktion über den SHA-256-Algorithmus zu legen, die kleinere Hashes erzeugt. Bitcoin-Skript stellt den Operator `OP_HASH160` bereit, der ein Preimage »doppelt hasht«: Zuerst wird das Preimage mit SHA-256 gehasht, und der daraus resultierende Hash wird dann mit dem Hashalgorithmus RIPEMD160 noch einmal gehasht. Der von RIPEMD160 erzeugte Hash ist 160 Bit bzw. 20 Byte lang, also wesentlich kompakter. Bei Bitcoin-Skript ist das eine weitverbreitete Optimierung, die für viele gängige Adressformate verwendet wird.

Auch wir wollen diese Optimierung nutzen. Unser SHA-256-Hash lautet `057596...69f6b3`. Lassen wir ihn durch die Hashfunktion `RIPEMD160` laufen, erhalten wir das folgende Ergebnis:

```
R = "Dinas secret"
H256 = SHA256(R)
H256 = 0575965b3b44be51e8057d551c4016d83cb1fba9ea8d6e986447ba33fe69f6b3
H160 = RIPEMD160(H256)
H160 = 9e017f6767971ed7cea17f98528d5f5c0ccb2c71
```

Alice kann den RIPEMD160-Hash des von Dina bereitgestellten Zahlungshashs erzeugen und diesen kürzeren Hash in ihrem HTLC nutzen, genau wie Bob und Chan!

Das »optimierte« HTLC-Skript sieht dann wie folgt aus:

```
OP_HASH160 <H160> OP_EQUALVERIFY
```

Hexadezimal codiert, ergibt das:

```
a9 9e017f6767971ed7cea17f98528d5f5c0ccb2c71 88
```

Dabei hat OP_HASH160 den Wert a9 und OP_EQUALVERIFY den Wert 88. Dieses Skript ist nur 22 Byte lang! Wir sparen 12 Byte bei jeder Transaktion, die einen HTLC On-Chain einlöst.

Mit dieser Optimierung enden wir bei dem HTLC-Skript, das wir in Zeile 10 von Beispiel 8-1 gesehen haben:

```
...
    # To local node via HTLC-success transaction.
    OP_HASH160 <RIPEMD160(payment_hash)> OP_EQUALVERIFY...
```

Kooperations- und Timeout-Fehler

Bisher haben wir uns nur den »Hash«-Teil des HTLC angesehen und wie er funktioniert, wenn alle kooperieren und zum Zeitpunkt der Zahlung online sind.

Was passiert aber, wenn jemand offline geht oder nicht kooperiert? Was passiert, wenn die Zahlung nicht abgeschlossen werden kann?

Wir müssen sicherstellen, dass solche Fehler »in Würde« abgefangen werden, weil gelegentliche Routing-Fehler unvermeidbar sind. Es gibt zwei Arten von Fehlern: Kooperation und Rückerstattung mit Timelock.

Kooperationsfehler sind relativ einfach zu beheben: Der HTLC wird von jedem Teilnehmer entlang der Route rückabgewickelt, d.h., die HTLC-Outputs werden aus ihren Commitment-Transaktionen gelöscht, ohne das Guthaben zu verändern. Wie das genau funktioniert, erklären wir in Kapitel 9.

Sehen wir uns an, wie wir einen HTLC rückgängig machen können, ohne mit einem oder mehreren Teilnehmern kooperieren zu müssen. Wir müssen sicherstellen, dass die Mittel in einem HTLC nicht *für immer* gesperrt werden, falls einer der Teilnehmer nicht kooperiert. Andernfalls wäre es möglich, von anderen Teilnehmern Lösegeld zu fordern: »Dein Guthaben bleibt für immer eingefroren, wenn du mir kein Lösegeld zahlst.«

Um das zu verhindern, enthält jedes HTLC-Skript eine Rückerstattungsklausel, die an einen Timelock gekoppelt ist. Erinnern Sie sich an unseren ursprünglichen Treuhändervertrag? »Bob hat nach Unterzeichnung des Vertrags 24 Stunden Zeit, das Secret vorzulegen. Kann Bob das Secret innerhalb dieser Zeit nicht vorlegen, wird Alice' Einlage zurückerstattet.«

Die zeitgesteuerte Rückerstattung ist ein wichtiger Teil des Skripts, der die *Atomizität* sicherstellt. Die Ende-zu-Ende-Zahlung wird entweder erfolgreich abgeschlossen oder sauber rückabgewickelt. Es gibt kein »halb bezahlt«, um das man sich Gedanken machen müsste. Bei einem Fehler kann jeder Teilnehmer den HTLC kooperativ mit seinem Kanalpartner rückabwickeln oder einseitig eine zeitbasierte Rückerstattungstransaktion On-Chain stellen, um sein Geld zurückzuerhalten.

Um diese Rückerstattung in Bitcoin-Skript zu implementieren, nutzen wir den speziellen Operator `OP_CHECKLOCKTIMEVERIFY` oder kurz `OP_CLTV`. Hier das Skript, das wir aus Zeile 13 von Beispiel 8-1 kennen:

```
...
                OP_DROP <cltv_expiry> OP_CHECKLOCKTIMEVERIFY OP_DROP
                OP_CHECKSIG
...
```

Der Operator `OP_CLTV` erwartet ein Ablaufdatum, definiert als Blockhöhe ab der Gültigkeit dieser Transaktion. Ist der Transaktions-Timelock nicht mit `<cltv_expiry>` identisch, schlägt die Evaluierung des Skripts fehl, und die Transaktion ist ungültig. Andernfalls läuft das Skript weiter, ohne einen Output auf dem Stack abzulegen. Denken Sie daran, dass die Endung `VERIFY` bedeutet, dass der Operator kein `TRUE` oder `FALSE` ausgibt, sondern einfach angehalten oder, ohne einen Wert auf dem Stack abzulegen, fortgesetzt wird.

`OP_CLTV` fungiert im Grunde genommen als »Torwächter«, der das Skript daran hindert, fortzufahren, wenn die Blockhöhe `<cltv_expiry>` auf der Bitcoin-Blockchain noch nicht erreicht wurde.

Der Operator `OP_DROP` entfernt einfach das oberste Element vom Skript-Stack. Das ist zu Beginn notwendig, weil noch ein »Überbleibsel« der vorherigen Skriptzeile übrig ist. Es ist *nach* `OP_CLTV` nötig, den `<cltv_expiry>`-Wert vom Stack zu entfernen, weil er nicht länger benötigt wird.

Nachdem der Stack bereinigt ist, sollten ein öffentlicher Schlüssel und eine Signatur übrig sein, die `OP_CHECKSIG` verifizieren kann. Wie in »Signaturbindung: Diebstahl von HTLCs verhindern« auf Seite 230 gesehen, muss sichergestellt werden, dass nur der rechtmäßige Besitzer die Mittel abrufen kann. Zu diesem Zweck wird der Output an dessen öffentlichen Schlüssel gebunden, und eine Signatur wird benötigt.

Kürzere Timelocks

Während die HTLCs von Alice zu Dina wandern, erhält die zeitgesteuerte Rückerstattungsklausel jedes HTLC einen anderen `cltv_expiry`-Wert. Wir erläutern das in Kapitel 10 genauer. Für den Moment reicht es, zu wissen, dass für eine ordentliche Rückabwicklung einer fehlgeschlagenen Zahlung jeder Hop ein kleines bisschen kürzer auf seine Rückerstattung warten muss. Der Unterschied zwischen den

Timelocks der einzelnen Hops wird `cltv_expiry_delta` genannt. Er wird von jeder Node gesetzt und im Netzwerk verbreitet, wie wir in Kapitel 11 sehen werden.

Alice setzt beispielsweise den Rückerstattungs-Timelock des ersten HTLC auf die Blockhöhe »Aktuell + 500 Blöcke« (wobei »Aktuell« für die aktuelle Blockhöhe steht). Bob würde `cltv_expiry` im HTLC mit Chan auf »Aktuell + 450« setzen, und Chan würde seinen Timelock mit »Aktuell + 400« angeben. Auf diese Weise erhält Chan seine Rückerstattung für den HTLC mit Dina, *bevor* Bob eine Rückerstattung für seinen HTLC an Chan bekommt. Bob erhält eine Rückerstattung für den HTLC mit Chan, *bevor* Alice ihre Rückerstattung für den HTLC mit Bob erhält. Der verkürzte Timelock verhindert Race-Conditions und stellt sicher, dass die HTLC-Kette vom Ziel zur Quelle rückabgewickelt wird.

Fazit

In diesem Kapitel haben Sie gesehen, wie Alice Dina bezahlen kann, auch wenn es keinen direkten Zahlungskanal gibt. Alice kann einen Weg finden, der sie mit Dina verbindet, und eine Zahlung über mehrere Zahlungskanäle routen, damit sie Dina erreicht.

Damit die Zahlung über mehrere Hops atomar und vertrauensfrei bleibt, muss Alice mit allen zwischengeschalteten Nodes des Pfads ein Fairness-Protokoll implementieren. Das Fairness-Protokoll ist momentan als HTLC implementiert, das Mittel an einen Zahlungshash bindet, der aus einem geheimen Zahlungs-Preimage abgeleitet wird.

Jeder Teilnehmer der Zahlungsroute leitet einen HTLC an den nächsten Teilnehmer weiter, ohne sich um Diebstahl oder eingefrorene Guthaben Gedanken machen zu müssen. Der HTLC kann eingelöst werden, indem man das geheime Zahlungs-Preimage vorlegt. Sobald ein HTLC Dina erreicht, legt sie das Preimage offen, das rückwärts laufend alle verwendeten HTLCs auflöst.

Abschließend haben wir den HTLC mit einer zeitgesteuerten Rückerstattungsklausel vervollständigt. Sie stellt sicher, dass der HTLC rückabgewickelt wird und jeder Teilnehmer sein Geld zurückerhält, wenn die Zahlung (aus welchem Grund auch immer) fehlschlägt oder wenn einer der Teilnehmenden nicht kooperiert. Da man immer die Möglichkeit hat, für eine Rückerstattung On-Chain zu gehen, erreicht der HTLC sein Fairness-Ziel eines atomaren und vertrauensfreien Betriebs.

KAPITEL 9
Kanalbetrieb und Zahlungsweiterleitung

In diesem Kapitel bringen wir Zahlungskanäle und HTLCs (*Hash Time-Locked Contracts*) zusammen. In Kapitel 7 haben wir erläutert, wie Alice und Bob einen Zahlungskanal zwischen ihren beiden Nodes aufbauen. Wir haben uns auch die Commitment- und Sanktionsmechanismen angesehen, die den Zahlungskanal absichern. In Kapitel 8 haben wir uns HTLCs angesehen und wie man sie nutzt, um Zahlungen entlang eines Pfads aus mehreren Zahlungskanälen zu routen. In diesem Kapitel bringen wir diese beiden Konzepte zusammen. Wir sehen uns an, wie HTLCs in jedem Zahlungskanal verwaltet werden, wie sie in den Kanalzustand eingebunden und wie sie abgeschlossen werden, um die Kanalguthaben zu aktualisieren.

Insbesondere betrachten wir die Bereiche »HTLCs hinzufügen, abwickeln, Fehlerbehandlung« und »Kanal-Zustandsautomat«, wo sich Peer-to-Peer-Schicht und die Router-Schicht überschneiden (siehe Abbildung 9-1).

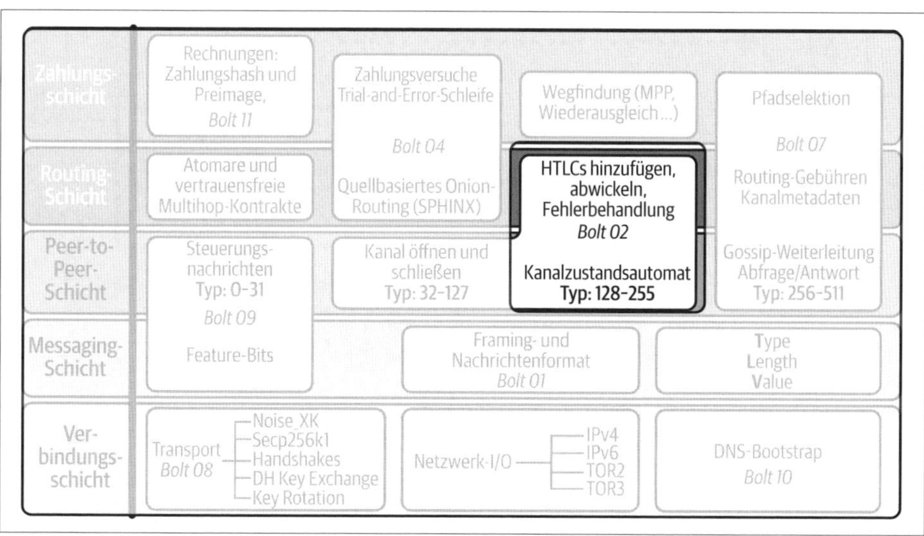

Abbildung 9-1: Kanalbetrieb und Zahlungsweiterleitung in der Lightning-Protokoll-Suite

Lokal (einzelner Kanal) versus geroutet (mehrere Kanäle)

Obwohl es möglich ist, Zahlungen über einen Zahlungskanal zu senden, indem man einfach die Kanalguthaben aktualisiert und eine neue Commitment-Transaktion erzeugt, verwendet das Lightning-Netzwerk HTLCs auch für »lokale« Zahlungen über einen Zahlungskanal. Der Grund ist, dass man das gleiche Protokolldesign nutzen will, unabhängig davon, ob eine Zahlung nur einen Hop (über einen einzelnen Zahlungskanal) oder mehrere Hops (Routing über mehrere Zahlungskanäle) benötigt.

Indem das gleiche Schema für beides genutzt wird, vereinfacht sich das Protokolldesign, und die Privatsphäre wird erhöht. Für den Zahlungsempfänger macht es keinen erkennbaren Unterschied, ob die Zahlung direkt über den Kanalpartner erfolgt oder ob eine Zahlung durch den Kanalpartner weitergeleitet wurde.

Zahlungen weiterleiten und Commitments aktualisieren mit HTLCs

Wir sehen uns noch einmal das Beispiel aus Kapitel 8 an, um zu zeigen, wie HTLCs von Alice an Dina von jedem Zahlungskanal übernommen werden. Sie werden sich erinnern, dass Alice in unserem Beispiel 50.000 Satoshi an Dina gezahlt hat, indem sie einen HTLC über Bob und Chan geroutet hat. Das Netzwerk ist in Abbildung 9-2 zu sehen.

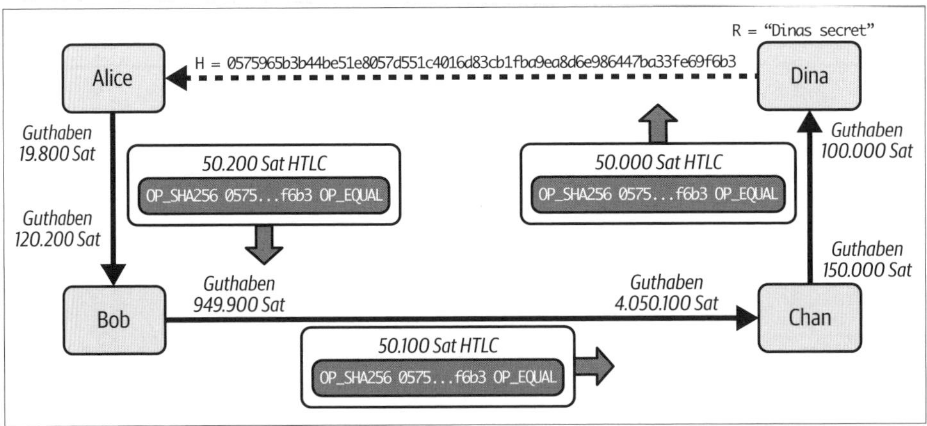

Abbildung 9-2: Alice bezahlt Dina mit einem über Bob und Chan gerouteten HTLC.

Wir wollen uns auf den Zahlungskanal zwischen Alice und Bob konzentrieren und die Nachrichten und Transaktionen überprüfen, die sie verwenden, um diesen HTLC zu verarbeiten.

Nachrichtenfluss für HTLC und Commitment

Der Nachrichtenfluss zwischen Alice und Bob (sowie zwischen jedem anderen Kanalpartnerpaar) ist in Abbildung 9-3 zu sehen.

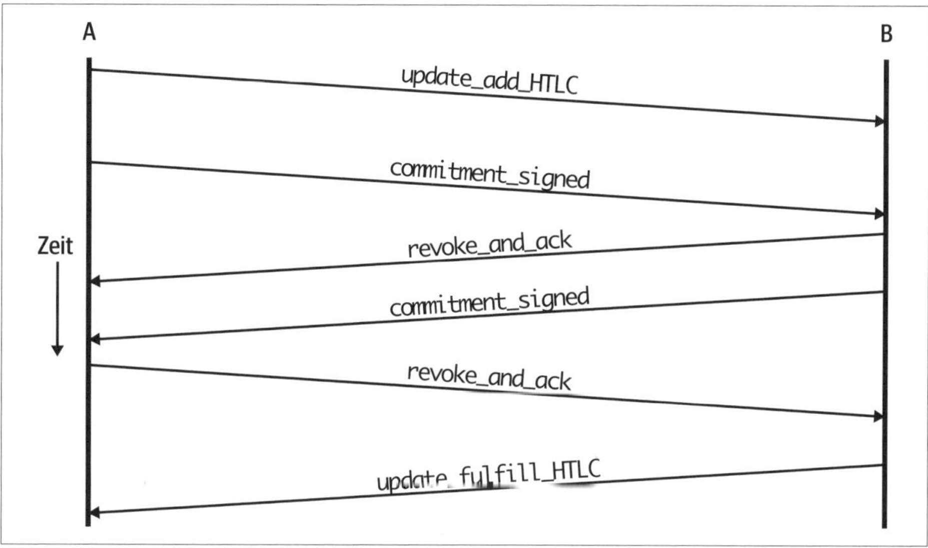

Abbildung 9-3: Nachrichtenfluss für HTLC-Commitment zwischen Kanalpartnern

Sie haben `commitment_signed` und `revoke_and_ack` bereits in Kapitel 7 kennengelernt. Nun wollen wir uns ansehen, wie HTLCs in das Commitment-Schema passen. Die beiden neuen Nachrichten sind `update_add_htlc`, mit der Alice Bob bittet, einen HTLC hinzuzufügen, und `update_fulfill_htlc`, die Bob nutzt, um den HTLC einzulösen, sobald er das Zahlungs-Secret (Dinas Secret) kennt.

Zahlungen mit HTLCs weiterleiten

Alice und Bob starten im Zahlungskanal mit einem Guthaben von 70.000 Satoshi auf beiden Seiten.

Wie wir in Kapitel 7 gesehen haben, bedeutet das, dass Alice und Bob Commitment-Transaktionen halten, die beide miteinander vereinbart haben. Diese Commitment-Transaktionen sind asymmetrisch, verzögert und widerrufbar. Sie sehen aus wie die in Abbildung 9-4.

Einen HTLC hinzufügen

Alice möchte, dass Bob einen HTLC im Wert von 50.200 Satoshi akzeptiert, um diesen an Dina weiterzuleiten. Dazu muss Alice die Details des HTLC, einschließlich des Zahlungshashs und der Höhe, an Bob senden. Bob muss auch wissen, wohin der HTLC weitergeleitet werden soll; darüber unterhalten wir uns in Kapitel 10 noch ausführlich.

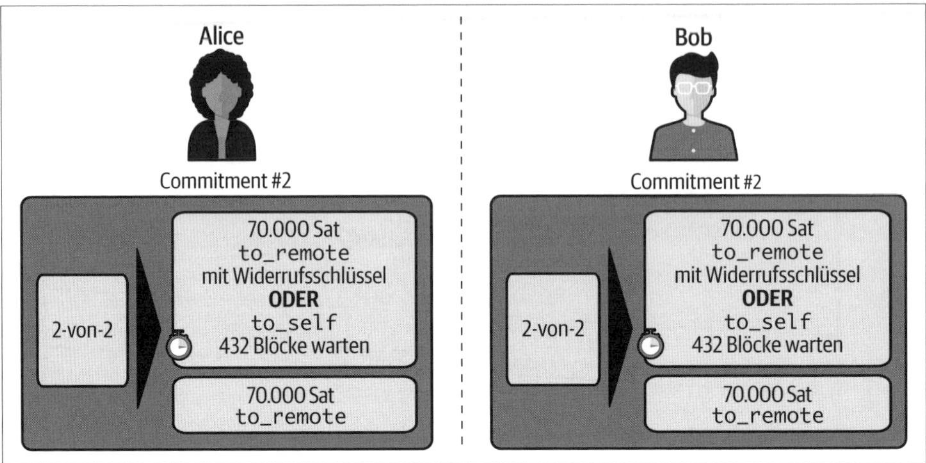

Abbildung 9-4: Alice' und Bobs ursprüngliche Commitment-Transaktionen

Um den HTLC hinzuzufügen, beginnt Alice den Fluss aus Abbildung 9-3 mit dem Senden der `update_add_htlc`-Nachricht an Bob.

Die update_add_HTLC-Nachricht

Alice sendet die Lightning-Nachricht `update_add_HTLC` an Bob. Die Nachricht ist in BOLT #2: Peer Protocol, `update_add_HTLC` (*https://github.com/lightning/bolts/blob/master/02-peer-protocol.md#adding-an-htlc-update_add_htlc*) definiert und in Beispiel 9-1 zu sehen.

Beispiel 9-1: Die update_add_HTLC-Nachricht

```
[channel_id:channel_id]
[u64:id]
[u64:amount_msat]
[sha256:payment_hash]
[u32:cltv_expiry]
[1366*byte:onion_routing_packet]
```

`channel_id`
: Der von Alice und Bob betriebene Kanal, in den der HTLC eingefügt werden soll. Denken Sie daran, dass Alice und Bob mehrere Kanäle miteinander betreiben können.

`id`
: Ein HTLC-Zähler, der für den ersten von Alice an Bob angebotenen HTLC bei `0` beginnt und dann für jeden weiteren angebotenen HTLC erhöht wird.

amount_msat
: Der Betrag (Wert) des HTLC in Millisatoshi. In unserem Beispiel sind das 50.200.000 Millisatoshi (also 50.200 Satoshi).

payment_hash
: Der aus Dinas Rechnung berechnete Zahlungshash. Dabei gilt *H* = RIPEMD 160(SHA-256(*R*)) mit *R* für Dinas Secret, das nur sie kennt und das veröffentlicht wird, sobald Dina bezahlt wurde.

cltv_expiry
: Das Verfallsdatum des HTLC, codiert als zeitgesteuerte Rückerstattung für den Fall, dass der HTLC Dina nicht innerhalb der vereinbarten Zeit erreicht.

onion_routing_packet
: Eine Onion-verschlüsselte Route, die Bob mitteilt, wohin er den HTLC als Nächstes weiterleiten soll (an Chan). Onion-Routing wird in Kapitel 10 im Detail diskutiert.

Zur Erinnerung: Die Abrechnung innerhalb des Lightning-Netzwerks erfolgt in Millisatoshi (Tausendstelsatoshi), während Bitcoin in Satoshi abrechnet. Alle Beträge in HTLCs sind in Millisatoshi angegeben, die dann in der Bitcoin-Commitment-Transaktion auf den nächsten Satoshi gerundet werden.

HTLC in Commitment-Transaktionen

Die empfangenen Informationen reichen Bob, um eine neue Commitment-Transaktion zu erzeugen. Die neue Commitment-Transaktion besitzt die gleichen `to_self`- und `to_remote`-Outputs für Alice' und Bobs Guthaben sowie einen *neuen* Output für den von Alice angebotenen HTLC.

Sie haben die grundlegende Struktur eines HTLC bereits in Kapitel 8 kennengelernt. Das vollständige Skript eines angebotenen HTLC ist in BOLT #3: Transactions, Offered HTLC Output (*https://github.com/lightning/bolts/blob/master/03-transactions.md#offered-htlc-outputs*) definiert und wird in Beispiel 9-2 gezeigt.

Beispiel 9-2: Output-Skript eines angebotenen HTLC

```
# Revocation (Widerruf) ❶
OP_DUP OP_HASH160 <RIPEMD160(SHA256(revocationpubkey))> OP_EQUAL
OP_IF
    OP_CHECKSIG
OP_ELSE
    <remote_HTLCpubkey> OP_SWAP OP_SIZE 32 OP_EQUAL
    OP_IF
        # Redemption ❷
        OP_HASH160 <RIPEMD160(payment_hash)> OP_EQUALVERIFY
        2 OP_SWAP <local_HTLCpubkey> 2 OP_CHECKMULTISIG
    OP_ELSE
        # Refund ❸
        OP_DROP <cltv_expiry> OP_CHECKLOCKTIMEVERIFY OP_DROP
```

```
        OP_CHECKSIG
    OP_ENDIF
OP_ENDIF
```

❶ Die erste Klausel der `OP_IF`-Bedingung kann von Alice mit einem Widerrufsschlüssel widerrufen werden. Wird das Commitment später widerrufen, kann Alice diesen Output mit dem Widerrufsschlüssel in einer Sanktionstransaktion für sich beanspruchen und das gesamte Kanalguthaben einziehen.

❷ Die zweite Klausel kann eingelöst werden, wenn das Preimage (das Zahlungs-Secret, in unserem Fall Dinas Secret) offengelegt wird. Bob kann so diesen Output beanspruchen, wenn er Dinas Secret kennt, d.h., die Zahlung an Dina wurde erfolgreich ausgeführt.

❸ Die dritte und letzte Klausel ist die Rückerstattung des HTLC an Alice, wenn der HTLC ausläuft, ohne Dina zu erreichen. Der Timelock ist mit `cltv_expiry` festgelegt. Das stellt sicher, dass Alice' Guthaben nicht »stecken bleibt«, wenn ein HTLC nicht an Dina weitergeleitet werden kann.

Es gibt drei Möglichkeiten, diesen Output zu beanspruchen. Versuchen Sie, das Skript zu lesen und herauszufinden, wie. Denken Sie daran, dass die Sprache stackbasiert ist, d.h., die Dinge erscheinen »rückwärts«.

Neues Commitment mit HTLC-Output

Bob besitzt nun die notwendigen Informationen, um dieses HTLC-Skript als zusätzlichen Output einzufügen und eine neue Commitment-Transaktion zu erzeugen. Bobs neues Commitment weist 50.200 Satoshi im HTLC-Output auf. Der Betrag stammt aus Alice' Kanalguthaben, d.h., Alice' neues Guthaben beträgt dann 19.800 Satoshi (70.000 – 50.200 = 19.800). Bob konstruiert dieses Commitment als vorläufiges »Commitment #3«, das Sie in Abbildung 9-5 sehen.

Alice' Commit

Kurz nachdem die `update_add_htlc`-Nachricht gesendet wurde, bestätigt Alice den neuen Kanalzustand, sodass der HTLC gefahrlos von Bob hinzugefügt werden kann. Bob verfügt über die HTLC-Informationen und hat ein neues Commitment konstruiert, das aber noch nicht von Alice bestätigt wurde.

Alice sendet `commitment_signed` mit der Signatur für das neue Commitment und für das darin enthaltene HTLC an Bob. Wir kennen die `commitment_signed`-Nachricht aus Kapitel 7, verstehen nun aber auch die restlichen Felder. Zur Vergegenwärtigung ist sie in Beispiel 9-3 noch einmal zu sehen.

Beispiel 9-3: Die commitment_signed-Nachricht

```
[channel_id:channel_id]
[signature:signature]
[u16:num_htlcs]
[num_htlcs*signature:htlc_signature]
```

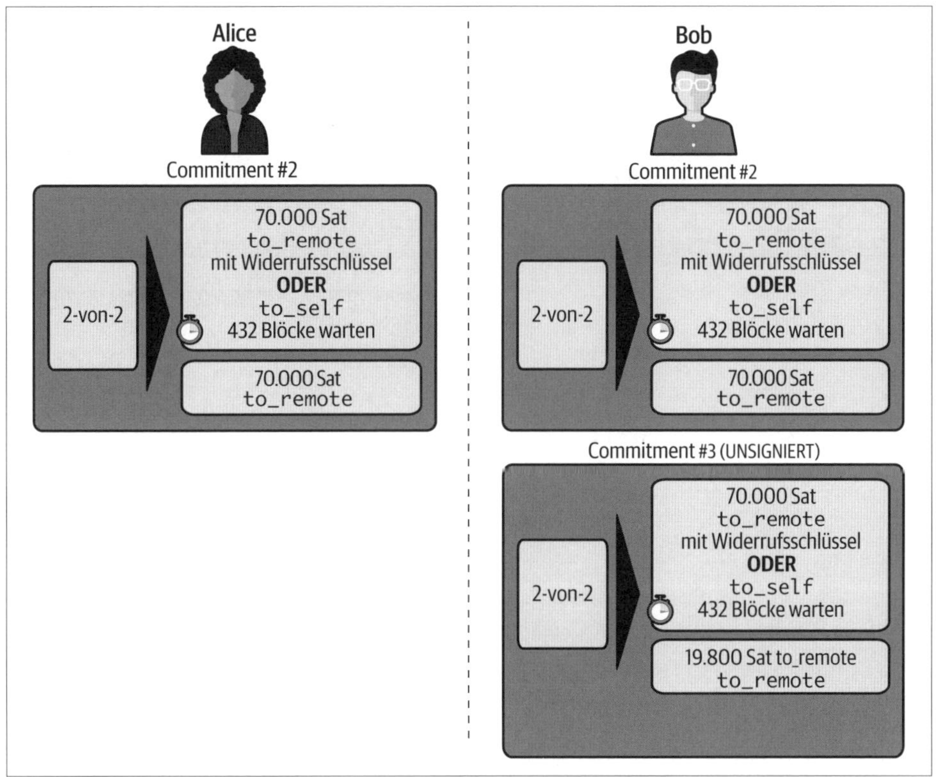

Abbildung 9-5: Bobs neues Commitment mit einem HTLC-Output

Die Felder `num_htlcs` und `htlc_signature` ergeben jetzt mehr Sinn:

`num_htlcs`
: Die Anzahl der in dieser Commitment-Transaktion ausstehenden HTLCs, in unserem Beispiel nur der von Alice angebotene HTLC.

`htlc_signature`
: Array mit Signaturen (`num_htlcs` lang) für die HTLC-Outputs.

Alice kann die Signaturen ohne Bedenken senden: Sie erhält immer eine Rückerstattung, wenn der HTLC ausläuft, bevor er Dina erreicht.

Nun besitzt Bob eine neue, signierte Commitment-Transaktion (siehe Abbildung 9-6).

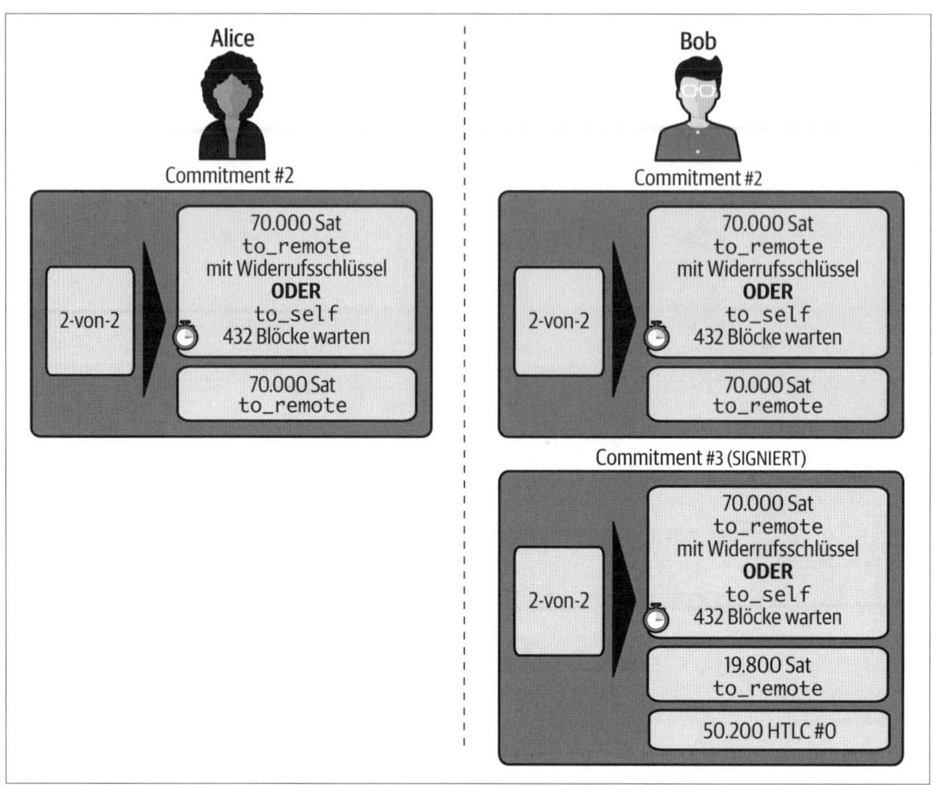

Abbildung 9-6: Bob besitzt ein neues, signiertes Commitment.

Bob bestätigt das neue Commitment und widerruft das alte

Sobald Bob das neue, signierte Commitment besitzt, muss er es bestätigen und das alte Commitment widerrufen. Hierzu sendet er die revoke_and_ack-Nachricht, die wir schon aus Kapitel 7 kennen. Diese Nachricht wird zur Erinnerung in Beispiel 9-4 noch einmal gezeigt.

Beispiel 9-4: Die revoke_and_ack-Nachricht

```
[channel_id:channel_id]
[32*byte:per_commitment_secret]
[point:next_per_commitment_point]
```

Bob sendet das `per_commitment_secret`, das es Alice erlaubt, einen Widerrufsschlüssel zu erzeugen und eine Sanktionstransaktion zu generieren, die Bobs altes Commitment beansprucht. Sobald Bob es gesendet hat, kann er »Commitment #2« niemals veröffentlichen, ohne eine Sanktionstransaktion zu riskieren und sein gesamtes Guthaben zu verlieren. Das alte Commitment ist damit effektiv widerrufen.

Bob hat den Kanalzustand geändert, wie Abbildung 9-7 zeigt.

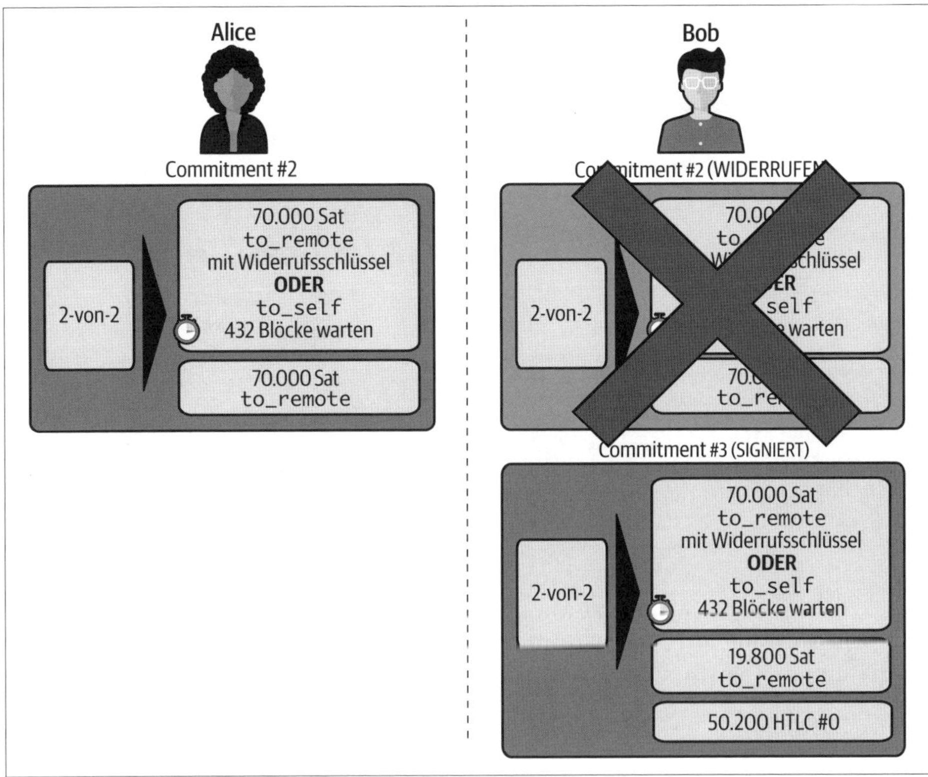

Abbildung 9-7: Bob hat das alte Commitment widerrufen.

Obwohl Bob eine neue (signierte) Commitment-Transaktion besitzt, die einen HTLC-Output enthält, kann er nicht davon ausgehen, dass sein HTLC erfolgreich eingerichtet wurde.

Zuerst muss Alice ihr altes Commitment widerrufen, sonst läuft Bob Gefahr, dass Alice ihr Guthaben wieder auf 70.000 Satoshi zurücksetzt. Bob muss sicherstellen, dass Alice ebenfalls eine Commitment-Transaktion mit dem HTLC besitzt und ihr altes Commitment widerrufen hat.

Das ist der Grund dafür, dass Bob (wenn er nicht der eigentliche Empfänger des HTLC-Guthabens ist) den HTLC noch nicht weiterleiten kann, indem er einen HTLC im nächsten Kanal mit Chan anbietet.

Alice hat eine neue, spiegelbildliche Commitment-Transaktion mit dem neuen HTLC aufgebaut, die aber noch von Bob signiert werden muss, was man in Abbildung 9-8 sehen kann.

Wie in Kapitel 7 beschrieben, ist Alice' Commitment ein Spiegelbild von Bobs Commitment, das ein asymmetrisches, verzögertes, widerrufbares Konstrukt enthält, mit dem alte Commitments widerrufen und Sanktionen durchgesetzt werden können. Bobs Guthaben von 70.000 Satoshi kann sofort eingelöst werden.

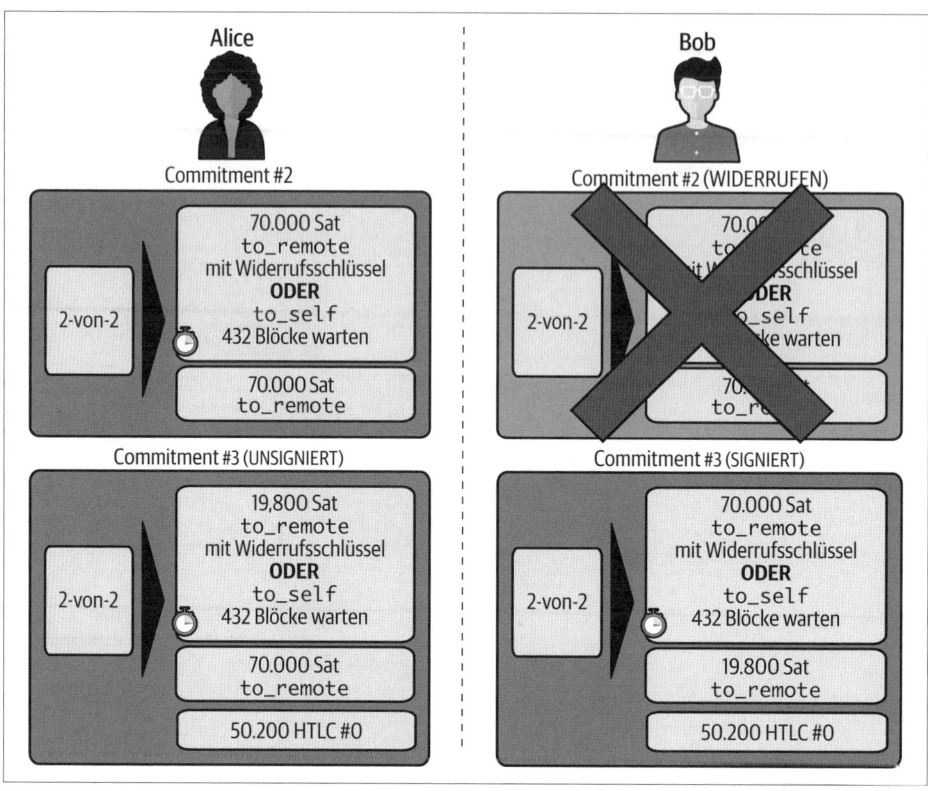

Abbildung 9-8: Alice' neues Commitment mit einem HTLC-Output

Der Nachrichtenfluss von `commitment_signed` und `revoke_and_ack` wird nun wiederholt, aber in der entgegengesetzten Richtung. Bob sendet `commitment_signed`, um Alice' neues Commitment zu signieren, und Alice antwortet, indem sie ihr altes Commitment widerruft.

Der Vollständigkeit halber wollen wir uns die Commitment-Transaktionen dieser Commitment-Widerruf-Runde ansehen.

Bobs Commit

Bob sendet nun `commitment_signed` mit seiner Signatur für Alice' neue Commitment-Transaktion, einschließlich des von ihm eingefügten HTLC-Outputs, an Alice zurück.

Alice besitzt jetzt die Signatur für die neue Commitment-Transaktion. Den Zustand des Kanals sehen Sie in Abbildung 9-9.

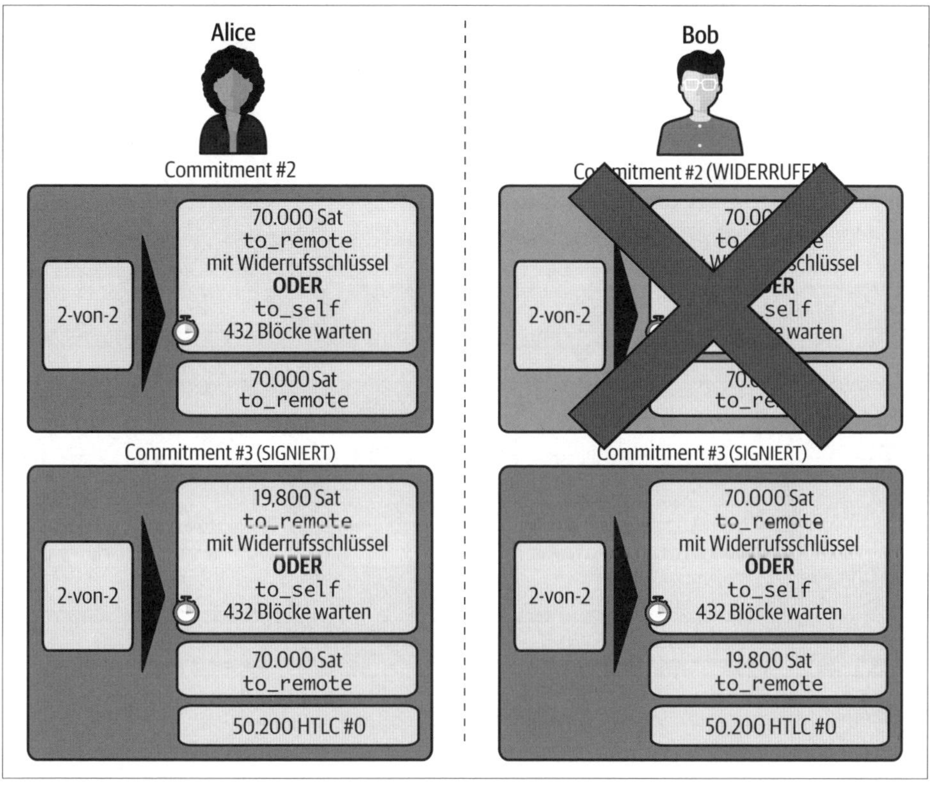

Abbildung 9-9: Alice besitzt ein neues, signiertes Commitment.

Alice kann das neue Commitment nun bestätigen, indem sie das alte widerruft. Alice sendet die `revoke_and_ack`-Nachricht, die die notwendige `per_commitment_point`-Nachricht enthält, die es Bob erlaubt, einen Widerrufsschlüssel und eine Sanktionstransaktion zu erzeugen. Alice widerruft also ihr altes Commitment.

Der Kanalzustand ist in Abbildung 9-10 zu sehen.

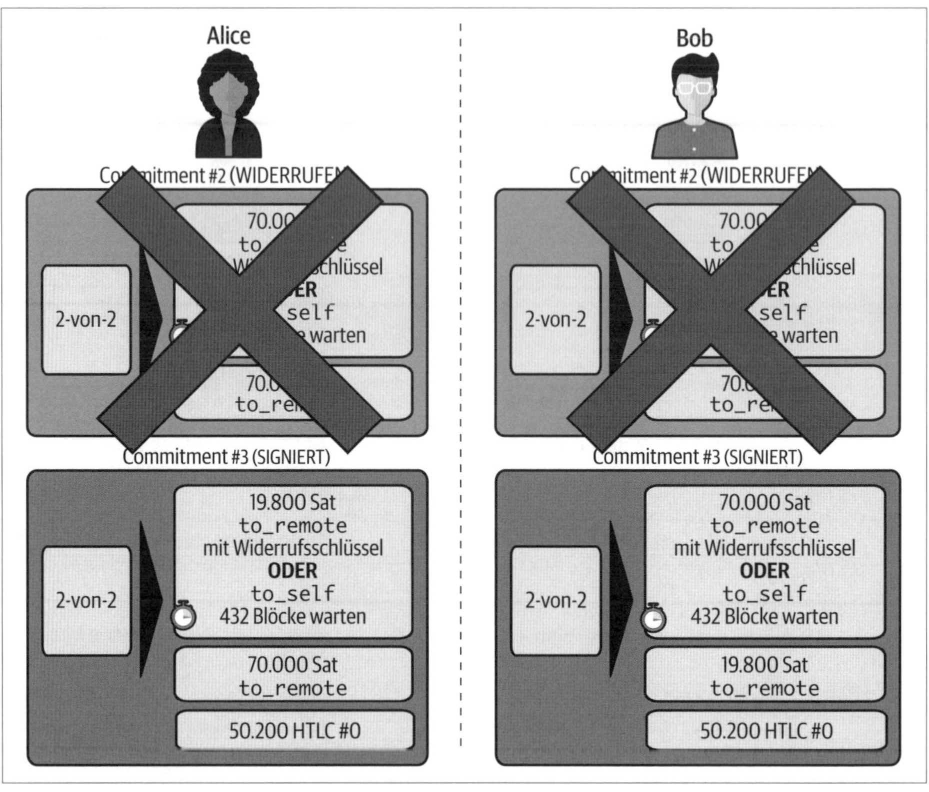

Abbildung 9-10: Alice hat das alte Commitment widerrufen.

Mehrere HTLCs

Zu jedem Zeitpunkt können Alice und Bob Dutzende oder sogar Hunderte HTLCs über einen einzelnen Kanal laufen lassen. Jeder HTLC wird angeboten und als zusätzlicher Output in die Commitment-Transaktion eingefügt. Eine Commitment-Transaktion besitzt also immer zwei Outputs für die Kanalguthaben der jeweiligen Partner sowie eine beliebige Anzahl von HTLC-Outputs (jeweils einen pro HTLC).

Wie wir bei der `commitment_signed`-Nachricht gesehen haben, gibt es ein Array für HTLC-Signaturen, sodass mehrere HTLC-Commitments gleichzeitig übertragen werden können.

Die momentan maximale Anzahl von HTLCs pro Kanal liegt bei 483. Damit wird die maximale Größe für Bitcoin-Transaktionen eingehalten, und Commitment-Transaktionen bleiben gültige Bitcoin-Transaktionen.

Wie wir im nächsten Abschnitt sehen werden, gilt dieses Maximum nur für *offene* HTLCs, da, sobald ein HTLC erfüllt (oder durch Timeout/Fehler fehlgeschlagen) ist, dieser aus der Commitment-Transaktion entfernt wird.

Den HTLC einhalten

Bob und Alice haben nun beide eine neue Commitment-Transaktion mit einem zusätzlichen HTLC-Output und haben so bei der Aktualisierung des Zahlungskanals einen großen Schritt getan.

Das neue Guthaben von Alice und Bob spiegelt aber noch nicht wider, dass Alice erfolgreich 50.200 Satoshi an Bob gesendet hat.

Die HTLCs sind nun so eingerichtet, dass eine sichere Verrechnung im Gegenzug für einen Zahlungsnachweis möglich ist.

HTLC-Propagation

Wir wollen annehmen, dass Bob die Kette fortsetzt und einen HTLC über 50.100 Satoshi mit Chan einrichtet. Der Prozess entspricht exakt dem zwischen Alice und Bob. Bob sendet `update_add_htlc` an Chan, dann tauschen sie in zwei Runden `commitment_signed`- und `revoke_and_ack`-Nachrichten aus und bewegen ihren Kanal in den nächsten Zustand.

Als Nächstes macht Chan das Gleiche mit Dina: einen HTLC über 50.000 Satoshi anbieten, bestätigen, widerrufen etc. Allerdings ist Dina die Empfängerin des HTLC. Dina ist die Einzige, die das Zahlungs-Secret (das Preimage des Zahlungshashs) kennt. Daher kann Dina den HTLC mit Chan direkt erfüllen!

Dina erfüllt den HTLC mit Chan

Dina kann den HTLC verrechnen, indem sie eine `update_fulfill_htlc`-Nachricht an Chan sendet. Die `update_fulfill_htlc`-Nachricht ist in BOLT #2: Peer Protocol, `update_fulfill_htlc` (*https://github.com/lightning/bolts/blob/master/02-peer-protocol.md#removing-an-htlc-update_fulfill_htlc-update_fail_htlc-and-update_fail_malformed_htlc*) definiert und sieht wie folgt aus:

```
[channel_id:channel_id]
[u64:id]
[32*byte:payment_preimage]
```

Diese Nachricht ist wirklich einfach:

`channel_id`
: Die Kanal-ID, auf dem der HTLC bestätigt wird.

`id`
: Die ID des HTLC (wir beginnen bei 0 und inkrementieren sie für jeden HTLC im Kanal).

`payment_preimage`
: Das Secret, das die Zahlung belegt und den HTLC einlöst. Das ist der `R`-Wert, den Dina gehasht hat, um den Zahlungshash in der Rechnung an Alice zu erzeugen.

Wenn Chan diese Nachricht empfängt, prüft er sofort, ob das `payment_preimage` (nennen wir es *R*) den Zahlungshash (nennen wir ihn *H*) aus dem HTLC erzeugt, das er Dina angeboten hat. Er hasht ihn wie folgt:

H = RIPEMD160(SHA-256 (R))

Stimmt das Ergebnis *H* mit dem Zahlungshash überein, kann Chan ein kleines Freudentänzchen aufführen. Das lang erwartete Secret kann genutzt werden, um den HTLC einzulösen, und wird entlang der Kette von Zahlungskanälen bis zu Alice durchgereicht. Damit werden alle HTLCs aufgelöst, die an dieser Zahlung an Dina beteiligt waren.

Kehren wir zu Alice' und Bobs Kanal zurück und sehen wir uns an, wie der HTLC abgewickelt wird. Um dorthin zu gelangen, nehmen wir an, dass Dina `update_fulfill_htlc` an Chan, Chan `update_fulfill_htlc` an Bob und Bob `update_fulfill_htlc` an Alice gesendet hat. Das Zahlungs-Preimage wurde den ganzen Weg zurück zu Alice propagiert.

Bob verrechnet den HTLC mit Alice

Wenn Bob die `update_fulfill_htlc`-Nachricht an Alice sendet, enthält sie das gleiche `payment_preimage`, das Dina für ihre Rechnung gewählt hat. Das `payment_preimage` ist den Zahlungspfad entlang zurückgewandert. Bei jedem Schritt kann die `channel_id` und die `id` (HTLC-ID) eine andere sein. Doch das Preimage ist gleich!

Alice überprüft ebenfalls das von Bob empfangene `payment_preimage`. Sie vergleicht ihren Hash mit dem Zahlungshash des HTLC, das sie Bob angeboten hat. Auch ihr Preimage stimmt mit dem Hash aus Dinas Rechnung überein. Das ist der Beweis, dass Dina bezahlt wurde.

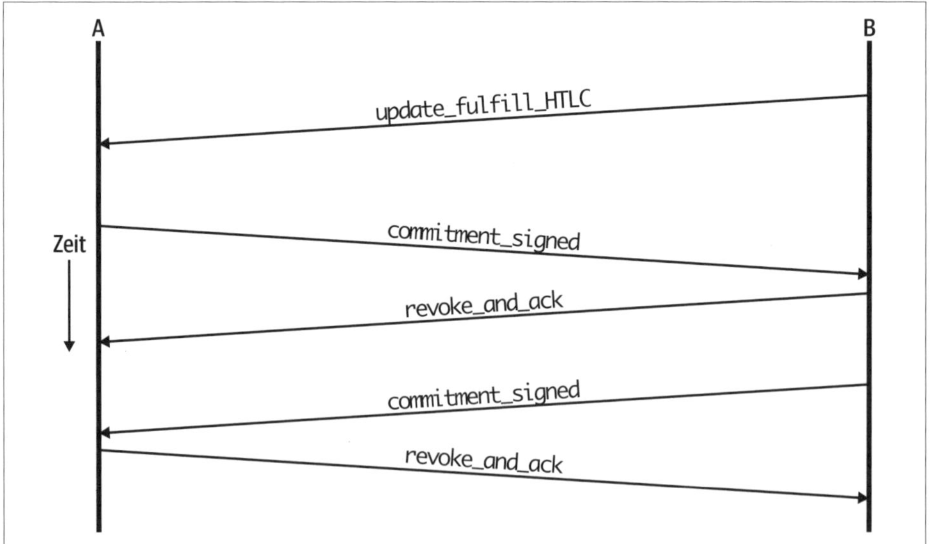

Abbildung 9-11: Nachrichtenfluss bei erfülltem HTLC

Der Nachrichtenfluss zwischen Alice und Bob ist in Abbildung 9-11 zu sehen.

Alice und Bob können nun beide den HTLC aus den Commitment-Transaktionen entfernen und ihre Kanalguthaben aktualisieren.

Sie erzeugen die neuen Commitments (Commitment #4), die wir in Abbildung 9-12 sehen.

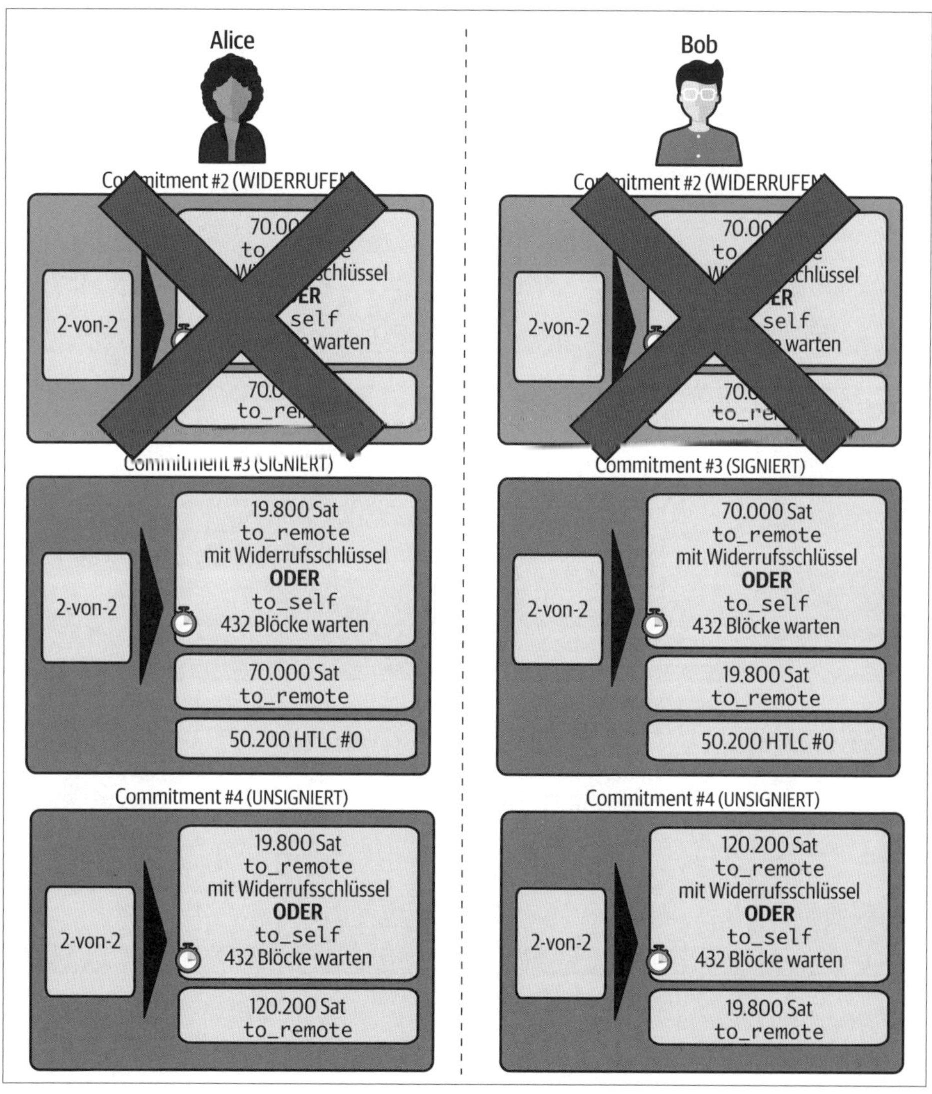

Abbildung 9-12: Mit neuen Commitments wird der HTLC entfernt, und die Guthaben werden aktualisiert.

Nun folgen zwei Runden Commitment und Widerruf. Zuerst sendet Alice `commitment_signed`, um Bobs neue Commitment-Transaktion zu signieren. Bob antwortet mit revoke_and_ack, um sein altes Commitment zu widerrufen. Wie die Commitments aussehen, sobald Bob den Zustand des Kanals geändert hat, sehen Sie in Abbildung 9-13.

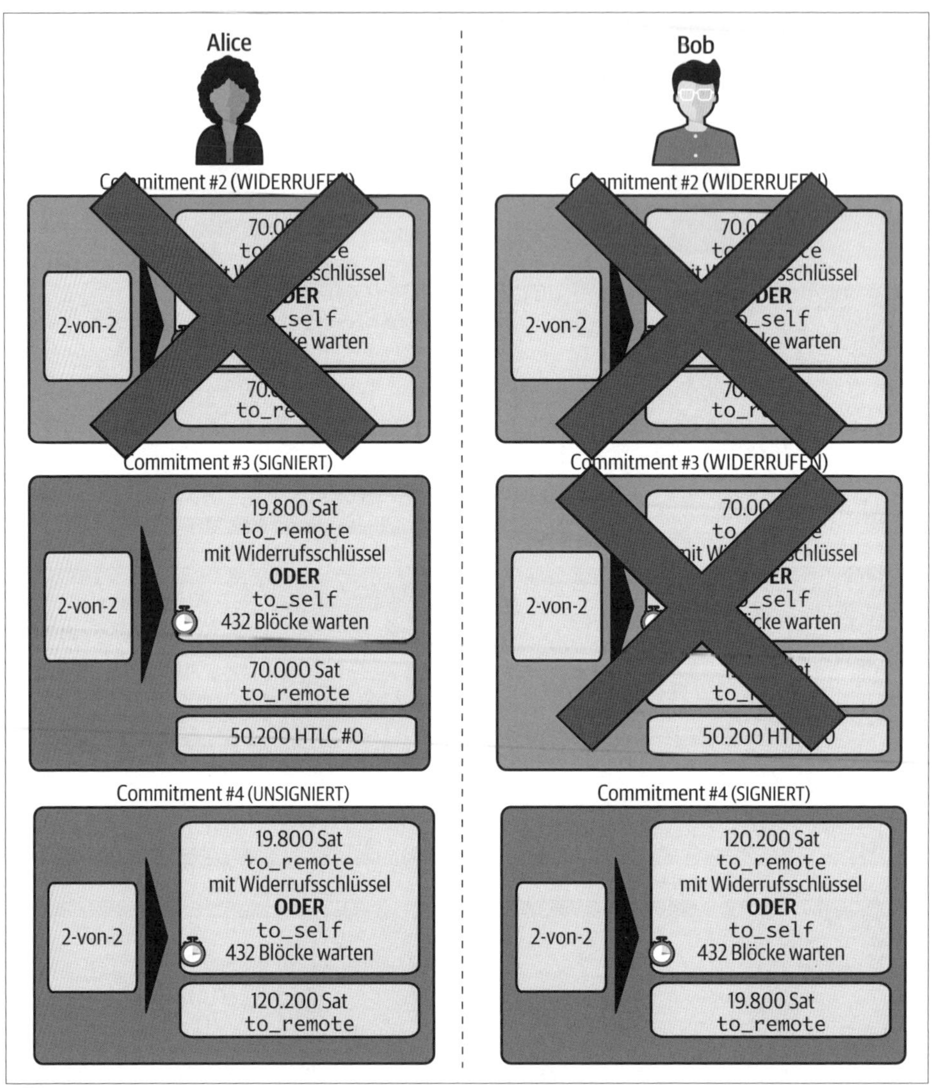

Abbildung 9-13: Alice signiert Bobs neues Commitment, und Bob widerruft das alte.

Zum Schluss signiert Bob Alice' Commitment, indem er ihr eine commitment_signed-Nachricht sendet. Alice bestätigt dies und widerruft ihr altes Commitment, indem sie revoke_and_ack an Bob sendet. Alice und Bob haben nun beide ihren Kanalzustand zu Commitment #4 geändert, den HTLC entfernt und ihre Guthaben aktualisiert. Der aktuelle Kanalzustand wird durch die Commitment-Transaktionen in Abbildung 9-14 repräsentiert.

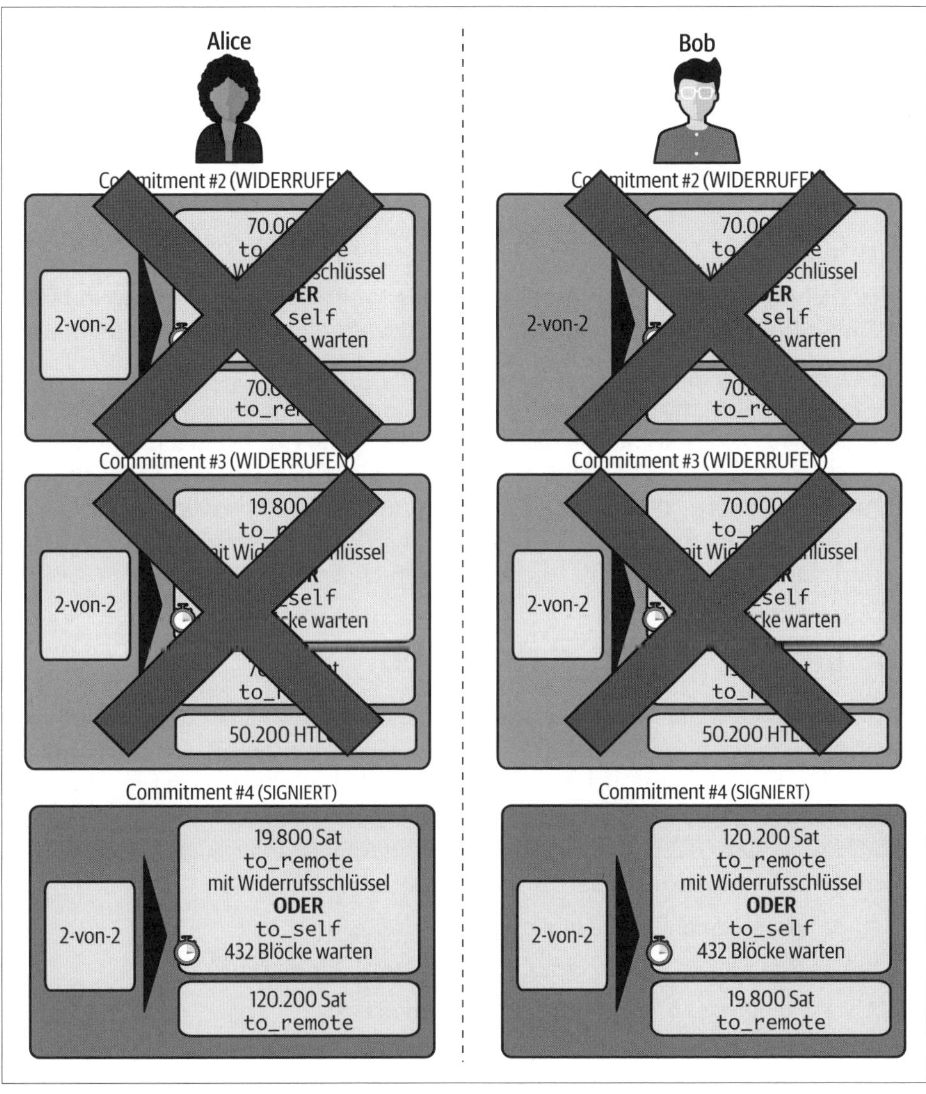

Abbildung 9-14: Alice und Bob verrechnen den HTLC und aktualisieren die Guthaben.

Einen HTLC aufgrund eines Fehlers oder Verfallsdatums entfernen

Kann ein HTLC nicht erfüllt werden, wird er aus dem Kanal-Commitment mithilfe des gleichen Prozesses aus Commitment und Widerruf entfernt.

Statt `update_fulfill_htlc` würde Bob `update_fail_htlc` oder `update_fail_malformed_htlc` senden. Diese beiden Nachrichten sind in BOLT #2: Peer Protocol, Removing an HTLC (*https://github.com/lightning/bolts/blob/master/02-peer-protocol.md#removing-an-htlc-update_fulfill_htlc-update_fail_htlc-and-update_fail_malformed_htlc*) definiert.

Hier die `update_fail_htlc`-Nachricht:

```
[channel_id:channel_id]
[u64:id]
[u16:len]
[len*byte:reason]
```

Das ist mehr oder weniger selbsterklärend. Das Multibyte-Feld `reason` ist in BOLT #4: Onion Routing (*https://github.com/lightning/bolts/blob/master/04-onion-routing.md#failure-messages*) definiert und wird in Kapitel 10 erklärt.

Empfängt Alice ein `update_fail_htlc` von Bob, läuft der Prozess mehr oder weniger gleich ab: Die beiden Kanalpartner entfernen den HTLC, erzeugen aktualisierte Commitment-Transaktionen und durchlaufen zwei Commitment-Widerruf-Runden, um den Kanalzustand zum nächsten Commitment zu bewegen. Der einzige Unterschied besteht darin, dass die Guthaben wieder so zurückgesetzt werden, wie sie vor dem HTLC waren, d.h., Alice erhält den HTLC-Wert zurück.

Eine lokale Zahlung vornehmen

An diesem Punkt können Sie leicht nachvollziehen, warum HTLCs sowohl für weiter entfernte als auch für lokale Zahlungen verwendet werden. Wenn Alice Bob für einen Kaffee bezahlt, wird nicht nur das Kanalguthaben aktualisiert und ein neuer Zustand bestätigt. Vielmehr läuft die Zahlung wie zwischen Alice und Dina über einen HTLC ab. Dass der Hop lediglich über einen Kanal erfolgt, macht dabei keinen Unterschied. Es funktioniert so:

1. Alice bestellt einen Kaffee über Bobs Shopseite.
2. Bobs Shop schickt eine Rechnung mit einem Zahlungshash.
3. Alice erzeugt einen HTLC aus dem Zahlungshash.
4. Alice bietet Bob den HTLC per `update_add_htlc` an.
5. Alice und Bob tauschen Commitments und Widerrufe aus, um den HTLC in ihre Commitment-Transaktionen aufzunehmen.
6. Bob sendet `update_fulfill_htlc` mit dem Zahlungs-Preimage an Alice.
7. Alice und Bob tauschen Commitments und Widerrufe aus, um den HTLC zu entfernen und die Kanalguthaben zu aktualisieren.

Egal ob ein HTLC über mehrere Kanäle weitergeleitet oder innerhalb eines einzelnen Kanal-»Hops« erfüllt wird: Der Prozess ist immer der gleiche.

Fazit

In diesem Kapitel haben wir gezeigt, wie Commitment-Transaktionen (aus Kapitel 7) und HTLCs (aus Kapitel 8) zusammenarbeiten. Sie haben gesehen, wie ein HTLC in eine Commitment-Transaktion eingefügt und erfüllt wird und wie das asymmetrische, verzögerte, widerrufbare System zur Durchsetzung des Kanalzustands auf HTLCs ausgeweitet wird.

Sie haben ebenfalls erfahren, dass lokale und Multihop-Zahlungen identisch gehandhabt werden: über HTLCs.

Im nächsten Kapitel sehen wir uns das verschlüsselte Nachrichten-Routing-System namens *Onion-Routing* an.

KAPITEL 10
Onion-Routing

In diesem Kapitel beschreiben wir den Onion-Routing-Mechanismus des Lightning-Netzwerks. Das *Onion-Routing* wurde 25 Jahre vor dem Lightning-Netzwerk erfunden! Entwickelt wurde es von Forschern der U.S. Navy als sicheres Kommunikationsprotokoll. Onion-Routing wurde durch seinen Einsatz im Tor-Netzwerk berühmt, einem Internet-Overlay, das es Forschern, Aktivisten, Geheimagenten und jedem anderen erlaubt, das Internet sicher und anonym zu nutzen.

In diesem Kapitel konzentrieren wir uns auf das »quellbasierte Onion-Routing (SPHINX)« der Lightning-Protokollarchitektur, das in der Mitte (Routing-Schicht) von Abbildung 10-1 entsprechend hervorgehoben ist.

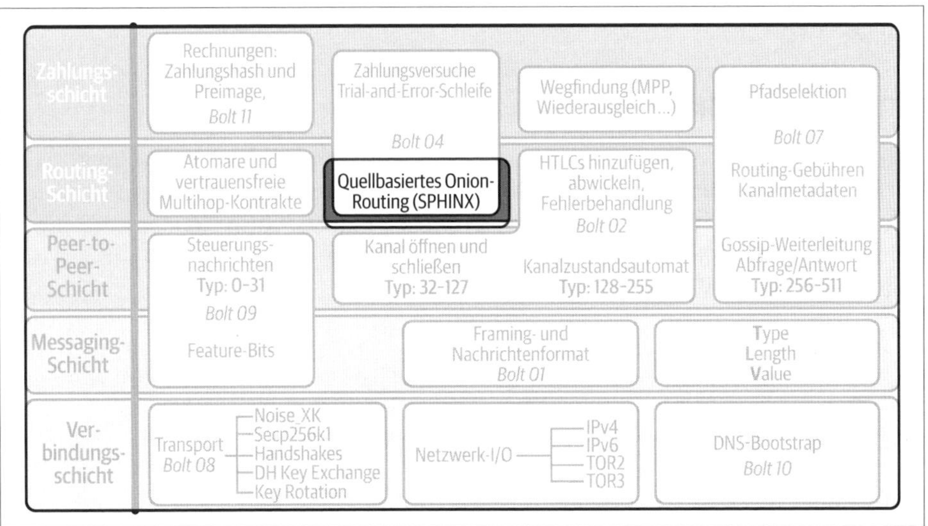

Abbildung 10-1: Onion-Routing in der Lightning-Protokoll-Suite

Onion-Routing beschreibt eine Methode der verschlüsselten Kommunikation, bei der der Nachrichtensender sukzessive *verschachtelte Verschlüsselungsschichten* aufbaut, die von den dazwischenliegenden Nodes »abgeschält« werden, bis die innerste Schicht den gewünschten Empfänger erreicht. Der Name »Onion-Routing«

beschreibt diese Nutzung der geschichteten Verschlüsselung, die wie bei einer Zwiebel (engl. *Onion*) Schicht für Schicht entfernt wird.

Jede zwischengeschaltete Node kann nur jeweils eine Schicht »schälen« und sehen, wer auf dem Kommunikationspfad der nächste ist. Das Onion-Routing stellt sicher, dass außer dem Sender niemand das Ziel oder die Länge des Kommunikationspfads kennt. Jede dazwischenliegende Node kennt nur den vorherigen und den nächsten Hop.

Das Lightning-Netzwerk verwendet eine Implementierung des Onion-Routing-Protokolls, die auf *Sphinx* basiert,[1] das 2009 von George Danezis und Ian Goldberg entwickelt wurde.

Die Implementierung des Onion-Routings im Lightning-Netzwerk ist in BOLT #4: Onion-Routing Protocol (*https://github.com/lightning/bolts/blob/master/04-onion-routing.md*) definiert.

Ein anschauliches Beispiel des Onion-Routings

Es gibt viele Möglichkeiten, das Onion-Routing zu beschreiben, doch eine der einfachsten ist das Beispiel versiegelter Briefumschläge. Ein Briefumschlag stellt eine Verschlüsselungsschicht dar. Nur dem genannten Empfänger ist es erlaubt, ihn zu öffnen und den Inhalt zu lesen.

Nehmen wir an, Alice möchte über mehrere Vermittler einen geheimen Brief an Dina senden.

Einen Pfad wählen

Das Lightning-Netzwerk nutzt das quellbasierte Routing (*Source-Routing*), d.h., der Zahlungspfad wird vom Sender (und nur vom Sender) gewählt und festgelegt. In unserem Beispiel ist Alice' geheimer Brief an Dina das Äquivalent einer Zahlung. Damit der Brief Dina erreicht, baut Alice einen Pfad von ihr zu Dina auf, auf dem Bob und Chan als Vermittler dienen.

Es kann viele Pfade geben, über die Alice Dina erreichen kann. Wir erläutern die Wahl des *optimalen* Pfads in Kapitel 12. Für den Augenblick wollen wir annehmen, dass Alice Bob und Chan als Vermittler nutzt, um zu Dina zu gelangen.

Zur Erinnerung zeigt Abbildung 10-2 den von Alice gewählten Pfad.

Sehen wir uns an, wie Alice diesen Pfad nutzen kann, ohne Informationen an die Intermediäre Bob und Chan zu verraten.

1 George Danezis und Ian Goldberg, »Sphinx: A Compact and Provably Secure Mix Format,« in *IEEE Symposium on Security and Privacy* (New York: IEEE, 2009), 269–282.

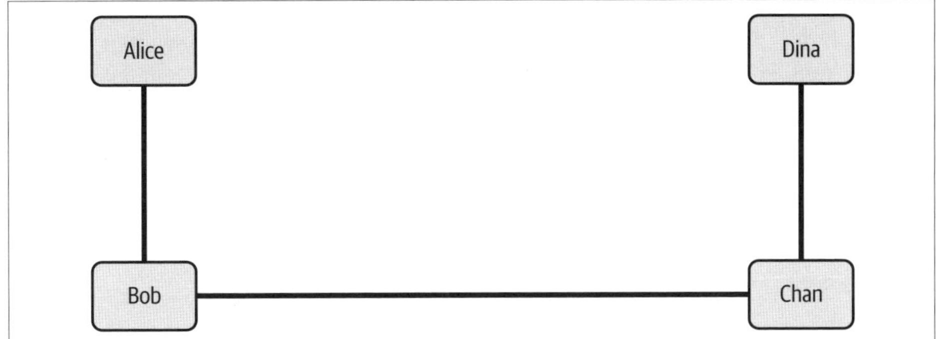

Abbildung 10-2: Pfad: Von Alice zu Bob zu Chan zu Dina

Quellbasiertes Routing

Quellbasiertes Routing ist für das Routing von Paketen im Internet nicht üblich, obwohl Source-Routing früher möglich war. Das Internet-Routing basiert auf dem sogenannten *Packet Switching* an jeder zwischenliegenden Routing-Node. Ein IPv4-Paket enthält beispielsweise die IP-Adresse des Senders und des Empfängers, und jede IP-Routing-Node entscheidet, wie jedes einzelne Paket an das Ziel weitergeleitet wird. Die fehlende Privatsphäre dieses Routing-Mechanismus, bei dem jede zwischenliegende Node den Sender und den Empfänger sieht, macht diese Variante für ein Zahlungsnetzwerk aber zu einer schlechten Wahl.

Die Schichten aufbauen

Alice schreibt einen geheimen Brief an Dina. Sie steckt den Brief in einen Briefumschlag, versiegelt ihn und schreibt außen »Für Dina« drauf (siehe Abbildung 10-3). Der Briefumschlag repräsentiert die Verschlüsselung mit Dinas öffentlichem Schlüssel, sodass nur Dina den Umschlag öffnen und den Brief lesen kann.

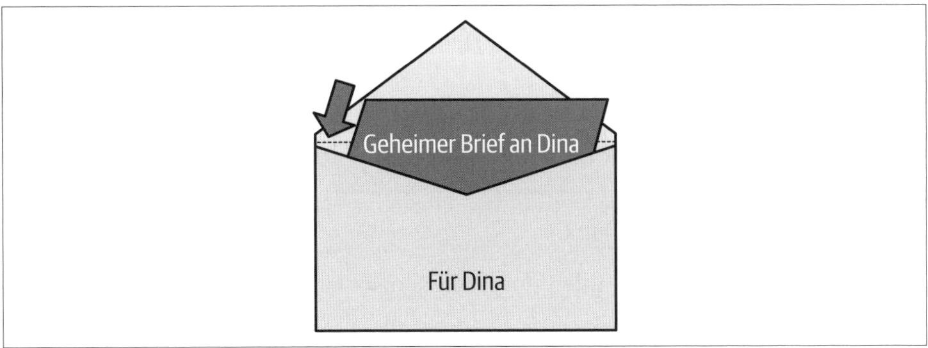

Abbildung 10-3: Dinas geheimer Brief, versiegelt in einem Umschlag

Dinas Brief wird Dina durch Chan zugestellt, der sich im »Pfad« unmittelbar vor Dina befindet. Alice steckt Dinas Umschlag daher in einen Briefumschlag, der an Chan adressiert ist (siehe Abbildung 10-4). Der einzige Teil, den Chan lesen kann, ist das Ziel (die Routing-Anweisung): »Für Dina«. Das Versiegeln innerhalb eines an Chan adressierten Umschlags entspricht der Verschlüsselung mit Chans öffentlichem Schlüssel, sodass nur Chan die Adresse auf dem Umschlag lesen kann. Chan kann Dinas Umschlag aber immer noch nicht öffnen. Alles, was er sieht, ist die Anweisung auf der Außenseite (die Adresse).

Abbildung 10-4: Chans Umschlag mit Dinas versiegeltem Umschlag

Dieser Brief wird nun von Bob an Chan zugestellt. Alice steckt ihn daher in einen an Bob adressierten Umschlag (siehe Abbildung 10-5). Wie vorhin repräsentiert der Umschlag eine an Bob verschlüsselte Nachricht, die nur Bob entschlüsseln kann. Bob selbst kann nur die Außenseite von Chans Umschlag lesen (die Adresse), damit er weiß, dass er den Brief an Chan zustellen muss.

Abbildung 10-5: Bobs Umschlag mit Chans versiegeltem Umschlag

Könnten wir mit Röntgenstrahlen durch die Umschläge sehen, würden wir erkennen, dass die Umschläge verschachtelt innerhalb der anderen Umschläge liegen, wie in Abbildung 10-6 dargestellt.

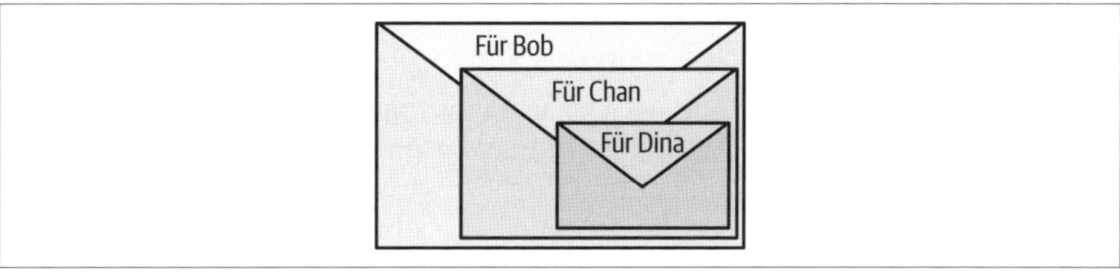

Abbildung 10-6: Verschachtelte Umschläge

Die Schichten abschälen

Alice besitzt nun einen Umschlag, auf dem »Für Bob« steht. Das repräsentiert eine verschlüsselte Nachricht, die nur Bob öffnen (entschlüsseln) kann. Alice startet den Prozess nun, indem sie den Umschlag an Bob schickt. Der gesamte Prozess ist in Abbildung 10-7 zu sehen.

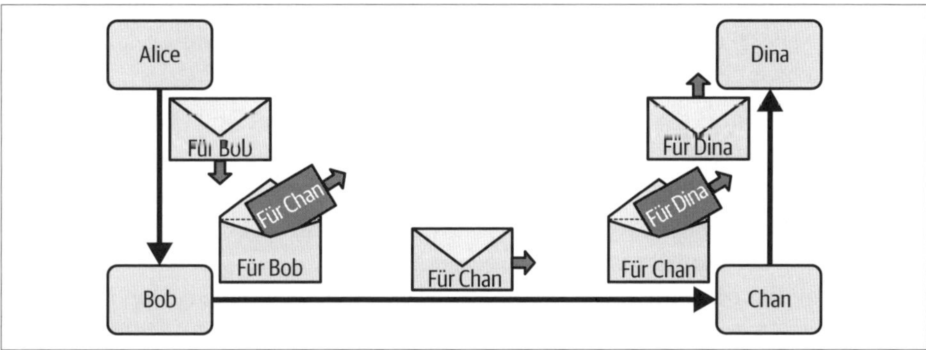

Abbildung 10-7: Senden der Umschläge

Wie Sie sehen, empfängt Bob den Umschlag von Alice. Er weiß, dass er von Alice kommt, kann aber nicht sagen, ob Alice die ursprüngliche Senderin ist oder einfach nur Umschläge weiterleitet. Er öffnet den Umschlag und findet darin einen Umschlag, auf dem »Für Chan« steht. Da er an Chan adressiert ist, kann Bob ihn nicht öffnen. Bob weiß nicht, was in dem Umschlag steckt, d.h., er weiß nicht, ob Chan einen Brief erhält oder einen weiteren Umschlag, den er weiterleiten soll. Bob weiß also nicht, ob Chan der eigentliche Empfänger ist oder nicht. Bob leitet den Umschlag an Chan weiter.

Chan empfängt den Umschlag von Bob. Er weiß nicht, dass er von Alice kommt. Er weiß nicht, ob Bob ein Intermediär oder der Sender eines Briefs ist. Chan öffnet den Umschlag und findet darin einen weiteren Umschlag »Für Dina«, den er nicht öffnen kann. Chan leitet ihn an Dina weiter, ohne zu wissen, dass sie die eigentliche Empfängerin ist.

Dina empfängt den Umschlag von Chan. Sie öffnet ihn und findet darin den Brief. Sie ist also die eigentliche Empfängerin der Nachricht. Sie liest die Nachricht und ist sich sicher, dass keiner der Intermediäre weiß, woher die Nachricht kommt, und dass keiner den geheimen Brief lesen konnte.

Das ist der Kern des Onion-Routings. Der Sender verpackt eine Nachricht in Schichten, legt fest, wie genau sie geroutet wird, und verhindert, dass einer der Intermediäre Informationen über den Pfad und die Nutzdaten erlangt. Jeder Intermediär schält eine Schicht ab, sieht nur die Weiterleitungsadresse und kennt lediglich den vorherigen und den nächsten Hop auf dem Pfad.

Sehen wir uns nun die Details der Onion-Routing-Implementierung des Lightning-Netzwerks an.

Einführung in das Onion-Routing von HTLCs

Das Onion-Routing im Lightning-Netzwerk mag auf den ersten Blick komplex erscheinen, doch sobald man das grundlegende Konzept verstanden hat, ist es tatsächlich sehr einfach.

Aus praktischer Sicht teilt Alice jeder zwischenliegenden Node mit, welcher HTLC mit der nächsten Node im Pfad verwendet werden soll.

Die erste Node, also der Sender der Zahlung (in unserem Beispiel Alice), wird *Ursprungs-Node* (engl. *Origin Node*) genannt. Die letzte Node, also den Zahlungsempfänger (in unserem Beispiel Dina), nennen wir *finale Node*.

Jede dazwischenliegende Node (in unserem Beispiel Bob und Chan) wird als *Hop* bezeichnet. Jeder Hop muss einen *ausgehenden HTLC* zum nächsten Hop einrichten. Die von Alice an jeden Hop kommunizierten Daten werden als *Hop-Nutzdaten* (oder *Hop-Daten*, engl. *Hop Payload*) bezeichnet. Die von Alice an Dina geroutete Nachricht wird *Onion* genannt und besteht aus Hop-Nutzdaten-Nachrichten, die für jeden Hop verschlüsselt werden.

Nun kennen wir die beim Lightning-Onion-Routing verwendete Terminologie und wollen Alice' Aufgabe noch mal neu formulieren: Alice muss eine Onion mit Hop-Daten erzeugen, die jedem Hop mitteilt, wie er ein ausgehendes HTLC erzeugen muss, um die Zahlung zur finalen Node (Dina) weiterzuleiten.

Alice wählt den Pfad

Aus Kapitel 8 wissen wir, dass Alice eine Zahlung über Bob und Chan an Dina überweist. Die Zahlung erfolgt in einer Reihe von HTLCs, wie Abbildung 10-8 zeigt.

Wie wir in Kapitel 11 sehen werden, kann Alice den Pfad zu Dina aufbauen, weil Lightning-Nodes ihre Kanäle im gesamten Lightning-Netzwerk über das Gossip-Protokoll bekannt geben. Nachdem der Kanal erstmalig bekannt gegeben wurde, senden Bob und Chan je eine zusätzliche `channel_update`-Nachricht mit deren Routing-Gebühren und dem von ihnen erwarteten Timelock für das Routing von Zahlungen.

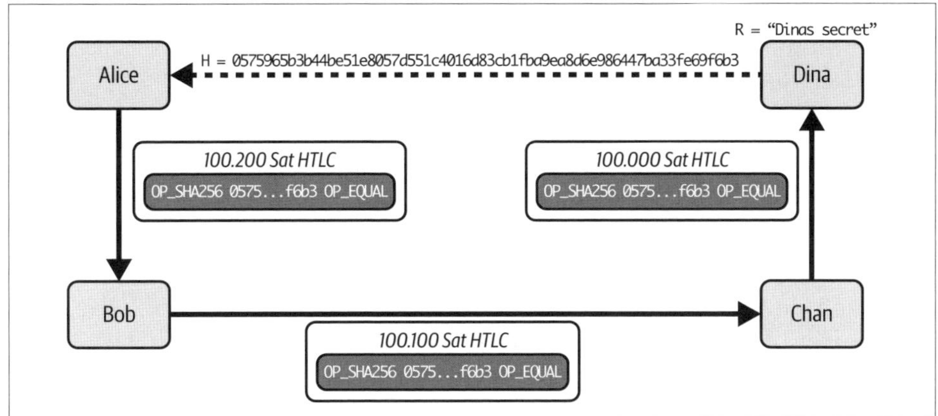

Abbildung 10-8: Zahlungspfad mit HTLCs von Alice zu Dina

Durch diese Bekanntmachungen und Updates besitzt Alice die folgenden Informationen über die Kanäle zwischen Bob, Chan und Dina:

- Eine `short_channel_id` (kurze Kanal-ID) für jeden Kanal, über den Alice den Kanal bei der Konstruktion des Pfads referenzieren kann.
- Ein `cltv_expiry_delta` (Timelock-Delta), das Alice zum Verfallsdatum jedes HTLC hinzufügen kann.
- `fee_base_msat` und `fee_proportional_millionths`, die Alice nutzen kann, um die von dieser Node für eine Weiterleitung über den Kanal erwartete Gebühr zu berechnen.

In der Praxis werden auch andere Informationen ausgetauscht, etwa der größte (`htlc_maximum_msat`) und kleinste (`htlc_minimum_msat`) HTLC, den ein Kanal übernehmen kann, doch die werden bei der Konstruktion der Onion-Route nicht direkt verwendet.

Diese Informationen werden von Alice genutzt, um die Nodes, Kanäle, Gebühren und Timelocks zu ermitteln, die für den Pfad in Abbildung 10-9 benötigt werden.

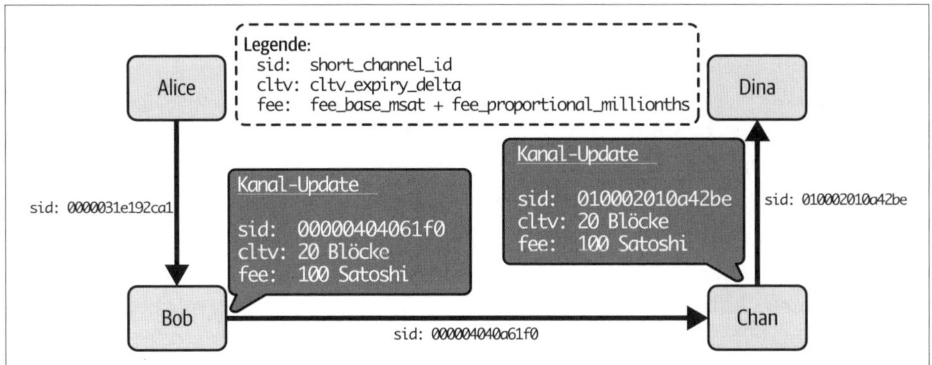

Abbildung 10-9: Aus veröffentlichten Kanal- und Node-Informationen konstruierter, detaillierter Pfad

Alice kennt den eigenen Kanal mit Bob bereits und benötigt diese Informationen daher nicht, um den Pfad zu konstruieren. Beachten Sie auch, dass Alice kein Kanal-Update von Dina benötigt, weil sie für den letzten Kanal im Pfad bereits das Update von Chan erhalten hat.

Alice konstruiert die Nutzdaten

Es gibt zwei mögliche Formate, die Alice für die an jeden Hop kommunizierten Informationen verwenden kann: ein veraltetes Format fester Länge namens *Hop-Daten* und ein etwas flexibleres Format variabler Länge (*Type Length Value*, kurz TLV) namens *Hop-Nutzdaten* (engl. *Hop Payload*). Das Format einer TLV-Nachricht wird in »Type-Length-Value-Format« auf Seite 335 ausführlicher diskutiert. Es bietet Flexibilität, da es dem Protokoll eigene Felder ganz nach Bedarf hinzufügen kann.

Beide Formate sind in BOLT #4: Onion-Routing Protocol, Packet Structure (*https://github.com/lightning/bolts/blob/master/04-onion-routing.md#packet-structure*) spezifiziert.

Alice führt den Aufbau der Hop-Daten des Pfads von hinten nach vorne durch: Dina, Chan und dann Bob.

Finale Node-Nutzdaten für Dina

Alice baut zuerst die Nutzdaten auf, die an Dina zugestellt werden sollen. Dina erzeugt keinen »ausgehenden HTLC«, weil sie die finale Node und damit die Zahlungsempfängerin ist. Aus diesem Grund sind die Nutzdaten für Dina anders als die für die anderen (die `short_channel_id` ist null). Das weiß allerdings nur Dina, da die Daten in der innersten Schicht der Onion verschlüsselt sind. Im Wesentlichen ist das der »geheime Brief an Dina«, den wir in unserem realen Beispiel mit den Briefumschlägen gesehen haben.

Die Hop-Nutzdaten für Dina müssen den Informationen der Rechnung entsprechen, die Dina für Alice generiert hat. Sie enthalten (zumindest) die folgenden Felder im TLV-Format:

`amt_to_forward`
: Die Höhe der Zahlung in Millisatoshi. Ist dies ein Teil einer Multipart-Zahlung, dann ist der Betrag kleiner als die Gesamtsumme. Andernfalls handelt es sich um eine einzelne, vollständige Zahlung, und der Wert entspricht dem Rechnungsbetrag und dem `total_msat`-Wert.

`outgoing_cltv_value`
: Der Timelock für das Verfallsdatum der Zahlung. Wird auf den Wert `min_final_cltv_expiry` der Rechnung gesetzt.

payment_secret
: Ein spezielles 256-Bit-Secret aus der Rechnung, das Dina erlaubt, die eingehende Zahlung zu erkennen. Verhindert auch eine Form des Probings, die Nullwertrechnungen unsicher machte. Das Probing durch zwischenliegende Nodes wird verhindert, da dieser Wert *nur* für den Empfänger verschlüsselt wird, d. h., es kann kein finales Paket rekonstruiert werden, das gültig »aussieht«.

total_msat
: Der Gesamtbetrag in Höhe der Rechnung. Kann weggelassen werden, wenn die Gesamtsumme bezahlt wird. Dann muss der Wert amt_to_forward und der Rechnungshöhe entsprechen.

Die Rechnung, die Alice von Dina erhalten hat, legt einen Betrag von 50.000 Satoshi fest, was 50.000.000 Millisatoshi entspricht. Dina legt die Mindestverfallszeit der Zahlung in min_final_cltv_expiry mit 18 Blöcken fest (3 Stunden bei durchschnittlich 10 Minuten für einen Bitcoin-Block). Nehmen wir an, die Bitcoin-Blockchain hat 700.000 Blöcke festgehalten, als Alice ihre Zahlung vornimmt. Alice muss outgoing_cltv_value also mit der *minimalen* Blockhöhe 700.018 festlegen.

Alice konstruiert die Hop-Nutzdaten für Dina wie folgt:

```
amt_to_forward : 50.000.000
outgoing_cltv_value: 700.018
payment_secret: fb53d94b7b65580f75b98f10...03521bdab6d519143cd521d1b3826
total_msat: 50.000.000
```

Alice serialisiert sie im TLV-Format, wie in Abbildung 10-10 (vereinfacht) dargestellt.

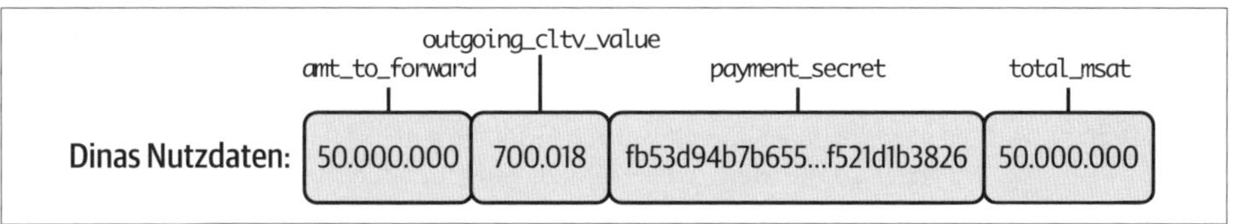

Abbildung 10-10: Dinas Nutzdaten werden von Alice erzeugt.

Hop-Nutzdaten für Chan

Als Nächstes erzeugt Alice die Hop-Nutzdaten für Chan. Das teilt Chan mit, wie er einen ausgehenden HTLC zu Dina aufbauen soll.

Die Hop-Nutzdaten für Chan enthalten drei Felder: short_channel_id, amt_to_forward und outgoing_cltv_value:

```
short_channel_id: 010002010a42be
amt_to_forward: 50.000.000
outgoing_cltv_value: 700.018
```

Alice serialisiert sie im TLV-Format, wie in Abbildung 10-11 (vereinfacht) dargestellt.

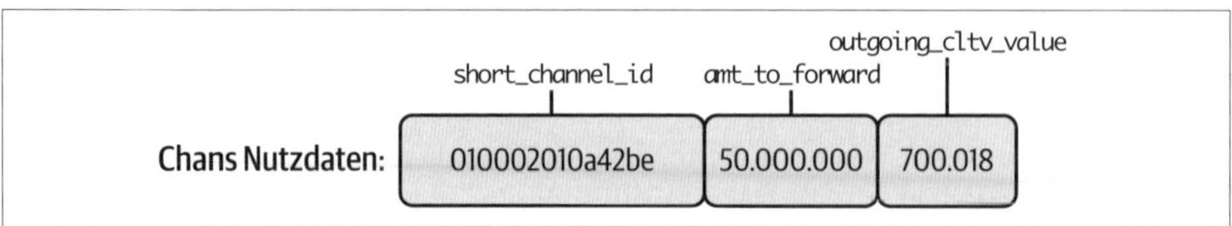

Abbildung 10-11: Chans Nutzdaten werden von Alice erzeugt.

Hop-Nutzdaten für Bob

Abschließend erzeugt Alice die Hop-Nutzdaten für Bob. Sie enthalten die gleichen drei Felder wie die Hop-Nutzdaten für Chan, aber mit anderen Werten:

```
short_channel_id: 000004040a61f0
amt_to_forward: 50.100,000
outgoing_cltv_value: 700.038
```

Wie Sie sehen, enthält das `amt_to_forward`-Feld 50.100.000 Millisatoshi oder 50.100 Satoshi. Das liegt daran, dass Chan eine Gebühr von 100 Satoshi für das Routing der Zahlung an Dina erwartet. Damit Chan die Routing-Gebühr einnehmen kann, muss sein eingehender HTLC 100 Satoshi mehr aufweisen als sein ausgehender HTLC. Weil Chans eingehender HTLC Bobs ausgehender HTLC ist, spiegeln die Anweisungen Chans Gebühr wider. Einfach ausgedrückt, muss Bob angewiesen werden, 50.100 Satoshi an Chan zu senden, damit Chan 50.000 Satoshi weiterleiten und 100 Satoshi behalten kann.

Ebenso erwartet Chan ein Timelock-Delta von 20 Blöcken. Sein eingehender HTLC muss als 20 Blöcke *später* auslaufen als sein ausgehender HTLC. Aus diesem Grund sorgt Alice dafür, dass Bobs ausgehender HTLC bei Blockhöhe 700.038 ausläuft – 20 Blöcke später als Chans HTLC an Dina.

Die Erwartungen für Gebühren und Timelock-Deltas eines Kanals werden durch den Unterschied eingehender und ausgehender HTLCs festgelegt. Da der eingehende HTLC durch die *vorherige* Node erzeugt wird, werden Gebühr und Timelock-Delta in den Onion-Nutzdaten dieser vorherigen Node gesetzt. Bob wird nun angewiesen, einen HTLC zu erzeugen, der Chans Erwartungen an die Gebühr und den Timelock erfüllt.

Alice serialisiert sie im TLV-Format, wie in Abbildung 10-12 (vereinfacht) dargestellt.

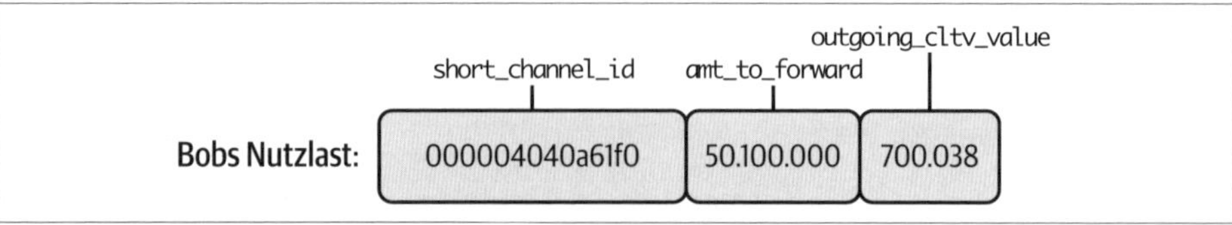

Abbildung 10-12: Bobs Nutzdaten werden von Alice erzeugt.

Fertige Hop-Nutzdaten

Alice hat nun die drei Hop-Nutzdaten erzeugt, die in eine Onion gepackt werden. Eine vereinfachte Ansicht der Nutzdaten sehen Sie in Abbildung 10-13.

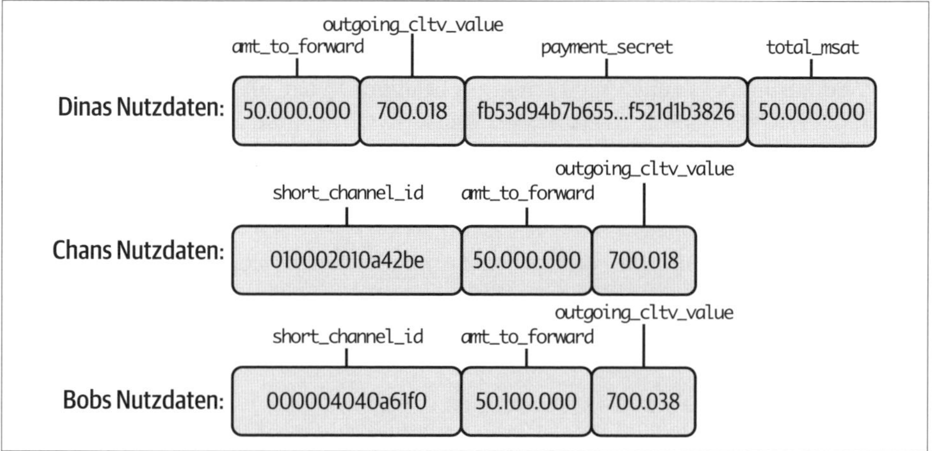

Abbildung 10-13: Hop-Nutzdaten aller drei Hops

Schlüsselgenerierung

Alice muss nun mehrere Schlüssel generieren, die zur Verschlüsselung der verschiedenen Schichten der Onion verwendet werden.

Mit diesen Schlüsseln erreicht Alice ein hohes Maß an Datenschutz und Integrität:

- Alice kann jede Schicht der Onion verschlüsseln, sodass nur der jeweilige Empfänger sie lesen kann.
- Jeder Intermediär kann sicherstellen, dass die Nachricht nicht verändert wurde.
- Niemand im Pfad weiß, woher die Onion stammt und wohin sie geht. Alice gibt ihre Identität als Senderin nicht preis und Dina auch nicht ihre als Zahlungsempfängerin.
- Jeder Hop kennt nur seinen vorherigen und seinen nächsten Hop.
- Niemand weiß, wie lang der Pfad ist oder an welcher Stelle innerhalb des Pfads er sich befindet.

Wie beim Schälen einer Zwiebel könnten Ihnen die folgenden technischen Details die Tränen in die Augen treiben. Springen Sie zum nächsten Abschnitt weiter, wenn Sie das hier zu sehr verwirrt. Kommen Sie hierhin zurück und lesen Sie BOLT #4: Onion-Routing, Packet Construction (*https://github.com/lightning/bolts/blob/master/04-onion-routing.md#packet-structure*), wenn Sie mehr erfahren wollen.

Die Basis aller in der Onion verwendeten Schlüssel ist ein sogenanntes *Shared Secret*, also ein gemeinsam genutztes Secret, das Alice und Bob unabhängig voneinander über den ECDH-Algorithmus (*Elliptic Curve Diffie-Hellman*) generieren. Aus diesem Shared Secret können Sie unabhängig vier zusätzliche Schlüssel namens `rho`, `mu`, `um` und `pad` erzeugen:

`rho`
: Wird zur Generierung eines Streams zufälliger Bytes aus einer Stream-Chiffre (als CSPRNG genutzt) verwendet. Diese Bytes werden zur Verschlüsselung/Entschlüsselung des Nachrichtenbodys genutzt sowie zum Auffüllen mit Nullbytes bei der Verarbeitung von Sphinx-Paketen.

`mu`
: Wird im hashbasierten Nachrichtenauthentifizierungscode (*Hash-based Message Authentication Code*, kurz HMAC) zur Prüfung der Integrität/Authentizität verwendet.

`um`
: Wird beim Fehlerreporting verwendet.

`pad`
: Wird zur Generierung von Füllbytes genutzt, die die Onion auf eine feste Länge auffüllen.

Die Beziehung zwischen den verschiedenen Schlüsseln und wie sie generiert werden, zeigt Abbildung 10-14.

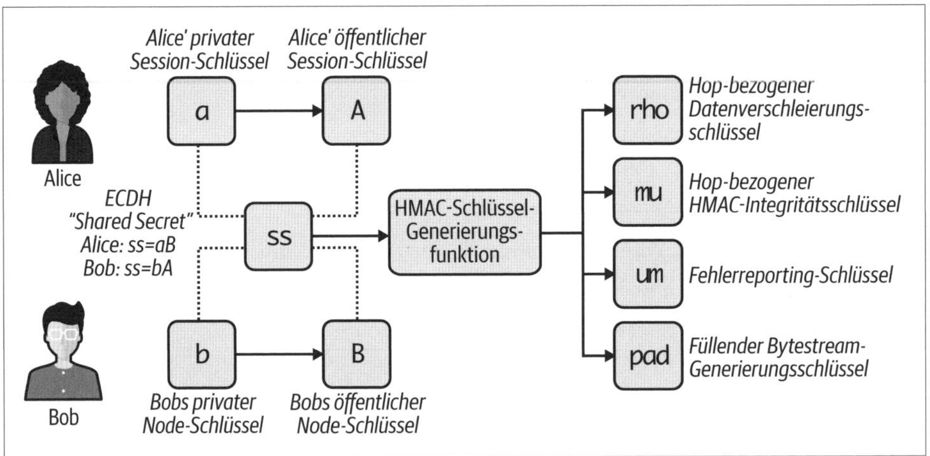

Abbildung 10-14: Onion-Schlüsselgenerierung

Alice' Session-Schlüssel

Damit ihre Identität nicht enthüllt wird, verwendet Alice nicht den öffentlichen Schlüssel ihrer Node bei der Erzeugung der Onion. Stattdessen erzeugt Alice einen temporären 32-Byte-(256-Bit-)Schlüssel, den sogenannten *privaten Session-Schlüs-*

sel, und den dazugehörigen *öffentlichen Session-Schlüssel*. Diese dienen als temporäre »Identität« und Schlüssel für diese Onion. Aus diesem Session-Schlüssel bildet Alice alle anderen Schlüssel, die in dieser Onion verwendet werden.

Details der Schlüsselgenerierung

Die Generierung der Schlüssel, zufälliger Bytes, kurzlebiger Schlüssel und wie man sie zur Konstruktion von Paketen nutzt, wird in drei Abschnitten von BOLT #4 spezifiziert:

- Key Generation (*https://github.com/lightning/bolts/blob/master/04-onion-routing.md#key-generation*)
- Random Byte Stream (*https://github.com/lightning/bolts/blob/master/04-onion-routing.md#pseudo-random-byte-stream*)
- Packet Construction (*https://github.com/lightning/bolts/blob/master/04-onion-routing.md#packet-construction*)

Der Einfachheit halber und um nicht zu technisch zu werden, verzichten wir in diesem Buch auf die Details. Wenn Sie an der internen Funktionsweise interessiert sind, sehen Sie sich die obigen Links an.

Generierung des Shared Secret

Ein wichtiges und fast magisch wirkendes Detail ist Alice' Möglichkeit, über die öffentlichen Schlüssel einfach ein *Shared Secret* mit einer anderen Node erzeugen zu können. Das basiert auf der Erfindung des Diffie-Hellman-Schlüsselaustauschs (*Diffie-Hellman Key Exchange*, kurz DHKE) in den 1970ern, der die Kryptografie revolutioniert hat. Das Onion-Routing bei Lightning nutzt ECDH (*Elliptic Curve Diffie-Hellman*) auf Bitcoins `secp256k1`-Kurve. Das ist ein sehr cooler Trick, den wir mit einfachen Worten in Elliptic Curve Diffie-Hellman erklären wollen.

Elliptic Curve Diffie-Hellman

Wir wollen annehmen, dass Alice den privaten Schlüssel a und Bob den privaten Schlüssel b verwenden. Mithilfe einer elliptischen Kurve multiplizieren Alice und Bob ihre privaten Schlüssel mit dem Generatorpunkt G, um die öffentlichen Schlüssel A bzw. B zu erzeugen:

$$A = aG$$

$$B = bG$$

Alice und Bob können nun den *Diffie-Hellman-Schlüsselaustausch* nutzen, um ein Shared Secret *ss* zu erzeugen. Diesen Wert können beide unabhängig voneinander berechnen, ohne weitere Informationen austauschen zu müssen.

Beide berechnen das Shared Secret *ss*, indem sie ihre privaten Schlüssel mit dem öffentlichen Schlüssel des jeweils anderen multiplizieren:

$ss = aB = bA$

Doch warum sollten diese beiden Multiplikationen zum gleichen Wert für *ss* führen? Hier also die Mathematik, die beweist, dass das möglich ist:

ss

$= aB$

wurde von Alice berechnet, die sowohl *a* (ihren privaten Schlüssel) als auch *B* (Bobs öffentlichen Schlüssel) kennt ...

$= a(bG)$

da wir wissen, dass $B = bG$. Dank der Assoziativität können wir

$= (ab)G$

ersetzen. Wir können die Klammern verschieben...

$= (ba)G$

weil $xy = yx$ (die Kurve ist eine kommutative Gruppe)...

$= b(aG)$

dank der Assoziativität können wir die Klammern verschieben...

$= bA$

und wir können *aG* durch *A* ersetzen.

Das Ergebnis *bA* kann von Bob unabhängig berechnet werden, der *b* (seinen privaten Schlüssel) und *A* (Alice' öffentlichen Schlüssel) kennt.

Wir haben also gezeigt, dass:

$ss = aB$ (das kann Alice berechnen)

$ss = bA$ (das kann Bob berechnen)

Sie können daher unabhängig voneinander *ss* berechnen und als gemeinsamen Schlüssel zur symmetrischen Verschlüsselung von Secrets verwenden, ohne das Shared Secret kommunizieren zu müssen.

Ein einzigartiges Merkmal von Sphinx als Paketformat für gemischte Netze ist, dass anstelle eines eigenen Session-Schlüssels für jeden Hop der Route (die die Größe des Pakets dramatisch erhöhen würde) ein cleveres sogenanntes *Blinding-Schema* genutzt wird, um den Session-Schlüssel bei jedem Hop deterministisch zu randomisieren.

In der Praxis erlaubt uns dieser kleine Trick, das Onion-Paket so kompakt wie möglich zu halten, während die gewünschten Sicherheitseigenschaften erhalten bleiben.

Der Session-Schlüssel für Hop `i` wird aus dem öffentlichen Schlüssel der Node und dem abgeleiteten Shared Secret von Hop `i - 1` abgeleitet:

```
session_key_i = session_key_{i-1} * SHA-256(node_pubkey_{i-1} ||
shared_secret_{i-1})
```

Mit anderen Worten: Wir nehmen den Session-Schlüssel des vorherigen Hops und multiplizieren ihn mit dem Wert, der aus dem öffentlichen Schlüssel und dem Shared Secret für diesen Hop abgeleitet wurde.

Da die Multiplikation elliptischer Kurven über einen öffentlichen Schlüssel ohne Kenntnis des privaten Schlüssels möglich ist, kann jeder den Session-Schlüssel für den nächsten Hop deterministisch erneut randomisieren.

Der Urheber des Onion-Pakets kennt alle Shared Secrets (da er die Pakete für jeden Hop spezifisch verschlüsselt hat) und kann daher alle Blendungsfaktoren ableiten.

Dieses Wissen erlaubt ihm, alle bei der Paketgenerierung erzeugten Session-Schlüssel vorher abzuleiten.

Beachten Sie, dass der erste Hop den ursprünglich generierten Session-Schlüssel nutzt, da dieser Schlüssel verwendet wird, um das Blinding des Session-Schlüssels für jeden nachfolgenden Hop anzustoßen.

Die Onion-Schichten verpacken

Der Prozess des Verpackens der Onion wird in BOLT #4: Onion-Routing, Packet Construction (*https://github.com/lightning/bolts/blob/master/04-onion-routing.md#packet-construction*) beschrieben.

In diesem Abschnitt wollen wir diesen Vorgang auf abstrakterem Niveau und leicht vereinfacht (wir lassen bestimmte Details weg) darstellen.

Onions fester Länge

Wie bereits erwähnt, kennt keine der »Hop«-Nodes die Länge des Pfads und auch nicht ihre Position innerhalb des Pfads. Wie ist das möglich?

Kann man bei einer Liste von Verbindungen, selbst wenn diese verschlüsselt ist, nicht herausfinden, wo der Anfang und das Ende ist, indem man sich einfach anschaut, *wo* in der Liste der Verbindungen man steht?

Der beim Onion-Routing verwendete Trick besteht darin, dass der Pfad (die Liste der Verbindungen) für jede Node die gleiche Länge hat. Das erreicht man, indem jedes Onion-Paket bei jedem Schritt die gleiche Größe hat.

Bei jedem Hop stehen die Hop-Nutzdaten am Anfang der Onion-Nutzdaten, gefolgt von etwas, das 19 weitere Hop-Nutzdaten *zu sein scheinen*. Jeder Hop sieht sich selbst als ersten von 20 Hops.

Die Onion-Nutzdaten sind 1.300 Byte groß. Die Hop-Nutzdaten sind 65 Byte groß oder weniger (und werden bei weniger auf 65 Byte aufgefüllt). Die Onion-Nutzdaten können also 20 Hop-Nutzdaten enthalten (1.300 = 20 × 65). Die maximale Pfadlänge beim Onion-Routing sind also 20 Hops.

Je mehr Schichten »abgeschält« werden, desto mehr Fülldaten (letztlich »Schrott«) wird an das Ende der Onion-Nutzdaten angehängt, sodass der nächste Hop eine Onion der gleichen Größe erhält und wieder der »erste Hop« im Onion ist.

Die Größe der Onion beträgt 1.366 Byte und ist wie in Abbildung 10-15 zu sehen strukturiert:

1 Byte
: Ein Versionsbyte.

33 Byte
: Ein komprimierter öffentlicher Session-Schlüssel (»Alice' Session-Schlüssel« auf Seite 268), aus dem das Hop-bezogene Shared Secret (»Generierung des Shared Secret« auf Seite 269) generiert werden kann, ohne Alice' Identität preiszugeben.

1.300 Byte
: Die eigentlichen *Onion-Nutzdaten* mit Instruktionen für jeden Hop.

32 Byte
: Eine HMAC-Prüfsumme.

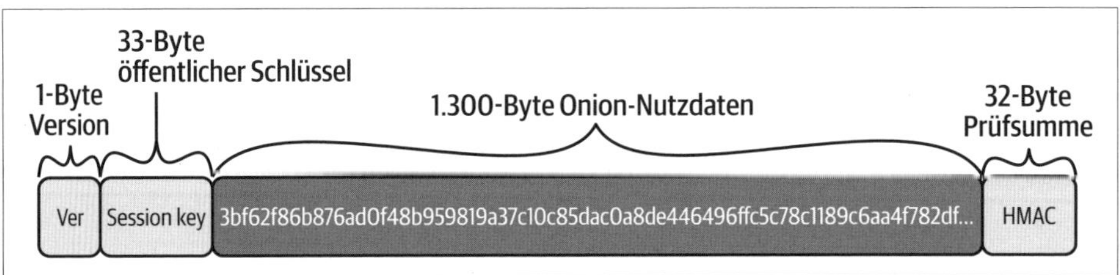

Abbildung 10-15: Das Onion-Paket

Ein einzigartiges Merkmal von Sphinx als Mix-Net-Paketformat ist, dass anstatt einen Sitzungsschlüssel für jeden Hop in der Route einzufügen, was die Größe des Mix-Net-Pakets dramatisch erhöhen würde, ein cleveres *Binding*-Schema zu verwenden, um den Sitzungsschlüssel bei jedem Hop zu randomisieren.

In der Praxis erlaubt uns dieser kleine Trick, das Onion-Paket so kompakt wie möglich zu halten und gleichzeitig die gewünschten Sicherheitseigenschaften beizubehalten.

Die Onion verpacken (Zusammenfassung)

Hier eine Zusammenfassung des Verpackungsprozesses der Onion. Kommen Sie auf diese Liste zurück, wenn wir die einzelnen Schritte unseres Beispiels durchgehen.

Für jeden Hop wiederholt die Senderin, also Alice, den gleichen Prozess:

1. Alice generiert das Hop-bezogene Shared Secret und die Schlüssel `rho`, `mu` und `pad`.
2. Alice generiert 1.300 Füllbytes und füllt das 1.300-Byte-Feld für die Onion-Nutzdaten damit auf.

3. Alice berechnet den HMAC für die Hop-Nutzdaten (Nullen für den letzten Hop).
4. Alice berechnet die Länge für die Hop-Nutzdaten plus HMAC plus Platz für die Länge selbst.
5. Alice verschiebt die Onion-Nutzdaten um den für die Hop-Nutzdaten berechneten Platz *nach rechts*. Die ganz rechts liegenden Fülldaten werden verworfen, um auf der linken Seite Platz für die Nutzdaten zu schaffen.
6. Alice fügt die Länge plus Hop-Nutzdaten plus HMAC an den Anfang des Nutzdatenfelds ein.
7. Alice verwendet den `rho`-Schlüssel, um ein 1.300 Byte großes Einmal-Pad zu erzeugen.
8. Alice verschleiert die gesamten Onion-Nutzdaten, indem sie diese mit den aus dem `rho` generierten Bytes per XOR verknüpft.
9. Alice berechnet den HMAC der Onion-Nutzdaten mithilfe des `mu`-Schlüssels.
10. Alice fügt den öffentlichen Session-Schlüssel hinzu (damit der Hop das Shared Secret berechnen kann).
11. Alice fügt die Versionsnummer hinzu.
12. Alice führt das Blinding des Sessions-Schlüssels durch. Sie verwendet dazu einen Wert, der durch das Hashing des Shared Secret und des öffentlichen Schlüssels des vorherigen Hops abgeleitet wird.

Alice wiederholt nun diesen Prozess. Die neuen Schlüssel werden berechnet, die Onion-Nutzdaten verschoben, die neuen Hop-Nutzdaten vorne eingefügt und die gesamten Onion-Nutzdaten mit dem `rho`-Bytestream für den nächsten Hop verschlüsselt.

Für den letzten Hop besteht der in Schritt 3 eingefügte HMAC *nur aus Nullen*. Der finale Hop nutzt dieses Signal, um zu erkennen, dass er tatsächlich der letzte Hop auf der Route ist. Alternativ kann dazu auch die Tatsache verwendet werden, dass die in den Nutzdaten enthaltene `short_chan_id` für den »nächsten Hop« null ist. Beachten Sie, dass während jeder Phase der `mu`-Schlüssel verwendet wird, um einen HMAC über das (aus Sicht der die Nutzdaten verarbeitenden Node) *verschlüsselte* Onion-Paket zu erzeugen sowie über den Inhalt des Pakets mit einer verschlüsselten Schicht weniger. Der äußere HMAC erlaubt der das Paket verarbeitenden Node, die Integrität des Onion-Pakets zu prüfen (d. h., es wurden keine Bytes verändert). Der innere HMAC wird dann während der Umkehrung der vorhin beschriebenen »Verschieben und Verschlüsseln«-Routine offengelegt, die als *äußerer* HMAC für den nächsten Hop dient.

Dinas Hop-Nutzdaten verpacken

Erinnern Sie sich daran, dass die Onion beginnend mit dem Ende des Pfads bei Dina, also der finalen Node, bzw. dem Empfänger verpackt wird. Der Pfad wird dann den gesamten Weg zurück zum Sender, hier Alice, aufgebaut.

Alice beginnt mit einem leeren 1.300-Byte-Feld fester Länge, den *Onion-Nutzdaten*. Sie füllt die Onion-Nutzdaten dann mit einem pseudozufälligen Bytestream auf, der über den `pad`-Schlüssel generiert wird (siehe Abbildung 10-16).

Die Generierung des zufälligen Bytestreams nutzt den ChaCha20-Algorithmus als kryptografisch sicheren Pseudozufallszahlengenerator (*Cryptographic Secure Pseudorandom Number Generator*, kurz CSPRNG). Solch ein Algorithmus generiert mit einem initialen Seed-Wert einen deterministischen, langen, sich nicht wiederholenden Strom scheinbar zufälliger Bytes. Die Details sind in BOLT #4: Onion-Routing, Pseudo Random Byte Stream (*https://github.com/lightning/bolts/blob/master/04-onion-routing.md#pseudo-random-byte-stream*) spezifiziert.

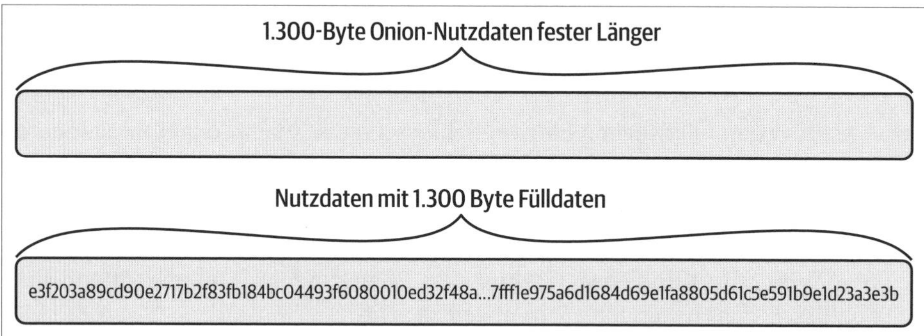

Abbildung 10-16: Die Onion-Nutzdaten mit einem zufälligen Bytestream füllen

Alice fügt nun auf der linken Seite Dinas Hop-Nutzdaten ein, verschiebt dabei die Fülldaten nach rechts und verwirft die überschüssigen Daten (siehe Abbildung 10-17).

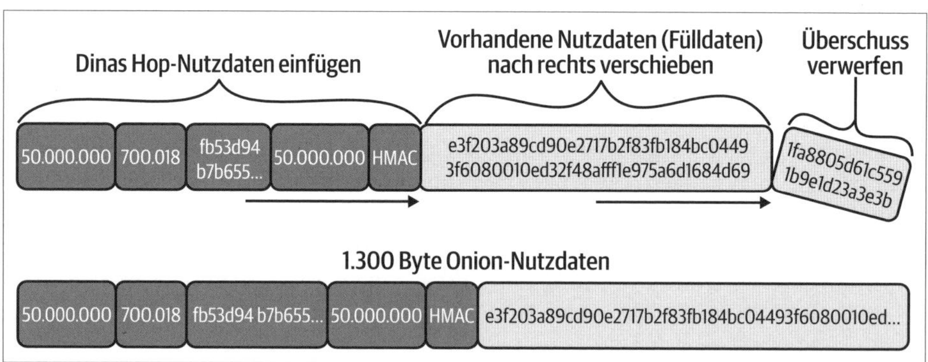

Abbildung 10-17: Dinas Hop-Nutzdaten einfügen

Man kann das auch so betrachten, dass Alice die Länge von Dinas Hop-Nutzdaten ermittelt, die Fülldaten um die entsprechende Größe nach links verschiebt, um den nötigen Platz zu schaffen, und Dinas Nutzdaten dann an dieser Stelle einfügt.

Das Ergebnis sehen wir weiter unten: Die 1.300 Byte großen Onion-Nutzdaten enthalten Dinas Hop-Nutzdaten, und die Füllbytes nehmen des Rest des Raums ein.

Als Nächstes verschleiert Alice die gesamten Onion-Nutzdaten, sodass *nur Dina* sie lesen kann.

Zu diesem Zweck generiert Alice mithilfe des `rho`-Schlüssels (den auch Dina kennt) einen Bytestream. Alice verwendet ein bitweises Exklusiv-Oder (XOR) über die Bits der Onion-Nutzdaten und dem aus `rho` generierten Bytestream. Das Ergebnis erscheint wie ein zufälliger (oder verschlüsselter) 1.300 Byte langer Bytestream (siehe Abbildung 10-18).

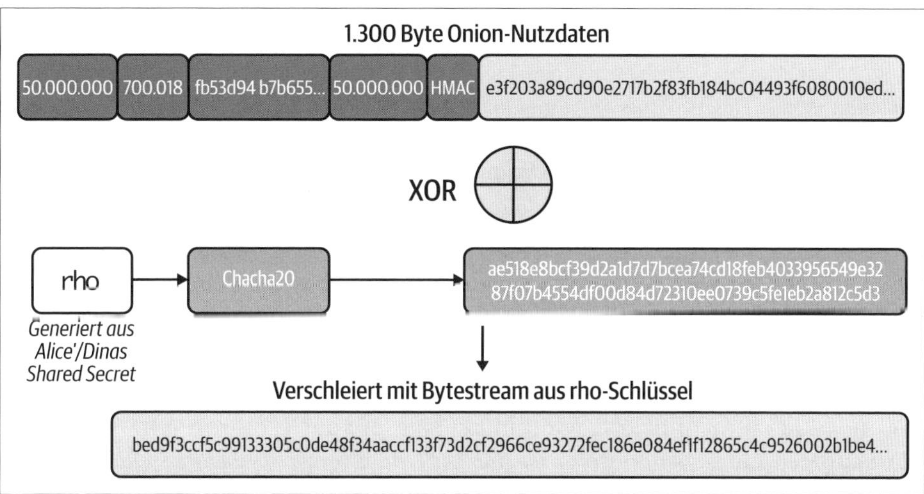

Abbildung 10-18: Die Onion-Nutzdaten verschleiern

Eine Eigenschaft des XOR ist, dass man die ursprünglichen Daten zurückerhält, wenn man es zweimal anwendet. Wie Sie in »Bob »entschleiert« seine Hop-Nutzdaten« auf Seite 282 sehen werden, erhält Dina die ursprünglichen Onion-Nutzdaten zurück, wenn sie die gleiche XOR-Operation mit dem von `rho` generierten Bytestream durchführt.

XOR ist eine *involute* Funktion, d. h., sie macht sich selbst rückgängig, wenn man sie zweimal anwendet. Insbesondere gilt XOR(XOR(*a*, *b*), *b*) = *a*. Diese Eigenschaft wird in der symmetrischen Kryptografie extensiv genutzt.

Da nur Alice und Dina den `rho`-Schlüssel (der aus Alice' und Dinas Shared Secret abgeleitet wurde) kennen, können auch nur sie diese Operation durchführen. Die Onion-Nutzdaten werden also so verschlüsselt, dass sie nur von Dina gelesen werden können.

Zum Schluss berechnet Alice einen HMAC (*Hash-based Message Authentication Code*) für Dinas Nutzdaten, der `mu` als Initialisierungsschlüssel verwendet (siehe Abbildung 10-19).

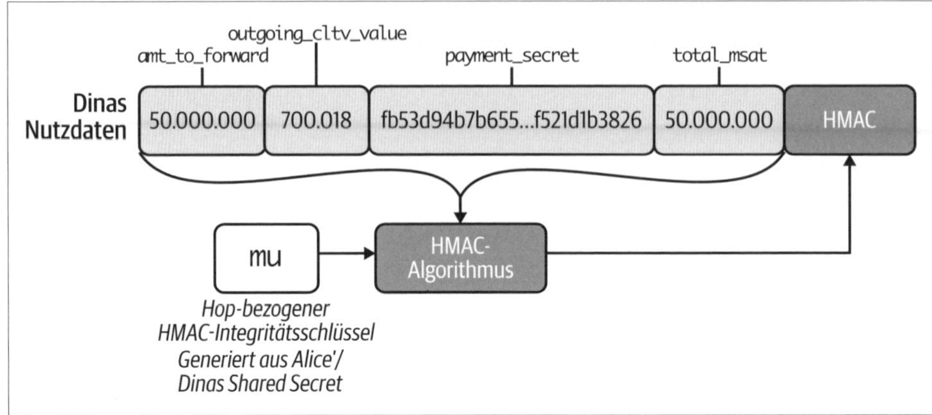

Abbildung 10-19: HMAC-Prüfsumme zu Dinas Hop-Nutzdaten hinzufügen

Replay-Schutz und -Erkennung beim Onion-Routing

Der HMAC dient als Sicherheitsprüfsumme und hilft Dina dabei, die Integrität der Hop-Nutzdaten zu überprüfen. Der 32-Byte-HMAC wird an Dinas Hop-Nutzdaten angehängt. Beachten Sie, dass wir den HMAC über die *verschlüsselten* Daten berechnen, nicht über den Klartext. Das wird *encrypt-then-mac* genannt und ist die empfohlene Vorgehensweise zur Nutzung eines MAC, da er die Integrität für den Klartext *und* den Geheimtext sicherstellt.

Die moderne authentifizierte Verschlüsselung erlaubt es, einen Satz optionaler Klartextdaten, die sogenannten *assoziierten Daten* (engl. *Associated Data*), mit zu authentifizieren. In der Praxis ist das üblicherweise so etwas wie ein Paket-Header im Klartext oder andere Hilfsinformationen. Indem die assoziierten Daten in die (per HMAC) zu authentifizierenden Daten mit aufgenommen werden, stellt der Prüfer des MAC sicher, dass die assoziierten Daten nicht verändert wurden (z.B. ein Austausch des Klartext-Headers in einem verschlüsselten Paket).

Im Kontext des Lightning-Netzwerks werden die assoziierten Daten genutzt, um den Replay-Schutz dieses Schemas zu stärken. Wie wir nachfolgend sehen werden, stellt der Replay-Schutz sicher, dass ein Angreifer ein Paket im Netzwerk nicht *erneut übertragen* (Replay) und den resultierenden Pfad beobachten kann. Vielmehr können die dazwischenliegenden Nodes die definierten Maßnahmen zum Replay-Schutz nutzen und Replay-Pakete erkennen und ablehnen. Das grundlegende Sphinx-Paketformat hält alle kurzlebigen Schlüssel fest, die zur Replay-Erkennung verwendet werden. Wird ein solcher Schlüssel wiederverwendet, erkennt die Node das und lehnt das Paket ab.

Die Natur von HTLCs im Lightning-Netzwerk erlaubt es, den Replay-Schutz weiter zu stärken, indem ein zusätzlicher *ökonomischer* Anreiz geschaffen wird. Sie werden sich erinnern, dass der Zahlungshash eines HTLC nur einmal genutzt werden kann (für eine vollständige Zahlung). Wird ein Zahlungshash wiederverwendet und kommt er zu einer Node, die das Zahlungs-Secret für diesen Hash bereits kennt, kann sie das Guthaben einfach einbehalten und die gesamte Zahlung einstreichen, ohne sie weiterzuleiten! Wir können das nutzen, um den Replay-Schutz zu stärken, indem der *Zahlungshash* in unserer HMAC-Berechnung als assoziierte Daten aufgenommen wird. Durch diesen zusätzlichen Schritt verlangt das Replay eines Onion-Pakets vom Sender auch die Verwendung des *gleichen* Zahlungshashs. Neben dem normalen Replay-Schutz läuft ein Angreifer also Gefahr, das gesamte Guthaben im neu übertragenen HTLC zu verlieren.

Eine Frage, die sich bei der stetig steigenden Zahl gespeicherter Session-Schlüssel für den Replay-Schutz stellt, lautet: Können die Nodes diesen Platz zurückgewinnen? Im Kontext des Lightning-Netzwerks lautet die Antwort: Ja! Dank der einmaligen Attribute des HTLC-Konstrukts können wir eine weitere Verbesserung gegenüber dem Sphinx-Protokoll vornehmen. Da die HTLCs einen *Timelock* basierend auf der absoluten Blockhöhe nutzen, ist der HTLC abgeschlossen, sobald der HTLC ausläuft. Die Nodes können daher das Verfallsdatum im CLTV (`CHECKLOCKTIMEVERIFY`-Operator) nutzen, um zu bestimmen, wann ein Eintrag aus dem Anti-Replay-Log entfernt werden kann.

Chans Hop-Nutzdaten verpacken

In Abbildung 10-20 sehen wir die Schritte, die zum Verpacken von Chans Hop-Nutzdaten in der Onion nötig sind. Die Schritte sind die gleichen, die Alice zum Verpacken von Dinas Nutzdaten durchgeführt hat.

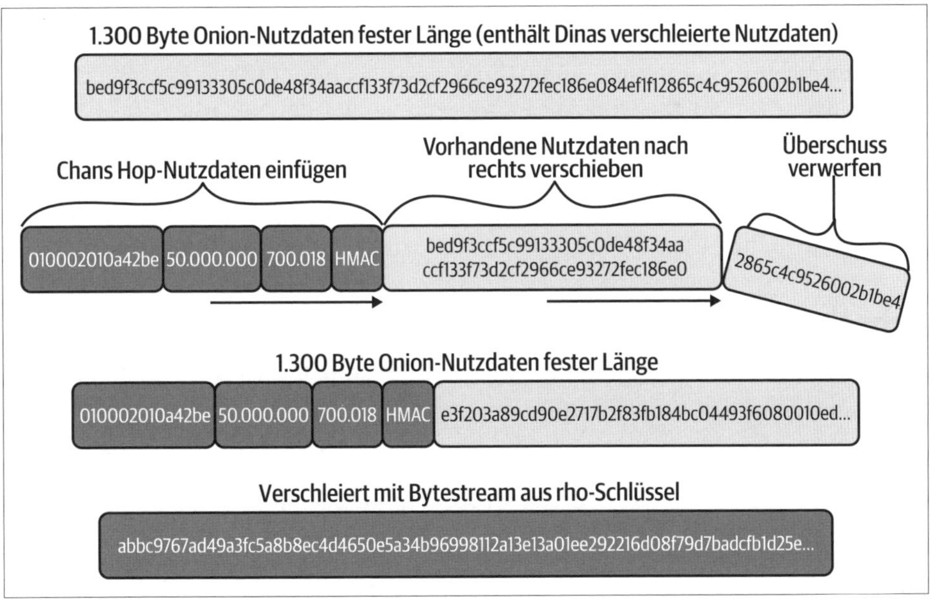

Abbildung 10-20: Die Onion für Chan verpacken

Alice beginnt mit den 1.300-Byte-Onion-Nutzdaten, die sie für Dina erzeugt hat. Die ersten 65 Byte (oder weniger) sind Dinas verschleierte Nutzdaten, und der Rest sind Füllbytes. Alice muss darauf achten, Dinas Nutzdaten nicht zu überschreiben.

Als Nächstes muss Alice den kurzlebigen öffentlichen Schlüssel (der zu Beginn für jeden Hop vorausberechnet wurde) ermitteln, den sie dem Routing-Paket für diesen Hop voranstellt.

Erinnern Sie sich daran, dass Sphinx keinen kurzlebigen öffentlichen Schlüssel (den der Sender und die zwischenliegende Node in einer ECDH-Operation zur Generierung eines Shared Secret nutzen) verwendet, sondern einen einzelnen kurzlebigen öffentlichen Schlüssel, der deterministisch an jedem Hop randomisiert wird.

Bei der Verarbeitung des Pakets verwendet Dina ihr Shared Secret und den öffentlichen Schlüssel, um den Blinding-Wert (`b_dina`) abzuleiten. Sie nutzt diesen Wert dann, um den kurzlebigen öffentlichen Schlüssel erneut zu randomisieren. Diese Operation ähnelt der, die Alice während der anfänglichen Paketkonstruktion verwendet hat.

Alice fügt eine innere HMAC-Prüfsumme in Chans Nutzdaten ein und bindet ihn »vorne« (links) in die Onion-Nutzdaten ein, wobei die vorhandenen Nutzdaten entsprechend nach rechts verschoben werden. Denken Sie daran, dass bei diesem Schema tatsächlich *zwei* HMACs verwendet werden: ein äußerer und ein innerer HMAC. In diesem Fall ist Chans *innerer* HMAC tatsächlich Dinas *äußerer* HMAC.

Chans Nutzdaten stehen nun am Anfang der Onion. Wenn Chan das sieht, hat er keine Ahnung, wie viele Nutzdaten davor sind oder dahinter folgen. Es sieht immer so aus, als wären das die ersten Nutzdaten von 20 Hops.

Nun verschleiert Alice die gesamten Nutzdaten über ein XOR mit dem Bytestream, der aus dem `rho`-Schlüssel von Alice/Chan erzeugt wurde. Nur Alice und Chan besitzen diesen `rho`-Schlüssel, und nur die beiden können den Bytestream erzeugen, der die Onion verschleiert und wieder entschlüsselt. Abschließend berechnen wir (wie in einem früheren Schritt) Chans äußeren HMAC, was zur Integritätsprüfung des verschlüsselten Onion-Pakets verwendet wird.

Bobs Hop-Nutzdaten verpacken

In Abbildung 10-21 sehen wir die Schritte, die zum Verpacken von Bobs Hop-Nutzdaten durchgeführt werden.

Okay, das ist jetzt einfach!

Beginnen wir mit den (verschleierten) Onion-Nutzdaten mit Chans und Dinas Hop-Nutzdaten.

Wir ermitteln den Session-Schlüssel für diesen Hop, der aus dem Blinding-Faktor für den vorherigen Hop generiert wird. Wir fügen den äußeren HMAC des vorherigen Hops als inneren HMAC dieses Hops ein. Bobs Hop-Nutzdaten werden am

Anfang eingefügt, und der Rest wird nach rechts verschoben, wobei ein Fragment in der Größe von Bobs Hop-Nutzdaten (das sowieso nur Füllbytes enthält) hinten runterfällt.

Wir verschleiern das Ganze über ein XOR mit dem `rho`-Schlüssel aus Alice'/Bobs Shared Secret, sodass nur Bob es wieder auspacken kann.

Wir berechnen den äußeren HMAC und hängen ihn an das Ende von Bobs Hop-Nutzdaten an.

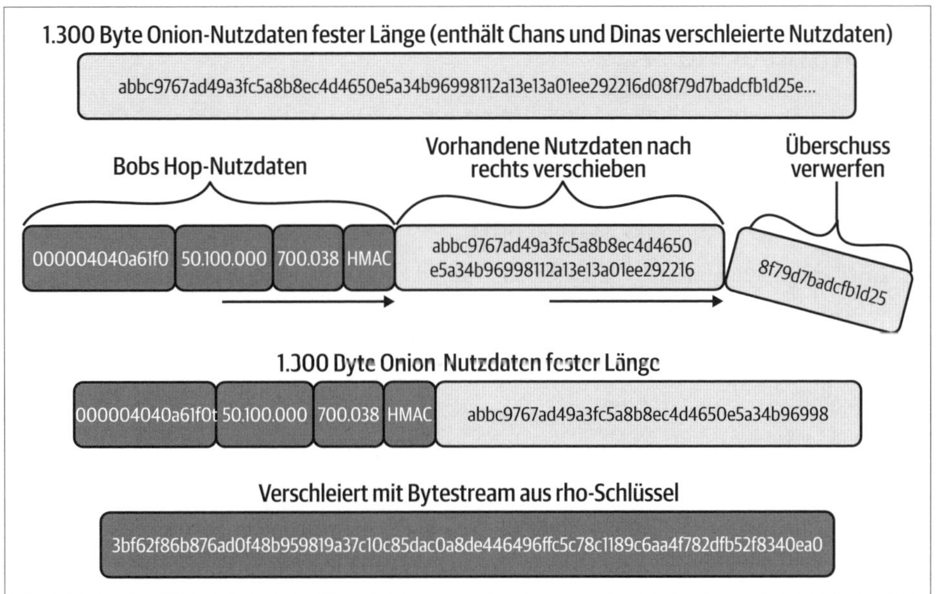

Abbildung 10-21: Die Onion für Bob verpacken

Das finale Onion-Paket

Die finalen Onion-Nutzdaten können nun an Bob gesendet werden. Alice muss keine weiteren Hop-Nutzdaten hinzufügen.

Alice berechnet einen HMAC für die Onion-Nutzdaten, um sie kryptografisch mit einer Prüfsumme zu sichern, die Bob überprüfen kann.

Alice fügt einen 33 Byte langen öffentlichen Session-Schlüssel hinzu, der bei jedem Hop zur Generierung des Shared Secret sowie der `rho`-, `mu`- und `pad`-Schlüssel verwendet wird.

Zum Schluss stellt Alice noch die Onion-Versionsnummer (momentan `0`) voran. Das erlaubt die zukünftige Aktualisierung des Onion-Paketformats.

Das Ergebnis sehen Sie in Abbildung 10-22.

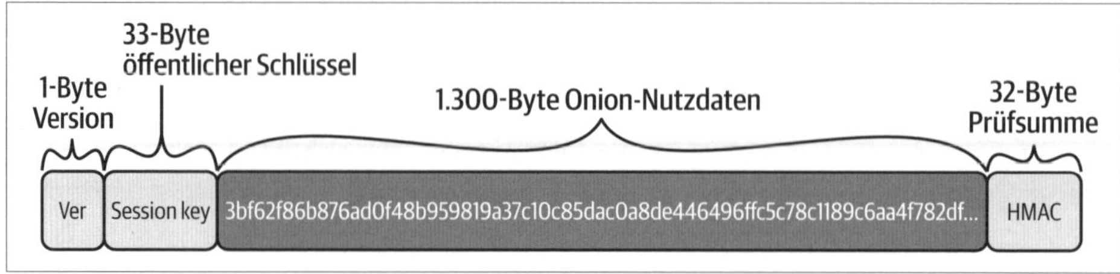

Abbildung 10-22: Das Onion-Paket

Die Onion senden

In diesem Abschnitt sehen wir uns an, wie die Onion weitergeleitet und die HTLCs entlang des Pfads angewendet werden.

Die update_add_htlc-Nachricht

Onion-Pakete werden als Teil der `update_add_htlc`-Nachricht gesendet. In »Die update_add_HTLC-Nachricht« auf Seite 240 (Kapitel 9) haben wir gesehen, dass eine `update_add_htlc`-Nachricht wie folgt aussieht:

```
[channel_id:channel_id]
[u64:id]
[u64:amount_msat]
[sha256:payment_hash]
[u32:cltv_expiry]
[1366*byte:onion_routing_packet]
```

Sie werden sich erinnern, dass diese Nachricht von einem Kanalpartner gesendet wird, um den anderen Kanalpartner zu bitten, einen HTLC hinzuzufügen. Alice bittet Bob auf diese Weise, den Dina bezahlenden HTLC aufzunehmen. Nun verstehen Sie den Zweck des letzten Felds, `onion_routing_packet`, mit einer Länge von 1.366 Byte. Es ist das voll verpackte Onion-Paket, das wir gerade konstruiert haben.

Alice sendet die Onion an Bob

Alice sendet die `update_add_htlc`-Nachricht an Bob. Sehen wir uns an, was diese Nachricht enthält:

`channel_id`
: Dieses Feld enthält die Kanal-ID für Alice/Bob, in unserem Beispiel `0000031e192ca1` (siehe Abbildung 10-9).

`id`
: Die ID dieses HTLC in diesem Kanal, beginnend bei `0`.

`amount_msat`
: Die Höhe des HTLC: 50.200.000 Millisatoshi.

`payment_hash`
: Der RIPEMD160(SHA-256)-Zahlungshash:

  `9e017f6767971ed7cea17f98528d5f5c0ccb2c71`.

`cltv_expiry`
: Der Timelock für den HTLC liegt bei 700.058. Alice fügt dem Verfallsdatum in Bobs Nutzdaten entsprechend Bobs vereinbartem `cltv_expiry_delta` 20 Blöcke hinzu.

`onion_routing_packet`
: Das finale Onion-Paket, das Alice für alle Hop-Nutzdaten konstruiert hat.

Bob überprüft die Onion

Wie in Kapitel 9 gesehen, fügt Bob den HTLC in die Commitment-Transaktionen ein und aktualisiert den Zustand des Kanals mit Alice.

Bob entpackt die Onion, die er von Alice erhalten hat, wie folgt:

1. Bob nimmt den Session-Schlüssel aus dem Onion-Paket und leitet Alice'/Bobs Shared Secret ab.
2. Bob generiert den `mu`-Schlüssel aus dem Shared Secret und nutzt ihn, um die HMAC-Prüfsumme des Onion-Pakets zu verifizieren.

Nachdem Bob den Shared Key generiert und den HMAC verifiziert hat, kann er mit dem Entpacken der 1.300 Byte Onion-Nutzdaten im Onion-Paket beginnen. Bobs Ziel besteht darin, seine eigenen Hop-Nutzdaten abzurufen und die restliche Onion zum nächsten Hop weiterzuleiten.

Wenn Bob seine Hop-Nutzdaten extrahiert und entfernt, ist die verbleibende Onion nicht mehr 1.300 Byte groß, sondern kleiner. Der nächste Hop würde also wissen, dass er nicht der erste Hop ist, und könnte ermitteln, wie lang der Pfad ist. Um das zu verhindern, muss Bob die Onion wieder auffüllen.

Bob generiert Füllbytes

Bob generiert die Füllbytes etwas anders als Alice, folgt aber dem gleichen Prinzip.

Zuerst *vergrößert* Bob die Onion-Nutzdaten um 1.300 Byte und füllt diese mit Nullen auf. Das Paket ist nun 2.600 Byte groß und enthält in der ersten Hälfte Alice' Daten, während die zweite Hälfte Nullen enthält. Diese Operation ist in Abbildung 10-23 zu sehen.

Dieser leere Raum wird zu den Füllbytes und auf die gleiche Weise verschleiert, wie Bob seine eigenen Hop-Nutzdaten »entschleiert«. Sehen wir uns an, wie das funktioniert.

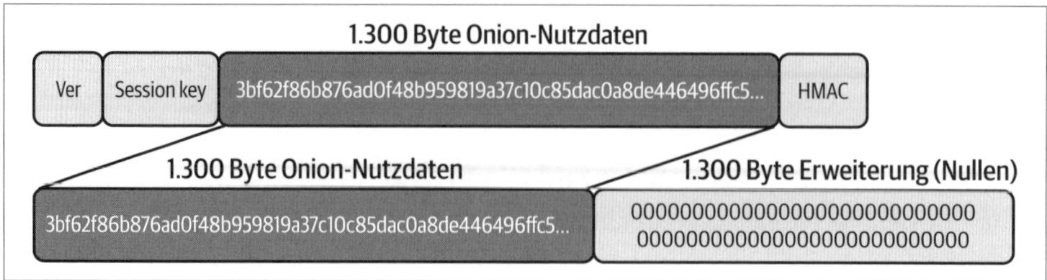

Abbildung 10-23: Bob vergrößert die Onion-Nutzdaten um 1.300 (Null-)Byte.

Bob »entschleiert« seine Hop-Nutzdaten

Nun generiert Bob den `rho`-Schlüssel aus Alice'/Bobs Shared Secret, den er nutzt, um 2.600 Byte mithilfe des ChaCha20-Algorithmus zu erzeugen.

Die ersten 1.300 Byte des von Bob generierten Bytestreams sind genau die gleichen, die Alice mit dem `rho`-Schlüssel erzeugt hat.

Als Nächstes wendet Bob die 2.600 Bytes des `rho`-Bytestreams mit einer bitweisen XOR-Operation auf die 2.600 Bytes der Onion-Nutzdaten an.

Die ersten 1.300 Bytes werden durch die XOR-Operation entschleiert, da die gleiche Operation von Alice angewandt wurde und XOR involut ist. Bob legt also seine Hop-Nutzdaten frei, während die restlichen Daten durchmischt werden.

Gleichzeitig erzeugt die Anwendung des `rho`-Bytestreams auf die 1.300 zusätzlichen Nullen der Onion-Nutzdaten scheinbar zufällige Fülldaten. Diese Operation ist in Abbildung 10-24 zu sehen.

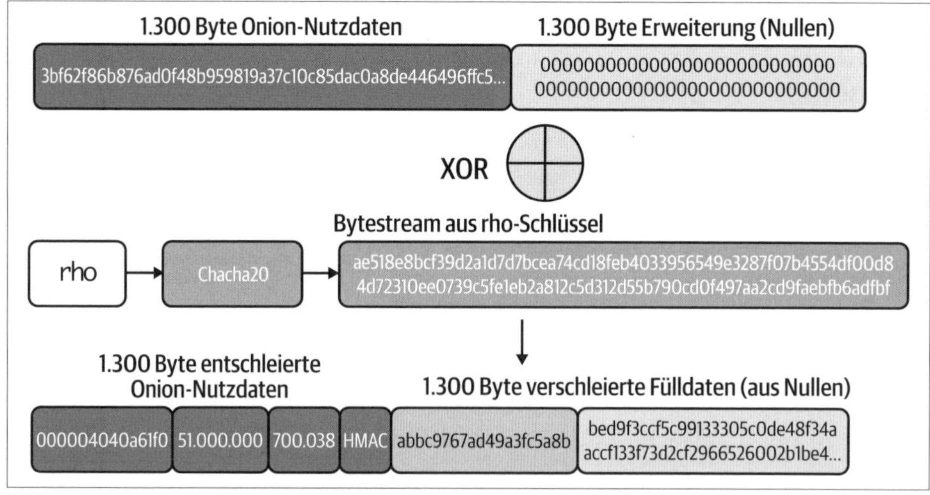

Abbildung 10-24: Bob entschleiert die Onion und verschleiert die Fülldaten.

Bob extrahiert den äußeren HMAC für den nächsten Hop

Denken Sie daran, dass der in jedem Hop enthaltene innere HMAC zum äußeren HMAC des *nächsten* Hops wird. In diesem Fall extrahiert Bob den inneren HMAC (die Integrität des verschlüsselten Pakets wurde bereits durch den äußeren HMAC verifiziert) und legt ihn erst mal beiseite, da er ihn an das entschleierte Paket anhängt, damit Chan den HMAC seines verschlüsselten Pakets überprüfen kann.

Bob entfernt seine Nutzdaten und verschiebt die Onion-Daten nach links

Bob kann nun seine Hop-Nutzdaten vom Anfang der Onion entfernen und die restlichen Daten nach links schieben. Daten im Umfang von Bobs Hop-Nutzdaten verschieben sich jetzt aus den zusätzlichen 1.300 Füllbytes in die Onion-Nutzdaten. Das zeigt Abbildung 10-25.

Bob kann nun die ersten 1.300 Byte behalten und die restlichen 1.300 Füllbytes verwerfen.

Bob besitzt jetzt ein 1.300 Byte großes Onion-Paket, das er an den nächsten Hop senden kann. Es ist nahezu identisch mit den Onion-Nutzdaten, die Alice für Chan erzeugt hat, nur die durch Bob erzeugten 65 Füllbytes sind anders.

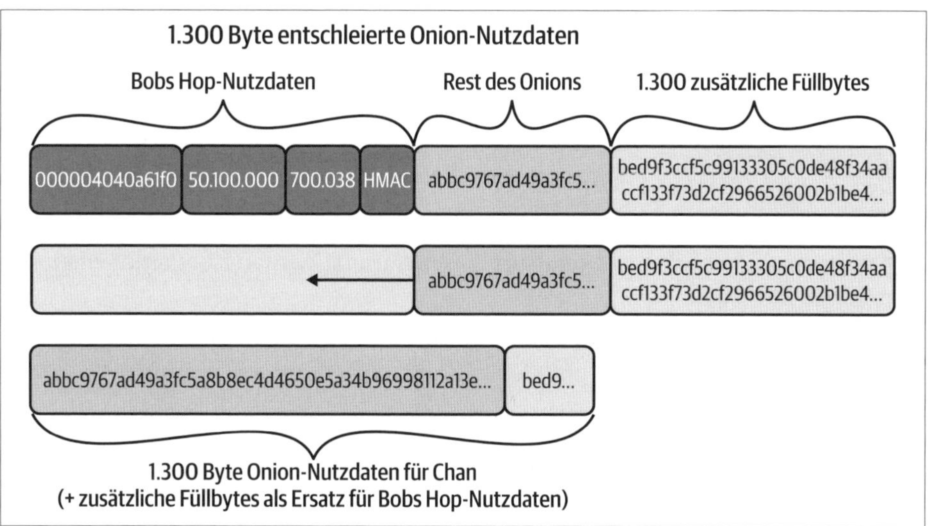

Abbildung 10-25: Bob entfernt die Hop-Nutzdaten, verschiebt den Rest nach links und füllt die Lücke mit neuen Füllbytes.

Niemand kann einen Unterschied zwischen den von Alice und den von Bob eingefügten Fülldaten erkennen. Fülldaten sind Fülldaten! Es handelt sich schlicht um zufällige Bytes. Wenn Bob (oder einer seiner Aliase) auf der Route an zwei verschiedenen Stellen auftaucht, kann er allerdings den Unterschied erkennen, weil das Basisprotokoll immer den gleichen Zahlungshash über die gesamte Route nutzt. AMPs (*Atomic Multipath Payments*) und PTLCs (*Point Time-Locked Contracts*) eliminieren diese Korrelation, indem sie die Zahlungskennung entlang der Route/Hops randomisieren.

Bob konstruiert das neue Onion-Paket

Bob kopiert nun die Onion-Nutzdaten in das Onion-Paket, hängt den äußeren HMAC für Chan an, randomisiert (genau wie Alice) den Session-Schlüssel durch die Multiplikation mit einer elliptischen Kurve und hängt ein neues Versionsbyte an.

Zur erneuten Randomisierung des Session-Schlüssels berechnet Bob zuerst den Blinding-Faktor für seinen Hop mithilfe des öffentlichen Node-Schlüssels und dem abgeleiteten Shared Secret:

```
b_bob = SHA-256(P_bob || shared_secret_bob)
```

Nun randomisiert Bob den Session-Schlüssel, indem er eine EC-Multiplikation mit seinem Session-Schlüssel und dem Blinding-Faktor durchführt:

```
session_key_chan = session_key_bob * b_bob
```

Der öffentliche Schlüssel `session_key_chan` wird dem von Chan zu verarbeitenden Onion-Paket vorangestellt.

Bob verifiziert die HTLC-Details

Bobs Hop-Nutzdaten enthalten die notwendigen Anweisungen, um einen HTLC für Chan zu erzeugen.

In den Hop-Nutzdaten finden Bob `short_channel_id`, `amt_to_forward` und `cltv_expiry`.

Bob prüft zuerst, ob er einen Kanal mit dieser Kurz-ID besitzt. Er erkennt einen solchen Kanal mit Chan.

Bob prüft nun, ob der ausgehende Betrag (50.100 Satoshi) kleiner ist als der eingehende Betrag (50.200 Satoshi) und Bobs Gebührenforderung berücksichtigt wurde.

In gleicher Weise prüft Bob, ob der ausgehende `cltv_expiry` kleiner ist als der eingehende `cltv_expiry`, damit Bob ausreichend Zeit hat, den eingehenden HTLC zu beanspruchen, falls es ein Problem gibt.

Bob sendet update_add_htlc an Chan

Bob konstruiert nun ein HTLC und sendet ihn an Chan:

`channel_id`
: Dieses Feld enthält die Kanal-ID von Bob/Chan, in unserem Beispiel `000004040a61f0` (siehe Abbildung 10-9).

`id`
: Die ID dieses HTLC in diesem Kanal, beginnend bei `0`.

`amount_msat`
: Die Höhe des HTLC: 50.100.000 Millisatoshi.

`payment_hash`
: Der RIPEMD160(SHA-256)-Zahlungshash:

  `9e017f6767971ed7cea17f98528d5f5c0ccb2c71`.

  Das ist mit dem Zahlungshash aus Alice' HTLC identisch.

`cltv_expiry`
: Der Timelock für den HTLC liegt bei 700.038.

`onion_routing_packet`
: Das von Bob nach dem Entfernen seiner Hop-Nutzdaten neu konstruierte Onion-Paket.

Chan leitet die Onion weiter

Chan wiederholt nun die gleichen Schritte wie Bob:

1. Chan empfängt die `update_add_htlc`-Nachricht, verarbeitet den HTLC-Request und fügt ihn in die Commitment-Transaktionen ein.
2. Chan generiert den Shared Key für Alice/Chan und den `mu`-Unterschlüssel.
3. Chan verifiziert den HMAC des Onion-Pakets und extrahiert dann die 1.300 Byte Onion-Nutzdaten.
4. Chan vergrößert die Onion-Nutzdaten um 1.300 zusätzliche Bytes, die er mit Nullen auffüllt.
5. Chan verwendet den `rho`-Schlüssel, um 2.600 Bytes zu erzeugen.
6. Chan verwendet den generierten Bytestream für eine XOR-Operation und die Entschleierung der Onion-Nutzdaten. Gleichzeitig verschleiert die XOR-Operation die zusätzlichen 1.300 Nullen und macht sie zu Füllbytes.
7. Chan extrahiert den inneren HMAC in den Nutzdaten, der zum äußeren HMAC für Dina wird.
8. Chan entfernt seine Hop-Nutzdaten und verschiebt die Onion-Nutzdaten entsprechend nach links. Einige der generierten Füllbytes wandern so in die ersten 1.300 Bytes und werden zu Onion-Nutzdaten.
9. Chan konstruiert das Onion-Paket für Dina mit diesen Onion-Nutzdaten.
10. Chan erzeugt eine `update_add_htlc`-Nachricht für Dina und fügt das Onion-Paket ein.
11. Chan sendet `update_add_htlc` an Dina.
12. Chan randomisiert den Session-Schlüssel für Dina erneut, so wie Bob es beim vorherigen Hop getan hat.

Dina empfängt die finalen Nutzdaten

Wenn Dina die `update_add_htlc`-Nachricht von Chan erhält, weiß sie aus dem `payment_hash`, dass die Zahlung für sie ist. Sie weiß, dass sie der letzte Hop der Onion ist.

Dina folgt genau dem gleichen Prozess wie Bob und Chan, um die Onion zu verifizieren und zu entpacken, konstruiert aber keine neuen Fülldaten und leitet auch nichts weiter. Vielmehr antwortet Dina Chan mit einer `update_fulfill_htlc`-Nachricht, um den HTLC einzulösen. Die `update_fulfill_htlc`-Nachricht fließt den Pfad zurück, bis sie Alice erreicht. Alle HTLCs werden eingelöst, und die Kanalguthaben werden aktualisiert. Die Zahlung ist erfolgt!

Fehler zurückgeben

Bisher haben wir uns die Vorwärts-Propagation der Onion angesehen, bei der die HTLCs eingerichtet werden, sowie die Rückwärts-Propagation des Zahlungs-Secrets, die die HTLCs freigibt, sobald die Zahlung erfolgreich war.

Es gibt beim Onion-Routing aber noch eine andere sehr wichtige Funktion: *die Rückgabe von Fehlern*. Kommt es bei einer Zahlung, einer Onion oder einem Hop zu einem Problem, muss der Fehler zurückpropagiert werden, um alle Nodes über den Fehler zu informieren und die HTLCs aufzuheben.

Fehler lassen sich generell in drei Kategorien einteilen: Onion-Fehler, Node-Fehler und Kanalfehler. Diese können noch weiter in dauerhafte und kurzzeitige Fehler unterteilt werden. Einige Fehler umfassen auch Kanal-Updates, um zukünftige Zustellungsversuche zu unterstützen.

Im Gegensatz zu Fehlermeldungen des Peer-to-Peer-Protokolls (definiert in BOLT #2: Peer Protocol for Channel Management (*https://github.com/lightning/bolts/blob/master/02-peer-protocol.md*)) werden Fehler nicht in P2P-Nachrichten übertragen, sondern sind innerhalb der Onion in den rückwärts gerichteten Paketen enthalten, die den Onion-Pfad in umgekehrter Richtung durchlaufen (Back-Propagation).

Die Rückgabe von Fehlern ist in BOLT #4: Onion-Routing, Returning Errors (*https://github.com/lightning/bolts/blob/master/04-onion-routing.md#returning-errors*) definiert.

Fehler werden durch die zurückgebende Node (die den Fehler erkannt hat) in einem *Rückgabepaket* (*Return Packet*) wie folgt zurückgegeben:

```
[32*byte:hmac]
[u16:failure_len]
[failure_len*byte:failuremsg]
[u16:pad_len]
[pad_len*byte:pad]
```

Die HMAC-Prüfsumme des Rückgabepakets wird mit dem `um`-Schlüssel berechnet, der aus dem durch die Onion festgelegten Shared Secret generiert wird.

Der Schlüsselname `um` ist die Umkehrung des Namens `mu` und deutet an, dass er analog genutzt wird, aber in der entgegengesetzten Richtung (Back-Propagation) läuft.

ALs Nächstes generiert die zurückgebende Node einen `ammag`-Schlüssel (»gamma« rückwärts) und verschleiert das Rückgabepaket in einer XOR-Operation mit dem generierten `ammag`-Bytestream.

Zum Schluss sendet die zurückgebende Node das Rückgabepaket an den Hop zurück, von dem sie die ursprüngliche Onion erhalten hat.

Jeder einen Fehler empfangende Hop generiert einen `ammag`-Schlüssel und verschleiert das Rückgabepaket erneut über eine XOR-Operation mit dem Bytestream aus `ammag`.

Schließlich empfängt der Sender (die ursprüngliche Node) ein Rückgabepaket. Er generiert dann die `ammag`- und `um`-Schlüssel für jeden Hop und entschleiert iterativ mittels XOR den zurückgegebenen Fehler, bis er das Rückgabepaket offenlegt.

Fehlermeldungen

Die `failuremsg` ist in BOLT #4: Onion-Routing, Failure Messages (*https://github.com/lightning/bolts/blob/master/04-onion-routing.md#failure-messages*) definiert.

Eine Fehlermeldung besteht aus einem zwei Bytes großen Fehlercode (`failure code`), gefolgt von den Daten für diesen Fehlertyp.

Das obere Byte des `failure_code` besteht aus einer Reihe binärer Flags, die (über ein binäres ODER) kombiniert werden können:

0x8000 (`BADONION`)
: Vom sendenden Peer verschlüsselte Onion kann nicht verarbeitet (geparst) werden.

0x4000 (`PERM`)
: Dauerhafter Fehler (andernfalls kurzzeitig).

0x2000 (`NODE`)
: Node-Fehler (andernfalls Kanal).

0x1000 (`UPDATE`)
: Neues Kanal-Update enthalten.

Momentan definiert sind die Fehlertypen in Tabelle 10-1.

Tabelle 10-1: Onion-Fehlertypen

Typ	Symbolischer Name	Bedeutung
PERM|1	invalid_realm	Das realm-Byte wurde von der verarbeitenden Node nicht verstanden.
NODE|2	temporary_node_failure	Allgemeiner temporärer Fehler der verarbeitenden Node.
PERM|NODE|2	permanent_node_failure	Allgemeiner dauerhafter Fehler der verarbeitenden Node.
PERM|NODE|3	required_node_feature_missing	Die verarbeitende Node verlangt ein notwendiges Feature, das in dieser Onion nicht enthalten ist.
BADONION|PERM|4	invalid_onion_version	Das version-Byte wurde von der verarbeitenden Node nicht verstanden.
BADONION|PERM|5	invalid_onion_hmac	Der HMAC der Onion war falsch, als er die verarbeitende Node erreichte.
BADONION|PERM|6	invalid_onion_key	Der kurzlebige Schlüssel konnte von der verarbeitenden Node nicht verarbeitet werden.
UPDATE|7	temporary_channel_failure	Der Kanal der verarbeitenden Node konnte diesen HTLC kurzzeitig nicht verarbeiten, kann ihn oder andere HTLCs aber eventuell später verarbeiten.
PERM|8	permanent_channel_failure	Der Kanal der verarbeitenden Node kann keine HTLCs mehr verarbeiten.
PERM|9	required_channel_feature_missing	Der Kanal der verarbeitenden Node benötigt Features, die in der Onion nicht enthalten sind.
PERM|10	unknown_next_peer	Die Onion hat eine short_channel_id angegeben, die die verarbeitende Node nicht kennt.
UPDATE|11	amount_below_minimum	Die Höhe des HTLC liegt unter dem htlc_minimum_msat des Kanals der verarbeitenden Node.
UPDATE|12	fee_insufficient	Die Gebühr liegt unter der geforderten Gebühr des Kanals der verarbeitenden Node.
UPDATE|13	incorrect_cltv_expiry	cltv_expiry spricht nicht mit dem cltv_expiry_delta überein, der von diesem Kanal der verarbeitenden Node gefordert wird.
UPDATE|14	expiry_too_soon	Das CLTV-Verfallsdatum liegt zu nah an der aktuellen Blockhöhe, um von der verarbeitenden Node sicher verarbeitet werden zu können.
PERM|15	incorrect_or_unknown_payment_details	Der payment_hash ist der finalen Node nicht bekannt, das payment_secret stimmt nicht mit dem payment_hash überein, die Höhe des payment_hash stimmt nicht, oder der CLTV des HTLC ist zu nah an der aktuellen Blockhöhe, um sicher verarbeitet werden zu können.
18	final_incorrect_cltv_expiry	Das CLTV-Verfallsdatum im HTLC stimmt nicht mit dem Wert in der Onion überein.
19	final_incorrect_htlc_amount	Die Höhe des HTLC stimmt nicht mit dem Wert in der Onion überein.

Tabelle 10-1: Onion-Fehlertypen (Fortsetzung)

Typ	Symbolischer Name	Bedeutung
`UPDATE|20`	`channel_disabled`	Der Kanal der verarbeitenden Node wurde deaktiviert.
`21`	`expiry_too_far`	Das CLTV-Verfallsdatum des HTLC liegt zu weit in der Zukunft.
`PERM|22`	`invalid_onion_payload`	Die Hop-bezogenen Nutzdaten der verschlüsselten Onion wurden von der verarbeitenden Node nicht verstanden oder sind unvollständig.
`23`	`mpp_timeout`	Die vollständige Höhe einer Multipart-Zahlung wurde innerhalb einer angemessenen Zeit nicht empfangen.

Hängende Zahlungen

Bei der aktuellen Implementierung des Lightning-Netzwerks besteht die Möglichkeit, dass eine Zahlung *hängen* bleibt, d. h. weder abgeschlossen noch durch einen Fehler aufgehoben wird. Das kann durch einen Bug bei einer zwischenliegenden Node passieren oder wenn eine Node während der Verarbeitung eines HTLC offline geht oder wenn eine böswillige Node HTLCs zurückhält, ohne einen Fehler zu melden. In all diesen Fällen kann der HTLC erst aufgelöst werden, wenn er ausläuft. Der für jeden HTLC festgelegte Timelock (CLTV) hilft dabei (neben anderen HTLC-Routing- und Kanalfehlern), diesen Zustand aufzulösen.

Allerdings bedeutet das, dass der Sender des HTLC bis zum Ablaufdatum warten muss und die im HTLC enthaltenen Guthaben nicht zur Verfügung stehen, bis der HTLC ausläuft. Der Sender kann die Zahlung auch *nicht wiederholen*, da er sonst Gefahr läuft, dass *beide* Zahlungen erfolgreich abgeschlossen werden und er doppelt zahlt. Das liegt daran, dass ein einmal gesendeter HTLC nicht »storniert« werden kann – er muss fehlschlagen oder auslaufen. Hängende Zahlungen sind selten, führen aber zu einer unerwünschten Nutzererfahrung, weil die Zahlung in der Wallet weder abgeschlossen noch storniert werden kann.

Eine vorgeschlagene Lösung dieses Problems sind die sogenannten *Hänger-freien Zahlungen* (engl. *Stuckless Payments*). Sie basieren auf PTLCs (*Point Time-Locked Contracts*), Zahlungskontrakten, die eine andere kryptografische Primitive als HTLCs verwenden (Punktaddition auf der elliptischen Kurve anstelle eines Hashs und eines geheimen Preimages). PTLCs sind mit ECDSA umständlich zu implementieren, aber wesentlich einfacher mit Bitcoins Taproot und Schnorr-Signatur-Features, die im November 2021 aktiviert wurden. An einer PTLC-Implementierung für das Lightning-Netzwerk wird gearbeitet.

Spontane Zahlungen per keysend

Bei dem vorhin in diesem Kapitel beschriebenen Zahlungsfluss sind wir davon ausgegangen, dass Alice von Dina eine Rechnung über einen außerhalb des Protokolls liegenden Mechanismus (Kopieren/Einfügen oder QR-Code-Scan) erhalten hat.

Das bedeutet, dass der Zahlungsprozess immer aus zwei Schritten besteht: Zuerst erhält der Zahlungspflichtige eine Rechnung, dann verwendet er einen Zahlungshash (der in der Rechnung enthalten ist), um einen HTLC weiterzuleiten. Die Notwendigkeit, sich eine Rechnung zu beschaffen, kann für Anwendungen zu einem Problem werden, die Mikrozahlungen über Lightning abwickeln. Was wäre, wenn man eine Zahlung spontan »rüberschieben« könnte, ohne sich zuerst eine Rechnung vom Empfänger beschaffen zu müssen? Das `keysend`-Protokoll ist eine Ende-zu-Ende-Erweiterung (nur Sender und Empfänger sind sich ihrer bewusst), die spontane Zahlungen erlaubt.

Benutzerdefinierte Onion-TLV-Records

Das moderne Lightning-Protokoll verwendet in der Onion die TLV-Codierung (*Type Length Value*, also Typ, Länge, Wert), die jeder Node mitteilt, *wohin* und *wie* eine Zahlung weiterzuleiten ist. Das TLV-Format nutzend, wird jeder Teil der Routing-Information (wie die nächste Node, an die der HTLC zu übergeben ist) einem bestimmten Typ (oder Schlüssel) zugewiesen, der als `BigSize`-Integer variabler Länge (maximal 64 Bit) definiert ist. Die »essenziellen« Typen (mit Werten unter `65536`) sind in BOLT #4 definiert, zusammen mit den restlichen Details des Onion-Routings. Onion-Typen mit Werten größer als `65536` sind dafür gedacht, in Wallets und Anwendungen als »benutzerdefinierte Records« verwendet zu werden.

Benutzerdefinierte Records erlauben Zahlungsanwendungen, zusätzliche Metadaten oder den Kontext einer Zahlung in Form von Schlüssel/Wert-Paaren in die Onion aufzunehmen. Da die benutzerdefinierten Records, wie die anderen Hop-Daten auch, in den Onion-Nutzdaten enthalten sind, werden diese Records Ende zu Ende verschlüsselt. Weil benutzerdefinierte Records einen Teil der festen 1.300 Bytes des Onion-Pakets belegen, reduziert die Codierung jedes Schlüssel/Wert-Paars eines benutzerdefinierten Records den Platz, der zur Codierung der restlichen Route zur Verfügung steht. In der Praxis bedeutet dies, dass die mögliche Route umso kürzer wird, je mehr benutzerdefinierte Records enthalten sind. Da jedes HTLC-Paket eine feste Größe hat, fügen benutzerdefinierte Records keine *zusätzlichen* Daten in einen HTLC ein. Vielmehr nutzen sie den Raum, der andernfalls mit zufälligen Bytes aufgefüllt worden wäre.

keysend-Zahlungen senden und empfangen

Eine `keysend`-Zahlung kehrt den typischen Fluss eines HTLC um, bei dem der Empfänger dem Sender ein geheimes Preimage enthüllt. Stattdessen fügt der Sender das Preimage in die Onion für den Empfänger ein und routet die Onion an den Empfänger. Der Empfänger entschlüsselt die Onion-Nutzdaten und verwendet das enthaltene Preimage (das dem Zahlungshash des HTLC entsprechen *muss*), um die Zahlung abzuschließen. Daher können `keysend`-Zahlungen durchgeführt werden, ohne dass zuerst eine Rechnung vom Empfänger angefordert werden muss, da das

Preimage dem Empfänger »rübergeschoben« wird. keysend-Zahlungen verwenden den benutzerdefinierten TLV-Record-Typ 5482373484, um den 32 Byte langen Preimage-Wert zu codieren.

Keysend und benutzerdefinierte Records in Lightning-Anwendungen

Viele streambasierte Lightning-Anwendungen streamen kontinuierlich Satoshi an ein Ziel, das durch seinen öffentlichen Schlüssel im Netzwerk identifiziert wird. Neben dem keysend-Record enthält eine Anwendung üblicherweise auch Metadaten wie einen Hinweis auf eine Spende oder andere anwendungsspezifische Informationen.

Fazit

Das Onion-Routing-Protokoll des Lightning-Netzwerks wurde aus dem Sphinx-Protokoll abgeleitet, um die Bedürfnisse eines Zahlungsnetzwerks besser erfüllen zu können. Im Vergleich zur öffentlichen und transparenten Bitcoin-Blockchain stellt es daher eine riesige Verbesserung in Sachen Privatsphäre und Schutz vor Überwachung dar.

In Kapitel 12 sehen wir uns an, wie die Kombination aus Source-Routing und Onion-Routing von Alice genutzt wird, um einen guten Pfad zu finden und die Zahlung an Dina zu routen. Um einen Weg zu finden, muss Alice zuerst die Topologie des Netzwerks kennenlernen. Diesem Thema widmen wir uns in Kapitel 11.

KAPITEL 11

Gossip und der Kanal-Graph

In diesem Kapitel beschreiben wir das Gossip-Protokoll des Lightning-Netzwerks und wie es genutzt wird, um einen Kanal-Graphen aufzubauen und zu pflegen. Wir untersuchen auch den DNS-Bootstrap-Mechanismus, der verwendet wird, um Peers zu finden, mit denen man »tratschen« kann.

Der Bereich »Routing-Gebühren und Gossip-Weiterleitung« ist in Abbildung 11-1 entsprechend hervorgehoben und erstreckt sich über die Routing- und die Peer-to-Peer Schicht.

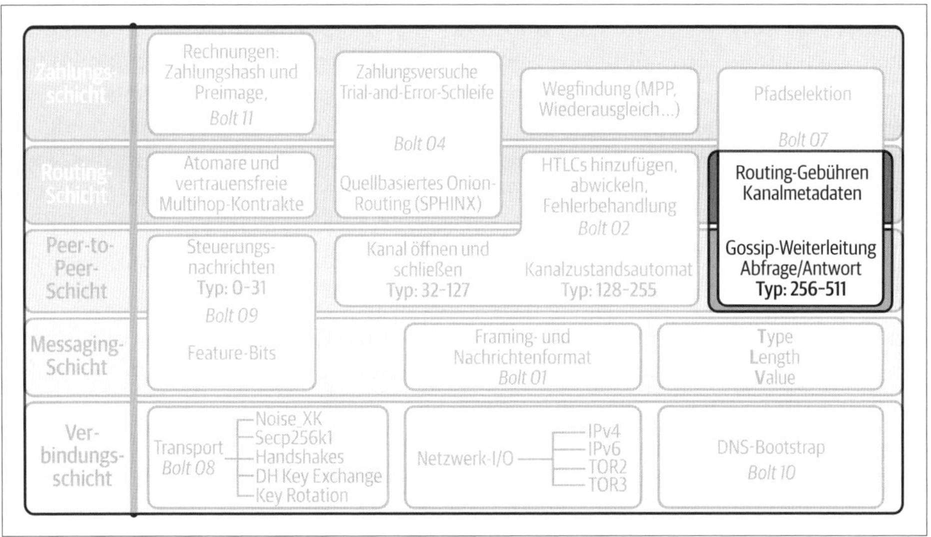

Abbildung 11-1: Gossip-Protokoll und die Lightning-Protokoll-Suite

Wie Sie bereits gelernt haben, verwendet das Lightning-Netzwerk ein quellbasiertes Onion-Routing-Protokoll, um eine Zahlung vom Sender an den Empfänger zuzustellen. Zu diesem Zweck muss die sendende Node in der Lage sein, einen Pfad von Zahlungskanälen aufzubauen, der ihn mit dem Empfänger verbindet. Wir sehen uns das in Kapitel 12 noch genauer an. Der Sender muss daher das Lightning-Netzwerk abbilden können, indem er einen Kanal-Graphen konstruiert. Der *Kanal-Graph* ist die Menge miteinander verbundener öffentlich bekannter Kanäle und der Nodes, die diese Kanäle verbinden.

Da Kanäle durch eine On-Chain erfolgende Funding-Transaktion gedeckt sind, könnte man fälschlicherweise annehmen, dass Lightning-Nodes die existierenden Kanäle einfach aus der Bitcoin-Blockchain extrahieren können. Das ist aber nur in einem gewissen Maße möglich. Die Funding-Transaktionen sind P2WSH-Adressen (*Pay-to-Witness-Script-Hash*), und die Natur des Skripts (ein 2-von-2-Multisig) wird erst offenbart, wenn der Transaktions-Output eingelöst wird. Selbst wenn die Natur des Skripts bekannt wäre, gilt es zu bedenken, dass nicht alle 2-von-2-Multisig-Skripte zwangsläufig Zahlungskanäle sind.

Es gibt noch mehr Gründe dafür, dass ein Blick auf die Bitcoin-Blockchain nicht unbedingt hilfreich ist. Zum Beispiel werden im Lightning-Netzwerk die zum Signieren verwendeten Bitcoin-Schlüssel bei jedem Kanal und jedem Update von den Nodes rotiert. Selbst wenn wir Funding-Transaktionen in der Bitcoin-Blockchain zuverlässig erkennen könnten, wüssten wir daher nicht, welcher der beiden Nodes im Lightning-Netzwerk ein bestimmter Kanal gehört.

Das Lightning-Netzwerk löst dieses Problem durch die Implementierung eines sogenannten *Gossip-Protokolls* (engl. für klatschen, tratschen, plaudern). Gossip-Protokolle sind typisch für P2P-Netzwerke. Sie erlauben den Nodes, mit nur wenigen direkten Peer-Verbindungen Informationen im gesamten Netzwerk auszutauschen. Lightning-Nodes öffnen verschlüsselte P2P-Verbindungen miteinander und teilen (»traschen«) die Informationen, die sie von anderen Peers empfangen haben. Sobald eine Node Informationen teilen möchte, etwa einen neuen Kanal, sendet sie eine Nachricht an all ihre Peers. Wird eine Nachricht empfangen, prüft die Node, ob es sich um neue Informationen handelt. Ist das der Fall, leitet sie die Informationen an ihre Peers weiter. Wenn das Peer-to-Peer-Netzwerk gut verbunden ist, werden auf diese Weise alle neuen Informationen, die für den Betrieb des Netzwerks wichtig sind, mit der Zeit an alle anderen Peers weitergeleitet.

Verbindet sich ein neuer Peer zum ersten Mal mit dem Netzwerk, muss er natürlich einige andere Peers des Netzwerks kennen, damit er sich mit ihnen verbinden kann, um am Netzwerk teilnehmen kann.

In diesem Kapitel wollen wir untersuchen, wie genau Lightning-Nodes einander entdecken, wie sie ihren Node-Status aktualisieren und wie sie miteinander kommunizieren.

Wird über den *Netzwerk*-Teil des Lightning-Netzwerks gesprochen, bezieht man sich auf den *Kanal-Graphen*: eine spezifische, authentifizierte Datenstruktur, die in der Bitcoin-Blockchain *verankert* ist.

Doch das Lightning-Netzwerk ist auch ein Peer-to-Peer-Netzwerk von Nodes, die Informationen über Zahlungskanäle und Nodes austauschen. Unterhalten zwei Peers einen Zahlungskanal, müssen sie üblicherweise direkt miteinander sprechen, d.h., es gibt eine Peer-Verbindung zwischen den beiden. Das suggeriert, dass der Kanal-Graph ein Teilnetzwerk des P2P-Netzwerks ist. Doch das stimmt nicht, da Zahlungskanäle auch offen bleiben können, wenn einer der beiden Peers kurzzeitig offline ist.

Sehen wir uns noch einmal die Terminologie an, die wir im Buch nutzen, insbesondere die Begriffe des Kanal-Graphen und des P2P-Netzwerks (siehe Tabelle 11-1).

Tabelle 11-1: Terminologie unterschiedlicher Netzwerke

Kanal-Graph	Peer-to-Peer-Netzwerk
Kanal	Verbindung
öffnen	verbinden
schließen	trennen
Funding-Transaktion	verschlüsselte TCP/IP-Verbindung
senden	übertragen
Zahlung	Nachricht

Weil das Lightning-Netzwerk ein P2P-Netzwerk ist, wird eine »Urladung«, also ein initiales Bootstrapping, benötigt, damit die Peers einander erkennen. In diesem Kapitel verfolgen wir, wie ein neuer Peer zum ersten Mal die Verbindung mit dem Netzwerk herstellt, und sehen uns jeden Schritt des Bootstrap-Prozesses an, d.h. die initiale Peer-Erkennung sowie die Synchronisation und Validierung des Kanal-Graphen.

Im ersten Schritt muss unsere neue Node irgendwie zumindest einen Peer *aufspüren*, der bereits mit dem Netzwerk verbunden ist und einen vollständigen Kanal-Graphen besitzt (wie wir später noch sehen werden, gibt es keine kanonische Version des Kanal-Graphen). Nachdem dieser erste Peer über eines der vielen Bootstrap-Protokolle gefunden und eine Verbindung hergestellt wurde, muss unser neuer Peer den Kanal-Graphen *herunterladen* und *validieren*. Sobald der Kanal-Graph vollständig validiert ist, kann der Peer damit beginnen, Kanäle zu öffnen und Zahlungen über das Netzwerk zu versenden.

Nach dem ersten Bootstrap muss eine Node des Netzwerks ihre Sicht auf den Kanal-Graphen pflegen, indem sie neue Kanal-Routing-Updates verarbeitet, neue Kanäle erkennt und validiert, On-Chain geschlossene Kanäle entfernt und Kanäle aussortiert, die nicht alle ca. zwei Wochen einen korrekten »Herzschlag« (engl. *Heartbeat*) senden.

Am Ende dieses Kapitels verstehen Sie eine Schlüsselkomponente des Peer-to-Peer-Lightning-Netzwerks: wie Peers einander entdecken und eine lokale Kopie (Perspektive) des Kanal-Graphen vorhalten. Wir beginnen unsere Geschichte mit einer neuen Node, die gerade gebootet wurde und andere Peers finden muss, um sich mit dem Netzwerk zu verbinden.

Peers entdecken

In diesem Abschnitt beginnen wir damit, einer neuen Lightning-Node zu folgen, die dem Netzwerk in drei Schritten beitreten möchte:

1. Eine Reihe von Bootstrap-Peers entdecken.
2. Den Kanal-Graphen herunterladen und validieren.
3. Fortlaufende Pflege des Kanal-Graphen.

P2P-Bootstrapping

Vor allem anderen muss unsere Node eine Reihe von Peers aufspüren, die bereits Teil des Netzwerks sind. Wir nennen diesen Prozess initiales Peer-Bootstrapping, und er muss von jedem P2P-Netzwerk implementiert werden, um ein robustes und gesundes Netzwerk sicherzustellen.

Das Bootstrapping neuer Peers in ein vorhandenes P2P-Netzwerk ist ein gut erforschtes Problem, für das unterschiedliche Lösungen mit verschiedenen Vor- und Nachteilen bekannt sind. Die einfachste Lösung des Problems besteht darin, eine Reihe von Bootstrap-Peers fest in die P2P-Node-Software einzubauen. Das ist einerseits eine einfache Lösung, weil jede neue Node eine Liste von Bootstrap-Nodes in der Software vorfindet, andererseits aber auch etwas anfällig, falls diese Bootstrap-Peers offline gehen. Neue Nodes wären dann nicht mehr in der Lage, dem Netzwerk beizutreten. Aufgrund dieser Fragilität wird diese Option üblicherweise als Fallback-Lösung genutzt, wenn keiner der anderen Bootstrapping-Mechanismen funktioniert.

Statt eine Reihe von Bootstrap-Peers fest in die Software/das Binary einzufügen, können wir den Peers ermöglichen, dynamisch eine frische/neue Liste von Bootstrap-Peers abzurufen, über die sie dem Netzwerk beitreten können. Wir nennen diesen Prozess *initiale Peer-Entdeckung*. Üblicherweise nutzen wir vorhandene Internetprotokolle, um eine Reihe von Bootstrapping-Peers zu pflegen und zu verteilen. Hier eine (unvollständige) Liste der Protokolle, die in der Vergangenheit zur initialen Peer-Entdeckung verwendet wurden:

- *Domain Name Service* (DNS)
- *Internet Relay Chat* (IRC)
- *Hypertext Transfer Protocol* (HTTP)

Wie beim Bitcoin-Protokoll basiert der primär vom Lightning-Netzwerk verwendete Mechanismus zur initialen Peer-Entdeckung auf dem DNS. Da die initiale Peer-Entdeckung eine kritische und allgemeine Aufgabe des Netzwerks ist, wurde der Prozess in BOLT #10: DNS Bootstrap (*https://github.com/lightning/bolts/blob/master/10-dns-bootstrap.md*) standardisiert.

DNS-Bootstrapping

Das BOLT-#10 (*https://github.com/lightning/bolts/blob/master/10-dns-bootstrap.md*)-Dokument beschreibt einen standardisierten Weg, Peer-Entdeckung mittels DNS zu implementieren. Lightnings Variante des DNS-basierten Bootstrappings verwendet bis zu drei verschiedene Record-Typen:

- `SRV`-Records zur Entdeckung einer Reihe *öffentlicher Node-Schlüssel.*
- `A`-Records zur Abbildung eines öffentlichen Node-Schlüssels auf seine aktuelle `IPv4`-Adresse.
- `AAA`-Records zur Abbildung eines öffentlichen Node-Schlüssels auf seine aktuelle `IPv6`-Adresse.

Wenn Sie mit dem DNS-Protokoll etwas vertraut sind, werden Ihnen die Record-Typen `A` (Name auf IPv4-Adresse) und `AAA` (Name auf IPv6-Adresse) bekannt vorkommen, nicht aber der `SRV`-Typ. Der Record-Typ `SRV` wird von auf DNS basierenden Protokollen genutzt, um den *Ort* (engl. *Location*) eines bestimmten Diensts zu bestimmen. In unserem Kontext ist der fragliche Dienst eine Lightning-Node, und der Ort ist deren IP-Adresse. Wir benötigen diesen zusätzlichen Record-Typ, da wir im Gegensatz zum Bitcoin-Protokoll sowohl den öffentlichen Schlüssel als auch eine IP-Adresse brauchen, um die Verbindung mit einer Node herzustellen. Wie in Kapitel 13 gezeigt, benötigt das im Lightning-Netzwerk zur Transportverschlüsselung verwendete Protokoll vor dem Verbindungsaufbau den öffentlichen Schlüssel der Node ebenso wie zur Verschleierung der Identität von Nodes im Netzwerk.

Bootstrappings eines neuen Peers im Detail

Bevor wir uns BOLT #10 (*https://github.com/lightning/bolts/blob/master/10-dns-bootstrap.md*) genauer ansehen, wollen wir zuerst (auf hohem Niveau) zeigen, was passiert, wenn eine neue Node dem Netzwerk über BOLT #10 beitreten will.

Zunächst muss die Node einen oder mehrere DNS-Server ausmachen, die BOLT #10 verstehen, sodass man ihn oder sie zum P2P-Bootstrapping nutzen kann.

BOLT #10 verwendet *lseed.bitcoinstats.com* als Seed-Server, doch es gibt keine »offiziellen« DNS-Seeds für diesen Zweck. Alle wichtigen Implementierungen betreiben aber eigene DNS-Seeds und fragen der Redundanz halber die Seeds gegenseitig ab. In Tabelle 11-2 sehen Sie eine (unvollständige) Liste beliebter DNS-Seed-Server.

Tabelle 11-2: Tabelle bekannter Lightning-DNS-Seed-Server

DNS-Server	Maintainer
lseed.bitcoinstats.com	Christian Decker
nodes.lightning.directory	Lightning Labs (Olaoluwa Osuntokun)
soa.nodes.lightning.directory	Lightning Labs (Olaoluwa Osuntokun)
lseed.darosior.ninja	Antoine Poinsot

DNS-Seeds gibt es sowohl für Bitcoins *mainnet* als auch für das *testnet*. Für unser Beispiel nehmen wir an, dass ein gültiger BOLT-#10-DNS-Seed an *nodes.lightning.directory* existiert.

Als Nächstes stößt unsere neue Node eine SRV-Abfrage an, um eine Reihe möglicher *Bootstrap-Peer-Kandidaten* zu ermitteln. Die Antwort auf diese Query ist eine Reihe bech32-codierter öffentlicher Schlüssel. Da DNS ein textbasiertes Protokoll ist, können wir keine Binärdaten übertragen und müssen daher ein Codierungsschema nutzen. BOLT #10 legt die bech32-Codierung fest, da sie im Bitcoin-Ökosystem sehr verbreitet ist. Die Anzahl der zurückgegebenen öffentlichen Schlüssel hängt vom Server ab, der die Query beantwortet, und von allen Resolvern, die zwischen dem Client und dem autoritativen Server liegen.

Mithilfe des bekannten Kommandozeilentools `dig` können wir die *testnet*-Version des oben erwähnten DNS-Seeds mit dem folgenden Befehl abfragen:

```
$ dig @8.8.8.8 test.nodes.lightning.directory SRV
```

Wir verwenden das Argument `@`, um die Auflösung über Googles Nameserver (mit der Adresse 8.8.8.8) zu erzwingen, da dieser lange Antworten auf SRV-Queries nicht filtert. Am Ende des Befehls legen wir fest, dass nur SRV-Records zurückgegeben werden sollen. Eine beispielhafte Antwort sehen Sie in Beispiel 11-1.

Beispiel 11-1: Abfrage erreichbarer Nodes bei einem DNS-Seed

```
$ dig @8.8.8.8 test.nodes.lightning.directory SRV

; <<>> DiG 9.10.6 <<>> @8.8.8.8 test.nodes.lightning.directory SRV
; (1 server found)
;; global options: +cmd
;; Got answer:
;; ->>HEADER<<- opcode: QUERY, status: NOERROR, id: 43610
;; flags: qr rd ra; QUERY: 1, ANSWER: 25, AUTHORITY: 0, ADDITIONAL: 1

;; QUESTION SECTION:
;test.nodes.lightning.directory.        IN      SRV

;; ANSWER SECTION:
test.nodes.lightning.directory.  59 IN  SRV     10 10 9735 ❶
ln1qfkxfad87fxx7lcwr4hvsalj8vhkwta539nuy4zlyf7hqcmrjh40xx5frs7.test.nodes.lightning.
directory. ❷
test.nodes.lightning.directory.  59 IN  SRV     10 10 15735
ln1qtgsl3efj8verd4z27k44xu0a59kncvsarxatahm334exgnuvwhnz8dkhx8.test.nodes.lightning.
directory.

 [...]

;; Query time: 89 msec
;; SERVER: 8.8.8.8#53(8.8.8.8)
;; WHEN: Thu Dec 31 16:41:07 PST 2020
```

❶ TCP-Port, über den die LN-Node erreichbar ist.

❷ Öffentlicher Node-Schlüssel (ID), codiert als virtueller Domainname.

Der Kürze halber beschränken wir die Ausgabe auf zwei der zurückgegebenen Antworten. Die Antworten enthalten einen »virtuellen« Domainnamen für die Ziel-Node und links daneben den *TCP-Port*, an dem die Node zu erreichen ist. Die erste Antwort verwendet den Standard-TCP-Port `9735` des Lightning-Netzwerks.

Als Nächstes wollen wir den anderen Teil der Information ermitteln, den wir zur Verbindung mit der Node benötigen: die IP-Adresse. Bevor wir sie abfragen, *decodieren* wir aber zuerst den bech32-codierten öffentlichen Schlüssel aus dem virtuellen Domainnamen:

```
ln1qfkxfad87fxx7lcwr4hvsalj8vhkwta539nuy4zlyf7hqcmrjh40xx5frs7
```

Die Decodierung dieses bech32-Strings liefert uns einen gültigen öffentlichen `secp256k1`-Schlüssel:

```
026c64f5a7f24c6f7f0e1d6ec877f23b2f672fb48967c2545f227d70636395eaf3
```

Nachdem uns der öffentliche Schlüssel decodiert vorliegt, können wir den DNS-Server abfragen und den virtuellen Host *auflösen*, um die IP-Information (`A`-Record) der Node, wie in Beispiel 11-2 gezeigt, zu ermitteln.

Beispiel 11-2: Aktuelle IP-Adresse einer Node ermitteln

```
$
dig ln1qfkxfad87fxx7lcwr4hvsalj8vhkwta539nuy4zlyf7hqcmrjh40xx5frs7.test.nodes.
lightning.directory A

; <<>> DiG 9.10.6 <<>>
ln1qfkxfad87fxx7lcwr4hvsalj8vhkwta539nuy4zlyf7hqcmrjh40xx5frs7.test.nodes.lightning.
directory A
;; global options: +cmd
;; Got answer:
;; ->>HEADER<<- opcode: QUERY, status: NOERROR, id: 41934
;; flags: qr rd ra; QUERY: 1, ANSWER: 1, AUTHORITY: 0, ADDITIONAL: 1

;; OPT PSEUDOSECTION:
; EDNS: version: 0, flags:; udp: 4096
;; QUESTION SECTION:
;ln1qfkxfad87fxx7lcwr4hvsalj8vhkwta539nuy4zlyf7hqcmrjh40xx5frs7.test.nodes.lightning.
directory. IN A

;; ANSWER SECTION:
ln1qfkxfad87fxx7lcwr4hvsalj8vhkwta539nuy4zlyf7hqcmrjh40xx5frs7.test.nodes.lightning.
directory. 60 IN A X.X.X.X ❶

;; Query time: 83 msec
;; SERVER: 2600:1700:6971:6dd0::1#53(2600:1700:6971:6dd0::1)
;; WHEN: Thu Dec 31 16:59:22 PST 2020
;; MSG SIZE  rcvd: 138
```

❶ Der DNS-Server gibt eine IP-Adresse *`X.X.X.X`* zurück. Wir haben sie im Text durch X-Zeichen ersetzt, um keine echte IP-Adresse angeben zu müssen.

Im obigen Beispiel haben wir vom Server die IPv4-Adresse (das `A`-Record) für unsere Ziel-Node (im Beispiel ersetzt durch *`X.X.X.X`*) abgefragt. Wir besitzen nun den öffentlichen Schlüssel, die IP-Adresse und den TCP-Port und können uns jetzt über das Transportprotokoll mit der Node verbinden:

```
026c64f5a7f24c6f7f0e1d6ec877f23b2f672fb48967c2545f227d70636395eaf3@X.X.X.X:9735
```

Die Abfrage des aktuellen DNS-A-Records für eine gegebene Node kann auch genutzt werden, um die *neuesten* Adressen abzurufen. Solche Queries können verwendet werden, um die neuesten Adressdaten einer Node schneller abzugleichen, statt auf Adressupdates des Gossip-Netzwerks zu warten (siehe »Die node_announcement-Nachricht« auf Seite 303).

An diesem Punkt hat unsere neue Lightning-Node ihren ersten Peer gefunden und ihre erste Verbindung hergestellt. Wir können nun die zweite Phase des Peer-Bootstrappings starten: Synchronisation und Validierung des Kanal-Graphen.

Zuerst wollen wir uns die Feinheiten von BOLT #10 ansehen und einen genaueren Blick darauf werfen, wie die Dinge unter der Haube funktionieren.

SRV-Query-Optionen

Der BOLT-#10 (*https://github.com/lightning/bolts/blob/master/10-dns-bootstrap.md*)-Standard ist in hohem Maße erweiterbar, da er verschachtelte Subdomains als Kommunikationsschicht für zusätzliche Query-Optionen nutzt. Das Bootstrapping-Protokoll erlaubt den Clients, den *Typ* der abzufragenden Node genauer festzulegen, d.h., man ist nicht auf eine zufällige Node-Teilmenge in den Query-Responses angewiesen.

Das Subdomain-Schema der Query-Optionen nutzt eine Reihe von Schlüssel/Wert-Paaren, wobei ein *einzelner Buchstabe* den Schlüssel bildet und der restliche Text den Wert. Die folgenden Query-Typen sind in der aktuellen Version des BOLT-#10-Standards dokumentiert:

`r`

: Das *realm*-Byte legt fest, für welche Chain (Bereich, engl. *Realm*) die Queries beantwortet werden sollen. Der einzige bisher definierte Schlüssel ist `0` für »Bitcoin«.

`a`

: Erlaubt Clients das Filtern der zurückgegebenen Nodes basierend auf den angebotenen *Adresstypen*. Das kann beispielsweise genutzt werden, um nur die Nodes abzurufen, die gültige IPv6-Adressen anbieten. Der diesem Typ folgende Wert basiert auf einem Bitfeld, das eine Reihe bestimmter Adresstypen *indexiert*, die in BOLT #7 (*https://github.com/lightning/bolts/blob/master/07-routing-gossip.md*) definiert sind. Der Standardwert für dieses Feld ist `6` und repräsentiert IPv4 und IPv6 (Bits 1 und 2 gesetzt).

`l`
: Ein gültiger öffentlicher Node-Schlüssel, serialisiert im komprimierten Format. Clients können auf diese Weise bestimmte Nodes abfragen, statt eine Liste zufälliger Nodes zu empfangen.

`n`
: Die Anzahl der zurückzuliefernden Records. Der voreingestellte Wert für dieses Feld ist `25`.

Ein Query mit zusätzlichen Query-Optionen könnte etwa so aussehen:

```
r0.a2.n10.nodes.lightning.directory
```

Wenn wir die einzelnen Schlüssel/Wert-Paare aufschlüsseln, erhalten wir Folgendes:

`r0`
: Die Query fragt den Bitcoin-Realm ab.

`a2`
: Die Query möchte nur IPv4-Adressen abfragen.

`n10`
: Die Zahl der zurückgegebenen Antworten.

Probieren Sie selbst einige Kombinationen der verschiedenen Flags mittels `dig` aus:

```
dig @8.8.8.8 r0.a6.nodes.lightning.directory SRV
```

Der Kanal-Graph

Da unsere neue Node nun das DNS-Bootstrapping-Protokoll nutzen kann, um die Verbindung mit einem ersten Peer herzustellen, können wir mit der Synchronisation des Kanal-Graphen beginnen. Doch bevor wir den Kanal-Graphen synchronisieren, müssen wir erst klären, *was* genau wir unter einem Kanal-Graphen verstehen. In diesem Abschnitt untersuchen wir die genaue *Struktur* des Kanal-Graphen und sehen uns die spezifischen Aspekte an, die den Kanal-Graphen von der typischen abstrakten »Graph«-Datenstruktur unterscheiden, die in der Informatik wohlbekannt ist und häufig verwendet wird.

Ein gerichteter Graph

Ein *Graph* ist in der Informatik eine spezielle Datenstruktur, die aus Ecken (üblicherweise Knoten genannt) und Kanten (Verbindungen, Links) bestehen. Zwei Knoten können über ein oder mehrere Kanten verbunden sein. Der Kanal-Graph ist außerdem *gerichtet*, da eine Zahlung an einer Kante (einem Kanal) in beide Richtungen fließen kann. Ein Beispiel für einen *gerichteten Graphen* sehen Sie in Abbildung 11-2.

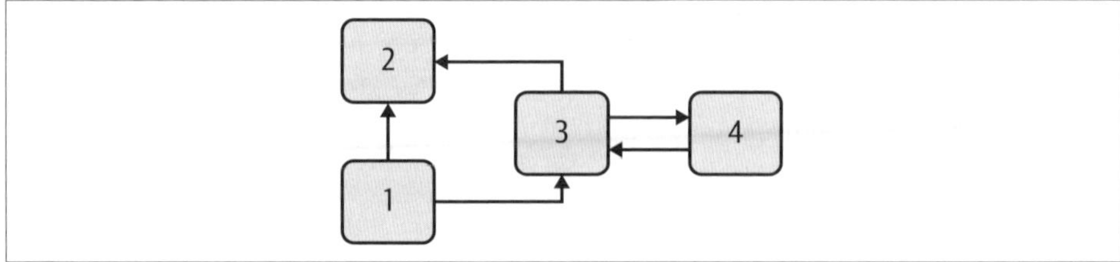

Abbildung 11-2: Ein gerichteter Graph

Im Kontext des Lightning-Netzwerks sind die Knoten die Lightning-Nodes selbst und die Kanten die Zahlungskanäle zwischen diesen Knoten. Da es uns um das *Routing von Zahlungen* geht, wird in unserem Modell eine Node ohne Kanten (keine Zahlungskanäle) nicht als Teil des Graphen betrachtet, da das nicht sinnvoll ist.

Weil die Kanäle selbst UTXOs sind (gedeckt durch 2-von-2-Multisig-Adressen), können wir den Kanal-Graphen als spezielle Teilmenge der Bitcoin-UTXO-Menge betrachten. Darauf aufsetzend, können wir zusätzliche Informationen (die Nodes etc.) einfügen und landen schließlich bei der Overlay-Struktur, die den Kanal-Graphen bildet. Die Verankerung fundamentaler Komponenten des Kanal-Graphen in der Bitcoin-Blockchain bedeutet, dass es unmöglich ist, einen gültigen Kanal-Graphen zu *fälschen*. Wie wir später noch sehen werden, ist das eine nützliche Eigenschaft, wenn es darum geht, Spam zu verhindern.

Gossip-Protokoll-Nachrichten

Die Informationen zum Kanal-Graphen werden in Form von drei Nachrichten über das Lightning-P2P-Netzwerk propagiert, die in BOLT #7 (*https://github.com/lightning/bolts/blob/master/07-routing-gossip.md*) beschrieben werden:

`node_announcement`
: Der Knoten unseres Graphen. Kommuniziert den öffentlichen Schlüssel der Node, aber auch, wie man die Node über das Internet erreicht, sowie zusätzliche Metadaten zu den von der Node unterstützten *Features*.

`channel_announcement`
: Ein in der Blockchain verankerter Nachweis der Existenz eines Kanals zwischen zwei individuellen Nodes. Jede Drittpartei kann diesen Nachweis verifizieren, um sicherzustellen, dass tatsächlich ein *realer* Kanal angekündigt wird. Wie bei `node_announcement` enthält auch diese Nachricht Informationen, die die *Fähigkeiten* des Kanals beschreiben, was für das Routing einer Zahlung hilfreich ist.

`channel_update`
: *Zwei* Strukturen, die eine Reihe von Routing-Policies für den gegebenen Kanal beschreiben. `channel_update`-Nachrichten kommen *paarweise*, weil ein Kanal ein gerichteter Graph ist und jede Seite des Kanals eigene Routing-Regeln aufstellen kann.

Es ist wichtig, anzumerken, dass jede Komponente eines Kanal-Graphen *authentifiziert* ist, sodass jede Drittpartei sicherstellen kann, dass der Eigner eines Kanals/einer Node/eines Updates auch tatsächlich derjenige ist, der ein Update sendet. Das macht den Kanal-Graphen zu einer fälschungssicheren Art einer *authentifizierten Datenstruktur*. Zur Authentifizierung verwenden wir eine digitale `secp256k1`-ECDSA-Signatur (oder eine Reihe von Signaturen) über den serialisierten Digest der Nachricht selbst. Die Details des Framings und der Serialisierung von Nachrichten sparen wir uns an dieser Stelle, wir sehen sie uns in Kapitel 13 aber noch genauer an.

Nachdem wir die High-Level-Struktur des Kanal-Graphen kennen, tauchen wir in die genaue Struktur der drei Nachrichten ein, die zur Propagation des Kanal-Graphen verwendet werden. Wir erklären auch, wie jede Nachricht und Komponente des Kanal-Graphen verifiziert werden kann.

Die node_announcement-Nachricht

Zuerst kommt die `node_announcement`-Nachricht, die zwei primären Zwecken dient:

1. Die Bereitstellung von Verbindungsinformationen, mit deren Hilfe Nodes eine Verbindung zu dieser Node herstellen können, sei es zum Bootstrapping oder zum Aufbau eines neuen Zahlungskanals.
2. Die Kommunikation der protokollbezogenen Features (Fähigkeiten), die die Node versteht/unterstützt. Das Aushandeln von Features zwischen den Nodes erlaubt Entwicklern, neue Features unabhängig einzufügen und sie den anderen Nodes auf Opt-in-Basis zur Verfügung zu stellen.

Im Gegensatz zu Kanalankündigungen sind Node-Ankündigungen nicht in der zugrunde liegenden Blockchain verankert. Mit anderen Worten, wir lehnen Nodes ohne Zahlungskanäle immer ab, um sicherzustellen, dass böswillige Peers das Netzwerk nicht mit fingierten Nodes fluten können, die nicht Teil des Kanal-Graphen sind.

Die Struktur der node_announcement-Nachricht

Die `node_announcement`-Nachricht besteht aus den folgenden Feldern:

`signature`
: Eine gültige ECDSA-Signatur, die den serialisierten Digest aller nachfolgend aufgeführten Felder umfasst. Diese Signatur muss dem öffentlichen Schlüssel der angekündigten Node entsprechen.

`features`
: Ein Bitvektor, der die Protokoll-Features beschreibt, die diese Node versteht. Wir behandeln diese Bitfelder in »Feature-Bits und Erweiterbarkeit des Protokolls« auf Seite 337 ausführlicher, wenn wir über die Erweiterbarkeit des Lightning-Protokolls sprechen. Vereinfacht ausgedrückt, enthält dieses Feld

eine Reihe von Bits, die die Features angeben, die eine Node versteht. So kann eine Node beispielsweise signalisieren, dass sie den neuesten Kanaltyp kennt.

`timestamp`
: Ein Zeitstempel als Unix-Epoche. Das erlaubt Clients eine partielle Sortierung der Updates einer Node-Ankündigung.

`node_id`
: Der öffentliche `secp256k1`-Schlüssel, zu dem diese Node-Ankündigung gehört. Es kann im Kanal-Graphen zu einer gegebenen Zeit nur jeweils ein `node_announcement` geben. Daher kann ein `node_announcement` ein früheres `node_announcement` der gleichen Node ersetzen, wenn es einen höheren Zeitstempel aufweist.

`rgb_color`
: Eine RGB-Farbe, die für die Node verwendet werden soll. Wird häufig zur Visualisierung von Kanal-Graphen und Node-Verzeichnissen genutzt.

`alias`
: Ein UTF-8-String, der als Nickname der gegebenen Node verwendet werden soll. Diese Aliase müssen global nicht eindeutig sein und werden nicht verifiziert. Sie sollten daher in keiner Weise als Identitätsnachweis betrachtet werden, da sie sehr einfach gefälscht werden können.

`addresses`
: Eine Reihe öffentlich erreichbarer Internetadressen, die mit der gegebenen Node verknüpft sind. In der aktuellen Version des Protokolls werden vier Adresstypen unterstützt: IPv4 (Typ: 1), IPv6 (Typ: 2), Tor v2 (Typ: 3) und Tor v3 (Typ: 4). In der `node_announcement`-Nachricht wird jeder dieser Adresstypen durch den Integertyp angegeben, der hier in Klammern auf den Adresstyp folgt.

Node-Ankündigungen validieren

Die Validierung einer eingehenden `node_announcement`-Nachricht ist einfach. Die folgenden Annahmen gelten, wenn eine Node-Ankündigung untersucht wird:

- Ist ein existierendes `node_announcement` für diese Node bereits bekannt, muss das `timestamp`-Feld einer neu eingehenden `node_announcement`-Nachricht höher sein als das der vorherigen.
- Mit dieser Einschränkung erzwingen wir, dass die Nachricht »neu« ist.
- Existiert kein `node_announcement` für eine gegebene Node, muss eine existierende `channel_announcement`-Nachricht, die diese Node referenziert (mehr dazu später), bereits im lokalen Kanal-Graphen existieren.
- Die enthaltene `signature` muss eine gültige ECDSA-Signatur sein. Die Verifikation erfolgt über den enthaltenen öffentlichen Schlüssel `node_id` und den Doppel–SHA-256-Digest der codierten Rohnachricht (ohne Signatur und Frame-Header).

- Alle enthaltenen `addresses` müssen basierend auf ihrer Adresskennung aufsteigend sortiert sein.
- Die enthaltenen `alias`-Bytes müssen ein gültiger UTF-8-String sein.

Die channel_announcement-Nachricht

Als Nächstes kommt die `channel_announcement`-Nachricht, die dem größeren Netzwerk einen neuen *öffentlichen* Kanal ankündigt. Beachten Sie, dass die Ankündigung eines Kanals *optional* ist. Ein Kanal muss nur angekündigt werden, wenn er zum Routing durch das Lightning-Netzwerk genutzt werden soll. Aktive Routing-Nodes werden alle Kanäle ankündigen wollen. Allerdings sind bestimmte Nodes (etwa mobile Nodes) nicht lange genug online oder wollen nicht aktiv am Routing teilnehmen. Daher können mobile Nodes (die üblicherweise einfache Clients für die Verbindung mit dem Bitcoin-P2P-Netzwerk nutzen) nur *unangemeldete* (private) Kanäle nutzen.

Unangemeldete (private) Kanäle

Ein unangemeldeter Kanal ist nicht Teil des bekannten öffentlichen Kanal-Graphen, kann aber dennoch zum Senden und Empfangen von Zahlungen verwendet werden. Ein scharfsinniger Leser könnte sich nun fragen, wie ein Kanal, der nicht Teil des öffentlichen Kanal-Graphen ist, Zahlungen empfangen kann. Die Lösung dieses Problems besteht aus einer Reihe von »Wegfindungshelfern«, die wir Routing-Hinweise (engl. *Routing Hints*) nennen. Wie Sie in Kapitel 15 noch sehen werden, enthalten Rechnungen, die von unangemeldeten Kanälen erzeugt werden, Informationen, die dem Sender beim Routing helfen, vorausgesetzt, die Node besitzt zumindest einen offenen Kanal mit einer öffentlichen Routing-Node.

Durch die Existenz unangemeldeter Kanäle ist die *wahre* Größe des Kanal-Graphen (mit seinen öffentlichen und privaten Teilen) unbekannt.

Einen Kanal auf der Bitcoin-Blockchain lokalisieren

Wie vorhin erwähnt, wird der Kanal durch die Nutzung der Public-Key-Kryptografie authentifiziert, und die Bitcoin-Blockchain wird zum Schutz vor Spam verwendet. Damit eine Node ein neues `channel_announcement` akzeptiert, muss die Ankündigung *beweisen*, dass der Kanal in der Bitcoin-Blockchain tatsächlich existiert. Dieses Beweissystem für das Hinzufügen eines neuen Kanal-Graphen bringt zusätzliche Kosten mit sich (die beim Erzeugen des UTXO für den Kanal anfallenden On-Chain-Gebühren). Auf diese Weise minimieren wir Spam und stellen sicher, dass eine unredliche Node nicht ohne (finanziellen) Aufwand den Speicher der redlichen Node mit falschen Kanälen füllen kann.

Da wir einen Nachweis für die Existenz eines Kanals konstruieren müssen, stellt sich natürlich die Frage, wie man für den Prüfer auf einen gegebenen Kanal »zeigt«, ihn also referenziert. Da der Zahlungskanal mit einem UTXO verknüpft ist (siehe

»Inputs und Outputs« auf Seite 401), könnte der erste Gedanke sein, den Outpoint (`txid:index`) des Kanals anzugeben. Da der Outpoint global eindeutig und durch die Chain bestätigt ist, klingt das nach einer guten Idee. Allerdings hat das einen Nachteil: Der Prüfer muss eine Kopie der UTXO-Menge pflegen, um Kanäle verifizieren zu können. Das funktioniert gut für Bitcoin-Full-Nodes, doch Clients mit leichtgewichtiger Verifikation halten typischerweise nicht die gesamte UTXO-Menge nach. Wir sind gezwungen, eine andere Lösung zu finden.

Wie wäre es, wenn wir den Kanal nicht über den UTXO, sondern über dessen »Lage« in der Chain referenzierten? Zu diesem Zweck benötigen wir ein Schema, das es uns erlaubt, einen gegebenen Block, eine Transaktion innerhalb dieses Blocks und schließlich einen durch diese Transaktion generierten Output zu referenzieren. Eine solche Kennung ist in BOLT #7 (*https://github.com/lightning/bolts/blob/master/07-routing-gossip.md*) beschrieben und wird *kurze Kanal-ID* (engl. *Short Channel ID*), oder `scid`, genannt. Die `scid` wird im `channel_announcement` (und `channel_update`) verwendet, aber auch (wie wir in Kapitel 10 gelernt haben) im Onion-verschlüsselten Routing-Paket, das in HTLCs enthalten ist.

Die kurze Kanal-ID

Basierend auf den vorstehenden Informationen müssen wir drei Informationen codieren, um einen gegebenen Kanal eindeutig zu referenzieren. Da wir uns ein kompaktes Format wünschen, versuchen wir, die Informationen in einem *einzigen* Integerwert unterzubringen. Das Integerformat unserer Wahl ist ein aus 8 Byte bestehender 64-Bit-Integerwert ohne Vorzeichen.

Zuerst die Blockhöhe. Mit drei Bytes (24 Bit) können wir 16.777.216 Blöcke codieren. Bleiben fünf Bytes übrig, um den Transaktionsindex und den Output-Index zu codieren. Wir verwenden die nächsten drei Bytes, um den Transaktionsindex *innerhalb* des Blocks zu codieren. Das ist mehr als ausreichend, wenn man bedenkt, dass bei den aktuellen Blockgrößen nur einige Zehntausend Transaktionen in einem Block festgehalten werden können. Bleiben zwei Bytes für die Codierung des Output-Index des Kanals innerhalb der Transaktion übrig.

Unser `scid`-Format sieht also wie folgt aus:

```
Blockhöhe (block_height, 3 Bytes) ||
Transaktionsindex (transaction_index, 3 Bytes) ||
Output-Index (output_index, 2 Bytes)
```

Zuerst packen wir die Blockhöhe in die drei höchstwertigen Bytes, in den nächsten drei Bytes folgt der Transaktionsindex, und die beiden niederwertigsten Bytes bilden den Kanal-UTXO.

Die kurze Kanal-ID kann als einzelner Integerwert (`695313561322258433`) dargestellt werden oder als für uns Menschen etwas besser lesbarer String: `632384x1568x1`. In unserem Beispiel wurde der Kanal also in Block `632384` geschürft, war die `1568`te Transaktion des Blocks, und der Kanal-Output war der zweite von der Transaktion erzeugte Output (UTXO-Indizes beginnen bei null).

Da wir nun wissen, wie man in kompakter Form auf den Funding-Output des Kanals in der Chain verweist, können wir die gesamte Struktur der channel_announcement-Nachricht untersuchen und zeigen, wie man den in der Nachricht enthaltenen Existenznachweis verifiziert.

Die Struktur der channel_announcement-Nachricht

Eine channel_announcement-Nachricht übermittelt im Wesentlichen zwei Dinge:

1. Einen Nachweis, dass der Kanal zwischen den Nodes A und B existiert und beide Nodes die Multisig-Schlüssel in diesem Kanal-Output kontrollieren.
2. Die Fähigkeiten des Kanals (welche Arten von HTLCs er routen kann etc.).

Bei der Beschreibung des Nachweises sprechen wir üblicherweise von Node 1 und Node 2. Von den beiden Nodes, die ein Kanal verbindet, ist die »erste« Node die mit dem »kleineren« öffentlichen Schlüssel. Dieser ergibt sich aus dem komprimierten Format in hexadezimaler Codierung und der lexikografischen Reihenfolge. Neben dem öffentlichen Node-Schlüssel im Netzwerk muss jede Node auch einen entsprechenden öffentlichen Schlüssel in der Bitcoin-Blockchain kontrollieren.

Wie bei der node_announcement-Nachricht müssen alle in der channel_announcement-Nachricht enthaltenen Signaturen mit der Rohcodierung der Nachricht (ohne Header) signiert/verifiziert werden. Diese folgt auf die finale Signatur (weil sich eine digitale Signatur nicht selbst signieren kann).

Eine channel_announcement-Nachricht enthält also die folgenden Felder:

node_signature_1
: Signatur der ersten Node über den Message-Digest.

node_signature_2
: Signatur der zweiten Node über den Message-Digest.

bitcoin_signature_1
: Signatur des Multisig-Schlüssels (im Funding-Output) der ersten Node über den Message-Digest.

bitcoin_signature_2
: Signatur des Multisig-Schlüssels (im Funding-Output) der zweiten Node über den Message-Digest.

features
: Ein Bitvektor mit den Features, die dieser Kanal auf Protokollebene unterstützt.

chain_hash
: Ein 32-Byte-Hash, üblicherweise der Hash des Genesis-Blocks der Blockchain (z. B. Bitcoin-mainnet), in dem der Kanal geöffnet wurde.

short_channel_id
: Die scid, die den Funding-Output des gegebenen Kanals innerhalb der Blockchain eindeutig bestimmt.

`node_id_1`
: Der öffentliche Schlüssel der ersten Node im Netzwerk.

`node_id_2`
: Der öffentliche Schlüssel der zweiten Node im Netzwerk.

`bitcoin_key_1`
: Der Multisig-Schlüssel des Funding-Outputs des Kanals für die erste Node im Netzwerk.

`bitcoin_key_2`
: Der Multisig-Schlüssel des Funding-Outputs des Kanals für die zweite Node im Netzwerk.

Validierung der Kanalankündigung

Nachdem Sie nun wissen, was ein `channel_announcement` enthält, können wir uns ansehen, wie die On-Chain-Existenz des Kanals verifiziert wird.

Mit den Informationen der `channel_announcement`-Nachricht kann jede Lightning-Node (auch ohne Bitcoin-Blockchain) die Existenz und Authentizität des Kanals verifizieren.

Zuerst verwendet der Prüfer die kurze Kanal-ID, um den Bitcoin-Block zu finden, der den Funding-Output des Kanals enthält. Über die Blockhöhe kann der Prüfer den fraglichen Block aus der Bitcoin-Blockchain abrufen. Der Block kann dann zum Genesis-Block zurückverfolgt werden. Man folgt dabei der Block-Header-Kette rückwärts (und verifiziert den Proof of Work) und erhält so die Bestätigung, dass ein Block tatsächlich zur Bitcoin-Blockchain gehört.

Als Nächstes verwendet der Prüfer den Transaktionsindex, um die Transaktions-ID der Transaktion zu ermitteln, die den Zahlungskanal enthält. Die meisten modernen Bitcoin-Bibliotheken erlauben die Indexierung einer Transaktion innerhalb eines größeren Blocks.

Nun nutzt der Prüfer eine Bitcoin-Bibliothek (der jeweiligen Sprache), um die relevante Transaktion basierend auf dem Index aus dem Block zu extrahieren. Der Prüfer validiert die Transaktion, d. h., er überprüft, ob sie korrekt signiert ist und beim Hashing die gleiche Transaktions-ID erzeugt.

Danach extrahiert der Prüfer den P2WSH-Output (Pay-to-Witness-Script-Hash), der durch den Output-Index der kurzen Kanal-ID referenziert wird. Darüber hinaus stellt der Prüfer sicher, dass der vermeintliche Kanal mit dem Wert übereinstimmt, der durch den angegebenen Output-Index erzeugt wird.

Abschließend rekonstruiert der Prüfer das Multisig-Skript aus `bitcoin_key_1` und `bitcoin_key_2` und stellt sicher, dass die gleiche Adresse wie im Output erzeugt wird.

Der Prüfer hat jetzt unabhängig verifiziert, dass der Zahlungskanal in der Ankündigung gedeckt und auf der Bitcoin-Blockchain bestätigt ist.

Die channel_update-Nachricht

Die dritte und letzte Nachricht des Gossip-Protokolls ist channel_update. Für jeden Zahlungskanal werden zwei dieser Nachrichten generiert (eine für jeden Kanalpartner). Sie geben die Routing-Gebühren, die Timelock-Erwartungen und die Fähigkeiten an.

Die channel_update-Nachricht enthält auch einen Zeitstempel, der es einer Node erlaubt, ihre Routing-Gebühren und andere Erwartungen zu aktualisieren, indem sie eine neue channel_update-Nachricht mit einem größeren (späteren) Zeitstempel sendet, die dann alle älteren Updates ersetzt.

Die channel_update-Nachricht besteht aus den folgenden Feldern:

`signature`
: Eine digitale Signatur zur Authentifizierung der Quelle und der Integrität von Kanal-Updates. Muss mit dem öffentlichen Schlüssel der Node übereinstimmen.

`chain_hash`
: Hash des Genesis-Blocks der Chain, die den Kanal enthält.

`short_channel_id`
: Die zur Identifizierung des Kanals verwendete kurze Kanal ID.

`timestamp`
: Zeitstempel dieses Updates. Erlaubt den Empfängern das Sequenzieren und Ersetzen alter Updates.

`message_flags`
: Ein Bitfeld, das die Präsenz zusätzlicher Felder in der channel_update-Nachricht anzeigt.

`channel_flags`
: Ein Bitfeld, das die Richtung des Kanals und andere Kanaloptionen anzeigt.

`cltv_expiry_delta`
: Das von dieser Node für das Routing erwartete Timelock-Delta (siehe Kapitel 10).

`htlc_minimum_msat`
: Der minimal geroutete HTLC-Betrag.

`fee_base_msat`
: Die für das Routing erhobene Grundgebühr.

`fee_proportional_millionths`
: Der für das Routing erhobene proportionale Gebührensatz.

`htlc_maximum_msat` *(`option_channel_htlc_max`)*
: Der maximal geroutete Betrag.

Eine Node, die eine channel_update-Nachricht erhält kann diese Metadaten zur Kante des Kanal-Graphen hinzufügen, was wir in Kapitel 12 noch sehen werden.

Fortlaufende Pflege des Kanal-Graphen

Der Aufbau des Kanal-Graphen ist keine einmalige Sache, sondern eine fortlaufende Aufgabe. Sobald der Bootstrap einer Node abgeschlossen ist, wird sie »Tratsch« in Form der drei Update-Nachrichten empfangen. Sie nutzt diese Nachrichten, um sofort mit dem Aufbau eines validierten Kanal-Graphen zu beginnen.

Je mehr Informationen eine Node empfängt, desto besser wird die »Karte« des Lightning-Netzwerks, und desto effektiver werden Wegfindung und Zustellung von Zahlungen.

Eine Node fügt nicht nur Informationen in den Kanal-Graphen ein, sie hält auch fest, wann ein Kanal zuletzt aktualisiert wurde, und löscht »alte« Kanäle, die seit mehr als zwei Wochen nicht aktualisiert wurden. Zum Schluss entfernt sie auch Nodes, die längere Zeit keine Kanäle mehr haben.

Die im Gossip-Protokoll gesammelten Daten sind nicht die einzigen Informationen, die im Kanal-Graphen gespeichert werden können. Unterschiedliche Lightning-Node-Implementierungen können Nodes und Kanäle um weitere Metadaten ergänzen. Zum Beispiel berechnen einige Node-Implementierungen »Punkte«, die die »Qualität« einer Node als Routing-Peer angeben. Diese Punkte werden als Teil der Wegfindung zur (De-)Priorisierung von Pfaden genutzt.

Fazit

In diesem Kapitel haben Sie gelernt, wie Nodes einander finden, ihren Node-Status ermitteln bzw. aktualisieren und miteinander kommunizieren. Sie haben gelernt, wie Kanal-Graphen erzeugt und gepflegt werden, und wir haben einige Möglichkeiten aufgezeigt, wie das Lightning-Netzwerk böse Akteure und unlautere Nodes davon abhält, das Netzwerk zu missbrauchen.

KAPITEL 12

Wegfindung und Zustellung der Zahlung

Die Zustellung einer Zahlung im Lightning-Netzwerk ist davon abhängig, ob ein Weg (Pfad) vom Sender zum Empfänger gefunden wird. Diesen Prozess bezeichnen wir als *Wegfindung* (engl. *Pathfinding*). Da das Routing durch den Sender erfolgt, muss er auch einen geeigneten Pfad finden, um das Ziel zu erreichen. Dieser Pfad wird in einer Onion codiert (siehe Kapitel 10).

In diesem Kapitel wollen wir das Problem der Wegfindung untersuchen. Wir wollen verstehen, wie die Unsicherheit in Bezug auf die Kanalguthaben das Problem verschärft, und sehen, wie eine typische Wegfindungsimplementierung dieses Problem löst.

Wegfindung in der Lightning-Protokoll-Suite

Wegfindung, Pfadwahl, Multipart-Zahlungen (MPP) und die Versuch-und-Irrtum-Schleife (engl. *Try-and-Error*) bei Zahlungsversuchen bilden den Großteil der Zahlungsschicht am oberen Rand der Protokoll-Suite. Diese Komponenten sind in der Protokoll-Suite in Abbildung 12-1 entsprechend hervorgehoben.

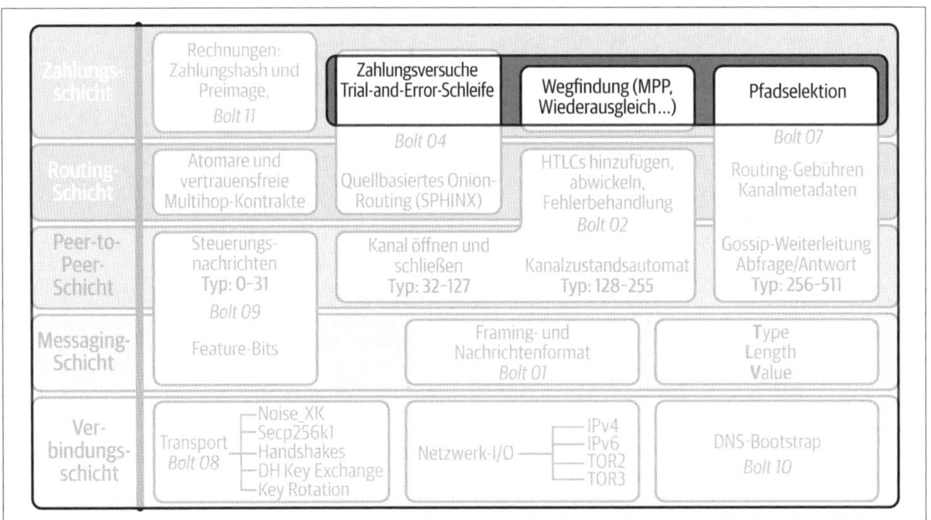

Abbildung 12-1: Zahlungszustellung in der Lightning-Protokoll-Suite

Wo ist das BOLT?

Bisher haben wir uns verschiedene Techniken angesehen, die Teil des Lightning-Netzwerks sind und deren genaue Spezifikation Teil eines BOLT-Standards ist. Es wird Sie daher vielleicht überraschen, dass die Wegfindung nicht Teil der BOLTs ist.

Das liegt daran, dass die Wegfindung keine Aktivität darstellt, die irgendeine Form der Koordination oder Kompatibilität zwischen verschiedenen Implementierungen verlangt. Wie wir gesehen haben, wird der Pfad vom Sender gewählt. Zwar wird das Routing selbst in den BOLTs detailliert festgelegt, doch die Wegfindung und die Wahl des Pfads bleiben allein dem Sender überlassen. Daher kann jede Node-Implementierung eine eigene Strategie bzw. einen eigenen Algorithmus zur Wegfindung nutzen. Tatsächlich können die verschiedenen Node/Client- und Wallet-Implementierungen ihren Wegfindungsalgorithmus als Unterscheidungsmerkmal nutzen.

Wegfindung: Welches Problem lösen wir?

Der Begriff *Wegfindung* ist ein wenig irreführend, weil er die Suche nach einem *einzelnen* Pfad zwischen zwei Nodes impliziert. Am Anfang, als das Lightning-Netzwerk noch klein und nicht gut verbunden war, bestand das Problem tatsächlich darin, Zahlungskanäle zu finden, um den Empfänger zu erreichen.

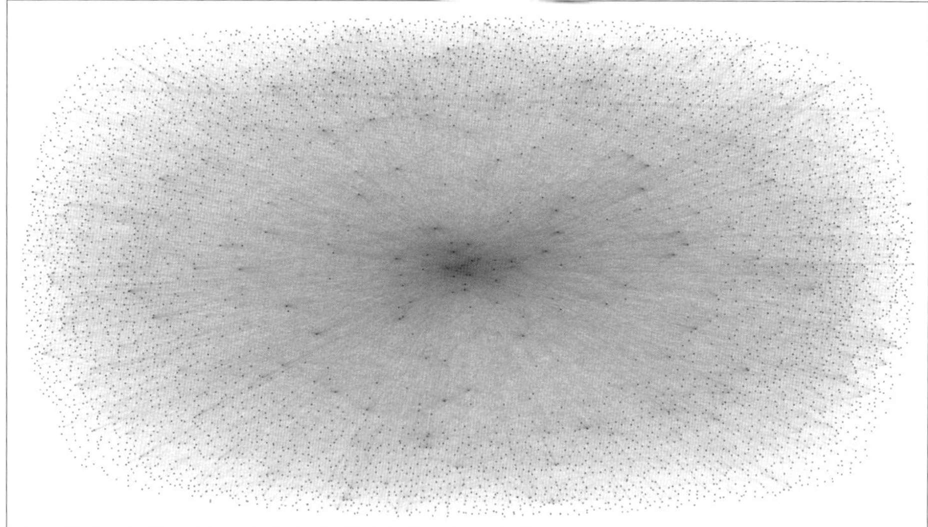

Abbildung 12-2: Visualisierung eines Teils des Lightning-Netzwerks im Juli 2021

Doch das Lightning-Netzwerk ist explosionsartig gewachsen, und die Natur des Wegfindungsproblems hat sich verschoben. Mitte 2021 bestand das Lightning-Netzwerk aus 20.000 Nodes, die über mindestens 55.000 öffentliche Kanäle mit einem aggregierten Vermögen von fast 2.000 BTC miteinander verbunden waren. Eine Node besitzt im Schnitt 8,8 Kanäle, während die zehn größten Nodes *jeweils* 400 bis 2.000 Kanäle unterhalten. Eine Visualisierung eines kleinen Teils des LN-Kanal-Graphen sehen Sie in Abbildung 12-2. Aktuelle Daten siehe *https://1ml.com/statistics*!

Die Netzwerkvisualisierung in Abbildung 12-2 wurde mit einem einfachen Python-Skript generiert, das Sie unter *code/lngraph* im Repository zu diesem Buch finden.

Sind Sender und Empfänger über gut angebundene Nodes miteinander verbunden und existiert mindestens ein Kanal mit einer passenden Kapazität, gibt es Tausende möglicher Pfade. Das Problem besteht nun also darin, aus einer Liste mit diesen Tausenden von möglichen Pfaden den *besten* Pfad zu wählen, der die Zahlung erfolgreich zustellt.

Wahl des besten Pfads

Um den »besten« Pfad zu wählen, müssen wir zuerst definieren, was wir damit genau meinen. Es gibt viele verschiedene Kriterien, etwa:

- Pfade mit ausreichender Liquidität. Verfügt ein Pfad nicht über ausreichend Liquidität, um eine Zahlung weiterzuleiten, ist er offensichtlich nicht geeignet.
- Pfade mit geringen Gebühren. Gibt es mehrere Kandidaten, werden Sie den mit den geringsten Gebühren wählen.
- Pfade mit kurzen Timelocks. Sie werden auf Ihre Einlagen nicht zu lange warten wollen und daher Pfade mit kürzeren Timelocks wählen.

Alle diese Kriterien sind wünschenswert, und die Wahl eines Pfads, der über diese vielen Dimensionen hinweg zu bevorzugen ist, ist keine leichte Aufgabe. Solche Optimierungsprobleme sind möglicherweise zu komplex, um die »beste« Lösung zu finden. Häufig ist aber eine Annäherung an das Optimum möglich, was eine gute Nachricht ist, da die Wegfindung andernfalls ein unlösbares Problem wäre.

Wegfindung in Mathematik und Informatik

Die Wegfindung im Lightning-Netzwerk gehört mathematisch betrachtet zur *Graphentheorie* und in der Informatik zu den *Durchlaufstrategien* (engl. *Graph Traversal*).

Ein Netzwerk wie Lightning kann als mathematisches Konstrukt dargestellt werden, das als *Graph* bezeichnet wird. Dabei werden *Knoten* (engl. *Nodes*) miteinander über *Kanten* (engl. *Edges*) verbunden, genau wie bei Zahlungskanälen. Das Lightning-Netzwerk bildet einen *gerichteten Graphen*, da die Knoten *asymmetrisch* verknüpft sind. Das liegt daran, dass die Kanalguthaben zwischen den Kanalpartnern geteilt werden und die Liquidität in jede Richtung unterschiedlich hoch ist.

Ein gerichteter Graph mit numerischen Kapazitätsbeschränkungen an seinen Kanten wird *Strömungsnetzwerk* (engl. *Flow Network*) genannt. Dieses mathematische Konstrukt wird zur Optimierung von Transport- und ähnlichen Netzwerkflussproblemen genutzt. Strömungsnetzwerke können als Rahmen verwendet werden, wenn ein bestimmter Fluss erreicht und die Kosten gleichzeitig minimiert werden sollen. Man nennt das ein *Minimum-Cost Flow-Problem* (MCFP).

Kapazität, Guthaben, Liquidität

Um das Problem des Transports von Satoshis von Punkt A nach Punkt B besser zu verstehen, müssen wir drei wichtige Begriffe genauer definieren: Kapazität, Guthaben und Liquidität. Wir verwenden diese Begriffe, um die Fähigkeit eines Zahlungskanals zum Routing einer Zahlung zu beschreiben.

Bei einem A←→B verbindenden Zahlungskanal:

Kapazität
: Die aggregierte Menge Satoshi, die über die Funding-Transaktion in einem 2-von-2-Multisig eingebracht wurde. Stellt den maximalen Wert des Kanals dar. Die Kanalkapazität wird über das Gossip-Protokoll verbreitet und ist den Nodes bekannt.

Guthaben
: Betrag in Satoshi, den ein Kanalpartner hält und dem anderen Kanalpartner senden kann. Ein Teil des Guthabens von A kann in eine Richtung (A→B) zu Node B gesendet werden. Ein Teil des Guthabens von B kann in die andere Richtung (A←B) gesendet werden.

Liquidität
: Das verfügbare (Teil-)Guthaben, das in eine Richtung tatsächlich über den Kanal gesendet werden kann. Die Liquidität von A entspricht dem Guthaben von A abzüglich der Kanalreserve und den offenen HTLCs von A.

Der einzige Wert, den das Netzwerk (über Gossip-Ankündigungen) kennt, ist die Gesamtkapazität des Kanals. Ein unbekannter Teil dieser Kapazität wird als Guthaben zwischen den Partnern aufgeteilt. Ein Teil dieses Guthabens kann über den Kanal in eine Richtung gesendet werden:

- Kapazität = Guthaben(A) + Guthaben(B)
- Liquidität(A) = Guthaben(A) – Kanalreserve(A) – offene_HTLCs(A)

Unsicherheit der Guthaben

Würden wir das genaue Guthaben jedes Kanals kennen, könnten wir einen oder mehrere Zahlungspfade mithilfe eines Standard-Wegfindungsalgorithmus ermitteln, der in guten Informatikvorlesungen gelehrt wird. Doch wir kennen das Kanalguthaben nicht. Wir kennen nur die Gesamtkapazität des Kanals, der von den Nodes in den Kanalankündigungen verbreitet wird. Damit eine Zahlung erfolgreich zugestellt werden kann, muss ein entsprechendes Guthaben auf der sendenden Seite des Kanals vorhanden sein. Wenn wir nicht wissen, wie die Kapazität zwischen den Kanalpartnern aufgeteilt ist, wissen wir auch nicht, ob ein ausreichendes Guthaben in der Richtung vorliegt, in die wir die Zahlung senden wollen.

Guthaben werden in Kanal-Updates aus zwei Gründen nicht angekündigt: Privatsphäre und Skalierbarkeit. Zum einen würde die Ankündigung von Guthaben die Privatsphäre des Lightning-Netzwerks beeinträchtigen, weil Zahlungen durch statistische Analysen der Änderungen von Guthaben überwacht werden könnten. Zum anderen würden für jede Zahlung (global) angekündigte Guthaben die Skalierung des Lightning-Netzwerks auf das Niveau von On-Chain-Bitcoin-Transaktionen herunterfahren. Darum werden Guthaben nicht angekündigt. Um das Wegfindungsproblem im Angesicht der Unsicherheit von Guthaben zu lösen, benötigen wir innovative Wegfindungsstrategien. Diese Strategien stehen in enger Beziehung zum verwendeten Routing-Algorithmus, also dem quellbasierten Onion-Routing, bei dem der Sender dafür verantwortlich ist, einen Pfad durch das Netzwerk zu finden.

Das Problem der Unsicherheit kann mathematisch als *Liquiditätsbereich* beschrieben werden, der die oberen und unteren Grenzen der Liquidität basierend auf den bekannten Informationen angibt. Da wir die Kapazität des Kanals kennen und die Kanalreserve (das erlaubte Mindestguthaben an beiden Enden), können wir die Liquidität wie folgt definieren:

- min(Liquidität) = Kanalreserve
- max(Liquidität) = Kapazität – Kanalreserve

oder als Bereich:

- Kanalreserve <= Liquidität <= (Kapazität – Kanalreserve)

Die Unsicherheit des Kanalliquiditätsbereichs bildet der Bereich zwischen der minimal und der maximal möglichen Liquidität. Die ist dem Netzwerk nicht bekannt, nur den beiden Partnern. Wie Sie aber noch sehen werden, können wir fehlgeschlagene HTLCs, die bei unseren Zahlungsversuchen zurückgegeben werden, dazu nutzen, unsere Liquiditätserwartungen zu korrigieren und die Unsicherheit zu reduzieren. Erhalten wir zum Beispiel einen HTLC-Fehlercode zurück, der uns angibt, dass ein Kanal einen HTLC nicht erfüllen kann, der kleiner ist als die von uns erwartete Liquidität, können wir die maximale Liquidität auf die Höhe des fehlgeschlagenen HTLC reduzieren. Wenn wir also (einfach ausgedrückt) erwarten, dass die Liquidität für einen HTLC mit *N* Satoshi reicht, und feststellen, dass *M* Satoshi (mit kleinerem *M*) nicht zugestellt werden kann, können wir für unseren Schätzwert *M*–1 als obere Grenze festlegen. Wir wollten eine Obergrenze finden und sind gescheitert, d. h., sie ist niedriger, als von uns angenommen.

Komplexität der Wegfindung

Einen Pfad entlang eines Graphen zu finden, ist für moderne Computer ein recht effektiv zu lösendes Problem. Sind die Kanten gleich gewichtet, verwenden Entwickler hauptsächlich die Breitensuche. In den Fällen, in denen die Kanten nicht gleich gewichtet sind, werden auf Dijkstras Algorithmus basierende Verfahren genutzt, etwa A* (ausgesprochen »A Stern«) (*https://en.wikipedia.org/wiki/A*_search_algorithm*). In unserem Fall könnten die Routing-Gebühren die Gewichte der Kanten sein. Nur Kanten mit einer Kapazität über dem von uns zu sendenden Betrag werden in der Suche berücksichtigt. In seiner grundlegenden Form ist die Wegfindung im Lightning-Netzwerk sehr einfach und gradlinig.

Allerdings ist die Kanalliquidität dem Sender nicht bekannt. Das macht aus dem einfachen theoretischen Problem der Informatik ein recht komplexes reales Problem. Wir müssen nun ein Wegfindungsproblem lösen, ohne alle Daten zu kennen. Zum Beispiel nehmen wir an, dass bestimmte Kanten eine Zahlung weiterleiten können, da ihre Kapazität ausreichend hoch erscheint. Doch wir können uns nicht sicher sein, solange wir es nicht ausprobieren oder die Kanaleigner nicht direkt fragen. Und selbst wenn wir die Kanaleigner direkt fragen könnten, könnte sich deren Guthaben ändern, während wir den Pfad berechnen, eine Onion erzeugen und anschließend versenden. Unsere Informationen sind nicht nur beschränkt, sondern auch hoch dynamisch und können sich ohne unser Wissen zu jeder Zeit ändern.

Die Dinge einfach halten

Der in Lightning-Nodes implementierte Wegfindungsmechanismus erzeugt zuerst eine Liste möglicher Kandidaten, die über irgendeine Funktion gefiltert und sortiert werden. Dann probiert die Node die Pfade in einer Versuch-und-Irrtum-Schleife aus, bis die Zahlung erfolgreich zugestellt werden kann.

Dieses Ausprobieren erfolgt durch die Lightning-Node bzw. -Wallet und kann vom Nutzer nicht direkt beobachtet werden. Allerdings kann der Nutzer davon ausgehen, dass das Probing noch läuft, wenn die Zahlung nicht sofort abgeschlossen wird.

Blindes Ausprobieren ist nicht optimal und lässt viel Raum für Verbesserungen, dennoch funktioniert diese einfache Strategie bei kleineren Zahlung und gut verbundenen Nodes erstaunlich gut.

Die meisten Lightning-Node- und -Wallet-Implementierungen verbessern diesen Ansatz, indem sie die Kandidatenliste sortieren/gewichten. Einige Implementierungen sortieren die Kandidatenpfade nach Kosten (Gebühren), andere nach einer Kombination aus Kosten und Kapazitäten.

Wegfindung und Zahlungszustellung

Die Wegfindung und Zahlungszustellung umfasst mehrere Schritte, die nachfolgend aufgeführt sind. Unterschiedliche Implementierungen können unterschiedliche Algorithmen und Strategien verwenden, doch die grundlegenden Schritte sind sich sehr ähnlich:

1. Aufbau eines *Kanal-Graphen* aus Ankündigungen und Updates, die die Kapazitäten jedes Kanals enthalten. Kanäle, deren Kapazität für den von uns zu sendenden Betrag nicht ausreicht, werden ignoriert.
2. Pfade finden, die den Sender mit dem Empfänger verbinden.
3. Die Pfade entsprechend einer Gewichtung sortieren (kann Teil des Algorithmus des vorherigen Schritts sein).
4. Nacheinander jeden Pfad ausprobieren, bis die Zahlung erfolgreich zugestellt werden kann (die Versuch-und-Irrtum-Schleife).
5. Optional die HTLC-Fehlermeldungen nutzen, um unseren Graphen anzupassen und die Unsicherheit zu reduzieren.

Wir können diese Schritte in drei Hauptaktivitäten zusammenfassen:

- Aufbau des Kanal-Graphen
- Wegfindung (nach bestimmten Kriterien gefiltert und sortiert)
- Zahlungsversuch(e)

Diese drei Aktivitäten können in einer *Zahlungsrunde* wiederholt werden, wenn wir die zurückgegebenen Fehler zur Aktualisierung des Graphen nutzen oder Multipart Zahlungen vornehmen (siehe »Multipart Zahlungen« auf Seite 326).

In den nächsten Abschnitten sehen wir uns jeden dieser Schritte genauer an und ebenso einige fortgeschrittene Zahlungsstrategien.

Aufbau des Kanal-Graphen

In Kapitel 11 haben wir die drei wesentlichen Nachrichten vorgestellt, die die Nodes zum »Tratschen« nutzen: `node_announcement`, `channel_announcement` und `channel_update`. Diese drei Nachrichten erlauben es jeder Node, schrittweise eine »Karte« des Lightning-Netzwerks in Form eines *Kanal-Graphen* aufzubauen. Jede dieser Nachrichten liefert wichtige Informationen für den Kanal-Graphen:

`node_announcement`
: Enthält Informationen über eine Node im Lightning-Netzwerk, etwa die Node-ID (den öffentlichen Schlüssel), die Netzwerkadresse (IPv4/6 oder Tor), Fähigkeiten/Features etc.

`channel_announcement`
: Enthält die Kapazität und die Kanal-ID eines öffentlichen (angekündigten) Kanals zwischen zwei Nodes sowie einen Nachweis für die Existenz und die Eigentumsverhältnisse des Kanals.

`channel_update`
: Die Erwartungen des Kanals bezüglich der Gebühren und Timelocks (CLTV) für das (aus Sicht der Node) Routing ausgehender Zahlungen über einen bestimmten Kanal.

Mathematisch gesehen, enthält `node_announcement` die Informationen, die zur Erzeugung der *Knoten* benötigt werden. Mit `channel_announcement` können die *Kanten* erzeugt werden, die die Zahlungskanäle repräsentieren. Da jede Richtung eines Zahlungskanals ein eigenes Guthaben aufweist, erzeugen wir einen gerichteten Graphen. Über `channel_update` können wir Gebühren und Timelocks einbinden, um die *Kosten* (die *Gewichtung*) der Kanten festzulegen.

Abhängig vom Algorithmus, der zur Wegfindung verwendet wird, können verschiedene Kostenfunktionen für die Kanten des Graphen definiert werden.

Für den Moment wollen wir die Kostenfunktion ignorieren und einfach mit den Nachrichten `node_announcement` und `channel_announcement` einen Kanal-Graphen mit Knoten und Kanten aufbauen.

In diesem Kapitel zeigen wir, wie Selena versucht, einen Pfad zu Rashid zu finden, um eine Million Satoshi zu überweisen. Zuerst baut Selena einen Kanal-Graphen auf, indem sie die Informationen des Gossip-Protokolls nutzt, um Knoten und Kanäle aufzuspüren. Selena untersucht dann ihren Kanal-Graphen, um einen Pfad zu finden, über den die Zahlung an Rashid gesendet werden kann.

Das ist *Selenas* Kanal-Graph. Es gibt nicht *den* Kanal-Graphen, sondern immer nur *einen Kanal-Graphen* aus der Sicht der Node, die ihn konstruiert (siehe »Die Karte-Territorium-Beziehung (engl. *Map-Territory Relation*)«).

Selena konstruiert den Kanal-Graphen nicht nur, um eine Zahlung zu senden. Selenas Node baut den Kanal-Graphen *kontinuierlich* auf und aktualisiert ihn laufend. Sobald Selenas Node die Verbindung mit einem Peer im Netzwerk herstellt, nimmt sie am Gossip-Protokoll teil und nutzt jede Nachricht, um so viel wie möglich über das Netzwerk zu erfahren.

Die Karte-Territorium-Beziehung (engl. *Map-Territory Relation*)

Auf der Wikipedia-Seite zur Map-Territory Relation (*https://en.wikipedia.org/wiki/Map%E2%80%93territory_relation*) heißt es frei übersetzt: »Die Karte-Territorium-Beziehung beschreibt die Beziehung zwischen einem Objekt und der Darstellung dieses Objekts wie die Beziehung zwischen einem geografischen Territorium und einer Karte dieses Territoriums.«

Diese Beziehung wird in Lewis Carrolls Roman »Sylvie und Bruno« als eine fiktive Karte beschrieben, die ein Gebiet eins zu eins abbildet. Sie ist sehr genau, aber völlig nutzlos, weil sie das gesamte Gebiet bedeckt, wenn man sie ausbreitet.

Was bedeutet das für das Lightning-Netzwerk? Das Lightning-Netzwerk ist das Territorium, und der Kanal-Graph ist eine Karte dieses Territoriums.

Während man sich einen theoretischen Kanal-Graphen vorstellen kann, der eine vollständige, aktuelle Karte des Lightning-Netzwerks repräsentiert (platonisches Ideal), ist eine solche Karte einfach das Lightning-Netzwerk selbst. Jede Node besitzt einen eigenen Kanal-Graphen, der aus den Ankündigungen erzeugt wird und notwendigerweise unvollständig, falsch und veraltet ist.

Die Karte kann das Territorium niemals vollständig und akkurat abbilden.

Selena wartet auf eingehende `node_announcement`-Nachrichten und entdeckt vier andere Nodes (neben Rashid, dem eigentlichen Empfänger). Der resultierende Graph repräsentiert ein Netzwerk aus sechs Nodes: Selena und Rashid als Sender und Empfänger sowie Alice, Bob, Xavier und Yan als dazwischenliegende Nodes. Selenas Graph ist zu Beginn nur eine Liste von Nodes, wie in Abbildung 12-3 zu sehen.

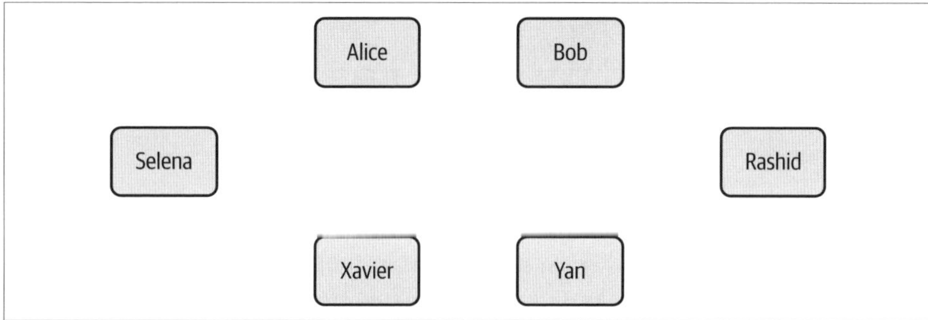

Abbildung 12-3: Node-Ankündigungen

Selena empfängt auch sieben `channel_announcement`-Nachrichten mit den entsprechenden Kanalkapazitäten. Sie kann nun eine grundlegende »Karte« des Netzwerks aufbauen, wie in Abbildung 12-4 zu sehen. (Die Namen Alice, Bob, Selena, Xavier, Yan und Rashid wurden durch die entsprechenden Anfangsbuchstaben ersetzt: A, B, S, X, Y und R.)

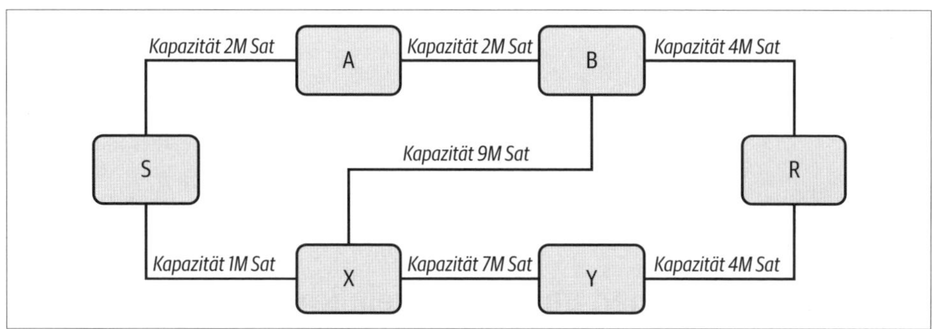

Abbildung 12-4: Der Kanal-Graph

Unsicherheit im Kanal-Graphen

Wie Sie in Abbildung 12-4 sehen können, weiß Selena nichts über die Guthaben der Kanäle. Ihr anfänglicher Kanal-Graph hat die höchste Unsicherheitsstufe.

Sekunde: Selena kennt *einen Teil* der Kanalguthaben! Sie kennt die Guthaben der Kanäle, die ihre Node mit den anderen Nodes betreibt. Zwar hört sich das nicht nach viel an, ist aber tatsächlich eine wichtige Information für die Konstruktion des Pfads. Selena kennt die tatsächliche Liquidität ihrer eigenen Kanäle. Lassen Sie uns den Kanal-Graphen um diese Information ergänzen. In Abbildung 12-5 verwenden wir das Fragezeichen »?« für unbekannte Guthaben.

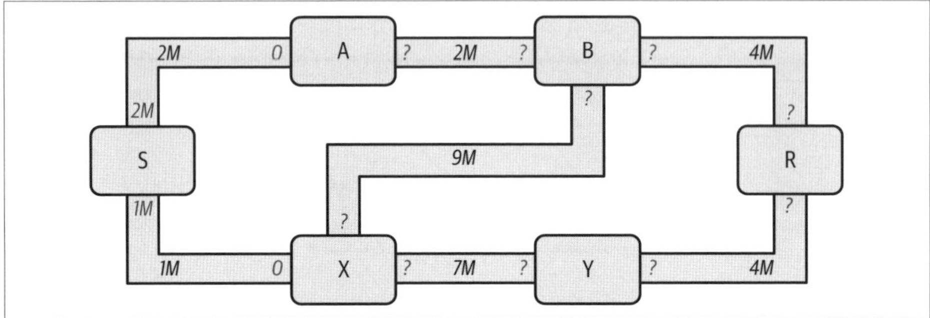

Abbildung 12-5: Kanal-Graph mit bekannten und unbekannten Guthaben

Auch wenn das »?« ein wenig ominös wirkt, bedeutet Unsicherheit etwas anderes als völliges Unwissen. Wir können die Unsicherheit *quantifizieren* und *reduzieren*, indem wir den Graphen mit unseren erfolgreichen bzw. fehlgeschlagenen HTLC-Versuchen aktualisieren.

Die Unsicherheit lässt sich quantifizieren, da wir die maximal und minimal mögliche Liquidität kennen und Wahrscheinlichkeiten für kleinere (genauere) Bereiche berechnen können.

Sobald wir versuchen, einen HTLC zu senden, erfahren wir mehr über die Kanalguthaben: Bei Erfolg war das Guthaben *zumindest ausreichend*, um den angegebenen Betrag zu senden. Erhalten wir hingegen einen »temporären Kanalfehler« zurück, ist der wahrscheinlichste Grund die fehlende Liquidität für den angegebenen Betrag.

Sie fragen sich vielleicht, was man von einem erfolgreichen HTLC lernen kann. Bei Erfolg ist man ja »durch«. Bedenken Sie aber, dass wir einen Teil einer Multipart-Zahlung senden könnten oder vielleicht in kurzer Folge weitere Zahlungen senden müssen. Alles, was wir über Liquidität lernen, ist beim nächsten Versuch hilfreich.

Liquidität: Unsicherheit und Wahrscheinlichkeit

Um die Unsicherheit der Kanalliquidität zu quantifizieren, können wir die Wahrscheinlichkeitsrechnung nutzen. Ein einfaches Wahrscheinlichkeitsmodell zur Zustellung von Zahlungen liefert einige recht offensichtliche, aber wichtige Erkenntnisse:

- Kleinere Zahlungen haben eine bessere Chance, erfolgreich über einen Pfad zugestellt zu werden.
- Bei Kanälen mit höherer Kapazität haben wir eine größere Chance, den gewünschten Betrag zuzustellen.
- Je mehr Kanäle (Hops), desto geringer die Erfolgsaussichten.

Auch wenn das offensichtlich ist, hat es wichtige Auswirkungen, insbesondere auf Multipart-Zahlungen (siehe »Multipart-Zahlungen« auf Seite 326). Die Mathematik dahinter ist nicht schwer zu verstehen.

Wir wollen die Wahrscheinlichkeitsrechnung nutzen, um zu zeigen, wie wir zu diesen Schlussfolgerungen gekommen sind.

Zuerst verständigen wir uns darauf, dass ein Kanal mit der Kapazität *c* an einem Ende eine Liquidität in unbekannter Höhe im Bereich (0, *c*), also »zwischen 0 und *c*«, besitzt. Liegt die Kapazität z.B. bei 5, liegt die Liquidität im Bereich (0, 5). Wollen wir nun 5 Satoshi senden, liegen unsere Erfolgsaussichten bei 1 zu 6 (16,66 %), weil wir nur dann Erfolg haben, wenn die Liquidität genau 5 beträgt.

Einfacher ausgedrückt, heißt das, dass bei den möglichen Liquiditätswerten 0, 1, 2, 3, 4 und 5 nur einer der sechs möglichen Werte ausreicht, um unsere Zahlung zu senden. Bleiben wir bei diesem Beispiel und nehmen wir den Wert 3 für die Zahlung an, wäre sie bei einer Liquidität von 3, 4 und 5 erfolgreich. Unsere Erfolgschancen stehen also bei 3 zu 6 (50 %). Mathematisch formuliert, sieht die Funktion für die Erfolgswahrscheinlichkeit für einen einzelnen Kanal wie folgt aus:

$$P_c(a) = (c + 1 \quad a)/(c + 1)$$

Dabei ist *a* der Betrag und *c* die Kapazität.

Aus der Gleichung erkennen Sie, dass sich die Wahrscheinlichkeit der 1 annähert, je näher der Betrag sich der 0 nähert.

Mit anderen Worten: »Kleinere Beträge haben eine größere Chance, erfolgreich zugestellt zu werden« oder »Bei Kanälen mit höherer Kapazität haben wir größere Chancen, den gewünschten Betrag zuzustellen« und »Sie können eine Zahlung nicht über einen Kanal mit unzureichender Kapazität senden«.

Wir wollen nun über die Erfolgswahrscheinlichkeiten bei einem über mehrere Kanäle laufenden Kanal nachdenken. Nehmen wir an, der erste Kanal hätte eine Erfolgsaussicht von 50 % ($P = 0{,}5$). Liegen die Erfolgsaussichten beim zweiten Kanal ebenfalls bei 50 % ($P = 0{,}5$), liegen die Chancen insgesamt intuitiv bei 25 % ($P = 0{,}25$).

Wir können die Wahrscheinlichkeit des Erfolgs einer Zahlung als Produkt der Wahrscheinlichkeiten aller Kanäle entlang des Pfads formulieren:

$$P_{payment} = \Pi_{i=1}^{n} P_i$$

Dabei ist P_i die Erfolgswahrscheinlichkeit eines Pfads oder Kanals und $P_{zahlung}$ die Gesamtwahrscheinlichkeit einer erfolgreichen Zahlung über den gesamten Pfad.

Aus der Gleichung erkennen Sie, da die Wahrscheinlichkeit für den Erfolg für einen Kanal immer bei kleiner oder gleich eins liegt, dass die Erfolgswahrscheinlichkeit über mehrere Kanäle *exponentiell sinkt*.

Mit anderen Worten: »Je mehr Kanäle (Hops), desto geringer die Erfolgsaussichten.«

Es gibt viele mathematische Theorien und Modelle bezüglich der Unsicherheit der Liquidität der Kanäle. Grundlegende Arbeiten zur Modellierung von Unsicherheitsintervallen der Kanalliquidität finden Sie in »Security and Privacy of Lightning Network Payments with Uncertain Channel Balances« (*https://arxiv.org/abs/2103.08576*) von Pickhardt (Koautor dieses Buchs) und anderen.

Gebühren und andere Kanalmetriken

Als Nächstes fügt unser Sender Informationen in den Graphen ein, den er in `channel_update`-Nachrichten erhalten hat, die von den dazwischenliegenden Nodes gesendet wurden. Wie Sie wissen, enthält `channel_update` eine Vielzahl von Informationen über einen Kanal und die Erwartungen eines der beiden Partner.

In Abbildung 12-6 sehen wir, wie Selena den Kanal-Graphen basierend auf `channel_update`-Nachrichten von A, B, X und Y aktualisieren kann. Die Kanal-ID und die Kanalrichtung (enthalten in `channel_flags`) teilen Selena mit, für welchen Kanal und für welche Richtung dieses Update bestimmt ist. Jeder Kanalpartner sendet eine oder mehrere `channel_update`-Nachrichten, um seine Gebührenerwartungen und andere Kanalinformationen bekannt zu machen. Zum Beispiel sehen wir oben links das von Alice gesendete `channel_update` für den Kanal A–B und die Richtung A-nach-B. In diesem Update teilt Alice dem Netzwerk mit, wie viel Gebühren sie dafür verlangt, einen HTLC an Bob über diesen bestimmten Kanal zu senden. Bob kann in einem Kanal-Update (im Diagramm nicht zu sehen) für die Gegenrichtung völlig andere Gebühren fordern. Jede Node kann zu jeder Zeit neue `channel_update`-Nachrichten senden, um die Gebühren und Timelocks zu ändern.

Die Gebühren- und Timelock-Informationen sind sehr wichtig, nicht nur für die Wahl eines geeigneten Pfads. Wie wir in Kapitel 10 gesehen haben, muss der Sender Gebühren und Timelocks (`cltv_expiry_delta`) für jeden Hop aufsummieren, während er die Onion aufbaut. Die Berechnung der Gebühren erfolgt *rückwärts* vom Empfänger zum Sender, weil zwischenliegende Hops erwarten, dass eingehende HTLCs und Timelocks höher sind als ausgehende HTLCs, die an den Empfänger weitergeleitet werden. Erwartet Bob beispielsweise 1.000 Satoshi Gebühren und 30 Blöcke als Timelock-Delta, um eine Zahlung an Rashid weiterzuleiten, muss dieser Betrag und das Delta *von Alice* in den HTLC eingefügt werden.

Es ist auch wichtig zu bemerken, dass ein Kanal nicht nur ausreichend Liquidität für den zu überweisenden Betrag benötigt, sondern auch für die kumulierten Gebühren aller Hops. Zwar weist Selenas Kanal mit Xavier (S→X) eine ausreichende Liquidität für eine Zahlung von 1M Satoshi auf, diese reicht aber *nicht*, wenn wir auch die Gebühren berücksichtigen. Wir müssen die Gebühren kennen, weil nur Pfade mit ausreichender Liquidität *sowohl für die Zahlung als auch für alle Gebühren* berücksichtigt werden.

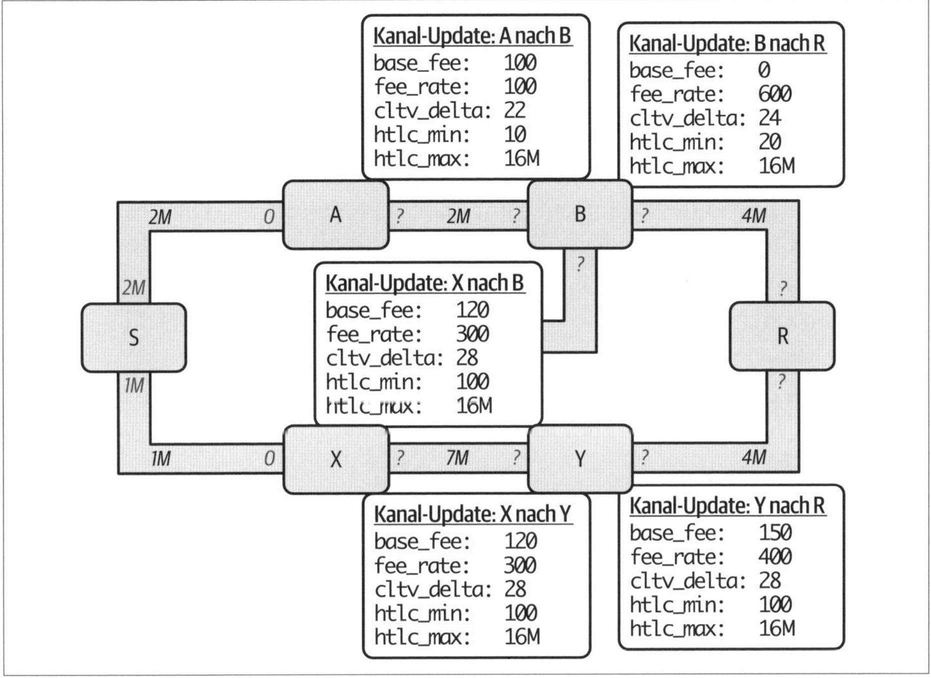

Abbildung 12-6: Gebühren und andere Kanalmetriken

Pfadkandidaten finden

Einen geeigneten Pfad durch einen gerichteten Graphen zu finden, ist ein gut untersuchtes Problem der Informatik (besser bekannt als *Kürzester-Pfad-Problem*). Es kann über unterschiedliche Algorithmen gelöst werden, je nachdem, welche Optimierungen und Einschränkungen man berücksichtigen muss.

Der berühmteste Algorithmus zur Lösung dieses Problems wurde 1956 vom niederländischen Mathematiker E. W. Dijkstra erdacht und wird schlicht *Dijkstras Algorithmus* (*https://en.wikipedia.org/wiki/Dijkstra's_algorithm*) genannt. Neben Dijkstras Originalalgorithmus gibt es viele Varianten und Optimierungen wie etwa A* (»A-Stern«) (*https://en.wikipedia.org/wiki/A*_search_algorithm*), einen auf Heuristik basierenden Algorithmus.

Wie bereits erwähnt, muss die »Suche« rückwärts erfolgen, um die Gebühren berücksichtigen zu können, die sich vom Empfänger zum Sender aufsummieren.

Dijkstra, A* oder irgendein anderer Algorithmus würde einen Pfad also vom Empfänger zum Sender suchen und dabei Gebühren, Liquidität und Timelock-Delta (oder eine Kombination) als Kostenfunktion für jeden Hop nutzen.

Mithilfe eines solchen Algorithmus berechnet Selena mehrere mögliche Pfade zu Rashid, sortiert nach dem kürzesten Pfad:

1. S→A→B→R
2. S→X→Y→R
3. S→X→B→R
4. S→A→B→X→Y→R

Doch wie wir vorhin gesehen haben, verfügt der Kanal S→X über keine ausreichende Liquidität, um 1M Satoshi samt Gebühren zu senden. Die Pfade 2 und 3 sind also nicht geeignet. Bleiben die Pfade 1 und 4 als mögliche Pfade für unsere Zahlung.

Mit zwei möglichen Pfaden ist Selena bereit für einen Zahlungsversuch!

Zustellung der Zahlung (Versuch-und-Irrtum-Schleife)

Selenas Node beginnt die Versuch-und-Irrtum-Schleife, indem sie den HTLC konstruiert, die Onion aufbaut und versucht, die Zahlung zuzustellen. Bei jedem Versuch sind drei Ergebnisse möglich:

- ein erfolgreiches Ergebnis (`update_fulfill_htlc`)
- ein Fehler (`update_fail_htlc`)
- eine »hängende« Zahlung ohne Antwort (weder Erfolg noch Fehler)

Schlägt die Zahlung fehl, kann man es über einen anderen Pfad erneut versuchen, indem man den Graphen aktualisiert (die Kanalmetriken ändert) und einen alternativen Pfad berechnet.

Was passiert, wenn eine Zahlung »hängt«, sehen wir uns in »Hängende Zahlungen« auf Seite 289 an. Der wesentliche Punkt ist aber, dass das den schlimmsten Fall darstellt, da wir es nicht mit einem anderen HTLC erneut versuchen können, weil beide (der hängende und der neue) letztlich durchlaufen könnten, was eine Doppelzahlung zur Folge hätte.

Erster Versuch (Pfad #1)

Selena versucht es mit dem ersten Pfad (S→A→B→R). Sie erzeugt die Onion und sendet sie, erhält aber eine Fehlermeldung von Bobs Node zurück. Bob meldet einen `temporary channel failure` in einem `channel_update`. Dabei wird der Kanal B→R als derjenige identifiziert, über den nicht zugestellt werden konnte. Dieser Versuch ist in Abbildung 12-7 zu sehen.

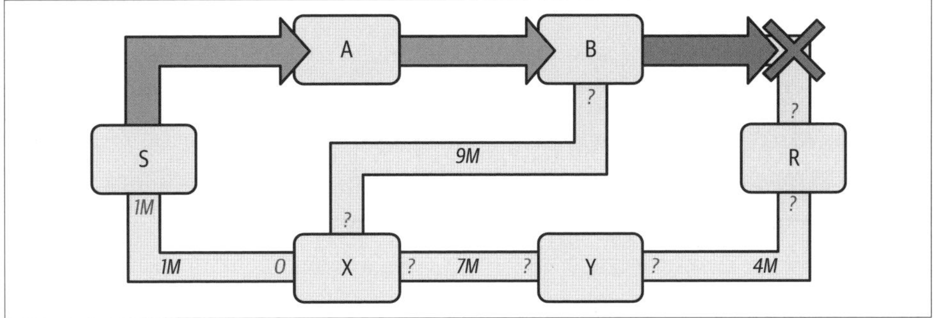

Abbildung 12-7: Versuch über Pfad #1 schlägt fehl.

Aus Fehlern lernen

Aus dem Fehlercode kann Selena ableiten, dass Bobs Liquidität nicht ausreicht, um die Zahlung an Rashid über diesen Kanal zuzustellen. Noch wichtiger ist, dass dieser Fehler die Unsicherheit über die Liquidität dieses Kanals verringert. Vorher ging Selenas Node davon aus, dass die Liquidität auf Bobs Seite des Kanals irgendwo im Bereich (0, 4M) liegt. Jetzt kann sie davon ausgehen, dass die Liquidität im Bereich (0, 999999) liegt. Selena kann nun außerdem davon ausgehen, dass die Liquidität dieses Kanals auf Rashids Seite im Bereich (1M, 4M) liegt statt bei (0, 4M). Selena hat aus diesem Fehler sehr viel gelernt.

Zweiter Versuch (Pfad #4)

Nun versucht es Selena mit dem vierten Kandidaten (S→A→B→X→Y→R). Dieser Pfad ist länger und kostet mehr Gebühren, ist nun aber die beste Option für die Zustellung der Zahlung.

Glücklicherweise empfängt Selena eine `update_fulfill_htlc`-Nachricht von Alice, d.h., die Zahlung war erfolgreich (siehe Abbildung 12-8).

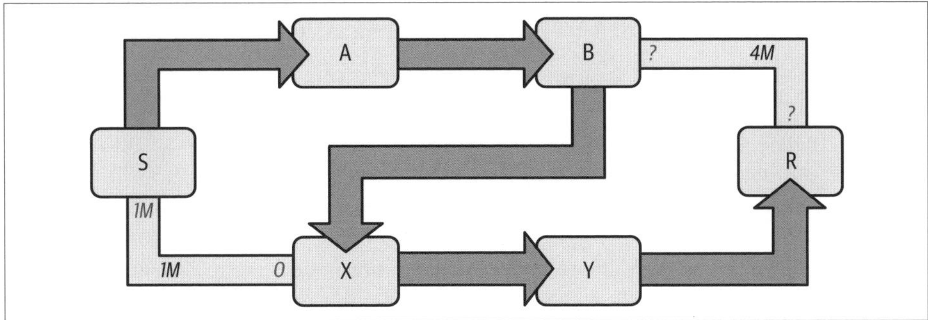

Abbildung 12-8: Erfolgreicher Versuch über Pfad #4

Aus Erfolgen lernen

Selena hat auch aus dieser erfolgreichen Zustellung viel gelernt. Sie weiß nun, dass alle Kanäle entlang des Pfads S→A→B→X→Y→R über genug Liquidität verfügen, um die Zahlung zustellen zu können. Darüber hinaus weiß sie, dass jeder Kanal den HTLC-Betrag (1M + Gebühren) an das andere Ende des Kanal gesendet hat. Das erlaubt Selena, die Neuberechnung des Liquiditätsbereichs der empfangenden Seite aller Kanäle entlang des Pfads und die minimale Liquidität mit 1M + Gebühren festzulegen.

Veraltetes Wissen?

Selena besitzt nun eine wesentlich bessere »Karte« des Lightning-Netzwerks (zumindest was diese sieben Kanäle betrifft). Dieses Wissen wird für Selenas nachfolgende Zahlungsversuche hilfreich sein.

Allerdings ist dieses Wissen »veraltet«, wenn andere Nodes Zahlungen senden oder routen. Selena wird diese Zahlungen nie sehen (es sei denn, sie ist der Sender). Selbst wenn sie Zahlungen routet, kann sie aufgrund des Onion-Routings nur Änderungen an einem Hop (ihren eigenen Kanälen) sehen.

Selenas Node muss daher entscheiden, wie lange sie dieses Wissen behält, bevor sie es als veraltet und daher nutzlos betrachtet.

Multipart-Zahlungen

Multipart-Zahlungen (*Multipart Payments*, MPP) sind ein Feature, das 2020 im Lightning-Netzwerk eingeführt wurde und mittlerweile sehr verbreitet ist. Multipart-Zahlungen erlauben es, eine Zahlung in mehrere *Teile* zu zerlegen, die als HTLCs über verschiedene Pfade an den Empfänger gesendet werden, wobei die *Atomizität* der Gesamtzahlung erhalten bleibt. Atomizität bedeutet in diesem Zusammenhang, dass entweder alle HTLC-Teile einer Zahlung erfolgreich abgeschlossen werden oder die gesamte Zahlung fehlschlägt und damit auch alle HTLC-Teile. Eine nur partiell erfolgreiche Zahlung ist also unmöglich.

Multipart-Zahlungen sind eine deutliche Verbesserung des Lightning-Netzwerks, da sie Zahlungen ermöglichen, die nicht in einen einzelnen Kanal »passen«. Dazu werden sie in kleinere Zahlungen aufgeteilt, für die es ausreichend Liquidität gibt. Darüber hinaus wurde bewiesen, dass (im Vergleich zu einer Zahlung über einen einzelnen Pfad) die Wahrscheinlichkeit einer erfolgreichen Zahlung steigt.

Seit es MPP gibt, stellt man sich Zahlungen über einen einzelnen Kanal am besten als Unterkategorie einer MPP vor. Letztlich ist ein einzelner Pfad nur ein Multipart der Größe eins. Alle Zahlungen werden als Multipart-Zahlungen betrachtet, es sei denn, die Größe der Zahlung und die verfügbare Liquidität machen es möglich, die Zahlung als Ganzes zu überweisen.

MPP nutzen

MPP ist nichts, für das sich der Nutzer entscheidet. Vielmehr ist es eine Strategie der Node zur Wegfindung und Zustellung einer Zahlung. Es werden die gleichen grundlegenden Schritte implementiert: Graph erzeugen, Pfade wählen und die Versuch-und-Irrtum-Schleife. Der Unterschied besteht darin, dass wir bei der Wahl des Pfads berücksichtigen müssen, wie die Zahlung aufgeteilt werden muss, um die Zustellung zu optimieren.

In unserem Beispiel sehen wir sofortige Verbesserungen unseres Wegfindungsproblems durch MPP. Erstens können wird den Kanal S→X nutzen, der bekanntermaßen nicht genug Liquidität besitzt, um 1M Satoshi plus Gebühren zu senden. Zweitens gibt es die unbekannte Liquidität des Kanals B→R, der zwar 1M nicht übertragen kann, aber vielleicht einen kleineren Betrag.

Zahlungen aufteilen

Die grundlegende Frage lautet, wie man die Zahlungen aufteilt. Genauer gesagt, was sind die optimale Anzahl der Teile und der optimale Betrag für jeden Teil?

Dieser Bereich wird noch erforscht, und neue Strategien entstehen. Multipart-Zahlungen führen zu einem anderen algorithmischen Ansatz als Zahlungen über einen einzelnen Pfad, auch wenn eine solche Ein-Pfad-Lösung aus einer Multipart-Optimierung hervorgehen kann (d.h., der einzelne Pfad kann die von einem Multipart-Wegfindungsalgorithmus empfohlene optimale Lösung sein).

Wir erinnern uns, dass die Unsicherheit der Liquidität/des Guthabens zu (offensichtlichen) Schlussfolgerungen führt. Diese können wir auch auf die MPP-Wegfindung anwenden:

- Kleinere Zahlungen haben höhere Erfolgsaussichten.
- Je mehr Kanäle verwendet werden, desto (exponentiell) geringer sind die Erfolgsaussichten.

Aus der ersten Schlussfolgerung können wir ableiten, dass das Aufteilen einer größeren Zahlung (z.B. 1 Million Satoshi) in kleinere Zahlungen die Chance erhöht, dass diese kleineren Zahlungen erfolgreich sind. Die Zahl möglicher Pfade erhöht sich, wenn wir kleinere Beträge senden.

Reizt man diese Idee aus, könnte man eine Zahlung von 1M Satoshi in eine Million Zahlungen von je einem Satoshi aufteilen. Leider belehrt uns die zweite Schlussfolgerung eines Besseren: Da wir mehr Kanäle bzw. Pfade nutzen müssten, um eine Million Ein-Satoshi-HTLCs zu senden, würden unsere Chancen exponentiell sinken.

Auch wenn es nicht offensichtlich ist, führen die beiden obigen Erkenntnisse zu einem »Optimalpunkt«, einem »Sweetspot«, der unsere Erfolgsaussichten maximiert: Aufteilen in kleinere, aber nicht zu viele Zahlungen.

Die Berechnung der optimalen Balance von Größe und Anzahl der Teile für einen gegebenen Kanal-Graphen würde den Rahmen dieses Buchs sprengen und ist ein

Bereich fortlaufender Forschung. Einige aktuelle Implementierungen verwenden eine sehr einfache Strategie und teilen Zahlungen in zwei Hälften, vier Viertel etc.

Wenn Sie mehr über das als Minimalkostenfluss bekannte Optimierungsproblem erfahren wollen, das bei der Aufteilung von Zahlungen in unterschiedliche Größen und ihre Zuordnung zu Pfaden verwendet wird, lesen Sie das Paper »Optimally Reliable & Cheap Payment Flows on the lightning network« (*https://arxiv.org/abs/2107.05322*) von René Pickhardt (Koautor dieses Buchs) und Stefan Richter.

In unserem Beispiel versucht Selenas Node, die 1M-Zahlung in zwei Teile von 600k und 400k aufzuteilen und sie über zwei verschiedene Pfade zu senden (siehe Abbildung 12-9).

Da nun der Kanal S→X genutzt werden kann und der Kanal B→R (zum Glück für Selena) ausreichend Liquidität für 600k Satoshi besitzt, sind die beiden Teilzahlungen entlang der Pfade erfolgreich, die vorher nicht möglich waren.

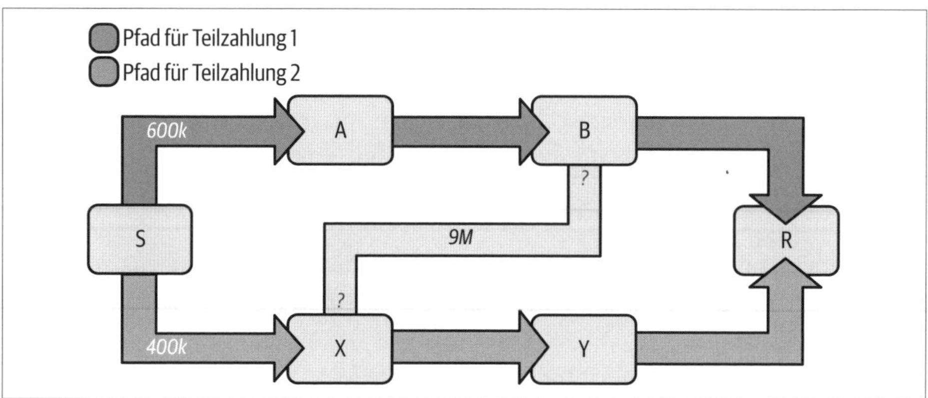

Abbildung 12-9: Zwei Teile einer Multipart-Zahlung senden

Versuch und Irrtum über mehrere »Runden«

Multipart-Zahlungen führen zu einer leicht veränderten Versuch-und-Irrtum-Schleife für die Zahlungszustellung. Da wir bei jedem Versuch mehrere Pfade ausprobieren, gibt es vier mögliche Ergebnisse:

- Alle Teile sind erfolgreich, die Zahlung war erfolgreich.
- Ein Teil war erfolgreich, ein anderer Teil schlägt fehl und meldet Fehler zurück.
- Alle Teile schlagen fehl und melden Fehler zurück.
- Einige Teile »hängen« und geben nichts zurück.

Im zweiten Fall, in dem ein Teil mit Fehlern fehlschlägt und ein anderer Teil erfolgreich ist, können wir die Versuch-und-Irrtum-Schleife *wiederholen*, aber *nur für den noch offenen Betrag*.

Nehmen wir zum Beispiel an, Selena würde einen wesentlich größeren Kanal-Graphen mit Hunderten möglicher Pfade zu Rashid besitzen. Ihr Wegfindungsalgorithmus könnte eine optimale Zahlung ermitteln, die aus 26 Teilen unterschiedlicher Größen besteht. Von den 26 Teilen, die in der ersten Runde versendet wurden, kamen drei mit einem Fehler zurück.

Würden diese drei Teile aus z.B. 155k Satoshi bestehen, würde Selena die Wegfindung neu starten, und zwar nur für diese 155k Satoshi. Die nächste Runde würde völlig andere Pfade finden (optimiert für die noch offenen 155k) und diese 155k in völlig andere Mengen aufteilen.

Auch wenn sich 26 Teile nach viel anhören, konnten Tests im Lightning-Netzwerk die erfolgreiche Zustellung einer Zahlung von 0,3679 BTC in 345 Teilen nachweisen.

Darüber hinaus würde Selenas Node den Kanal-Graphen mit den Informationen zu den Erfolgen und Misserfolgen der ersten Runde füttern, um den optimalen Pfad und die optimale Aufteilung für die zweite Runde zu finden.

Wir wollen annehmen, dass Selenas Node den besten Weg zum Versenden der verbliebenen 155k in sechs Teilen zu 80k, 42k, 15k, 11k, 6,5k und 500 Satoshi sieht. In der nächsten Runde erhält Selena nur einen Fehler zurück, der anzeigt, dass der 11k-Teil fehlgeschlagen ist. Basierend auf den zurückerhaltenen Informationen, aktualisiert Selena den Kanal-Graphen erneut und wiederholt die Wegfindung für die verbliebenen 11k. Diesmal kann der noch offene Betrag in zwei Teilen von 6k und 5k erfolgreich zugestellt werden.

Dieses Senden einer Zahlung über mehrere Runden mittels MPP sehen Sie in Abbildung 12-10.

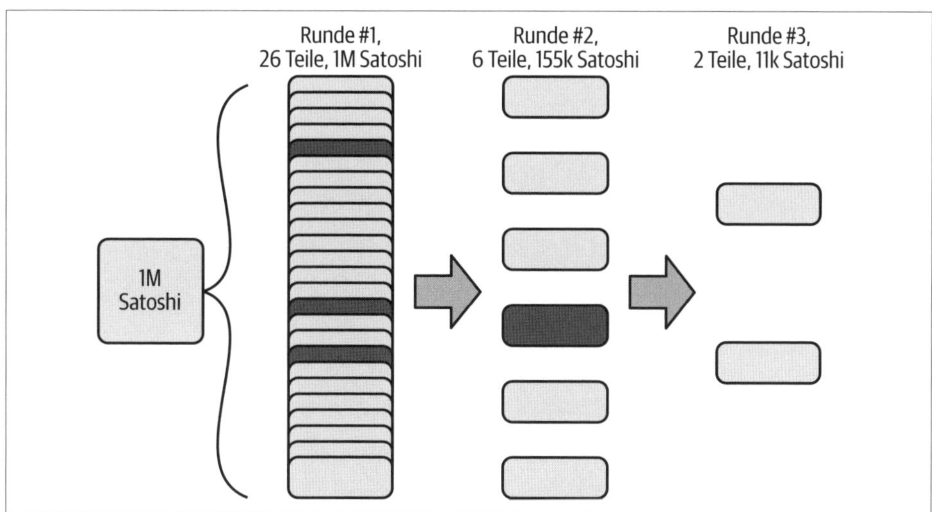

Abbildung 12-10: Senden einer Zahlung über mehrere Runden mittels MPP

Am Ende hat Selenas Node drei Wegfindungsrunden durchlaufen, um 1M Satoshi in 30 Teilen zu senden.

Fazit

In diesem Kapitel haben wir die Wegfindung und Zustellung von Zahlungen betrachtet. Sie haben gesehen, wie man den Kanal-Graphen nutzt, um Pfade vom Sender zum Empfänger zu finden. Sie haben außerdem gesehen, wie der Sender in einer Versuch-und-Irrtum-Schleife wiederholt versucht, Zahlungen über Pfadkandidaten zuzustellen.

Wir haben auch die (aus Sicht des Senders) Unsicherheit der Kanalliquidität untersucht und welche Auswirkungen sie auf die Wegfindung hat. Wir haben gezeigt, wie man diese Unsicherheit quantifiziert und die Wahrscheinlichkeitsrechnung nutzt, um einige nützliche Schlussfolgerungen zu ziehen. Und wir haben gezeigt, wie man die Unsicherheit reduziert, indem man sowohl aus erfolgreichen als auch aus fehlgeschlagenen Zahlungen lernt.

Abschließend haben wir erläutert, wie die neuen Multipart-Zahlungen Zahlungen in mehrere Teile zerlegen und so die Erfolgsaussichten selbst für größere Zahlungen erhöhen.

KAPITEL 13

Wire-Protokoll: Framing und Erweiterbarkeit

In diesem Kapitel tauchen wir in das Wire-Protokoll des Lightning-Netzwerks ein und sehen uns auch die Erweiterungsmöglichkeiten an, die in das Protokoll integriert wurden. Am Ende dieses Kapitels sollten Sie als ambitioniert Lesende in der Lage sein, eigene Wire-Protokoll-Parser für das Lightning-Netzwerk zu entwickeln. Neben der Fähigkeit, eigene Protokoll-Parser zu schreiben, erhalten Sie tiefe Einblicke in die verschiedenen Upgrade-Mechanismen, die in das Protokoll integriert wurden.

Messaging-Schicht in der Lightning-Protokoll-Suite

Die Messaging-Schicht, die wir in diesem Kapitel behandeln, besteht aus dem *Framing- und Nachrichtenformat*, der *Type-Length-Value-Codierung* und den *Feature-Bits*. Diese Komponenten sind in der Protokoll-Suite in Abbildung 13-1 entsprechend hervorgehoben.

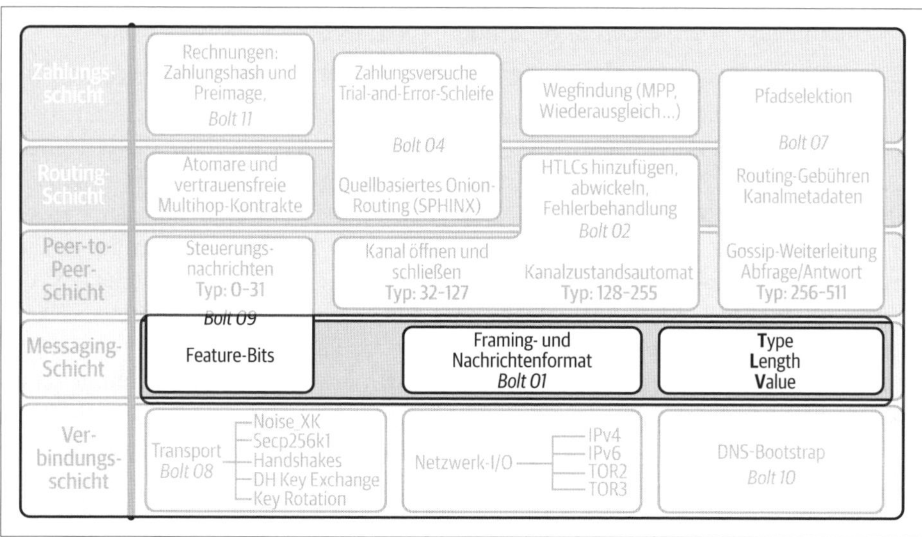

Abbildung 13-1: Messaging-Schicht der Lightning-Protokoll-Suite

Wire-Framing

Wir beginnen mit der Beschreibung der High-Level-Struktur des Wire-Framings innerhalb des Protokolls. Wenn wir von *Framing* sprechen, meinen wir die Art und Weise, wie die Bytes über die Leitung (engl. *Wire*) verpackt werden, um eine bestimmte Protokollnachricht zu *codieren*. Ohne das Wissen um das vom Protokoll verwendete Framing-System wäre ein Bytestring auf der Leitung nur eine Reihe zufälliger Bytes, da keine Struktur festgelegt wurde. Indem wir das richtige Framing zur Decodierung dieser Bytes nutzen, können wir die Struktur extrahieren und in Protokollnachrichten für unsere Hochsprache parsen.

Es ist wichtig zu bemerken, dass das Lightning-Netzwerk ein Protokoll mit *Ende-zu-Ende-Verschlüsselung* ist und dass das Wire-Framing selbst in einer *verschlüsselten* Nachrichtentransportschicht gekapselt ist. Wie wir in Kapitel 14 noch sehen werden, nutzt das Lightning-Netzwerk eine selbst entwickelte Variante des Noise-Protokolls für die Transportverschlüsselung. Wenn wir in diesem Kapitel Beispiele für das Wire-Framing zeigen, nehmen wir an, dass die Verschlüsselungsschicht (bei der Decodierung) bereits verarbeitet wurde bzw. dass wir die zu sendenden Bytes noch nicht verschlüsselt haben (Codierung).

High-Level-Wire-Framing

Nachdem wir das klargestellt haben, können wir das High-Level-Schema beschreiben, das zur Codierung der Nachrichten über die Leitung verwendet wird:

- Nachrichten beginnen mit einem *2-Byte*-Typfeld, auf das die Nachrichtennutzdaten folgen.
- Die Nachrichtennutzdaten selbst können 65 KByte groß sein.
- Alle Integerwerte werden in Big-Endian (Netzwerkreihenfolge) codiert.
- Alle Bytes, die auf eine definierte Nachricht folgen, können ignoriert werden.

Ja, das war's. Da sich das Protokoll auf eine *kapselnde*, verschlüsselte Transportprotokollschicht verlässt, benötigen wir keine explizite Länge für die jeweiligen Nachrichtentypen. Da die Transportverschlüsselung auf *Nachrichten*-Ebene erfolgt, kennen wir zum Zeitpunkt der Decodierung bereits die Anzahl der Bytes in der Nachricht. Die Verwendung von zwei Bytes (im Big-Endian-Format) für den Nachrichtentyp erlaubt dem Protokoll, 2^16 – 1, oder 65.535, verschiedene Nachrichten zu senden. Und da wir wissen, dass alle Nachrichten kleiner als 65 KByte sein müssen, vereinfacht sich unser Parsing, da wir Puffer *fester Größe* verwenden und feste Grenzen für den Speicherbedarf definieren können, um eingehende Nachrichten zu parsen.

Der letzte Punkt erlaubt eine gewisse *Rückwärtskompatibilität*, da neue Nodes Informationen in den Wire-Nachrichten bereitstellen können, die ältere Nodes (die sie vielleicht nicht verstehen) gefahrlos ignorieren können. Wie wir später noch sehen werden, ermöglicht dieses Feature, zusammen mit dem sehr flexiblen Nachrichtenerweiterungsformat, dem Protokoll ebenfalls eine *Vorwärtskompatibilität*.

Typcodierung

Mit diesem Hintergrundwissen können wir mit der einfachsten Schicht beginnen: dem Parsing primitiver Typen. Neben der Codierung von Integerwerten erlaubt das Lightning-Protokoll auch die Codierung einer ganzen Reihe von Typen, darunter Byte-Segmente (Slices) variabler Länge, auf elliptischen Kurven basierende öffentliche Schlüssel, Bitcoin-Adressen und Signaturen. Wenn wir später in diesem Kapitel die *Struktur* der Wire-Nachrichten beschreiben, reden wir von den High-Level-Typen (den abstrakten Typen) und nicht von der Low-Level-Darstellung besagter Typen. In diesem Abschnitt legen wir diese Abstraktionsschicht frei, damit unser Wire-Parser alle High-Level-Typen korrekt codieren/decodieren kann.

In Tabelle 13-1 bilden wir den Namen eines Nachrichtentyps auf die High-Level-Routine ab, die zur Codierung/Decodierung dieses Typs verwendet wird.

Tabelle 13-1: High-Level-Nachrichtentypen

High-Level-Typ	Framing	Kommentar
`node_alias`	32 Byte langer Byte-Slice	Wird bei der Decodierung abgelehnt, wenn kein gültiger UTF-8-String vorliegt.
`channel_id`	32 Byte langer Byte-Slice, der einen Outpoint auf einen 32-Byte-Wert abbildet	Für einen gegebenen Outpoint kann die `channel_id` ermittelt werden, indem man die TxID des Outpoints über XOR mit dem Index (interpretiert als die unteren beiden Bytes) verknüpft.
`short_chan_id`	64-Bit-Integerwert ohne Vorzeichen (`uint64`)	Besteht aus der Blockhöhe (24 Bit), dem Transaktionsindex (24 Bit) und dem Output-Index (16 Bit), verpackt in 8 Byte.
`milli_satoshi`	64-Bit-Integerwert ohne Vorzeichen (`uint64`)	Repräsentiert den 1000. Teil eines Satoshi.
`satoshi`	64-Bit-Integerwert ohne Vorzeichen (`uint64`)	Die Bitcoin-Basiseinheit.
`pubkey`	ein öffentlicher secp256k1-Schlüssel, codiert im *komprimierten* Format; 33 Byte lang	Belegt genau 33 Bytes auf der Leitung.
`sig`	ECDSA-Signatur der secp256k1-Kurve	Codiert als *fester* 64-Byte-Slice, gepackt als `R || S`.
`uint8`	8-Bit-Integerwert	
`uint16`	16-Bit-Integerwert	
`uint64`	64-Bit-Integerwert	
`[]byte`	Byte-Slice variabler Länge	Ein vorangestellter 16-Bit-Integerwert gibt die Länge in Bytes an.
`color_rgb`	RGB-Farbcodierung	Codiert als Folge von 8-Bit-Integerwerten.
`net_addr`	codierte Netzwerkadresse	1-Byte-Präfix, gibt den Adresstyp an, gefolgt von der Adresse.

Im nächsten Abschnitt beschreiben wir die Struktur jeder Wire-Nachricht, einschließlich des Präfixtyps der Nachricht und des Inhalts im Body der Nachricht.

Type-Length-Value-Nachrichtenerweiterungen

Zu Beginn des Kapitels haben wir erwähnt, dass Nachrichten bis zu 65 KByte groß sein können und überzählige Bytes beim Parsing ignoriert werden sollen. Diese Forderung mag auf den ersten Blick etwas willkürlich erscheinen, doch sie erlaubt eine entkoppelte, desynchronisierte Evolution des Lightning-Protokolls. Wir diskutieren das gegen Ende des Kapitels etwas ausführlicher, wollen uns jetzt aber kurz ansehen, wofür diese »zusätzlichen Bytes« am Ende einer Nachricht verwendet werden können.

Das Protocol-Buffers-Nachrichtenformat

Das Nachrichtenserialisierungsformat *Protocol Buffers* (Protobuf) begann als internes Format bei Google und hat sich zu einem der beliebtesten Nachrichtenserialisierungsformate gemausert, das weltweit von Entwicklern eingesetzt wird. Das Protobuf-Format beschreibt, wie eine Nachricht (üblicherweise eine zu einer API gehörende Datenstruktur) über eine Leitung codiert und am anderen Ende wieder decodiert wird. Verschiedene »Protobuf-Compiler« existieren in Dutzenden Sprachen. Sie fungieren als Brücke, die es einer Sprache erlauben, einen Protobuf zu codieren, der von jedem kompatiblen Decoder in einer anderen Sprache decodiert werden kann. Diese Kompatibilität von Datenstrukturen über viele Sprachen hinweg erlaubt eine Vielzahl von Innovationen, weil es möglich ist, Strukturen und sogar typisierte Datenstrukturen über Sprach- und Abstraktionsgrenzen hinweg zu übertragen.

Protobufs sind auch dafür bekannt, Änderungen der zugrunde liegenden Nachrichtenstruktur flexibel handhaben zu können. Solange man sich an das Feldnummerierungsschema hält, können neuere Protobufs Informationen enthalten, die ältere Protobufs nicht kennen. Entdeckt ein älterer Reader ein neues serialisiertes Format mit Typen/Feldern, die er nicht versteht, *ignoriert* er sie einfach. Alte und neue Clients können so koexistieren, weil alle Clients einen Teil des neueren Formats verarbeiten können.

Vor- und Rückwärtskompatibilität

Protobufs sind bei Entwicklern sehr beliebt, da sowohl eine Vorwärts- als auch eine Rückwärtskompatibilität integriert sind. Die meisten Entwickler sind wohl mit dem Konzept der Rückwärtskompatibilität vertraut. Einfach ausgedrückt, sollen dabei Änderungen am Nachrichtenformat oder an der API in einer Weise erfolgen, die die Unterstützung älterer Clients beibehält. Bei unseren Protobuf-Erweiterungen wird Rückwärtskompatibilität dadurch erreicht, dass neue Ergänzungen des Protobuf-Formats die bekannten Teile für ältere Clients nicht beinträchtigen. Die Vorwärtskompatibilität ist andererseits für desynchronisierte Updates wichtig, allerdings nicht so bekannt. Damit eine Änderung vorwärtskompatibel ist, müssen Clients einfach jegliche Informationen ignorieren, die sie nicht verstehen. Der Soft-Fork-Mechanismus der Aktualisierung des Bitcoin-Konsenssystems ist sowohl vorwärts- als auch rückwärtskompatibel: Jeder Client, der nicht aktualisiert wird, kann Bitcoin weiter nutzen, und wenn er Transaktionen entdeckt, die er nicht versteht, ignoriert er sie einfach, weil seine Guthaben diese neuen Features nicht nutzen.

Type-Length-Value-Format

Um Nachrichten in einer Weise zu aktualisieren, die sowohl vorwärts- als auch rückwärtskompatibel ist, nutzt das Lightning-Netzwerk neben Feature-Bits (mehr dazu später) ein eigenes Nachrichtenserialisierungsformat, das schlicht *Type Length Value* oder kurz TLV genannt wird. Das Format wurde durch das weitverbreitete Protobuf-Format inspiriert und übernimmt viele Konzepte, vereinfacht die Implementierung ebenso wie die Interaktion mit dem Parsing von Nachrichten aber signifikant. Ein neugieriger Leser könnte sich fragen, warum man nicht ein Protobuf nutzt. Die Antwort der Lightning-Entwickler lautet, dass man die gewünschte Erweiterbarkeit von Protobufs besitzt und gleichzeitig die Vorteile einer kleineren Implementierung und damit eine kleinere Angriffsfläche. In Version 3.15.6 besteht der Protobuf-Compiler aus über 656.671 Codezeilen. Im Vergleich dazu ist LNDs Implementierung des TLV-Nachrichtenformats gerade mal 2.300 Codezeilen (inklusive Tests) groß.

Nachdem wir das nötige Hintergrundwissen besitzen, können wir uns das TLV-Format im Detail ansehen. Eine TLV-Nachrichtenerweiterung besteht aus einem Stream individueller TLV-Records. Ein einzelner TLV-Record besteht aus drei Komponenten: dem Typ des Records, der Länge des Records und schließlich dem (verschleierten) Wert des Records:

`type`
: Integerwert, der den Namen des zu codierenden Records repräsentiert.

`length`
: Die Länge des Records.

`value`
: Der verschleierte Wert des Records.

Sowohl `type` als auch `length` werden als Integerwert variabler Größe codiert. Die Codierung ist durch die in Bitcoins P2P-Protokoll verwendeten Integerwerte variabler Größe (varint) inspiriert, die `BigSize` genannt werden.

BigSize-Integercodierung

In seiner vollständigen Form kann ein `BigSize`-Integer Werte von bis zu 64 Bit repräsentieren. Im Gegensatz zu Bitcoins varint-Format verwendet `BigSize` zur Codierung der Integerwerte das Big-Endian-Format.

Ein `BigSize`-Wert besteht aus zwei Komponenten: der Diskriminante und dem Body (also dem eigentlichen Wert). Die Diskriminante gibt in diesem Kontext die Größe des folgenden Integerwerts an. Das Einmalige bei Integerwerten variabler Größe ist, dass der Parser weniger Bytes nutzen kann, um kleinere Integerwerte zu codieren, und auf diese Weise Platz spart. Die Codierung eines `BigSize` erfolgt nach diesen vier Regeln:

1. Ist der Wert kleiner als `0xfd` (`253`): Die Diskriminante wird nicht verwendet, und der Wert wird direkt codiert. Auf diese Weise können wir kleine Integerwerte ohne zusätzlichen Overhead codieren.
2. Ist der Wert kleiner als oder gleich `0xffff` (`65535`): Die Diskriminante wird mit `0xfd` codiert und gibt an, dass der folgende Wert größer als `0xfd`, aber kleiner als `0xffff` ist. Die Zahl wird als 16-Bit-Integerwert codiert. Einschließlich der Diskriminante können wir Werte größer als 253 und kleiner als 65.535 in drei Bytes codieren.
3. Ist der Wert kleiner als `0xffffffff` (`4294967295`): Die Diskriminante wird mit `0xfe` codiert. Der Body wird einschließlich der Diskriminante als 32-Bit-Integerwert codiert. Wir können also einen Wert kleiner als `4.294.967.295` in fünf Bytes codieren.
4. Anderenfalls codieren wir den Wert als 64-Bit-Integer.

Beschränkungen der TLV-Codierung

Innerhalb des Kontexts einer TLV-Nachricht sind Record-Typen unter `2^16` für die zukünftige Nutzung *reserviert*. Typen außerhalb dieses Bereichs sollen von »selbst entwickelten« Erweiterungen von Anwendungsprotokollen verwendet werden.

Der `Wert` eines Records hängt vom `Typ` ab. Mit anderen Worten, er kann jede Form annehmen, da die Parser ihn anhand des Typs selbst interpretieren.

Kanonische TLV-Codierung

Ein Problem des Protobuf-Formats besteht darin, dass die Codierung der gleichen Nachricht eine völlig andere Bytefolge ergeben kann, wenn sie von zwei verschiedenen Versionen des Compilers codiert wird. Solche Instanzen nicht kanonischer Codierungen sind für Lightning nicht akzeptabel, weil viele Nachrichten eine Signatur des Message-Digests enthalten. Wenn es möglich ist, eine Nachricht auf zwei verschiedene Arten zu codieren, könnte die Authentifizierung einer Signatur versehentlich nicht mehr funktionieren, wenn eine Nachricht mit einer leicht veränderten Bytefolge über die Leitung läuft.

Um eine kanonische Codierung aller Nachrichten sicherzustellen, gelten für die Codierung die folgenden Beschränkungen:

- Alle Records eines TLV-Streams müssen strikt nach Typ aufsteigend codiert werden.
- Alle Records müssen die Felder `type` und `length` minimal codieren, d.h., es muss immer die kleinstmögliche `BigSize`-Darstellung für einen Integerwert verwendet werden.
- Jeder `type` darf innerhalb eines TLV-Streams nur einmal vorkommen.

Neben diesen Beschränkungen bei der Codierung sind auf höherer Ebene noch weitere Anforderungen definiert, die von der *Arität* des gegebenen `type`-Werts abhängen. Wir sehen uns das gegen Ende dieses Kapitel noch genauer an, wenn wir die Aktualisierung des Lightning-Protokolls in Theorie und Praxis diskutieren.

Feature-Bits und Erweiterbarkeit des Protokolls

Da das Lightning-Netzwerk ein dezentralisiertes System ist, kann keine einzelne Entität eine Protokolländerung oder -modifikation für alle Nutzer des Systems erzwingen. Diese Eigenschaft sieht man auch bei anderen dezentralisierten Netzwerken wie Bitcoin. Doch im Gegensatz zu Bitcoin ist *kein* großer Konsens nötig, um einen Teilbereich des Lightning-Netzwerks zu ändern. Lightning kann sich im Gegensatz zu Bitcoin beliebig entwickeln, ohne sich großartig koordinieren zu müssen, da ein globaler Konsens im Lightning-Netzwerk nicht benötigt wird. Dank dieser Tatsache und der verschiedenen in das Lightning-Netzwerk integrierten Update-Mechanismen müssen nur Teilnehmer, die neue Features des Lightning-Netzwerks nutzen wollen, ihr System aktualisieren und können dann miteinander interagieren.

In diesem Abschnitt sehen wir uns die verschiedenen Möglichkeiten an, die Entwickler und Nutzer haben, um neue Features für das Lightning-Netzwerk zu entwerfen und zu integrieren. Die Entwickler des ursprünglichen Lightning-Netzwerks wussten, dass es für das Netzwerk und das zugrunde liegende Protokoll viele mögliche zukünftige Richtungen geben würde. Daher implementierten sie verschiedene Erweiterungsmechanismen im System. Diese können genutzt werden, um das System teilweise oder vollständig in einer entkoppelten, desynchronisierten und dezentralisierten Form zu aktualisieren.

Feature-Bits als Mechanismus zur Erkennung von Upgrades

Aufmerksame Leser werden bemerkt haben, dass Feature-Bits an verschiedenen Stellen im Lightning-Protokoll enthalten sind. Ein *Feature-Bit* ist ein Bitfeld, das die Kenntnis oder Beachtung eines möglichen Protokoll-Updates anzeigt. Feature-Bits werden üblicherweise in Paaren zugewiesen, d.h., ein neues Feature/Upgrade belegt im Bitfeld immer zwei Bits. Ein Bit gibt an, dass das entsprechende Feature *optional* ist, d. h., die Node kennt das Feature und kann es nutzen, betrachtet es für den normalen Betrieb aber nicht als notwendig. Das andere Bit zeigt an, dass das Feature *erforderlich* ist, d. h., der Betrieb wird eingestellt, wenn der entsprechende Peer das Feature nicht versteht.

Durch diese beiden Bits (optional und erforderlich) können wir eine einfache Kompatibilitätsmatrix erstellen, die Nodes bzw. Nutzer verwenden können, um zu ermitteln, ob ein Peer mit dem gewünschten Peer kompatibel ist (siehe Tabelle 13-2).

Tabelle 13-2: Feature-Bit-Kompatibilitätsmatrix

Bittyp	Remote optional	Remote erforderlich	Remote unbekannt
Lokal optional	✓	✓	✓
Lokal erforderlich	✓	✓	×
Lokal unbekannt	✓	×	×

Anhand dieser vereinfachten Kompatibilitätsmatrix erkennen wir, dass wir mit der anderen Partei über das Protokoll interagieren können, solange sie unser Feature-Bit kennt. Kennt die andere Partei das Feature-Bit nicht *und* ist dieses Feature erforderlich, ist sie mit uns nicht kompatibel. Innerhalb des Netzwerks werden optionale Features über *ungerade Bitnummern* (engl. *odd*) angezeigt, während erforderliche Features mit *geraden Bitnummern* (engl. *even*) angezeigt werden. Signalisiert ein Peer beispielsweise, dass er das Bit `15` nutzende Feature kennt, wissen wir, dass es sich um ein optionales Feature handelt und wir mit ihm interagieren bzw. auf Nachrichten antworten können, selbst wenn wir das Feature nicht kennen. Wird hingegen signalisiert, dass er das Feature-Bit `16` nutzt, wissen wir, dass das Feature erforderlich ist, und wir können nur mit dem Peer interagieren, wenn unsere Node das Feature auch versteht.

Die Lightning-Entwickler haben sich dafür einen einfach zu merkenden Ausdruck ausgedacht: »it's OK to be odd«, also »es ist okay, ungerade zu sein« [1]. Diese einfache Regel erlaubt vielfältige Interaktionen innerhalb des Protokolls, da eine einfache Bitmaskenoperation zwischen zwei Feature-Bitvektoren den Peers erlaubt, zu ermitteln, ob bestimmte Interaktionen untereinander kompatibel sind oder nicht. Mit anderen Worten, die Feature-Bits werden als Mechanismus zur Erkennung von Upgrades genutzt: Basierend auf den Konzepten optionaler, erforderlicher und unbekannter Feature-Bits können Peers erkennen, ob sie miteinander kompatibel sind oder nicht.

Feature-Bits finden sich innerhalb des Protokolls in den `node_announcement`-, `channel_announcement`- und `init`-Nachrichten. Diese drei Nachrichten können also verwendet werden, um das Wissen und das Verständnis eines Protokoll-Updates zu signalisieren. Die Feature-Bits in der `node_announcement`-Nachricht erlauben den Peers, zu erkennen, ob ihre Verbindungen (*Connections*) kompatibel sind oder nicht. Mit

1 Sinngemäß »es ist okay, seltsam zu sein«.

den Feature-Bits der `channel_announcement`-Nachrichten können Peers ermitteln, ob ein bestimmter Zahlungstyp oder HTLC über einen gegebenen Peer geleitet werden kann. Die Feature-Bits innerhalb der `init`-Nachricht ermöglichen den Peers, zu verstehen, ob sie eine Verbindung pflegen können, und auch, welche Features für die Lebensdauer einer Verbindung vereinbart werden können.

TLV für Vor- und Rückwärtskompatibilität

Wie wir zu Beginn des Kapitels gelernt haben, können TLV-Records dazu verwendet werden, Nachrichten vorwärts- und rückwärtskompatibel zu erweitern. Mit der Zeit wurden diese Records genutzt, um existierende Nachrichten zu erweitern, ohne das Protokoll zu brechen, indem man den »undefinierten« Bereich einer Nachricht ausnutzte.

Zum Beispiel kannte das ursprüngliche Lightning-Protokoll kein Konzept für einen »HTLC größter Menge«, der einen Kanal durchlaufen konnte, wie es durch die Routing-Richtlinie vorgegeben wurde. Später wurde die `channel_update`-Nachricht um ein `max_htlc`-Feld ergänzt, um dieses Konzept einzubinden. Empfangen Peers ein solches `channel_update`, ohne dieses Upgrade zu kennen, sind von der Änderung nicht betroffen, lehnen aber HTLCs ab, die über dem Limit liegen. Neuere Peers können das neue Feld hingegen parsen, verifizieren und nutzen.

Diejenigen, die mit dem Konzept von Soft-Forks bei Bitcoin vertraut sind, werden einige Ähnlichkeiten zwischen den beiden Mechanismen erkennen. Im Gegensatz zu konsensbasierten Soft-Forks bei Bitcoin benötigen Upgrades des Lightning-Netzwerks keinen großen Konsens, um übernommen zu werden. Vielmehr braucht es im Netzwerk nur zwei Peers, die das Upgrade verstehen, um mit dessen Einsatz zu beginnen. Üblicherweise sind diese beiden Peers die Empfänger und Sender einer Zahlung oder Kanalpartner eines neuen Zahlungskanals.

Taxonomie des Upgrade-Mechanismus

Anstelle eines einzelnen, weithin genutzten Upgrade-Mechanismus innerhalb des Netzwerks (wie etwa Soft-Forks bei Bitcoin) sind im Lightning-Netzwerk mehrere Upgrade-Mechanismen möglich. In diesem Abschnitt wollen wir diese Mechanismen aufzählen und ihren realen Einsatz in der Vergangenheit zeigen.

Interne Netzwerk-Upgrades

Wir beginnen mit dem Upgrade-Typ, der auf Protokollebene den höchsten Grad an Koordinierung verlangt: interne Netzwerk-Upgrades. Ein internes Netzwerk-Upgrade zeichnet sich dadurch aus, dass es *jede einzelne Node* entlang eines Zahlungspfads kennen muss, um das neue Feature nutzen zu können. Ein solches Upgrade ähnelt einem Upgrade des Internets, bei dem Upgrades auf Hardwareebene nötig sind. Im Lightning-Netzwerk haben wir es aber nur mit Software zu tun, weshalb Upgrades viel einfacher umzusetzen sind. Dennoch verlangen sie einen wesentlich höheren Koordinierungsgrad als die anderen Upgrade-Mechanismen.

Ein Beispiel für ein solches Upgrade innerhalb des Netzwerks war die Einführung einer TLV-Codierung für die Routing-Informationen, die innerhalb der Onion-Pakete codiert werden. Das alte Format nutzte ein fest codiertes Nachrichtenformat fester Länge, um Informationen wie den nächsten Hop zu kommunizieren. Da das Format festgelegt war, waren Upgrades auf Protokollebene nicht möglich. Der Schritt hin zum flexibleren TLV-Format bedeutete, dass nach diesem Update jede Art von Feature, die den Typ der an jedem Hop kommunizierten Information änderte, beliebig aufgebaut werden konnte.

Erwähnenswert ist, dass das TLV-Onion-Upgrade eine Art »weiches« internes Netzwerk-Upgrade war. Nutzte eine Zahlung kein neues Feature außer der neuen Codierung der Routing-Informationen, konnte sie über eine gemischte Gruppe von Nodes übertragen werden.

Ende-zu-Ende-Upgrades

Im Gegensatz zu internen Netzwerk-Upgrades beschreiben wir in diesem Abschnitt Ende-zu-Ende-Upgrades. Dieser Upgrade-Mechanismus unterscheidet sich von internen Netzwerk-Upgrades dadurch, dass nur die »Enden« einer Zahlung, also Sender und Empfänger, aktualisiert werden müssen.

Diese Art von Upgrade erlaubt eine Vielzahl von Innovationen innerhalb des Netzwerks. Aufgrund der Onion-verschlüsselten Natur von Zahlungen innerhalb des Netzwerks müssen HTLCs weiterleitende Nodes nicht einmal wissen, dass neue Features genutzt werden.

Ein Beispiel für ein Ende-zu-Ende-Upgrade innerhalb des Netzwerks war die Einführung von Multipart-Zahlungen (MPP). MPP ist ein Feature auf Protokollebene, das es erlaubt, eine einzelne Zahlung in mehrere Teile oder Pfade aufzuteilen, die beim Empfänger zur Abrechnung wieder zusammengesetzt werden. Die Einführung von MPP war an ein neues Feature-Bit in `node_announcement` geknüpft, das anzeigt, dass der Empfänger weiß, wie partielle Zahlungen zu handhaben sind. Wenn Sender und Empfänger voneinander wissen (möglicherweise über eine BOLT-#11-Rechnung), können sie das neue Feature nutzen, ohne es weiter aushandeln zu müssen.

Ein anderes Beispiel für ein Ende-zu-Ende-Upgrade sind verschiedene Arten *spontaner* Zahlungen, die innerhalb des Netzwerks möglich sind. Eine frühe Implementierung spontaner Zahlungen namens *keysend* funktioniert, indem das Preimage einer Zahlung einfach in das verschlüsselte Onion eingefügt wird. Beim Empfang entschlüsselt das Ziel das Preimage und nutzt es dann, um die Zahlung abzuwickeln. Da das gesamte Paket Ende zu Ende verschlüsselt wird, ist die Zahlungsart sicher, weil keine der zwischenliegenden Nodes das Onion entpacken kann, um das Preimage zu ermitteln.

Updates auf Ebene der Kanalkonstruktion

Die letzte Kategorie von Updates umfasst das weite Feld der Kanalkonstruktion, die aber nicht die Struktur der HTLCs ändern, die innerhalb des Netzwerks genutzt werden. Wenn wir von Kanalkonstruktion reden, meinen wir, wie Kanäle finanziert oder erzeugt werden. Zum Beispiel kann der Kanaltyp eltoo im Netzwerk eingeführt werden, wenn neue Feature-Bits in `node_announcement` und `channel_announcement` genutzt werden. Nur die beiden Peers an den Enden des Kanals müssen diese neuen Features kennen und ankündigen. Das Kanalpaar kann dann jeden Zahlungstyp weiterleiten, der vom Kanal unterstützt wird.

Ein anderes Beispiel ist das *Anker-Outputs*-Kanalformat, das es erlaubt, die Commitment-Gebühr über Bitcoins CPFP-Mechanismus (*Child-Pays-For-Parent*) abzuwickeln.

Fazit

Lightnings Wire-Protokoll ist unglaublich flexibel und erlaubt schnelle Innovationen und Interoperabilität ohne strengen Konsens. Das ist einer der Gründe dafür, dass sich das Lightning Netzwerk so schnell entwickelt und für viele Entwickler attraktiv ist, die Bitcoins Entwicklungsstil als zu konservativ und langsam empfinden.

KAPITEL 14

Lightnings verschlüsselter Nachrichtentransport

In diesem Kapitel sehen wir uns den *verschlüsselten Nachrichtentransport* des Lightning-Netzwerks an, der manchmal auch *Brontide-Protokoll* genannt wird. Er erlaubt den Peers den Aufbau einer verschlüsselten Ende-zu-Ende-Kommunikation sowie einer Authentifizierung und einer Integritätsprüfung.

Ein Teil dieses Kapitels enthält einige hoch technische Details über das Verschlüsselungsprotokoll und die Verschlüsselungsalgorithmen, die Lightning für den verschlüsselten Transport nutzt. Sie können diesen Abschnitt überspringen, wenn Sie an diesen Details nicht interessiert sind.

Verschlüsselter Transport in der Lightning-Protokoll-Suite

Die Transportkomponente des Lightning-Netzwerks und seine verschiedenen Komponenten finden Sie ganz links in der Verbindungsschicht (siehe Abbildung 14-1).

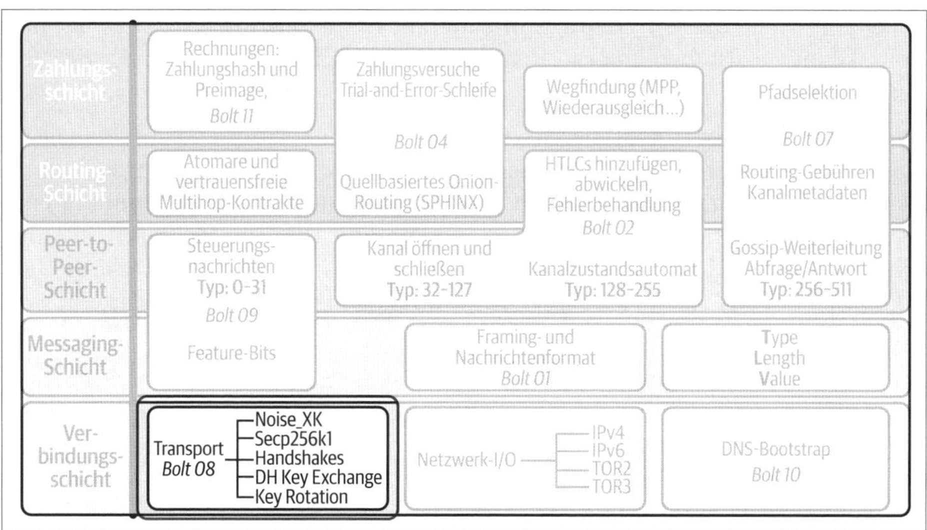

Abbildung 14-1: Verschlüsselter Nachrichtentransport in der Lightning-Protokoll-Suite

Einführung

Im Gegensatz zum einfachen Bitcoin-P2P-Netzwerk wird jede Node im Lightning-Netzwerk über einen eindeutigen öffentlichen Schlüssel identifiziert, der seine Identität darstellt. Standardmäßig wird dieser öffentliche Schlüssel zur Ende-zu-Ende-Verschlüsselung der gesamten Kommunikation im Netzwerk genutzt. Ebenfalls standardmäßig stellt die Verschlüsselung auf niedrigster Ebene sicher, dass alle Nachrichten authentifiziert sind, *Man-in-the-Middle-Angriffe* (MITM) und Snooping durch Dritte unterbunden werden und die Privatsphäre auf Transportebene sichergestellt wird. In diesem Kapitel lernen Sie, wie das Verschlüsselungsprotokoll im Lightning-Netzwerk genau genutzt wird. Nach Abschluss dieses Kapitels sind Sie mit modernen verschlüsselten Nachrichtenprotokollen vertraut und kennen die verschiedenen Eigenschaften, die solche Protokolle dem Netzwerk bieten. Erwähnenswert ist die Tatsache, dass der Kern des verschlüsselten Nachrichtentransports in Bezug auf die Nutzung im Lightning-Netzwerk *agnostisch* ist. Das bedeutet, dass der von Lightning verwendete verschlüsselte Nachrichtentransport in jedem Kontext genutzt werden kann, der eine verschlüsselte Kommunikation zwischen zwei Parteien verlangt.

Der Kanal-Graph als dezentralisierte Public-Key-Infrastruktur

Wie wir in Kapitel 8 gelernt haben, besitzt jede Node eine Langzeitidentität. Diese wird für Knoten während der Wegfindung genutzt, aber auch bei asymmetrischen kryptografischen Operationen zur Erzeugung Onion-verschlüsselter Routing-Pakete. Dieser öffentliche Schlüssel, der als Langzeitidentität der Node dient, ist in der DNS-Bootstring-Response enthalten, aber auch im Kanal-Graphen eingebettet. Bevor eine Node die Verbindung mit einer anderen Node im P2P-Netzwerk herstellt, kennt sie also bereits den öffentlichen Schlüssel der Node, mit der die Verbindung hergestellt werden soll.

Ist eine Node darüber hinaus bereits mit einer Reihe anderer öffentlicher Kanäle im Graphen verbunden, kann die verbindende Node die Identität noch weiter verifizieren. Da der gesamte Kanal-Graph vollständig authentifiziert ist, kann man ihn als eine Art dezentralisierte *Public-Key-Infrastruktur* (PKI) betrachten: Um einen Schlüssel zu registrieren, muss ein öffentlicher Kanal in der Bitcoin-Blockchain geöffnet werden, und sobald eine Node keine öffentlichen Kanäle mehr betreibt, werden sie aus der PKI entfernt.

Weil Lightning ein dezentralisiertes Netzwerk ist, ist es zwingend erforderlich, dass keine zentrale Partei die Macht hat, eine Public-Key-Identität innerhalb des Netzwerks zu vergeben. Anstelle einer zentralen Partei nutzt das Lightning-Netzwerk die Bitcoin-Blockchain als Schutzmechanismus, da das Erlangen einer Identität einen konkreten Preis hat: die Gebühren, die für das Erzeugen des Kanals in der

Blockchain anfallen und die Opportunitätskosten des im Kanal gebundenen Kapitals. Für den fortlaufenden Betrieb seiner domainspezifischen PKI kann das Lightning-Netzwerk sein verschlüsseltes Transportprotokoll deutlich vereinfachen, da es sich die Komplexität des *Transport-Layer-Security-Protokolls* (TLS) ersparen kann.

Warum nicht TLS?

Mit dem TLS-System vertraute Lesende werden sich an diesem Punkt wohl fragen, warum man trotz der Nachteile existierender PKI-Systeme nicht einfach TLS verwendet hat. Tatsächlich kann man »selbst signierte Zertifikate« nutzen, um die existierenden PKI-Systeme zu meiden, indem man einfach die Identität eines existierenden öffentlichen Schlüssels in einer Gruppe von Peers akzeptiert. Doch auch wenn man auf vorhandene PKI-Systeme verzichten kann, hat TLS verschiedene Nachteile, die die Erfinder des Lightning-Netzwerks dazu bewogen haben, ein eigenes, kompaktes Verschlüsselungsprotokoll zu verwenden.

Es beginnt schon damit, dass TLS als Protokoll bereits mehrere Dekaden existiert und dank der Fortschritte bei der Transportverschlüsselung mit der Zeit stets weiterentwickelt wurde. Allerdings hat sich das Protokoll durch diese Evolution in seiner Größe und Komplexität stark aufgebläht. In den letzten Jahrzehnten wurden verschiedene Schwachstellen in TLS entdeckt und behoben, wodurch sich bei jeder Evolution die Komplexität des Protokolls immer weiter erhöht hat. Ein Ergebnis des Alters des Protokolls ist, dass es verschiedene Versionen und Iterationen gibt, was bedeutet, dass ein Client viele der früheren Iterationen verstehen muss, um mit einem Großteil des öffentlichen Internets kommunizieren zu können, was die Komplexität weiter erhöht.

In der Vergangenheit wurden mehrere die Speichersicherheit betreffende Schwachstellen in weitverbreiteten SSL/TLS-Implementierungen entdeckt. Ein solches Protokoll in jede Lightning-Node zu packen, würde die Angriffsfläche der Nodes im öffentlichen Peer-to-Peer-Netzwerk vergrößern. Um die Sicherheit des Netzwerks als Ganzes zu erhöhen und die nutzbare Angriffsfläche zu minimieren, haben sich die Erfinder des Lightning-Netzwerks für die Verwendung des Noise-Protokoll-Frameworks entschieden. Noise verinnerlicht als Protokoll viele Lektionen in Sachen Sicherheit und Privatsphäre, die über die Jahrzehnte durch die fortlaufende Überprüfung des TLS-Protokolls gelernt wurden. So gesehen, erlaubt Noise der Community einen »Neustart« mit einem kompakten, einfacheren Protokoll, ohne die Vorzüge von TLS zu verlieren.

The Noise-Protokoll-Framework

Das Noise-Protokoll-Framework ist ein modernes, erweiterbares und flexibles Protokoll zur Nachrichtenverschlüsselung, das von den Schöpfern des Signal-Protokolls entwickelt wurde. Das Signal-Protokoll ist eines der meistgenutzten Nachrichtenverschlüsselungsprotokolle der Welt. Es wird sowohl von Signal als auch von WhatsApp genutzt, wird zusammen also von mehr als einer Milliarde Menschen weltweit verwendet. Das Noise-Framework ist das Ergebnis jahrzehntelanger Evolution von Nachrichten verschlüsselnden Protokollen in Wissenschaft und Industrie. Lightning nutzt das Noise-Protokoll-Framework, um ein *nachrichtenorientiertes* Verschlüsselungsprotokoll zu implementieren, das alle Nodes zur Kommunikation miteinander nutzen.

Eine Kommunikationssession mittels Noise besteht aus zwei verschiedenen Phasen: der Handshake-Phase und der Messaging-Phase. Bevor zwei Parteien miteinander kommunizieren können, müssen sie zuerst ein Shared Secret ermitteln, das nur den beiden bekannt ist. Dieses Secret wird zur Verschlüsselung und Authentifizierung der einander gesendeten Nachrichten verwendet. Eine Variante der authentifizierten Schlüsselvereinbarung wird genutzt, um einen finalen Shared Key zwischen den beiden Parteien zu vereinbaren. Beim Noise-Protokoll wird diese authentifizierte Schlüsselvereinbarung als *Handshake* bezeichnet. Sobald der Handshake abgeschlossen ist, können beide Nodes einander verschlüsselte Nachrichten senden. Wann immer Peers eine Verbindung (wieder-)herstellen müssen, wird das Handshake-Protokoll erneut durchlaufen, um die Vorwärtssicherheit zu erreichen (wird der Schlüssel einer alten Kommunikation aufgedeckt, gefährdet das nicht die Sicherheit einer zukünftigen Kommunikation).

Da das Noise-Protokoll dem Protokolldesigner die Wahl zwischen verschiedenen kryptografischen Primitiven lässt, etwa der symmetrischen Verschlüsselung und der Public-Key-Kryptografie, ist es üblich, jede Variante des Noise-Protokolls mit einem eindeutigen Namen zu benennen. Im Geiste von »Noise« (also Geräusch, Rauschen) wird für jede Variante des Protokolls ein Name gewählt, der sich aus irgendeinem »Geräusch« ableitet. Beim Lightning-Netzwerk wird die Variante des Noise-Protokolls manchmal Brontide genannt. *Brontide* ist der englische Begriff für ein tief grollendes Geräusch, ähnlich einem weit entfernten Gewitter.

Lightnings verschlüsselter Transport im Detail

In diesem Abschnitt tauchen wir tief in Lightnings verschlüsseltes Transportprotokoll ein und sehen uns detailliert an, wie die kryptografischen Algorithmen und das Protokoll eingesetzt werden, um eine verschlüsselte, authentifizierte und integritätssichere Kommunikation zwischen den Peers aufbauen. Sie können diesen Abschnitt überspringen, wenn Ihnen diese Details zu viel sind.

Noise_XK: Noise-Handshake des Lightning-Netzwerks

Das Noise-Protokoll ist dahin gehend sehr flexibel, dass es dem potenziellen Protokollimplementierer mehrere Handshakes mit unterschiedlichen Eigenschaften in Bezug auf Sicherheit und Privatsphäre anbietet. Eine genaue Erklärung jedes dieser Handshakes und der verschiedenen Kompromisse, die man mit ihnen eingeht, würde den Rahmen dieses Buchs sprengen. Das Lightning-Netzwerk selbst nutzt einen `Noise_XK` genannten Handshake. Die besondere Eigenschaft dieses Handshakes ist das sogenannte *Identity Hiding*, also das Verschleiern der Identität. Damit eine Node eine Verbindung mit einer anderen Node anstoßen kann, muss sie zuerst deren öffentlichen Schlüssel kennen. Technisch gesehen, bedeutet das, dass der öffentliche Schlüssel des Antwortenden während des Handshakes nicht übertragen wird. Stattdessen wird eine clevere Folge von ECDH-(Elliptic-Curve-Diffie-Hellman-) und MAC-(Message-Authentication-Code-)Prüfungen vorgenommen, um die Authentizität des Antwortenden zu prüfen.

Handshake-Notation und Protokollfluss

Jeder Handshake besteht üblicherweise aus verschiedenen Schritten. Bei jedem Schritt werden (möglichst) verschlüsselte Daten an die Gegenpartei gesendet, ein ECDH (oder mehrere) wird durchgeführt, und das Ergebnis des Handshakes wird in einem Protokoll-*Transkript* vermischt. Dieses Transkript dient der Authentifizierung jedes Schritts des Protokolls und verhindert eine Variante von Man-in-the-Middle-Angriffen. Am Ende des Handshakes werden die beiden Schlüssel `ck` und `k` erzeugt, die während der Laufzeit der Session zur Verschlüsselung von Nachrichten (`k`) und zur Rotation von Schlüsseln (`ck`) verwendet werden.

Im Kontext des Handshakes ist `s` üblicherweise ein statischer öffentlicher Langzeitschlüssel. In unserem Fall ist das verwendete Kryptosystem für den öffentlichen Schlüssel eine elliptische Kurve, die mit der `secp256k1`-Kurve instanziiert und bei Bitcoin überall verwendet wird. Mehrere kurzlebige Schlüssel werden während des Handshakes erzeugt. Wir verwenden `e`, wenn wir auf einen neuen kurzlebigen Schlüssel verweisen. ECDH-Operationen zwischen zwei Schlüsseln werden als Verkettung zweier Schlüssel notiert. Zum Beispiel repräsentiert `ee` eine ECDH-Operation zweier kurzlebiger Schlüssel.

Übersicht auf hohem Niveau

Mit der gerade vorgestellten Notation können wir `Noise_XK` kompakt wie folgt beschreiben:

```
Noise_XK(s, rs):
   <- rs
   ...
   -> e, e(rs)
   <- e, ee
   -> s, se
```

Das Protokoll beginnt mit einer »Vorübertragung« des statischen Schlüssels (`rs`) des Responders (Antwortenden) an den Initiator. Bevor der Handshake ausgeführt wird, generiert der Initiator seinen eigenen statischen Schlüssel (`s`). Bei jedem Schritt des Handshakes wird das gesamte gesendete Material und die gesendeten bzw. verwendeten Schlüssel inkrementell in einen *Handshake-Digest* `h` gehasht. Dieser Digest wird während des Handshakes nicht übertragen, sondern als »assoziierte Daten« verwendet, wenn AEAD (authentifizierte Verschlüsselung mit assoziierten Daten, engl. *Authenticated Encryption with Associated Data*) übertragen wird. *Assoziierte Daten* (engl. *Associated Data*, kurz AD) erlauben einem Verschlüsselungsprotokoll, zusätzliche Informationen im verschlüsselten Textpaket zu übertragen. In anderen Domänen kann der AD ein Domainname sein oder ein Klartext-Teil des Pakets.

Die Existenz von `h` stellt sicher, dass die andere Seite es bemerkt, falls ein Teil der übertragenen Handshake-Nachricht ersetzt wird. Bei jedem Schritt wird ein MAC-Digest geprüft. Ist die MAC-Prüfung erfolgreich, weiß die empfangende Partei, dass der Handshake bis zu diesem Punkt erfolgreich war. Sollte eine MAC-Prüfung hingegen scheitern, ist der Handshake-Prozess fehlgeschlagen, und die Verbindung wird beendet.

Jedes Protokoll fügt jeder Handshake-Nachricht noch eine weitere Information hinzu: eine Protokollversion. Die initiale Protokollversion ist `0`. Während wir diese Zeilen schreiben, wurde keine neue Version des Protokolls eingeführt. Empfängt ein Peer also eine von `0` abweichende Version, sollte er die Einleitung des Handshakes ablehnen.

Als kryptografische Primitive wird SHA-256 als Hashfunktion, `secp256k1` für die elliptische Kurve und `ChaChaPoly-130` zur AEAD-Konstruktion (symmetrische Verschlüsselung) genutzt.

Jeder Variante des Noise-Protokolls ist ein eindeutiger ASCII-String zugeordnet, über den sie referenziert wird. Um sicherzustellen, dass beide Parteien die gleiche Variante des Protokolls nutzen, wird der ASCII-String in einen Digest gehasht, der zur Initialisierung des Handshake-Startzustands verwendet wird. Für das Lightning-Netzwerk lautet der das Protokoll beschreibende ASCII-String `Noise_XK_secp256k1_ChaChaPoly_SHA256`.

Handshake in drei Akten

Der Handshake selbst kann in drei verschiedene »Akte« aufgeteilt werden. Der gesamte Handshake benötigt 1,5 Rundläufe zwischen Initiator und Responder. In jedem Akt wird eine einzelne Nachricht zwischen beiden Parteien ausgetauscht. Die Handshake-Nachricht besteht aus Nutzdaten fester Länge, denen die Protokollversion vorangestellt wird.

Das Noise-Protokoll verwendet eine objektorientiert inspirierte Notation, um das Protokoll bei jedem Schritt zu beschreiben. Während des Setups des Handshake-Zustands initialisiert jede Seite die folgenden Variablen:

`ck`

: Der *Chaining-Schlüssel*. Dieser Wert ist der akkumulierte Hash aller vorherigen ECDH-Outputs. Am Ende des Handshakes wird `ck` verwendet, um die Schlüssel für Lightning-Nachrichten abzuleiten.

`h`
: Der *Handshake-Hash*. Dieser Wert ist der akkumulierte Hash *aller* Handshake-Daten, die während des Handshake-Prozesses bisher gesendet und empfangen wurden.

`temp_k1, temp_k2, temp_k3`
: Die *intermediären Schlüssel*. Werden zur Ent- und Verschlüsselung der Nulllängen-AEAD-Nutzdaten am Ende jeder Handshake-Nachricht genutzt.

`e`
: Ein *kurzlebiges Schlüsselpaar* jeder Partei. Für jede Session muss eine Node einen neuen kurzlebigen Schlüssel mit starker kryptografischer Zufälligkeit erzeugen.

`s`
: Ein *statisches Schlüsselpaar* (`ls` für *lokal*, `rs` für *remote*).

Für diesen vorgegebenen Zustand des Handshakes und der Messaging-Session definieren wir eine Reihe von Funktionen, die den Handshake- und Messaging-Zustand verarbeiten. Bei der Beschreibung des Handshake-Protokolls nutzen wir diese Variablen als eine Art Pseudocode, um die Schritte des Handshake-Protokolls mit wenigen Worten beschreiben zu können. Wir definieren die *funktionalen* Primitive des Handshakes wie folgt:

`ECDH(k, rk)`
: Führt eine ECDH-Operation (*Elliptic Curve Diffie-Hellman*) mit `k`, einem gültigen privaten `secp256k1`-Schlüssel und `rk`, einem gültigen öffentlichen Schlüssel, aus.

  Der zurückgegebene Wert ist ein SHA-256 des komprimierten Formats des generierten Punkts.

`HKDF(salt,ikm)`
: Eine in `RFC 5869` definierte Funktion, evaluiert mit einem `info`-Feld der Länge null.

  Alle Aufrufe von `HKDF` liefern 64 kryptografisch zufällige Bytes über die Extrahieren-und-Erweitern-Komponente (*Extract-and-Expand Component*) des `HKDF` zurück.

`encryptWithAD(k, n, ad, plaintext)`
: Gibt `encrypt(k, n, ad, plaintext)` aus.

  Dabei ist `encrypt` die Evaluierung von `ChaCha20-Poly1305` (Variante der Internet Engineering Task Force) mit den übergebenen Argumenten. Die Nonce `n` wird mit 32 Nullbits codiert, gefolgt von einem 64-Bit-Wert im *Little-Endian-Format*. Hinweis: Hier wird der Konvention des Noise-Protokolls gefolgt, nicht unserem normalen Endian-Format.

`decryptWithAD(k, n, ad, ciphertext)`
: Gibt `decrypt(k, n, ad, ciphertext)` aus.

Dabei ist `decrypt` die Evaluierung von `ChaCha20-Poly1305` (IETF-Variante) mit den übergebenen Argumenten. Die Nonce `n` wird mit 32 Nullbits codiert, gefolgt von einem 64-Bit-Wert im Little-Endian-Format.

`generateKey()`
: Generiert ein neues `secp256k1`-Schlüsselpaar und gibt es zurück.

  Das von `generateKey` generierte Objekt besitzt zwei Attribute:`.pub` gibt ein abstraktes Objekt zurück, das den öffentlichen Schlüssel repräsentiert, und `.priv` repräsentiert den privaten Schlüssel, der zur Generierung des öffentlichen Schlüssels verwendet wird.

  Das Objekt besitzt eine einzige Methode: `.serializeCompressed()`.

`a || b`
: Die Verkettung zweier Byte-Strings `a` und `b`.

Initialisierung des Handshake-Session-Zustands

Bevor der Handshake-Prozess gestartet werden kann, müssen beide Seiten einen Startzustand herstellen, der für den Fortschritt des Handshake-Prozesses verwendet wird. Zu Beginn müssen beide Seiten einen initialen Handshake-Digest `h` aufbauen.

1. `h = SHA-256(`*`protocolName`*`)`

   Dabei ist *`protocolName`* `= "Noise_XK_secp256k1_ChaChaPoly_SHA256"` als ASCII-String codiert.

2. `ck = h`

3. `h = SHA-256(h ||` *`prologue`*`)`

   Dabei ist *`prologue`* der ASCII-String: `lightning`.

Zusätzlich zum Namen des Protokolls fügen wir einen `prologue` ein, der den Protokollkontext noch näher an das Lightning-Netzwerk bindet.

Um den Initialisierungsschritt abzuschließen, fügen beide Seiten den öffentlichen Schlüssel des Responders in den Handshake-Digest ein. Da dieser Digest genutzt wird, wenn die assoziierten Daten mit dem Nulllängen-Chiffre (nur dem MAC) gesendet werden, wird sichergestellt, dass der Initiator den öffentlichen Schlüssel des Responders wirklich kennt.

- Die initialisierende Node fügt den statischen öffentlichen Schlüssel der antwortenden Node ein, der in Bitcoins komprimiertem Format serialisiert wird: `h = SHA-256(h || rs.pub.serializeCompressed())`.
- Die antwortende Node fügt ihren lokalen statischen öffentlichen Schlüssel ein, der in Bitcoins komprimiertem Format serialisiert wird: `h = SHA-256(h || ls.pub.serializeCompressed())`.

Die Akte des Handshakes

Nach der Initialisierung des Handshakes beginnt der eigentliche Handshake-Prozess. Er besteht aus eine Folge von drei Nachrichten, die zwischen dem Initiator und dem Responder gesendet werden, die wir als »Akte« bezeichnen. Weil jeder Akt aus einer einzelnen Nachricht besteht, die zwischen den Parteien gesendet wird, ist der Handshake nach 1,5 Umläufen (0,5 pro Akt) abgeschlossen.

Der erste Akt schließt den ersten Teil des inkrementellen Triple-Diffie-Hellman-(DH-)Schlüsselaustauschs ab, wobei ein vom Initiator erzeugter kurzlebiger Schlüssel generiert wird. Gleichzeitig wird sichergestellt, dass der Initiator den langlebigen öffentlichen Schlüssel des Responders kennt. Während des zweiten Akts sendet der Responder den kurzlebigen Schlüssel an den Initiator, der für die Session verwendet werden soll. Erneut wird der neue Schlüssel inkrementell in den Triple-DH-Handshake gemischt. Während des dritten und letzten Akts sendet der Initiator seinen statischen öffentlichen Langzeitschlüssel an den Responder und führt die abschließende DH-Operation aus, um das finale Shared Secret zu erzeugen.

Erster Akt

```
-> e, es
```

Im ersten Akt wird vom Initiator an den Responder gesendet. Während des ersten Akts versucht der Initiator, eine implizite Challenge des Responders zu erfüllen. Um die Challenge erfüllen zu können, muss der Initiator den statischen öffentlichen Schlüssel des Responders kennen.

Die Handshake-Nachricht ist *genau* 50 Byte groß: 1 Byte für die Handshake-Version, 33 Byte für den komprimierten kurzlebigen Schlüssel des Initiators und 16 Byte für das `poly1305`-Tag.

Aktionen des Senders:

1. `e = generateKey()`
2. `h = SHA-256(h || e.pub.serializeCompressed())`

   Der neu erzeugte kurzlebige Schlüssel wird in den laufenden Handshake-Digest akkumuliert.
3. `es = ECDH(e.priv, rs)`

   Der Initiator führt einen ECDH zwischen dem neu generierten kurzlebigen Schlüssel und dem statischen öffentlichen Schlüssel der entfernten Node aus.
4. `ck, temp_k1 = HKDF(ck, es)`

   Ein neuer temporärer Schlüssel für die Verschlüsselung wird erzeugt und zur Generierung des authentifizierenden MAC verwendet.
5. `c = encryptWithAD(temp_k1, 0, h, zero)`

   Dabei ist zero ein Nulllängen-Klartext.

6. `h = SHA-256(h || c)`

   Abschließend wird der generierte Chiffretext in den authentifizierenden Handshake-Digest akkumuliert.

7. Sende `m = 0 || e.pub.serializeCompressed() || c` an den Responder über den Netzwerkpuffer.

Aktionen des Empfängers:

1. Lies *genau* 50 Byte aus dem Netzwerkpuffer.
2. Parse die gelesene Nachricht (`m`) in `v`, `re` und `c`:
   - `v` ist dabei das *erste* Byte von `m`, `re` die nächsten 33 Byte und `c` die letzten 16 Bytes von m.
   - Die Rohbytes des kurzlebigen öffentlichen Schlüssels der entfernten Partei (`re`) müssen auf einen Punkt der Kurve deserialisiert werden, wobei affine Koordinaten verwendet werden, die im serialisierten, zusammengefassten Format des Schlüssels codiert sind.
3. Enthält `v` eine unbekannte Handshake-Version, muss der Responder den Verbindungsversuch abbrechen.
4. `h = SHA-256(h || re.serializeCompressed())`

   Der Responder akkumuliert den kurzlebigen Schlüssel des Initiators in den authentifizierenden Handshake-Digest.

5. `es = ECDH(s.priv, re)`

   Der Responder führt einen ECDH zwischen seinem statischen privaten Schlüssel und dem kurzlebigen öffentlichen Schlüssel des Initiators aus.

6. `ck, temp_k1 = HKDF(ck, es)`

   Ein neuer temporärer Schlüssel wird erzeugt, der kurz zur Prüfung des authentifizierenden MAC verwendet wird.

7. `p = decryptWithAD(temp_k1, 0, h, c)`

   Schlägt die MAC-Prüfung in dieser Operation fehl, kennt der Initiator den statischen öffentlichen Schlüssel des Initiators *nicht*. In diesem Fall muss der Responder die Verbindung ohne weitere Nachrichten beenden.

8. `h = SHA-256(h || c)`

   Der empfangene Chiffretext wird in den Handshake-Digest gemischt. Dieser Schritt stellt sicher, dass die Nutzdaten nicht durch einen MITM verändert wurden.

Zweiter Akt

```
<- e, ee
```

Im zweiten Akt wird vom Responder zum Initiator gesendet. Der zweite Akt findet *nur* statt, wenn der erste Akt erfolgreich war. Der erste Akt war erfolgreich, wenn der Responder den MAC des Tags erfolgreich entschlüsseln und prüfen konnte, der am Ende des ersten Akts gesendet wurde.

Der Handshake ist *genau* 50 Byte groß: 1 Byte für die Handshake-Version, 33 Byte für den komprimierten kurzlebigen Schlüssel des Responders und 16 Byte für das `poly1305`-Tag.

Aktionen des Senders:

1. `e = generateKey()`
2. `h = SHA-256(h || e.pub.serializeCompressed())`

   Der neu generierte kurzlebige Schlüssel wird in den laufenden Handshake-Digest akkumuliert.
3. `ee = ECDH(e.priv, re)`

   Dabei ist re der kurzlebige Schlüssel des Initiators, der im ersten Akt empfangen wurde.
4. `ck, temp_k2 = HKDF(ck, ee)`

   Ein neuer temporärer Schlüssel wird erzeugt, der zur Generierung des authentifizierenden MAC verwendet wird.
5. `c = encryptWithAD(temp_k2, 0, h, zero)`

   Dabei ist zero ein Nulllängen-Klartext.
6. `h = SHA-256(h || c)`

   Abschließend wird der generierte Chiffretext in den authentifizierenden Handshake-Digest akkumuliert.
7. Sende `m = 0 || e.pub.serializeCompressed() || c` über den Netzwerkpuffer an den Initiator.

Aktionen des Empfängers:

1. Lies *genau* 50 Byte aus dem Netzwerk-Puffer.
2. Parse die gelesene Nachricht (`m`) nach `v`, `re` und `c`:

   `v` ist dabei das *erste* Byte von `m`, `re` die nächsten 33 Byte und `c` die letzten 16 Bytes von m.
3. Enthält `v` eine unbekannte Handshake-Version, muss der Responder die Verbindung abbrechen.
4. `h = SHA-256(h || re.serializeCompressed())`
5. `ee = ECDH(e.priv, re)`

   Dabei ist re der kurzlebige öffentliche Schlüssel des Responders.

   Die Rohbytes des kurzlebigen öffentlichen Schlüssels der entfernten Partei (`re`) müssen auf einen Punkt der Kurve deserialisiert werden, wobei affine Koordinaten verwendet werden, die im serialisierten, zusammengefassten Format des Schlüssels codiert sind.

6. `ck, temp_k2 = HKDF(ck, ee)`

   Ein neuer temporärer Schlüssel wird erzeugt, der kurz zur Prüfung des authentifizierenden MAC verwendet wird.

7. `p = decryptWithAD(temp_k2, 0, h, c)`

   Schlägt die MAC-Prüfung in dieser Operation fehl, muss der Initiator die Verbindung ohne weitere Nachrichten beenden.

8. `h = SHA-256(h || c)`

   Der empfangene Chiffretext wird in den Handshake-Digest gemischt. Dieser Schritt stellt sicher, dass die Nutzdaten nicht durch einen MITM verändert wurden.

Dritter Akt

```
-> s, se
```

Der dritte Akt ist die finale Phase der hier beschriebenen authentifizierten Schlüsselvereinbarung. Bei diesem Akt werden die Daten in einem abschließenden Schritt vom Initiator an den Responder gesendet. Er wird ausgeführt, wenn *und nur wenn* der zweite Akt erfolgreich war. Während des dritten Akts sendet der Initiator seinen statischen öffentlichen Schlüssel an den Responder. Die Übertragung erfolgt *stark* verschlüsselt mithilfe des abgeleiteten akkumulierten `HKDF` zum Zeitpunkt des Handshakes.

Der Handshake ist *genau* 66 Byte groß: 1 Byte für die Handshake-Version, 33 Byte für den statischen öffentlichen Schlüssel, der mittels `ChaCha20`-Chiffre verschlüsselt ist, 16 Byte für das Tag des verschlüsselten öffentlichen Schlüssels, der über die AEAD-Konstruktion erzeugt wurde, und 16 Bytes für das finale Authentifizierungstag.

Aktionen des Senders:

1. `c = encryptWithAD(temp_k2, 1, h, s.pub.serializeCompressed())`

   Dabei ist `s` der statische öffentliche Schlüssel des Initiators.

2. `h = SHA-256(h || c)`
3. `se = ECDH(s.priv, re)`

   Dabei ist `re` der kurzlebige öffentliche Schlüssel des Responders.

4. `ck, temp_k3 = HKDF(ck, se)`

   Das finale intermediäre Shared Secret wird in den laufenden Chaining-Schlüssel vermischt.

5. `t = encryptWithAD(temp_k3, 0, h, zero)`

   Dabei ist `zero` der Nulllängen-Klartext.

6. `sk, rk = HKDF(ck, zero)`

   Dabei ist `zero` der Nulllängen-Klartext, `sk` der Schlüssel, den der Initiator zur Verschlüsselung von Nachrichten an den Responder verwendet, und `rk` der

Schlüssel, der vom Initiator genutzt wird, um vom Responder gesendete Nachrichten zu entschlüsseln.

Die finalen Verschlüsselungsschlüssel werden generiert, die für die Dauer der Session zum Senden und Empfangen von Nachrichten verwendet werden.

7. `rn = 0, sn = 0`

   Die sendenden und empfangenden Nonces werden mit 0 initialisiert.

8. Sende `m = 0 || c || t` über den Netzwerkpuffer.

Aktionen des Empfängers:

1. Lies *genau* 66 Byte aus dem Netzwerkpuffer.
2. Parse die gelesene Nachricht (`m`) nach `v`, `c` und `t`:

   Dabei ist `v` das *erste* Byte von `m`, `c` die folgenden 49 Bytes von `m` und `t` die letzten 16 Bytes von `m`.

3. Enthält `v` eine unbekannte Handshake-Version, muss der Responder die Verbindung abbrechen.
4. `rs = decryptWithAD(temp_k2, 1, h, c)`

   An diesem Punkt hat der Responder den statischen öffentlichen Schlüssel des Initiators wiederhergestellt.

5. `h = SHA-256(h || c)`
6. `se = ECDH(e.priv, rs)`

   Dabei ist `e` der ursprüngliche kurzlebige Schlüssel des Responders.

7. `ck, temp_k3 = HKDF(ck, se)`
8. `p = decryptWithAD(temp_k3, 0, h, t)`

   Schlägt die MAC-Prüfung dieser Operation fehl, muss der Responder die Verbindung ohne weitere Nachrichten abbrechen.

9. `rk, sk = HKDF(ck, zero)`

   Dabei ist `zero` der Nulllängen-Klartext, `rk` der Schlüssel, den der Responder zur Entschlüsselung von Nachrichten des Initiators verwendet, und `sk` der Schlüssel, den der Responder zur Verschlüsselung von Nachrichten an den Initiator verwendet.

   Die finalen Verschlüsselungsschlüssel werden generiert, die für die Dauer der Session zum Senden und Empfangen von Nachrichten verwendet werden.

10. `rn = 0, sn = 0`

    Die sendenden und empfangenden Nonces werden mit 0 initialisiert.

Verschlüsselung der Transportnachrichten

Nach Abschluss des dritten Akts haben beide Seiten die Verschlüsselungsschlüssel abgeleitet, die für diese Session zur Ver- und Entschlüsselung von Nachrichten verwendet werden.

Die eigentlichen Nachrichten des Lightning-Protokolls werden in AEAD-Chiffretexten gekapselt. Jeder Nachricht steht ein weiterer AEAD-Chiffretext voran, der die Gesamtlänge der folgenden Lightning-Nachricht (ohne dessen MAC) codiert.

Die *maximale* Größe einer Lightning-Nachricht darf 65.535 Bytes nicht übersteigen. Diese maximale Größe vereinfacht das Testen und das Speichermanagement und unterbindet speicherbasierte Angriffe.

Um die Traffic-Analyse zu erschweren, ist das Längenpräfix aller verschlüsselten Lightning-Nachrichten ebenfalls verschlüsselt. Zusätzlich wird ein 16 Byte großes `Poly-1305`-Tag in das verschlüsselte Längenpräfix eingefügt, um sicherzustellen, dass die Paketlänge während der Übertragung nicht modifiziert wird, und um die Erzeugung eines »Entschlüsselungsorakels« zu unterbinden.

Die Struktur eines Pakets bei der Übertragung stellt Abbildung 14-2 dar.

Abbildung 14-2: Verschlüsselte Paketstruktur

Das Längenpräfix ist als 2-Byte-Big-Endian-Integer codiert. Daraus ergibt sich die maximale Paketlänge mit 2 + 16 + 65,535 + 16 = 65,569 Bytes.

Nachrichten verschlüsseln und senden

Um eine Lightning-Nachricht (`m`) mit dem Sendeschlüssel (`sk`) und der Nonce (`sn`) an den Netzwerk-Stream zu senden, sind die folgenden Schritte notwendig:

1. Ermittele `l = len(m)`.

   Dabei ermittelt `len` die Länge der Lightning-Nachricht in Bytes.

2. Serialisiere `l` in ein 2 Byte großes Big-Endian-Integer.

3. Verschlüssele `l` (mittels `ChaChaPoly-1305`, `sn` und `sk`), um `lc` (18 Bytes) zu ermitteln.

   - Die Nonce `sn` ist eine 96 Bit lange Little-Endian-Zahl. Da die decodierte Nonce 64 Bit groß ist, wird die 96-Bit-Nonce aus 32 Nullbits gefolgt vom 64-Bit-Wert gebildet.
   - Die Nonce `sn` muss nach jedem Schritt inkrementiert werden.
   - Ein Nulllängen-Slice muss als AD (assoziierte Daten) übergeben werden.

4. Abschließend verschlüsseln wir die Nachricht (`m`) mit der gleichen Prozedur wie für das Längenpräfix. Wir nennen diesen verschlüsselten Chiffretext `c`.

   Die Nonce `sn` muss nach diesem Schritt inkrementiert werden.
5. Sende `lc || c` über den Netzwerkpuffer.

Nachrichten empfangen und entschlüsseln

Um die *nächste* Nachricht im Netzwerk-Stream zu entschlüsseln, sind die folgenden Schritte notwendig:

1. Lies *genau* 18 Byte aus dem Netzwerkpuffer.
2. Das verschlüsselte Längenpräfix nennen wir `lc`.
3. Entschlüssele `lc` (mittels `ChaCha20-Poly1305`, `rn` und `rk`), um die Größe des verschlüsselten Pakets `l` zu ermitteln.
   - Ein Nulllängen-Slice wird als AD (assoziierte Daten) übergeben.
   - Die Nonce `rn` muss nach diesem Schritt inkrementiert werden.
4. Lies *genau* `l + 16` Byte aus dem Netzwerkpuffer nach `c`.
5. Entschlüssele `c` (mittels `ChaCha20-Poly1305`, `rn` und `rk`), um das entschlüsselte Klartextpaket `p` zu erhalten.

   Die Nonce `rn` muss nach diesem Schritt inkrementiert werden.

Schlüsselrotation für Lightning-Nachrichten

Die regelmäßige Änderung der Schlüssel und das Vergessen alter Schlüssel verhindert die Entschlüsselung alter Nachrichten, falls der Schlüssel offengelegt werden sollte (Rückwärtssicherheit).

Die Schlüsselrotation wird für *jeden* Schlüssel (`sk` und `rk`) *individuell* durchgeführt. Der Schlüssel wird rotiert, nachdem eine Partei mit ihm 1.000-mal ver- und entschlüsselt hat (d.h. alle 500 Nachrichten). Das lässt sich einfach regeln, sobald die entsprechende Nonce die 1.000er-Grenze überschreitet.

Zur Rotation des Schlüssels `k` sind die folgenden Schritte nötig:

1. `ck` ist der Chaining-Schlüssel, den wir am Ende des dritten Akts erhalten haben.
2. `ck', k' = HKDF(ck, k)`
3. Setze die Nonce für den Schlüssel auf `n = 0` zurück.
4. `k = k'`
5. `ck = ck'`

Fazit

Die Lightning zugrunde liegende Transportverschlüsselung basiert auf dem Noise-Protokoll und bietet hohe Sicherheitsgarantien für die Privatsphäre, die Authentizität und Integrität der gesamten Kommunikation zwischen den Lightning-Peers.

Im Gegensatz zu Bitcoin, wo alle Peers »offen« (ohne Verschlüsselung) kommunizieren, ist die gesamte Lightning-Kommunikation Peer-to-Peer-verschlüsselt. Neben der (Peer-to-Peer-)Transportverschlüsselung werden auch die Zahlungen in Onion-Paketen (Hop-to-Hop) verschlüsselt, und die Details der Zahlung laufen »Out-of-Band« zwischen dem Sender und dem Empfänger (Ende zu Ende). Die Kombination all dieser Sicherheitsmechanismen summiert sich zu einem schichtweisen Schutz vor Deanonymisierung, Man-in-the-Middle-Angriffen und Netzwerküberwachung auf.

Natürlich ist kein Sicherheitssystem perfekt, und wir werden in Kapitel 16 sehen, wie diese Eigenschaften geschwächt und angegriffen werden können. Dennoch bietet das Lightning-Netzwerk eine deutlich höhere Privatsphäre als Bitcoin.

KAPITEL 15
Lightning-Zahlungsanforderungen

In diesem Kapitel sehen wir uns *Lightning-Zahlungsanforderungen* an, besser bekannt als *Lightning-Rechnungen*.

Rechnungen in der Lightning-Protokoll-Suite

Zahlungsanforderungen, also *Rechnungen*, sind Teil der Zahlungsschicht und in Abbildung 15-1 in der oberen linken Ecke zu sehen.

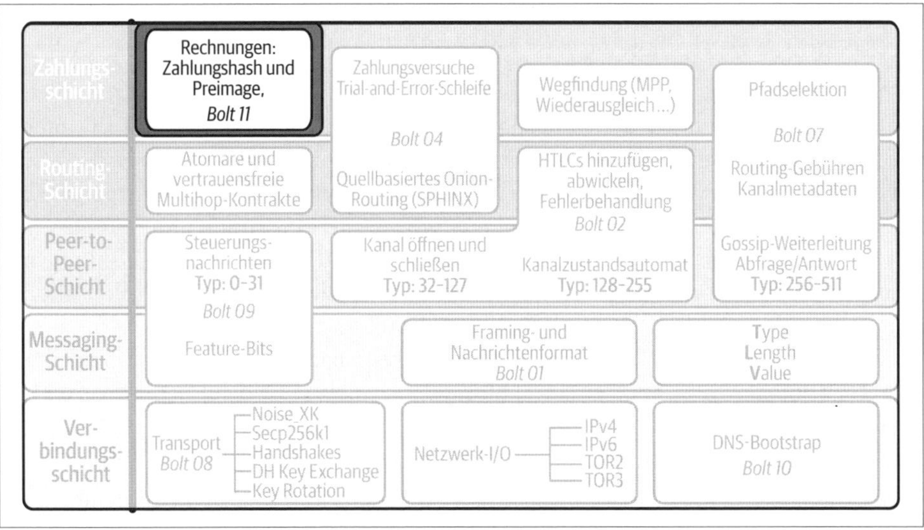

Abbildung 15-1: Rechnungen in der Lightning-Protokoll-Suite

Einführung

Wie wir im Verlauf des Buchs gesehen haben, sind mindestens zwei Teile notwendig, um eine Lightning-Zahlung abzuschließen: ein Zahlungshash und ein Ziel. Da im Lightning-Netzwerk SHA-256 zur Implementierung von HTLCs verwendet wird, wird diese Information in 32 Bytes kommuniziert. Ziele sind andererseits einfach die öffentlichen `secp256k1`-Schlüssel der Node, die die Zahlung erhalten soll. Das Ziel einer Zahlungsanforderung ist im Kontext des Lightning-Netzwerk die Kommunikation dieser beiden Informationen vom Sender zum Empfänger. Das QR-Code-freundliche Format, das die Information kommuniziert, die notwendig ist, um eine Zahlung zwischen Empfänger und Sender abzuschließen, wird in BOLT #11: Invoice Protocol for Lightning Payments (*https://github.com/lightning/bolts/blob/master/11-payment-encoding.md*) beschrieben. In der Praxis wird in einer Zahlungsanforderung mehr als nur der Zahlungshash und das Ziel kommuniziert, um die Codierung umfassender zu gestalten.

Lightning-Rechnungen versus Bitcoin-Adressen

Wenn Menschen zum ersten Mal eine Lightning-Rechnung sehen, lautet eine typische Frage, warum nicht das normale statische Adressformat verwendet wird.

Um diese Frage zu beantworten, muss man sich zuerst vor Augen führen, wie sich Lightning als Zahlungsmethode von Bitcoin unterscheidet. Im Gegensatz zu einer Bitcoin-Adresse, die theoretisch für beliebig viele Zahlungen genutzt werden kann (auch wenn sich dadurch der Datenschutz reduziert), darf eine Lightning-Rechnung nur *einmal* verwendet werden. Das liegt daran, dass eine Zahlung an eine Bitcoin-Adresse im Wesentlichen ein Public-Key-Kryptosystem nutzt, um die Zahlung so zu »codieren«, dass nur der wahre »Besitzer« der Bitcoin-Adresse sie einlösen kann.

Im Gegensatz dazu muss der Zahlungsempfänger bei einer Lightning-Zahlung ein »Secret« über den gesamten Zahlungspfad offenlegen, auch gegenüber dem Sender. Das kann man als eine Art domainspezifische, symmetrische Kryptografie betrachten, weil das Zahlungs-Preimage aus praktischen Gründen eine Nonce (eine nur einmal verwendete Zahl) ist. Überweist der Sender eine weitere Zahlung mit dem gleichen Zahlungshash, riskiert er den Verlust des Betrags, weil die Zahlung möglicherweise nicht an den Empfänger zugestellt wird. Man kann davon ausgehen, dass alle Nodes entlang eines Pfads ein Preimage aufbewahren, sobald es offengelegt wurde, d.h., statt einen HTLC weiterzuleiten und die Routing-Gebühr einzustreichen, könnte die Zahlung in diesem Fall komplett einbehalten werden. Eine Zahlungsanforderung mehr als einmal zu nutzen, ist also sehr unsicher.

Es gibt neue Varianten der ursprünglichen Lightning-Rechnung, die es dem Sender erlauben, Rechnungen beliebig oft wiederzuverwenden. Diese Varianten verändern den Zahlungsfluss, bei dem der Sender ein Preimage innerhalb der verschlüsselten Onion-Nutzdaten an den Empfänger überträgt, das nur von diesem entschlüsselt und eingelöst werden kann. Alternativ ist ein Mechanismus vorstellbar, der es dem Sender standardmäßig erlaubt, eine Rechnung vom Empfänger anzufordern. Dann könnte ein interaktives Protokoll verwendet werden, das ein gewisses Maß an Wiederverwendung von Rechnungen erlaubt.

BOLT #11: Serialisierung und Interpretation von Lightning-Rechnungen

In diesem Abschnitt beschreiben wir den Mechanismus, der zur Codierung der Informationen verwendet wird, die zum Abschluss einer Zahlung im Lightning-Netzwerk benötigt werden. Wie bereits erwähnt, ist der Zahlungshash und das Ziel das Minimum an Information, das dazu benötigt wird. In der Praxis werden aber auch noch weitere Informationen wie der Timelock, das Verfallsdatum und mögliche On-Chain-Fallback-Adressen kommuniziert. Die vollständige Spezifikation finden Sie in BOLT #11: Invoice Protocol for Lightning Payments (*https://github.com/lightning/bolts/blob/master/11-payment-encoding.md*).

Rechnungscodierung in der Praxis

Zuerst wollen wir untersuchen, wie eine echte Zahlungsanforderung in der Praxis aussieht. Hier eine gültige Zahlungsanforderung, die zum Zeitpunkt der Erzeugung zur Durchführung einer Zahlung im Lightning-mainnet hätte verwendet werden können:

```
lnbc2500u1pvjluezpp5qqqsyqcyq5rqwzqfqqqsyqcyq5rqwzqfqqqsyqcyq5rqwzqfqypqdq5xysx
xatsyp3k7enxv4jsxqzpuaztrnwngzn3kdzw5hydlzf03qdgm2hdq27cqv3agm2awhz5se903vruatf
hq77w3ls4evs3ch9zw97j25emudupq63nyw24cg27h2rspfj9srp
```

Das visuell lesbare Präfix

Sehen wir uns den String an, fällt ein Bereich auf, den wir mit unseren Augen unterscheiden können, während der Rest nach einer zufälligen Folge von Zeichen aussieht. Dieser Teil, der für uns Menschen etwas leichter zu erkennen ist, wird als *visuell lesbares Präfix* (engl. *Human-readable Prefix*) bezeichnet. Er erlaubt uns Menschen, wichtige Informationen einer Rechnung mit einem Blick zu erkennen. In unserem Fall können wir erkennen, dass diese Zahlung für das Lightning-mainnet gedacht ist und 2.500 uBTC (Mikrobitcoin), oder 25.000.000 Satoshi, hoch ist. Der Rest ist der Datenteil und verwendet ein erweiterbares Format zur Codierung der Informationen, die zur Durchführung einer Zahlung benötigt werden.

Jede Instanz des Lightning-Netzwerks (mainnet, testnet etc.) verwendet ein eigenes visuell lesbares Präfix (siehe Tabelle 15-1). Das erlaubt der Clientsoftware, aber auch uns Menschen, schnell zu erkennen, ob eine Zahlungsanforderung von einer Node verarbeitet werden kann oder nicht.

Tabelle 15-1: BOLT-#11-Netzwerkpräfixe

Netzwerk	BOLT-#11-Präfix
mainnet	`lnbc`
testnet	`lntb`
simnet/regtest	`lnbcrt`

Der erste Teil des visuell lesbaren Präfixes enthält die Höhe der Zahlungsanforderung in *kompakter* Form. Die Höhe wird in zwei Teilen codiert. Der erste Teil ist ein Integerwert mit dem *Grundbetrag*. Auf diesen folgt ein Multiplikator, der die Größenordnung des Grundbetrags festlegt. Im obigen Beispiel könnten wir die `2500u` nehmen und um den Faktor 1.000 verringern, indem wir den Wert durch `2500m`, oder (2.500 mBTC), ersetzen. Um die Höhe einer Zahlung zu bestimmen, nehmen wir den Rechnungsbetrag und multiplizieren ihn mit dem Multiplikator.

Eine Liste der momentan definierten Multiplikatoren sehen Sie in Tabelle 15-2.

Tabelle 15-2: BOLT-#11-Multiplikatoren

Multiplikator	Bitcoin-Einheit	Multiplikationsfaktor
m	Milli	0,001
u	Mikro	0,000001
n	Nano	0,000000001
p	Pico	0,000000000001

bech32 und das Datensegment

Wenn Ihnen der »unlesbare« Teil vertraut vorkommt, liegt das daran, dass es das gleiche Codierungsschema nutzt, das SegWit-kompatible Bitcoin-Adressen heute verwenden, nämlich bech32. Eine Beschreibung des bech32 Codierungsschemas würde den Rahmen dieses Kapitels sprengen. Kurz gesagt, handelt es sich um eine ausgefeilte Methode zur Codierung kurzer Strings mit sehr guten Fehlerkorrektur- und Erkennungseigenschaften.

Der Datenteil lässt sich in drei Bereiche aufteilen:

- den Timestamp,
- null oder mehr getaggte Schlüssel/Wert-Paare und
- die Signatur der gesamten Rechnung.

Der Timestamp wird in der sogenannten Unix-Epoche ausgedrückt, also in Sekunden seit dem Jahr 1970. Mit dem Timestamp kann der Sender festlegen, wie alt die Rechnung ist, und erlaubt dem Empfänger (wie wir gleich noch sehen werden), die Gültigkeit einer Rechnung bei Bedarf auf eine gewisse Zeitspanne zu begrenzen.

Ähnlich dem TLV-Format, das Sie in »Type-Length-Value-Format« auf Seite 335 kennengelernt haben, verwendet das BOLT-#11-Rechnungsformat eine Reihe von erweiterbaren Schlüssel/Wert-Paaren zur Codierung der für die Zahlung benötigten Informationen. Da mit Schlüssel/Wert-Paaren gearbeitet wird, können in Zukunft neue Werte ergänzt werden, wenn neue Zahlungstypen oder zusätzliche Anforderungen bzw. Funktionen eingeführt werden.

Zum Schluss wird eine Signatur eingefügt, die die gesamte Rechnung umfasst, die vom Empfänger der Zahlung signiert wurde. Die Signatur erlaubt dem Sender, zu prüfen, ob die Rechnung tatsächlich vom Empfänger stammt. Im Gegensatz zu nicht signierten Bitcoin-Zahlungsanforderungen erlaubt uns das, sicherzustellen, dass eine bestimmte Entität die Rechnung signiert hat. Die Signatur selbst wird mittels einer Recovery-ID codiert, die eine kompaktere Signatur erlaubt, die zur Extrahierung des öffentlichen Schlüssels verwendet werden kann. Bei der Verifikation der Signatur extrahiert die Recovery-ID den öffentlichen Schlüssel und vergleicht ihn dann mit dem öffentlichen Schlüssel der Signatur.

Getaggte Rechnungsfelder

Die getaggten Rechnungsfelder werden im Body der Rechnung codiert. Die Felder repräsentieren verschiedene Schlüssel/Wert-Paare, die entweder zusätzliche Informationen enthalten, die beim Abschluss der Zahlung helfen, oder Informationen, die zum Abschluss der Zahlung *benötigt* werden. Da eine bech32-Variante verwendet wird, liegen alle Felder in der »Basis 5«-Domäne.

Ein gegebenes getaggtes Feld besteht aus drei Komponenten:

- dem Typ (`type`) des Felds (5 Bit),
- der Länge (`length`) der Daten des Felds (10 Bit) und
- den Daten (`data`) selbst mit einer Länge von `length * 5 Byte`.

Eine Liste aller momentan definierten getaggten Felder finden Sie in Tabelle 15-3.

Tabelle 15-3: BOLT-#11-getaggte Rechnungsfelder

Feld-Tag	Datenlänge	Nutzung
`p`	52	Der SHA-256-Zahlungshash.
`s`	52	Ein 256-Bit-Secret, das den Ende-zu-Ende-Datenschutz erhöht, indem es ein Probing durch zwischenliegende Nodes verhindert.
`d`	variabel	Die Beschreibung, also ein kurzer UTF-8-String, der den Zweck der Zahlung beschreibt.
`n`	53	Der öffentliche Schlüssel der Ziel-Node.
`h`	52	Ein Hash der Beschreibung der Zahlung. Kann verwendet werden, um eine Beschreibung mit mehr als 639 Byte zu bestätigen.
`x`	variabel	Das Verfallsdatum der Zahlung in Sekunden. Wird der Wert nicht angegeben, liegt er standardmäßig bei einer Stunde (3.600).
`c`	variabel	Der für den finalen Hop der Route zu nutzende `min_cltv_expiry`-Wert. Wird der Wert nicht angegeben, liegt er standardmäßig bei 9.
`f`	variabel	Eine On-Chain-Fallback-Adresse, um die Zahlung abzuschließen, falls das über das Lightning-Netzwerk nicht möglich ist.
`r`	variabel	Ein oder mehr Einträge, die es dem Empfänger ermöglichen, dem Senden zusätzliche Kanten bekannt zu machen, über die die Zahlung abgeschlossen werden kann.
`9`	variabel	Eine Reihe von 5-Bit-Werten, die die Feature-Bits enthalten, die zum Abschluss der Zahlung benötigt werden.

Die im Feld `r` enthaltenen Elemente werden als *Routing-Hinweise* (engl. *Routing Hints*) bezeichnet. Sie erlauben dem Empfänger, eine Reihe zusätzlicher Kanten zu kommunizieren, die dem Sender bei der Zustellung der Zahlung helfen. Die Hinweise werden üblicherweise verwendet, wenn der Empfänger private Kanäle besitzt und den Sender in den »unkartierten« Teil des Kanal-Graphen leiten will. Ein Routing-Hinweis codiert die gleichen Informationen wie eine normale `channel_update`-Nachricht. Das Update selbst wird in einen einzelnen Wert mit den folgenden Feldern gepackt:

- `pubkey` der ausgehenden Node an der Kante (264 Bit)
- `short_channel_id` der »virtuellen« Kante (64 Bit)
- Grundgebühr (`fee_base_msat`) der Kante (32 Bit)
- anteilige Gebühr (`fee_proportional_millionths`) (32 Bit)
- CLTV-Verfallsdelta (`cltv_expiry_delta`) (16 Bit)

Den abschließenden Teil des Datensegments bildet ein Satz von Feature-Bits, der dem Sender die Funktionalitäten vermittelt, die zum Abschluss der Zahlung benötigt werden. Wird in Zukunft beispielsweise eine neue Zahlungsart eingeführt, die mit dem ursprünglichen Zahlungstyp nicht kompatibel ist, würde der Empfänger ein *gefordertes* (*required*) Feature-Bit setzen, um zu kommunizieren, dass der Zahlungspflichtige dieses Feature verstehen muss, um die Zahlung durchführen zu können.

Fazit

Wie wir gesehen haben, sind Zahlungen viel mehr als nur die Anforderung eines Betrags. Sie enthalten kritische Informationen darüber, *wie* eine Zahlung zu erfolgen hat (etwa Routing-Hinweise), den öffentlichen Schlüssel der Ziel-Node, kurzlebige Schlüssel zur Erhöhung der Sicherheit und vieles mehr.

KAPITEL 16

Sicherheit und Privatsphäre im Lightning-Netzwerk

In diesem Kapitel betrachten wir einige wichtige Aspekte zu Sicherheit und Privatsphäre im Lightning-Netzwerk. Zuerst sehen wir uns die Privatsphäre an, was sie bedeutet und wie man sie bewertet, und stellen einige Dinge vor, die man selbst machen kann, um seine Privatsphäre im Lightning-Netzwerk zu schützen. Danach stellen wir einige typische Angriffe und entsprechende Gegenmaßnahmen vor.

Warum ist Privatsphäre wichtig?

Ein Kernversprechen von Kryptowährungen ist zensurresistentes Geld. Bitcoin bietet den Teilnehmern die Speicherung und Übertragung ihres Vermögens an, ohne Eingriffe durch Regierungen, Banken oder Unternehmen fürchten zu müssen. Das Lightning-Netzwerk setzt diese Mission fort.

Im Gegensatz zu einfachen Skalierungslösungen wie depotführenden Bitcoin-Banken skaliert das Lightning-Netzwerk Bitcoin, ohne an der Eigenverwahrung zu rühren, was zu noch höherer Zensurresistenz des Bitcoin-Ökosystems führt. Allerdings arbeitet das Lightning-Netzwerk mit einem anderen Sicherheitsmodell, das neue Herausforderungen für die Sicherheit und Privatsphäre mit sich bringt.

Privatsphäre definieren

Die Frage, ob Lightning Privatsphäre bietet, ist nicht direkt zu beantworten. Privatsphäre ist ein komplexes Thema. Häufig ist es schwierig, genau zu definieren, was mit Privatsphäre gemeint ist, besonders wenn Sie sich nicht hauptberuflich damit beschäftigen. Glücklicherweise verwendet die Wissenschaft Prozesse, die die Datenschutzeigenschaften von Systemen analysieren und evaluieren. Diese Prozesse können wir auch nutzen. Sehen wir uns in zwei allgemeinen Schritten an, wie ein Informatiker die Frage angehen würde, ob Lightning Privatsphäre bietet.

Zuerst würde ein Wissenschaftler ein *Sicherheitsmodell* definieren, das festlegt, wozu ein Gegner fähig ist und was er zu erreichen versucht. Dann würde er die relevanten Eigenschaften des Systems beschreiben und prüfen, ob es die Anforderungen erfüllt.

Evaluierung der Privatsphäre

Ein Sicherheitsmodell basiert auf einer Reihe zugrunde liegender *Sicherheitsannahmen*. Bei kryptografischen Systemen drehen sich diese Annahmen häufig um mathematische Eigenschaften kryptografischer Primitive, wie etwa Chiffren, Signaturen und Hashfunktionen. Die Sicherheitsannahmen des Lightning-Netzwerks sind, dass die ECDSA-Signaturen, die SHA-256-Hashfunktion und andere vom Protokoll genutzte kryptografische Funktionen sich im Rahmen ihrer Sicherheitsdefinitionen verhalten. Zum Beispiel gehen wir davon aus, dass es praktisch unmöglich ist, ein Preimage (und zweites Preimage) einer Hashfunktion zu bestimmen. Das erlaubt dem Lightning-Netzwerk, sich auf den HTLC-Mechanismus zu verlassen (der das Preimage einer Hashfunktion nutzt), um die Atomizität von Multihop-Zahlungen sicherzustellen: Nur der finale Empfänger kann das Zahlungs-Secret aufdecken und den HTLC auflösen. Wir setzen auch eine gewisse Konnektivität im Netzwerk voraus, namentlich dass die Lightning-Kanäle einen verbundenen Graphen bilden. Daher ist es möglich, einen Pfad zwischen jedem Sender und jedem Empfänger zu finden. Und schließlich setzen wir voraus, dass Netzwerknachrichten innerhalb bestimmter Timeouts propagiert werden.

Nachdem wir einige der zugrunde liegenden Annahmen identifiziert haben, wollen wir auch mögliche Widersacher betrachten.

Hier ein paar mögliche Modelle für Widersacher im Lightning-Netzwerk: Eine »redliche, aber neugierige« weiterleitende Node kann Zahlungsbeträge, die vorherigen und die folgenden Nodes und den Graphen der bekannten Kanäle mit ihren Kapazitäten nachhalten. Eine sehr gut angebundene Node kann das Gleiche tun, aber in wesentlich größerem Ausmaß. Nehmen wir beispielsweise an, dass die Entwickler einer beliebten Wallet eine Node betreiben, über die sich Nutzer standardmäßig verbinden. Diese Node wäre für das Routing eines Großteils der Zahlungen von und an diese Nutzer verantwortlich. Was wäre, wenn mehrere Nodes in »gegnerischer« Hand wären? Würden zwei konspirierende Nodes im gleichen Zahlungspfad liegen, könnten sie erkennen, dass sie HTLCs weiterleiten, die zur gleichen Zahlung gehören, weil HTLCs immer den gleichen Zahlungshash besitzen.

Multipart-Zahlungen (siehe »Multipart-Zahlungen« auf Seite 326) ermöglichen Nutzern, die Zahlungshöhe zu verschleiern, da sie in verschiedene Größen aufgeteilt werden.

Was könnten die Ziele eines Lightning-Angreifers sein? Häufig beschreibt man Privatsphäre und Datenschutz über drei wesentliche Merkmale: Vertraulichkeit, Integrität und Verfügbarkeit.

Vertraulichkeit
: Nur die vorgesehenen Empfänger erhalten die Informationen.

Integrität
: Die Information wird während der Übertragung nicht verändert.

Verfügbarkeit
Das System funktioniert die meiste Zeit.

Die wichtigen Eigenschaften des Lightning-Netzwerks drehen sich hauptsächlich um Vertraulichkeit und Verfügbarkeit. Einige der wichtigsten zu schützenden Eigenschaften sind:

- Nur der Sender und der Empfänger kennen den Zahlungsbetrag.
- Niemand kann Sender und Empfänger einander zuordnen.
- Ein redlicher Nutzer kann nicht daran gehindert werden, Zahlungen zu senden und zu empfangen.

Für jedes Privatsphärenziel und Sicherheitsmodell gibt es eine bestimmte Wahrscheinlichkeit, dass der Angreifer erfolgreich ist. Diese Wahrscheinlichkeit hängt von verschiedenen Faktoren ab, etwa der Größe und Struktur des Netzwerks. Bleiben andere Dinge gleich, ist es wesentlich einfacher, ein kleines Netzwerk anzugreifen als ein großes. Je zentralisierter ein Netzwerk ist, desto fähiger kann ein Angreifer sein, wenn »zentrale« Knoten unter seiner Kontrolle sind. Natürlich muss der Begriff »zentralisiert« genau definiert werden, um Sicherheitsmodelle darum herum aufbauen zu können, und es gibt sehr viele mögliche Definitionen dafür, wie zentralisiert ein Netzwerk ist. Und schließlich hängt das Lightning-Netzwerk als Zahlungsnetzwerk von wirtschaftlichen Anreizen ab. Die Höhe und die Struktur der Gebühren beeinflusst die Routing-Algorithmen und können einem Angreifer dabei helfen, einen Großteil der Zahlungen über seine Node weiterzuleiten oder die Weiterleitung zu verhindern.

Anonyme Menge

Was bedeutet es, jemanden zu deanonymisieren? Einfach ausgedrückt, geht es bei der Deanonymisierung darum, bestimmte Handlungen der realen Identität einer Person zuzuordnen, etwa seinem Namen oder seiner Adresse. Auch das Ermitteln einer IP-Adresse oder Telefonnummer kann als Deanonymisierung betrachtet werden. Eine Information, die die Verknüpfung einer Nutzeraktion mit seinen vorherigen Aktionen erlaubt, bezeichnet man als *Identität*. Die Deanonymisierung ist aber nicht binär: Ein Nutzer ist weder vollständig anonym noch vollständig deanonymisiert. Stattdessen vergleicht man in der Informatik die Anonymität mit einer anonymen Menge.

Die *anonyme Menge* (engl. *Anonymity Set*) ist eine zentrale Idee der Informatik. Sie bezieht sich auf eine Menge von Identitäten, die aus Sicht eines Angreifers für eine gegebene Aktion für jeden in dieser Menge zutreffen können. Sehen wir uns dazu ein reales Beispiel an. Stellen Sie sich eine Person vor, die Sie auf der Straße treffen. Welcher anonymen Menge gehört sie Ihrer Meinung nach an? Wenn Sie sie nicht persönlich kennen und ohne weitere Informationen entspricht ihre anonyme Menge grob den Einwohnern dieser Stadt sowie den Reisenden. Berücksichtigen Sie das Aussehen der Person, können Sie das Alter schätzen und die Bewohner aus der anonymen Menge ausschließen, die offensichtlich älter oder jünger sind. Wenn Sie dann sehen, dass die Person das Büro von Unternehmen X mit einer elektronischen Zugangskarte betritt, schrumpft die anonyme Menge auf die Anzahl der Mitarbeiter der Firma X und deren Besucher. Schließlich könnte Ihnen noch das Kennzeichen des Wagens aufgefallen sein, mit dem die Person den Ort erreicht hat. Einem normalen Beobachter hilft das nicht unbedingt weiter, doch als städtischer Mitarbeiter mit Zugang zur Kfz-Datenbank können Sie Kennzeichen mit Namen abgleichen und die anonyme Menge auf wenige Personen einschränken: den Fahrzeughalter und enge Freunde und Verwandte, die sich den Wagen vielleicht geliehen haben.

Dieses Beispiel macht einige wichtige Punkte deutlich. Erstens kann jede noch so kleine Information den Widersacher seinem Ziel näher bringen. Die Größe der anonymen Menge muss nicht auf eins schrumpfen. Plant der Angreifer einen gezielten DoS-Angriff (*Denial of Service*) und kann diesen auf 100 Server begrenzen, reicht eine anonyme Menge von 100 Servern aus. Zweitens kann der Angreifer Informationen aus verschiedenen Quellen in Beziehung setzen (Kreuzkorrelation). Selbst wenn eine kleine Verletzung der Privatsphäre harmlos erscheint, weiß man nicht, was sie in Kombination mit anderen Datenquellen leisten kann. Schließlich kann der Angreifer, insbesondere im kryptografischen Umfeld, als letzten Ausweg auf eine Brute-Force-Suche setzen. Kryptografische Primitive sind so entworfen, dass es praktisch unmöglich ist, ein Secret wie einen privaten Schlüssel zu erraten. Dennoch bringt jede kleine Information den Widersacher seinem Ziel näher, und an irgendeinem Punkt wird es erreichbar.

Für Lightning bedeutet Deanonymisierung ganz allgemein das Herstellen einer Beziehung zwischen Zahlungen und Nutzern, die über Node-IDs identifiziert werden. Jede Zahlung kann einer anonymen Menge von Sendern und einer anonymen Menge von Empfängern zugeordnet werden. Idealerweise besteht die anonyme Menge aus allen Nutzern des Netzwerks, was sicherstellt, dass der Angreifer keinerlei Informationen besitzt. Allerdings lässt das reale Netzwerk Informationen durchsickern, die es dem Angreifer erlauben, die Suche einzuschränken. Je kleiner die anonyme Menge, desto größer die Chance einer erfolgreichen Deanonymisierung.

Privatsphäre: Unterschiede zwischen Lightning-Netzwerk und Bitcoin

Es stimmt zwar, dass Transaktionen im Bitcoin-Netzwerk reale Identitäten nicht mit Bitcoin-Adressen verknüpfen, doch alle Transaktionen werden im Klartext veröffentlicht und können analysiert werden. Mehrere Unternehmen wurden gegründet, um die Nutzer von Bitcoin und anderen Kryptowährungen zu deanonymisieren.

Auf den ersten Blick bietet Lightning eine bessere Privatsphäre als Bitcoin, weil Lightning-Zahlungen nicht im gesamten Netzwerk veröffentlicht werden. Das verbessert zwar die Ausgangsbasis für die Privatsphäre, doch andere Eigenschaften des Lightning-Protokolls erschweren anonyme Zahlungen. Zum Beispiel gibt es für größere Zahlungen weniger Routing-Optionen. Das könnte es Widersachern, die finanziell gut ausgestattete Nodes kontrollieren, erlauben, die meisten großen Zahlungen zu routen und Zahlungsbeträge und vielleicht noch weitere Details aufzudecken. Doch wenn das Lightning-Netzwerk wächst, wird dieses Problem aber immer kleiner.

Ein anderer wichtiger Unterschied zwischen Lightning und Bitcoin besteht darin, dass Lightning-Nodes eine permanente Identität besitzen, was bei Bitcoin-Nodes nicht der Fall ist. Ein cleverer Bitcoin-Nutzer kann recht einfach die Nodes wechseln, über die Blockchain-Daten empfangen und Transaktionen veröffentlicht werden. Im Gegensatz dazu sendet und empfängt ein Lightning-Nutzer Zahlungen über die Nodes, mit denen er Zahlungskanäle betreibt. Darüber hinaus verlangt das Lightning-Protokoll, das Routing-Nodes neben ihrer Node-ID auch ihre IP-Adresse bekannt geben. Das führt zu einer permanenten Verknüpfung zwischen Node-IDs und IP-Adressen. Dies ist gefährlich, da IP-Adressen häufig ein Zwischenschritt bei (De-)Anonymisierungsangriffen sind, um den Standort des Nutzers und letztlich seine reale Identität aufzudecken. Zwar ist es möglich, Lightning über Tor zu nutzen, doch die meisten Nodes setzen diese Funktion nicht ein, wie aus Node-Ankündigungen erstellte Statistiken (*https://1ml.com/statistics*) belegen.

Sendet ein Lightning-Nutzer eine Zahlung, bilden seine Nachbarn die anonyme Menge. Konkret kennt eine Routing-Node nur die vorherige und die folgende Node. Die Routing-Node weiß nicht, ob die unmittelbaren Nachbarn der Zahlungsroute die eigentlichen Sender oder Empfänger sind. Daher entspricht die anonyme Menge einer Node im Lightning-Netzwerk in etwa der Menge seiner Nachbarn (siehe Abbildung 16-1).

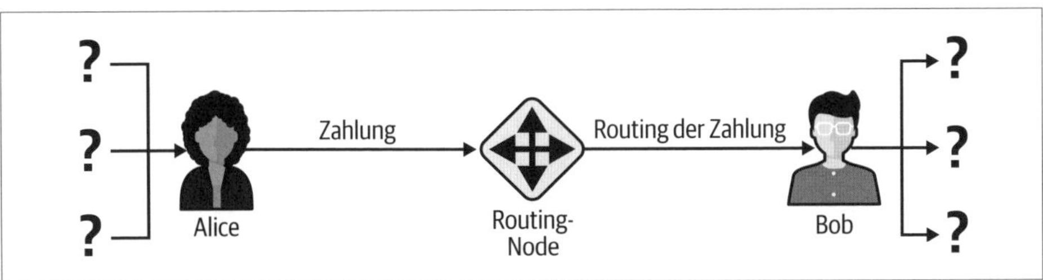

Abbildung 16-1: Die anonyme Menge von Alice und Bob besteht aus ihren Nachbarn.

Eine ähnliche Logik gilt für Zahlungsempfänger. Viele Nutzer öffnen nur eine Handvoll Zahlungskanäle, was die anonyme Menge begrenzt. Darüber hinaus ist die anonyme Menge bei Lightning statisch oder verändert sich zumindest nur langsam. Im Gegensatz dazu sind die anonymen Mengen bei On-Chain-CoinJoin-Transaktionen wesentlich größer. CoinJoin-Transaktionen mit anonymen Mengen über 50 sind durchaus üblich. Normalerweise entspricht die anonyme Menge einer CoinJoin-Transaktion der sich dynamisch ändernden Menge an Nutzern.

Schließlich können Lightning-Nutzern Dienste von Angreifern verwehrt werden, Kanäle können blockiert oder geleert werden. Die Weiterleitung von Zahlungen verlangt, dass Kapital – eine seltene Ressource – entlang der Route temporär in HTLCs hinterlegt wird. Ein Angreifer könnte viele Zahlungen senden, aber nicht abschließen und so das Kapital redlicher Nutzer für lange Zeit blockieren. Diesen Angriffsvektor gibt es (zumindest nicht so offensichtlich) bei Bitcoin nicht.

Während also einige Aspekte der Architektur des Lightning-Netzwerks im Vergleich zu Bitcoin einen Schritt in Richtung höhere Privatsphäre darstellen, werden Angriffe auf die Privatsphäre durch andere Eigenschaften des Protokolls vereinfacht. Eine genaue Untersuchung ist nötig, um zu evaluieren, welche Garantien für die Privatsphäre das Lightning-Netzwerk bietet und den Stand der Dinge verbessert.

Die in diesem Teil des Kapitels diskutierten Themen fassen die Untersuchungen zusammen, die Mitte 2021 zur Verfügung standen. Allerdings wächst dieser Bereich der Forschung und Entwicklung sehr schnell. Wir sind froh, vermelden zu können, dass die Autoren mehrere Forschungsteams kennen, die sich mit der Privatsphäre von Lightning beschäftigen.

Sehen wir uns nun einige Angriffe auf die LN-Privatsphäre an, die in der akademischen Literatur beschrieben wurden.

Angriffe auf Lightning

Die jüngste Forschung beschreibt verschiedene Möglichkeiten, Sicherheit und Privatsphäre des Lightning-Netzwerks zu kompromittieren.

Zahlungsbeträge beobachten

Ein Ziel von die Privatsphäre wahrenden Zahlungssystemen besteht darin, die Höhe von Zahlungen vor nicht involvierten Parteien zu verbergen. Das Lightning-Netzwerk ist in diesem Punkt gegenüber Layer 1 eine Verbesserung. Während Bitcoin-Transaktionen im Klartext verbreitet und von jedem beobachtet werden können, laufen Lightning-Zahlungen nur über einige Nodes entlang eines Zahlungspfads. Allerdings sehen dazwischenliegende Nodes den Zahlungsbetrag, auch wenn dieser Betrag nicht dem tatsächlichen Zahlungsbetrag entsprechen muss (siehe »Multipart-Zahlungen« auf Seite 326). Das ist notwendig, um einen neuen HTLC für jeden Hop zu erzeugen. Das Wissen um den Zahlungsbetrag durch dazwischenliegende Nodes stellt keine unmittelbare Bedrohung dar. Dennoch könnte eine »redliche, aber neugierige« zwischenliegende Node das als Teil eines größeren Angriffs nutzen.

Sender und Empfänger verknüpfen

Ein Angreifer könnte daran interessiert sein, den Sender und/oder den Empfänger einer Zahlung zu ermitteln, um bestimmte ökonomische Beziehungen aufzudecken. Diese Verletzung der Privatsphäre kann die Zensurresistenz beeinträchtigen, da eine zwischenliegende Node Zahlungen von oder an bestimmte Sender oder Empfänger zensieren könnte. Idealerweise sollte eine Verknüpfung nur für den Sender und den Empfänger möglich sein.

In den folgenden Abschnitten betrachten wir zwei Typen von Gegnern: Off-Path-Gegner und On-Path-Gegner. Ein Off-Path-Gegner versucht, Sender und Empfänger einer Zahlung zu bestimmen, ohne am Routing-Prozess der Zahlung teilzunehmen. Ein On-Path-Gegner kann alle Informationen nutzen, die er beim Routing der fraglichen Zahlung erhält.

Zuerst wollen wir den *Off-Path-Gegner* betrachten. Im ersten Schritt dieses Angriffsszenarios bestimmt ein potenter Off-Path-Gegner die individuellen Guthaben jedes Zahlungskanals mittels Probing (das wir in einem nachfolgenden Abschnitt beschreiben) und erzeugt einen Netzwerkschnappschuss zum Zeitpunkt t_1. Der Einfachheit halber legen wird t_1 mit 12:05 Uhr fest. Zu einem späteren Zeitpunkt t_2, beispielsweise um 12:10 Uhr, führt er das Probing erneut durch. Der Angreifer vergleicht die Schnappschüsse von 12:10 und 12:05 und nutzt die Unterschiede zwischen den Schnappschüssen, um Informationen über Zahlungen abzuleiten, indem er sich die geänderten Pfade ansieht. Im einfachsten Fall, bei dem zwischen 12:10 und 12:05 nur eine Zahlung stattgefunden hat, beobachtete der Angreifer einen einzelnen Pfad, bei dem sich die Guthaben um den gleichen Betrag geändert haben. Damit erfährt der Angreifer fast alles über die Zahlung: Sender, Empfänger und Höhe. Überlappen sich mehrere Zahlungspfade, muss der Angreifer Heuristiken nutzen, um die Überlappungen zu erkennen und die Zahlungen zu trennen.

Wenden wir uns nun dem *On-Path-Gegner* zu. Ein solcher Angreifer wirkt möglicherweise verwirrend. Doch im Juni 2020 haben Forscher angemerkt, dass für die zentralste Node fast 50 % aller LN-Zahlungen (*https://arxiv.org/pdf/2006.12143.pdf*) beobachtet wurden, während für die vier zentralsten Nodes im Schnitt 72 % der Zahlungen beobachtet wurden (*https://arxiv.org/pdf/1909.06890.pdf*). Diese Erkenntnis verdeutlicht die Bedeutung des On-Path-Angriffsmodells. Zwar kennen die Intermediäre einer Zahlung nur ihren Vorgänger und Nachfolger, doch es gibt verschiedene Lücken, die ein bösartiger oder redlicher, aber neugieriger Intermediär nutzen kann, um Sender und Empfänger abzuleiten.

Der On-Path-Angreifer kann die Höhe jeder gerouteten Zahlung sowie alle Timelock-Deltas abgreifen (siehe Kapitel 10). Der Angreifer kann daher alle Nodes aus der anonymen Menge des Senders und des Empfängers entfernen, deren Kapazität unter dem gerouteten Betrag liegt. Wir beobachten also einen Kompromiss zwischen Privatsphäre und Zahlungshöhe. Üblicherweise wird die anonyme Menge immer kleiner, je höher der Zahlungsbetrag ist. Wir wissen, dass diese Sicherheitslücke mit Multipart-Zahlungen oder Zahlungskanälen mit hoher Kapazität minimiert werden kann. In gleicher Weise können kleine Timelock-Deltas aus dem Zahlungspfad entfernt werden. Genauer gesagt, passt ein Zahlungskanal nicht zu einer Zahlung, wenn die verbleibende Zeit, die die Zahlung noch gesperrt ist, höher ist als die Zeit, die von der Node akzeptiert wird. Diese Lücke kann behoben werden, indem man sich an die sogenannten Schattenrouten (engl. *Shadow Routes*) hält.

Eine der subtilsten und doch leistungsfähigsten Methoden, die ein On-Path-Angreifer nutzen kann, ist die Timing-Analyse. Ein On-Path-Angreifer kann einen Log aller gerouteten Zahlungen vorhalten zusammen mit der Zeitspanne, die eine Node benötigt, um auf einen HTLC-Request zu antworten. Bevor er einen Angriff startet, lernt der Angreifer die Latenzcharakteristiken aller Nodes im Lightning-Netzwerk kennen, indem er ihnen Requests sendet. Das hilft dem Angreifer dabei, seine genaue Position im Zahlungspfad zu bestimmen. Tatsächlich kann ein Angreifer, wie jüngst gezeigt wurde, über zeitbasierte Schätzfunktionen sogar den Sender und den Empfänger einer Zahlung ermitteln.

Zum Schluss ist es wichtig, daran zu denken, dass sehr wahrscheinlich unbekannte oder unerforschte Lücken existieren, die bei der Deanonymisierung helfen. Da Lightning-Wallets beispielsweise unterschiedliche Routing-Algorithmen verwenden, könnte sogar das Wissen um den verwendeten Algorithmus dabei helfen, bestimmte Nodes als Sender und/oder Empfänger einer Zahlung auszuschließen.

Kanalguthaben aufdecken (Probing)

Die Guthaben eines Lightning-Kanals sollen aus Datenschutz- und Effizienzgründen verborgen bleiben. Eine Lightning-Node kennt nur die Guthaben ihrer Nachbarkanäle. Das Protokoll bietet standardmäßig keine Möglichkeit, das Guthaben eines entfernten Kanals abzufragen.

Dennoch kann ein Angreifer das Guthaben eines entfernten Kanals über einen *Probing-Angriff* aufdecken. In der Informationssicherheit beschreibt Probing die Technik, Requests an das Zielsystem zu senden und basierend auf den Responses Rückschlüsse auf den Zustand des Systems zu ziehen.

Lightning-Kanäle sind für das Probing anfällig. Wie Sie wissen, beginnt eine normale Lightning-Zahlung damit, dass der Empfänger ein zufälliges Zahlungs-Secret erzeugt und dessen Hash an den Sender schickt. Beachten Sie, dass für zwischenliegende Nodes alle Hashes zufällig aussehen. Es gibt keine Möglichkeit, festzustellen, ob ein Hash einem echten Secret entspricht oder zufällig generiert wurde.

Der Probing-Angriff erfolgt dabei wie folgt. Nehmen wir an, der Angreifer Mallory möchte Alice' Guthaben im öffentlichen Kanal zwischen Alice und Bob offenlegen. Nehmen wir weiterhin an, dass die Gesamtkapazität des Kanals eine Million Satoshi beträgt. Alice' Guthaben liegt also irgendwo zwischen null und einer Million Satoshi (tatsächlich fällt der Wert aufgrund der Kanalreserve etwas geringer aus, was wir der Einfachheit halber aber ignorieren). Mallory öffnet einen Kanal über eine Million Satoshi mit Alice und sendet 500.000 Satoshi über Alice an Bob, wobei er eine *Zufallszahl* als Zahlungshash verwendet. Natürlich entspricht diese Zahl keinem bekannten Zahlungs-Secret, und die Zahlung schlägt fehl. Die Frage lautet nun, wie genau sie fehlschlägt.

Es gibt zwei Szenarien. Verfügt Alice über mehr als 500.000 Satoshi auf ihrer Seite des Kanals mit Bob, leitet sie die Zahlung weiter. Bob entschlüsselt das Zahlungs-Onion und erkennt, dass die Zahlung für ihn gedacht ist. Er sucht in seinem lokalen Speicher nach dem Preimage für den entsprechenden Zahlungshash, findet ihn aber nicht. Dem Protokoll folgend, schickt Bob den Fehler »unbekannter Zahlungshash« an Alice zurück, die ihn an Mallory weiterleitet. Dadurch weiß Mallory jetzt, dass die Zahlung *erfolgreich gewesen wäre*, wenn der Zahlungshash echt gewesen wäre. Mallory kann nun seine Schätzung bezüglich Alice' Guthaben von »zwischen 0 und 1 Million« auf »zwischen 500.000 und 1 Million« korrigieren. Das andere Szenario tritt ein, wenn Alice' Guthaben unter 500.000 Satoshi liegt. In diesem Fall kann Alice die Zahlung nicht weiterleiten und gibt den Fehler »unzureichendes Guthaben« an Mallory zurück. Mallory aktualisiert seine Schätzung dann von »zwischen 0 und 1 Million« auf »zwischen 0 und 500.000«.

Beachten Sie, dass sich die Genauigkeit von Mallorys Schätzung bei nur einem Probing verdoppelt. Sie kann das Probing nun fortsetzen und im nächsten Versuch das aktuelle Intervall halbieren. Diese bekannte Suchtechnik nennt sich *binäre Suche*. Bei der binären Suche bestimmt sich die Anzahl der Proben durch den *Logarithmus* der gewünschten Genauigkeit. Soll beispielsweise Alice' Guthaben im Kanal mit einer Million Satoshi auf einen Satoshi genau ermittelt werden, muss Mallory nur $\log_2 (1{,}000{,}000) \approx 20$ Proben durchführen. Dauert ein Probing drei Sekunden, kann der Kanal in nur einer Minute genau untersucht werden.

Das Kanal-Probing kann sogar noch effizienter gestaltet werden. In der einfachsten Form stellt Mallory eine direkte Verbindung mit dem Kanal her, den sie untersuchen möchte. Ist das Probing eines Kanals möglich, ohne einen Kanal mit einem der beiden Endpunkte zu öffnen? Stellen Sie sich vor, dass Mallory nun den Kanal zwischen Bob und Charlie untersuchen will, ohne einen weiteren Kanal zu öffnen, da das On-Chain-Gebühren kostet und man die Bestätigung der Funding-Transaktion abwarten muss. Mallory verwendet stattdessen ihren bestehenden Kanal mit Alice und sendet eine Probe entlang der Route Mallory → Alice → Bob → Charlie. Mallory kann den »Unbekannter-Zahlungshash-Fehler« genau wie vorhin interpretieren: Die Probe hat das Ziel erreicht, daher verfügen alle Kanäle entlang der Route über ausreichend Guthaben, um sie weiterzuleiten. Doch was passiert, wenn Mallory einen »Unzureichendes-Guthaben-Fehler« zurückerhält? Reicht das Guthaben dann zwischen Alice und Bob oder zwischen Bob und Charlie nicht aus?

In der aktuellen Version des Lightning-Protokolls geben Fehlermeldungen nicht nur an, *welcher* Fehler aufgetreten ist, sondern auch *wo* er aufgetreten ist. Mit einer entsprechend sorgfältigen Fehlerbehandlung weiß Mallory also auch, wo der Kanal fehlgeschlagen ist. Handelt es sich um den Zielkanal, aktualisiert sie ihre Schätzung. Wenn nicht, wählt sie eine andere Route zum Zielkanal. Neben dem eigentlichen Zielkanal erhält sie sogar *zusätzliche* Informationen zu den Guthaben der dazwischenliegenden Kanäle.

Der Probing-Angriff kann auch genutzt werden, um Sender und Empfänger zu verknüpfen, wie im obigen Beispiel beschrieben.

An diesem Punkt könnten Sie sich fragen, warum das Lightning-Netzwerk beim Schutz der privaten Daten seiner Nutzer so schlecht ist. Wäre es nicht besser, dem Sender nicht offenzulegen, warum und wo eine Zahlung fehlgeschlagen ist? Natürlich wäre das eine mögliche Gegenmaßnahme, die aber erhebliche Nachteile mit sich brächte. Lightning muss die Balance zwischen Privatsphäre und Effizienz sorgfältig austarieren. Wie wir wissen, kennen normale Nodes die Verteilung der Guthaben in entfernten Kanälen nicht. Daher können Zahlungen häufig fehlschlagen (was sie auch tun), weil bei einem zwischenliegenden Hop kein ausreichendes Guthaben verfügbar ist. Fehlermeldungen erlauben dem Sender, diese Kanäle beim Aufbau einer neuen Route auszuschließen. Eine beliebte Lightning-Wallet führt intern sogar Probings durch, um zu prüfen, ob die gewählte Route die Zahlung tatsächlich verarbeiten kann.

Es gibt andere mögliche Maßnahmen, dem Kanal-Probing entgegenzuwirken. Erstens ist es für einen Angreifer schwer, unangekündigte Kanäle ins Visier zu nehmen. Zweitens sind JIT-Routing (*Just in Time*) implementierende Nodes weniger anfällig für diese Angriffe. Schließlich verringern Multipart-Zahlungen das Problem nicht ausreichender Kapazität, weshalb die Entwickler darüber nachdenken könnten, auf einige Fehlerdetails zu verzichten, ohne die Effizienz zu beeinträchtigen.

Denial of Service

Sind Ressourcen öffentlich verfügbar, besteht die Gefahr, dass Angreifer den Zugriff auf diese Ressourcen durch Denial-of-Service-Angriffe (DoS) unmöglich machen. Ganz allgemein wird das erreicht, indem der Angreifer eine Ressource mit Requests bombardiert, die von gültigen Anfragen nicht zu unterscheiden sind. Diese Angriffe führen nur selten zu finanziellen Schäden (außer den Opportunitätskosten der nicht erreichbaren Dienste) und sollen die Opfer nur ärgern.

Typische Maßnahmen gegen DoS-Angriffe bestehen in der Authentifizierung von Requests, um gültige Nutzer von bösartigen Nutzern zu unterscheiden. Diese Gegenmaßnahmen haben für normale Nutzer nur einen geringen Preis, reichen aber, um Angreifer abzuschrecken. Maßnahmen gegen DoS finden sich überall im Internet – Websites begrenzen die Bandbreite, damit kein Nutzer die gesamte Serverleistung für sich beanspruchen kann, Sites mit Filmkritiken verlangen eine Log-in-Authentifizierung, um wütende r/prequelmemes-Mitglieder (eine Reddit-Gruppe) im Zaum zu halten, und Datendienste verkaufen API-Schlüssel, um die Zahl der Queries zu beschränken.

DoS bei Bitcoin

Bei Bitcoin sind die von den Nodes für die Weiterleitung von Transaktionen verwendete Bandbreite und der Platz, den sie dem Netzwerk in Form des mempools zur Verfügung stellen, öffentlich verfügbare Ressourcen. Jede Node im Netzwerk kann Bandbreite und mempool-Speicher nutzen, indem sie eine gültige Transaktion sendet. Wird diese Transaktion in einen gültigen Block geschürft, werden

Transaktionsgebühren fällig, d.h., die Nutzung der Netzwerkressourcen hat ihren Preis.

In der Vergangenheit gab es den Versuch eines DoS-Angriffs, bei dem Angreifer das Netzwerk mit Transaktionen mit kleinen Gebühren überfluteten. Viele dieser Transaktionen wurden von den Minern aufgrund der niedrigen Transaktionsgebühren nicht ausgewählt, sodass die Angreifer die Netzwerkressourcen nutzen konnten, ohne die Gebühren bezahlen zu müssen. Um dieses Problem zu beheben, wurde eine minimale Weiterleitungsgebühr für Transaktionen festgelegt, die von den Nodes als Schwellenwert verlangt wurde, um Transaktionen weiterzuleiten. Diese Maßnahme stellte größtenteils sicher, dass Netzwerkressourcen verbrauchende Transaktionen letztlich ihre Chain-Gebühren zahlen mussten. Die minimale Weiterleitungsgebühr ist für normale Nutzer akzeptabel, tut Angreifern aber finanziell weh, die versuchen, das Netzwerk zu fluten. Auch wenn es einige Transaktionen bei Umgebungen mit hohen Gebühren nicht in gültige Blöcke schaffen, hat diese Maßnahme die Art Spam recht effektiv verhindert.

DoS bei Lightning

Genau wie Bitcoin verlangt das Lightning-Netzwerk Gebühren für die Nutzung seiner öffentlichen Ressourcen. In diesem Fall sind die Ressourcen aber öffentliche Kanäle, und die Gebühren sind Routing-Gebühren. Die Fähigkeit, Zahlungen gegen Gebühr durch Nodes zu leiten, ist für das Netzwerk ein großer Skalierungsvorteil – nicht direkt miteinander verbundene Nodes können dennoch interagieren –, hat aber auch seinen Preis, da eine öffentliche Ressource vor DoS-Angriffen geschützt werden muss.

Leitet eine Lightning-Node eine Zahlung für Sie weiter, nutzt sie Bandbreite für die Daten und die Zahlung, um die Commitment-Transaktion zu bestätigen. Gleichzeitig wird die Höhe der Zahlung im entsprechenden Kanalguthaben reserviert, bis die Zahlung abgeschlossen oder fehlgeschlagen ist. Bei erfolgreichen Zahlungen ist das akzeptabel, da die Node letztlich ihre Gebühr erhält. Bei fehlgeschlagenen Zahlungen sieht das aktuelle Protokoll keine Gebühren vor. Das erlaubt es Nodes, fehlschlagende Zahlungen kostenlos durch alle Kanäle zu leiten. Dies ist für normale Nutzer eine feine Sache, da sie fehlgeschlagene Versuche nicht bezahlen müssen, erlaubt Angreifern aber gleichzeitig, die Ressourcen der Nodes kostenlos zu missbrauchen – genau wie die Transaktionen mit niedrigen Gebühren bei Bitcoin, die nie Miner-Gebühren zahlen müssen.

Während diese Zeilen geschrieben werden, gibt es eine laufende Diskussion (*https://lists.linuxfoundation.org/pipermail/lightning-dev/2020-June/002734.html*) in der lightning-dev-Mailingliste darüber, wie man dieses Problem am besten löst.

Bekannte DoS-Angriffe

Es gibt zwei bekannte DoS-Angriffe auf öffentliche LN-Kanäle, die einen Zielkanal, oder eine Gruppe von Zielkanälen, unbenutzbar machen. Bei beiden Angriffen werden Zahlungen durch öffentliche Kanäle geroutet und bis zu ihrem Timeout gehalten, um die Dauer des Angriffs zu maximieren. Die Forderung, keine Gebühren für fehlgeschlagene Zahlungen zu entrichten, ist für bösartige Nodes leicht zu erreichen, da sie Zahlungen einfach an sich selbst leiten können. Weil keine Kosten für fehlgeschlagene Zahlungen entstehen, zahlt der Angreifer nur die On-Chain-Gebühr für das Öffnen des Kanals, über den die Zahlungen verschickt werden. In einem Umfeld mit niedrigen Gebühren kann man das vernachlässigen.

Commitment-Jamming

Lightning-Nodes aktualisieren ihren Zustand über asymmetrische Commitment-Transaktionen, bei denen HTLCs hinzugefügt und gelöscht werden, um Zahlungen zu ermöglichen. Jede Partei ist dabei auf maximal 483 (*https://github.com/lightningnetwork/lightning/bolds/blob/c053ce7afb4cbf88615877a0d5fc7b8dbe2b9ba0/02-peer-protocol.md#the-open_channel-message*) HTLCs in der Commitment-Transaktion beschränkt. Bei Kanal-Jamming-Angriffen legt man einen Kanal lahm, indem man 483 Zahlungen über den Zielkanal leitet und bis zum Timeout hält.

Es bleibt anzumerken, dass dieses Limit in der Spezifikation gewählt wurde, um alle HTLCs in einer einzigen Sanktionstransaktion (*https://github.com/lightningnetwork/lightning/bolds/blob/master/05-onchain.md#penalty-transaction-weight-calculation*) auflösen zu können. Zwar *kann* dieses Limit erhöht werden, doch die Transaktionen sind durch die Blockgröße begrenzt, sodass die Anzahl der verfügbaren Slots weiterhin beschränkt ist.

Einfrieren der Kanalliquidität

Das Einfrieren der Kanalliquidität ähnelt dem Kanal-Jammung, da Zahlungen durch Kanäle geleitet und gehalten werden, sodass der Kanal nicht mehr genutzt werden kann. Statt Slots im Kanal-Commitment zu belegen, leitet dieser Angriff große HTLCs durch den Zielkanal und verbraucht so die gesamte Bandbreite des Kanals. Der Kapitaleinsatz dieses Angriffs ist höher als beim Commitment-Jamming, da die angreifende Node größere Mittel braucht, um fehlschlagende Zahlungen durch das Ziel zu leiten.

Schichtenübergreifende Deanonymisierung

Computernetzwerke sind üblicherweise in Schichten organisiert. Schichten erlauben die Trennung der Aufgaben und sorgen für eine bessere Kontrollierbarkeit des Systems. Niemand könnte eine Website aufbauen, wenn er den gesamten TCP/IP-Stack bis hinunter zur physikalischen Codierung der Bits in einem Glasfaserkabel verstehen müsste. Jede Schicht stellt ihre Funktionalität auf klar definierte Weise der übergeordneten Schicht zur Verfügung. Idealerweise betrachtet die höhere Schicht die darunterliegende Schicht als Black Box. In Wirklichkeit sind die Implementierungen nicht ideal, und Details sickern in die höhere Schicht durch. Das ist das Problem schlecht gekapselter Abstraktionen.

Das Lightning-Protokoll basiert auf dem Bitcoin-Protokoll und dem Lightning P2P-Netzwerk. Bisher haben wir die Privatsphäregarantien des Lightning-Netzwerks isoliert betrachtet. Das Öffnen und Schließen von Zahlungskanälen wird aber von der Bitcoin-Blockchain übernommen. Folglich verlangt die vollständige Analyse der Privatsphäremaßnamen des Lightning-Netzwerks die Betrachtung jeder Schicht des Technologie-Stacks, mit dem der Nutzer interagiert. Insbesondere deanonymisierende Angreifer können und werden Off-Chain- und On-Chain-Daten nutzen, um LN-Nodes mit dazugehörigen Bitcoin-Adressen zu verknüpfen.

In einem schichtenübergreifenden Kontext könnten LN-Nutzer deanonymisierende Angreifer verschiedene Ziele verfolgen:

- Bitcoin-Adressen gruppieren (Clustering), die dem gleichen Nutzer (Layer 1) gehören. Wir nennen sie Bitcoin-Entitäten.
- LN-Nodes gruppieren, die dem gleichen Nutzer (Layer 2) gehören.
- Gruppen von LN-Nodes eindeutig Gruppen von Bitcoin-Entitäten zuordnen, die sie kontrollieren.

Es gibt verschiedene Heuristiken und Nutzungsmuster, die es einem Angreifer erlauben, Bitcoin-Adressen und LN-Nodes zu gruppieren, die den gleichen LN-Nutzern gehören. Zusätzlich können solche Cluster über die Schichten hinweg verknüpft werden. Dazu werden andere mächtige Heuristiken für schichtenübergreifende Verknüpfungen genutzt. Dieser letzte Typ Heuristik, der über Schichten hinweg arbeitet, unterstreicht die Notwendigkeit eines holistischen Blicks auf die Privatsphäre. Wir müssen Privatsphäre also im Kontext beider Schichten betrachten.

Clustering von On-Chain-Bitcoin-Entitäten

Blockchain-Interaktionen des Lightning-Netzwerks spiegeln sich dauerhaft im Bitcoin-Entitätsgraphen wider. Selbst wenn ein Kanal geschlossen wurde, kann ein Angreifer ermitteln, welche Adresse den Kanal finanziert hat und wie die Coins ausgegeben wurden, nachdem er geschlossen wurde. Bei dieser Analyse wollen wir vier verschiedene Entitäten betrachten. Beim Öffnen eines Kanals fließen Mittel von einer *Quellentität* zu einer *Funding-Entität*. Beim Schließen eines Kanals fließen Mittel von einer *Abrechnungsentität* zu einer *Zielentität*.

Anfang 2021 identifizierten Romiti et al. (*https://arxiv.org/pdf/2007.00764.pdf*) vier Heuristiken, die eine Gruppierung, also ein Clustering, dieser Entitäten erlauben. Zwei halten Lecks im Funding-Verhalten und zwei im Abrechnungsverhalten fest.

Star-Heuristik (Funding)
: Enthält eine Komponente eine Quellentität, die Mittel an eine oder mehrere Funding-Entitäten weiterleitet, werden diese Funding-Entitäten sehr wahrscheinlich vom gleichen Nutzer kontrolliert.

Snake-Heuristik (Funding)
: Enthält eine Komponente eine Quellentität, die Mittel an eine oder mehrere Entitäten weiterleitet, die selbst als Quell- und Funding-Entitäten genutzt werden, werden all diese Entitäten wahrscheinlich vom gleichen Nutzer kontrolliert.

Collector-Heuristik (Abrechnung)
: Enthält eine Komponente eine Zielentität, die Mittel von einer oder mehreren Abrechnungsentitäten empfängt, wird die Abrechnungsentität sehr wahrscheinlich vom gleichen Nutzer kontrolliert.

Proxy-Heuristik (Abrechnung)
: Enthält eine Komponente eine Zielentität, die Mittel von einer oder mehreren Entitäten erhält, die selbst als Abrechnungs- und Zielentitäten genutzt werden, werden diese Entitäten sehr wahrscheinlich vom gleichen Nutzer kontrolliert.

Es ist wichtig, anzumerken, dass diese Heuristiken zu falschen Positiven führen können. Werden beispielsweise Transaktionen mehrerer unabhängiger Nutzer in einer CoinJoin-Transaktion kombiniert, können die Star- und Proxy-Heuristiken falsche Positive liefern. Das kann passieren, wenn Nutzer einen Zahlungskanal über eine CoinJoin-Transaktion finanzieren. Eine andere potenzielle Quelle falscher Positive ist eine Entität, die mehrere Nutzer repräsentiert, etwa wenn ein Adresscluster von einem Service (z.B. einer Kryptobörse) kontrolliert, oder für deren Nutzer verwaltet wird (treuhänderische Wallet). Allerdings lassen sich diese falschen Positive effektiv herausfiltern.

Gegenmaßnahmen

Werden die Outputs von Funding-Transaktionen nicht zum Öffnen anderer Kanäle wiederverwendet, funktioniert die Snake-Heuristik nicht. Wenn die Nutzer es vermeiden, Kanäle aus einer einzigen externen Quelle zu finanzieren, und die Mittel nicht in einer einzelnen Zielentität sammeln, liefern die anderen Heuristiken keine verwertbaren Ergebnisse.

Clustering von Off-Chain-Lightning-Nodes

LN-Nodes geben Aliase wie *LNBig.com* bekannt. Aliase verbessern die Benutzerfreundlichkeit des Systems. Allerdings neigen Nutzer zu ähnlichen Aliasen für ihre verschiedenen Nodes. So gehört *LNBig.com Billing* sehr wahrscheinlich dem gleichen Nutzer wie die Nodes mit dem Alias *LNBig.com*. Diese Beobachtung ermöglicht uns ein Clustering von LN-Nodes nach ihren Node-Aliasen. Konkret können LN-Nodes einer einzelnen Adresse zugewiesen werden, wenn sich die Alias-Strings entsprechend einer bestimmten Metrik ähneln.

Eine andere Methode zur Gruppierung von LN-Nodes ist die Verwendung ihrer IP- oder Tor-Adressen. Werden die gleichen IP- oder Tor-Adressen von verschiedenen

LN-Nodes verwendet, werden diese Nodes wahrscheinlich vom gleichen Nutzer kontrolliert.

Gegenmaßnahmen

Um die Privatsphäre zu erhöhen, sollten sich Aliase deutlich voneinander unterscheiden. Auch wenn die öffentliche Ankündigung von IP-Adressen unvermeidlich ist, wenn Nodes eingehende Kanäle im Lightning-Netzwerk betreiben wollen, kann die Verknüpfung von Nodes eines Nutzers vermieden werden, wenn die Clients jeder Node bei verschiedenen Serviceprovidern betrieben werden und daher unterschiedliche IP-Adressen verwenden.

Schichtenübergreifende Verknüpfung: Lightning-Nodes und Bitcoin-Entitäten

Die Verknüpfung von LN-Nodes mit Bitcoin-Entitäten ist eine schwere Verletzung der Privatsphäre, die dadurch verschärft wird, dass die meisten LN-Nodes ihre IP-Adressen veröffentlichen. Üblicherweise kann man die IP-Adresse als eindeutige Kennung eines Nutzers betrachten. Zwei häufig beobachtete Verhaltensmuster legen Verbindungen zwischen LN-Nodes und Bitcoin-Entitäten offen:

Wiederverwendung von Coins
: Sobald Nutzer Zahlungskanäle schließen, erhalten sie ihre Coins zurück. Viele Nutzer verwenden diese Coins dann, um einen neuen Kanal zu öffnen. Diese Coins können effektiv mit einer LN-Node verknüpft werden.

Wiederverwendung von Entitäten
: Nutzer finanzieren ihre Zahlungskanäle typischerweise über Bitcoin-Adressen, die der gleichen Bitcoin-Entität entsprechen.

Diese Algorithmen zur schichtenübergreifenden Verknüpfung können unterlaufen werden, wenn Nutzer mehrere unzusammenhängende Adressen oder mehrere Wallets nutzen, um mit dem Lightning-Netzwerk zu interagieren.

Die mögliche Deanonymisierung von Bitcoin-Entitäten verdeutlicht, wie wichtig es ist, die Privatsphäre über beide Schichten hinweg zu betrachten.

Lightning-Graph

Wie es der Name andeutet, ist das Lightning-Netzwerk ein Peer-to-Peer-Netzwerk von Zahlungskanälen. Daher werden viele seiner Eigenschaften (Privatsphäre, Stabilität, Konnektivität, Routing-Effizienz) durch die Natur des Netzwerks beeinflusst und charakterisiert.

In diesem Abschnitt wollen wir das Lightning-Netzwerk aus der Perspektive der Netzwerkanalyse untersuchen und diskutieren. Wir sind besonders daran interessiert, den LN-Kanal-Graphen zu verstehen, d. h. seine Stabilität, Konnektivität und andere wichtige Charakteristiken.

Wie sieht der Lightning-Graph wirklich aus?

Man könnte glauben, dass das Lightning-Netzwerk ein zufälliger Graph ist, bei dem Kanten zwischen Nodes zufällig entstehen. Wäre das der Fall, würde der Dezentralisierungsgrad einer Gauß'schen Normalverteilung folgen. Das bedeutet, dass die meisten Nodes ungefähr den gleichen Dezentralisierungsgrad aufweisen und wir keine Nodes mit besonders hohem Dezentralisierungsgrad erwarten würden. Das liegt daran, dass die Normalverteilung für Werte außerhalb des Durchschnittswerts der Verteilung exponentiell abnimmt. Das Bild des zufälligen Graphen (wie in Abbildung 12-2) sieht aus wie ein Mesh-Netzwerk, d.h. dezentralisiert und hierarchiefrei: Jede Node scheint gleich wichtig zu sein. Zusätzlich weisen zufällige Graphen einen größeren Durchmesser auf. Das bedeutet, dass das Routing in solchen Graphen eine Herausforderung darstellt, da die kürzesten Pfade zwischen zwei Nodes recht lang sind.

Tatsächlich sieht der LN-Graph völlig anders aus.

Der Lightning-Graph heute

Lightning ist ein Finanznetzwerk. Das Wachstum und der Aufbau des Netzwerks werden daher durch ökonomische Anreize beeinflusst. Sobald eine Node dem Lightning-Netzwerk beitritt, möchte sie ihre Konnektivität mit anderen Nodes maximieren, um ihre Routing-Effizienz zu erhöhen. Dieses Phänomen wird Preferential Attachment genannt. Diese ökonomischen Anreize führen zu einem deutlich anderen Netzwerk als einem zufälligen Graphen.

Basierend auf Schnappschüssen öffentlich angekündigter Kanäle, folgt der Dezentralisierungsgrad des Lightning-Netzwerks dem Potenzgesetz. Bei einem solchen Graphen hat die überwiegende Mehrheit der Nodes nur sehr wenige Verbindungen mit anderen Nodes, während eine Handvoll Nodes unzählige Verbindungen hat. Auf höherer Ebene ähnelt die Graph-Topologie einem Stern: Das Netzwerk hat einen gut verbundenen Kern und eine locker verbundene Peripherie. Dem Potenzgesetz unterliegende Netzwerke werden auch hierarchiefreie Netzwerke genannt. Diese Topologie hat Vorteile beim effektiven Routing von Zahlungen, ist aber anfällig für bestimmte topologiebasierte Angriffe.

Topologiebasierte Angriffe

Ein Angreifer könnte das Lightning-Netzwerk lahmlegen wollen und sich entscheiden, das ganze Netzwerk in kleine Teile aufzulösen. Das Routing von Zahlungen wäre dadurch im gesamten Netzwerk praktisch unmöglich. Ein weniger ambitioniertes, aber dennoch bösartiges und schwerwiegendes Ziel könnte sein, nur bestimmte Netzwerk-Nodes lahmzulegen. Eine solche Unterbrechung kann auf Knoten- oder Kantenebene erfolgen.

Nehmen wir an, dass ein Angreifer eine beliebige Node im Lightning-Netzwerk lahmlegen möchte. Er könnte beispielsweise einen DDoS-Angriff (*Distributed*

Denial of Service) starten oder sie auf anderen Wegen ausschalten. Es stellt sich heraus, dass das Lightning-Netzwerk solche Angriffe gut verkraftet, wenn der Angreifer die Nodes zufällig wählt. Das liegt daran, dass eine zufällige Node an der Peripherie liegt, eine kleine Anzahl von Verbindungen hat und daher für die Konnektivität nur eine untergeordnete Rolle spielt. Geht der Angreifer hingegen etwas klüger vor, wählt er als Ziel eine gut angebundene Node. Wenig überraschend sind das Lightning-Netzwerk und andere hierarchiefreie Netzwerke bei solchen zielorientierten Angriffen gegen bestimmte Nodes *nicht* sehr robust.

Andererseits könnte der Angreifer auch etwas verdeckter vorgehen. Verschiedene topologiebasierte Angriffe nehmen eine einzelne Node oder einen einzelnen Zahlungskanal ins Visier. Zum Beispiel könnte ein Angreifer absichtlich die Kapazität eines bestimmten Zahlungskanals ausschöpfen. Allgemeiner ausgedrückt, kann ein Angreifer die gesamte ausgehende Kapazität einer Node aufbrauchen, um sie vom Routing-Markt auszunehmen. Das ist leicht zu erreichen, indem man Zahlungen über die angegriffene Node leitet, deren Höhe der ausgehenden Kapazität jedes Zahlungskanals entspricht. Nach Abschluss dieses sogenannten Node-Isolationsangriffs (engl. *Node Isolation Attack*) kann das Opfer keine Zahlungen mehr senden oder routen, bis es Zahlungen empfängt oder die Kanäle ausgleicht.

Zusammenfassend lässt sich sagen, dass man Knoten und Kanten absichtlich aus dem Lightning-Netzwerk entfernen kann. Je nachdem, welcher Angriffsvektor genutzt wird, muss der Angreifer aber mehr oder weniger Ressourcen bereitstellen, um den Angriff durchführen zu können.

Temporalität des Lightning-Netzwerks

Das Lightning-Netzwerk ist ein sich dynamisch änderndes, genehmigungsfreies Netzwerk. Nodes können dem Netzwerk jederzeit beitreten und es wieder verlassen und jederzeit Zahlungskanäle öffnen. Daher ist ein einzelner statischer Schnappschuss des LN-Graphen irreführend. Wir müssen die Temporalität und die sich ständig ändernde Natur des Netzwerks berücksichtigen. Vorerst wächst der LN-Graph im Hinblick auf die Anzahl der Nodes und Zahlungskanäle. Auch der tatsächliche Durchmesser sinkt, d.h., die Nodes liegen näher aneinander, wie wir in Abbildung 16-2 sehen können.

In sozialen Netzwerken ist der Dreiecksschluss üblich. Besonders bei Graphen, deren Knoten Menschen darstellen und die Kanten Freundschaften, wird erwartet, dass sich im Graphen Dreiecke ausbilden. Ein Dreieck stellt in diesem Fall die paarweise Freundschaft zwischen drei Personen dar. Wenn zum Beispiel Alice Bob kennt und Bob Charlie, dann ist es sehr wahrscheinlich, dass Bob irgendwann Alice und Charlie miteinander bekannt macht. Allerdings wäre dieses Verhalten im Lightning-Netzwerk ein wenig seltsam. Nodes haben keinen Anreiz, Dreiecke zu schließen, da sie einfach nur Zahlungen weiterleiten können, statt einen neuen Zahlungskanal zu öffnen. Überraschenderweise ist das Schließen von Dreiecken im Lightning-Netzwerk gängige Praxis. Die Zahl der Dreiecke stieg stetig an, bevor

Multipart-Zahlungen implementiert wurden. Das ist unlogisch und überraschend, da die Nodes Zahlungen einfach über die beiden Seiten des Dreiecks hätten routen können, statt einen dritten Kanal zu öffnen. Dies könnte bedeuten, dass Routing-Ineffizienzen Nutzer dazu bewogen haben, Dreiecke zu schließen, statt auf das Routing zurückzugreifen. Hoffentlich erhöhen Multipart-Zahlungen die Effizienz des Routings von Zahlungen.

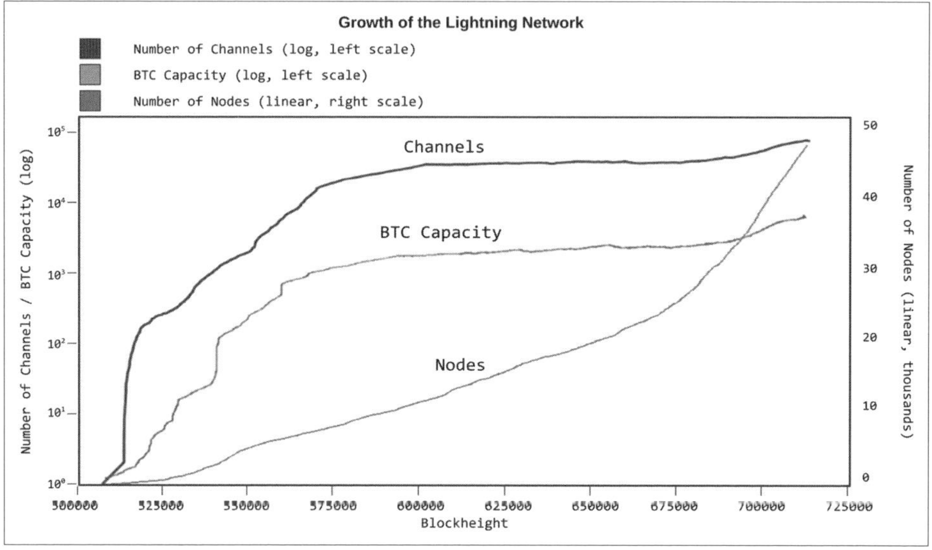

Abbildung 16-2: Das stetige Wachstum des Lightning-Netzwerks an Nodes, Kanälen und Kapazitäten (September 2021)

Zentralisierung im Lightning-Netzwerk

Eine gängige Metrik zur Bewertung der Zentralität einer Node im Graphen ist dessen sogenannte *Betweenness-Zentralität*. Die Zentralpunktdominanz ist eine Metrik, die aus der Betweenness-Zentralität abgeleitet wird, um die Zentralität eines Netzwerks zu bewerten. Eine genaue Definition der Zentralpunktdominanz finden Sie in Freemans Arbeit (*https://doi.org/10.2307/3033543*).

Je größer die Zentralpunktdominanz eines Netzwerks ist, desto zentralisierter ist das Netzwerk selbst. Wir können beobachten, dass das Lightning-Netzwerk eine größere Zentralpunktdominanz zeigt (d.h. eine höhere Zentralisierung aufweist) als ein zufälliger Graph (Erdős-Renyi-Graph) oder ein hierarchiefreier Graph (Barabási-Albert-Graph) gleicher Größe.

Generell ist unser Verständnis von der dynamischen Natur eines LN-Kanal-Graphen recht beschränkt. Es ist nützlich, zu analysieren, wie Protokolländerungen wie Multipart-Zahlungen die Dynamik des Lightning-Netzwerks verändern. Es könnte vorteilhaft sein, die temporale Natur des LN-Graphen eingehender zu untersuchen.

Ökonomische Anreize und Graph-Struktur

Der LN-Graph formt sich spontan, und die Nodes verbinden sich miteinander in gegenseitigem Interesse. Daher treiben ökonomische Anreize den Graphen an. Sehen wir uns einige dieser Anreize an:

- Rationale Anreize:
  - Nodes bauen Kanäle auf, um Zahlungen zu senden, zu empfangen und weiterzuleiten (Gebühren einnehmen).
  - Was macht den Aufbau eines Kanals zwischen zwei rational agierenden Nodes wahrscheinlich?
- Altruistische Anreize:
  - Nodes bauen Kanäle »zum Wohl des Netzwerks« auf.
  - Während unsere Sicherheitsannahmen nicht auf Altruismus aufbauen sollten, treibt altruistisches Verhalten zu einem gewissen Grad Bitcoin an (eingehende Verbindungen akzeptieren, Blöcke weitergeben).
  - Welche Rolle spielt das bei Lightning?

In den Anfängen des Lightning-Netzwerks beklagten sich viele Node-Betreiber, dass die Routing-Gebühren nicht die Opportunitätskosten deckten, die durch das Einfrieren der Liquidität verursacht wurden. Das würde bedeuten, dass der Betrieb einer Node größtenteils auf altruistischen Anreizen »zum Wohl des Netzwerks« basiert. Das könnte sich in Zukunft ändern, wenn der Datenverkehr im Lightning-Netzwerk deutlich anwächst oder wenn sich ein Markt für Routing-Gebühren entwickelt. Würde eine Node andererseits ihre Routing-Gebühren optimieren wollen, würde sie die durchschnittlichen Längen der Pfade zu allen anderen Nodes minimieren. Anders ausgedrückt, eine profitorientierte Node würde versuchen, sich im *Zentrum* des Kanal-Graphen zu platzieren – oder möglichst nah dran.

Praktischer Rat zum Schutz der Privatsphäre

Wir befinden uns immer noch in einer frühen Phase des Lightning-Netzwerks. Viele der in diesem Kapitel beschriebenen Probleme werden wahrscheinlich behoben werden, während es wächst und reift. In der Zwischenzeit können Sie einige Maßnahmen treffen, um Ihre Node vor bösartigen Nutzern zu schützen. So etwas Einfaches wie das Update der Standardparameter Ihrer Node kann schon einen wesentlichen Beitrag zum Härten Ihrer Node darstellen.

Unangekündigte Kanäle

Wenn Sie das Lightning-Netzwerk nur nutzen wollen, um Mittel zwischen von Ihnen kontrollierten Nodes und Wallets zu senden und zu empfangen und kein Interesse daran haben, Zahlungen für andere Nutzer weiterzuleiten, gibt es keinen

Grund, Ihre Kanäle im Netzwerk anzukündigen. Sie können z. B. einen Kanal zwischen Ihrem Desktop-PC (auf dem eine Full Node läuft) und einer Lightning-Wallet auf Ihrem Mobiltelefon öffnen und einfach die in Kapitel 3 diskutierte Kanalankündigung umgehen. Man spricht dann manchmal von »privaten« Kanälen, doch korrekterweise müsste man von »unangekündigten« Kanälen reden, da sie nicht wirklich privat sind.

Unangekündigte Kanäle sind dem Rest des Netzwerks nicht bekannt und werden normalerweise nicht zum Routing von Zahlungen anderer Nutzer verwendet. Sie können trotzdem zum Routing von Zahlungen verwendet werden, wenn man sie anderen Nodes bekannt macht. Zum Beispiel könnte eine Rechnung Routing-Hinweise enthalten, die einen Pfad mit einem unangekündigten Kanal empfehlen. Wenn wir aber davon ausgehen, dass Sie einen unangekündigten Kanal nur für sich selbst öffnen, erreichen Sie ein gewisses Maß an Privatsphäre. Da Sie den Kanal im Netzwerk nicht bekannt machen, verringern Sie die Gefahr eines Denial-of-Service-Angriffs auf Ihre Node. Sie können die Kapazität des Kanals auch einfacher verwalten, da nur Zahlungen an und von Ihrer Node gesendet und empfangen werden.

Es ist ebenfalls vorteilhaft, einen unangekündigten Kanal mit einer Partei zu öffnen, mit der Sie oft interagieren. Wenn Alice und Bob beispielsweise häufig um Bitcoin pokern, können sie einen Kanal öffnen, um sich die Gewinne hin- und herzusenden. Unter normalen Bedingungen wird dieser Kanal nicht zum Routing von Zahlungen für andere Benutzer verwendet oder um mit Gebühren Geld zu verdienen. Und weil der Kanal dem Rest des Netzwerks nicht bekannt ist, können Zahlungen zwischen Alice und Bob nicht beobachtet werden, indem die Änderungen der Kanalkapazität überwacht werden. Das bietet Alice und Bob eine gewisse Privatsphäre. Entscheidet sich aber einer, andere Nutzer auf den Kanal aufmerksam zu machen, etwa durch Routing-Hinweise in einer Rechnung, geht diese Privatsphäre verloren.

Beachten Sie auch, dass beim Öffnen eines unangekündigten Kanals eine öffentliche Transaktion auf der Bitcoin-Blockchain erfolgen muss. Daher ist es möglich, die Existenz und Größe des Kanals abzuleiten, wenn eine bösartige Partei die Blockchain auf Kanäle öffnende Transaktionen überwacht und diese mit den Kanälen im Netzwerk abgleicht. Wird der Kanal geschlossen, wird schließlich das Guthaben des Kanals öffentlich, sobald es in der Bitcoin-Blockchain bestätigt wurde. Da die Eröffnungs- und Commitment-Transaktionen aber pseudonym sind, ist es keine leichte Aufgabe, sie Alice oder Bob zuzuordnen. Zusätzlich erschwert es das Taproot-Update, Kanäle öffnende oder schließende Transaktionen von anderen Arten von Bitcoin-Transaktionen zu unterscheiden. Daher bieten unangekündigte Kanäle, auch wenn sie nicht völlig privat sind, eine gewisse Privatsphäre, wenn sie sorgsam verwendet werden.

Routing-Erwägungen

Wie in »Denial of Service« auf Seite 374 diskutiert, setzen sich Nodes, die öffentliche Kanäle öffnen, dem Risiko verschiedener Angriffe auf ihre Kanäle aus. Während Gegenmaßnahmen auf Protokollebene entwickelt werden, gibt es für eine Node viele Möglichkeiten, sich vor Denial-of-Service-Angriffen auf die eigenen öffentlichen Kanäle zu schützen:

Minimale HTLC-Größe
: Beim Öffnen eines Kanals kann Ihre Node festlegen, welche minimale HTLC-Größe sie akzeptiert. Ein höherer Wert stellt sicher, dass die verfügbaren Kanalslots nicht durch sehr kleine Zahlungen belegt werden.

Bandbreitenbegrenzung
: Viele Node-Implementierungen erlauben es, dynamisch HTLCs zu akzeptieren oder abzulehnen, die über die Node geleitet werden sollen. Einige nützliche Richtlinien für eine eigene Bandbreitenbegrenzung sind:

  - Beschränken Sie die Anzahl der Commitment-Slots, die ein einzelner Peer nutzen kann.
  - Überwachen Sie die Fehlerquote einzelner Peers und beschränken Sie deren Bandbreite, wenn die Fehler sprunghaft ansteigen.

Schattenkanäle
: Möchten Nodes große Kanäle zu einem einzelnen Ziel öffnen, können sie stattdessen einen öffentlichen Kanal mit dem Ziel herstellen und diesen mit zusätzlichen privaten Kanälen unterstützen, die Schattenkanäle (*https://anchor.fm/tales-from-the-crypt/episodes/197-Joost-Jager-ekghn6*) (engl. *Shadow Channels*) genannt werden. Diese Kanäle kann man auch zum Routing einsetzen, sie werden potenziellen Angreifern aber nicht angekündigt.

Kanäle akzeptieren

Im Moment haben Lightning-Nodes Probleme mit der Beschaffung eingehender Liquidität. Zwar gibt es kostenpflichtige Lösungen wie Swap-Services, Kanalmärkte und Dienste von bekannten Hubs, die Kanäle gegen Bezahlung öffnen, doch viele Nodes akzeptieren jede legitim aussehende Kanalanfrage mit Kusshand, um die eingehende Liquidität zu erhöhen.

Blickt man auf Bitcoin, lässt sich das mit der Art vergleichen, wie Bitcoin Core ein- und ausgehende Verbindungen aus Sorge um die Gesundheit der Node unterschiedlich behandelt. Öffnet eine Node eine eingehende Verbindung zu Ihrer Bitcoin-Node, können Sie nicht feststellen, ob der Initiator Sie zufällig ausgewählt hat oder Ihre Node ganz bewusst mit böser Absicht angreift. Ihre ausgehenden Verbindungen müssen nicht mit diesem Argwohn behandelt werden, da die Node entweder zufällig aus einem Pool vieler potenzieller Peers ausgewählt wurde oder weil Sie die Verbindung ganz bewusst manuell hergestellt haben.

Das Gleiche gilt auch für Lightning. Wenn Sie einen Kanal öffnen, machen Sie das mit Absicht, doch wenn eine entfernte Partei einen Kanal mit Ihrer Node öffnet, wissen Sie nicht, ob der Kanal für einen Angriff genutzt wird oder nicht. Wie verschiedene Arbeiten anmerken, sind die relativ geringen Kosten für den Betrieb einer Node und das Öffnen von Kanälen mit Zielen ein wesentlicher Faktor, der die Angriffe so einfach macht. Wenn Sie eingehende Kanäle akzeptieren, ist es klug, Restriktionen für die Nodes einzuführen, von denen Sie eingehende Kanäle akzeptieren. Viele Implementierungen stellen Hooks für die Kanalakzeptanz zur Verfügung, über die Sie die Akzeptanzregeln an Ihre Vorstellungen anpassen können.

Die Frage, ob man Kanäle akzeptiert oder ablehnt, ist philosophischer Natur. Was passiert, wenn wir bei einem Lightning-Netzwerk enden, an dem neue Nodes nicht mehr teilnehmen können, weil sie keine Kanäle öffnen können? Unsere Empfehlung lautet nicht, Kanäle nur aus einer Liste von »Mega-Hubs« zu akzeptieren, sondern die Wahl an das Risiko anzupassen, das Sie einzugehen bereit sind.

Mögliche Strategien sind:

Kein Risiko
: Sie akzeptieren keine eingehenden Kanäle.

Niedriges Risiko
: Sie akzeptieren Kanäle aus einer Gruppe bekannter Nodes, mit denen Sie in der Vergangenheit bereits erfolgreich Kanäle geöffnet haben.

Mittleres Risiko
: Sie akzeptieren Kanäle nur von Nodes, die bereits für längere Zeit im Kanal-Graphen vorhanden sind und die über einige langlebige Kanäle verfügen.

Höheres Risiko
: Sie akzeptieren alle eingehenden Kanäle und implementieren die in »Routing-Erwägungen« auf Seite 384 beschriebenen Gegenmaßnahmen.

Fazit

Alles in allem sind Privatsphäre und Sicherheit nuancierte und komplexe Themen. Während Forscher und Entwickler nach netzwerkweiten Verbesserungen suchen, muss jeder Teilnehmer des Netzwerks verstehen, wie er die Privatsphäre und Sicherheit der eigenen Node erhöhen kann.

Quellenangaben und Literaturhinweise

In diesem Kapitel haben wir viele Quellen zur aktuellen Forschung der Lightning-Sicherheit genutzt. In den folgenden nach Themen sortierten Listen finden Sie nützliche Artikel und Arbeiten.

Privatsphäre und Probing-Angriffe

- Jordi Herrera-Joancomartí und andere. »On the Difficulty of Hiding the Balance of Lightning-Netzwerk Channels« (*https://eprint.iacr.org/2019/328*). *Asia CCS '19: Proceedings of the 2019 ACM Asia Conference on Computer and Communications Security* (Juli 2019): 602–612.

- Utz Nisslmueller und andere. »Toward Active and Passive Confidentiality Attacks on Cryptocurrency Off-Chain Networks«. arXiv-Preprint, *https://arxiv.org/abs/2003.00003* (2020).
- Sergei Tikhomirov und andere. »Probing Channel Balances in the Lightning-Netzwerk«. arXiv-Preprint, *https://arxiv.org/abs/2004.00333* (2020).
- George Kappos und andere. »An Empirical Analysis of Privacy in the Lightning-Netzwerk«. arXiv-Preprint, *https://arxiv.org/abs/2003.12470* (2021).
- Zap-Quellcode mit Probing-Funktion (*https://github.com/LN-Zap/zap-desktop/blob/v0.7.2-beta/services/grpc/router.methods.js*).

Überlastungsangriffe

- Ayelet Mizrahi und Aviv Zohar. »Congestion Attacks in Payment Channel Networks«. arXiv-Preprint, *https://arxiv.org/abs/2002.06564* (2020).

Routing-Erwägungen

- Marty Bent, Interview mit Joost Jager, *Tales from the Crypt*, Podcast-Audio, 2. Oktober 2020, *https://anchor.fm/tales-from-the-crypt/episodes/197-Joost-Jager-ekghn6*.

KAPITEL 17
Fazit

In nur wenigen Jahren hat sich das Lightning-Netzwerk von einem Whitepaper zu einem schnell wachsenden globalen Netzwerk entwickelt. Als Bitcoins »Second Layer« hat es das Versprechen schneller, günstiger und vertraulicher Zahlungen eingelöst. Zusätzlich hat es eine Welle von Innovationen ausgelöst, weil es Entwickler von den Konsensbeschränkungen der Bitcoin-Entwicklung befreit hat.

Innovation gibt es im Lightning Netzwerk auf verschiedenen Ebenen:

- In Bitcoins Kernprotokoll entsteht Bedarf an neuen Bitcoin-Skript-Opcodes, Signaturalgorithmen und Optimierungen.
- Im Lightning-Protokoll werden neue Features netzwerkweit schnell eingesetzt.
- In Zahlungskanälen entstehen neue Kanalkonstrukte und Verbesserungen.
- Verschiedene Opt-in-Features werden von unabhängigen Implementierungen Ende zu Ende eingesetzt und können von Sendern und Empfängern genutzt werden, wenn sie es wollen.
- Neue und spannende Lightning-Anwendungen (LApps) entstehen basierend auf diesen Clients und Protokollen.

Sehen wir uns an, wie diese Innovationen Lightning jetzt und in naher Zukunft verändern.

Dezentralisierte und asynchrone Innovation

Lightning ist nicht wie Bitcoin an einen gleich getakteten Konsens gebunden. Das bedeutet, dass verschiedene Lightning-Clients unterschiedliche Features implementieren und deren Nutzung vereinbaren können (siehe »Feature-Bits und Erweiterbarkeit des Protokolls« auf Seite 337). Daher kommt es im Lightning-Netzwerk viel schneller zu Innovationen als bei Bitcoin.

Lightning entwickelt sich nicht nur schnell, sondern schafft auch den Bedarf für neue Features im Bitcoin-System. Viele jüngere und geplante Innovationen bei Bitcoin sind durch deren Nutzung im Lightning-Netzwerk motiviert und gerechtfertigt. Tatsächlich wird das Lightning-Netzwerk häufig als Einsatzgebiet vieler neuer Features genannt.

Innovationen im Bitcoin-Protokoll und bei Bitcoin-Skript

Das Bitcoin-System ist notwendigerweise ein konservatives System, das die Kompatibilität über Konsensregeln erhalten muss, um ungeplante Forks der Blockchain oder eine Aufteilung des P2P-Netzwerks zu vermeiden. Neue Features verlangen daher ein hohes Maß an Koordinierung und viele Tests, bevor es im mainnet, dem Produktionssystem, implementiert werden kann.

Hier einige der aktuell vorgeschlagenen Innovationen für Bitcoin, die durch Anwendungsfälle im Lightning-Netzwerk motiviert sind:

Neutrino
: Ein leichtgewichtiges Clientprotokoll mit verbesserter Privatsphäre basierend auf dem SPV-Protokoll. Neutrino wird hauptsächlich von Lightning-Clients für den Zugriff auf die Bitcoin-Blockchain genutzt.

Schnorr-Signaturen
: Eingeführt als Teil des *Taproot*-Soft-Forks, ermöglichen Schnorr-Signaturen flexible PTLCs (*Point Time-Locked Contracts*) für die Kanalkonstruktion bei Lightning. Damit könnte man widerrufbare Signaturen anstelle widerrufbarer Transaktionen verwenden.

Taproot
: Ebenfalls Teil des Soft Forks, bei dem auch Schnorr-Signaturen eingeführt wurden. Taproot erlaubt es, komplexe Skripte so erscheinen zu lassen, als würden sie von einem einzelnen Zahlungspflichtigen stammen bzw. als wären sie an einen einzelnen Zahlungsempfänger gerichtet. Sie sind von der gängigen Bitcoin-Zahlungsart nicht zu unterscheiden. Kooperative (einvernehmliche) Abschlusstransaktionen in Lightning-Kanal sind so nicht von einfachen Zahlungen zu unterscheiden und erhöhen die Privatsphäre der LN-Nutzer.

Input-Neubindung
: Auch unter den Namen SIGHASH_NOINPUT bzw. SIGHASH_ANYPRE VOUT bekannt. Geplantes Upgrade der Bitcoin-Skriptsprache, das hauptsächlich durch fortgeschrittene Smart Contracts wie das eltoo-Kanalprotokoll motiviert ist.

Covenants
: Momentan in einer frühen Entwicklungsphase, erlauben es diese »Abkommen« (engl. *Covenants*) Transaktionen, Outputs zu erzeugen, die die zukünftigen Transaktionen beschränken, die sie einlösen dürfen. Dieser Mechanismus kann die Sicherheit von Lightning-Kanälen erhöhen, indem er ein Adress-Whitelisting in Commitment-Transaktionen ermöglicht.

Innovationen des Lightning-Protokolls

Das Lightning-P2P-Protokoll ist in hohem Maße erweiterbar und hat seit seiner Einführung viele Änderungen erfahren. Die von Feature-Bits verwendete Regel

»it's OK to be odd« (siehe »Feature-Bits und Erweiterbarkeit des Protokolls« auf Seite 337) stellt sicher, dass Nodes die unterstützten Features aushandeln können, was mehrere unabhängige Upgrades des Protokolls ermöglicht.

TLV-Erweiterbarkeit

Der Type-Length-Value-Mechanismus (siehe »Type-Length-Value-Format« auf Seite 335) zur Erweiterung des Messaging-Protokolls ist extrem leistungsfähig und hat bereits die Einführung verschiedener neuer Fähigkeiten ermöglicht, während Lightning gleichzeitig seine Vor- und Rückwärtskompatibilität bewahren konnte. Prominente Beispiele, die gerade entwickelt werden und ihn nutzen, sind die Pfad-Blendung (engl. *Path Blinding*) und Trampolin-Zahlungen. Es erlaubt dem Empfänger, sich vor dem Sender zu verstecken, ermöglicht mobilen Clients aber auch, Zahlungen zu senden, ohne einen Kanal-Graphen auf dem Gerät vorhalten zu müssen, indem sie eine dritte Partei nutzen, ohne den eigentlichen Empfänger offenlegen zu müssen.

Konstruktion von Zahlungskanälen

Zahlungskanäle sind eine Abstraktion, die von zwei Kanalpartnern betrieben wird. Solange die beiden bereit sind, neuen Code auszuführen, können sie eine Vielzahl von Kanalmechanismen gleichzeitig implementieren. Die jüngsten Forschungsergebnisse legen sogar nahe, dass Kanäle dynamisch auf neue Mechanismen aktualisiert werden können, ohne den alten Kanal schließen und einen neuen Kanaltyp öffnen zu müssen.

eltoo
: Ein vorgeschlagener Kanalmechanismus, der eine Input-Neubindung nutzt, um den Betrieb von Zahlungskanälen deutlich zu vereinfachen. Macht einen Sanktionsmechanismus unnötig. Benötigt einen neuen Bitcoin-Signaturtyp, bevor er implementiert werden kann.

Opt-in-Ende-zu-Ende-Features

Point Time-Locked Contracts
: PTLCs verfolgen einen anderen Ansatz als HTLCs und können die Privatsphäre erhöhen, die Informationen reduzieren, die an zwischenliegende Nodes durchsickern, und effizienter arbeiten als HTLC-basierte Kanäle.

Große Kanäle
: Große (*Wumbo-*)Kanäle wurden dynamisch in das Netzwerk integriert, ohne koordiniert werden zu müssen. Große Zahlungen unterstützende Kanäle werden als Teil der Kanalankündigung bekannt gegeben und können auf Opt-in-Basis verwendet werden.

Multipart-Zahlungen (MPP)
: MPP wurde auf Opt-in-Basis eingeführt. Tatsächlich müssen aber nur der Sender und der Empfänger einer Zahlung MPP unterstützen. Der Rest des Netzwerks leitet einfach HTLCs weiter, als würde es sich um eine normale Zahlung handeln.

JIT-Routing
: Eine optionale Methode, die von Routing-Nodes verwendet werden kann, um deren Zuverlässigkeit zu erhöhen und sich vor Spammern zu schützen.

Keysend
: Ein Upgrade, das unabhängig von Lightning-Clientimplementierungen eingeführt wurde. Erlaubt dem Sender die »unaufgeforderte« und asynchrone Überweisung von Geld ohne Rechnung.

HODL-Rechnungen[1]
: Zahlungen, deren finaler HTLC nicht eingezogen wird. Die Zahlung wird dem Sender bestätigt, doch der Empfänger kann sie erst einlösen, wenn eine weitere Bedingung erfüllt wird, oder die Rechnung wird storniert, ohne dass die Zahlung eingelöst wird. Das wurde unabhängig von verschiedenen Lightning-Clients implementiert und kann auf Opt-in-Basis verwendet werden.

Onion-Routing-Message-Service
: Der Onion-Routing-Mechanismus und die zugrunde liegende Public-Key-Datenbank von Nodes kann zum Senden von Daten, etwa Nachrichten oder Forum-Posts, genutzt werden, die von Zahlungen unabhängig sind. Die Nutzung von Lightning zum kostenpflichtigen Messaging als Schutz vor Spam ist eine weitere Innovation, die unabhängig vom Kernprotokoll implementiert wurde.

Offers
: Momentan als BOLT #12 vorgeschlagen, aber bereits von einigen Nodes implementiert. Ein Kommunikationsprotokoll, um (wiederkehrende) Rechnungen von entfernten Nodes über Onion-Nachrichten anzufordern.

Lightning-Anwendungen (LApps)

Auch wenn sie gerade erst in den Kinderschuhen stecken, sehen wir bereits die Entstehung vieler interessanter Lightning-Anwendungen. Allgemein als Anwendungen definiert, die das Lightning-Protokoll oder einen Lightning-Client als Komponente nutzen, bilden LApps die Anwendungsschicht von Lightning. Ein prominentes Beispiel ist LNURL, das eine ähnliche Funktionalität bietet wie BOLT #12, dafür aber nur HTTP und Lightning-Adressen verwendet. Es setzt auf Offers (s. o.) auf, um Nutzer mit einer E-Mail-artigen Adresse zu versorgen, an die Zahlungen gesendet

1 Das Wort *HODL* stammt aus dem aufgeregt falsch geschriebenen Wort »HOLD« (für HALTEN) in einem Forum, um die Leute aufzufordern, ihre Bitcoins nicht in Panik zu verkaufen.

werden können, während die Software im Hintergrund eine Rechnung vom LNURL-Endpunkt der Node anfordert. Weitere LApps werden entwickelt, etwa für einfache Spiele, Messaging-Anwendungen, Mikroservices, kostenpflichtige APIs, kostenpflichtige Automaten (z.B. Tanksäulen), Derivatehandel und viele mehr.

Auf die Plätze, fertig, los!

Die Zukunft sieht rosig aus. Das Lightning-Netzwerk nimmt Bitcoin in neue, unerschlossene Märkte und Anwendungen mit. Ausgerüstet mit dem Wissen aus diesem Buch, können Sie dieses neue Gebiet erkunden und vielleicht sogar als Pionier neue Wege ebnen.

ANHANG A
Bitcoin-Grundlagen

Das Lightning-Netzwerk kann auf unterschiedlichen Blockchains laufen, ist aber hauptsächlich bei Bitcoin verwurzelt. Um das Lightning-Netzwerk zu verstehen, müssen Sie Bitcoin und dessen Grundbausteine verstehen.

Es gibt viele gute Quellen, unter denen Sie etwas über Bitcoin lernen können, etwa das Begleitbuch *Mastering Bitcoin*, 2nd Edition, von Andreas M. Antonopoulos, das Sie auf GitHub unter einer Open-Source-Lizenz (*https://github.com/bitcoinbook/bitcoinbook*) finden. Allerdings müssen Sie kein anderes Buch lesen, um dieses Buch zu verstehen.

In diesem Anhang haben wir die wichtigsten Konzepte zusammengetragen, die Sie zu Bitcoin kennen müssen, und erklären sie im Kontext des Lightning-Netzwerks. So lernen Sie ohne Ablenkung genau das, was Sie brauchen, um das Lightning-Netzwerk zu verstehen.

Dieses Kapitel behandelt verschiedene wichtige Bitcoin-Konzepte:

- Schlüssel und digitale Signaturen
- Hashfunktionen
- Bitcoin-Transaktionen und deren Struktur
- Verkettung (Chaining) von Bitcoin-Transaktionen
- Transaktions-Outpoints
- Bitcoin-Skript: Locking und Unlocking von Skripten
- Grundlegende Locking-Skripte
- Komplexe und bedingte Locking-Skripte
- Timelocks

Schlüssel und digitale Signaturen

Sie werden gehört haben, dass Bitcoin auf *Kryptografie* basiert, einem Bereich der Mathematik, der in der Computersicherheit extensiv genutzt wird. Die Kryptografie kann auch eingesetzt werden, um nachzuweisen, dass man ein Geheimnis (engl. *Secret*) kennt, ohne das Secret selbst verraten zu müssen (digitale Signatur). Außerdem kann man sie nutzen, um die Authentizität von Daten nachzuweisen (digitaler Fingerabdruck). Diese kryptografischen Beweise sind die mathematischen Werkzeuge, die für Bitcoin unverzichtbar sind und von Bitcoin-Anwendungen extensiv eingesetzt werden.

Der Besitz von Bitcoin wird durch *digitale Schlüssel*, *Bitcoin-Adressen* und *digitale Signaturen* bestimmt. Die digitalen Schlüssel werden nicht im Netzwerk gespeichert, sondern von Nutzern erzeugt und in einer Datei oder einer einfachen Datenbank festgehalten: der sogenannten *Wallet*. Die digitalen Schlüssel in der Wallet sind vom Bitcoin-Protokoll völlig unabhängig und können von der Wallet-Software des Nutzer generiert und verwaltet werden, ohne auf die Blockchain oder das Internet zugreifen zu müssen.

Die meisten Bitcoin-Transaktionen verlangen, dass eine gültige digitale Signatur in die Blockchain eingefügt wird, die nur mit einem geheimen Schlüssel erzeugt werden kann. Daher kann jeder, der eine Kopie dieses Schlüssels besitzt, die Bitcoin kontrollieren. Die digitale Signatur, die verwendet wird, um Geld einzulösen, wird *Witness*, also »Zeuge«, genannt – ein Begriff aus der Kryptografie. Die Witness-Daten einer Bitcoin-Transaktion bezeugen die Eigentümerschaft der ausgegebenen Mittel. Schlüssel treten paarweise auf und bestehen aus einem privaten (geheimen) und einem öffentlichen Schlüssel. Stellen Sie sich den öffentlichen Schlüssel als Kontonummer und den privaten Schlüssel als geheime PIN vor.

Private und öffentliche Schlüssel

Ein privater Schlüssel ist einfach eine zufällig gewählte Zahl. In der Praxis, und um viele Schlüssel einfacher verwalten zu können, generieren die meisten Bitcoin-Wallets über einen deterministischen Ableitungsalgorithmus eine Reihe privater Schlüssel aus einem einzelnen zufälligen *Seed-Wert*. Einfach ausgedrückt, wird eine einzelne Zufallszahl verwendet, um eine reproduzierbare Folge scheinbar zufälliger Zahlen zu erzeugen, die als private Schlüssel genutzt werden. Das erlaubt den Nutzerinnen und Nutzern, nur den Seed-Wert sichern zu müssen und alle benötigten Schlüssel aus diesem Seed-Wert *ableiten* zu können.

Bitcoin setzt, wie viele andere Kryptowährungen und Blockchains, *elliptische Kurven* für die Sicherheit ein. Bei Bitcoin wird die Multiplikation der elliptischen Kurve *secp256k1* als *Einwegfunktion* verwendet. Einfach ausgedrückt, macht es die Natur elliptischer Kurven trivial, die skalare Multiplikation eines Punkts zu berechnen, während es unmöglich ist, die Umkehrfunktion (Division oder diskreter Logarithmus) zu berechnen.

Zu jedem privaten Schlüssel gehört ein *öffentlicher Schlüssel* (*Public Key*), der mithilfe einer Skalarmultiplikation über die elliptische Kurve aus dem privaten Schlüssel berechnet wird. Einfach ausgedrückt, können wir den privaten Schlüssel *k* mit einer Konstanten *G* multiplizieren, um den öffentlichen Schlüssel *K* zu erzeugen:

$$K = k^*G$$

Diese Berechnung umzukehren, ist unmöglich. Für einen gegebenen öffentlichen Schlüssel *K* lässt sich der private Schlüssel *k* nicht berechnen. Die Division durch *G* ist bei elliptischen Kurven nicht möglich. Stattdessen müsste man alle möglichen Werte von *k* in einem aufwendigen Prozess, einem sogenannten *Brute-Force-Angriff*, mit »roher Gewalt« ausprobieren. Weil *k* eine 256-Bit-Zahl ist, würde das Durchprobieren aller möglichen Werte mit einem klassischen Computer mehr Zeit und Energie verbrauchen, als in diesem Universum zur Verfügung steht.

Hashes

Ein weiteres wichtiges Tool, das bei Bitcoin und im Lightning-Netzwerk extensiv genutzt wird, sind *kryptografische Hashfunktionen*, insbesondere SHA-256.

Eine Hashfunktion, auch *Digest-Funktion* genannt, nimmt Daten beliebiger Länge und transformiert sie in ein Ergebnis fester Länge, den sogenannten *Hash*, *Digest* oder *Fingerprint* (siehe Abbildung A-1). Noch wichtiger ist, dass Hashfunktionen *Einwegfunktionen* sind, d.h., man kann sie nicht umkehren und die Eingangsdaten aus dem Fingerprint berechnen.

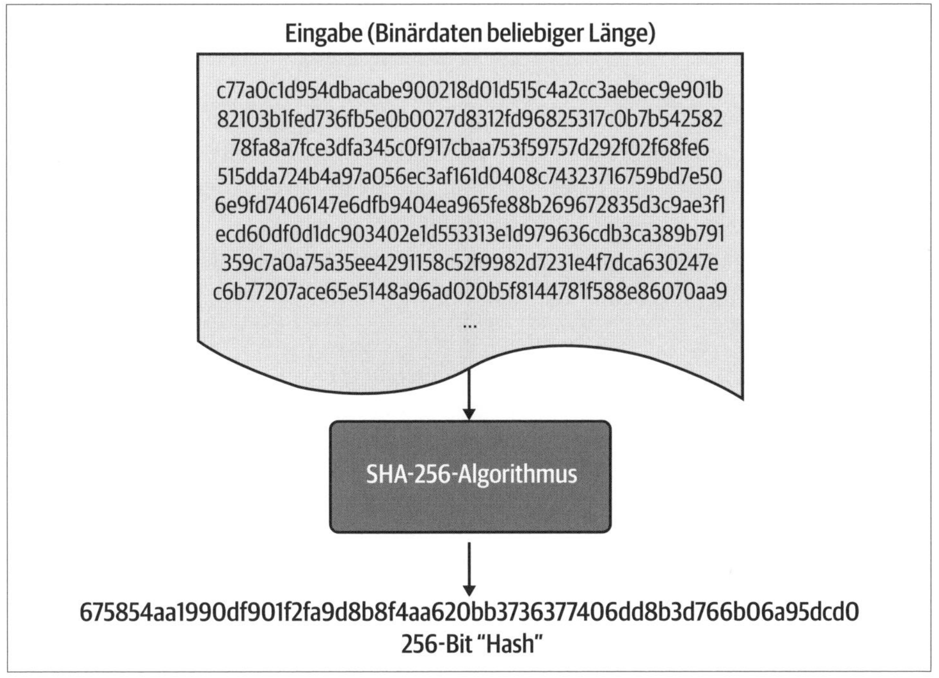

Abbildung A-1: Der kryptografische Hashalgorithmus SHA-256

Wenn wir zum Beispiel auf der Kommandozeile den Text »Mastering the Lightning Network« an die SHA-256-Funktion übergeben, wird der folgende Fingerprint erzeugt:

```
$ echo -n "Mastering the Lightning Network" | shasum -a 256

ce86e4cd423d80d054b387aca23c02f5fc53b14be4f8d3ef14c089422b2235de  -
```

Die Eingabe, die zur Berechnung des Hashs verwendet wird, nennt man auch *Preimage*.

Die Eingabe könnte natürlich wesentlich länger sein. Lassen Sie uns das Gleiche mit der PDF-Datei des Bitcoin-Whitepapers (*https://bitcoin.org/bitcoin.pdf*) von Satoshi Nakamoto machen:

```
$ wget http://bitcoin.org/bitcoin.pdf
$ cat bitcoin.pdf | shasum -a 256
b1674191a88ec5cdd733e4240a81803105dc412d6c6708d53ab94fc248f4f553  -
```

Zwar dauert es länger als bei einem einzelnen Satz, doch die SHA-256-Funktion verarbeitet das neunseitige PDF und fasst es in einem 256-Bit-Fingerprint zusammen.

An dieser Stelle fragen Sie sich vielleicht, wie eine Funktion Daten beliebiger Länge verarbeiten und daraus einen eindeutigen Fingerprint fester Länge erzeugen kann.

Da es eine unendliche Reihe möglicher Preimages (Eingaben) gibt, aber nur eine endliche Zahl von Fingerprints, muss es theoretisch viele Preimages geben, die den gleichen 256-Bit-Fingerprint erzeugen. Erzeugen zwei Preimages den gleichen Hash, spricht man von einer *Kollision*.

In der Praxis ist eine 256-Bit-Zahl so groß, dass man eine absichtliche Kollision kaum hinbekommt. Kryptografische Hashfunktionen arbeiten unter der Annahme, dass die Suche nach einer Kollision ein Brute-Force-Angriff ist, der so viel Zeit und Energie kostet, dass er praktisch unmöglich ist.

Kryptografische Hashfunktionen werden in einer Vielzahl von Anwendungen eingesetzt, da sie einige nützliche Eigenschaften aufweisen:

Deterministisch
: Die gleiche Eingabe erzeugt immer den gleichen Hash.

Unumkehrbar
: Es ist unmöglich, das Preimage aus einem Hash zu berechnen.

Kollisionssicher
: Es ist rechentechnisch unmöglich, zwei Nachrichten mit dem gleichen Hash zu finden.

Unkorreliert
: Eine kleine Änderung der Eingabe führt zu einer so großen Änderung der Ausgabe, dass scheinbar keine Beziehung mit der Eingabe besteht.

Gleichmäßig/zufällig
Eine kryptografische Hashfunktion erzeugt Hashes, die gleichmäßig über den gesamten 256-Bit-Raum möglicher Ausgaben verteilt sind. Die Ausgabe eines Hashs scheint zufällig zu sein, auch wenn sie nicht wirklich zufällig ist.

Mithilfe der Features kryptografischer Hashes können wir interessante Anwendungen entwickeln:

Fingerprints
Ein Hash kann verwendet werden, um einen Fingerprint einer Datei oder Nachricht zu erzeugen, sodass diese eindeutig identifiziert werden können. Hashes können als universelle Kennungen (IDs) beliebiger Datensätze eingesetzt werden.

Integritätsnachweis
Der Fingerprint einer Datei oder Nachricht demonstriert deren Integrität, da die Datei oder Nachricht nicht manipuliert oder geändert werden kann, ohne dass sich der Fingerprint ändert. Das wird häufig genutzt, um sicherzustellen, dass Software nicht manipuliert wurde, bevor sie auf einem Computer installiert wird.

Commitment/Nicht Ablehnbarkeit
Sie können ein bestimmtes Preimage (z.B. eine Zahl oder Nachricht) bestätigen (Commit), ohne es offenzulegen, indem sie dessen Hash veröffentlichen. Geben Sie das Secret später preis, kann jeder verifizieren, dass es sich um die gleiche Sache handelt, da es den veröffentlichten Hash erzeugt.

Proof of Work/Hash-Grinding
Sie können einen Hash nutzen, um nachzuweisen, dass Sie rechnergestützte Arbeit geleistet haben, indem Sie ein nicht zufälliges Muster vorzeigen, das nur durch wiederholte Arbeit am Preimage erzeugt werden kann. Zum Beispiel beginnt der Header eines Bitcoin-Blocks mit sehr vielen Nullbits. Die einzige Möglichkeit, ihn zu erzeugen, besteht darin, einen Teil des Headers zu ändern und dann milliardenfach zu hashen, bis das geforderte Muster erzeugt wird.

Atomizität
Sie können ein geheimes Preimage zur Grundvoraussetzung machen, damit Mittel über mehrere verknüpfte Transaktionen freigegeben werden. Legt eine Partei das Preimage offen, können auch die anderen Parteien die Guthaben ihrer Transaktionen einlösen. Entweder können alle Guthaben eingelöst werden oder keines. Auf diese Weise wird die Atomizität über mehrere Transaktionen erreicht.

Digitale Signaturen

Der private Schlüssel wird verwendet, um Signaturen zu erzeugen, die benötigt werden, um Bitcoin ausgeben zu können, indem man den Besitz der in einer Transaktion enthaltenen Mittel nachweist.

Eine *digitale Signatur* ist eine Zahl, die von der Anwendung mit dem privaten Schlüssel für eine bestimmte Nachricht erzeugt wird.

Für die Nachricht *m* und einen privaten Schlüssel *k* kann die Signaturfunktion F_{sign} eine Signatur *S* erzeugen:

$$S = F_{sign}(\mathrm{m}, \mathrm{k})$$

Diese Signatur *S* kann unabhängig von jedem überprüft werden, der den öffentlichen Schlüssel *K* (der zum privaten Schlüssel *k* gehört) und die Nachricht kennt:

$$F_{verify}(\mathrm{m}, \mathrm{K}, \mathrm{S})$$

Gibt F_{verify} wahr zurück, kann sich der Prüfer sicher sein, dass die Nachricht *m* von jemandem signiert wurde, der den privaten Schlüssel *k* kennt. Die digitale Signatur beweist also den Besitz des privaten Schlüssels *k* zum Zeitpunkt der Signierung, ohne *k* offenzulegen.

Digitale Signaturen nutzen einen kryptografischen Hashalgorithmus. Die Signatur wird auf einen Hash der Nachricht angewandt, sodass die Nachricht *m* zu einem Hash fester Länge *H*(*m*) zusammengefasst wird, der als Fingerprint dient.

Indem man die digitale Signatur auf den Hash einer Transaktion anwendet, beweist die Signatur nicht nur die Autorisierung, sondern »sichert« (*lock*) auch die Transaktionsdaten, was deren Integrität garantiert. Eine signierte Transaktion kann nicht modifiziert werden, da das zu einem anderen Hash und dementsprechend zu einer ungültigen Signatur führen würde.

Signaturtypen

Signaturen werden nicht immer auf die gesamte Transaktion angewandt. Um bei der Signierung flexibel zu sein, enthält eine digitale Signatur bei Bitcoin ein Präfix, das als Signatur-Hashtyp bezeichnet wird und festlegt, welcher Teil der Transaktionsdaten im Hash enthalten ist. Das erlaubt der Signatur, einen Teil oder alle Daten der Transaktion zu bestätigen (*Locking*). Der gängigste Signatur-Hashtyp ist `SIGHASH_ALL`, der alle Daten der Transaktion im zu signierenden Hash festhält. Im Gegensatz dazu hält `SIGHASH_SINGLE` alle Transaktions-Inputs, aber nur einen Output fest (mehr über Inputs und Outputs im nächsten Abschnitt). Unterschiedliche Signatur-Hashtypen können zu sechs unterschiedlichen »Mustern« von Transaktionsdaten kombiniert werden, die durch die Signatur gesperrt werden.

Weitere Informationen zu den Signatur-Hashtypen finden Sie im Abschnitt »Signature Hash Types« in Kapitel 6 von *Mastering Bitcoin*, Second Edition (*https://github.com/bitcoinbook/bitcoinbook/blob/develop/ch06.asciidoc#sighash_types*).

Bitcoin-Transaktionen

Transaktionen sind Datenstrukturen, die den Transfer von Mitteln zwischen Teilnehmern des Bitcoin-Systems codieren.

Inputs und Outputs

Der wesentliche Baustein jeder Bitcoin-Transaktion ist ein Transaktions-Output. *Transaktions-Outputs* sind untrennbare Teile der Bitcoin-Währung, die in der Blockchain festgehalten und vom gesamten Netzwerk als gültig anerkannt werden. Eine Transaktion gibt Inputs aus und erzeugt Outputs. *Transaktions-Inputs* sind einfach Verweise auf Outputs vorher festgehaltener Transaktionen. Auf diese Weise gibt jede Transaktion die Outputs vorheriger Transaktionen aus und erzeugt neue Outputs (siehe Abbildung A-2).

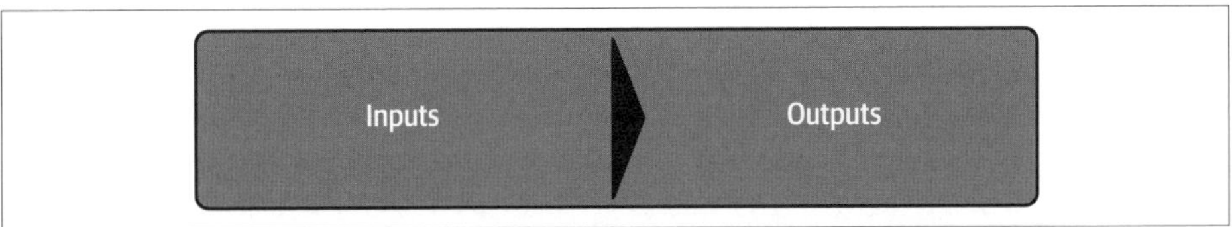

Abbildung A-2: Eine Transaktion transferiert Werte von Inputs an Outputs.

Bitcoin-Full-Nodes halten alle verfügbaren und einlösbaren Outputs nach. Diese werden *ungenutzte Transaktions-Outputs* (engl. *Unspent Transaction Outputs*, kurz UTXOs) genannt. Die Menge aller UTXOs ist das UTXO-Set und enthält momentan Millionen von UTXOs. Das UTXO-Set wächst, wenn neue UTXOs erzeugt werden, und schrumpft, wenn UTXOs verbraucht werden. Jede Transaktion stellt eine Änderung (einen Zustandsübergang) im UTXO-Set dar, bei dem ein oder mehrere UTXOs als *Transaktions-Inputs* genutzt und ein oder mehrere UTXOs als dessen *Transaktions-Outputs* verwendet werden.

Nehmen wir zum Beispiel an, dass Alice einen UTXO mit 100.000 Satoshi besitzt, den sie ausgeben kann. Alice kann Bob 100.000 Satoshi zahlen, indem sie eine Transaktion mit einem Input (der ihren existierenden Input von 100.000 Satoshi verbraucht) und einem Output erzeugt, der Bob 100.000 Satoshi »zahlt«. Bob besitzt nun einen UTXO mit 100.000 Satoshi, den er ausgeben kann. Er erzeugt eine neue Transaktion, die diesen neuen UTXO verbraucht und in einem anderen UTXO als Zahlung an einen anderen Nutzer überweist – und so weiter (siehe Abbildung A-3).

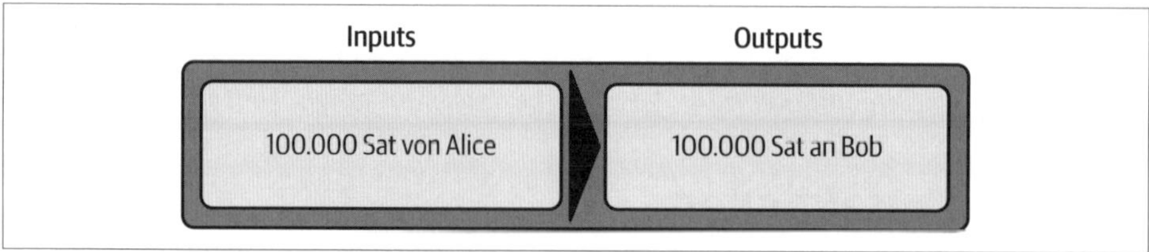

Abbildung A-3: Alice zahlt 100.000 Satoshi an Bob.

Ein Transaktions-Output kann einen beliebigen (ganzzahligen) Wert in Satoshi enthalten. Genau wie Euro auf zwei Dezimalstellen genau in Cent unterteilt werden kann, können Bitcoins auf acht Stellen nach dem Komma in Satoshi unterteilt werden. Der Wert eines Outputs kann zwar beliebig hoch sein, doch sobald er erzeugt wurde, ist er unteilbar. Das ist eine wichtige Eigenschaft von Outputs, die betont werden muss: Outputs sind diskrete und unteilbare Werteinheiten in ganzzahligen Satoshi. Ein ungenutzter Output kann von einer Transaktion nur in seiner Gesamtheit verbraucht werden.

Was passiert also, wenn Alice 50.000 Satoshi an Bob zahlen möchte, aber nur einen unteilbaren UTXO mit 100.000 Satoshi besitzt? Alice muss eine Transaktion erzeugen, die (als Input) den UTXO mit 100.000 Satoshi einsetzt und zwei Outputs generiert: Einer zahlt 50.000 Satoshi an Bob, und der andere zahlt 50.000 Satoshi als »Wechselgeld« an Alice *zurück* (siehe Abbildung A-4).

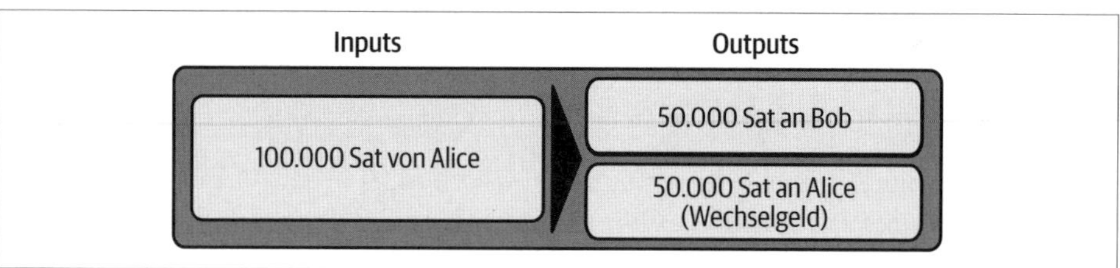

Abbildung A-4: Alice zahlt 50k Sat an Bob und sich selbst 50k Sat als Wechselgeld.

Es ist nichts Besonderes an einem Wechselgeld-Output, und er unterscheidet sich in keiner Weise von anderen Outputs. Er muss nicht der letzte Output sein. Es kann mehrere solcher Wechselgeld-Outputs oder keinen geben. Nur der Urheber der Transaktion weiß, welche Outputs für andere gedacht sind und welche Outputs an eigene Adressen gehen und daher »Wechselgeld« sind.

Möchte Alice nun 85.000 Satoshi an Bob senden, während sie zwei UTXOs mit je 50.000 Satoshi besitzt, muss sie eine Transaktion mit zwei Inputs (die ihre beiden UTXOs mit je 50.000 Satoshi verbrauchen) und zwei Outputs erzeugen, die Bob 85.000 Satoshi überweisen und ihr selbst 15.000 Satoshi als Wechselgeld (siehe Abbildung A-5).

Die obigen Abbildungen und Beispiele zeigen, wie eine Bitcoin-Transaktionen einen oder mehrere Inputs kombiniert (einlöst) und einen oder mehrere Outputs erzeugt. Eine Transaktion kann Hunderte oder sogar Tausende von Inputs und Outputs enthalten.

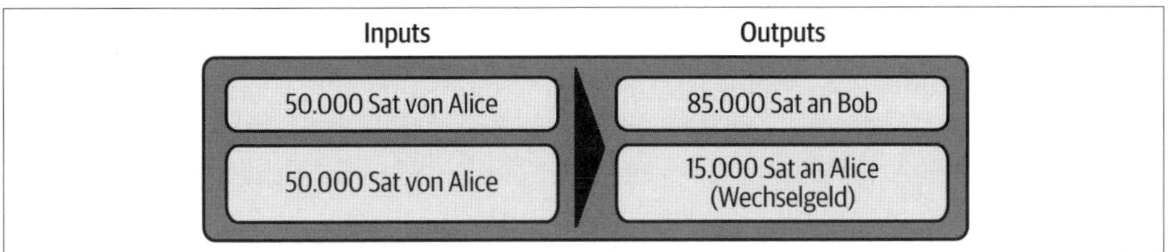

Abbildung A-5: Alice verwendet zwei 50k-Inputs, um 85k Sat an Bob zu überweisen und sich selbst 15k Sat zurück.

Während die vom Lightning-Netzwerk erzeugten Transaktionen mehrere Outputs haben, gibt es per se kein »Wechselgeld«, da das gesamte Guthaben eines Kanals zwischen den beiden Kanalpartnern aufgeteilt wird.

Verkettung von Transaktionen

Jeder Output kann als Input einer nachfolgenden Transaktion ausgegeben werden. Würde Bob zum Beispiel entscheiden, 10.000 Satoshi in einer Transaktion an Chan zu bezahlen und Chan überweist 4.000 Satoshi an Dina, würde das so aussehen wie in Abbildung A-6. Ein Output gilt als *ausgegeben*, wenn er als Input in einer anderen Transaktion erscheint, die in der Blockchain festgehalten wurde. Ein Output gilt als *unverbraucht* (und kann ausgegeben werden), wenn ihn keine festgehaltene Transaktion referenziert.

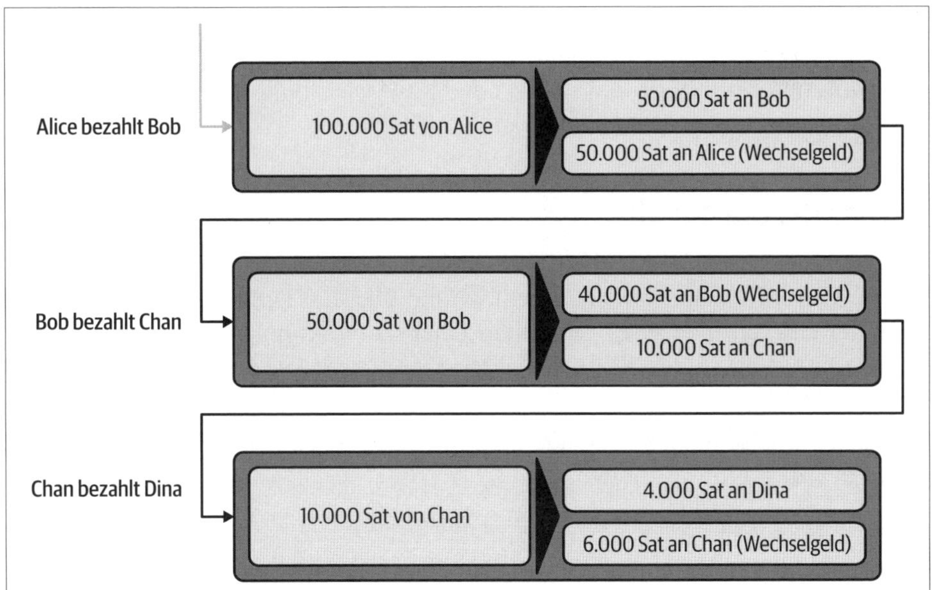

Abbildung A-6: Alice bezahlt Bob, der Chan bezahlt, der Dina bezahlt.

Die einzige Transaktion, die keine Inputs besitzt, ist die spezielle *coinbase*-Transaktion, die von Minern erzeugt wird. Die coinbase-Transaktion hat nur Outputs und keine Inputs, da sie neue Bitcoins aus dem Mining erzeugt. Jede andere Transaktion gibt ein oder mehrere vorher festgehaltene Outputs als ihre Inputs aus.

Da Transaktionen verkettet sind, können Sie zufällig eine Transaktion wählen und einem Input rückwärts bis zu der vorherigen Transaktion folgen, die ihn erzeugt hat. Wenn Sie diesen Prozess fortsetzen, erreichen Sie schließlich eine coinbase-Transaktion, mit der die Bitcoin geschürft wurden.

TxID: Transaktions-IDs

Jede Transaktion im Bitcoin-System wird (die Existenz von BIP-0030 vorausgesetzt) über eine eindeutige Kennung identifiziert, die *Transaktions-ID* oder kurz *TxID* genannt wird. Um eine eindeutige Kennung zu erzeugen, nutzen wir die Hashfunktion SHA-256, um einen Hash der Transaktionsdaten zu erzeugen. Dieser »Fingerabdruck« (*Fingerprint*) dient als universelle Kennung. Eine Transaktion kann über ihre Transaktions-ID referenziert werden, und sobald eine Transaktion in der Bitcoin-Blockchain festgehalten ist, weiß jede Node im Bitcoin-Netzwerk, dass diese Transaktion gültig ist.

Eine Transaktions-ID könnte beispielsweise so aussehen:

```
e31e4e214c3f436937c74b8663b3ca58f7ad5b3fce7783eb84fd9a5ee5b9a54c
```

Das ist eine echte Transaktion (aus dem *Mastering Bitcoin*-Buch), die Sie in der Bitcoin-Blockchain finden. Versuchen Sie, sie aufzuspüren, indem Sie die TxID in einen Block-Explorer eingeben:

> *https://blockstream.info/tx/*
> *e31e4e214c3f436937c74b8663b3ca58f7ad5b3fce7783eb84fd9a5ee5b9a54c*

oder nutzen Sie den Short-Link (Groß- und Kleinschreibung beachten):

> *http://bit.ly/AliceTx*

Outpoints: Output-IDs

Da jede Transaktion eine eindeutige ID besitzt, können wir auch jeden Output innerhalb dieser ID identifizieren, indem wir ihn über die TxID und den Output-Index referenzieren. Der erste Output in einer Transaktion hat den Index 0, der zweite Output den Index 1 und so weiter. Eine Output-ID wird üblicherweise als *Outpoint* bezeichnet.

Per Konvention schreiben wir einen Outpoint als TxID, gefolgt von einem Doppelpunkt und dem Output-Index:

```
7957a35fe64f80d234d76d83a2a8f1a0d8149a41d81de548f0a65a8a999f6f18:0
```

Output-IDs (Outpoints) sind ein Mechanismus, der Transaktionen in der Kette miteinander verknüpft. Jeder Transaktions-Input ist eine Referenz auf einen bestimmten Output einer früheren Transaktion. Diese Referenz ist ein Outpoint: eine TxID und ein Output-Index. Eine Transaktion löst also einen bestimmten Output (nach Index) einer bestimmten Transaktion (nach TxID) ein, um neue Outputs zu erzeugen, die dann wieder ausgegeben werden können, indem sie Outpoints referenzieren.

Abbildung A-7 zeigt eine solche Kette von Transaktionen von Alice an Bob an Chan an Dina mit den Outpoints in jedem Input.

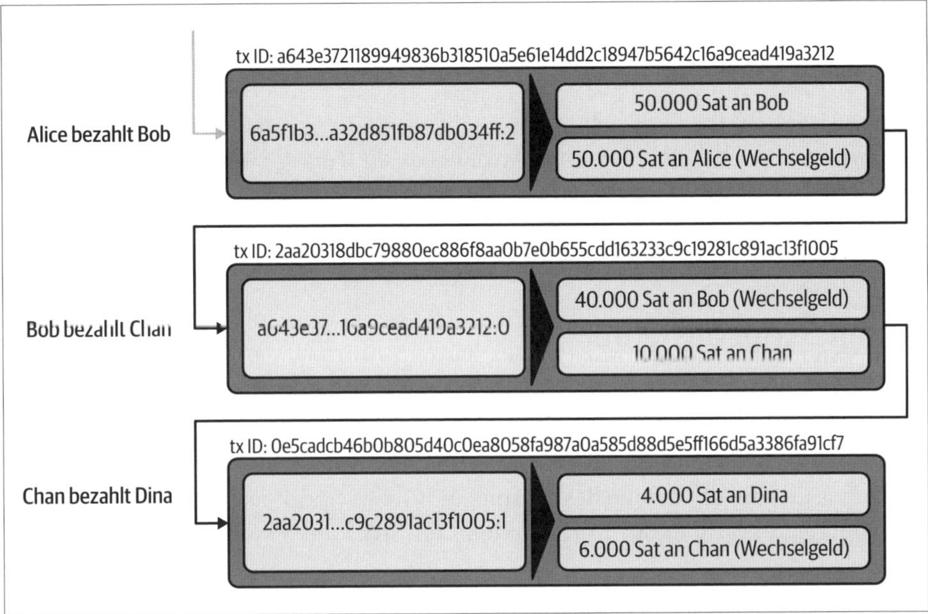

Abbildung A-7: Transaktions-Inputs verweisen auf Outpoints und bilden eine Kette.

Der Input in Bobs Transaktion referenziert Alice' Transaktion (per TxID) und den indexierten Output 0.

Der Input in Chans Transaktion referenziert die TxID von Bobs Transaktion und den ersten Output-Index, da die Zahlung an Chan in Output #1 liegt. Bei Bobs Zahlung an Chan liegt Bobs Wechselgeld in Output #0.[1]

Wenn wir uns nun Alice' Zahlung an Bob ansehen, erkennen wir, dass Alice einen Outpoint ausgibt, der dem dritten Output (Output-Index #2) einer Transaktion mit der ID 6a5f1b3[...] entspricht. Wir können die referenzierte Transaktion im Diagramm nicht sehen, können sie aber aus den Details des Outpoints ableiten.

1 Wie Sie wissen, muss das Wechselgeld nicht der letzte Output einer Transaktion sein und ist tatsächlich nicht von anderen Outputs zu unterscheiden.

Bitcoin-Skript

Das finale Element, das wir benötigen, um Bitcoin zu verstehen, ist die Skriptsprache, die den Zugriff auf die Outpoints regelt. Bisher haben wir die Erklärung vereinfacht, indem wir gesagt haben, dass »Alice die Transaktion signiert, um Bob zu bezahlen«. Hinter den Kulissen versteckt sich aber ein System, das die Implementierung komplexer Zahlungsbedingungen erlaubt. Die einfachste und gängigste Zahlungsbedingung lautet »zeige mir eine Signatur, die zum folgenden öffentlichen Schlüssel passt«. Eine Zahlungsbedingung wie diese wird in jedem Output als *Locking-Skript* festgehalten und in einer Skriptsprache namens *Bitcoin-Skript* geschrieben.

Bitcoin-Skript ist eine extrem einfache, stackbasierte Skriptsprache. Sie kennt weder Schleifen noch Rekursion und ist daher *nicht Turing-vollständig* (d.h., sie ist *nicht universell programmierbar*, und die Ausführung(szeit) ist kalkulierbar). Wer mit der (mittlerweile antiken) Programmiersprache FORTH vertraut ist, wird die Syntax und den Stil wiedererkennen.

Bitcoin-Skript ausführen

Einfach ausgedrückt, führt das Bitcoin-System ein Bitcoin-Skript auf einem Stack aus. Ist das abschließende Ergebnis »wahr« (`TRUE`), ist die Zahlungsbedingung erfüllt und die Transaktion gültig.

Sehen wir uns ein sehr einfaches Beispiel in Bitcoin-Skript an, das die beiden Zahlen 2 und 3 addiert und das Ergebnis dann mit der Zahl 5 vergleicht:

```
2 3 ADD 5 EQUAL
```

In Abbildung A-8 sehen wir, wie das Skript (von links nach rechts) ausgeführt wird.

Locking- und Unlocking-Skripte

Bitcoin-Skript besteht aus zwei Teilen:

Locking-Skripte
: Die »Sperrskripte« sind in den Transaktions-Outputs eingebettet und legen die Bedingungen fest, die erfüllt werden müssen, damit der Output eingelöst werden kann. Beispielsweise fügt Alice' Wallet ein Locking-Skript in den Bob auszahlenden Output ein. Die darin festgelegte Bedingung legt fest, dass Bobs Signatur benötigt wird, um den Betrag einzulösen.

Unlocking-Skripte
: Die »Freigabeskripte« sind in die Transaktions-Inputs eingebettet und erfüllen die Bedingungen, die durch das Locking-Skript des referenzierten Outputs festgelegt wurden. Bob kann den obigen Output beispielsweise einlösen, indem er ein Unlocking-Skript bereitstellt, das seine digitale Signatur enthält.

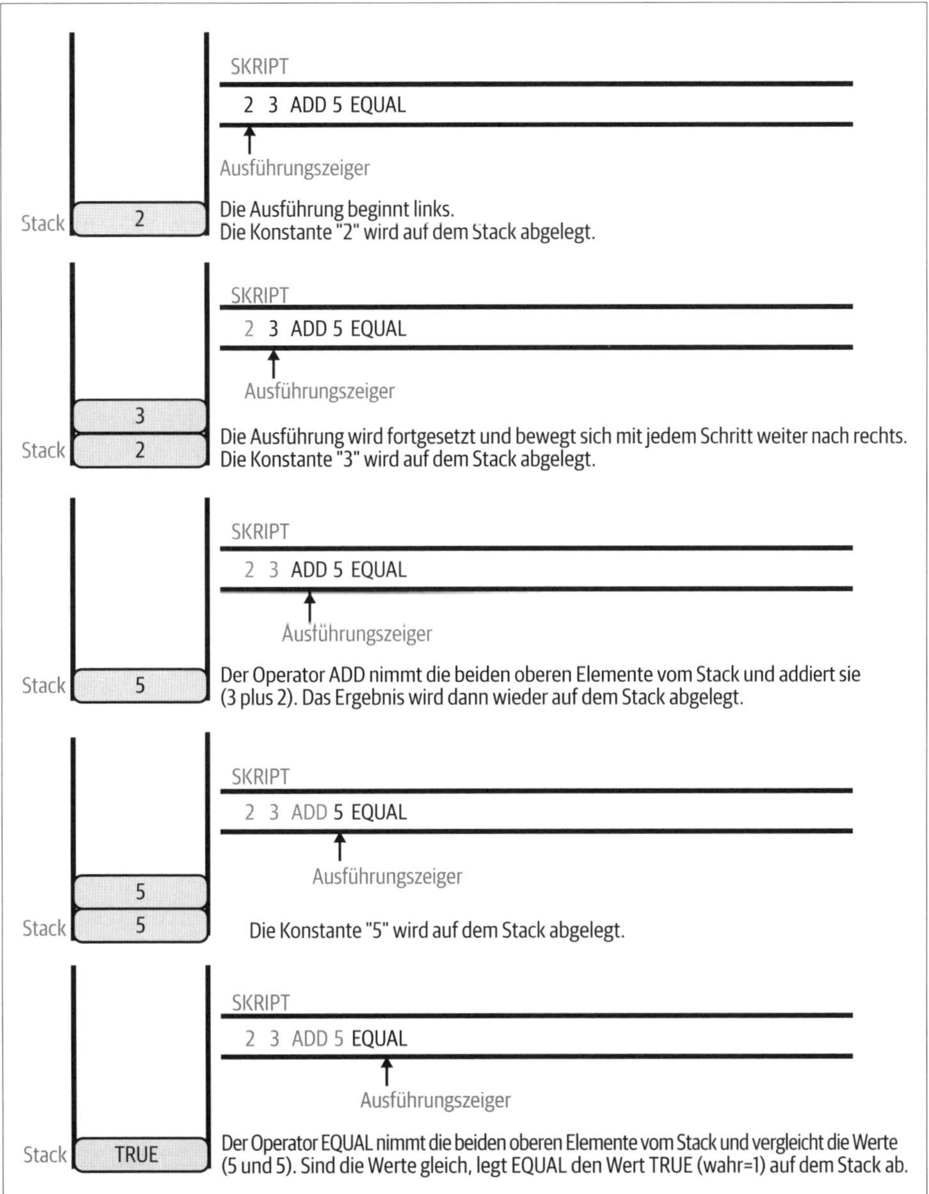

Abbildung A-8: Beispielhafte Ausführung eines Bitcoin-Skripts

In einem vereinfachten Validierungsmodell werden das Unlocking- und das Locking-Skript verbunden und ausgeführt (P2SH und SegWit sind Ausnahmen). Hätte jemand beispielsweise einen Transaktions-Output mit dem Locking-Skript `"3 ADD 5 EQUAL"` gesperrt, könnten wir es mit dem Unlocking-Skript »`2`« in einem Transaktions-Input freigeben. Zur Validierung der Transaktion würde man unser

Unlocking-Skript (2) und das Locking-Skript (3 ADD 5 EQUAL) verbinden und durch die Bitcoin-Skript-Engine ausführen lassen. Das Ergebnis wäre TRUE, und wir könnten den Output ausgeben.

Natürlich wäre dieses vereinfachte Beispiel keine gute Wahl für das Sperren eines echten Bitcoin-Outputs, da es kein Secret enthält, sondern nur einfache Arithmetik nutzt. Jeder könnte den Output einsacken, wenn er die Antwort »2« angibt. Bei den meisten Locking-Skripten muss daher nachgewiesen werden, dass man ein Secret kennt.

Locking über einen Public Key (Signatur)

Die einfachste Form eines Locking-Skripts verlangt eine Signatur. Betrachten wir Alice' Transaktion, die Bob 50.000 Satoshi bezahlt. Der Output, den Alice erzeugt, um Bob zu bezahlen, enthält ein Locking-Skript, das Bobs Signatur verlangt:

```
<Bob Public Key> CHECKSIG
```

Der Operator CHECKSIG nimmt zwei Elemente vom Stack: eine Signatur und einen öffentlichen Schlüssel. Wie Sie sehen, steht Bobs öffentlicher Schlüssel im Locking-Skript. Was fehlt, ist also eine Signatur, die zu diesem öffentlichen Schlüssel passt. Das Locking-Skript kann nur von Bob entsperrt werden, weil nur er den privaten Schlüssel besitzt, der zur Generierung der digitalen Signatur benötigt wird, die zu seinem öffentlichen Schlüssel passt.

Um dieses Locking-Skript zu entsperren, würde Bob ein Unlocking-Skript bereitstellen, das nur seine digitale Signatur enthält:

```
<Bob Signatur>
```

In Abbildung A-9 sehen Sie das Locking-Skript in Alice' Transaktion (im Output, der Bob bezahlt) und das Unlocking-Skript (im den Output ausgebenden Input) in Bobs Transaktion.

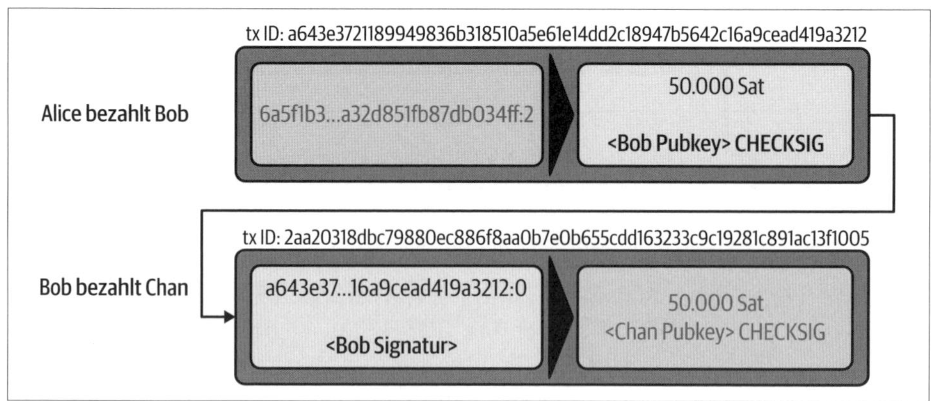

Abbildung A-9: Transaktionskette mit Locking-Skript (Output) und Unlocking-Skript (Input)

Um Bobs Transaktion zu validieren, würde eine Bitcoin-Node Folgendes tun:

1. Das Unlocking-Skript (<Bob Signature>) aus dem Input extrahieren.
2. Den Outpoint nachschlagen (a643e37...3213:0), der eingelöst werden soll. Das ist Alice' Transaktion, die in der Blockchain zu finden ist.
3. Das Locking-Skript aus diesem Outpoint (<Bob PubKey> CHECKSIG) extrahieren.
4. Zu einem Skript zusammenfügen, wobei das Unlocking-Skript dem Locking-Skript vorangestellt wird (<Bob Signature> <Bob PubKey> CHECKSIG).
5. Das Skript in der Bitcoin-Skript-Engine ausführen und sich das Ergebnis ansehen.
6. Ist das Ergebnis TRUE, ist Bobs Transaktion gültig, weil er die Bedingung erfüllen konnte, die ihm das Einlösen dieses Outpoints erlaubt.

Locking über einen Hash (Secret)

Eine andere Art Locking-Skript, die auch im Lightning-Netzwerk genutzt wird, ist der *Hashlock*. Um ihn entsperren zu können, müssen Sie das geheime *Preimage* des Hashs kennen.

Um das zu demonstrieren, lassen wir Bob eine Zufallszahl R generieren, die er geheim hält:

```
R = 1833462189
```

Nun berechnet Bob den SHA-256-Hash dieser Zahl:

```
H = SHA256(R) =>
H = SHA256(1833462189) =>
H = 0ffd8bea4abdb0deafd6f2a8ad7941c13256a19248a7b0612407379e1460036a
```

Bob gibt dann den berechneten Hash H an Alice weiter, hält R aber weiterhin geheim. Wie Sie wissen, kann Alice aufgrund der Eigenschaften kryptografischer Hashes die Hashberechnung nicht »umkehren«, um R zu ermitteln.

Alice erzeugt einen Output, der 50.000 Satoshi über dieses Locking-Skript auszahlt:

```
HASH256 H EQUAL
```

wobei H der Hashwert (0ffd8...036a) ist, den Bob Alice gegeben hat.

Sehen wir uns dieses Skript an:

Der Operator HASH256 nimmt einen Wert vom Stack und berechnet den SHA-256-Hash dieses Werts. Das Ergebnis wird auf den Stack gelegt.

Der Wert H wird auf den Stack geschoben, und dann prüft der EQUAL-Operator, ob beide Werte gleich sind. Je nach Ergebnis des Vergleichs wird TRUE oder FALSE auf dem Stack abgelegt.

Das Locking-Skript funktioniert also nur, wenn es mit einem Unlocking-Skript kombiniert wird, das R enthält. Verknüpfen wir beide, erhalten wir:

```
R HASH256 H EQUAL
```

Da nur Bob R kennt, kann auch nur Bob eine Transaktion mit einem Unlocking-Skript erzeugen, das den Wert von R offenlegt.

Interessanterweise kann Bob den R-Wert einer beliebigen Person weitergeben, die diese Bitcoins dann einlösen kann. Das macht den geheimen R-Wert zu einer Art »Bitcoin-Gutschein«, da jede Person, die ihn besitzt, den von Alice erzeugten Output einlösen kann. Warum das für das Lightning-Netzwerk eine nützliche Eigenschaft ist, zeigen wir noch.

Multisignaturskripte

Bitcoin-Skript bietet als Grundbaustein eine Multisignatur-Primitive an, mit deren Hilfe Treuhanddienste und komplexe Eigentumsbeziehungen zwischen verschiedenen Anteilseignern aufgebaut werden können. Eine Vereinbarung, die mehrere Signaturen verlangt, um Bitcoin einlösen zu können, wird *Multisignaturschema* genannt und als *K-von-N*-Schema noch genauer spezifiziert. Dabei ist:

- *N* die Gesamtzahl der im Multisignaturschema festgelegten Unterzeichner und
- *K* die *beschlussfähige Anzahl* (*Quorum*, auch *Schwellenwert*), d.h. die minimale Zahl von Signaturen, die die Einlösung bestätigen müssen.

Das Skript für eine *K*-von-*N*-Multisignatur lautet:

```
K <PubKey1> <PubKey2> ... <PubKeyN> N CHECKMULTISIG
```

Dabei ist *N* die Gesamtzahl öffentlicher Schlüssel (Public Key 1 bis Public Key *N*) und *K* der Schwellenwert benötigter Signaturen, um den Output einlösen zu können.

Das Lightning-Netzwerk nutzt ein 2-von-2-Multisignaturschema zum Aufbau von Zahlungskanälen. Zum Beispiel würde ein Zahlungskanal zwischen Alice und Bob auf folgender 2-von-2-Multisignatur aufbauen:

```
2 <PubKey Alice> <PubKey Bob> 2 CHECKMULTISIG
```

Das obige Locking-Skript kann mit einem Unlocking-Skript eingelöst werden, das zwei Signaturen enthält:[2]

```
0 <Sig Alice> <Sig Bob>
```

Diese beiden Skripte würden zusammen das Skript zur Validierung bilden:

```
0 <Sig Alice> <Sig Bob> 2 <PubKey Alice> <PubKey Bob> 2 CHECKMULTISIG
```

Ein Multisignatur-Locking-Skript kann durch eine Bitcoin-Adresse repräsentiert werden, die den Hash des Locking-Skripts codiert. Zum Beispiel ist die anfängliche Funding-Transaktion eines Lightning-Zahlungskanals eine Transaktion, die an eine Adresse auszahlt, die das Locking-Skript eines 2-von-2-Multisigs der beiden Kanalpartner codiert.

2 Das erste Argument (0) hat keine Bedeutung, ist aber aufgrund eines Fehlers in Bitcoins Multisignaturimplementierung notwendig. Das Problem wird in *Mastering Bitcoin*, Chapter 7 (*https://github.com/bitcoinbook/bitcoinbook/blob/develop/ch07.asciidoc*) beschrieben.

Timelock-Skripte

Ein weiterer wichtiger Bitcoin-Grundbaustein, der im Lightning-Netzwerk ausgiebig genutzt wird, ist der *Timelock*. Bei einem Timelock wird der Output für eine bestimmte Zeitspanne (Blockhöhe) »eingefroren«, bevor er eingelöst werden kann. Das ähnelt einem vordatierten Scheck, der bis zu diesem Datum nicht eingelöst werden kann.

Bitcoin kennt zwei Arten von Timelocks: Timelocks auf Transaktionsebene und Timelocks auf Output-Ebene.

Ein *Timelock auf Transaktionsebene* wird im Transaktionsfeld `nLockTime` festgehalten und sorgt dafür, dass die gesamte Transaktion erst verarbeitet werden kann, wenn der Timelock abgelaufen ist. Diese Art Timelock ist der heutzutage am häufigsten bei Bitcoin genutzte Timelock-Mechanismus.

Ein *Timelock auf Output-Ebene* wird durch Skriptoperatoren erzeugt. Es gibt zwei Arten von Output-Timelocks: absolute Timelocks und relative Timelocks.

Absolute Timelocks auf Output-Ebene werden durch den Operator `CHECKLOCKTIME VERIFY` implementiert, der in Unterhaltungen oft mit *CLTV* abgekürzt wird. Absolute Timelocks implementieren eine Zeitbeschränkung mit einem absoluten Zeitstempel oder einer Blockhöhe und besagen »nicht einlösbar vor Block 800.000«.

Relative Timelocks auf Output-Ebene werden durch den Operator `CHECKSEQUENCE VERIFY` implementiert, der in Unterhaltungen oft mit *CSV* abgekürzt wird. Relative Timelocks implementieren eine Zeitbeschränkung relativ zur Bestätigung der Transaktion und besagen »nicht einlösbar für 1.024 Blöcke nach der Bestätigung«.

Skripte mit mehreren Bedingungen

Eines der leistungsfähigeren Features von Bitcoin-Skript ist die Ablaufsteuerung über Konditionalklauseln. Sie werden wahrscheinlich mit der Ablaufsteuerung verschiedener Programmiersprachen vertraut sein, die das Konstrukt `IF...THEN... ELSE` nutzen. Bitcoin-Konditionalklauseln sehen etwas anders aus, sind aber das gleiche Konstrukt.

Im Wesentlichen erlauben uns die Konditional-Opcodes von Bitcoin den Aufbau von Locking-Skripten, die auf zwei Wegen entsperrt werden können, je nachdem, welches `TRUE`/`FALSE`-Ergebnis bei der Evaluierung der Bedingung herauskommt. Zum Beispiel kann bei x gleich `TRUE` das Locking-Skript A ausgeführt werden, sonst (`ELSE`) Locking-Skript B.

Darüber hinaus können bedingte Ausdrücke bei Bitcoin unendlich tief *verschachtelt* werden, d.h., eine Bedingung kann eine weitere Bedingung enthalten, die wiederum eine weitere und so weiter. Mit der Ablaufsteuerung von Bitcoin-Skript lassen sich sehr komplexe Skripte mit Hunderten oder sogar Tausenden von möglichen Ausführungspfaden entwickeln. Die Verschachtelung ist nicht begrenzt, doch die Konsensregeln geben ein Limit für die Maximalgröße (in Bytes) des Skripts vor.

Bitcoin implementiert die Ablaufsteuerung mit den Opcodes IF, ELSE, ENDIF und NOTIF. Zusätzlich können bedingte Ausdrücke Boole'sche Operatoren wie BOOLAND, BOOLOR und NOT enthalten.

Auf den ersten Blick könnten Sie Bitcoins Ablaufsteuerungsskripte verwirrend finden. Das liegt daran, dass Bitcoin-Skript eine stackbasierte Sprache ist. Genau wie die arithmetische Operation 1 + 1 »verkehrt« aussieht, wenn sie mit Bitcoin-Skript als 1 1 ADD angegeben wird, sehen auch die Klauseln zur Ablaufsteuerung bei Bitcoin »verkehrt« aus.

In den meisten (prozeduralen) Programmiersprachen sieht die Ablaufsteuerung wie folgt aus:

```
if (bedingung):
  Code für erfüllte Bedingung ausführen
else:
  Code für nicht erfüllte Bedingung ausführen
Code für beide Fälle ausführen
```

Bei einer stackbasierten Sprache wie Bitcoin-Skript steht die logische Bedingung *vor* dem IF, wodurch sie »verkehrt« wirkt:

```
Bedingung
IF
  Code für erfüllte Bedingung ausführen

ELSE
  Code für nicht erfüllte Bedingung ausführen

ENDIF
Code für beide Fälle ausführen
```

Wenn Sie Bitcoin-Skript lesen, müssen Sie daran denken, dass die zu evaluierende Bedingung *vor* dem IF-Opcode steht.

Ablaufsteuerung in Skripten

Ein gängiger Anwendungsfall der Ablaufsteuerung in Bitcoin-Skript ist der Aufbau eines Locking-Skripts, das mehrere Ausführungspfade bietet, um den UTXO auf unterschiedliche Weise einzulösen.

Sehen wir uns ein einfaches Beispiel an, in dem es zwei Unterzeichner gibt, Alice und Bob, die beide den UTXO einlösen dürfen. Bei einem Multisig würden wir das mit einem 1-von-2-Multisig-Skript ausdrücken. In unserem Beispiel wollen wir es mit einer IF-Klausel lösen:

```
IF
 <Alice' Pubkey> CHECKSIG
ELSE
 <Bobs Pubkey> CHECKSIG
ENDIF
```

Wenn Sie sich dieses Locking-Skript ansehen, fragen Sie sich vielleicht, wo die Bedingung steht. Vor der IF-Klausel steht nichts!

Die Bedingung ist nicht Teil des Locking-Skripts. Stattdessen wird die Bedingung *im Unlocking-Skript angeboten*, was Alice und Bob die »Wahl« des Ausführungspfads erlaubt.

Alice nutzt das folgende Unlocking-Skript:

```
<Alice's Sig> 1
```

Die `1` am Ende dient als Bedingung (`TRUE`), bei der die `IF`-Klausel den ersten Pfad wählt, für den Alice eine Signatur besitzt.

Damit Bob ihn einlösen kann, muss er den zweiten Pfad wählen und `FALSE` an die `IF`-Klausel übergeben:

```
<Bob's Sig> 0
```

Bobs Unlocking-Skript legt eine `0` auf dem Stack ab, sodass die `IF`-Klausel das zweite (`ELSE`) Skript ausführt, das Bobs Signatur verlangt.

Da jede dieser beiden Bedingungen auch eine Signatur verlangen, kann Alice nicht die zweite Klausel verwenden und Bob nicht die erste, da sie nicht über die notwendigen Signaturen verfügen.

Bedingte Abläufe können verschachtelt werden, und das gilt auch für die `TRUE`/`FALSE`-Werte in den Unlocking-Skripten, sodass man durch einen komplexen Pfad von Bedingungen navigieren kann.

In Beispiel A-1 sehen Sie ein Beispiel für ein solches komplexes Skript mit mehreren Bedingungen, das im Lightning-Netzwerk genutzt wird.[3] Die im Lightning-Netzwerk genutzten Skripte sind hochoptimiert und kompakt, um den On-Chain-Fußabdruck zu minimieren. Sie sind daher nicht leicht zu lesen und zu verstehen. Vielleicht erkennen Sie trotzdem einige der Bitcoin-Skript-Konzepte wieder, die Sie in diesem Kapitel kennengelernt haben.

Beispiel A-1: Ein komplexes Skript, das im Lightning-Netzwerk genutzt wird

```
# To remote node with revocation key
DUP HASH160 <RIPEMD160(SHA256(revocationpubkey))> EQUAL
IF
    CHECKSIG
ELSE
    <remote_htlcpubkey> SWAP SIZE 32 EQUAL
    NOTIF
        # To local node via HTLC-timeout transaction (timelocked).
        DROP 2 SWAP <local_htlcpubkey> 2 CHECKMULTISIG
    ELSE
        # To remote node with preimage.
        HASH160 <RIPEMD160(payment_hash)> EQUALVERIFY
        CHECKSIG
    ENDIF
ENDIF
```

3 Aus BOLT #3 (*https://github.com/lightning/bolts/blob/master/03-transactions.md*).

ANHANG B

Docker: Grundlegende Installation und Nutzung

Dieses Buch enthält eine Reihe von Beispielen, die zur Standardisierung über verschiedene Betriebssysteme hinweg in Docker-Containern laufen.

Dieser Abschnitt hilft Ihnen dabei, Docker zu installieren und sich mit den gängigsten Docker-Befehlen vertraut zu machen, um die Beispiel-Container in diesem Buch ausführen zu können.

Docker installieren

Bevor wir beginnen, müssen Sie das Docker-Container-System auf Ihrem Computer installieren. Docker ist ein offenes System, das in einer *Community Edition* für viele verschiedene Betriebssysteme einschließlich Windows, macOS und Linux kostenlos angeboten wird. Die Windows- und Macintosh-Versionen werden *Docker Desktop* genannt und bestehen aus einer grafischen Desktopanwendung und Kommandozeilentools. Die Linux-Version heißt *Docker Engine* und besteht aus einem Server-Daemon und Kommandozeilentools. Wir werden die Kommandozeilentools nutzen, die über alle Plattformen hinweg gleich sind.

Installieren Sie zuerst Docker für Ihr Betriebssystem, indem Sie den Anweisungen in *Get Docker* auf der Docker-Website (*https://docs.docker.com/get-docker*) folgen.

Wählen Sie Ihr Betriebssystem aus der Liste aus und folgen Sie den Installationsanweisungen.

Bei der Installation unter Linux müssen Sie auch den Anweisungen nach der Installation folgen, um Docker als normaler Nutzer auszuführen und nicht als root. Andernfalls müssen Sie jedem `docker`-Befehl `sudo` voranstellen, um ihn als root auszuführen: `sudo docker`.

Sobald Sie Docker installiert haben, können Sie die Installation mit dem Demo-Container `hello-world` testen:

```
$ docker run hello-world

Hello from Docker!
This message shows that your installation appears to be working correctly.

[...]
```

Grundlegende Docker-Befehle

In diesem Anhang nutzen wir Docker ausgiebig. Wir werden die folgenden Docker-Befehle und -Argumente verwenden.

Einen Container erzeugen

`docker build [-t tag] [directory]`

Über *tag* identifizieren wir den erzeugten Container, und in *directory* liegt der Container-Kontext (Ordner und Dateien) sowie die Definitionsdatei (`Dockerfile`).

Einen Container ausführen

`docker run -it [--network netname] [--name cname] tag`

netname ist der Name eines Docker-Netzwerks, *cname* der von uns für diese Container-Instanz gewählte Name, und *tag* ist der Name, den wir dem Container bei der Erzeugung gegeben haben.

Einen Befehl in einem Container ausführen

`docker exec cname command`

cname ist der Name des Containers, den wir im `run`-Befehl angegeben haben, und *command* ist das Executable oder Skript, das in diesem Container ausgeführt werden soll.

Container stoppen und starten

In den meisten Fällen, in denen wir Container im *interaktiven* und im *Terminalmodus* betreiben (d.h., die Flags `i` und `t`, kombiniert als `-it`, sind gesetzt), kann der Container beendet werden, indem Sie einfach Strg-C drücken oder die Shell mit exit oder Strg-D verlassen. Lässt sich ein Container nicht beenden, können Sie ihn in einem anderen Terminal wie folgt beenden:

`docker stop cname`

Um einen bereits existierenden Container neu zu starten, nutzen Sie den `start`-Befehl wie folgt:

`docker start cname`

Einen Container über den Namen löschen

Wenn Sie einen Container benennen, statt den Namen durch Docker zufällig vergeben zu lassen, können Sie den Namen nicht wiederverwenden, solange der Container läuft. Docker gibt dann folgende Fehlermeldung aus:

```
docker: Error response from daemon: Conflict. The container name "/
bitcoind" is already in use...
```

Um das zu beheben, löschen Sie die laufende Instanz des Containers:

```
docker rm cname
```

cname ist der dem Container zugewiesene Name (in der obigen Fehlermeldung `bitcoind`).

Laufende Container auflisten

```
docker ps
```

Dieser Befehl gibt die momentan laufenden Container und ihre Namen aus.

Docker-Images auflisten

```
docker image ls
```

Dieser Befehl gibt die Docker-Images aus, die Sie erzeugt oder auf Ihren Computer heruntergeladen haben.

Fazit

Diese grundlegenden Docker-Befehle reichen für den Einstieg und ermöglichen Ihnen, alle Beispiele in diesem Buch auszuführen.

ANHANG C

Nachrichten des Wire-Protokolls

Dieser Anhang führt die momentan definierten Nachrichtentypen auf, die im Lightning-P2P-Protokoll verwendet werden. Wir zeigen die Struktur jeder Nachricht und fassen sie, basierend auf dem Protokollfluss, in logischen Gruppen zusammen.

Lightning-Protokoll-Nachrichten sind erweiterbar, und ihre Struktur kann sich bei netzwerkweiten Upgrades ändern. Autoritative Informationen finden Sie in den neuesten BOLT-Versionen im GitHub-Lightning-RFC-Repository (*https://github.com/lightning/bolts*).

Nachrichtentypen

Momentan sind die in Tabelle C-1 aufgeführten Nachrichtentypen definiert.

Tabelle C-1: Nachrichtentypen

Typ-Integer	Name	Kategorie
16	`init`	Verbindungsaufbau
17	`error`	Fehlerkommunikation
18	`ping`	Verbindungsstatus
19	`pong`	Verbindungsstatus
32	`open_channel`	Kanal-Funding
33	`accept_channel`	Kanal-Funding
34	`funding_created`	Kanal-Funding
35	`funding_signed`	Kanal-Funding
36	`funding_locked`	Kanal-Funding + Kanalbetrieb
38	`shutdown`	Kanal schließen
39	`closing_signed`	Kanalabschluss
128	`update_add_htlc`	Kanalbetrieb

Tabelle C-1: Nachrichtentypen (Fortsetzung)

Typ-Integer	Name	Kategorie
130	`update_fulfill_hltc`	Kanalbetrieb
131	`update_fail_htlc`	Kanalbetrieb
132	`commit_sig`	Kanalbetrieb
133	`revoke_and_ack`	Kanalbetrieb
134	`update_fee`	Kanalbetrieb
135	`update_fail_malformed_htlc`	Kanalbetrieb
136	`channel_reestablish`	Kanalbetrieb
256	`channel_announcement`	Kanalankündigung
257	`node_announcement`	Kanalankündigung
258	`channel_update`	Kanalankündigung
259	`announce_signatures`	Kanalankündigung
261	`query_short_chan_ids`	Kanal-Graph-Synchronisation
262	`reply_short_chan_ids_end`	Kanal-Graph-Synchronisation
263	`query_channel_range`	Kanal-Graph-Synchronisation
264	`reply_channel_range`	Kanal-Graph-Synchronisation
265	`gossip_timestamp_range`	Kanal-Graph-Synchronisation

In Tabelle 13-1 ermöglicht das `Kategorie`-Feld eine schnelle Kategorisierung basierend auf der Funktionalität innerhalb des Protokolls. Auf hohem Niveau ordnen wir jede Nachricht einer der Kategorien zu:

Verbindungsaufbau
: Wird gesendet, wenn die Peer-to-Peer-Verbindung aufgebaut wird. Wird bei einer neuen Verbindung auch zur Vereinbarung der unterstützten Features genutzt.

Fehlerkommunikation
: Wird von Peers verwendet, um Fehler auf Protokollebene untereinander auszutauschen.

Verbindungsstatus
: Wird von Peers verwendet, um zu prüfen, ob eine Transportverbindung noch aktiv ist.

Kanal-Funding
: Wird von Peers zur Erzeugung eines neuen Zahlungskanals verwendet. Dieser Prozess wird Kanal-Funding genannt.

Kanalbetrieb
: Off-Chain-Aktualisierung eines Kanals. Dazu zählt das Senden und Empfangen von Zahlungen und die Weiterleitung von Zahlungen innerhalb des Netzwerks.

Kanalankündigung
: Bekanntgabe eines neuen öffentlichen Kanals im Netzwerk, sodass er zum Routing genutzt werden kann.

Kanal-Graph-Synchronisation
: Download und Verifikation des Kanal-Graphen.

Beachten Sie, dass Nachrichten einer bestimmten Kategorie üblicherweise auch einen angrenzenden *Nachrichtentyp* aufweisen. Das ist bewusst so gewählt, um semantisch ähnliche Nachrichten innerhalb der Spezifikation selbst zu gruppieren.

Nachrichtenstruktur

Wir sehen uns nun jede Nachrichtenkategorie an, um die genaue Struktur und Semantik aller innerhalb des LN-Protokolls definierten Nachrichten zu definieren.

Nachrichten zum Verbindungsaufbau

Die Nachrichten dieser Kategorie sind die ersten Nachrichten, die zwischen den Peers gesendet werden, sobald die Transportverbindung hergestellt ist. Als dieses Kapitel geschrieben wurde, gab es nur eine Nachricht in dieser Kategorie: die `init`-Nachricht. Die Nachricht wird von *beiden* Seiten gesendet, sobald die Verbindung aufgebaut ist. Vor der `init`-Nachricht dürfen von beiden Seiten keine anderen Nachrichten gesendet werden.

Die init-Nachricht

Die Struktur der `init`-Nachricht ist wie folgt definiert:

- Typp: 16
- Felder:
  - `uint16`: `global_features_len`
  - `global_features_len*byte`: `global_features`
  - `uint16`: `features_len`
  - `features_len*byte`: `features`
  - `tlv_stream_tlvs`

Strukturell besteht die `init`-Nachricht aus zwei Byte-Slices variabler Länge, die jeweils einen Satz von *Feature-Bits* enthalten. Wie in »Feature-Bits und Erweiterbarkeit des Protokolls« auf Seite 337 gesehen, sind Feature-Bits eine innerhalb des Protokolls genutzte Primitive, um eine Reihe von Protokoll-Features anzugeben, die eine Node versteht (optionale Features) oder verlangt (notwendige Features).

Beachten Sie, dass moderne Node-Implementierungen nur das `features`-Feld nutzen. Die Elemente im `global_features`-Vektor dienen hauptsächlich *historischen* Zwecken (Rückwärtskompatibilität).

Auf den Kern der Nachricht folgt eine Reihe von TLV Records (*Type Length Value*), die Nachrichten zukünftig in vor- und rückwärtskompatibler Weise erweitern können. Was TLV-Records sind und wie man sie nutzt, zeigen wir später in diesem Anhang.

Eine `init`-Nachricht wird dann vom Peer untersucht, um festzustellen, ob die Verbindung basierend auf dem Satz optionaler und notwendiger Features beider Seiten wohldefiniert ist. Ein optionales Feature bedeutet, dass ein Peer das Feature kennt, für den Betrieb einer Leitung aber nicht als kritisch erachtet. Ein Beispiel wäre die Fähigkeit, die Semantik eines neu eingefügten Felds in eine existierende Nachricht zu verstehen.

Andererseits bedeutet ein notwendiges Feature, dass die Verbindung nicht wohldefiniert ist, wenn der andere Peer es nicht kennt. Ein Beispiel wäre ein theoretischer neuer Kanaltyp innerhalb des Protokolls. Wenn der Peer dieses Feature nicht kennt, werden Sie keinen Kanal mit ihm öffnen wollen, da er den von ihnen bevorzugten neuen Kanaltyp nicht unterstützt.

Nachrichten zur Fehlerkommunikation

Nachrichten dieses Typs werden genutzt, um Fehler auf Verbindungsebene zwischen den beiden Peers zu kommunizieren. Es gibt noch eine andere Art Fehler im Protokoll: ein Fehler auf Ebene der HTLC-Weiterleitung. Fehler auf Verbindungsebene signalisieren Dinge wie inkompatible Feature-Bits oder den Versuch eines *erzwungenen Schließens* (einseitige Veröffentlichung des zuletzt signierten Commitments).

Die error-Nachricht

Die einzige Nachricht dieser Kategorie ist die `error`-Nachricht.

- Typ: 17
- Felder:
  - `channel_id` : `chan_id`
  - `uint16` : `data_len`
  - `data_len*byte` : `data`

Eine `error`-Nachricht kann innerhalb eines bestimmten Kanals gesendet werden, indem man die `channel_id` des entsprechenden Kanals angibt, in der dieser Fehler aufgetreten ist. Trifft der Fehler auf die Verbindung selbst zu, wird die `channel_id` auf null gesetzt, d.h., die `channel_id` null dient bei einem Fehler als Verbindungs-ID.

Je nach Natur des Fehlers kann das Senden einer `error`-Nachricht an den Kanal-Peer auch bedeuten, dass der Kanal ohne manuelles Eingreifen nicht aufrechterhalten werden kann und die einzige Option darin besteht, den Kanal zu schließen, indem man das letzte bestätigte Commitment des Kanals veröffentlicht.

Verbindungsstatus

Die Nachrichten in diesem Abschnitt werden verwendet, um festzustellen, ob eine Verbindung noch aktiv ist oder nicht. Da das LN-Protokoll den zugrunde liegenden Transport abstrahiert, der zur Übertragung der Nachrichten verwendet wird, sind auf Protokollebene ping- und pong-Nachrichten definiert.

Die ping-Nachricht

Mit der ping-Nachricht wird geprüft, ob die Gegenpartei einer Verbindung noch aktiv ist. Sie umfasst die folgenden Felder:

- Typ: 18
- Felder:
  - uint16 : num_pong_bytes
  - uint16 : ping_body_len
  - ping_body_len*bytes : ping_body

Dazu gehört das Gegenstück: die pong-Nachricht.

Die pong-Nachricht

Die pong-Nachricht wird als Antwort auf die ping-Nachricht gesendet und umfasst die folgenden Felder:

- Typ: 19
- Felder:
  - uint16 : pong_body_len
  - ping_body_len*bytes : pong_body

Eine ping-Nachricht kann zu jedem Zeitpunkt von jeder Partei gesendet werden.

Die ping-Nachricht enthält ein num_pong_bytes-Feld, das der empfangenden Node mitteilt, wie groß die Nutzdaten in der gesendeten pong-Nachricht sein sollen. Die ping-Nachricht umfasst auch einen ping_body willkürlicher Bytes, die getrost ignoriert werden können. Sie dienen dem Sender nur zum Auffüllen der gesendeten ping-Nachricht. Das ist nützlich, um einige Deanonymisierungstechniken zu vereiteln, die auf Paketgrößen basieren.

Eine pong-Nachricht muss als Antwort auf eine empfangene ping-Nachricht gesendet werden. Der Empfänger muss num_pong_bytes zufällige Bytes im pong_body-Feld zurücksenden. Der clevere Einsatz dieser Felder/Nachrichten ermöglicht es Routing-Nodes, die die Privatsphäre schützen, bestimmte Versuche der Netzwerk-Deanonymisierung zu unterbinden. Sie erzeugen dabei auf der Paketgröße basierende »Fake«-Nachrichten, die anderen Netzwerknachrichten ähneln. Denken Sie daran, dass im Lightning-Netzwerk standardmäßig ein *verschlüsselter* Transport genutzt wird, sodass ein passiver Netzwerkmonitor keinen Klartext lesen kann und für seine Beobachtungen nur auf das Timing und die Paketgrößen angewiesen ist.

Kanal-Funding

Wir kommen jetzt zu dem Bereich der Kernnachrichten, die die Funktionalität und Semantik des Lightning-Protokolls regeln. In diesem Abschnitt sehen wir uns die Nachrichten an, die beim Aufbau eines Kanals verwendet werden. Wir beschreiben nur die verwendeten Felder. Eine detaillierte Erläuterung finden Sie in Kapitel 7.

Der Datenfluss während des Kanalaufbaus wird über die fünf folgenden Nachrichten abgewickelt: `open_channel`, `accept_channel`, `funding_created`, `funding_signed` und `funding_locked`.

Der detaillierte Protokollfluss dieser Nachrichten wird in Kapitel 7 beschrieben.

Die open_channel-Nachricht

Die `open_channel`-Nachricht startet den Kanal-Funding-Prozess und enthält die folgenden Felder:

- Typ: 32
- Felder:
  - `chain_hash` : `chain_hash`
  - `32*byte` : `temp_chan_id`
  - `uint64` : `funding_satoshis`
  - `uint64` : `push_msat`
  - `uint64` : `dust_limit_satoshis`
  - `uint64` : `max_htlc_value_in_flight_msat`
  - `uint64` : `channel_reserve_satoshis`
  - `uint64` : `htlc_minimum_msat`
  - `uint32` : `feerate_per_kw`
  - `uint16` : `to_self_delay`
  - `uint16` : `max_accepted_htlcs`
  - `pubkey` : `funding_pubkey`
  - `pubkey` : `revocation_basepoint`
  - `pubkey` : `payment_basepoint`
  - `pubkey` : `delayed_payment_basepoint`
  - `pubkey` : `htlc_basepoint`
  - `pubkey` : `first_per_commitment_point`
  - `byte` : `channel_flags`
  - `tlv_stream` : `tlvs`

Das ist die erste Nachricht einer Node, die einen Funding-Fluss mit einer anderen Node einleiten möchte. Die Nachricht enthält alle Informationen, die von beiden Seiten benötigt werden, um sowohl die Funding- als auch die Commitment-Transaktion zu erzeugen.

Während diese Zeilen geschrieben werden, ist ein einzelnes TLV-Record in der Menge optionaler TLV-Records definiert, das an das Ende einer Nachricht angehängt werden kann:

- Typ: 0
- Daten: `upfront_shutdown_script`

Das `upfront_shutdown_script` ist ein Byte-Slice variabler Größe mit einem gültigen Public-Key-Skript, der vom Konsensalgorithmus des Bitcoin-Netzwerks akzeptiert wird. Stellt die sendende Partei eine solche Adresse bereit, kann sie einen »geschlossenen Kreis« für den Kanal aufbauen, da keine Seite eine Transaktion für das kooperative Schließen signiert, die eine Auszahlung an eine andere Adresse vorsieht. In der Praxis wird diese Adresse üblicherweise aus einer Cold-Storage-Wallet abgeleitet.

Das `channel_flags`-Feld ist ein Bitfeld, bei dem (während diese Zeilen geschrieben werden) nur das *erste* Bit eine gewisse Bedeutung hat. Ist dieses Bit gesetzt, wird der Kanal dem öffentlichen Netzwerk als Routing-fähiger Kanal bekannt gemacht. Andernfalls wird er nicht angekündigt, was man üblicherweise als privaten Kanal bezeichnet.

Die accept_channel-Nachricht

The `accept_channel`-Nachricht ist die Antwort auf die `open_channel`-Nachricht.

- Typ: 33
- Felder:
  - `32*byte` : `temp_chan_id`
  - `uint64` : `dust_limit_satoshis`
  - `uint64` : `max_htlc_value_in_flight_msat`
  - `uint64` : `channel_reserve_satoshis`
  - `uint64` : `htlc_minimum_msat`
  - `uint32` : `minimum_depth`
  - `uint16` : `to_self_delay`
  - `uint16` : `max_accepted_htlcs`
  - `pubkey` : `funding_pubkey`
  - `pubkey` : `revocation_basepoint`
  - `pubkey` : `payment_basepoint`
  - `pubkey` : `delayed_payment_basepoint`
  - `pubkey` : `htlc_basepoint`
  - `pubkey` : `first_per_commitment_point`
  - `tlv_stream` : `tlvs`

Die accept_channel-Nachricht ist die zweite Nachricht des Funding-Prozesses. Sie bestätigt die Bereitschaft, einen Kanal mit einem neuen Peer zu öffnen. Die Nachricht schickt im Wesentlichen die Parameter zurück, die der Responder in seiner Version der Commitment-Transaktion verwenden will. In Kapitel 7 gehen wir genauer auf den Funding-Prozess ein und untersuchen die Auswirkungen der verschiedenen Parameter, die beim Öffnen eines neuen Kanals festgelegt werden können.

Die funding_created-Nachricht

Als Antwort sendet der Initiator die funding_created-Nachricht.

- Typ: 34
- Felder:
  - 32*byte : temp_chan_id
  - 32*byte : funding_txid
  - uint16 : funding_output_index
  - sig : commit_sig

Sobald der Initiator eines Kanals die accept_channel-Nachricht vom Responder empfängt, besitzen beide Seiten die notwendigen Daten, um die Commitment-Transaktion und die Funding-Transaktion zu erzeugen. Da Kanäle standardmäßig nur von einer Seite finanziert werden (nur eine Seite bestätigt die Mittel), muss lediglich der Initiator die Funding-Transaktion erzeugen. Damit der Responder die Version einer Commitment-Transaktion für den Initiator signieren kann, muss der Initiator nur den Funding-Outpoint des Kanals senden.

Die funding_signed-Nachricht

Zum Abschluss sendet der Responder die funding_signed-Nachricht.

- Typ: 34
- Felder:
  - channel_id : channel_id
  - sig : signature

Nachdem der Responder die funding_created-Nachricht empfangen hat, besitzen beide eine gültige Signatur für die Commitment-Transaktion des Initiators. Mit dieser Signatur können beide den Kanal jederzeit verlassen, indem sie ihre Hälfte des Multisig-Funding-Outputs damit signieren und die Transaktion veröffentlichen. Das wird als »erzwungenes Schließen« bezeichnet. Um die Sache abzuschließen und dem Initiator die Möglichkeit zu geben, den Kanal zu schließen, signiert der Responder ebenfalls die Commitment-Transaktion des Initiators.

Sobald diese Nachricht vom Initiator empfangen wurde, kann die Funding-Transaktion veröffentlicht werden, da nun beide in der Lage sind, die Kanalvereinbarung einseitig zu beenden.

Die funding_locked-Nachricht

Sobald die Funding-Transaktion ausreichend Bestätigungen erhalten hat, wird die `funding_locked`-Nachricht gesendet.

- Typ: 36
- Felder:
  - `channel_id` : `channel_id`
  - `pubkey` : `next_per_commitment_point`

Hat die Funding-Transaktion eine `minimum_depth` Anzahl von Bestätigungen erhalten, wird die `funding_locked`-Nachricht an beide Seiten gesendet. Erst nachdem diese Nachricht gesendet und empfangen wurde, kann der Kanal genutzt werden.

Kanal schließen

Das Schließen eines Kanals erfolgt in mehreren Schritten. Eine Node initiiert das Schließen durch Senden der `shutdown`-Nachricht. Die beiden Kanalpartner tauschen dann eine Reihe von `closing_signed`-Nachrichten aus, um beidseitig akzeptable Gebühren für die Abschlusstransaktion zu vereinbaren. Der den Kanal finanzierende Partner sendet die erste `closing_signed`-Nachricht, und die andere Seite kann das akzeptieren, indem sie eine `closing_signed`-Nachricht mit den gleichen Gebühren sendet.

Die shutdown-Nachricht

Die `shutdown`-Nachricht leitet das Schließen eines Kanals ein und umfasst die folgenden Felder:

- Typ: 38
- Felder:
  - `channel_id` : `channel_id`
  - `u16` : `len`
  - `len*byte` : `scriptpubkey`

Die closing_signed-Nachricht

Die `closing_signed`-Nachricht wird von jedem Kanalpartner gesendet, bis man sich auf die Gebühren geeinigt hat. Sie enthält die folgenden Felder:

- Typ: 39
- Felder:
  - `channel_id` : `channel_id`
  - `u64` : `fee_satoshis`
  - `signature` : `signature`

Kanalbetrieb

In diesem Abschnitt beschreiben wir kurz die Gruppe von Nachrichten, die den Nodes den Betrieb eines Kanals ermöglichen. Mit Betrieb meinen wir die Fähigkeit, Zahlungen über einen bestimmten Kanal zu senden, zu empfangen und weiterzuleiten.

Um Zahlungen über einen Kanal senden, empfangen und weiterleiten zu können, muss zuerst ein HTLC in beide Commitment-Transaktionen eingefügt werden, aus dem ein Kanal-Link besteht.

Die update_add_htlc-Nachricht

Die `update_add_htlc`-Nachricht erlaubt beiden Seiten, einen neuen HTLC in die Commitment-Transaktion der anderen Partei einzufügen.

- Typ: 128
- Felder:
  - `channel_id` : `channel_id`
  - `uint64` : `id`
  - `uint64` : `amount_msat`
  - `sha256` : `payment_hash`
  - `uint32` : `cltv_expiry`
  - `1366*byte` : `onion_routing_packet`

Das Senden dieser Nachricht ermöglicht einer Partei, eine neue Zahlung zu initiieren oder eine existierende Zahlung weiterzuleiten, die über einen eingehenden Kanal angekommen ist. Die Nachricht gibt die Höhe der Zahlung (`amount_msat`) an sowie den Zahlungshash, der die Zahlung freigibt. Die Weiterleitungsanweisungen für den nächsten Hop liegen Onion-verschlüsselt im `onion_routing_packet`-Feld vor. In Kapitel 10 behandeln wir das Onion-Routing-Protokoll ausführlich, das im Lightning-Netzwerk zur Weiterleitung von Multihop-HTLCs verwendet wird.

Beachten Sie, dass jeder gesendete HTLC eine automatisch inkrementierte ID nutzt, die von jeder Nachricht verwendet wird, die den HTLC modifiziert, um ihn innerhalb eines Kanals eindeutig identifizieren zu können.

Die update_fulfill_hltc-Nachricht

Die `update_fulfill_hltc`-Nachricht erlaubt die Einlösung (den Empfang) eines aktiven HTLC.

- Typ: 130
- Felder:
  - `channel_id` : `channel_id`
  - `uint64` : `id`
  - `32*byte` : `payment_preimage`

Diese Nachricht wird vom HTLC-Empfänger an den Sender geschickt, um einen aktiven HTLC einzulösen. Die Nachricht enthält die `id` des fraglichen HTLC ebenso wie das Preimage (das den HLTC freigibt).

Die update_fail_htlc-Nachricht

Die `update_fail_htlc`-Nachricht wird gesendet, um einen HTLC aus einer Commitment-Transaktion zu entfernen.

- Typ: 131
- Felder:
  - `channel_id` : `channel_id`
  - `uint64` : `id`
  - `uint16` : `len`
  - `len*byte` : `reason`

Die `update_fail_htlc`-Nachricht ist das Gegenstück zur `update_fulfill_hltc`-Nachricht, da sie dem Empfänger eines HTLC erlaubt, eben diesen HTLC zu entfernen. Die Nachricht wird üblicherweise gesendet, wenn ein HTLC nicht richtig weitergeleitet werden kann und an den Sender zurückgeschickt werden muss, um die HTLC-Kette aufzulösen. Wie in »Fehlermeldungen« auf Seite 287 erläutert, enthält die Nachricht eine *verschlüsselte* Fehlermeldung (`reason`), die dem Sender erlaubt, die Zahlungsroute einfach anzupassen oder die Zahlung zu beenden, falls der Fehler nichts anderes zulässt.

Die commitment_signed-Nachricht

Die `commitment_signed`-Nachricht wird verwendet, um die Erzeugung einer neuen Commitment-Transaktion zu besiegeln.

- Typ: 132
- Felder:
  - `channel_id` : `channel_id`
  - `sig` : `signature`
  - `uint16` : `num_htlcs`
  - `num_htlcs*sig` : `htlc_signature`

Zusätzlich zum Senden einer Signatur für die nächste Commitment-Transaktion muss der Sender dieser Nachricht auch eine Signatur für jeden HTLC senden, der in der Commitment-Transaktion enthalten ist.

Die revoke_and_ack-Nachricht

Die `revoke_and_ack`-Nachricht wird gesendet, um ein abgelaufenes Commitment zu widerrufen.

- Typ: 133
- Felder:
  - channel_id : channel_id
  - 32*byte : per_commitment_secret
  - pubkey : next_per_commitment_point

Da das Lightning-Netzwerk eine »Ersetzen-durch-Widerrufen«-Commitment-Transaktion verwendet, muss nach dem Empfang der commit_sig-Nachricht zuerst das letzte Commitment widerrufen werden, bevor die Partei ein neues empfangen kann. Beim Widerruf einer Commitment-Transaktion wird auch der nächste Commitment-Punkt übertragen, der der anderen Partei erlaubt, einen Commitment-Zustand zu senden.

Die update_fee-Nachricht

Die update_fee-Nachricht wird gesendet, um die Gebühr der aktuellen Commitment-Transaktionen zu aktualisieren.

- Typ: 134
- Felder:
  - channel_id : channel_id
  - uint32 : feerate_per_kw

Diese Nachricht kann nur vom Initiator des Kanals gesendet werden. Er ist derjenige, der die Commitment-Gebühr für den Kanal zahlt, solange er offen ist.

Die update_fail_malformed_htlc-Nachricht

Die update_fail_malformed_htlc-Nachricht wird gesendet, um einen beschädigten HTLC zu entfernen.

- Typ: 135
- Felder:
  - channel_id : channel_id
  - uint64 : id
  - sha256 : sha256_of_onion
  - uint16 : failure_code

Die Nachricht ähnelt der update_fail_htlc-Nachricht, wird in der Praxis aber nur selten genutzt. Wie vorhin erwähnt, enthält jeder HTLC ein Onion-verschlüsseltes Routing-Paket, das auch die Integrität eines Teils des HTLC sicherstellt. Empfängt eine Partei ein Onion-Paket, das auf seinem Weg irgendwie beschädigt wurde, kann das Paket nicht mehr korrekt entschlüsselt werden. Also kann auch der HTLC nicht korrekt weitergeleitet werden. Daher wird diese Nachricht gesendet, um anzuzeigen, dass der HTLC auf dem Weg zurück zum Sender irgendwie beschädigt wurde.

Kanalankündigung

Nachrichten dieser Kategorie werden genutzt, um die authentifizierten Datenstrukturen des Kanal-Graphen im Netzwerk zu verbreiten. Der Kanal-Graph hat eine Reihe einzigartiger Eigenschaften, da alle dem Kanal-Graphen hinzugefügten Daten mit der Bitcoin-Blockchain verankert sein müssen. Um also einen neuen Eintrag in den Kanal-Graphen eintragen zu können, muss es On-Chain eine entsprechende Transaktionsgebühr geben. Das dient dem Lightning-Netzwerk als natürlicher Spamschutz.

Die channel_announcement-Nachricht

Die `channel_announcement`-Nachricht wird verwendet, um dem Netzwerk einen neuen Kanal anzukündigen.

- Typ: 256
- Felder:
  - `sig` : `node_signature_1`
  - `sig` : `node_signature_2`
  - `sig` : `bitcoin_signature_1`
  - `sig` : `bitcoin_signature_2`
  - `uint16` : `len`
  - `len*byte` : `features`
  - `chain_hash` : `chain_hash`
  - `short_channel_id` : `short_channel_id`
  - `pubkey` : `node_id_1`
  - `pubkey` : `node_id_2`
  - `pubkey` : `bitcoin_key_1`
  - `pubkey` : `bitcoin_key_2`

Die Signaturen und öffentlichen Schlüssel in der Nachricht dienen der Erzeugung eines Nachweises (*proof*), dass der Kanal tatsächlich in der Bitcoin-Blockchain existiert. Wie wir in »Die kurze Kanal-ID« auf Seite 306 erläutern, wird jeder Kanal über einen Zeiger eindeutig identifiziert, der seine *Lage* innerhalb der Blockchain beschreibt. Dieser Zeiger ist die `short_channel_id` und passt in eine 64-Bit-Integer.

Die node_announcement-Nachricht

Die `node_announcement`-Nachricht erlaubt einer Node, seinen Knoten innerhalb des größeren Kanal-Graphen anzukündigen bzw. zu aktualisieren.

- Typ: 257
- Felder:
  - `sig` : `signature`
  - `uint64` : `flen`

- flen*byte : features
- uint32 : timestamp
- pubkey : node_id
- 3*byte : rgb_color
- 32*byte : alias
- uint16 : addrlen
- addrlen*byte : addresses

Beachten Sie, dass diese Nachricht ignoriert wird, wenn die Node keinen Kanal im Kanal-Graphen angekündigt hat. Das stellt sicher, dass das Einfügen eines Elements in den Kanal-Graphen einen On-Chain-Preis hat. In diesem Fall besteht der On-Chain-Preis aus den Kosten für das Erzeugen eines Kanals, mit dem die Node verbunden ist.

Neben der Bekanntgabe des Feature-Sets kann die Node in dieser Nachricht auch die Netzwerkadressen bekannt geben bzw. aktualisieren, über die sie zu erreichen ist.

Die channel_update-Nachricht

Die channel_update-Nachricht wird gesendet, um die Eigenschaften und Richtlinien einer aktiven Kanalkante innerhalb des Kanal-Graphen zu aktualisieren.

- Typ: 258
- Felder:
  - signature : signature
  - chain_hash : chain_hash
  - short_channel_id : short_channel_id
  - uint32 : timestamp
  - byte : message_flags
  - byte : channel_flags
  - uint16 : cltv_expiry_delta
  - uint64 : htlc_minimum_msat
  - uint32 : fee_base_msat
  - uint32 : fee_proportional_millionths
  - uint16 : htlc_maximum_msat

Neben der Möglichkeit, einen Kanal zu (de)aktivieren, kann eine Node über diese Nachricht auch die Routing-Gebühren und andere Felder aktualisieren, die die Art von Zahlungen beschreiben, die über diesen Kanal laufen können.

Die announce_signatures-Nachricht

Die announce_signatures-Nachricht wird von Kanal-Peers ausgetauscht, um den Satz von Signaturen aufzubauen, der zur Erzeugung einer channel_announcement-Nachricht benötigt wird.

- Typ: 259
- Felder:
  - channel_id : channel_id
  - short_channel_id : short_channel_id
  - sig : node_signature
  - sig : bitcoin_signature

Nachdem die funding_locked-Nachricht gesendet wurde und wenn beide Seiten ihren Kanal dem Netzwerk ankündigen wollen, senden sie einander die announce_signatures-Nachricht, die beiden Seiten erlaubt, die vier Signaturen einzufügen, die zur Generierung einer announce_signatures-Nachricht benötigt werden.

Kanal-Graph-Synchronisation

Nodes bauen ihre lokale Perspektive des Kanal-Graphen mit fünf Nachrichten auf: query_short_chan_ids, reply_short_chan_ids_end, query_channel_range, reply_channel_range und gossip_timestamp_range.

Die query_short_chan_ids Nachricht

Die query_short_chan_ids-Nachricht ermöglicht einem Peer, die Kanalinformationen abzurufen, die zu einer Reihe von Short-Channel-IDs gehören.

- Typ: 261
- Felder:
  - chain_hash : chain_hash
  - u16 : len
  - len*byte : encoded_short_ids
  - query_short_channel_ids_tlvs : tlvs

Wie Sie aus Kapitel 11 wissen, können diese Kanal-IDs eine Reihe dem Sender unbekannte oder veraltete Kanäle sein. Der Sender kann so die neuesten Informationen zu einer Reihe von Kanälen ermitteln.

Die reply_short_chan_ids_end-Nachricht

Die reply_short_chan_ids_end-Nachricht wird gesendet, wenn ein Peer nicht auf eine vorherige query_short_chan_ids-Nachricht antwortet.

- Typ: 262
- Felder:
  - chain_hash : chain_hash
  - byte : full_information

Die Nachricht signalisiert einer empfangenden Partei, dass sie nun eine weitere Query-Nachricht senden kann, wenn sie das möchte.

Die query_channel_range-Nachricht

Die query_channel_range-Nachricht ermöglicht einer Node, den Satz von Kanälen abzufragen, der innerhalb eines Blockbereichs geöffnet ist.

- Typ: 263
- Felder:
  - chain_hash : chain_hash
  - u32 : first_blocknum
  - u32 : number_of_blocks
  - query_channel_range_tlvs : tlvs

Da Kanäle über ihre kurze Kanal-ID repräsentiert werden, die die Lage des Kanals innerhalb der Kette angibt, kann eine Node im Netzwerk eine Blockhöhe als eine Art »Cursor« nutzen, um die Blockchain nach neu geöffneten Kanälen abzusuchen.

Die reply_channel_range-Nachricht

Die reply_channel_range-Nachricht ist die Antwort auf die query_channel_range-Nachricht und enthält einen Satz kurzer Kanal-IDs mit bekannten Kanälen innerhalb des Bereichs.

- Typ: 264
- Felder:
  - chain_hash : chain_hash
  - u32 : first_blocknum
  - u32 : number_of_blocks
  - byte : sync_complete
  - u16 : len
  - len*byte : encoded_short_ids
  - reply_channel_range_tlvs : tlvs

Als Antwort auf query_channel_range sendet diese Nachricht den Satz an Kanälen zurück, der innerhalb des Bereichs geöffnet wurde. Der Prozess kann wiederholt werden, indem der Anfordernde den Cursor in der Blockchain weiter nach unten bewegt, um die Synchronisation des Kanal-Graphen fortzusetzen.

Die gossip_timestamp_range-Nachricht

Die `gossip_timestamp_range`-Nachricht erlaubt einem Peer, mit dem Empfang neu eingehender Gossip-Nachrichten über das Netzwerk zu beginnen.

- Typ: 265
- Felder:
  - `chain_hash` : `chain_hash`
  - `u32` : `first_timestamp`
  - `u32` : `timestamp_range`

Sobald ein Peer den Kanal-Graphen synchronisiert hat, kann er diese Nachricht senden, wenn er in Echtzeit über Änderungen im Kanal-Graphen informiert werden will. Er kann auch die `first_timestamp`- und `timestamp_range`-Felder setzen, wenn er ältere Updates für die Zeit empfangen will, in der er nicht erreichbar war.

ANHANG D

Quellen und Lizenzinformationen

Dieser Anhang enthält Quellen und Lizenzinformationen zu Materialien, deren Nutzung durch offene Lizenzen ermöglicht wurde.

Quellen

Material aus verschiedenen öffentlichen und offen lizenzierten Quellen:

- ION Lightning Network Wiki (*https://wiki.ion.radar.tech*)
- »Lightning 101: What Is a Lightning Invoice?« by Suredbits (*https://medium.com/suredbits/lightning-101-what-is-a-lightning-invoice-d527db1a77e6*)
- Lightning Network In-Progress Specifications GitHub (*https://github.com/lightningnetwork/lightning/bolts*); Creative Commons Attribution (CC-BY 4.0)
- Wikipedia page, »Elliptic-curve Diffie–Hellman« (*https://w.wiki/4QCL*)
- Wikipedia page, »Digital signature« (*https://w.wiki/4QCX*)
- Wikipedia page, »Cryptographic hash function« (*https://w.wiki/4QCb*)
- Wikipedia page, »Onion routing« (*https://w.wiki/4QCc*)
- Wikimedia Commons, »Lightning Network Protocol Suite« (*https://w.wiki/4QCd*)
- Wikimedia Commons, »Introduction to the Lightning Network Protocol and the Basics of Lightning Technology« (*https://w.wiki/4QCf*)

BTCPay Server

BTCPay Server Logo, Screenshots und andere Bilder (*https://github.com/btcpayserver/btcpayserver-media*) mit Genehmigung unter MIT-Lizenz (*https://github.com/btcpayserver/btcpayserver-media/blob/master/LICENSE*):

> MIT License
>
> Copyright (c) 2018 BTCPay Server
>
> Permission is hereby granted, free of charge, to any person obtaining a copy of this software and associated documentation files (the »Software«), to deal in the Software without restriction, including without limitation the rights to use, copy, modify, merge, publish, distribute, sublicense, and/or sell copies of the Software, and to permit persons to whom the Software is furnished to do so, subject to the following conditions:
>
> The above copyright notice and this permission notice shall be included in all copies or substantial portions of the Software.
>
> THE SOFTWARE IS PROVIDED »AS IS,« WITHOUT WARRANTY OF ANY KIND, EXPRESS OR IMPLIED, INCLUDING BUT NOT LIMITED TO THE WARRANTIES OF MERCHANTABILITY, FITNESS FOR A PARTICULAR PURPOSE AND NONINFRINGEMENT. IN NO EVENT SHALL THE AUTHORS OR COPYRIGHT HOLDERS BE LIABLE FOR ANY CLAIM, DAMAGES OR OTHER LIABILITY, WHETHER IN AN ACTION OF CONTRACT, TORT OR OTHERWISE, ARISING FROM, OUT OF OR IN CONNECTION WITH THE SOFTWARE OR THE USE OR OTHER DEALINGS IN THE SOFTWARE.

Lamassu Industries AG

Bilder des *Gaia* Bitcoin-Automaten (*https://lamassu.is/product/gaia*) in Abbildung 2-3 mit Genehmigung der Lamassu Industries AG. Die Verwendung dieser Bilder stellt keine Unterstützung des Produkts oder des Unternehmens dar, sondern dient nur als Beispiel für einen Bitcoin-Automaten.

Glossar

Dieses Glossar erklärt viele Begriffe, die bei Bitcoin und dem Lightning-Netzwerk verwendet werden. Die Begriffe sind im gesamten Buch zu finden, und Sie können sie hier schnell nachschlagen.

Adresse
: Bitcoin-Adressen codieren die zum Bezahlen des Empfängers benötigten Informationen in kompakter Form. Eine moderne Adresse besteht aus Buchstaben und Zahlen und beginnt mit `bc1`, z.B. `bc1qw508d6qejxtdg4y5r3zarvary0c5xw7kv8f3t4`. Eine Adresse ist ein Kürzel für das Locking-Skript eines Empfängers und kann vom Sender genutzt werden, um dem Empfänger Mittel zu überweisen. Die meisten Adressen repräsentieren den öffentlichen Schlüssel des Empfängers oder irgendeine Form von Skript, das etwas komplexere Auszahlungsbedingungen definiert. Das obige Beispiel ist eine bech32-Adresse, die ein Witness-Programm codiert, das Mittel an den Hash eines öffentlichen Schlüssels bindet (siehe *Pay-to-Witness-Public-Key-Hash*). Es gibt auch ältere Adressformate, die mit 1 oder 3 beginnen und die Base58Check-Adresscodierung nutzen, um Public-Key- oder Skript-Hashes zu repräsentieren.

Asymmetrisches kryptografisches System
: Die asymmetrische Kryptografie, auch Public-Key-Kryptografie, ist ein kryptografisches System, das mit Schlüsselpaaren arbeitet: öffentliche Schlüssel (Public Keys), die weitergegeben werden dürfen, und private Schlüssel (Private Keys), die nur dem Besitzer bekannt sind. Zur Generierung solcher Schlüssel werden kryptografische Algorithmen verwendet, die mathematische Probleme ausnutzen, um Funktionen zu erzeugen, die in einer Richtung einfach zu lösen sind, deren Umkehrung aber sehr schwierig ist. Die effektive Sicherheit verlangt nur, dass die privaten Schlüssel geheim bleiben. Der öffentliche Schlüssel kann großzügig verteilt werden, ohne die Sicherheit zu gefährden.

Autopilot
: Ein Autopilot ist ein Empfehlungssystem für Lightning-Nodes, das Statistiken der Topologie des Lightning-Netzwerks nutzt, um Empfehlungen dazu zu geben, mit welchen Nodes Kanäle geöffnet werden sollen. Je nach Implementie-

rung des Autopiloten werden auch Kanalkapazitäten empfohlen. Ein Autopilot ist nicht Teil des LN-Protokolls.

bech32
: Ein generisches, Prüfsummen nutzendes, base32-codiertes Format mit hoher Fehlererkennungsrate. bech32 wurde ursprünglich als Adressformat für native SegWit-Outputs entwickelt (BIP-173), wird aber auch zur Codierung von Lightning-Rechnungen eingesetzt (BOLT #11). Native Outputs der SegWit-Version 0 (P2WPKH und P2WSH) verwenden bech32, während höhere native SegWit-Output-Versionen (z.B. Pay-to-Taproot oder P2TR) die verbesserte Variante bech32m (BIP-350) nutzen. bech32m-Adressen werden aufgrund ihres Präfixes manchmal »bc1«-Adressen genannt. Native SegWit-Outputs nutzen den Platz im Block effizienter als ältere Adressen und können daher die Gebühren für den Besitzer der Adresse verringern.

Bestätigungen
: Sobald eine Transaktion in einen Block aufgenommen wird, hat sie eine Bestätigung. Sobald der nächste Block geschürft ist, erhält die Transaktion die nächste Bestätigung und so weiter. Sechs oder mehr Transaktionen gelten als sicherer Nachweis, dass die Transaktion nicht mehr rückgängig gemacht werden kann.

Bitcoin
: Der Name der Währungseinheit (des Coins), des Netzwerks und des zugrunde liegenden Protokolls.

Bitcoin Improvement Proposal (BIP)
: Eine Reihe von Vorschlägen/Anträgen, die die Mitglieder der Bitcoin-Community eingereicht haben, um Bitcoin zu verbessern. Zum Beispiel ist BIP-21 ein Vorschlag zur Verbesserung des Bitcoin-URI-Schemas (Uniform Resource Identifier). BIPs finden Sie auf GitHub (*https://github.com/bitcoin/bips*).

Bitcoin-Mining
: Die Konstruktion eines Blocks mit den jüngsten Bitcoin-Transaktionen und dem Lösen des für den Proof of Work verlangten mathematischen Problems. Dabei wird das öffentliche Kassenbuch (die Bitcoin-Blockchain) aktualisiert, und neue Transaktionen werden in das Kassenbuch aufgenommen. Dabei werden auch neue Bitcoins erzeugt, die dem erfolgreichen Bitcoin-Miner in der coinbase-Transaktion des erzeugten Blocks gutgeschrieben werden.

Block
: Eine Datenstruktur der Bitcoin-Blockchain, bestehend aus dem Header und einem Body aus Bitcoin-Transaktionen. Der Block ist mit einem Zeitstempel markiert und mit seinem Vorgängerblock (Parent) verknüpft. Durch Hashing des Block-Headers erhält man den Proof of Work, der die Blockchain probabilistisch unveränderlich macht. Blöcke müssen den Konsensregeln des Netzwerks entsprechen, um in die Blockchain aufgenommen werden zu können. Wird ein Block an die Blockchain angehängt, ist das gleichzeitig die erste Bestätigung für die darin enthaltenen Blöcke.

Blockchain
Ein verteiltes »Logbuch« oder eine Datenbank aller Bitcoin-Transaktionen. Transaktionen werden zu Gruppen von Blöcken zusammengefasst, die auf vier Millionen Einheiten beschränkt sind. Blöcke werden über einen stochastischen Prozess namens Mining ungefähr alle zehn Minuten erzeugt. Jeder Block enthält einen rechnerisch intensiven Proof of Work. Dieser »Arbeitsnachweis« reguliert das Blockintervall und schützt die Blockchain vor Angriffen, die die Geschichte neu schreiben wollen: Ein Angreifer müsste den existierenden Proof of Work neu berechnen, um bereits veröffentlichte Blöcke zu ersetzen. Das macht jeden Block wahrscheinlichkeitstheoretisch unveränderlicher, während er unter anderen Blöcken begraben wird.

BOLT
»Basis of Lightning Technology« ist die formale Spezifikation des Lightning-Netzwerks. Im Gegensatz zu Bitcoin, bei dem die Referenzimplementierung gleichzeitig als Protokollspezifikation dient, folgen die verschiedenen LN-Implementierungen den BOLTs, damit sie zusammen das Netzwerk bilden können. Auch die BOLTs sind auf GitHub (*https://github.com/lightning/bolts*) verfügbar.

c-lightning
Implementierung des LN-Protokolls der Firma Blockstream (*https://blockstream.com*). Geschrieben in C. Quellcode auf GitHub (*https://github.com/ElementsProject/lightning*).

Closing-Transaktion
Stimmen beide Kanalpartner dem Schließen des Kanals zu, erzeugen sie eine Abrechnungstransaktion, die die jüngste Commitment-Transaktion widerspiegelt. Nachdem die Signaturen für die Closing-Transaktion ausgetauscht wurden, sind keine weiteren Kanal-Updates mehr erlaubt. Das einvernehmliche Schließen eines Kanals mithilfe einer Closing-Transaktion hat den Vorteil, dass weniger Blockchain-Transaktionen nötig sind, um alle Mittel einzulösen (im Gegensatz zu einem einseitigen, erzwungenen Schließen des Kanals durch die Veröffentlichung einer Commitment-Transaktion). Darüber hinaus können beide Parteien direkt über die Mittel der Closing-Transaktion verfügen.

CLTV
Akronym/Abkürzung für den Bitcoin-Skript-Operator `OP_CHECKLOCKTIMEVERIFY`. Definiert die absolute Blockhöhe, ab der ein Output eingelöst werden kann. Die Atomizität des Routing-Prozesses hängt stark von den CLTV-Werten in HTLCs ab. Routing-Nodes geben über das Gossip-Protokoll die von ihnen erwarteten CLTV-Deltas für ein- und ausgebende HTLCs bekannt.

Codierung
Konvertierung einer Nachricht in eine andere Form, z. B. die Umwandlung einer Zahl von dezimal in hexadezimal.

coinbase
: Ein spezielles Feld, das als Input für coinbase-Transaktionen verwendet wird. Die coinbase erlaubt bis zu 100 Byte beliebiger Daten, muss seit BIP-34 aber zuerst die aktuelle Blockhöhe angeben, um sicherzustellen, dass coinbase-Transaktionen einmalig sind. Nicht zu verwechseln mit der *coinbase-Transaktion*.

coinbase-Transaktion
: Die erste Transaktion eines Blocks. Sie wird immer von einem Miner erzeugt und enthält eine einzelne coinbase. Die coinbase-Transaktion kann die Belohnung beanspruchen und sie einem oder mehreren Outputs zuordnen. Die Belohnung besteht aus der Blocksubvention (neu generierte Bitcoins) und der Summe aller Gebühren der im Block enthaltenen Transaktionen. Coinbase-Outputs können erst nach 100 weiteren Blöcken eingelöst werden. Enthält ein Block SegWit-Transaktionen, muss die coinbase-Transaktion ein Commitment auf die Witness-Transaktions-IDs als zusätzlichen Output enthalten.

Cold Storage
: Das Offlinespeichern von Bitcoins. Cold Storage erreicht man durch die Erzeugung privater Schlüssel und deren Offlinespeicherung in einer sicheren Umgebung. Cold Storage ist für jeden wichtig, der Bitcoins hält. Ist Ihr Computer online, ist er für Hackerangriffe anfällig. Er sollte deshalb nicht zur Speicherung signifikanter Bitcoin-Mengen genutzt werden.

Commitment-Transaktion
: Eine von beiden Kanalpartnern signierte Bitcoin-Transaktion, die das aktuelle Guthaben eines Kanals angibt. Bei jeder neuen oder weitergeleiteten Zahlung wird das Kanalguthaben aktualisiert und eine Commitment-Transaktion von beiden Parteien signiert. Bei einem Kanal zwischen Alice und Bob halten beide eine eigene Version der Commitment-Transaktion vor, die auch von der Gegenpartei signiert ist. Der Kanal kann zu jeder Zeit von Alice oder Bob geschlossen werden, indem sie ihre Commitment-Transaktion auf der Bitcoin-Blockchain veröffentlichen. Das Veröffentlichen einer alten (überholten) Commitment-Transaktion wird im Lightning-Protokoll als *Betrug* (d. h. als Bruch des Protokolls) angesehen und kann durch die Gegenpartei sanktioniert werden, indem sie über eine Sanktionstransaktion das gesamte Kanalguthaben für sich beansprucht.

Diffie-Hellman Key Exchange (DHKE)
: Im Lightning-Netzwerk wird die ECDH-Methode (Elliptic Curve Diffie-Hellman) genutzt. Dieses Protokoll zur anonymen Schlüsselvereinbarung erlaubt beiden Parteien, die jeweils ein öffentliches/privates Schlüsselpaar einer elliptischen Kurve besitzen, ein gemeinsames Secret über einen unsicheren Kommunikationskanal zu vereinbaren. Das Secret kann direkt als Schlüssel genutzt oder zur Ableitung anderer Schlüssel verwendet werden. Der Schlüssel oder der abgeleitete Schlüssel kann dann zur Verschlüsselung der nachfolgenden Kommunikation über eine Chiffre mit symmetrischem Schlüssel verwen-

det werden. Ein Beispiel für einen abgeleiteten Schlüssel ist das Shared Secret zwischen dem kurzlebigen Session-Schlüssel des Senders eines Onions und dem Public Key der Node eines Hops des Onions, wie er im SPHINX-Mix-Format beschrieben und genutzt wird.

Digitale Signatur
: Ein mathematisches System zur Verifikation der Authentizität und Integrität digitaler Nachrichten oder Dokumente. Kann als kryptografische Bestätigung betrachtet werden, bei der die Nachricht nicht verschleiert wird.

Double-Spending
: Double-Spending bedeutet, Geld erfolgreich zweimal ausgeben zu können. Bitcoin schützt sich vor Double-Spending, indem es jede Transaktion verifiziert, die in die Blockchain aufgenommen wird. Dabei wird sichergestellt, dass die Inputs der Transaktion nicht bereits eingelöst wurden.

Eclair
: Implementierung des LN-Protokolls der Firma ACINQ (*https://acinq.co*). Geschrieben in Scala. Quellcode auf GitHub (*https://github.com/ACINQ/eclair*).

Electrum-Server
: Eine Bitcoin-Node mit einem zusätzlichen Interface (API). Wird häufig von Bitcoin-Wallets benötigt, die keine eigene Full Node betreiben. Diese Wallets prüfen zum Beispiel den Status bestimmter Transaktionen oder veröffentlichen Transaktionen in den mempool über APIs des Electrum-Servers. Einige Lightning-Wallets nutzen ebenfalls Electrum-Server.

Elliptic Curve Digital Signature Algorithm (ECDSA)
: »Elliptic Curve Digital Signature Algorithm«, kurz ECDSA, ist ein kryptografischer Algorithmus, über den Bitcoin sicherstellt, dass die Mittel nur von ihren rechtmäßigen Besitzern ausgegeben werden können.

Feature-Bits
: Ein Binärstring, der von Lightning-Nodes verwendet wird, um die unterstützten Features zu kommunizieren. Feature-Bits sind in vielen Lightning-Nachrichten und in BOLT #11 enthalten. Sie können mit BOLT #9 decodiert werden und teilen den Nodes mit, welche Features bei der Node aktiviert sind und ob diese rückwärtskompatibel sind. Auch Feature-Flags genannt.

Funding-Transaktion
: Wird zum Öffnen eines Zahlungskanals verwendet. Der Wert der Funding-Transaktion (in Bitcoin) entspricht genau der Kapazität des Zahlungskanals. Der Output der Funding-Transaktion ist ein 2-von-2-Multisignaturskript (Multisig), bei dem jeder Kanalpartner einen Schlüssel kontrolliert. Aufgrund des Multisig können die Mittel nur einvernehmlich von beiden Kanalpartnern eingelöst werden. Wird letztlich durch eine der Commitment-Transaktionen oder eine Closing-Transaktion eingelöst.

Gebühren
Im Lightning-Netzwerk erheben Nodes Gebühren für die Weiterleitung von Zahlungen anderer Nutzer. Einzelne Nodes können die Gebühren individuell festlegen. Sie bestehen aus einem festen Grundbetrag (`base_fee`) und einem variablen Gebührensatz (`fee_rate`), der von der Höhe der Zahlung abhängt. Bei Bitcoin zahlt der Sender einer Zahlung eine Transaktionsgebühr an die Miner, damit die Transaktion in einen Block aufgenommen wird. Transaktionsgebühren bei Bitcoin enthalten keine Grundgebühr, sondern hängen direkt von der Größe der Zahlung ab, nicht aber von deren Höhe.

Geheimer/privater Schlüssel (Secret/Private Key)
Die geheime Zahl, die die Bitcoins freigibt, die an eine Adresse gesendet wurden, z.B. `5J76sF8L5jTtzE96r66Sf8cka9y44wdpJjMwCxR3tzLh3ibVPxh`.

Globale Features (`globalfeatures`-Feld)
Die globalen Features einer Lightning-Node sind für alle anderen Nodes von Interesse. Meist geht es um die Unterstützung von Routing-Formaten. Sie werden in der `init`-Nachricht des Peer-Protokolls bekannt gegeben sowie in den `channel_announcement`- und `node_announcement`-Nachrichten des Gossip-Protokolls.

Gossip-Protokoll
LN-Nodes senden und empfangen Informationen zur Topologie des Lightning-Netzwerks über Gossip-Nachrichten, die zwischen den Peers ausgetauscht werden. Das Gossip-Protokoll wird hauptsächlich in BOLT #7 definiert und legt das Format der `node_announcement`-, `channel_announcement`- und `channel_update`-Nachrichten fest. Um Spam zu verhindern, werden Node-Ankündigungen nur weitergeleitet, wenn die Node bereits einen Kanal besitzt, und Kanalankündigungen werden nur weitergeleitet, wenn die Funding-Transaktion des Kanals im Bitcoin-Netzwerk bestätigt wurde. Üblicherweise verbinden sich Lightning-Nodes mit ihren Kanalpartnern, können die Verbindung aber auch mit jeder anderen Node herstellen, um Gossip-Nachrichten auszutauschen.

Guthaben
Das Guthaben eines Zahlungskanals ist die Summe der Bitcoins der einzelnen Kanalpartner. Zum Beispiel kann Alice einen Kanal mit Bob im Wert von 1 BTC öffnen. Das Kanalguthaben ist 1 BTC für Alice und 0 BTC für Bob. Während die Nutzer den Kanal verwenden, werden die Kanalguthaben aktualisiert. Sendet Alice beispielsweise 0,2 BTC an Bob, beträgt das Guthaben 0,8 BTC für Alice und 0,2 BTC für Bob. Wird der Kanal geschlossen, werden die Bitcoins entsprechend den letzten Guthaben aufgeteilt, die in einer Commitment-Transaktion festgehalten wurden. Im Lightning-Netzwerk ist die Fähigkeit zum Senden und Empfangen von Zahlungen durch das Kanalguthaben beschränkt. Siehe *Kapazität*.

Hardware-Wallet
Eine Hardware-Wallet ist eine spezielle Bitcoin-Wallet, die die privaten Schlüssel des Nutzers auf einer sicheren Hardware speichert. Während dieses Buch

geschrieben wird, gibt es für LN-Nodes keine Hardware-Wallets, weil die bei Lightning verwendeten Schlüssel online sein müssen, um am Protokoll teilnehmen zu können.

Hash
: Digitaler Fingerabdruck (fester Länge) eines beliebig langen binären Inputs. Auch *Digest* genannt.

Hash-based Message Authentication Code (HMAC)
: Algorithmus zur Verifikation der Integrität und Authentizität einer Nachricht, basierend auf einer Hashfunktion und einem kryptografischen Schlüssel. Wird beim Onion-Routing genutzt, um die Integrität eines Pakets an jedem Hop sicherzustellen, sowie in der Variante des Noise-Protokolls, die zur Nachrichtenverschlüsselung verwendet wird.

Hash Time-Locked Contract (HTLC)
: Eine Klasse von Hashlocks und Timelocks nutzenden Zahlungen, bei denen der Empfänger einer Zahlung diese vor einer festgelegten Frist durch eine kryptografische Zahlungsbestätigung bescheinigt. Andernfalls kann die Zahlung nicht mehr an ihn überwiesen werden, und der Betrag geht an den Zahlungspflichtigen zurück. Im Lightning-Netzwerk sind HTLCs Outputs der Commitment-Transaktion eines Zahlungskanals und ermöglichen das vertrauensfreie Routing von Zahlungen.

Hashfunktion
: Ein mathematischer Algorithmus, der Daten beliebiger Länge auf einen Bitstring fester Länge (den Hash) abbildet. Ist als Einwegfunktion entworfen, d.h., eine Umkehrfunktion zu finden, ist unmöglich. Die einzige Möglichkeit, die Eingabedaten einer idealen kryptografischen Hashfunktion wiederherzustellen, ist eine Brute-Force-Suche über mögliche Eingaben.

Hashlock
: Ein Bitcoin-Skript mit einer Bedingung, die das Einlösen eines Outputs verhindert, bis bestimmte Daten offengelegt werden. Hashlocks haben die nützliche Eigenschaft, dass, wenn sie durch Einlösen offengelegt werden, auch alle anderen Hashlocks mit dem gleichen Schlüssel eingelöst werden können. Auf diese Weise lassen sich mehrere Outputs erzeugen, die den gleichen Hashlock enthalten und gleichzeitig eingelöst werden können.

Just-In-Time-Routing (JIT)
: Eine Alternative zum quellbasierten Routing, die erstmals von Koautor René Pickhardt vorgeschlagen wurde. Beim JIT-Routing können Nodes entlang des Pfads eine Zahlung unterbrechen, um ihre Kanäle wieder auszugleichen, bevor die Zahlung weitergeleitet wird. Das erlaubt die erfolgreiche Weiterleitung von Zahlungen, die andernfalls aufgrund fehlender ausgehender Kapazität fehlschlagen würden.

Kapazität
: Die Kapazität eines Zahlungskanals entspricht der Höhe an Bitcoins, die mit der Funding-Transaktion eingezahlt wurde. Weil die Funding-Transaktion

auf der Blockchain öffentlich einsehbar ist und der Kanal über das Gossip-Protokoll angekündigt wird, ist die Kapazität allgemein bekannt. Es gibt keine Informationen darüber preis, welches Guthaben die jeweiligen Kanalpartner besitzen. Eine hohe Kapazität ist keine Garantie dafür, dass der Kanal für das Routing in beide Richtungen verwendet werden kann.

Kontrakt
: Eine Reihe von Bitcoin-Transaktionen, die zusammen ein gewünschtes Verhalten ergeben. Beispiele sind RSMCs zum Aufbau vertrauensfreier, bidirektionaler Zahlungskanäle und HTLCs als Mechanismus zur vertrauensfreien Weiterleitung von Zahlungen über Drittparteien.

Kurze Kanal-ID (Short Channel ID, scid)
: Sobald ein Kanal steht, wird der Index der Funding-Transaktion in der Blockchain als kurze Kanal-ID genutzt, die den Kanal eindeutig identifiziert. Die kurze Kanal-ID besteht aus drei Zahlen, die zu acht Bytes zusammengefasst werden. In ihrer serialisierten Form werden diese drei Dezimalzahlen durch den Buchstaben x getrennt (z.B. `600123x01x00`). Die erste Zahl (4 Bytes) ist die Blockhöhe. Die zweite Zahl (2 Bytes) ist der Index der Funding-Transaktion innerhalb des Blocks. Die letzte Zahl (2 Bytes) ist der Transaktions-Output.

Kurzlebiger Schlüssel
: Nur kurze Zeit genutzte Schlüssel, die nach ihrem Einsatz verworfen werden. Werden oft innerhalb einer Session aus einem langlebigen Schlüssel abgeleitet. Kurzlebige Schlüssel werden hauptsächlich im SPHINX-Mix-Format und beim Onion-Routing im Lightning-Netzwerk genutzt. Das erhöht die Sicherheit der übertragenen Nachrichten und Zahlungen. Selbst wenn ein kurzlebiger Schlüssel offengelegt wird, betrifft das nur eine einzige Session.

Lightning-Nachricht
: Ein verschlüsselter Datenstring, der zwischen den Peers des Lightning-Netzwerks gesendet werden kann. Wie bei anderen Kommunikationsprotokollen bestehen Lightning-Nachrichten aus einem Header und dem Body, die jeweils einen eigenen HMAC besitzen. Lightning-Nachrichten sind der wesentliche Baustein der Nachrichtenschicht.

Lightning-Netzwerk, Lightning-Netzwerk-Protokoll, Lightning-Protokoll
: Ein auf Bitcoin (oder anderen Kryptowährungen) aufsetzendes Protokoll. Baut ein Netzwerk von Zahlungskanälen auf, das die vertrauensfreie Weiterleitung von Zahlungen mithilfe von HTLCs und Onion-Routing ermöglicht. Weitere Komponenten des Lightning-Netzwerks sind das Gossip-Protokoll, die Transportschicht und Zahlungsanforderungen.

Lightning-Netzwerk-Protokoll-Suite
: Die Lightning-Netzwerk-Protokoll-Suite besteht aus fünf Schichten, die für die verschiedenen Teile des Protokolls verantwortlich sind. Von unten (der ersten Schicht) nach oben (der fünften Schicht) sind das die Verbindungsschicht, die Messaging-Schicht, die Peer-to-Peer-Schicht, die Routing-Schicht

und die Zahlungsschicht. Verschiedene BOLTs definieren Teile einer oder mehrerer Schichten.

Lightning-Netzwerk-Node, Lightning-Node
Ein über das Lightning-Peer-to-Peer-Protokoll am Lightning-Netzwerk teilnehmender Computer. Lightning-Nodes können Kanäle mit anderen Nodes öffnen, Zahlungen senden und empfangen und Zahlungen von anderen Nutzern weiterleiten. Typischerweise betreibt ein Lightning-Node-Nutzer auch eine Bitcoin-Node.

lnd
Implementierung des LN-Protokolls der Firma Lightning Labs (*https://lightning.engineering*). Geschrieben in Go. Quellcode auf GitHub (*https://github.com/lightningnetwork/lnd*).

Locktime
Die Locktime, oder etwas technischer nLockTime, ist der Teil einer Bitcoin-Transaktion, die den frühesten Zeitpunkt oder den frühesten Block festlegt, zu dem diese Transaktion in die Blockchain eingefügt werden kann.

Lokale Features (Feld: `localfeatures`*)*
Die konfigurierbaren Features einer LN-Node, die für dessen Peers von direktem Interesse sind. Sie werden in der `init`-Nachricht des Peer-Protokolls, aber auch in den `channel_announcement`- und `node_announcement`-Nachrichten des Gossip-Protokolls angemeldet.

Messaging-Schicht
Die Messaging-Schicht baut in der Lightning-Netzwerk-Protokoll-Suite auf der Verbindungsschicht auf. Sie sorgt für die verschlüsselte und sichere Kommunikation und den Austausch von Informationen über das gewählte Protokoll der Verbindungsschicht. Die Messaging-Schicht definiert das Framing und das Format von Lightning-Nachrichten wie in BOLT #1 beschrieben. Die in BOLT #9 definierten Feature-Bits sind ebenfalls Teil dieser Schicht.

Millisatoshi
Die kleinste Rechnungseinheit im Lightning-Netzwerk. Ein Millisatoshi entspricht 100 Milliardstel eines Bitcoin. Ein Millisatoshi ist ein Tausendstelsatoshi. Millisatoshi existieren im Bitcoin-Netzwerk nicht und können dementsprechend auch nicht abgerechnet werden.

Multipart-Zahlungen (Multipart Payments, MPP)
Multipart-Zahlungen werden auch Multipfadzahlungen (engl. *Multipath Payments*) genannt und sind eine Methode, Zahlungen in kleinere Beträge aufzuteilen und über einen oder mehrere Pfade zu übertragen. Da MPPs mehrere (oder alle) Teile über einen einzigen Pfad senden können, ist der Begriff Multipart-Zahlung etwas genauer als die Multipfadzahlung. In der Informatik werden Multipart-Zahlungen als Netzwerkdurchfluss modelliert.

Multisignatur

Multisignatur (Multisig) steht für ein Skript, das mehr als eine Signatur verlangt, um die Einlösung zu autorisieren. Zahlungskanäle sind immer als Multisig-Adressen codiert, die eine Signatur von beiden Partnern des Zahlungskanals verlangen. Der Standardfall eines Zahlungskanals zwischen zwei Parteien nutzt eine 2-von-2-Multisig-Adresse.

Netzwerkkapazität

Die LN-Kapazität ist die Gesamtmenge an Bitcoins, die im Lightning-Netzwerk gebunden ist und zirkuliert. Sie ist die Summe der Kapazitäten aller öffentlichen Kanäle. Zu einem gewissen Grad spiegelt sie die Nutzung des Lightning-Netzwerks wider, da wir davon ausgehen, dass die Menschen Bitcoins in Zahlungskanälen binden, um sie auszugeben oder andere Zahlungen weiterzuleiten. Je höher also die Menge der Bitcoins in Lightning-Kanälen ist, desto mehr wird das Lightning-Netzwerk genutzt. Da nur die Kapazität öffentlicher Kanäle beobachtet werden kann, ist die tatsächliche Netzwerkkapazität unbekannt. Weil die Kanalkapazität eine unbeschränkte Zahl von Zahlungen hin- und herüberweisen kann, ist die Netzwerkkapazität kein Maß für die Werte, die im Lightning-Netzwerk übertragen werden.

Node

Siehe *Lightning-Netzwerk-Node*.

Noise_XK

Das Template des Noise-Protocol-Frameworks zum Aufbau eines authentifizierten und verschlüsselten Kommunikationskanals zwischen zwei Peers des Lightning-Netzwerks. X bedeutet, dass der öffentliche Schlüssel des Initiators der Verbindung nicht bekannt sein muss, und K bedeutet, dass der öffentliche Schlüssel des Empfängers bekannt sein muss.

Onion-Routing

Eine Technik zur anonymen Kommunikation über ein Computernetzwerk. Im Onion-Netzwerk werden Nachrichten wie bei einer Zwiebel (engl. *Onion*) in verschlüsselten Schichten gekapselt. Die verschlüsselten Daten werden über eine Reihe von Netzwerk-Nodes, den sogenannten Onion-Routern, übertragen. Jeder Router »schält« eine Schicht ab, um das nächste Ziel der Daten zu bestimmen. Wird die letzte Schicht entschlüsselt, hat die Nachricht ihr Ziel erreicht. Der Sender bleibt anonym, weil die Intermediäre nur den unmittelbaren Vorgänger und den direkten Nachfolger kennen.

Output

Das Ergebnis einer Bitcoin-Transaktion, auch Unspent Transaction Output, kurz UTXO, genannt. Ein Output ist ein unteilbarer Bitcoin-Betrag, der eingelöst werden kann, oder auch ein Skript, das die zu erfüllenden Regeln definiert, mit denen die Bitcoins eingelöst werden können. Jede Bitcoin-Transaktion konsumiert Outputs älterer Transaktionen und erzeugt neue Outputs, die in späteren Transaktionen eingelöst werden können. Ein typischer Bitcoin-Output benötigt eine Signatur, um eingelöst werden zu können, es kann aber auch das Einhalten komplexerer Skripte notwendig sein. Zum Beispiel verlangt ein Multisignaturskript, dass zwei oder mehr Berechtigte signieren, bevor der Output eingelöst werden kann, was ein fundamentaler Grundbaustein des Lightning-Netzwerks ist.

P2SH-Adresse
: Base58Check-Codierung des 20-Byte-Hashs eines Skripts. P2SH-Adressen beginnen mit »3«. Sie verstecken die gesamte Komplexität, d.h., eine Zahlung vornehmende Personen bekommen das Skript nicht zu sehen.

P2TR-Adresse
: Das Taproot-Adressformat (SegWit v1) ist eine bech32m-codierte Adresse und beginnt mit `bc1p`.

P2WPKH-Adresse
: Das »native SegWit v0«-Adressformat. P2WPKH-Adressen sind bech32-codiert und beginnen mit `bc1q`.

P2WSH-Adresse
: Das »native SegWit v0«-Skript-Adressformat. P2WSH-Adressen sind bech32-codiert und beginnen mit `bc1q`.

Pay-to-Public-Key-Hash (P2PKH)
: Ein Output, der Bitcoins an den Hash eines öffentlichen Schlüssels bindet. Ein per P2PKH-Skript gesperrter Output kann nur entsperrt (eingelöst) werden, wenn ein öffentlicher Schlüssel präsentiert wird, der zu einem Hash und einer digitalen Signatur passt, die mit dem dazugehörigen privaten Schlüssel erzeugt wurde.

Pay-to-Script-Hash (P2SH)
: Vielseitiger Output-Typ, der die Nutzung komplexer Bitcoin-Skripte ermöglicht. Bei P2SH ist das komplexe Skript (Redeem-Skript), das die Regeln für die Einlösung des Outputs festlegt, nicht im Locking-Skript enthalten. Vielmehr wird der Wert an den Hash eines Skripts gebunden, das vorgelegt und erfüllt werden muss, um den Output einlösen zu können.

Pay-to-Taproot (P2TR)
: Taproot ist ein neuer Output-Typ, der Bitcoin an einen Baum von Einlösebedingungen oder eine einzelne Kernbedingung bindet.

Pay-to-Witness-Public-Key-Hash (P2WPKH)
: P2WPKH ist das SegWit-Gegenstück zu P2PKH. Die Signatur für das Einlösen eines P2WPKH-Outputs steht im Witness-Baum und nicht im ScriptSig-Feld. Siehe *SegWit*.

Pay-to-Witness-Script-Hash (P2WSH)
: P2WSH ist das SegWit-Gegenstück zu P2SH. Die Signatur und das Skript für das Einlösen eines P2WSH-Outputs stehen im Witness-Baum und nicht im ScriptSig-Feld. Siehe *SegWit*.

Peer
Die Teilnehmer an einem Peer-to-Peer-Netzwerk. Im Lightning-Netzwerk stellen die Peers verschlüsselte, authentifizierte Verbindungen über TCP-Sockets, IP oder Tor her.

Peer-to-Peer-Schicht
Die dritte Schicht der Lightning-Netzwerk Protokoll-Suite, die auf der Messaging-Schicht aufgesetzt. Definiert Syntax und Semantik der Informationen, die über Lightning-Nachrichten zwischen den Peers ausgetauscht werden. Besteht aus Steuerungsnachrichten (BOLT #9), Nachrichten zum Aufbau/Betrieb von Kanälen und Abschlussnachrichten (BOLT #2) sowie Gossip- und Routing-Nachrichten (BOLT #7).

Point Time-Locked Contract (PTLC)
Ein Bitcoin-Skript, das die bedingte Einlösung durch Vorlage eines Secrets oder nach Erreichen einer bestimmten Blockhöhe erlaubt (ähnlich einem HTLC). Im Gegensatz zu einem HTLC sind PTLCs nicht von einem Preimage abhängig, sondern von einem privaten Schlüssel, der durch einen Punkt auf einer elliptischen Kurve bestimmt wird. Die Sicherheitsannahme basiert also auf einem diskreten Logarithmus.

Preimage
Im Kontext der Kryptografie und insbesondere des Lightning-Netzwerks ist das Preimage die Eingabe für eine Hashfunktion, die einen bestimmten Hash erzeugt. Es ist nicht möglich, dieses Preimage aus dem Hash zu berechnen (Hashfunktionen funktionieren nur in eine Richtung). Durch die Wahl eines geheimen, zufälligen Werts als Preimage und die Berechnung seines Hashs bestätigen wir dieses Preimage und decken es später auf. Jeder kann prüfen, dass das offengelegte Preimage den richtigen Hash erzeugt.

Privater Kanal
Ein dem Rest des Netzwerks nicht bekannt gemachter Kanal. Technisch ist »privat« unzutreffend, weil die Kanäle über Routing-Hints und Commitment-Transaktionen identifiziert werden können. Man würde sie besser »unangekündigte« Kanäle nennen. Bei einem unangekündigten Kanal können die Kanalpartner wie gewohnt Zahlungen untereinander senden und empfangen. Dem Rest des Netzwerks ist der Kanal aber nicht bekannt und kann daher auch nicht einfach zum Routing von Zahlungen genutzt werden. Da die Anzahl und Kapazität privater Kanäle unbekannt ist, spiegelt die Gesamtzahl öffentlicher Kanäle und Kapazitäten nur einen Teil des gesamten Lightning-Netzwerks wider.

Proof of Work (PoW)
Ein Stück Daten, dessen Auffinden einen beträchtlichen rechnerischen Aufwand verlangt. Beim Bitcoin müssen Miner eine numerische Lösung für den SHA256-Algorithmus finden, die eine netzwerkweite Zielvorgabe, das sogenannte Difficulty Target, erfüllt. Siehe *Bitcoin-Mining* für weitere Informationen.

Quellbasiertes Routing
: Im Lightning-Netzwerk bestimmt der Sender einer Zahlung, welche Route die Zahlung nimmt. Dadurch sinkt zwar die Erfolgsquote beim Routing, aber dafür erhöht sich die Privatsphäre. Durch das beim Onion-Routing genutzte SPHINX-Mix-Format kennen die Routing-Nodes weder den Ursprung einer Zahlung noch den Empfänger. Quellbasiertes Routing arbeitet ganz anders als das Routing des Internetprotokolls.

Rechnung
: Der Zahlungsprozess wird im Lightning-Netzwerk durch den Zahlungsempfänger angestoßen, der eine Rechnung (auch *Zahlungsanforderung*, engl. *Payment Request*) sendet. Rechnungen enthalten den Zahlungshash, die Höhe, eine Beschreibung und ein Verfallsdatum. Lightning-Rechnungen sind in BOLT #11 definiert. Rechnungen können auch eine Fallback-Bitcoin-Adresse enthalten, an die die Zahlung geht, falls keine Route gefunden wird, sowie Hinweise zum Routing der Zahlung über private Kanäle.

Relativer Timelock
: Mit einem relativen Timelock können Sie den frühesten Zeitpunkt festlegen, zu dem ein Input in einen Block eingefügt werden kann. Der Zeitpunkt ist relativ und basiert auf dem Zeitpunkt, zu dem der vom Input referenzierte Output in einem Block festgehalten wurde. Relative Timelocks werden im Transaktionsfeld `nSequence` festgelegt sowie mit dem Bitcoin-Skript-Opcode `CHECKSEQUENCEVERIFY` (CSV), der mit BIP-68/112/113 eingeführt wurde.

Revocable Sequence Maturity Contract (RSMC)
: Dieser Kontrakt wird genutzt, um einen Zahlungskanal zwischen zwei Bitcoin- oder LN-Nutzern aufzubauen, ohne einander vertrauen zu müssen. Der Name leitet sich aus der Sequenz von Zuständen ab, die als Commitment-Transaktionen codiert sind und widerrufen werden können, wenn sie fälschlicherweise im Bitcoin-Netzwerk veröffentlicht oder geschürft werden.

RIPEMD-160
: RIPEMD-160 ist eine kryptografische 160-Bit-Hashfunktion (20 Byte). RIPEMD-160 ist eine erweiterte Version von RIPEMD mit einem Hashergebnis von 160 Bit.

Routing-Schicht
: Die vierte Schicht der Lightning-Netzwerk-Protokoll-Schicht, die auf der Peer-to-Peer-Schicht aufsetzt. Definiert die kryptografischen Primitive und das notwendige Kommunikationsprotokoll, die den sicheren und atomischen Transport von Bitcoin von einer sendenden an eine empfangende Node erlauben. Während BOLT #4 das Onion-Format definiert, das Transportinformationen an direkt verbundene Peers kommuniziert, sind der eigentliche Transport der Onions und die kryptografischen Primitive in BOLT #2 definiert.

Satoshi
: Die kleinste Währungseinheit von Bitcoin, die in der Blockchain festgehalten werden kann. Ein Satoshi ist 1/100 Millionstel (0,00000001) Bitcoin und nach dem Erfinder des Bitcoin, Satoshi Nakamoto, benannt.

Satoshi Nakamoto
: Satoshi Nakamoto ist der Name, der von der Person (oder den Personen) verwendet wurde, die den Bitcoin entworfen und die ursprüngliche Referenzimplementierung entwickelt hat. Als Teil der Implementierung hat sie auch die erste Blockchain-Datenbank entwickelt, wobei sie als Erste das Double- Spending-Problem für Digitalwährungen gelöst hat. Die wahre Identität ist bis heute nicht bekannt.

Schnorr-Signatur
: Ein neues Schema für digitale Signaturen, das Innovationen im Lightning-Netzwerk wie etwa effiziente PTLCs (verbesserte HTLCs) ermöglicht.

ScriptPubKey (alias pubkey-Skript)
: ScriptPubKey, oder Pubkey Script, ist ein in Outputs enthaltenes Skript, das die Bedingungen festlegt, die erfüllt werden müssen, um die Outputs einlösen zu können. Die Daten, die zur Erfüllung dieser Bedingungen benötigt werden, können in einem Signaturskript bereitgestellt werden. Siehe auch *ScriptSig*.

ScriptSig (alias Signaturskript)
: ScriptSig, oder Signaturskript, steht für die Daten, die der Einlösende generiert. Diese Daten werden fast immer als Variablen verwendet, um die Bedingungen eines Pubkey-Skripts zu erfüllen.

Secure Hash Algorithm (SHA)
: Der Secure-Hash-Algorithmus, kurz SHA, ist eine Familie kryptografischer Hashfunktionen, die vom National Institute of Standards and Technology (NIST) veröffentlicht wurde. Er erzeugt einen 256-Bit-Hash.

Segregated Witness (SegWit)
: Segregated Witness ist eine Erweiterung des Bitcoin-Protokolls. Sie trennt die Signaturdaten von den Bitcoin-Transaktionen ab. Das neue Witness-Feld ist von der Berechnung der Transaktions-ID ausgeschlossen, was die meisten Arten der Transaktions-»Verformbarkeit« (engl. *Malleability*) verhindert. Segregated Witness ist ein Soft Fork, der die Regeln des Bitcoin-Protokolls technisch restriktiver handhabt.

Skript, Bitcoin-Skript
: Bitcoin nutzt ein Skripting-System namens Bitcoin-Skript für Transaktionen. Es ähnelt der Programmiersprache Forth, ist einfach, stackbasiert und wird von links nach rechts verarbeitet. Ohne Schleifen und Rekursion ist es bewusst nicht Touring-vollständig.

Soft Fork
: Ein Soft Fork ist eine vor- und rückwärtskompatible Änderung des Protokolls. Alte und neue Nodes können so weiterhin die gleiche Chain nutzen.

SPHINX-Mix-Format
: Eine besondere Technik des Onion-Routings, die im Lightning-Netzwerk genutzt und 2009 von George Danezis und Ian Goldberg (*https://cypherpunks.ca/~iang/pubs/Sphinx_Oakland09.pdf*) erfunden wurde. Beim SPHINX-Mix-

Format wird jede Nachricht des Onion-Pakets mit zufälligen Daten so aufgefüllt, dass ein Hop nicht ermitteln kann, wie weit das Paket entlang der Route transportiert wurde. Während Privatsphäre und Zahlung von Sender und Empfänger geschützt werden, kann jede Node dennoch eine Fehlermeldung zum Ursprung der Nachricht zurücksenden.

SPV (Simplified Payment Verification)
: SPV, oder Simplified Payment Verification, ist eine Methode, um zu verifizieren, ob bestimmte Transaktionen in einem Block enthalten sind, ohne den gesamten Block herunterladen zu müssen. Diese Methode wird von einigen leichtgewichtigen Bitcoin-Clients genutzt.

Submarine-Swap
: Ein vertrauensfreier (Geld-)Tausch (engl. *Swap*) zwischen On-Chain-Bitcoin-Adressen und Off-Chain-LN-Zahlungen. Genau wie LN-Zahlungen HTLCs nutzen, die das Einlösen der Mittel von der Offenlegung eines Secrets (Hash-Preimage) abhängig machen, nutzen auch Submarine-Swaps diesen Mechanismus, um Mittel über On-Chain-/Off-Chain-Grenzen hinweg mit minimalem Vertrauen zu transferieren. Reverse Submarine-Swaps erlauben den Tausch in der Gegenrichtung, also von einer Off-Chain-LN-Zahlung an eine On Chain Bitcoin-Adresse.

Timelock
: Ein Timelock verhindert, dass Bitcoins vor einem bestimmten Zeitpunkt (oder einer bestimmten Blockhöhe) eingelöst werden können. Timelocks spielen bei vielen Bitcoin-Verträgen eine wichtige Rolle, einschließlich Zahlungskanälen und HTLCs.

Topologie
: Die Topologie des Lightning-Netzwerks beschreibt seine Form als mathematischen Graphen. Die Knoten des Graphen sind die Lightning-Nodes (Netzwerkteilnehmer/Peers). Die Kanten des Graphen sind die Zahlungskanäle. Die Topologie des Lightning-Netzwerks wird über das Gossip-Protokoll öffentlich gemacht. Die Ausnahme sind unangekündigte Kanäle, d.h., das Lightning-Netzwerk kann wesentlich größer sein, als es die Zahl angekündigter Kanäle und Nodes vermuten lässt. Die Kenntnis der Topologie ist für das quellbasierte Routing von Zahlungen wichtig, bei dem der Sender eine Route finden muss.

Transaktion
: Einfach ausgedrückt, sind das Datenstrukturen für die Übertragung von Bitcoins von einer Adresse an eine andere. Viele Tausend Transaktionen werden in einem Block zusammengefasst und dann auf der Blockchain festgehalten (geschürft). Die erste Transaktion eines Blocks, die coinbase-Transaktion, erzeugt neue Bitcoins.

Transaktionsverformbarkeit
: Die Eigenschaft, dass sich der Hash einer Transaktion ändern kann, ohne dass sich die Semantik der Transaktion ändert. Zum Beispiel kann das Ändern ei-

ner Signatur den Hash der Transaktion ändern. Eine Commitment-Transaktion benötigt den Hash einer Funding-Transaktion, und wenn sich der Hash der Funding-Transaktion ändert, werden von ihr abhängige Transaktionen ungültig. Eine mögliche Rückerstattung wird so für die Nutzer unmöglich. Der Segregated Witness Soft Fork adressiert dieses Problem und war daher ein wichtiges Upgrade zur Unterstützung des Lightning-Netzwerks.

Transportschicht
: Bei Computernetzwerken ist die Transportschicht ein konzeptioneller Bereich mit Methoden, der von Computern (und letztlich Anwendungen) genutzt wird, um miteinander zu reden. Die Transportschicht bietet Kommunikationsdienste zwischen Computern an, etwa Ablaufsteuerung, Verifikation und Multiplexing (damit mehrere Anwendungen gleichzeitig auf einem Computer laufen können).

UTXO (Unspent Transaction Output)
: Siehe *Output*.

Verbindungsschicht
: Die unterste Schicht der Lightning-Netzwerk-Protokoll-Suite. Sie sorgt für die Unterstützung von Internetprotokollen wie IPv4, IPv6, TOR2 und TOR3 und setzt sie zum Aufbau sicherer kryptografischer Kommunikationskanäle ein, wie sie in BOLT #8 definiert sind. Sie nutzt auch DNS für das Bootstrapping des Netzwerks nach BOLT #10.

Wallet
: Software, die Bitcoin-Adressen und geheime Schlüssel vorhält. Wird zum Erzeugen und Signieren von Bitcoin-Transaktionen genutzt. Im Lightning-Netzwerk hält sie auch Widerrufs-Secrets überholter Kanalzustände und die letzte vorsignierte Commitment-Transaktion vor.

Watchtower
: Watchtower sind ein Sicherheitsdienst des Lightning-Netzwerks, der Zahlungskanäle auf mögliche Protokollverstöße überwacht. Geht ein Kanalpartner offline oder verliert er sein Backup, kann ein Watchtower Backups vorhalten und die Kanalinformation wiederherstellen.

  Watchtower überwachen auch die Bitcoin-Blockchain und können eine Sanktionstransaktion senden, wenn ein Partner zu betrügen versucht und einen veralteten Zustand veröffentlicht. Watchtower können von den Kanalpartnern selbst betrieben werden, es gibt aber auch kostenpflichtige Dienste von Drittanbietern. Watchtower haben keinerlei Kontrolle über die Mittel innerhalb der Kanäle.

Widerrufsschlüssel (Revocation Key)
: Jeder RSMC enthält zwei Widerrufsschlüssel, von denen jeder Kanalpartner einen kennt. Kennt man beide Schlüssel, kann der Output des RSMC nach Ablauf des vordefinierten Timelocks eingelöst werden. Bei der Vereinbarung eines neuen Kanalzustands werden die alten Widerrufsschlüssel geteilt, und

der alte Zustand wird auf diese Weise »widerrufen«. Widerrufsschlüssel sollen verhindern, dass Kanalpartner alte Kanalzustände veröffentlichen.

Zahlung
: Eine Lightning-Zahlung erfolgt, wenn Bitcoins innerhalb des Lightning-Netzwerks überwiesen werden. Diese Zahlungen sind in der Bitcoin-Blockchain generell nicht zu sehen.

Zahlungskanal
: Eine finanzielle Beziehung zwischen zwei Nodes im Lightning-Netzwerk. Wird durch eine Bitcoin-Transaktion erzeugt, die eine Multisignaturadresse finanziert. Die Kanalpartner können sich über den Kanal Bitcoin hin- und herüberweisen, ohne jede Transaktion auf der Bitcoin-Blockchain bestätigen zu müssen. Bei einem typischen Zahlungskanal müssen nur zwei Transaktionen, die Funding-Transaktion und die Commitment-Transaktion, in die Blockchain eingetragen werden. Über den Kanal laufende Zahlungen werden nicht in der Blockchain festgehalten, sie laufen Off-Chain.

Zahlungsschicht
: Die oberste und fünfte Schicht der Lightning-Netzwerk-Protokoll-Suite setzt auf der Routing-Schicht auf. Sie ermöglicht Zahlungen über BOLT-#11-Rechnungen. Sie nutzt den Kanal-Graphen des Gossip-Protokolls (BOLT #7) umfassend, doch die Strategien zur Zustellung einer Zahlung ist nicht Teil der Spezifikation und bleibt der Implementierung überlassen. Da dieser Aspekt für die Zuverlässigkeit des Zahlungsprozesses sehr wichtig ist, haben wir ihn in dieses Buch aufgenommen.

Einige Definitionen wurde unter CC-BY-Lizenz aus dem Bitcoin-Wiki (*https://en.bitcoin.it/wiki/Main_Page*), der Wikipedia (*https://en.wikipedia.org*), *Mastering Bitcoin* (*https://github.com/bitcoinbook/bitcoinbook*) oder anderen Open-Source-Publikationen übernommen.

Index

C

D

E

I

K

L

M

N

O

P

Q

R

S

T

U

V

W

Z

Über die Autoren

Andreas M. Antonopoulos ist ein Bestsellerautor, Speaker, Pädagoge und gefragter Experte für Bitcoin und offene Blockchain-Technologien. Er ist dafür bekannt, komplexe Themen leicht verständlich zu erklären und sowohl die positiven als auch die negativen Auswirkungen, die diese Technologien auf unsere globale Gesellschaft haben können, zu verdeutlichen.

Andreas hat zwei weitere technische Bestseller für Programmierer bei O'Reilly geschrieben, *Mastering Bitcoin* (in deutscher Übersetzung: *Bitcoin & Blockchain – Grundlagen und Programmierung*) und *Mastering Ethereum* (in deutscher Übersetzung: *Ethereum – Grundlagen und Programmierung*). Außerdem hat er die Buchreihe *The Internet of Money* veröffentlicht, die sich mit der sozialen, politischen und wirtschaftlichen Bedeutung und den Auswirkungen dieser Technologien beschäftigt. Andreas produziert wöchentlich kostenlose Bildungsinhalte auf seinem YouTube-Kanal und hält virtuelle Workshops auf seiner Website. Erfahren Sie mehr unter *aantonop.com*.

Olaoluwa Osuntokun ist Mitbegründer und CTO von Lightning Labs und außerdem der leitende Entwickler von lnd, einer der wichtigsten Implementierungen von Lightning. Er erwarb seinen BS und MS in Informatik an der University of California, Santa Barbara und war Mitglied der Forbes »30-Under-30-Klasse« von 2019. Während seines Studiums konzentrierte er sich auf den Bereich der angewandten Kryptographie, insbesondere auf die verschlüsselte Suche. Er ist seit über fünf Jahren aktiver Bitcoin-Entwickler und Autor mehrerer Bitcoin-Verbesserungsvorschläge (BIP-157 und 158). Derzeit liegt sein Hauptaugenmerk auf dem Aufbau, dem Design und der Weiterentwicklung von privaten, skalierbaren Off-Chain-Blockchain-Protokollen wie Lightning.

René Pickhardt ist ein ausgebildeter Mathematiker und Data Science Consultant, der sein Wissen nutzt, um mit der Norwegian University of Science and Technology über Pfadfindung, Datenschutz, Zuverlässigkeit von Zahlungen und Service Level Agreements des Lightning-Netzwerks zu forschen. Rene unterhält einen technischen und entwicklerorientierten YouTube-Kanal (*https://www.youtube.com/renepickhardt*) zum Lightning-Netzwerk und hat etwa die Hälfte der Fragen zum Lightning-Netzwerk auf Bitcoin Stack Exchange beantwortet, was ihn zur Anlaufstelle für fast alle neuen Entwicklerinnen und Entwickler macht, die sich in diesem Bereich engagieren wollen. René hat zahlreiche öffentliche und private Workshops zum Lightning-Netzwerk gehalten, unter anderem für die Studenten der Chaincode Labs Residency 2019 zusammen mit anderen Lightning-Entwicklern.

Kolophon

Die Tiere auf dem Cover von *Einführung in das Lightning-Netzwerk* sind Waldameisen (Formica rufa). Der Begriff »Holzameisen« wird verwendet, um eine große Gruppe von Ameisenarten zu beschreiben, die entweder Nester in bewaldeten Gebieten bauen oder das Holz in Häusern befallen. Jedoch bezieht sich Formica rufa insbesondere auf die Erdhügel bauenden Roten Holzameisen, die hauptsächlich im südlichen Großbritannien, in Nord- und Mitteleuropa, in den Pyrenäen und Sibirien vorkommen. Manchmal findet man sie auch in Nordamerika in Nadel- und Laubwäldern sowie in Parklandschaften.

Diese auch als südliche Waldameise bekannte Unterart der Waldameisen ist aggressiv, aktiv und groß. Die Waldameisenköniginnen sind in der Regel 12 bis 15 mm groß und können bis zu 15 Jahre alt werden. Die Arbeiterameisen sind dagegen mit 8 bis 10 mm etwas kleiner und haben eine Lebenserwartung von einigen Wochen bis zu sieben Jahren, je nachdem, ob es sich um männliche oder weibliche Tiere handelt (die männlichen Tiere sterben bald nach der Paarung).

Sie sind in der Lage, in ihrem Hinterleib Ameisensäure zu produzieren, die sie bei einer Bedrohung durch Raubtiere einige Meter weit ausstoßen können. Ihre Nester sind in der Regel auffällige Anhäufungen von Gras, Zweigen oder Nadeln von Nadelbäumen, die oft an einem verrottenden Baumstumpf in einer Lage angelegt werden, den das Sonnenlicht gut erreichen kann. Holzameisen leben in großen Kolonien, die 100.000 bis 400.000 Arbeiterinnen und 100 Königinnen umfassen können. Rote Waldameisen sind sehr territorial und dafür bekannt, dass sie andere Ameisenarten angreifen und aus ihrem Lebensraum vertreiben.

Die Arbeiterinnen der Roten Waldameise bewegen sich in einem Umkreis von bis zu 50 Metern um ihr Nest, um ein natürliches Harz zu sammeln, das von den Kiefern tropft. In einem für Holzameisen einzigartigen Verhalten laufen die Ameisen über das Harz, um sich von Bakterien und Pilzen zu desinfizieren. Außerdem fressen sie Honigtau von Blattläusen, kleine Insekten und Spinnentiere. Rote Waldameisen werden häufig in der Forstwirtschaft eingesetzt und oft zur Schädlingsbekämpfung in Gebiete eingeführt.

Die Rote Waldameise ist derzeit eine geschützte Art und wird von der IUCN als »nahezu bedroht« eingestuft. Viele der Tiere auf den Buchumschlägen von O'Reilly sind vom Aussterben bedroht; sie alle sind wichtig für unsere Welt.

Die Umschlagillustration stammt von Karen Montgomery, basierend auf einem Schwarz-Weiß-Stich einer einzelnen Druckplatte mit unbekannter Herkunft. Die Schriftarten des Umschlags sind Gilroy Semibold und Guardian Sans.